Thomas Terbeck

Handbuch Fernweh

Der Ratgeber zum Schüleraustausch

**Mit übersichtlichen
Preis-Leistungs-Tabellen
von High-School-Programmen
für 18 Gastländer**

Impressum

Thomas Terbeck:
Handbuch Fernweh. Der Ratgeber zum Schüleraustausch,
mit übersichtlichen Preis-Leistungs-Tabellen von High-School-Programmen für
18 Gastländer, 14. vollständig überarbeitete und erweiterte Auflage,
Cappenberg/Westfalen: weltweiser Verlag 2015, ISBN 978-3-935897-29-7

Umschlaggestaltung & Grafiken: Dirk Grundner, Hamburg
Redaktion: Melanie Kucharczyk, weltweiser Bonn
Layout: Christine Kossel, weltweiser Bonn
Druck: H. Rademann GmbH, Lüdinghausen
Printed in Germany

Alle Informationen und Daten wurden von den Autoren und vom Verlag mit größter Sorgfalt recherchiert, zusammengestellt, bearbeitet und überprüft. Da inhaltliche und sachliche Fehler trotzdem nicht auszuschließen sind, erfolgen alle Angaben ohne Gewähr für die Richtigkeit im Sinne der Produkthaftung. Die Autoren und der Verlag übernehmen keine Verantwortung und Haftung für inhaltliche wie sachliche Fehler. Auch für die Inhalte von erwähnten Webseiten wird keine Haftung übernommen. Zum Zeitpunkt der Drucklegung gültige Daten und Angaben unterliegen zeitbedingten Veränderungen.

Dieses Buch ist in jeder Buchhandlung im deutschsprachigen Raum
erhältlich, kann aber auch direkt beim Verlag bestellt werden.

weltweiser Verlag

Schloss Cappenberg – 59379 Selm-Cappenberg
Telefon: 02306 / 978113 – Fax: 02306 / 978114
info@weltweiser.de – www.weltweiser.de

Weitere Infos im World Wide Web unter
www.handbuchfernweh.de

Vorwort

Irgendwann juckt es in den Knochen. Auf einmal ist es da, dieses unbeschreibliche Kribbeln. Einfach so, ohne Vorwarnung. Man kann rein gar nichts dagegen tun. Aber wieso sollte man auch? Dieses immer wiederkehrende Kitzeln treibt einen nicht in den Wahnsinn. Ganz im Gegenteil: Es elektrisiert auf eine ungeheuer angenehme Weise und man will mehr davon. Die Phantasie schlägt Purzelbäume und das Einschlafen fällt schwer, aber das ist nicht schlimm. Dieser Schwebezustand ist etwas für Genießer, die ganze Welt liegt einem zu Füßen...

Noch kann man vielleicht zurück, doch schließlich hat man keine Chance mehr: „Infiziert mit Fernweh" lautet die Diagnose. Nur in sehr wenigen Fällen kann dieser Virus durch eine sofortige Schocktherapie geheilt werden. Aufgrund der erheblichen psychomentalen Nebenwirkungen und Langzeitfolgen ist ohnehin davon abzuraten: Missglückte Schockbehandlungen können zu Schulproblemen, Unzufriedenheit und Lethargie führen.

Besser ist es, den Virus bis zur vollen Entfaltung aktiv zu fördern und den Betroffenen größtmöglichen Freiraum zu gewähren. Die Erfolge dieser Methode sind unbestritten: Nach einer mehrmonatigen Therapie im Ausland kehren die meisten Patienten selbstbewusst und weltoffen nach Hause zurück. Ihr Horizont hat sich enorm erweitert und man kann sicher sein, dass sie für ihr Leben eine Menge gelernt haben. Je nach Wahl des Kurortes und des behandelnden Arztes variieren Kosten und Qualität der Behandlung nicht unerheblich voneinander. Eine sorgfältige Prüfung des Preis-Leistungs-Verhältnisses ist deshalb unbedingt zu empfehlen. Über Erfolg oder Misserfolg der Therapie entscheiden aber nicht zuletzt die Infizierten selbst.

Im Handbuch Fernweh können sich alle vom Virus betroffenen Familien umfassend über die Behandlungsmethoden und ihre Nebenwirkungen informieren. Darüber hinaus ermöglicht ein umfangreicher Serviceteil den problemlosen Preis-Leistungs-Vergleich verschiedenster Therapieangebote.

Thomas Terbeck

Warnung: Es kann nicht ausgeschlossen werden, dass die Lektüre dieses Buches den Fernweh-Virus auslöst!

Inhaltsverzeichnis

Teil 1: Ratgeber

Teil 2: Service

Teil 3: Info

Einleitung

„Nun ja, ich wollte euch nur sagen - mmh - ich mein', das ist zwar teuer, aber ich muss! Ich weiß auch nicht warum, aber es reizt mich eben. Das hat auch nichts mit euch zu tun, ich komm´ ja wieder. Aber ich wollte euch bitten - ich mein´- ich möchte für ein Jahr ins Ausland."

Bumm! Auf diese oder ähnliche Weise erwischt es jedes Jahr viele tausend Eltern beim Abendbrot, wenn ihre Kinder ihnen so ganz nebenbei eröffnen, dass sie gerne ein Schuljahr im Ausland verbringen würden. Scharfer Tobak: Ein Jahr ohne das geliebte Kind - ein Jahr ohne fürsorgende Eltern. Was bedeutet das überhaupt? Die „Bittsteller" schweben in diesen Momenten zwischen Hoffen und Bangen. Der Vorstoß war ausgiebig geplant, wohl überlegt und wurde im vermeintlich richtigen Moment gewagt. Und jetzt diese Endlosdiskussion. Hätten sie nicht sofort „Ja" sagen können? Immer diese Skepsis! Das wird sich schon alles ergeben... Heimweh habe ich doch noch nie gehabt. Und überhaupt, was die alles wissen wollen: Warum sollte ich mir das denn nicht zutrauen? Sonst hätte ich doch nicht gefragt! - Ein Schuljahr verlieren? Mensch, da gewinnt man doch so viel an Erfahrung. - Schon klar, das kostet eine Menge Kohle, aber vielleicht bekomme ich ja ein Stipendium. Das Taschengeld kann ich mir auch selbst zusammensparen. - Doch, das schaffe ich schon, da braucht man nicht viel. - Nee, die exakten Programmpreise kenne ich nicht, genauso wenig wie das Bewerbungsverfahren und die Teilnahmevoraussetzungen. - Neeein, auch der Anmeldeschluss ist mir unbekannt. - Mmh, da hängt immer so ein Plakat von einer Organisation am Schwarzen Brett in der Schule. Das sieht ganz gut aus. - Welche anderen Anbieter es noch gibt? Ehh, keine Ahnung...

So ganz ohne Vorbereitung lässt sich der Wunsch, Deutschland für einige Zeit den Rücken zu kehren, eben doch nicht verwirklichen. Vielmehr sollte der Schritt, sich für ein Austauschprogramm zu bewerben, nicht überstürzt gefasst werden. Sowohl die Jugendlichen als auch ihre Eltern müssen genau wissen, worauf sie sich einlassen. Ein mehrmonatiger Schüleraustausch ist keine Abenteuerreise mit einklagbarer Spaßgarantie, von der man nach kurzer Zeit – mehr oder weniger zufrieden – ins traute Heim zurückkehrt. Ein Schüleraustausch ist mehr, viel mehr! Er eröffnet die außergewöhnliche Chance, tief in eine andere Welt einzutauchen, sie zu erkunden, sie zu erfahren, sie vielleicht erst zu hassen, um sie dann lieben zu lernen, aber sie vor allem zu tolerieren, ja sogar ein Teil von ihr zu werden. Die Auseinandersetzung mit der (Alltags-) Kultur eines anderen Landes führt zu einer einzigartigen Erweiterung des Erfahrungshorizonts der Jugendlichen und ist prägend für das ganze Leben.

Was es bedeutet, seine vertraute Umgebung für eine lange Zeit aufzugeben und als gleichberechtigtes Mitglied in einer Familie eines fremden Kulturkreises zu leben, sich einen neuen Freundeskreis aufbauen zu müssen und die Schule in einer anderen Sprache zu meistern, wird im Handbuch Fernweh genauso thematisiert wie die notwendigen persönlichen Voraussetzungen der Jugendlichen, der Verlauf des Bewerbungsverfahrens, die Wahl der Austauschorganisation, das Phänomen Kulturschock, die Probleme bei der Rückkehr in die „fremde" Heimat und die Rolle der Eltern. Trotz der Überzeugung des Autors, dass der Schüleraustausch ideal für die persönliche Entwicklung eines Jugendlichen ist und einen wichtigen Beitrag zur Völkerverständigung leisten kann, wird im Handbuch Fernweh gesteigerter Wert auf die Darstellung möglicher Problembereiche gelegt. Nach der Lektüre des Buches sollte die Entscheidung pro oder contra Schüleraustausch leichter fallen.

Der Serviceteil ermöglicht einen detaillierten Preis-Leistungs-Vergleich zahlreicher Austauschangebote. Durch die Darstellung von Programmen für die Länder Argentinien, Australien, Brasilien, Chile, China, Costa Rica, Ecuador, Frankreich, Großbritannien, Irland, Italien, Japan, Kanada, Neuseeland, Schweden, Spanien, Südafrika und USA in einer Kombination von standardisierten Tabellen und beschreibenden Textkomponenten werden die Leser in die Lage versetzt, die für sie individuell richtige Austauschorganisation auszuwählen. Darüber hinaus finden sich im Handbuch Fernweh zahlreiche den Schüleraustausch betreffende Tipps und Informationen, z.B. über die Austauschprogramme und Versetzungsrichtlinien der Bundesländer, über den Besuch privater Schulen sowie über die Möglichkeiten der Förderung des Auslandsaufenthalts nach dem Bundesausbildungsförderungsgesetz und durch Stipendien.

Schließlich komplettieren Erfahrungsberichte von Austauschschülern und Eltern, Literaturhinweise und Rezensionen sowie zahlreiche Kontaktadressen das Handbuch Fernweh – und machen es zu einem wichtigen Begleiter auf dem Weg in die Ferne.

Jetzt geht´s los

Genug der langen Vorrede! Kommen wir umgehend zu einer der wichtigsten Voraussetzungen für einen erfolgreichen Austausch, nämlich zu deiner Person.

Teilnahmevoraussetzungen

Du willst unbedingt für eine längere Zeit ins Ausland und bist dir auch sicher, dass du dafür geeignet bist. Du weißt es einfach, weil du dich selbst am besten kennst. Trotzdem solltest du noch einmal in dich gehen und über deine Person, deine Fähigkeiten und deine Charakterzüge nachdenken. Versuche dich dabei nicht selbst zu belügen und stelle dir folgende Fragen:

- Schaffst du es, eine lange Zeit auf deine Eltern, deine Freunde und deine tägliche Routine zu verzichten?
- Kannst du gewohnten Luxus entbehren?
- Traust du dir zu, dich in eine fremde Familie mit anderen Sitten und Gewohnheiten zu integrieren, ja sogar ein gleichberechtigter Teil dei-

ner Gastfamilie mit allen Rechten und Pflichten zu werden?

- Bist du in der Lage, auf andere Leute zuzugehen und dir einen neuen Freundeskreis aufzubauen?
- Kannst du dich anpassen und auch über einen längeren Zeitraum Verhaltensweisen in deiner Umwelt akzeptieren, die sich grundlegend von den dir gewohnten unterscheiden?
- Ist dir bewusst, dass du während deines Aufenthalts „Botschafter" deines Landes bist?

Auf alle diese Fragen solltest du mit „Ja" antworten. Natürlich kannst du dir nicht hundertprozentig sicher sein, ob du ein Jahr im Ausland meistern wirst. Schließlich warst du noch nie in einer vergleichbaren Lage. Allerdings kannst du selbst am besten beurteilen, ob eine der genannten Situationen für dich überhaupt nicht in Betracht kommt. Sollte dies der Fall sein, tust du dir mit einem mehrmonatigen Schüleraustausch nicht unbedingt einen Gefallen. Außerdem dürfte es dann ohnehin schwierig für dich werden, eine Organisation zu finden, die dich in ihr Programm aufnimmt. Die Anbieter der Austauschprogramme haben zwar keine einheitlichen Teilnahmevoraussetzungen und auch die Bewerbungsverfahren unterscheiden sich erheblich. Auf gewisse Fähigkeiten und Eigenschaften legen jedoch alle Organisationen Wert:

Neben Toleranz und Anpassungsfähigkeit wird von den Bewerber/innen eine gewisse Selbstständigkeit und persönliche Reife erwartet. Weiterhin sollten sie Interesse daran haben, eine andere Kultur kennen zu lernen, flexibel, kontaktfreudig, begeisterungsfähig, freundlich, aufgeschlossen, kritikfähig und kompromissbereit sein sowie durchschnittlich mindestens befriedigende Schulleistungen vorweisen können.

Und, was meinst du? Bist du geeignet? Du wirst sicherlich ab und zu geschluckt haben, oder? Die gesamte Palette der wünschenswerten Charaktereigenschaften eines idealen Austauschschülers wirst du bestimmt nicht verkörpern. Das kannst und musst du auch gar nicht! Wenn du die eine oder andere der oben genannten Wesensmerkmale nicht besitzt, ist das kein Weltuntergang. Natürlich wird ein sehr ruhiger Schüler eher Probleme haben, an seiner neuen Schule Kontakte zu knüpfen, aber dafür führt er vielleicht ein intensives und harmonisches Familienleben. Jugendliche, die ständig mit ihren zahlreichen Freunden auf Achse sind, bekommen dagegen eventuell Probleme mit ihren Gasteltern, die sich vernachlässigt beziehungsweise als „Bed and Breakfast Logis" missbraucht fühlen könnten.

Wie du siehst, ist es nicht einfach, den idealtypischen Austauschschüler zu bestimmen. Dafür gibt es zu viele unbekannte Faktoren. Ob das Zusammenleben in und mit einer Gastfamilie klappt, entscheidet sich meist erst im konkreten Versuch. Sicher ist jedoch: Falls du ein intoleranter, arroganter Einsiedler bist, der unfähig ist, ein Gespräch zu führen, nur seine eigenen Vorstellungen gelten lässt und ausschließlich sich selbst liebt, solltest du den Schüleraustausch schleunigst wieder vergessen!

Motivation

Ein weiterer Gradmesser für die Eignung kann deine Motivation sein. Es dreht sich hier um die Frage, warum du an einem Austauschprogramm teilnehmen willst. Gute Gründe gibt es eine ganze Menge, und sie haben alle ihre Berechtigung:

- Du hast dich schon immer für andere Kulturen interessiert und möchtest einmal über einen längeren Zeitraum an dem Alltagsleben eines fremden Landes teilhaben.
- Der Schüleraustausch ist deiner Meinung nach die beste Möglichkeit der Völkerverständigung, da du in einem anderen Land viele – oft lebenslange – Freundschaften schließen wirst.
- Nach deinem Auslandsaufenthalt beherrschst du zumindest eine Fremdsprache fließend, und du musstest dich dafür noch nicht einmal großartig anstrengen. Abgesehen von dem persönlichen Gewinn hoffst du, dass dir diese Kompetenz auch in deinem späteren Berufsleben von Nutzen ist.

- An der Aufgabe, sich in einer völlig neuen Umgebung zurechtzufinden, möchtest du wachsen und eine zeitlang ohne die Hilfe deiner Eltern wichtige Entscheidungen treffen, um selbständiger und selbstbewusster zu werden.
- Dich reizt es, ein anderes Schulsystem kennen zu lernen.
- Du willst ganz einfach eine schöne Zeit im Ausland verbringen.

Diese Liste ist keineswegs vollständig, aber sie gibt dir doch einen kleinen Überblick darüber, warum viele Jugendliche ein Jahr ihrer Schulzeit im Ausland verbringen wollen. Der eine oder andere Punkt trifft bestimmt auch auf dich zu. Den letzten solltest du jedoch nicht damit verwechseln, als Austauschschüler die „Sau heraushängen zu lassen" und an keine Konvention gebunden zu sein. Spaß haben will sicherlich jeder, aber das wird garantiert nicht funktionieren, wenn du nicht auch noch andere Motive für deinen Auslandsaufenthalt hast.

Und damit wären wir an einem sehr wichtigen Punkt. Es gibt zwei Gründe, aufgrund derer du dich auf keinen Fall für ein Austauschprogramm anmelden solltest:

1. Wenn dich das Leben in Deutschland anödet oder du dich permanent mit deinen Eltern streitest, solltest du vieles machen, allerdings auf keinen Fall ins Ausland flüchten. Das Weglaufen vor den eigenen Problemen funktioniert nämlich nicht. Sie werden dich spätestens bei deiner Rückkehr nach Deutschland wie ein Bumerang wieder einholen und dich dann noch stärker treffen. Und da du das weißt, wirst du auch die Zeit im Ausland nicht unbeschwert genießen können und deiner Gastfamilie zur Last fallen.*
2. Sind deine Eltern oder Lehrer der Meinung, es sei für deine Entwicklung von Vorteil, wenn du ein Jahr im Ausland verbringst, du davon

* Solltest du an Magersucht oder an anderen psychomentalen Krankheiten leiden, ist dir dringend von der Teilnahme an einem mehrmonatigen Schüleraustausch abzuraten: Erfahrungsgemäß verschlimmern sich die Krankheitsbilder während des Auslandsaufenthalts!

aber überhaupt nicht überzeugt bist, dann irren sie sich. Es gibt nur eine Person, die entscheiden kann, ob ein Austauschprogramm gut für dich ist: du selbst. Lass dich nicht zwingen!

Im weiteren Verlauf dieser Darstellung wollen wir aber nun von der üblichen Konstellation ausgehen, die folgendermaßen aussieht: Du willst ins Ausland – deine Eltern sind eher skeptisch.

Eltern und Finanzen

Ohne deine Eltern läuft erst einmal gar nichts. Du brauchst ihr Einverständnis und ihre finanzielle Unterstützung. Sie davon zu überzeugen, dass der Schüleraustausch eine einzigartige Chance für dich ist, gestaltet sich in einigen Fällen jedoch als schwierige Geburt. Denn für deine Eltern ist es nicht einfach, mehrere Monate auf dich zu verzichten. Sie lieben dich und wollen dein Bestes. Dich aber in einer sehr wichtigen Phase deines Lebens in die schöne weite Welt ziehen zu lassen, übersteigt doch die Vorstellungskraft vieler Elternpaare. Die Angst, dich zu verlieren, spielt dabei eine große Rolle. Weil du in einer anderen Familie leben wirst, die dich wie ihr eigenes Kind behandelt, befürchten vielleicht auch deine Eltern, dass es dir bei deiner neuen Familie besser als daheim gefallen könnte und du lieber im Ausland bleiben würdest.

Tatsächlich gibt es solche Fälle, aber sie sind äußerst selten. Da du ohnehin vertraglich verpflichtet bist, nach dem offiziellen Programmende dein Gastland zu verlassen, stellt sich die Frage eigentlich auch gar nicht.

Der Normalfall sieht dagegen anders aus. Häufig lernen die Austauschschüler ihr Zuhause erst über die Distanz richtig zu schätzen. Und das nicht, weil sie sich bei der Gastfamilie nicht wohl fühlen. Nein, es fehlen ihnen einfach einige gewohnte Rituale, die sie vor ihrer Abreise noch als lästig empfunden haben. Das kann zum Beispiel der langweilige Sonntagsspaziergang, Muttis typische Geburtstagstorte oder die immer gleich verlaufende Geschenkauspackzeremonie zu Weihnachten sein. Außerdem merken viele Jugendliche erst im Ausland, wie verdammt liberal ihre Eltern sind. Kurz und gut: Du kannst deine Eltern beruhigen. Zwar müssen sie für eine lange Zeit auf deine Gesellschaft verzichten, erhalten dich dann aber unversehrt zurück. Nach deiner Rückkehr folgt üblicherweise eine recht problematische „Wiedereingewöhnungsphase" von einigen Wochen, ist die jedoch überstanden, verläuft das Familienleben oft harmonischer als vor dem Austausch.

Ein tatsächliches Problem für deine Eltern könnten die hohen Kosten für den Schüleraustausch sein. 5.000 bis 30.000 Euro für einen Auslandsaufenthalt legt man nicht so einfach auf den Tisch. Wahrscheinlich haben deine Eltern noch nie eine Reise in dieser Preisklasse unternommen. Und das, obwohl sie schon 20 oder 30 Jahre lang arbeiten. Hier ist es schon schwieriger, gute Argumente zu finden. Was ist zu tun?

Weil du als bloßer Bittsteller schlechte Karten hast, musst du die Initiative ergreifen. Das setzt aber voraus, dass du dich nicht auf den letzten Drücker für ein Austauschprogramm entschließt. Was ich damit meine? Ganz einfach: Wenn du früh genug beginnst, emsig zu sparen, kannst du selbst den einen oder anderen Schein zur Finanzierung des Programms beitragen. Natürlich ist mir klar, dass dabei keine fünfstelligen Beträge herumkommen. Aber wenn du dir zwei Jahre lang zum Geburtstag und zu Weihnachten ausschließlich Geld wünschst, die Zehner von Oma und Opa regelmäßig sparst, vielleicht noch ein paar Zeitungen austrägst, bei den Nachbarn Rasen mähst, dir einen Nachhilfeschüler suchst und gleichzeitig kaum Geld für CDs, Kleidung oder Nippes ausgibst, dann kommt schon eine ordentliche Summe zusammen. Außerdem existieren auch noch so schöne Feste wie die Konfirmation oder die Firmung, wo du dich sicherlich nicht nur über Obstkörbe, Schlafanzüge oder Fotoalben freuen darfst.

Und es gibt noch mehr Geldquellen: Besorge dir bei der zuständigen Industrie- und Handelskammer ein Verzeichnis mit den Anschriften der in deinem Ort ansässigen Firmen und Geschäfte. Dann überlegst du, welche Betriebe als Sponsor für dich in Frage kommen. Dort gehst du vorbei, stellst dich vor und schilderst dein Anliegen. Fundraising nennt man das. Mehr als eine Abfuhr kannst du nicht bekommen. Warum dich irgendeine Firma finanziell unterstützen sollte? Das ist doch klar: Damit ein paar schöne Artikel und Anzeigen in der lokalen Presse erscheinen. Stell dir nur folgende Zeile unter einem Bild von dir und der Geschäftsführerin eines Modegeschäftes auf der Lokalseite vor: „Teenager zieht es in die Ferne – M&C Moden übernimmt die Finanzierung". Oder die Überschrift für den Artikel über dich und deinen Sponsor, die Provilanz-Versicherung: „Sicher in der ganzen Welt – Andrea dankt der Provilanz". Oder die Anzeige einer Bank: „Sie kommen immer sicher an Ihr Geld – egal wo Sie sind." Oder...

Zugegeben, die Beispiele sind nicht sonderlich gut, aber die Idee hast du begriffen, oder? Wenn du dich ein bisschen geschickt anstellst, bist du für viele Firmen interessant: Ein weltreisender Teenager ist ein idealer Werbeträger!

Apropos Finanzspritze: Wieso bietest du eurer Lokalzeitung keine Serie über deinen Austausch an. Nach dem Motto „Aus Pusemuckel berichtet Andreas Müller" könntest du regelmäßig über dein Leben als Austauschschüler berichten. Legst du gelegentlich noch ein paar Fotos dazu, kommen auch auf diese Weise einige Euros zusammen.

Eine weitere Möglichkeit der Finanzierung deines Traums ist die Förderung des Auslandaufenthaltes nach dem Bundesausbildungsförderungsgesetz, kurz BAföG. Bis zu 465 Euro monatlich stehen dir zu, wenn dein Aufenthalt mindestens ein Schulhalbjahr dauert und deine Eltern nicht zu viel Geld verdienen.*

---

* *Info:* Siehe hierzu das Kapitel *Förderung nach dem BAföG.*

Last not least kannst du dich bei einigen Organisationen um Stipendien bewerben. Diese richten sich in der Regel nach den Einkommensverhältnissen deiner Eltern und/oder deinen Schulleistungen. Auf diesem Gebiet solltest du auf jeden Fall aktiv werden, da es oft gar nicht so schwierig ist, ein Stipendium zu erhalten. Informationen zu diesem Thema findest du bei den Programmbeschreibungen der Organisationen unter der Rubrik „Stipendien und Sonstiges" im Serviceteil dieses Buches. Da Stipendien auf die Förderungshöhe nach dem BAföG angerechnet werden, ist es in der Regel ausgeschlossen, gleichzeitig ein Stipendium und die monatliche Höchstförderung von 465 Euro zu erhalten.

Tipp: Erkennen deine Eltern, dass du alles versuchst, um die Finanzierung deines Auslandsaufenthalts zu ermöglichen, sind sie vielleicht eher bereit, tief in ihre eigene Tasche zu greifen. Denn dann merken sie, dass dir wirklich etwas an dem Austauschprogramm liegt. Und eines ist ohnehin klar: Es ist ein schönes und erhebendes Gefühl, seine eigenen Ersparnisse auf den Kopf zu hauen – und nicht nur die Penunzen von Mama und Papa.

Unter Umständen werden dich deine Eltern mit der so genannten „Kosten-Nutzen-Rechnung" konfrontieren. Sie wollen wissen, was dir das Jahr im Ausland bringt, und ob das viele Geld nicht besser angelegt werden könnte. Geht es deinen Eltern bei dieser Frage um deine Persönlichkeitsentwicklung und deine beruflichen Zukunftschancen, kannst du ihnen versichern, dass sie keine bessere Investitionsmöglichkeit finden werden. Zahlreiche Argumente zur Bestätigung dieser These findest du auf den folgenden Seiten.

Wahl des Gastlandes

Bist du dir bereits sicher, in welchem Land du deinen Aufenthalt verbringen möchtest? Gehörst du vielleicht zu der großen Mehrheit der Austauschschüler/innen, die es in die Vereinigten Staaten von Amerika zieht? Selbst wenn dein Entschluss bereits feststeht, solltest du noch einmal kurz darüber nachdenken, denn wie andere Jugendliche hast vielleicht auch du falsche Vorstellungen über das Leben in dem Gastland deiner Wahl. Bleiben wir beim Beispiel USA, dem Land der vermeintlich unbegrenzten Möglichkeiten. Unter dem „American Way of Life" versteht man gemeinhin ein Leben voller persönlicher Freiheit, Gelassenheit und Abwechslung. Das reale Alltagsleben eines „normalen" amerikanischen Jugendlichen sieht dagegen anders aus:

Da viele amerikanische Schüler/innen einem Teilzeitjob nachgehen, bleibt ihnen während der Woche kaum Zeit, sich mit ihren Freunden zu treffen. Als Austauschschüler verbringt man folglich die meisten Abende der Woche im Kreise der Gastfamilie. Und auch die Wochenenden gestalten sich weniger spektakulär als es viele Filme erwarten lassen. Aufgrund der rigiden Einhaltung des Alkoholverbots für Jugendliche ist es keinem Amerikaner unter 21 Jahren erlaubt, eine Kneipe oder Diskothek zu betreten. Deshalb beschränken sich die Wochenendaktivitäten gemeinhin auf Kinobesuche, Burger essen und Feten bei Freunden. Beim Feiern steht man als Austauschschüler/in jedoch erneut vor Problemen, da selbstverständlich auch amerikanische Jugendliche Mittel und Wege finden, um die begehrten Alkoholika zu besorgen. Und da nicht wenige private Feten von der Polizei besucht werden, sollte man dem teilweise durchaus vorhandenem Gruppenzwang des kollektiven Besaufens widerstehen können – oder schnelle Beine haben! Sonst kehrt man eher nach Deutschland zurück, als es einem lieb ist.

Im Übrigen ist es ohnehin nicht sicher, ob dich deine Gasteltern zu allen Partys gehen lassen. In den USA ist die Meinung weit verbreitet, dass 16-jährige Jugendliche noch unmündige Kinder sind, die einer mehr oder weniger „strengen Hand“ und ständiger Kontrolle bedürfen. Sollten deine Erziehungsberechtigten die Gastgeber einer Fete nicht kennen beziehungsweise sie nicht mögen, ist es durchaus nicht ungewöhnlich, dass du keine Erlaubnis zum Ausgehen erhältst: Da du in den Augen deiner Gasteltern aufgrund deines Alters stetige Entscheidungshilfen benötigst, „helfen“ sie dir unter Umständen auch bei der Suche nach den richtigen Freunden – selbst wenn sich deine Begeisterung darüber in Grenzen hält.

Diese Zeilen sind nicht dazu gedacht, dich von einem Austausch in die USA abzuhalten. Viele tausend Exchange Students verbringen dort jedes Jahr eine wundervolle Zeit! Das liegt nicht zuletzt an der „Easy-Going-Mentalität“ und der ausgeprägten Gastfreundschaft vieler Amerikaner, die es einem Fremden sehr einfach machen, sich einzuleben. Du solltest dir aber bewusst sein, dass die amerikanische Gesellschaft in der Regel viel (wert)konservativer ist, als du es vermutest. Hast du damit Probleme, ist dir vielleicht der Aufenthalt in einem anderen Land zu empfehlen: In den lateinamerikanischen Staaten ist das Leben normalerweise weniger reglementiert als in den USA – zumindest für die männlichen Teilnehmer. Dafür musst du die teils krassen Gegensätze zwischen arm und reich sowie das weit verbreitete „Klassendenken“ aushalten können. Die im Allgemeinen überaus herzliche Art im Umgang mit Fremden dürfte dir jedoch als Austauschschüler/in stark entgegenkommen und die langen Feiern und Grillabende im Familien- und Freundeskreis lernst du garantiert zu schätzen.

Auf mehrstündige Abendessen im Kreise deiner Gastfamilie kannst du dich auch in Frankreich freuen. Sicherlich wirst du während deines Aufenthalts ein Kenner für Wein, Käse und die ganzen anderen leckeren Sachen der französischen Küche. „Savoir vivre!“ lautet hier die Devise. Bei deiner Entscheidung für das Hexagon sollte dir aber klar sein, dass du montags bis freitags von circa 7.00 bis 17.00 Uhr in Sachen Schule unterwegs bist und darüber hinaus noch die täglichen Hausaufgaben zu bewältigen hast. Interessierst du dich hingegen für einen Aufenthalt in Japan, Indonesien oder Thailand, solltest du keine Probleme damit haben, einen Kopf größer als deine Mitschüler zu sein. Zudem wird es wahrscheinlich lange dauern, bis du den oft hochkomplexen Verhaltenskodex deines Gastlandes verstehst.

Wie du an diesen kurzen Beispielen siehst, hat jedes Land seine spezifischen Eigenarten, die dir mal fremd, mal vertraut, mal lästig oder hilfreich erscheinen. Eine Bewertung in den Kategorien „gut" und „schlecht" ist dabei vollkommen unangemessen. Das Leben in anderen Ländern ist nicht schlechter oder besser als zuhause, sondern anders. Nichtsdestotrotz fühlt man sich in einigen Kulturkreisen wohler als in anderen. Das hängt nicht zuletzt von der eigenen Mentalität ab.

An dieser Stelle böte es sich an, kulturelle Besonderheiten verschiedener Staaten aufzulisten, damit du einen Einblick in verschiedene Kulturkreise bekommst. Darauf wird aber bewusst verzichtet. Auf der einen Seite würde es den Umfang dieses Buches sprengen und auf der anderen Seite die Kompetenz des Autors bei weitem übersteigen. Was bliebe, wäre eine Auflistung nationaler Klischees und Stereotype, die dem vielschichtigen Leben und der Kultur der Menschen eines Landes nicht gerecht werden können, und somit wenig hilfreich sind.

Stattdessen solltest du dich bereits vor der Anmeldung zu einem Programm mit Hilfe einiger Reiseführer und anderer Literatur, durch Gespräche mit ehemaligen Austauschschülern und den Mitarbeitern der Austauschorganisationen sowie in den einschlägigen Internetforen über den Alltag in deinen Wunschländern informieren. Nur so wirst du in die Lage versetzt, jenseits der nicht selten die Realität verzerrenden Zelluloidstreifen in Fernsehen und Kino das für dich optimale Gastland auszusuchen. Berücksichtige bei der Vorauswahl der Gastländer bereits die Preise für die einzelnen Programme, da zum Beispiel ein Jahr in England, Kanada, Neuseeland oder Australien locker 5.000 bis 10.000 Euro teurer sein kann als ein Jahr in Frankreich oder den USA.

Sprachkenntnisse

Sicherlich bewegt dich die Frage, ob du schon vor deinem Auslandsaufenthalt der Sprache deines Gastlandes mächtig sein musst. Die Eingewöhnungsphase in einer fremden Umgebung wird dir ohne Zweifel leichter fallen, wenn du dich schon einigermaßen verständigen kannst. Allerdings kann niemand von dir erwarten, dass du bei deiner Bewerbung über fundamentale Japanisch-, Russisch- oder Portugiesischkenntnisse verfügst. Wäre dies eine Voraussetzung, gäbe es keine Austauschprogramme mit diesen Ländern. Und die gibt es: Über 50 Staaten auf allen Kontinenten dieser Welt stehen zu deiner Auswahl.

Einige Veranstalter fordern jedoch von dir die Bereitschaft, dich nach der Anmeldung für ein Programm mit der Sprache deines Gastlandes vertraut zu machen. Vielleicht gibt es eine Japanisch-AG an deiner Schule oder du belegst einen Spanisch-Kurs an der städtischen Volkshochschule, um dir die ersten Wortfetzen deiner neuen Sprache anzueignen. Ob du das möglicherweise vorhandene, aber zum Teil sehr teure Angebot deines Veranstalters annimmst, einen Sprachkurs in deinem Gastland zu besuchen, musst du selbst entscheiden: In vielen Sprachschulen ist die Verständigungssprache zwischen den Schülern außerhalb der Unterrichtsräume oft Deutsch oder Englisch. Große Fortschritte im Umgang mit der neuen Fremdsprache machst du folglich nicht unbedingt. Anders sieht das aus, wenn du während deines Kurses als einziger Ausländer in einer Gastfamilie wohnst. Durch Gespräche bei den Mahlzeiten und gemeinsame Aktivitäten mit den Familienmitgliedern sammelst du wertvolle praktische Erfahrung im Umgang mit deiner neuen Sprache.

Aber es geht auch mit dem sprichwörtlichen Sprung ins kalte Wasser: Wenn du nur ein wenig Gefühl im Umgang mit Sprachen hast, bist du schon wenige Tage nach deiner Ankunft in der Lage, mit den Leuten vor Ort zu kommunizieren. Am Anfang läuft diese Kommunikation über Gestik und Mimik. Eine gewisse Unbefangenheit deinerseits ist dabei von Vorteil, da es garantiert das eine oder andere Missverständnis geben wird. In manchen Ländern schüttelt man zum Beispiel den Kopf von links nach rechts, um Zustimmung zu signalisieren. Oder man lacht dich freundlich an, obwohl du mit dem ausgestreckten Finger auf jemanden zeigst, mit deiner linken Hand den Kopf deines kleinen Gastbruders liebevoll tätschelst oder dich überschwänglich über ein Geschenk freust, was jeweils ein mittelschwerer Fauxpas sein kann. Aber das bekommst du relativ schnell heraus. Irgendwann quälen sich dann die ersten schrägen Laute über deine Lippen. Das führt gemeinhin zu größter Erheiterung deiner Gasteltern, die garantiert nicht verstehen, was du ihnen denn jetzt wohl sagen willst. Aber nach mehrminütiger Schwerstarbeit und zahlreichen Knoten in der Zunge ist es dann doch geschafft: Sie haben dich verstanden. Was für ein Erfolgserlebnis, einfach ein grandioses Gefühl!

Voller Stolz werden deine Gasteltern allen Verwandten und Freunden von deinen ersten sprachlichen Schritten erzählen. Obwohl auch du tief zufrieden bist, ist dir das wahrscheinlich ganz schön peinlich. Du kommst dir vor wie ein hilfloses Baby, dessen erstes „Mama" oder „Papa" im Familienkreis gefeiert wird. Und sprachlich bist du ja genau in diesem Stadium.

Aber lass dich trösten: Es wird keine drei Jahre dauern, bis du dich in ganzen Sätzen artikulieren kannst. Nein, das geht viel schneller. In der ersten Woche fällt deine Frage, ob dir dein Gastvater bitte einmal das Brot herüberreichen könnte, noch äußerst kurz aus. „Ich – das!" oder so ähnlich wird es mit einem haarsträubenden Akzent aus deinem Mund erklingen, unterstützt durch zahlreiche, ein wenig hilflose Handbewegungen. Man wird dich trotzdem verstehen, und du wirst auf keinen Fall verhungern, was nicht unwichtig ist. In der zweiten Woche hört sich das schon eleganter an, nämlich: „Ich möchte das." Auch die Vokabel „Brot" dürfte dir dann schon bekannt sein. So machst du einen Schritt nach dem anderen, und nach drei Monaten wirst du deine Mitschüler schon fragen können: „Eh, sacht ma´, wo geht denn heute was ab?"

Hört sich doch gut an, oder? Nach drei Monaten im Ausland bist du sprachlich einigermaßen fit. Wie fit, hängt nicht unerheblich von dir ab. Es gibt schnelle und langsame Lernertypen, aber vor allem entscheiden Fleiß oder Faulheit über deine Fortschritte. Zwar schnappt man in der Gastfamilie und in der Schule eine Menge Wörter und umgangssprachliche Redewendungen auf, das Vokabel- und Grammatikstudium sollte aber trotzdem zu deiner täglichen Routine gehören – besonders in der Anfangszeit.

Sicherlich gibt es auch Unterschiede in der Schwierigkeit der Sprachen. Mit Deutsch als Muttersprache fällt es einem relativ leicht, sich Englisch oder Spanisch anzueignen. Es gibt viele sinnverwandte Worte und auch die grammatikalischen Strukturen ähneln sich. Will man dagegen Arabisch, Hebräisch, Japanisch oder Mandarin lernen, so muss man sich erst einmal mit anderen Schriftzeichen, einer unbekannten Grammatik sowie mit einer ungewohnten Artikulation der Laute auseinandersetzen. Und das dauert seine Zeit. Umso bedeutender ist es dann, eine vermeintlich exotische Sprache zu beherrschen: Welcher Europäer kann von sich schon behaupten, Japanisch oder Thai zu sprechen?

Länge des Aufenthalts

Ein halbes Jahr im Ausland kann zu kurz sein. Ein ganzes Jahr ist vielleicht zu lang. Reichen nicht vielleicht sogar drei Monate? Bei deiner Anmeldung für ein Programm kannst du das nicht wissen. Trotzdem musst du dich entscheiden.

Da die Gastfamilien z.B. in den USA kein Geld für die Aufnahme eines ausländischen Jugendlichen bekommen und für die Veranstalter der Organisationsaufwand der gleiche ist, sind die Preisunterschiede zwischen Halbjahres- und Jahresprogrammen hier fast unerheblich. Bei einem Jahresaufenthalt kommen auf dich und deine Eltern die Mehrkosten von ungefähr 750 bis 1.250 Euro für Taschengeld* hinzu, unter Umständen auch zusätzliche Versicherungsprämien. Das kann sicherlich ein Grund dafür sein, sich für ein Halbjahresprogramm zu entscheiden. Der finanzielle Aspekt sollte aber nicht den Kern der Überlegungen ausmachen. Auch wenn deine Eltern das nötige „Kleingeld" haben, heißt das noch nicht, dass du dich auf jeden Fall für ein Jahresprogramm anmelden solltest. Es gibt nämlich unterschiedlich gelagerte Vor- und Nachteile bei beiden Programmarten:

Ein Jahresprogramm bietet ganz sicher die beste Voraussetzung dafür, Kultur und Lebensweise der Menschen deines Gastlandes kennen zu lernen und zu verstehen. Es dauert allein viele Monate, bis Bekannte zu Freunden werden, die diesen Namen auch verdienen. Außerdem kannst du bei einem einjährigen Aufenthalt mögliche Probleme gelassen angehen und hast nicht ständig das Gefühl, dass dir die Zeit davonläuft. Falls es dir in deinem Gastland allerdings nicht so gut gefällt oder du anfällig für Heimweh bist, kann sich ein Jahresprogramm auch ganz schön in die Länge ziehen, wobei du natürlich ohnehin jederzeit nach Hause fliegen kannst.

Ein halbjähriger Auslandsaufenthalt reicht sicherlich dazu aus, einen guten Einblick in den Alltag deines Gastlandes zu bekommen. Allerdings wirst du die neue Umgebung garantiert nicht in derselben Intensität und Vielschichtigkeit erleben können wie ein Jahresschüler. Der Vorteil eines Halbjahresprogramms liegt vor allem darin, dass du in Deutschland weniger Schulstoff verpasst. Doch auch die meisten Jahresschüler schaffen es, eine Jahrgangsstufe ohne größere Probleme zu überspringen – soweit sie das aufgrund der Richtlinien ihres Bundeslandes** dürfen. Wenn möglich, solltest du ein Halbjahresprogramm zu

---

* *Info:* Je nach Gastland und individueller Lebensführung variiert die Höhe des notwendigen Taschengelds, wobei durchschnittlich von 150 bis 250 Euro pro Monat auszugehen ist.

** *Info:* Siehe dazu das Kapitel *Versetzungsrichtlinien.*

Schuljahresbeginn deines Gastlandes „antreten“, da es in dieser Zeit am einfachsten ist, Kontakte zu deinen Mitschülern zu knüpfen. Außerdem besteht dann die theoretische Chance, dass du das Programm um ein weiteres Halbjahr verlängern kannst, wenn es dir in deiner neuen Umgebung gut gefällt und deine Gastfamilie damit einverstanden ist.

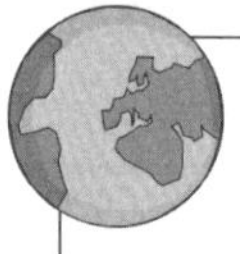

Hinweis: Denke bei deiner Planung daran, dass auf der südlichen Erdhalbkugel das Schuljahr üblicherweise Ende Januar beginnt.

Die Qual der Wahl

Na, wie viele Prospekte von verschiedenen Austauschorganisationen hast du schon zu Hause liegen? Mindestens ein volles Dutzend, oder? Gibt es schon einen Favoriten?

Die Entscheidung für eine bestimmte Organisation fällt dir sicherlich nicht leicht. Und damit stehst du nicht allein auf weiter Flur. Wie sollst du auch wissen, welcher Anbieter ein erfolgreiches Jahr gewährleistet und auf was du überhaupt achten musst? Auf den folgenden Seiten will ich dir ein paar Entscheidungshilfen geben. Aber eines sei vorweg geschoben: Eine Garantie für ein problemfreies Jahr im Ausland kann dir kein Veranstalter geben. Dafür gibt es viel zu viele unbekannte Faktoren – nicht zuletzt dich.

Informationsbroschüren

Wenig Sinn macht es, wenn du dir die Prospekte von sämtlichen Organisationen zuschicken lässt. Du erstickst darin und bist nach stundenlanger Lektüre nicht viel schlauer als vorher. Daher gehörte der Punkt „Informationsbroschüren“ eigentlich an den Schluss dieses Buches.

Denn bevor du dich mit den Prospekten der Organisationen auseinandersetzt, verschaffst du dir am besten auf den folgenden Seiten und im Serviceteil einen Überblick über den Markt. Dabei dürfte sich die eine oder andere Organisation herauskristallisieren, die dir aufgrund ihres Profils, ihres Programms und des Preises zusagt. Nur von diesen Organisationen forderst du dann Informationsmaterial an. Abgesehen von der Schonung der Wälder und der Arbeitserleichterung für dich, hat dieses Vorgehen noch den Vorteil, dass den Anbietern keine unnötigen Kosten für Porto und Prospekte entstehen, die sie sich über Erhöhungen der Programmpreise wieder von dir zurückholen.

Wahrscheinlich kommt diese Moralpredigt ohnehin zu spät und du hast bereits einen Berg von Prospekten zu Hause. Und genau aus diesem Grund beschäftigen wir uns bereits an dieser Stelle mit den Informationsbroschüren der Organisationen. Du könntest sie unter den folgenden Gesichtspunkten untersuchen:

- Eine Broschüre zeichnet sich nicht durch ihren Umfang oder einen mehrfarbigen Hochglanzdruck mit vielen schönen Fotos aus. Es ist vielmehr von Bedeutung, dass alle wichtigen Informationen über den Preis und die Leistung der Programme klar und deutlich aufgelistet sind. Darüber hinaus können hilfreiche Tipps natürlich nicht schaden.
- Bei einigen Prospekten könnte man glauben, man bucht eine Pauschalreise mit Abenteuergarantie. Ob das einem Schüleraustausch angemessen ist, möchte ich bezweifeln.
- Nimmt die Darstellung der Schüleraustauschprogramme nur einen kleinen Teil der Broschüre ein, so spricht das nicht unbedingt dafür, dass der Schüleraustausch bei dieser Organisation einen sehr hohen Stellenwert genießt.
- Problematisch ist die Praxis einiger Anbieter, dir zwei- oder dreimal den gleichen Prospekt zuzusenden, um dich dann auch noch schriftlich daran zu erinnern, dass der Anmeldeschluss näher rückt. Bei Programmpreisen, die engagiert arbeitenden Anbietern nur eine geringe Gewinnspanne erlauben, drängt sich hier förmlich die Frage

auf, an welchem Ende gespart wird, um die teuren Werbekampagnen finanzieren zu können.

- Hinweise in den Broschüren, dass dir eine Gastfamilie garantiert wird, sind absolut überflüssig, da auch diese Anbieter im Zweifelsfall keine Gastfamilie „zwangsrekrutieren" werden. Die Erwähnung von Schlagwörtern wie „Vollverpflegung" oder „Schulplatzgarantie" sind hingegen schon fast lächerlich, da dies eine Selbstverständlichkeit sein sollte.
- Einige Veranstalter versprechen dir die Platzierung in einer bestimmten Region. Dafür sollst du nicht selten einige hundert Euro zusätzlich zahlen. Bedenken solltest du jedoch die oft riesige Ausdehnung der zur Wahl stehenden Regionen: Trotz deiner kostenpflichtigen Wahl besteht nicht selten die Möglichkeit, in einem Gebiet platziert zu werden, das sich größenmäßig über halb Europa erstreckt.

Preis und Leistung

Je nach Programm und Zielland unterscheiden sich die Preise der Anbieter zum Teil erheblich voneinander. Manchmal entpuppen sich vermeintlich günstige Programme letztendlich sogar als recht kostspielig. Das liegt daran, dass in den Grundpreisen einiger Anbieter nur wenige der Leistungen enthalten sind, die für einen Auslandsaufenthalt unabdingbar sind. Den ungefähren Programmpreis kannst du errechnen, wenn du die Kosten für folgende Leistungen zum Grundpreis addierst:

- Innerdeutscher Transfer
- Flug von Deutschland ins Ausland
- Anschlussflug in deinem Gastland
- Krankenversicherung
- Unfallversicherung

Je nach Gastland und Anbieter können weitere Kosten anfallen für:

- Anmeldegebühr
- Vorbereitungsseminar in Deutschland

- Einführungsseminar im Gastland
- Nachbereitungsseminar
- Haftpflicht- und Reisegepäckversicherung
- Reiserücktrittskostenversicherung
- Visagebühren
- Schuluniform
- anbieterspezifische Zusatzkosten.

Durch die Addition der Kosten für alle diese Leistungen kann sich der Grundpreis schnell um ein paar tausend Euro erhöhen. Lass dich nicht von zweideutigen Angaben in den Informationsbroschüren in die Irre führen: Beispielsweise sagt der Vermerk „Flugbuchung" in der Regel lediglich aus, dass du nicht selbst ins Reisebüro gehen musst, um einen Flug zu buchen. Die vollen Kosten für den Flug trägst aber trotzdem du.

Noch einige Anmerkungen zu den Versicherungen: Bei manchen Veranstaltern ist im Programmpreis eine Krankenversicherung enthalten, die mögliche Behandlungskosten lediglich bis zu einer bestimmten Höchstgrenze – zum Beispiel 50.000 Euro – deckt. Diese Summe kann im Ernstfall viel zu niedrig sein! Zu empfehlen ist daher der Abschluss einer Krankenversicherung mit unbegrenzter Deckung, die im Ausland entstandene Aufwendungen zu 100 Prozent erstattet. Auch die Qualität der angebotenen Unfallversicherungen unterscheidet sich zum Teil erheblich! Nach genauer Prüfung der Leistungen sollte man gegebenenfalls überlegen, die Versicherung des Anbieters durch eine zusätzliche zu ergänzen. Ferner ist der Abschluss einer Privathaftpflichtversicherung zwingend erforderlich. Da du jedoch bereits über deine Eltern haftpflichtversichert sein solltest, brauchen die Kosten hierfür nicht zwangsläufig zum Programmpreis hinzugerechnet werden. Allerdings ist bei der Privathaftpflichtversicherung darauf zu achten, dass die Deckungssumme sehr hoch bis unbegrenzt ist, damit die Versicherung auch für mögliche Schadensersatzforderungen in Millionenhöhe (z.B. aus den USA) aufkommen muss.

Der Abschluss einer Reisegepäck- und einer Reiserücktrittsversicherung ist nicht zwingend erforderlich und wird von einigen Organisationen sogar als überflüssig erachtet. Diese Versicherungen können aber einen gewissen Schutz vor den Folgen von Diebstahl beziehungsweise vor möglichen Kosten bei einem krankheitsbedingten Rücktritt vom Programm bieten.*

Bewerbungsverfahren

In die Überlegungen über die Wahl deiner Organisation solltest du deren Bewerbungsverfahren mit einbeziehen. Die Unterschiede zwischen den Veranstaltern sind erheblich, und du musst dich entscheiden, welchen Weg du gehen willst.

Einige Anbieter kontaktieren dich einige Tage nach deiner schriftlichen Bewerbung per Telefon, um dir ein wenig auf den Zahn zu fühlen. Dieses Verfahren ist äußerst bequem für dich, allerdings zudem reichlich unpersönlich. Falls du zu den Menschen gehörst, die ungern telefonieren, hast du bei diesem Bewerbungsverfahren ein doppeltes Problem: Einerseits wirst du deine Person nicht richtig präsentieren können, andererseits deine dich bewegenden Fragen nicht in demselben Umfang stellen, wie du es bei einem persönlichen Gespräch getan hättest.

Andere Austauschorganisationen führen Gruppeninterviews durch oder veranstalten zentrale Auswahlwochenenden. Das letztgenannte Verfahren wird vor allem von Organisationen angewandt, deren Bewerberzahl die vorhandenen Programmplätze weit übersteigt. Nimmst du an einem solchen Wochenende teil, erfährst du unter Umständen eine Menge Neuigkeiten über den Schüleraustausch. Ob die zum Teil von

* *Info:* Die Reiserücktrittskostenversicherung muss in der Regel 7 bis 10 Tage nach der Unterzeichnung des Vertrages abgeschlossen werden. Die Kosten betragen circa 2 bis 3 Prozent des Programmpreises.

sehr jungen Returnees durchgeführten „Profilierungsspielchen" viel über die „Qualität" eines Jugendlichen als Austauschschüler aussagen, wage ich jedoch zu bezweifeln. Entscheidest du dich für eine Organisation mit diesem Auswahlverfahren, solltest du den möglicherweise erheblichen Kosten- und Zeitaufwand für die Anreise berücksichtigen, wenn der Veranstaltungsort und dein Wohnort weit voneinander entfernt liegen.

Irgendwo zwischen diesen beiden Beispielen liegt das folgende Bewerbungsverfahren: Nach deiner schriftlichen Bewerbung suchst du eine/n Mitarbeiter/in der Austauschorganisation in der Nähe deines Wohnortes auf. In einem mehrstündigen Einzelinterview macht diese/r sich ein genaues Bild von dir, testet unter Umständen deine Fremdsprachenkenntnisse, weist dich auf Probleme und Schwierigkeiten des Schüleraustausches hin und beantwortet dir deine Fragen. Vor oder nach dem Interview bekommen schließlich auch deine Eltern die Möglichkeit, den Mitarbeiter „zu löchern". In der Regel unterliegen die Interviewer bei der Entscheidung über deine Aufnahme ins Austauschprogramm keiner Quote in dem Sinne, dass zum Beispiel 50 Prozent der Bewerber/innen abgelehnt werden müssen. Vielmehr lautet bei Eignung des Teilnehmers das Prinzip: Wer zuerst kommt, mahlt zuerst.

Wenn dein Bewerbungsgespräch positiv verlaufen ist, solltest du innerhalb von zwei Wochen einen Vertrag zugesandt bekommen, der von dir und deinen Eltern unterzeichnet werden muss. Achte bei der Auswahl deiner Organisation darauf, dass du dich erst durch diese Unterschriften definitiv und für beide Seiten verpflichtend anmeldest. Somit hast du auch nach dem Interview noch die Möglichkeit, deine Entscheidung noch einmal zu überdenken und gegebenenfalls kostenfrei vom Programm zurückzutreten.

Leider ist das bei einigen Anbietern nicht der Fall. Teilweise liegt den Informationsbroschüren ein Anmeldeformular bei, mit dem du dich nicht nur für ein Schüleraustauschprogramm bewirbst, sondern (unbewusst) bereits einen rechtsgültigen Vertrag abschließt. Kommen dir dann nach dem Bewerbungsinterview Zweifel an deiner Eignung oder an der Qualität des Programms, musst du in den sauren Apfel beißen und zum Teil erhebliche Rücktrittskosten zahlen. Da der Kunde bei diesem Bewerbungsverfahren keineswegs König ist, solltest du dich darauf nicht einlassen!

Betreuung

Das wichtigste Merkmal einer guten Organisation ist die Qualität der Betreuung. Nachdem du für ein Programm akzeptiert bist, ist es wichtig, dass du detailliert auf deinen Auslandsaufenthalt vorbereitet wirst. Ausführliche Informationsmaterialien über dein Gastland und über mögliche Probleme im Leben eines Austauschschülers sind dafür eine Voraussetzung. Weiterhin sollte zumindest ein halbtägiges Vorbereitungstreffen in Deutschland stattfinden, auf dem die fundamentalen Belange des Auslandsaufenthaltes geklärt werden und deinen Eltern und dir die Möglichkeit eingeräumt wird, Fragen jeglicher Art zu stellen. Zentrale Massenveranstaltungen sind aufgrund ihrer Anonymität in der Regel keine idealen Vorbereitungsveranstaltungen. Kleine, über die Republik verteilte Treffen haben dagegen neben der persönlicheren Atmosphäre den Vorteil der besseren Erreichbarkeit.

Mehrtägige Seminare in Deutschland sind sicherlich die ideale Vorbereitung auf den Auslandsaufenthalt. Beschränken sich die halbtägigen Treffen in der Regel vor allem auf organisationstechnische Komplexe, wirst du im Zuge einer mehrtägigen Veranstaltung u.a. auch in den Bereichen Kultur(schock), Heimweh, Geschichte und Schule „fit“ gemacht. Darüber hinaus kannst du zum Beispiel in Rollenspielen schon einmal Erfahrungen im Umgang mit kniffligen Situationen in Gastfamilie und Schule sammeln.

Damit du nicht schon in den ersten Stunden deines Auslandsaufenthaltes verloren gehst, wird die Reise ins Ausland bei einigen Veranstaltern als Gruppenflug vollzogen, teilweise auch mit Begleitung. Abgesehen von dem Gefühl der Sicherheit ist der Spaßfaktor bei einem Flug mit vielen anderen Austauschschülern nicht unerheblich! Vor dem Hintergrund, dass du ein halbes oder ganzes Jahr alleine im Ausland verbringen wirst, solltest du allerdings auch einen Einzelflug meistern können, zumal du am Zielflughafen von deiner Gastfamilie bzw. deinem Betreuer abgeholt wirst.

Informativ und aufregend sind die Einführungsseminare in den Gastländern: Hier erhältst du den „letzten Schliff" für das Leben als Austauschschüler, indem du den Austausch aus der Sicht der für dich in deinem Gastland zuständigen Partnerorganisation deines deutschen Veranstalters kennen lernst. Während natürlich nichts dagegen spricht, dass während dieser Seminare auch touristische Aspekte berücksichtigt werden, so sollte der Schüleraustausch doch eindeutig im Vordergrund stehen – zumindest wenn du diese Veranstaltungen als Vorbereitung auf dein Austauschjahr nutzen möchtest.

Deine Betreuung während des Auslandsaufenthalts liegt gewöhnlich in der Hand der Partner(organisation) deines deutschen Vertragspartners. Während deines gesamten Aufenthalts wird dir ein in der Nähe* deiner Gastfamilie wohnender Mitarbeiter als Ansprechpartner für Fragen jeglicher Art zur Verfügung stehen. Dabei handelt es sich je nach Gastland um (halb-)ehrenamtlich arbeitende Personen oder um professionelle Homestay-Koordinatoren. Dein Betreuer wird sich regelmäßig mit dir treffen oder sich telefonisch über dein Befinden erkundigen. Bei möglichen Problemen wirst du gemeinsam mit ihm/ihr eine Lösung suchen und finden. Wenn du Glück hast, organisiert er/sie auch Treffen und Tagesausflüge, an denen mehrere Austauschschüler

* In Ländern mit großer Flächenausdehnung kann „Nähe" aber in Einzelfällen durchaus eine Distanz von 200 Kilometern bedeuten.

deiner Region teilnehmen. Das ist aber nicht die Regel und geht allein auf privates Engagement zurück. Schließlich sollte dein Betreuer mehrmals im Jahr einen Bericht verfassen, der deine persönliche Entwicklung festhält und unter anderem an deine Eltern geschickt wird. Da der Betreuer fester Bestandteil des Programms ist und du ihn sozusagen „mitbuchst", solltest du ihn jederzeit kontaktieren, wenn du Fragen hast: dafür ist er da!

Ein wichtiger Bestandteil der Betreuung ist die Nachbereitung. Da sich die Wiedereingliederung in den deutschen Alltag schwierig gestalten kann, ist es ungemein wichtig, dass du nicht allein gelassen wirst, sondern dich nach deiner Rückkehr mit anderen Returnees über deine Erfahrungen und Probleme austauschen kannst. Zu diesem Zweck bieten einige Organisationen Nachbereitungsveranstaltungen an, die du auf jeden Fall wahrnehmen solltest. Neben dem unbestrittenen Nutzen für dich kannst du durch konstruktive Kritik zur Verbesserung des Programms für die nächste Austauschschülergeneration beitragen. Manchmal wird dir im Zuge dieser Treffen die Mitarbeit bei der Organisation angeboten. Auf diese Weise kannst du deine Erfahrungen weitergeben und bleibst dem Schüleraustausch auch Jahre nach deiner Rückkehr verbunden.

Von zentraler Bedeutung ist darüber hinaus die Betreuung deiner Eltern, da sie sich durch den vorübergehenden „Verlust" ihres Kindes in einer für sie völlig neuartigen Situation wieder finden. Während die meisten Organisationen die Eltern der Programmteilnehmer einige Wochen vor der Abreise ihrer Kinder zumindest auf einem halbtägigen Treffen über den Ablauf des Austauschjahres informieren, lässt die Betreuung während des Austauschjahrs leider bei vielen Veranstaltern Wünsche offen.

Vertragliche Feinheiten

Wie bei jedem Vertragsabschluss sollte man sich bei der Anmeldung zu einem Schüleraustauschprogramm nicht auf die in den Werbebroschüren gemachten Versprechen verlassen, sondern das Kleingedruckte im Vertrag und in den Allgemeinen Geschäftsbedingungen sorgfältig lesen:

Um das Bankkonto deiner Eltern nicht übermäßig zu belasten, ist es von Vorteil, wenn der Programmpreis in (nicht zu hohen) Raten gezahlt werden kann. Bereits vor der ersten Zahlung sollte dir vom Veranstalter ein so genannter Sicherungsschein* im Sinne von Paragraph 651k III des Bürgerlichen Gesetzbuches ausgehändigt werden, damit das von dir und deinen Eltern gezahlte Geld bei einer möglichen Zahlungsunfähigkeit der Organisation zurückerstattet wird.

Ferner ist darauf zu achten, dass der Vertrag oder die Allgemeinen Geschäftsbedingungen keine beliebig dehnbaren Klauseln enthalten, die es dem Veranstalter erlauben, eine Kündigung aus irgendwelchen nicht näher aufgeführten Gründen auszusprechen. Auch das Abreisedatum sollte im Vertrag fixiert sein, damit deine Reise nicht erst einige Wochen später als erwartet losgeht.

Möchtest du an dem Programm einer Organisation nur unter der Voraussetzung teilnehmen, dass du ein Stipendium erhältst, muss dieses ausdrücklich im Vertrag erwähnt werden. Ohnehin ist es zu empfehlen, besondere Vereinbarungen zwischen dir und deinem Anbieter, die nicht im Standard-Vertrag verankert sind, auf dem schriftlichem Wege zu erledigen, damit bei möglichen Streitigkeiten auf die Korrespondenz verwiesen werden kann. Mündliche Absprachen sind in der Regel nicht nachweisbar.

* *Info:* Er gilt als Bescheinigung für den Abschluss einer Konkursausfallversicherung.

Schließlich ist es durchaus von Interesse, welche Kosten dir bei einem Rücktritt von dem Programm entstehen. Je geringer die Rücktrittskosten sind, desto besser ist das natürlich für dich. Da du bei der Anmeldung aber von der Teilnahme am Programm ausgehst, sollte dieser Punkt bei deiner Entscheidung nicht allzu schwer ins Gewicht fallen.

Weitere Qualitätsmerkmale

Es ist garantiert kein Nachteil, wenn sich die von dir ausgewählte Organisation nicht erst seit kurzer Zeit mit dem Schüleraustausch beschäftigt. Ein Anbieter, der bereits jahrelang in diesem Bereich arbeitet, verfügt einfach über bestimmte Erfahrungswerte, die sich ein Neuling erst noch erarbeiten muss. Das kann unter anderem im Umgang mit der Partnerorganisation im Gastland von Bedeutung sein, falls es zu schwerwiegenden Problemen zwischen dir und deiner Gastfamilie kommt. Ob man hingegen von der Anzahl der „verschickten" Austauschschüler/innen einer Organisation pro Jahr auf die Qualität eines Programms schließen kann, ist nicht eindeutig zu beantworten. Mit einer steigenden Zahl an Schüler/innen wächst sicherlich die Gefahr, als anonyme Nummer geführt zu werden. Allerdings ist es egal, ob eine Organisation mit zwei Mitarbeitern 100 Jugendliche betreut oder vier Mitarbeiter den Austausch für 200 Personen managen: Letztendlich zählt allein das Verhältnis zwischen den Mitarbeitern und den zu betreuenden Jugendlichen.

Die ausländische Partnerorganisation des deutschen Anbieters ist für deine Platzierung in einer Gastfamilie und für deine Betreuung vor Ort zuständig und sollte daher in deine Überlegungen mit einbezogen werden. Beim USA-Programm ist darauf zu achten, dass die Partnerorganisation in der so genannten „CSIET-Advisory List" aufgeführt ist. Das Council on Standards for International Educational Travel ist eine Art amerikanischer „TÜV" für Austauschorganisationen, bei dem sich die

Organisationen jährlich um eine Aufnahme in die Advisory List* bewerben können. Wenngleich seit einigen Jahren die Bedeutung des von den Austauschorganisationen selbst finanzierten CSIET durch die verstärkte Einflussnahme des US Departement of State schrumpft, kann es z.B. zu Problemen bezüglich deiner Aufnahme in Sportteams deiner High School kommen, wenn deine Partnerorganisation nicht gelistet ist.

Einen mit dem CSIET vergleichbaren „TÜV" gibt es in anderen Ländern nicht. Einige deutsche Veranstalter haben sich aber zu Interessensgemeinschaften zusammengeschlossen. Derzeit gibt es zwei Schüleraustausch-Verbände** in Deutschland, den Arbeitskreis gemeinnütziger Jugendaustauschorganisationen (AJA) und den Deutschen Fachverband High School (DFH). Durch die Mitgliedschaft in einem dieser Verbände erkennen die Organisationen die jeweiligen Richtlinien bzw. Prinzipien an, und fühlen sich diesen dann in der Regel auch verpflichtet – soweit die Mitgliedschaft nicht nur marketingtechnisch motiviert ist. Dass diesen zwei Verbänden insgesamt nur 19 Austauschorganisationen angehören, ist allerdings kein Indiz für die schlechte Qualität eines Großteils der Veranstalter. Denn schon innerhalb der Verbände gibt es sehr große Unterschiede bezüglich des Programmangebots, der Preise, Beratung, Vorbereitung, Betreuung, Kommunikationsstrukturen sowie der Programmabwicklung im Allgemeinen.

Du solltest dich bei der Wahl deiner Austauschorganisation folglich weder von einer Mitgliedschaft in einem der Verbände noch von dem (zu) oft beschworenen, angeblich prinzipiellen Unterschied zwischen gemeinnützigen und kommerziellen Veranstaltern beeinflussen lassen. Da eine optimale Betreuung vor, während und nach dem Auslandsaufenthalt auch von einigen gemeinnützigen Organisationen nicht geleistet wird, während viele privatwirtschaftliche Anbieter im positiven

---

* *Info:* Siehe hierzu das Kapitel *CSIET Advisory-List.*

** *Info:* Siehe *Schüleraustausch-Verbände.*

Sinne des Wortes sehr professionell arbeiten, sagt die Rechtsform einer Organisation nichts über ihre Qualität aus. Entscheidend sollte somit für dich nicht sein, ob hinter dem Namen einer Organisationen die Kürzel „e.V.“, „GmbH“ oder „GbR“ stehen bzw. ob die Veranstalter als gemeinnützig anerkannt sind oder nicht. Stattdessen sollte die Suche nach dem für dich individuell besten Programm auf der Grundlage eines detaillierten Preis-Leistungs-Vergleichs im Vordergrund stehen.

Von der Anmeldung bis zum Abflug

Nach reiflicher Überlegung hast du dich unter Berücksichtigung der oben beschriebenen Kriterien für eine Austauschorganisation entschieden. Nun fällt zunächst eine Menge Schreibkram an.

Schriftliche Bewerbung

Vielen Informationsbroschüren der Austauschorganisationen liegen Bewerbungsformulare bei. Dabei handelt es sich oft um einen Vordruck, auf dem du nicht viel mehr als deine Adresse, deine Schulnoten und deine Hobbys einzutragen hast*. Zusätzlich verlangen fast alle Organisationen für deine Bewerbung die Zeugnisse der letzen Schuljahre und eine schriftliche Selbstbeschreibung, in der du darlegen sollst, wer du bist und warum du dich bewirbst. Zusätzlich wirst du einen mehrseitigen deutschen Fragebogen und eine sehr umfangreiche Bewerbungsmappe der Partnerorganisation ausfüllen müssen. Diese Unterlagen werden dir aber oft erst nach erfolgreichem Interview zugesandt.

Fragen zu deiner Person solltest du immer wahrheitsgemäß beantworten. Es bringt überhaupt nichts, wenn du dich auf dem Papier als großen Helden mit vielfältigen, schier unbeschreiblichen Fähigkeiten darstellst, die Realität aber ganz anders aussieht. Durch derartige Lügen weckst du bei deiner Gastfamilie Erwartungen, die du letztendlich nicht erfüllen kannst. Führe zum Beispiel nur die Hobbys auf, die du noch aktiv betreibst. Es mag zwar gut aussehen, eine Liste mit zehn Freizeitaktivitäten zu präsentieren, doch spätestens wenn deine Gastmutter jeden Tag mit dir zwei Stunden Klavier spielen möchte und dir das Musizieren eigentlich noch nie richtig Spaß gemacht hat, dürfte

* Wie bereits im Kapitel „*Das Bewerbungsverfahren*“ beschrieben, sollte aufgrund dieses Formulars noch kein Vertragsabschluss stattfinden.

dir klar werden, dass du das Hobby „Klavier spielen“ besser nicht erwähnt hättest.

Falls du Raucher bist und auch während deines Aufenthalts nicht auf die Glimmstängel verzichten kannst, solltest du das bei der Bewerbung angeben. Das verringert zwar den Kreis der potentiellen Gastfamilien erheblich, schließt aber vorprogrammierte Konflikte von Anfang an aus. Ähnlich verhält es sich mit deinem optischen Erscheinungsbild: So ist es zum Beispiel unklug, sich für die Bewerbungsfotos in einen Anzug zu zwängen, um sich seiner Gastfamilie dann doch mit zerrissener Hose, bunten Dreadlocks, diversen Piercings und großflächigen Tätowierungen zu präsentieren.

In den meisten Fällen gehört zu einer Bewerbung ein von dir verfasster Brief an deine dir noch nicht bekannten Gasteltern. Darin stellst du dich deiner Gastfamilie vor und vermittelst ihr auf diese Weise einen kleinen Einblick in dein Leben. Auch hier ist es sinnvoll, mit offenen Karten zu spielen. Bist du zum Beispiel eine Person, die ständig mit ihren Freunden unterwegs ist, allergisch auf Haustiere reagiert oder kein Fleisch isst, solltest du das an dieser Stelle erwähnen. Es geht hierbei nicht darum, Forderungen an die potentielle Gastfamilie zu stellen, vielmehr ist es ein Gebot der Fairness, deine zukünftigen Gasteltern so genau wie möglich über ihr potentiell neues Familienmitglied zu informieren.

Bist du dir bei der Beantwortung einiger kniffliger Fragen bezüglich deiner Motivation oder deiner Eignung nicht schlüssig, orientierst du dich einfach an den entsprechenden Passagen in den Informationsmaterialien deiner Organisation. Last not least benötigst du in der Regel noch ein Gutachten von einem Lehrer deiner Schule, der dir deine Eignung für das Programm bescheinigt. Es darf ruhig ein wenig dick aufgetragen werden, allerdings solltest du in dem Gutachten noch wieder zu erkennen sein.

Bewerbungsgespräch

Welche Arten von Bewerbungsinterviews es gibt, hast du bereits erfahren. Was fehlt, sind einige Tipps bezüglich deines Verhaltens. Der wichtigste Punkt zu Anfang: Sei du selbst! Versuche, sich beim Bewerbungsgespräch zu verstellen, schlagen fast immer fehl. Du bist du, mit allen positiven und negativen Seiten. Es ist daher nicht immer förderlich, nur seine positiven Eigenschaften hervorzuheben. Stattdessen wird dir das Eingeständnis deiner Schwächen oft sogar als Zeichen der Stärke angerechnet.

Auf die persönlichen Einzelinterviews der meisten Organisationen musst du dich nicht speziell vorbereiten. Zwar werden im Allgemeinen auch deine Sprachkenntnisse geprüft, in der Regel steht aber die Beurteilung deiner Persönlichkeit im Vordergrund. Sei einfach freundlich, offen und gesprächig. Falls du bei einigen Themen anderer Meinung bist als dein Interviewer, mach deinen Standpunkt ruhig deutlich. Konstruktive Kritik gilt als Zeichen für selbständiges Denken.

Auch bei Bewerbungsverfahren, bei denen du dich gegen andere Mitbewerber im direkten Vergleich behaupten musst, ist die Bewertung deiner Persönlichkeit ausschlaggebend für die Aufnahme in das Austauschprogramm. Kenntnisse über dein Gastland, das aktuelle Weltgeschehen sowie über die deutsche Geschichte und Gesellschaft können allerdings das entscheidende Zünglein an der Waage sein. Spiel dich während des Auswahlverfahrens nicht permanent in den Vordergrund, versteck dich aber auch nicht: Es ist von Vorteil, ab und an eine Diskussion mit deinen Thesen loszutreten und zu lenken, ein anderes Mal interessiert zuzuhören und den Diskussionsverlauf fundiert zusammenzufassen, um dann einen eigenen „Lösungsvorschlag" zu präsentieren.

Das ewige Warten

Vielleicht sagt man dir bereits am Ende des Bewerbungsinterviews, ob man dich für das Programm akzeptiert. Wenn nicht, solltest du spätestens zwei Wochen nach dem Gespräch einen Brief bekommen, der dir Klarheit verschafft. Ist der Bescheid negativ, musst du dir schnell eine andere Organisation suchen, damit sich dein Traum vom Auslandsaufenthalt nicht in Luft auflöst.

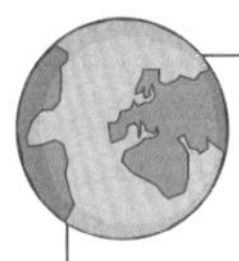

Hinweis: Die Absage eines Veranstalters bedeutet noch lange nicht, dass du für einen Austausch nicht geeignet bist! Vielmehr hängt die Entscheidung über die Aufnahme ins Programm nicht selten von persönlichen Sympathien und Antipathien ab.

Bekommst du eine Zusage, wird dem Brief im Idealfall ein Vertrag beiliegen, den du innerhalb von einer oder zwei Wochen unterzeichnet zurücksenden musst. Bevor du deine Unterschrift unter das Schriftstück setzt, sollte es von dir und deinen Eltern einer genauen Prüfung unterzogen werden.* Mit deiner Unterschrift wird es amtlich: Dein Weg führt ins Ausland! Aber bis dahin ist es noch lange hin. Bei einer frühen Anmeldung kann noch fast ein Jahr ins Land ziehen, bis das Programm beginnt. Aber auch bei einer späteren Anmeldung hast du vielleicht noch ein paar Monate vor der Brust. Das ist eine schrecklich lange Zeit, die bei fast allen zukünftigen Austauschschülern von einer gemeinsamen Routine gekennzeichnet ist. Jeden Tag nach der Schule wird in zahlreichen Haushalten die gleiche Frage gestellt. Sie lautet: „Ist Post gekommen?". Und unzählige Male wird die Antwort „Nein" die Laune vieler Jugendlicher in ganz Deutschland kurzfristig verschlechtern, da das ersehnte Schreiben mit der Adresse ihrer Gastfamilie wieder nicht

* *Info:* Siehe dazu das Kapitel *Vertragliche Feinheiten.*

im Briefkasten lag. Im schlechtesten Fall wiederholt sich dieses Ritual bis kurz vor der Abreise. Und irgendwann ist er endlich da, der Brief aus der Ferne.

Wahrscheinlich wirst du das Schreiben deiner neuen Familie zunächst nur schnell überfliegen und dann schleunigst einen Atlas heranholen, um den Wohnort zu lokalisieren. Wenn du in den langen Wochen und Monaten des Wartens eine spezifische Erwartungshaltung aufgebaut hast, werden der Platzierungsort und die Gastfamilie deinen Wunschvorstellungen vielleicht nicht zu hundert Prozent entsprechen. Sei trotzdem froh, dass dich diese Familie aufgenommen hat, selbst wenn es sich hierbei nur um eine „Welcome Family"* handeln sollte. Denn es hätte auch schlimmer kommen können:

Eine nicht genau zu beziffernde Zahl von Jugendlichen erwischen jedes Jahr ein schweres Los: Bis zuletzt warten sie auf den ersehnten Brief aus dem Ausland, aber er kommt einfach nicht. Kurz vor der Abreise teilt man ihnen dann mit, dass sie nicht platziert werden konnten. Das ist ein starkes Stück, aber aufgrund der weltweit steigenden Zahl von Austauschschülern wird es nicht nur in den USA immer schwieriger, alle Jugendlichen (rechtzeitig) zu platzieren. Eine Garantie für eine Platzierung bis zu einem bestimmten Datum kann dir leider keine einzige Organisation geben, da niemand eine Familie zwingen kann, dich aufzunehmen. Jedoch sollte man dir Auskunft geben, wie es diesbezüglich in den letzten Jahren gelaufen ist. Auch ein Blick in die mittlerweile zahlreichen Internetforen zum Schüleraustausch kann aufschlussreich sein, obwohl sie natürlich nicht unbedingt repräsentativ sind.

* *Info:* „Welcome Families" sind Familien, die sich zur vorübergehenden Aufnahme eines Austauschschülers bereit erklären. Laut einer repräsentativen Studie der für den Schüleraustausch in den USA zuständigen Behörde (United States Department of State) aus dem Jahre 2000 wird durchschnittlich jeder siebte Austauschschüler in den USA in einer „Welcome Family" platziert. Ungefähr jede dritte dieser Familien entscheidet sich schließlich dazu, die Jugendlichen für die gesamte Zeit ihres Aufenthalts aufzunehmen.

Natürlich ist der Gedanke schwer zu ertragen, dass sich unter Umständen keine Familie für dich interessiert. Lass dich davon aber nicht verrückt machen! Zum einen hat das in der Regel nichts mit deiner Persönlichkeit zu tun, die auf ein paar Seiten Papier und einem Foto nur lückenhaft dargestellt werden kann. Und zum anderen ist es unwahrscheinlich, dass dich dieses „Schicksal“ treffen wird. Selbstzweifel sind daher unangebracht, eine gehörige Portion Selbstbewusstsein im Umgang mit dieser Situation dagegen wünschenswert.

Die Arbeit der Austauschorganisationen

Während du monatelang sehnsüchtig auf deine Platzierung in einer Gastfamilie wartest, fragst du dich bestimmt, ob deine Austauschorganisation die ganze Zeit untätig herumsitzt. Dem ist in der Regel nicht so. Sowohl beim deutschen Veranstalter als auch bei der Partnerorganisation fallen umfangreiche Arbeiten an.

Aufgaben der Partnerorganisation

Nachdem der Veranstalter den von dir und deinen Eltern unterschriebenen Vertrag und sämtliche Bewerbungsformulare erhalten hat, werden diese Unterlagen zur Zentrale der Partnerorganisation in dein Gastland geschickt. Dort wird geprüft, in welcher Region du sinnvoller Weise platziert werden könntest beziehungsweise welche/r der über das ganze Land verteilten Mitarbeiter/innen sich bereit erklärt, für dich eine Gastfamilie zu finden. Ist diese Entscheidung gefallen, erhält schließlich der/die ab jetzt für dich zuständige lokale Betreuer/in deine Bewerbungsunterlagen.*

* In einigen Ländern arbeiten die Veranstalter zunehmend direkt mit den Schulen zusammen, so dass du dir bereits im Zuge deiner Bewerbung gezielt eine High School nach deinen akademischen, sportlichen, künstlerischen, geographischen bzw. finanziellen Vorstellungen aussuchen kannst.

Im Glücksfall kann dieser Mitarbeiter auf eine Liste mit „Wiederholungstätern" zurückgreifen, die sich fast jedes Jahr zur Aufnahme von Gastschülern bereit erklären und die sich bewusst sind, was es heißt, ihr Zuhause ein Jahr lang mit einem fremden Jugendlichen zu teilen. In der Regel verläuft die Gastfamiliensuche allerdings viel mühsamer. Aufgrund der weltweit schwierigen wirtschaftlichen Situation und eines fortschreitenden Wertewandels hin zur Individualisierung bekommen die lokalen Betreuer selbst in Ländern mit einer langen Austauschtradition zunehmend Probleme, geeignete Interessenten zu finden. Die Suche wird mit verschiedensten Mitteln betrieben: Angefangen mit Andeutungen im Familienkreis, über Empfehlungen von Freunden, Zeitungsannoncen und Informationsabende bis hin zum „Klinken putzen" ist alles denkbar und erlaubt.

Findet sich schließlich eine interessierte Familie, wird ein Gesprächstermin vereinbart. Bei diesem Treffen informiert der örtliche Betreuer die potentiellen Gasteltern und gegebenenfalls ihre Kinder über Vorzüge und mögliche Probleme des Zusammenlebens mit einem ausländischen Jugendlichen. Vor allem macht er sich aber ein Bild über die finanziellen und sozialen Verhältnisse der Familie. Falls das Gespräch zur beiderseitigen Zufriedenheit verläuft, stellt sich der weitere Ablauf folgendermaßen dar: Der Betreuer zieht einige Bewerbungsbögen von Jugendlichen verschiedener Nationalität aus der Tasche und präsentiert diese der Familie. Nun wird es spannend: Grundsätzlich hat sich die Familie mit dem Gedanken angefreundet, einen ausländischen Jugendlichen aufzunehmen. Sich jedoch für eine/n bestimmte/n Schüler/in zu entscheiden, ist alles andere als einfach. Der erste Blick fällt garantiert auf die Bewerbungsfotos, die dich daher von deiner Schokoladenseite zeigen sollten. Nicht selten entscheidet bereits der erste optische Eindruck über Sympathie oder Antipathie. Auch das Herkunftsland der Bewerber/innen spielt für viele Familien eine wichtige Rolle, aber das ist von dir natürlich nicht beeinflussbar. Und schließlich sind die Hobbys der Jugendlichen bei der Auswahl der Bewerber/innen für viele Familien nicht unerheblich.

Dem Betreuer fällt die Aufgabe zu, die Familie bei der Auswahl ihres neuen Familienmitglieds zu beraten. Da er sowohl die Unterlagen der Schüler/innen kennt, als auch die Interessen und Einstellungen der Gastfamilie beurteilen kann, liegt es an ihm, den „Familienrat" in die eine oder andere Richtung zu beeinflussen. Dabei werden neben den Interessen und Wünschen der Bewerber/innen auch bestimmte Notwendigkeiten berücksichtigt. Ein Jugendlicher mit Katzenhaarallergie oder Hundephobie dürfte zum Beispiel wohl kaum für die Platzierung in einer Familie mit diversen Vierbeinern geeignet sein. Wie überall gibt es leider auch unter den Betreuern einige „schwarze Schafe", deren Sorgfältigkeit bei der Familienauswahl zu wünschen übrig lässt. Erwecken einige nach Skandalen haschende Berichte in Printmedien und Fernsehen auch einen gegenteiligen Eindruck, so machen diese „schwarzen Schafe" zum Glück nur eine kleine Minderheit aller Betreuer aus – und wenn es wirklich hart auf hart kommt, ist immer noch ein Gastfamilienwechsel möglich. Aber dazu später mehr.

Manche Familien entschließen sich noch am Abend des Gesprächs für die definitive Aufnahme eines Schülers. Andere kommen nach ausgiebiger Bedenkzeit zu der Einsicht, dass sie ihr Haus doch nicht mit einem ausländischen Jugendlichen teilen wollen. Wieder andere sagen erst zu, ziehen ihr Angebot aus beruflichen oder privaten Gründen aber nach einigen Wochen wieder zurück. Die Mehrheit der Familien fällt ihre Entscheidung aber erst wenige Wochen vor Programmbeginn. Es ist daher nicht ungewöhnlich, dass deine Unterlagen in vielen verschiedenen Wohnzimmern gelegen haben, bevor eine Bleibe für dich gefunden ist.

Die Betreuer verlangen von den Gastfamilien in der Regel noch ein oder zwei schriftliche Referenzen, die von einem Nachbarn, Arbeitskollegen oder irgendeiner anderen Person ausgestellt werden können. Da es sich bei diesen Referenzen nicht selten um Gefälligkeitsgutachten handeln dürfte, würde ich ihren Wert nicht überschätzen. Allerdings wird sich die Familie ihren Referenzpersonen gegenüber (möglicherweise) verpflichtet fühlen. Ist eine Gastfamilie gefunden, muss sich der

Betreuer noch um einen Platz in einer am Ort ansässigen Schule bemühen, was sich nicht immer als Kinderspiel herausstellt. Sollten die Schulen in der Nähe des Wohnorts der vorgesehenen Gastfamilie nicht zu deiner Aufnahme bereit sein, kann die Platzierung in dieser Familie nicht vollzogen werden. Der Betreuer muss sich dann erneut auf die Suche machen.

Sind alle Voraussetzungen für einen erfolgreichen Austausch erfüllt, erhält die deutsche Organisation von ihrem ausländischen Partner die notwendigen Informationen über die Gastfamilie, die anschließend an dich weitergeleitet werden. Du solltest dich dann umgehend bei deinen Gasteltern melden und dich für ihre Gastfreundschaft bedanken. Bleibt genug Zeit bis zur Abreise, kann sich daraus vielleicht sogar schon ein reger Kontakt entwickeln – der in vielen Fällen jedoch ausbleibt, da beide Seiten noch mit anderen Dingen beschäftigt sind.

Aufgaben des deutschen Veranstalters

Wie viel Arbeit bei der deutschen Organisation anfällt, hängt von ihrem Selbstverständnis ab. Ist sie nur auf dein Geld aus, hörst du nach dem Bewerbungsinterview nicht mehr viel von ihr. Liegt ihr aber an einer guten Betreuung der Austauschschüler, wirst du durch umfangreiches Informationsmaterial und durch entsprechende Veranstaltungen optimal auf deinen Auslandsaufenthalt vorbereitet. Gewissenhaft arbeitende Organisationen haben darüber hinaus ständig ein offenes Ohr für deine telefonischen Fragen.

Der administrative Aufwand der Veranstalter ist ebenfalls nicht zu unterschätzen. Da die Darstellung von Verwaltungsaufgaben für dich als angehende/n Austauschschüler/in jedoch kaum von Interesse sein dürfte, wird an dieser Stelle darauf verzichtet. Lediglich auf die Themen „Flugbuchung“ und „Visumsbeschaffung“ soll kurz eingegangen werden: Hast du eine Woche vor der Abreise deine Flugtickets noch nicht erhalten, ist das kein Grund zur Panik, da ihre Zustellung gewöhnlich erst wenige Tage vor Reisebeginn erfolgt. Sind dir diesbezüglich aber keine genauen Informationen gegeben worden, ist ein dezentes telefonisches Anfragen beim Veranstalter nicht verkehrt.

Beunruhigt solltest du allerdings sein, wenn du eine Woche vor der Abreise dein Visum noch nicht erhalten hast. Es ist durchaus denkbar, dass eine Botschaft weit länger als einen Monat für das Stempeln deines Passes benötigt. Deshalb ist es angebracht, sich nicht auf den letzten Drücker darum zu kümmern. Neben einem gültigen Reisepass* benötigst du einen Visumsantrag sowie für einige Länder spezifische Formulare, die du von der Partnerorganisation oder vom deutschen Anbieter erhältst. Hast du diese Unterlagen drei Monate vor deiner Abreise noch nicht erhalten, wird es Zeit, deine Organisation daran zu erinnern. Bei der Bewertung der Arbeit deines Anbieters solltest du nicht vergessen, dass sich in der Zeit deines ungeduldigen Wartens bereits eine Austauschschülergeneration im Ausland befindet, die auch betreut werden muss. Gerade bei Problemen zwischen Jugendlichen und ihren Gastfamilien fällt viel Arbeit an: Zum einen wird sich der deutsche Veranstalter bei der Partnerorganisation für seine Schüler einsetzen, zum anderen müssen die besorgten Eltern in langen Telefonaten und Briefen informiert werden.

Vorbereitungsveranstaltungen

Zu einem Schüleraustausch gehört eine umfassende Vorbereitung. Im Unterschied zu einem zweiwöchigen Pauschalurlaub mit All-Inclusive-Angebot verläuft ein mehrmonatiger Austausch eher selten absolut problemfrei. Ziel der Vorbereitung sollte es deshalb sein, die Schüler/innen für mögliche Konflikte zu sensibilisieren und Lösungsstrategien zu diskutieren. Darüber hinaus ist es notwendig, den Jugendlichen (und ihren Eltern) Informationen über versicherungstechnische Fragen, Zoll- und

* *Info:* Viele Länder verlangen, dass der Pass noch einige Monate nach deinem offiziellen Rückreisetermin gültig ist.

Visabestimmungen sowie über den Ablauf des Programms zu geben. Viele Veranstalter bieten halbtägige Vorbereitungstreffen an, an denen die zukünftigen Austauschschüler/innen zusammen mit ihren Eltern teilnehmen. In vier bis sechs Stunden können diese Crash-Kurse die wichtigsten Fragen anreißen. Wenn diese Veranstaltungen auf wenige Dutzend Personen beschränkt sind und ehemalige Austauschschüler als Ansprechpartner zur Verfügung stehen, können trotz dieses knappen Zeitrahmens die meisten individuellen Anliegen geklärt werden.

Ideal ist es, wenn zusätzlich noch ein mehrtägiges Vorbereitungsseminar abgehalten wird, in dem die Jugendlichen sowohl umfangreiche Informationen über die Kultur und Geschichte Deutschlands und ihres Gastlandes erhalten als auch detailliert über die verschiedenen Facetten des Schüleraustausches informiert werden. Leider werden diese mehrtägigen Seminare aber nur von wenigen Organisationen angeboten.*

Persönliche Vorbereitung

Bei der Vorbereitung deines Aufenthalts musst du Eigeninitiative entwickeln. Dabei sind drei Bereiche abzudecken:

1. Du bist nicht der erste Jugendliche, der für eine lange Zeit ins Ausland geht. Es wäre dumm, nicht auf die Erfahrungen ehemaliger Austauschschüler zurückzugreifen. So lernst du mögliche Problemfelder im Voraus kennen und kannst geeignete Rückschlüsse ziehen. Inzwischen existiert eine Reihe von schriftlich niedergelegten Erfahrungsberichten, von denen du eine Auswahl im Anhang dieses Buches findest. Außerdem ist es sinnvoll, Returnees persönlich über ihre Erfahrungen und Eindrücke zu befragen. Auf diese Weise bekommst du Infos aus erster Hand. Einige Veranstalter liefern dir eine

* *Info:* Der Bildungsberatungsdienst weltweiser® bietet Workshops und Seminare zur Vor- und Nachbereitung eines Auslandsaufenthaltes an. Weitere Infos hierzu auf telefonische Anfrage unter 02306-978113.

ganze Liste mit Telefonnummern von Ehemaligen, die dir bereitwillig Auskunft erteilen und die du auf jeden Fall kontaktieren solltest.

2. Die Eingewöhnungsphase in einem fremden Land wird erheblich leichter, wenn du bereits eine ungefähre Ahnung von dem hast, was dich erwartet. Daher kann es nicht schaden, bereits in Deutschland einige Bücher über die Geschichte, Politik und Kultur deines Ziellandes zu lesen.
3. Mindestens genauso wichtig wie die Kenntnis über dein Gastland ist das Wissen über deine Heimat. Mit an Sicherheit grenzender Wahrscheinlichkeit wirst du von deiner Gastfamilie, deinen neuen Freunden und deinen Lehrern über Deutschland befragt. Es ist ziemlich peinlich, wenn du noch nicht einmal einen blassen Schimmer über wichtige Ereignisse und Entwicklungen hast. Fest steht, dass du im Laufe deines Aufenthalts um Stellungnahmen zu Themengebieten wie Nationalsozialismus, Rechtsradikalismus und Wiedervereinigung wohl kaum herumkommen wirst.

Es bietet sich daher an, die Schriftenverzeichnisse der „Bundeszentrale für politische Bildung“ und der für dich zuständigen „Landeszentrale für politische Bildung“ anzufordern, in denen zahlreiche Publikation zu Themen der deutschen Geschichte und Gesellschaft aufgeführt sind. Die Bücher sind kostenlos und werden dir innerhalb von wenigen Wochen nach Bestellung gegen Portoerstattung zugesandt.*

Neben diesen Aktivitäten ist es auch sinnvoll, deine Rückkehr vorzubereiten. Sprich bereits vor deiner Abreise mit dem Schulleiter und den zuständigen Fachlehrern ab, welche „Auflagen“ du erfüllen musst, falls du bei deiner Rückkehr wieder in deine alte Jahrgangsstufe integriert werden willst. Die dich betreffenden offiziellen Regelungen findest du im Kapitel „Versetzungsrichtlinien“.

---

* *Info:* Siehe hierzu *Literatur über Deutschland und Gastländer.*

Die letzten Tage in Deutschland

Nach dem Vertragsabschluss zwischen dir und dem Veranstalter läuft der Countdown. Der Zeitpunkt deiner Abreise rückt unaufhaltsam näher, aber die ersten Monate des Wartens vergehen definitiv zu langsam. Lieber heute als morgen möchtest du ins Flugzeug steigen. Der Schulalltag geht dir ziemlich auf den Wecker und bei Konflikten jeglicher Art vertröstest du dich auf die bald beginnende Zeit als Austauschschüler.

Anfänglich hast du die Fragen deiner Freunde und Verwandten zum Schüleraustausch noch euphorisch und gerne beantwortet. Nachdem du aber zum x. Mal von denselben Leuten gefragt worden bist, wo denn deine Gastfamilie wohnt, wie lange du wegbleibst und ob du dich auf deine Abreise freust, reagierst du nur noch genervt. Zum einen kannst du die immer gleichen Fragen mittlerweile nicht mehr hören, zum anderen bekommst du langsam selbst kalte Füße, weil du dir gar nicht mehr so sicher bist, ob du die richtige Entscheidung getroffen hast. Zu allem Überfluss läuft dir jetzt auch noch die Zeit weg.

Bereits zwei Wochen vor deiner Abreise beginnst du, dich von einigen Leuten zu verabschieden. Es ist ja nicht sicher, ob man sich vorher noch einmal sieht. Die Abschiedsworte fallen nicht leicht und es ist dann schon fast ärgerlich, wenn man sich danach noch zweimal über den Weg läuft und die Zeremonie von neuem beginnt. Deine „Goodbye-Party" ist gut besucht und wird ein Hit, eine gehörige Portion Wehmut dämpft aber deine Freude darüber. Als der letzte Gast geht, weißt du: Das war's!

Der folgende Tag wird extrem stressig. Der Partykeller ist total zugesifft und du bist für die Reinigung zuständig. Da dir noch ein Geschenk für deinen Gastbruder fehlt, rennst du nach vollendeter Arbeit noch schnell in die Stadt. Ein paar Kosmetika sind auch noch zu besorgen. Auf dem Rückweg wird dir klar, dass du diese Straßen und Häuser für eine lange Zeit nicht mehr sehen wirst. Ein komisches Gefühl. Zuhause angekommen verfliegt die aufkommende Melancholie jedoch schnell, da die schweißtreibende Aufgabe des Kofferpackens deine volle Konzentration erfordert. Es mag dir zwar offiziell erlaubt sein, zwei Koffer à 32 Kilogramm und ein Handgepäck mit auf die Reise zu nehmen. Denk aber bitte daran, dass du in der Lage sein musst, deine Koffer und Taschen über kurze Strecken selbständig zu transportieren, was dir bei einer Kampfbepackung von 70 Kilogramm nicht leicht fallen wird. Damit du nur die wirklich notwendigen Klamotten einpackst, wendest du am besten folgende Strategie an:

Lege alle deine Sachen auf dein Bett. Such dir deine liebsten zwei bis drei Hosen und Sweat-Shirts, sieben bis zehn T-Shirts, eine Winter- und eine Sommerjacke, gegebenenfalls deine Sportbekleidung sowie genügend Unterwäsche und Socken aus dem Textilienberg heraus. Dieser Kleidungsauswahl fügst du noch Schuhe, die nötigsten Hygieneartikel, Gastgeschenke* und Fotos von Freunden und deiner Familie hinzu. Mehr nicht! Die Koffer müssten nunmehr problemlos zu schließen sein, und genügend Platzreserven für den Rückflug bieten.

Es handelt sich hierbei um das Maximum an Klamotten, das du mitnehmen solltest. Die Mode in deinem Gastland unterscheidet sich oft erheblich von der in Deutschland. Und wenn du das im Moment auch ausschließen würdest, wirst du dich ziemlich schnell an den anderen Kleidungsstil anpassen (wollen). Es ist daher absoluter Humbug, sich vor der Abreise neu einzukleiden. In deiner neuen Umgebung ist niemandem bekannt, dass du schon seit drei Jahren mit der gleichen Jacke herumläufst. Nimm lieber ein paar Scheine zusätzlich mit auf die Reise und geh in deinem Gastland shoppen. Übrigens: Deine deutschen Schulbücher kannst du ruhigen Gewissens zu Hause lassen, da du sowieso nie hereinschauen würdest.

---

* *Info:* Schokoladenartikel und „Zerbrechliches“ sind besser im Handgepäck unterzubringen.

Soweit der kleine Exkurs zum Kofferpacken. Ist diese Kraftanstrengung vollbracht, kannst du die letzten Stunden vor der Abreise deinen Eltern widmen, die zu diesem Zeitpunkt garantiert eine mittelschwere Krise bekommen. Mit der Weisheit, dass die Zeit oft schneller vorübergeht als man denkt, könnt ihr euch gegenseitig ein wenig trösten und euch schließlich in die Waagerechte begeben. Wenn du Glück hast, bist du so kaputt, dass du relativ schnell einschläfst. Die vielen Gedanken, die in diesen Stunden durch deinen Kopf sausen, machen den Prozess des Einschlafens jedoch nicht gerade einfach. Und ein paar Stunden später geht´s dann auch schon los: Aufstehen, Duschen, Anziehen, Frühstücken, Koffer endgültig schließen, Stullen schmieren, Koffer wieder öffnen, da du doch noch etwas vergessen hast, zur Wahrung der vermeintlichen Normalität noch einen letzen Blick in die Zeitung werfen, zum fünften Mal kontrollieren, ob sich Ticket und Reisepass auch wirklich im Handgepäck befinden, Koffer wieder schließen und zum Auto bringen, Haustieren unter Tränen versichern, dass du sie ganz lieb hast – uuuund tschüss!

Mit jedem Kilometer, den ihr euch dem Flughafen nähert, steigt die Anspannung. Im Abflugterminal angekommen spielen sich dann unbeschreiblich ergreifende Szenen ab, die gewöhnlich eine starke Wirkung auf die Tränendrüsen ausüben. Obwohl es allen Beteiligten sicherlich sehr schwer fällt, musst du schließlich die Gangway betreten. Ein letztes Mal für eine lange Zeit wirst du dann deinen Eltern zuwinken, deinen Schmerz hinter einem gequälten Lächeln verbergen, dich umdrehen – und nach vorne schauen ...

Die neue Welt

Da sitzt du nun, auf Platz 94 des Inlandsfluges YA 317 nach Frankfurt. Es war schon ein eigenartiges Gefühl, als du deine Eltern an der Gangway stehen lassen musstest. Gerade in der letzen Zeit haben sie dich wahrscheinlich etwas genervt, aber jetzt, wo sie nicht mehr bei dir sind, ist das auch nicht schön. Dein Körper versorgt dich in diesen Minuten mit einer gehörigen Portion Adrenalin, aber dir geht trotzdem gehörig die Düse.

Viel Zeit für Selbstmitleid bleibt dir nicht: Kurz nach dem Start setzt dein Flieger schon wieder zur Landung an. Dein Gepäck wird automatisch zu deinem internationalen Anschlussflug weitergeleitet und du machst dich zusammen mit deinem Handgepäck auf die Suche nach dem Abflugschalter.

Über den Wolken

Hast du dich für eine Organisation entschieden, zu deren Leistungen ein begleiteter Gruppenflug gehört, wird es dir nicht schwer fallen, dein Gate zu finden. Um ihre Gruppen besser unter Kontrolle halten zu können, rüsten einige Anbieter ihre Austauschschüler mit gleichfarbigen T-Shirts oder Kappen aus. Du musst im Abflugterminal also nur nach einer Gruppe von gelb-, blau- oder grüngekleideten Jugendlichen Ausschau halten. Das können unter Umständen viele Dutzend Menschen sein, da manche Anbieter für ihre Gruppenflüge große Platzkontingente reservieren. Falls du aus falscher Eitelkeit mit dem Gedanken spielst, dein Erkennungszeichen nicht zu tragen, solltest du den (Un-)Sinn deines Vorhabens nochmals überdenken.

Den Mitarbeitern deiner Organisation fällt in dieser Zeit die Aufgabe zu, dich mit den notwendigen Informationen und Papieren zu versorgen und darauf zu achten, dass niemand vergessen wird. Und dann geht´s auch schon wieder in die Luft. Da du dich in Gesellschaft von vielen Gleichgesinnten befindest, kommt garantiert keine Langeweile auf und du wirst nur wenig Schlaf finden. Nach einigen Stunden Flug setzt du schließlich den ersten Fuß auf den „heiligen" Boden. Es ist reiner Wahnsinn. Endlich bist du da angekommen, wo du so lange hinwolltest. Unglaublich!

Pass- und Zollkontrolle

Unmittelbar nach deiner Ankunft musst du dich der Passkontrolle stellen. Du könntest von dem zuständigen Beamten gefragt werden, ob du für deinen langen Aufenthalt überhaupt genug Geld hast. Es beschleunigt die Kontrolle nicht unbedingt, wenn du ihm daraufhin eine lange Geschichte über mögliche Überweisungen deiner Eltern auf ein noch zu eröffnendes Konto in deinem Gastland zu erzählen versuchst. Die einfache Antwort „Ja. Ich wohne während meines ganzen Aufenthalts bei einer Gastfamilie und verfüge darüber hinaus über insgesamt 2.000 Euro." dürfte schlauer sein, auch wenn du diese Summe nicht bei dir trägst. Bei Bedarf kannst du ein paar Traveller-Checks oder deine Kreditkarte vorzeigen, und bei anhaltender Penetranz des Beamten hast du dann immer noch die Geschichte mit den Überweisungen in petto. Im Normalfall gibt es aber keine Probleme.

Wenn du Pech hast, musst du danach beim Zoll deinen Koffer komplett ausräumen. Er sollte deshalb nicht so vollgepackt sein, dass es dir anschließend unmöglich ist, ihn wieder zu schließen. Größere Unannehmlichkeiten sind zu befürchten, wenn sich in deinem Gepäck Sachen befinden, die nicht in das Land eingeführt werden dürfen. Darunter können neben Alkoholika auch mit Schnaps gefüllte Pralinen, bestimmte Lebensmittel, Zeitschriften (z.B. mit spärlich bekleideten Covergirls) und auch kleine Messer fallen. Deine Austauschorganisation wird dich vor deiner Abreise über die landestypischen Zollbestimmungen in Kenntnis setzen: Diese gilt es in jedem Falle zu beachten!

Auf fremdem Terrain

Bereits im Flughafengebäude nimmst du die andersartige Umgebung war: Es ist vielleicht viel wärmer als noch vor einigen Stunden in Deutschland, ein undefinierbarer Geruch liegt in der Luft oder du kommst dir mit deiner blassen Hautfarbe und deiner dicken Jacke ein wenig deplaziert vor. Aus allen Richtungen strömen neue Eindrücke auf dich ein, aber viel Zeit zur Beobachtung bleibt dir nicht. Denn du musst weiter.

Je nach Programmwahl können sich die ersten Minuten nach deiner Ankunft total voneinander unterscheiden. Es besteht zum Beispiel die Möglichkeit, dass du alleine im Ausland ankommst. Wenn du Glück hast, nimmt dich deine Gastfamilie bereits beim ersten Stop in Empfang, aber selbst wenn du noch ein- oder zweimal umsteigen musst, dürftest du die Situation ohne größere Probleme meistern. Nimmst du dagegen an einem begleiteten Gruppenflug teil, werden die mitreisenden Mitarbeiter deiner Organisation an einer Stelle des Flughafens eine Art Info-Point aufbauen und solange für deine Betreuung sorgen, bis du deinen Anschlussflug erreicht beziehungsweise deine Gastfamilie gefunden hast. Folgt auf deinen begleiteten Gruppenflug hingegen ein Einführungsseminar, musst du lediglich darauf achten, im Terminal den Anschluss an die rot-, blau- oder pinkfarbige Karawane Richtung Bus nicht zu verlieren, der dich gemeinsam mit den anderen Jugendlichen zu einem Hotel kutschiert. Einfacher geht´s kaum.

Das Einführungsseminar

Ein Einführungsseminar in deinem Gastland hat den Vorteil, dass du dich nach einem zum Teil recht langen Flug ein wenig akklimatisieren kannst, bevor du auf deine Gastfamilie triffst. Außerdem erhältst du – meist unter der Regie der Partnerorganisation – weitere wichtige Informationen über das Leben als Austauschschüler. Es ist überaus interessant, die Einschätzungen und Sichtweisen von „Einheimischen" kennen zu lernen, die sich durchaus in Akzenten von den Überzeugungen und Hinweisen der Mitarbeiter deines deutschen Anbieters unterscheiden können. Bereits in den ersten Tagen deines Auslandsaufenthalts lernst du auf diese Weise einige Eigenarten des für dich neuen Kulturkreises kennen. Meist wird der Unterricht darüber hinaus durch ein Sight-Seeing-Angebot abgerundet. Stehen die touristischen Aktivitäten nicht unverhältnismäßig stark im Vordergrund, ist ein Einführungsseminar im Gastland eine sehr gute Ergänzung zu den oben beschriebenen vorbereitenden Veranstaltungen in Deutschland. Ein Erlebnis ist es allemal!

Einen Punkt haben alle Einführungsseminare gemeinsam: Sie sind viel zu kurz, egal ob sie zwei Tage oder eine Woche dauern. Stunde um Stunde fliegt nur so an dir vorbei und du bist kaum in der Lage, die unzähligen neuen Eindrücke zu verarbeiten. Kaum angefangen, ist das Seminar schon wieder zu Ende. Nach einer letzten Nacht im Hotel bringt man dich dann im Laufe des nächsten Tages zum Flughafen. Wenig später befindest du dich über den Wolken und das Kribbeln in deinem Körper wird wieder stärker. Es ist jetzt nur noch eine Frage von Stunden, bis du deiner Gastfamilie zum ersten Mal begegnest.

Der erste Familienkontakt

Lange hast du auf diesen Moment gewartet und jetzt ist es endlich soweit. Das Flugzeug hat an der Gangway angedockt, die Türen öffnen sich. Alle Fluggäste springen ungeduldig von ihren Sitzen auf, und das große Drängeln beginnt. Die sich verbreitende Hektik lässt den angenehmen Flug umgehend in Vergessenheit geraten, aber auch du kannst es kaum erwarten, deinen Platz so schnell wie möglich zu verlassen.

Am Ende der Röhre zwischen Flugzeug und Terminal erblickst du eine Ansammlung von Menschen, unter denen sich auch deine Gasteltern befinden müssten. Nur noch 30 Meter trennen dich von dieser

Menschenmasse, aber deine Schritte werden jetzt immer langsamer. Eine Art Dunstglocke legt sich um deinen Körper und es kommt dir so vor, als ob ein Film an dir vorbeizieht. Tausend Gedanken schießen dir durch dein Hirn: Du denkst an deine Eltern, an deine Freunde und an die Abschiedsparty und versuchst, dich gleichzeitig an die ganzen guten Ratschläge von den Vorbereitungsveranstaltungen zu erinnern. Eine vielfältige Bilderflut strömt auf dich ein und lässt dich zaudern, als du plötzlich deinen Namen hörst. Im gleichen Moment identifizierst du ein dir bekanntes Gesicht. Auf den Fotos hatte deine Gastmutter zwar noch einen schwarzen Lockenkopf, aber die auf dich zulaufende Frau mit dem Pagenschnitt und den blonden Strähnchen sieht ihr doch erstaunlich ähnlich. Als sie dich herzlich umarmt, verfliegen sämtliche Zweifel: Sie ist es tatsächlich. Keine fünf Sekunden später bist du auch schon von den anderen Familienmitgliedern umgeben, die aufgeregt auf dich einreden. Zwar verstehst du kaum ein Wort, aber ab und zu beantwortest du eine Frage mit „ja", „nein" oder „vielleicht". Dein dich in den nächsten Wochen begleitender Lieblingssatz lautet allerdings: „Tut mir leid, aber ich habe das nicht verstanden!" Du bist heilfroh, dass dich deine Familie so herzlich empfangen hat. Als du dann noch deinen Koffer auf dem Gepäckband erspähst, ist die Welt für dich in Ordnung. Bisher hat alles reibungslos geklappt – so kann es weitergehen!

Die Autofahrt zum Haus deiner Gastfamilie zieht sich ungemein. Ihr seid zwar nicht lange unterwegs, aber du bist so unglaublich müde, dass dich die interessierten Fragen und informativen Geschichten deiner neuen Familie enorm anstrengen. Außerdem verstehst du sowieso nur die Hälfte. Schließlich wird das Auto in einer Parklücke abgestellt und dein Gastbruder deutet mit dem Finger auf dein neues Zuhause. Es ist vielleicht viel kleiner, als du aufgrund der Fotos angenommen hattest, aber das ist dir ziemlich egal. Keine fünf Minuten später hast du schon alle Räume gesehen. Nachdem du dich ein wenig frisch gemacht hast, verteilst du die Gastgeschenke. Die Reaktionen der Familienmitglieder erstrecken sich von totaler Begeisterung über Gleichgültigkeit bis zu freundlich verborgener Enttäuschung. Zumindest hast du mit deinen

Geschenken nicht ganz daneben gelegen und die Spielesammlung mit Mensch-Ärgere-Dich-Nicht und Malefiz scheint sogar ein voller Erfolg zu sein.

Langsam aber sicher wirst du nun von deiner Müdigkeit besiegt. Du bist einfach total platt. Als du innerhalb von zehn Minuten zweimal am Küchentisch einnickst, macht dein Gastvater den Vorschlag, schlafen zu gehen. Das kommt dir schwer entgegen. Auf deinem neuen Bett liegend lässt du die letzten Tage nochmals Revue passieren und fragst dich, was du in den nächsten Monaten noch alles erleben wirst. Weit kommst du mit deinen Überlegungen jedoch nicht, da dich der Schlaf in Windeseile in das Reich der Träume entführt.

Die Gastfamilie

An dieser Stelle wäre es möglich, mit der chronologischen Darstellung deines Auslandsaufenthalts fortzufahren. Die Erlebnisse eines Austauschschülers in seiner Gastfamilie sind allerdings nur schwer in einer zeitlichen Abfolge darzustellen: Der Alltag und die Gewohnheiten jeder Familie unterscheiden sich genauso voneinander wie die Erfahrung, Probleme und Macken jedes Jugendlichen.

Da trotz dieser individuellen Unterschiede viele Gemeinsamkeiten auszumachen sind, bietet es sich an, den Komplex „Gastfamilie“ unter verschiedenen Gesichtspunkten systematisch zu beleuchten.

Motivation

Sicherlich fragst du dich, warum eine Familie Interesse daran hat, dich für eine lange Zeit an ihrem Leben teilhaben zu lassen. Schließlich bereitet die Aufnahme eines Fremden eine Menge Arbeit. Vielleicht haben deine Eltern und du auch schon einmal darüber nachgedacht, einen

Austauschschüler aufzunehmen – um dann wieder Abstand davon zu nehmen. Der Aufwand schien einfach zu hoch, da ihr ohnehin kaum Zeit für gemeinsame Aktivitäten findet. Trotz eurer Entscheidung gegen die Aufnahme eines ausländischen Jugendlichen geht ihr davon aus, dass sich für dich schon eine Familie finden wird. Schließlich habt ihr dafür viel Geld bezahlt. Was sollte aber die Motivation einer Familie sein, dich aufzunehmen?

Finanzielle Interessen sind es sicherlich nicht. In den USA sowie in den meisten lateinamerikanischen und südeuropäischen Staaten bekommen die Gastfamilien keinen Cent für die Aufnahme eines Gastschülers. Aber selbst in Ländern wie England, Irland, Kanada, Australien und Neuseeland, wo es üblich ist, dass die Gastfamilien eine Aufwandsentschädigung bekommen, wird wohl keine Familie einzig und allein wegen ein paar Euros für viele Monate die Verantwortung für einen pubertierenden Teenager übernehmen. Also, was dann? Vielen Familien ist es nicht möglich, durch ausgedehnte Reisen die Welt kennen zu lernen. Auf interkulturelle Erfahrungen wollen sie trotzdem nicht verzichten und die holen sie sich in Form eines ausländischen Jugendlichen nach Hause. Andere Familien sehen dagegen im Schüleraustausch eine optimale Form der Völkerverständigung und hoffen, dauerhafte internationale Kontakte zu knüpfen. Wieder andere vermissen etwas in ihrem Leben, seitdem ihre erwachsenen Kinder das Haus verlassen haben und hoffen, durch die Aufnahme eines Jugendlichen ein Stück Familienleben zurück zu gewinnen. Junge Ehepaare mit kleinen Kindern möchten auf diese Art und Weise vielleicht schon einmal an dir proben, was es heißt, für ein pubertierendes Kind verantwortlich zu sein und Eltern mit nur einem Kind finden es unter Umständen wichtig, dass ihr Sohn oder ihre Tochter die Erfahrung des Zusammenlebens mit einem Geschwisterteil macht.

Bei allen Unterschieden haben die Gastfamilien die Gemeinsamkeit, dass sie sich auf deine Ankunft freuen und mit dir ein unvergessliches Jahr verbringen möchten. Für den Erfolg deines Auslandsaufenthaltes ist es daher vollkommen unerheblich, welche dieser Motivationen deiner Familie zugrunde liegt.

Problematisch sind hingegen die Fälle, bei denen es Familien ausschließlich darauf ankommt, durch die Aufnahme eines Gastschülers ihren Status in der Nachbarschaft oder im Bekanntenkreis aufzuwerten, die Jugendlichen als Haushaltshilfe oder Babysitter zu missbrauchen oder sie als Spielpartner für ihre vereinsamten Kinder zu engagieren. Diese Konstellationen treten zum Glück nur selten auf und müssen im Zweifelsfall durch einen Familienwechsel gelöst werden.

Sozialer Status

Na, träumst du vielleicht bereits von einer netten und aufgeschlossenen Gastfamilie, die in einem riesigen Haus mit eigenem Pool wohnt, ein paar Autos in der Garage stehen hat, in ihrer Freizeit viele Ausflüge und andere Aktivitäten mit dir unternimmt und deren multikultureller Verwandten- und Bekanntenkreis darüber hinaus alles daran setzt, deine Zeit im Ausland zum Erlebnis werden zu lassen?

Diese Familien gibt es tatsächlich, sie sind aber die absolute Minderheit. Wahrscheinlicher ist es hingegen, dass du in einer durchschnittlichen Mittelstandsfamilie lebst, deren Freizeit aufgrund der Berufstätigkeit beider Elternteile sehr begrenzt ist und deren finanzielle Möglichkeiten es nicht zulassen, großartige Ausflüge zu unternehmen. Der Begriff „Mittelstand" bezieht sich in unserem Zusammenhang auf die jeweiligen landestypischen Verhältnisse und ist nicht mit der Situation des deutschen Mittelstandes zu verwechseln. Deine Gastfamilie wird in der Regel finanziell schlechter gestellt sein als deine Eltern. Es ist daher durchaus möglich, dass du dir ein Zimmer mit einem deiner Gastgeschwister teilen musst und dir der Kühlschrank nicht jeden Wunsch zu erfüllen vermag. Da in einigen Ländern die Arbeitnehmer durchschnittlich nur zehn bis fünfzehn Tage Jahresurlaub haben, kannst du auch nicht davon ausgehen, lange Reisen mit deinen Gasteltern zu unternehmen. Die gemeinsamen Familienaktivitäten werden sich wohl eher auf das tägliche Abendessen und vereinzelte Tagesausflüge beschränken.

Um Missverständnissen vorzubeugen, möchte ich an dieser Stelle darauf hinweisen, dass die Gastfamilien in relativ armen Ländern meist der Oberschicht angehören. Für eine südamerikanische Gastfamilie dürfte es zum Beispiel nicht unüblich sein, eine Haushälterin zu beschäftigen, die rund um die Uhr für das leibliche Wohl der Familie sorgt und die riesige Wohnung auf Hochglanz hält.

Familienstruktur

Eine Familie im klassischen Sinn besteht aus zwei Elternteilen und mehreren Kindern. Von dieser vermeintlichen Norm gibt es aufgrund der sich weltweit ändernden Gesellschaftsstrukturen immer häufiger Abweichungen. Auch Paare ohne Kinder, ältere Ehepaare mit erwachsenen, bereits nicht mehr zu Hause lebenden Kindern und allein erziehende Elternteile können als Gastfamilie fungieren. Da die Struktur einer Familie ebenso wenig über ihre „Qualität“ aussagt wie ihr sozialer Status, solltest du in der Lage sein, dich mit den oben beschriebenen Konstellationen anzufreunden.

Viele Austauschschüler/innen wünschen sich eine Familie mit Geschwistern in ihrem Alter. Dieser Wunsch wird meist damit begründet, dass man sich aufgrund der gemeinsamen Aktivitäten mit der neuen Schwester oder dem neuen Bruder einen schnellen Anschluss an andere Jugendliche verspricht.

Falls du kein Einzelkind bist, dürften dir Streitigkeiten mit deinen Geschwistern allerdings nicht ganz unbekannt sein. Und genauso verhält es sich in deiner Gastfamilie: Möglicherweise verstehst du dich mit deinen Geschwistern prächtig und ihr legt während deines Austausches die Grundlage für eine lebenslange Freundschaft. Es ist aber auch durchaus denkbar, dass sich deine Interessen grundlegend von denen deiner Gastgeschwister unterscheiden und ihr auf einer absolut verschiedenen Wellenlängen funkt: Für den Familienfrieden ist diese Konstellation dann nicht unbedingt förderlich!

Wohnort

In deinen schlimmsten Alpträumen hast du dir womöglich ausgemalt, irgendwo in der Pampa platziert zu werden. Als dir nach einigen Monaten des bangen Wartens die Adresse deiner Gastfamilie endlich mitgeteilt wird, scheint aus den Alpträumen bittere Realität zu werden. Deinen zukünftigen Wohnort kannst du trotz verzweifelter Suche im Atlas nicht lokalisieren. Er ist einfach zu klein, um in die Karten aufgenommen zu werden. Die telefonische Rückfrage bei deiner Organisation ergibt schließlich, dass deine Gastfamilie in einem Dorf mit 500 Seelen wohnt, 30 Kilometer nordwestlich der 15.000 Einwohner zählenden Stadt XY. Entsetzt lässt du den Hörer in die Gabel fallen. Eine Welt bricht zusammen...

Der Horror vor einer Platzierung in der Mitte von Nirgendwo ist bei vielen Jugendlichen enorm groß. Dabei sind die Erfahrungen mit in ländlichen Regionen wohnenden Gastfamilien durchaus positiv. Das lässt sich folgendermaßen erklären: Du kannst davon ausgehen, dass noch nicht allzu viele Ausländer den Weg in dein kleines Örtchen gefunden haben. Folglich bist du dort ein absoluter Exot, dem viel Aufmerksamkeit entgegengebracht wird. Gehörst du nicht zu den Personen, die gerne Hinz und Kunz ansprechen, um sich einen neuen Freundeskreis aufzubauen, dann bist du in einem winzigen Nest optimal aufgehoben. Je größer der Wohnort deiner Gastfamilie ist, desto unpersönlicher werden in der Regel die zwischenmenschlichen Beziehungen. Das gleiche gilt für die Größe der Schule: Bist du eine/r von 25 ausländischen Jugendlichen unter insgesamt 2000 Schülern, dürfte sich das Interesse für dich in Grenzen halten. Das ist nicht unbedingt schlimm, aber die Kontaktaufnahme mit anderen Jugendlichen wird dir in kleinen, überschaubaren Schulen sicherlich leichter fallen.

Und das Freizeitangebot? Sportanlagen und Treffpunkte für Jugendliche gibt es selbst im kleinsten Dorf, private Feten werden überall gefeiert und für Outdoor-Aktivitäten dürften sich in der Pampa ohnehin die besseren Voraussetzungen finden. Es kann natürlich nicht bezweifelt werden, dass Metropolen ein vielschichtigeres Kultur- und Freizeitangebot zu bieten haben als irgendwelche unbedeutenden Kleinstädte. Die Frage ist jedoch, ob du in deinem Alter die Möglichkeiten einer Großstadt überhaupt annähernd nutzen kannst. In vielen Ländern ist es Personen unter 18 Jahren ohnehin per Gesetz verboten, Lokalitäten aufzusuchen, in denen Alkohol ausgeschenkt wird. Die schönste Kneipen- und Konzertszene nützt dir also rein gar nichts, wenn du kein Teil von ihr werden kannst. Letztendlich wirst du auch in einer größeren Stadt lediglich ins Kino oder zum Schnellimbiss, zu privaten Feten oder zum Sport gehen können. Die Einwohnerzahl einer Stadt sagt folglich nicht viel über die Möglichkeiten deiner Freizeitgestaltung aus.

Religiosität

Für sehr viele Menschen im Ausland nimmt die Religion einen wichtigen Stellenwert in ihrem Leben ein. Der sonntägliche Messebesuch gehört gerade in den USA zum Alltag vieler Gastfamilien und häufig wird erwartet, dass du an dieser Aktivität teilnimmst.

Da du womöglich nicht zu den deutschen Jugendlichen gehörst, die gerne zur Kirche gehen, hält sich deine Begeisterung darüber unter Umständen in Grenzen. Wie man Berichten ehemaliger Austauschschüler entnehmen kann, entpuppt sich der regelmäßige Kirchgang trotz anfänglicher Vorbehalte jedoch nicht selten als Geheimtipp.

Das hat zwei Gründe:

1. Die Gastfamilien gehören oftmals nicht den in Deutschland geläufigen Kirchen an und die Gottesdienste unterscheiden sich daher zum Teil erheblich von den dir bekannten Abläufen und Inhalten. Während deiner Austauschzeit hast du somit die einzigartige Möglichkeit, etwas über eine andere Glaubensgemeinschaft zu erfahren und deine eigenen Einstellungen und Werte kritisch zu überprüfen.
2. Bei vielen Glaubensgemeinschaften in der ganzen Welt beschränkt sich der Kirchgang nicht nur auf die religiöse Zeremonie, sondern er ist auch ein gesellschaftliches Ereignis. Es ist daher gut möglich, dass du aufgrund des sonntäglichen Kirchgangs einige Bekanntschaften machst, die du nicht missen möchtest.

Natürlich können aufgrund von unterschiedlichen Auffassungen über Religion auch Konflikte zwischen dir und deiner Familie entstehen. Mögliche Szenarien kannst du unter „Probleme mit der Gastfamilie" nachlesen.

Ethnische Herkunft

Menschen aller ethnischen Gruppen können sich für die Aufnahme eines Gastschülers bereit erklären. Falls du Probleme damit haben solltest, in einer Familie mit schwarzer, weißer, roter, gelber oder grüner Hautfarbe zu wohnen, meldest du dich besser nicht für ein Schüleraustauschprogramm an!

Das Leben in einer Gastfamilie

Du hast bestimmt schon einmal bei Verwandten oder Bekannten übernachtet, deren Alltag sich grundsätzlich von dem Leben in deinem Zuhause unterscheidet. Einige Regeln und Verhaltensweisen im Haus deiner Gastgeber haben dir sicherlich gut gefallen, andere fandest du eher lächerlich oder störend. Mit der Gewissheit, in einigen Tagen wieder in deine gewohnte Umgebung zurückzukehren, konntest du dein Erstaunen über bestimmte Rituale und Routinen aber hinter einem freundlich lächelnden Gesicht verbergen. Für die paar Tage Urlaub lohnte es sich einfach nicht, eine tief greifende Diskussion mit den Gastgebern anzuzetteln und schließlich wolltest du auch nicht undankbar sein.

Im Unterschied zu Kurzaufenthalten bei Freunden oder Verwandten handelt es sich beim Schüleraustausch nicht um eine Wochenend-Stippvisite, die man irgendwie über sich ergehen lässt. Deine Gastfamilie erwartet von dir, dass du dich an ihre Lebensweise anpasst und während deines gesamten Aufenthaltes aktiv am Familienleben teilnimmst. Unter Umständen bedeutet das eine erhebliche Umstellung für dich, die dir gerade in der Anfangszeit nicht leicht fallen wird. Hast du die schwierige Eingewöhnungsphase von einigen Wochen erst einmal überstanden und dich an den Lebensrhythmus deiner Familie gewöhnt, steht einem harmonischen, spannenden und lehrreichen Zusammenleben für den Rest deines Aufenthalts nicht mehr viel entgegen. Was aber kann das Miteinander unter einem Dach so schwierig machen?

Andere Gewohnheiten und Tagesabläufe

Bereits in den ersten Stunden nach deiner Ankunft wirst du eventuell Beobachtungen bezüglich des Verhaltens und der Gewohnheiten deiner neuen Verwandten machen, die dich nicht unbedingt begeistern: Beim Begrüßungsessen stößt dir beispielsweise das ständige Schmatzen und das Herunterschlingen der Speisen übel auf. Oder du empfindest die auf seriös getrimmte, steife Art des dreistündigen Dinierens befremdend, da du nach anderthalb Stunden noch immer nichts Magenfüllendes auf die Gabel bekommen hast bzw. kurz vor dem Platzen stehst. Dass deine Gasteltern nach dem Essen nichts Besseres zu tun haben, als sich für den Rest des Abends vor die Glotze zu hängen, ist deiner Meinung nach schon ein starkes Stück, aber als dein Gastbruder/deine Gastschwester in der Nacht auch noch zu schnarchen anfängt, bekommst du eine absolute Krise.

Nach alptraumhaften Stunden freust du dich am nächsten Morgen auf ein üppiges Frühstück, aber die nächste Ernüchterung lässt nicht lange auf sich warten: Zum Frühstücks-Tee werden lediglich ein paar trockene Zwiebäcke gereicht. Dafür wird schon am frühen Morgen bei lauter Musik über Gott und die Welt diskutiert. „Quelle horreur!?“

Mittags hast du natürlich ordentlichen Kohldampf, aber zu deinem Erschrecken bekommst du nichts anderes als ein kleines Sandwich, da die gemeinsame Hauptmahlzeit erst um 20 Uhr stattfindet. Um in den Nachmittagsstunden in Ruhe ein paar Zeilen an deine Eltern schreiben zu können, ziehst du dich mit knurrendem Magen auf dein Zimmer zurück und schließt die Tür. Erst als dich deine Gastmutter zum dritten Mal innerhalb einer Stunde mit der Frage unterbricht, ob denn alles in Ordnung sei, erinnerst du dich daran, dass in deinem Gastland die Zimmertüren nur zum Schlafen geschlossen werden und dies ansonsten als Zeichen von tiefer Verstimmtheit angesehen wird.

Diese wenigen Beispiele verdeutlichen dir, welche Veränderungen eventuell auf dich zukommen. Aber auch für die Gastfamilie bedeutet die mehrmonatige Aufnahme eines Fremden einen tiefen Einschnitt in ihr Leben, da sie ihre Privatsphäre mit einer zunächst unbekannten Person teilen müssen und die üblichen „Familienroutinen“ womöglich gestört werden. Wenn es aber sowohl deinen neuen Verwandten als auch dir gelingt, die Gewohnheiten der jeweils anderen zu tolerieren, werden beide Seiten am Ende deines Aufenthalts eine positive Bilanz ziehen.

Trotz der Rücksichtnahme auf deine Bedürfnisse wird deine Familie ihren Tagesrhythmus und ihre Gepflogenheiten mit Sicherheit nicht für dich umstellen. Dies gilt insbesondere in Sachen Ordnung und Hygiene. Es ist völlig daneben, wenn du deiner Gastfamilie in einem Anfall von Putzwahn einmal zeigen willst, wie ordentlich und sauber ein Haus doch aussehen kann, oder du überall deine Sachen verteilst und liegen lässt, um deinem neuen Zuhause seine vermeintliche Spießigkeit zu nehmen. Außerdem solltest du darauf verzichten, deinen Gasteltern einen flammenden Vortrag über unökologisches Verhalten zu halten, wenn sie zweimal am Tag duschen, jedes Mal frische Handtücher benutzen und trotzdem dreimal täglich ihre Kleidung wechseln und waschen (lassen): Im Gegensatz zu deiner ursprünglichen Absicht wird das einzige Resultat einer solchen Belehrung wahrscheinlich der Rückschluss sein, dass „die" Deutschen doch eigentlich ganz schön dreckig sind.

Kleine Arrangements zwischen dir und deiner Gastfamilie sind aber durchaus zu treffen. Wenn du zum Beispiel Heißhunger auf ein „typisch deutsches" Frühstück hast, so dürfte es in den meisten Ländern kein Problem sein, ab und zu Frühstücksquark, Tomaten, Käse, Schinken, Eier und ein halbwegs knackiges Mehrkornbrot aufzutreiben. Und wenn du das Bedürfnis auf ein wenig Ruhe und Privatsphäre verspürst, sollte es nach einer klärenden Rücksprache auch möglich sein, sich gelegentlich ohne Gefahr von Missverständnissen auf dein Zimmer zurückzuziehen.

Die Gewöhnung an den Tagesablauf und die familienspezifischen Verhaltensweisen stellen aber ohnehin das geringste Problem beim gemeinsamen Miteinander dar. Gravierender sind die so genannten Familienregeln.

Familienregeln

Sicherlich existieren auch in deiner „richtigen“ Familie einige (unausgesprochene) Regeln, die von allen Familienmitgliedern zu beachten sind. Vielleicht gibt es aufgrund der Notwendigkeit eines reibungslosen Tagesablaufes bestimmte Vorgaben, wer in den Morgenstunden zu welcher Zeit das Bad besetzen darf. Oder du hast dich mit deinen Eltern und deinen Geschwistern prinzipiell darauf geeinigt, wer putzt, kocht, den Tisch abräumt, Rasen mäht oder das Auto wäscht. Und unter Garantie weißt du, wann du nach einer Fete spätestens zu Hause einfliegen musst und was dir blüht, wenn du dich nicht an die Vorgaben deiner Eltern hältst. In den meisten deutschen Familien werden die Familienregeln allerdings recht liberal ausgelegt und sind situationsbedingt neu verhandelbar.

Im Gegensatz dazu sind die Regeln in vielen Gastfamilien relativ streng und auf ihre Einhaltung wird großer Wert gelegt.* Wenn dir zum Beispiel die Aufgabe zugedacht ist, jeden Morgen den Kaffee zu kochen oder das Geschirr zu spülen, dann solltest du das ohne „Wenn und Aber“ während deines ganzen Aufenthalts erledigen. Und falls dir die Aufgabe zufällt, jeden Samstag den Rasen zu mähen, dann ist es nicht unbedingt klug, ohne ersichtlichen Grund erst am Dienstag damit anzufangen.

In vielen Familien ist es nicht erlaubt, zu fluchen. Diese Regel ist nicht immer leicht einzuhalten, da du von anderen Jugendlichen bereits in den ersten Tagen deines Aufenthalts eine Reihe von wilden Schimpfwörtern lernen wirst, deren Benutzung dir normal erscheint. In Anwesenheit deiner Gasteltern kann jedoch unter Umständen schon die

* *Info:* Du solltest dich bereits in den ersten Tagen deines Aufenthalts mit deiner Gastfamilie zusammensetzen, um die Familienregeln zu klären. Vor dem Hintergrund von möglichen Sprach- oder Erinnerungsproblemen kann es nicht schaden, sie sogar aufzuschreiben.

Verwendung von Wörtern wie „Scheiße“ oder „Mist“ zu Verstimmungen führen.

Auf die Missachtung der Regeln oder der verabredeten Ausgangszeiten reagiert jede Familie anders. Wenn du Glück hast, kommst du mit einer Standpauke davon. Auch Hausarrest ist denkbar. Tragisch wird es dann, wenn deine Gasteltern in deinem Handeln einen Vertrauensbruch sehen, den sie nicht hinnehmen können und wollen – womit wir beim nächsten Thema wären.

Probleme mit der Gastfamilie

Damit an dieser Stelle kein falscher Eindruck entsteht, möchte ich zunächst betonen, dass die große Mehrheit aller Jugendlichen eine tolle Zeit im Ausland verbringt. Eine erhebliche Zahl von Austauschschülern wechselt jedoch mindestens einmal ihre Gastfamilie, was nicht immer ganz reibungslos verläuft. Dafür gibt es mehrere Gründe, die sich in zwei große Gruppen aufteilen lassen:

1. Probleme, die ein Zusammenleben von vornherein zur Erfolglosigkeit verdammen. 2. Probleme, die unter Umständen lösbar sind.
   Zu 1:

- Manchmal passen Austauschschüler/in und Gastfamilie einfach nicht zusammen. Auf dem Papier erscheint die Platzierung zwar optimal, aber im täglichen Leben hat man sich überhaupt nichts zu sagen oder geht sich aus unerfindlichen Gründen ständig auf den Geist.
- Einige Austauschschüler/innen haben eine zu große Erwartungshaltung und kommen mit den einfachen Verhältnissen in ihrer Gastfamilie nicht zurecht, da ihre Eltern ihnen über Jahre alles in den verwöhnten „Popo“ gesteckt haben.
- Manche Familien hätten sich nicht für die Aufnahme eines Austauschschülers entscheiden sollen, sondern für den Gang zum So-

zialamt. Ihre Lebensführung ist für einen Austauschschüler tatsächlich unzumutbar.

- Einige Jugendliche sehen in einer Gastfamilie eine Art Pension, die sie als Stützpunkt für ihre Unternehmungen benutzen wollen. Es geht ihnen lediglich um die Verwirklichung ihrer Vorstellungen und sie nehmen keine Rücksicht auf die berechtigten Interessen der übrigen Familienmitglieder. Durch ein gutes Auswahlverfahren hätte diese Nicht-Eignung für einen Austausch möglicherweise bereits vor dem Beginn des Programms herausgefunden werden können. Jetzt bleibt nur noch die vorzeitige Rückkehr nach Deutschland.
- Es gibt einige wenige Familien, für die ein/e Austauschschüler/in ausschließlich ein Prestigeobjekt ist, das zu Repräsentationszwecken benutzt wird. In diesem Fall bleibt nur die Möglichkeit des schnellen Gastfamilienwechsels. Derselbe Lösungsweg ist allen Jugendlichen zu empfehlen, die bei Familien platziert sind, die einen Austauschschüler als zusätzliche Arbeitskraft missverstehen oder auf eine penetrante Weise religiös beeinflussen wollen.

Dies sind Beispiele für extreme Konstellationen, an deren Ende nur ein Familienwechsel oder – im Ausnahmefall – die vorzeitige Rückkehr nach Deutschland stehen kann. Einer netten Gastfamilie ist es genauso wenig zuzumuten, ein verwöhntes Blag zu ertragen, wie ein harmoniebedachter Austauschschüler bis zur Selbstaufgabe in einer absolut ungeeigneten Gastfamilie ausharren sollte. Zum Glück sind beide Fälle die Ausnahme. Weitaus häufiger kann man dagegen Probleme zwischen Gastfamilien und Austauschschülern beobachten, die sich im Laufe der Monate aus Kleinigkeiten entwickeln, aber durchaus lösbar sind.

Und damit zu 2:

- In Nord-/Westeuropa gelten Jugendliche im Alter von 15 Jahren als junge Erwachsene, denen es zugetraut wird, selbstständige Entscheidungen zu treffen. In vielen Ländern erlangt man diesen Status aber erst mit dem Erreichen der Volljährigkeit oder mit dem Umzug in eine eigene Wohnung. Diese Unterschiede in der Behandlung und im Selbstverständnis von Jugendlichen sind eine häufige Ursache von Problemen, da es sowohl den Gastfamilien als auch den Jugendlichen schwer fällt, die Standpunkte der jeweils anderen Seite zu verstehen. Der klassische Konfliktfall sieht folgendermaßen aus: Der Austauschschüler möchte etwas, die Gasteltern sind dagegen. Folglich versucht der Austauschschüler, die Gasteltern mit Argumenten zu überzeugen, worauf diese allergisch reagieren. Die Folge: Beide Seiten sind sauer. Was ist passiert?

- In vielen Kulturen ist es nicht üblich, dass Kinder ihren Eltern widersprechen beziehungsweise alle Entscheidungen „ausdiskutieren" wollen. Wird die Richtigkeit einer von den Erziehungsberechtigten getroffenen Entscheidung von ihren Kindern in Frage gestellt, so gilt das als Angriff auf ihre Autorität. Der Austauschschüler ist hingegen jahrelang dazu erzogen worden, konstruktive Kritik zu üben, will im Ausland seine Selbstständigkeit ausbauen und fühlt sich auf eine Weise gemaßregelt und bevormundet, die ihm bisher unbekannt war.
- Viele Austauschschüler sind es nicht gewohnt, viel Zeit mit ihren Eltern, Geschwistern und Verwandten zu verbringen, da sie sich häufig mit ihren Freunden treffen oder es bevorzugen, sich in ihrer Freizeit überwiegend alleine in ihrem Zimmer aufzuhalten. Aufgrund des möglicherweise intensiveren Familienlebens im Ausland fühlen sie sich eingeengt, überfordert oder gelangweilt, was auch der Gastfamilie nicht verborgen bleibt.
- Nicht selten sind die Kinder der Gastfamilie eifersüchtig auf ihr neues Familienmitglied: In der Schule findet der Jugendliche aus dem Ausland immense Beachtung und gerade in den ersten Wochen kümmern sich auch die Gasteltern intensiv um den Austauschschüler. Nicht ganz zu Unrecht fragen sich deswegen manche Kinder, warum ihre Eltern ihnen nicht genauso viel Aufmerksamkeit schenken. Der aufkommende Frust wird dann jedoch oft nicht an den Eltern, sondern an dem Austauschschüler abgelassen.

- Bei Diskussionen über Politik, Sex und Religion kann es vorkommen, dass die Gasteltern über die Einstellungen ihres Austauschschülers schockiert sind. Auch bei einem Gespräch über die Wertigkeit verschiedener ethnischer Gruppen können die Meinungen weit auseinander gehen und sogar eskalieren, wenn sich ein Gesprächsteilnehmer mehr oder weniger deutlich als Rassist outet.

Es ließen sich noch eine Reihe von Beispielen hinzufügen. Wichtiger als die weitere Beschreibung von Problemfeldern ist jedoch die Darstellung von Vorschlägen, wie mögliche Konflikte gelöst werden können.

Vorschläge für die Konfliktbeseitigung

Am besten ist es, wenn erst gar keine Konflikte entstehen. Und du kannst eine Menge dazu beitragen! Eine intensive Vorbereitung versetzt dich in die Lage, relativ souverän mit möglichen Konflikten umzugehen. Daher solltest du dich bereits vor der Abreise für mögliche Problemfelder sensibilisieren, indem du dich über die Kultur und Lebensweise deines Gastlandes informierst und dir auch deine eigenen Handlungsmuster bewusst machst.

Bei den folgenden Ausführungen handelt es sich um Handlungsvorschläge zur Konfliktvermeidung. Sie könnten in bestimmten Situationen eine Hilfe für dich sein, sollten aber nicht als „Allheilmittel" verstanden werden:

Bitte deine neuen Familienmitglieder am ersten Tag nach deiner Ankunft, dass sie dir während deines gesamten Aufenthalts ohne falsche Rücksichtnahme zu verstehen geben sollen, wenn du dich unpassend verhältst. Schließlich sei die Umgebung neu für dich und du würdest bestimmt unabsichtlich in das eine oder andere Fettnäpfchen treten. Es mag sein, dass dein Hinweis ohnehin als Selbstverständlichkeit empfunden wird und auf wenig Resonanz stößt. Unter Umständen bekommst du aber im Gegenzug die Aufforderung beziehungsweise die Erlaubnis, deine Gasteltern und Gastgeschwister auf Dinge hinweisen zu dürfen, die dir nicht passen. Das ist die halbe Miete!

Vermeide es jedoch in den folgenden Wochen, Kritik an deinen Gasteltern und Gastgeschwistern, ihren Verhaltensweisen und den Familienregeln zu äußern. Auch wenn dir die eine oder andere Sache überhaupt nicht passt: Schluck es mit freundlicher Miene!* Die Anfangsphase deines Aufenthalts ist unwahrscheinlich wichtig. In dieser Zeit musst du deinen Gasteltern das sichere Gefühl vermitteln, dass du ihre Autorität anerkennst und ihre Regeln und Vorschriften beachtest. Nur so kann sich ein Vertrauensverhältnis zwischen dir und deiner neuen Familie aufbauen. Deine Gasteltern könnten dich in der Anfangszeit zum Beispiel mit knapp gehaltenen Ausgangszeiten auf die Probe stellen. Du bist gut beraten, diese nicht bis zur letzten Minute auszureizen.

Wenn du schließlich das Gefühl hast, dass sich trotz deines Bemühens kein Vertrauensverhältnis entwickelt bzw. deine Gasteltern dir vertrauen, du aber mit einigen Dingen unzufrieden bist, ist es an der Zeit, zu handeln. Frage deine Gasteltern z.B. beim Abendessen, ob sie bisher mit dir und deinem Verhalten zufrieden sind. Nach einer Antwort dürfte im Normalfall die Rückfrage kommen, ob du dich denn bisher in deiner neuen Umgebung wohl fühlst. Du solltest diese Frage bejahen und erst einmal betonen, wie toll deine ersten Tage bzw. Wochen verlaufen sind. In deine letzten Sätze packst du dann dein diplomatisch formuliertes Anliegen. Dabei ist es nicht angebracht, einen fordernden oder belehrenden Tonfall anzuschlagen. Stattdessen solltest du darauf verweisen, dass es sich nur um kleine Problemchen handelt, deren Ausräumung dein Leben noch angenehmer machen könnte.

* Diese Empfehlung gilt natürlich nicht für „Extremfälle“: Falls sich ein Familienmitglied zum Beispiel als Choleriker oder Alkoholiker entpuppen sollte beziehungsweise dich auf irgendeine Weise (sexuell) belästigt, dann lässt sich dieses Problem ausschließlich durch einen sofortigen Gastfamilienwechsel lösen.

Die Reaktion deiner Gasteltern lässt sich natürlich nicht vorhersehen. Ihre Grundüberzeugungen und Persönlichkeit spielen dabei genauso eine Rolle wie die Brisanz deiner Anliegen und die Geschicklichkeit deines Vorgehens. Falls sie kein Verständnis für deine Kritik zeigen, solltest du es zu diesem Zeitpunkt vermeiden, eine hitzige Diskussion mit ihnen zu führen. Wie bereits oben erwähnt, ist es in vielen Kulturkreisen nicht üblich, seine Eltern zu kritisieren. Und unter Umständen werden sie deine Einwände bei zukünftigen Entscheidungen und Handlungen ohnehin berücksichtigen.

Verändert sich nach diesem Gespräch allerdings nichts Entscheidendes zum Positiven, musst du es kurze Zeit später nochmals versuchen. Jetzt ist es auch an der Zeit, deinen Betreuer einzuschalten. Dafür ist er schließlich da! Dein Betreuer kann dich nur gut betreuen, wenn er umfassend von dir informiert wird.* Lass also alle falsche Zurückhaltung fallen und klage ihm dein Leid, auch wenn es vielleicht nur Lappalien sind, die dich stören.

Tipp: Oft kann der Betreuer sowohl bei kleinen als auch bei scheinbar unüberbrückbaren Konflikten vermitteln. Er kennt deine Probleme und wird von deinen Gasteltern als gleichberechtigter Gesprächspartner akzeptiert. Ein klärendes Gespräch unter der Beteiligung aller Familienmitglieder kann Wunder wirken.

Der größte anzunehmende Unfall ist es, wenn deine Gasteltern „über sieben Ecken“ von deinen Problemen erfahren. Überlege dir genau, wem du „Geheimnisse“ aus dem Familienleben anvertraust: Aus einer

* Es sei hier daran erinnert, dass Telefonleitungen in beide Richtungen funktionieren. Warte also nicht darauf, dass dein Betreuer dich kontaktiert, sondern ergreife selbst die Initiative.

kleinen Andeutung gegenüber einem Mitschüler kann ein dramatisches Gerücht entstehen, was deine Gastfamilie in einem zweifelhaften Licht erscheinen lässt. Auch wenn du das nicht bezweckt hast, wird man dir die Verantwortung dafür zuschreiben und die Enttäuschung deiner Gasteltern über dein Verhalten kann grenzenlos sein. In einem solchen Fall ist es selbst für den besten Betreuer sehr schwierig, die Wogen wieder zu glätten.

Im Gegensatz zu dem bisher beschriebenen Fall, können Konflikte zwischen dem Austauschschüler und der Gastfamilie auch erst nach einigen Monaten des Miteinanders auftreten. So verschieden diese Konflikte auch aussehen mögen, sie haben doch meist ein und denselben Hintergrund: Das Zusammenleben von mehreren Personen unter einem Dach verläuft nie absolut reibungslos. Oft sind es Banalitäten, die das eine oder andere Familienmitglied nerven. Da man sich aber selbst der Belanglosigkeit des Problems bewusst ist, wird es nicht thematisiert. Dies kann sich im Laufe der Zeit rächen. Denn zu einer Banalität kann sich schnell eine zweite oder dritte gesellen, und irgendwann entsteht bei einem oder mehreren Familienmitglied/ern das dringende Bedürfnis, möglichst schnell und umfassend etwas am Status quo zu verändern. Da die leichte anfängliche Genervtheit jedoch mittlerweile in eine akute Gereiztheit übergegangen ist, lässt sich die Situation häufig nicht mehr entschärfen: Das Fass ist einfach zu voll, um es behutsam zu entleeren. Schließlich bricht es unter dem Druck einer weiteren Banalität auseinander.

Dabei ist dieser Situation so einfach vorzubeugen. Nach der ersten Phase des Kennenlernens und des Vertrauensaufbaus, sollte es kein Problem sein, offen über kleinere Irritationen zu sprechen. Diese beruhen nämlich oft nur auf Missverständnissen und sind deshalb auch relativ problemlos aus der Welt zu schaffen. Doch auch wenn nicht alle Konflikte durch gemeinsame Gespräche beseitigt werden können, so dient der Austausch von unterschiedlichen Standpunkten doch zumindest als Ventil.

Natürlich ist es nicht ganz auszuschließen, dass ein auf Konfliktbeseitigung ausgerichtetes Gespräch in einer unschönen Weise eskaliert und das Band zwischen dem Austauschschüler und der Gastfamilie zerreißt. In diesen Fällen bleibt nur noch der Gastfamilienwechsel.

Gastfamilienwechsel

Ein Gastfamilienwechsel ist immer die letzte Möglichkeit und sollte nur bei schwerwiegenden Problemen in Erwägung gezogen werden. Für beide Seiten ist ein solcher Schritt nicht einfach, aber wenn trotz des Versuchs der gegenseitigen Anpassung keine richtige Harmonie eintreten will, das Vertrauensverhältnis zerstört ist oder eine Seite sich über Wochen oder Monate ungerecht behandelt fühlt, ist ein Familienwechsel oft die einzige und für alle Beteiligten beste Lösung.

Für den Austauschschüler eine neue Familie zu finden, kann jedoch eine geraume Zeit in Anspruch nehmen. Du solltest daher nicht davon ausgehen, bereits ein oder zwei Tage nach dem großen Krach deine Zelte in einem anderen Zuhause aufschlagen zu können. Stattdessen musst du mit einer mehr oder minder langen Übergangszeit rechnen, die nicht unbedingt angenehm ist. In Härtefällen ist es jedoch denkbar, dass du vorübergehend bei deinem Betreuer oder in einer Übergangsfamilie eine Bleibe findest. Wie läuft ein Familienwechsel also ab?

Gehen wir einmal davon aus, dass ein schon länger brodelnder Konflikt zwischen dir und deiner Gastfamilie an einem Abend eskaliert und beide Seiten nur noch in der Trennung einen Ausweg sehen. Eine solche Übereinkunft kann durchaus befreiend wirken. Daher ist es denkbar, dass man mit der Gewissheit auf ein baldiges Ende des Zusammenlebens in den verbleibenden Tagen besser als zuvor miteinander auskommt und in Frieden voneinander scheidet.

Wenn sich die eine oder andere Seite jedoch gekränkt fühlt, kann die verbleibende Zeit in der Familie sehr unangenehm verlaufen. Da es für dich wichtig ist, den Betreuer von deiner Schuldlosigkeit an den Problemen zu überzeugen, solltest du ihn sofort nach den Streitigkeiten kontaktieren und deine Version der Vorfälle schildern. Denn auch die Gastfamilie wird sich keiner Schuld bewusst sein und zur Wahrung ihres Rufs dem Betreuer, Freunden und Verwandten ihre Fassung des Problems darlegen. Der Betreuer sollte beide Seiten beruhigen und sich umgehend auf die Suche nach einer neuen Familie machen. Wenn er allerdings davon überzeugt ist, dass dich allein die Schuld an dem Konflikt mit deiner Gastfamilie trifft, könnte sich sein Engagement bei der Suche unter Umständen in Grenzen halten. Sollte diese Situation eintreten, ist Eigeninitiative gefragt: Sicherlich hast du bis zum Zeitpunkt des Eklats schon ein paar Bekanntschaften gemacht. Dir bleibt nunmehr keine andere Möglichkeit, als deine missliche Lage möglichst vielen Schülern, Lehrern und Bekannten zu erzählen, ohne jedoch dabei die Gastfamilie schlecht zu machen. Sag einfach, die „Chemie“ stimme nicht. Das ist meist völlig ausreichend. Die Erfahrung zeigt, dass sich häufig auf diese Weise in relativ kurzer Zeit eine neue Gastfamilie finden lässt.

In dieser schwierigen Phase ist die volle Rückendeckung deiner deutschen Austauschorganisation überaus wichtig. Im Gegensatz zur ausländischen Partnerorganisation, die nicht selten die Position des Betreuers unterstützt, kann der deutsche Anbieter als „Anwalt“ deiner Interessen auftreten – und dir moralischen Rückhalt geben. Mit der deutschen Organisation kannst du aber nur dann rechnen, wenn du wirklich keinen groben Unfug gebaut hast. Sind die Probleme zwischen deiner Familie und dir hingegen eindeutig durch dein Fehlverhalten entstanden, kann und will auch der deutsche Veranstalter nichts mehr für dich tun: Wirst du zum Beispiel beim Ladendiebstahl erwischt oder verstößt du durch den Konsum von Alkohol und anderen Drogen gegen die Gesetze deines Gastlandes, bleibt dir nur noch die vorzeitige Rückreise.

Schule und Freunde

Einige Tage nach der Ankunft bei deiner Gastfamilie betrittst du zum ersten Mal deine neue Schule. Obwohl du dich ungemein auf diesen Moment gefreut hast, ist dir jetzt doch etwas flau in der Magengegend. Dein Betreuer hat dir zwar genau erklärt, in welchem Büro du dich vorstellen sollst und wer dir bei der Zusammenstellung deines Stundenplans und anderen Fragen behilflich sein wird, aber schon beim Betreten des Schulhofes erfasst dich eine unbeschreibliche Unsicherheit. Alles sieht so fremd und anders aus – und du kennst niemanden.

Dieses Gefühl dürfte bei fast allen Austauschschülern ähnlich sein, doch die ersten Minuten an der neuen Schule verlaufen bei jedem Jugendlichen unterschiedlich. Denkbar wären folgende Szenarien:

1. Im Schulgebäude herrscht reges Treiben. Es ist der erste Schultag nach den Ferien und alle Leute haben sich viel zu erzählen. Viele Schüler begrüßen sich mit einer herzlichen Umarmung oder mit einem dir unbekannten Begrüßungsritual. Erwartungsvoll hoffst du, von irgendwem angesprochen zu werden, aber die anderen Jugendlichen schenken dir keinerlei Beachtung. Ein beklemmendes Gefühl steigt in dir auf und du wünschst dir sehnlich, wenigstens einen deiner deutschen Freunde bei dir zu haben. Verzweifelt versuchst du den Raum GABF 10 zu finden, aber du kannst ihn einfach nicht lokalisieren. Schließlich nimmst du deinen ganzen Mut zusammen und fragst einen Mitschüler nach dem richtigen Weg. Statt fürsorgender Hilfe bekommst du nur eine genervte Antwort, die du aufgrund ihrer Schnelligkeit nicht verstehst – aber zumindest konntest du den hektischen Gesten entnehmen, dass du dich rechts halten musst.
2. Im Schulgebäude stehen überall kleinere Grüppchen von Leuten und plaudern. Du hast irgendwie das Gefühl, von allen gemustert zu werden und es scheint dir, als ob die Leute sich einen Spaß daraus machen, über dich zu lästern. Ob es an deiner Kleidung liegt? Vielleicht an deiner engen Hose? Oder an deinem Haarschnitt? Hoffentlich hat

dir keiner einen Zettel auf den Rücken geheftet!? Den Weg zu Raum GABF 10 erlebst du wie einen Spießrutenlauf und du stellst dir ununterbrochen die Frage, wieso du dir das bloß angetan hast.

3. Als du auf der Suche nach Raum GABF 10 den langen Gang entlang gehst, lächeln dich einige Jugendliche freundlich an oder heben als Zeichen des Grußes ihre Hand. Andere drehen sich hingegen tuschelnd ab. Dass du neu an der Schule bist, kannst du durch das Tragen der für alle Schüler verpflichtenden Schuluniform nicht kaschieren: Schließlich hast du vielleicht als einziger Jugendlicher blonde Haare, oder du hebst dich durch deine Körpergröße eindeutig von deinen Mitschülern ab. Trotz der ungewohnten Situation fühlst du dich schon in den ersten Minuten recht wohl und du hast das gute Gefühl, dass es nicht allzu schwer sein wird, einige Leute kennen zu lernen.
4. Jeder scheint jeden zu kennen, was bei der geringen Schülerzahl auch kein Wunder ist. Kurz nachdem du versehentlich den Aufenthaltsraum betreten hast, wirst du auch schon von einigen Leuten gefragt, ob du neu an der Schule bist. Nach einem kleinen Small Talk begleiten dich zwei hilfsbereite Mitschüler zu Raum GABF 10. Bevor sie sich von dir verabschieden, laden sie dich noch für das kommende Wochenende zu einer Fete ein.

Diese vier fiktiven Beispiele geben dir eine kleine Vorstellung darüber, wie dein erster Schultag beginnen könnte. Sicherlich ist es optimal und wünschenswert, sofort in eine Clique aufgenommen zu werden. Das dürfte aber nur in Ausnahmefällen geschehen. Der Aufbau eines Freundeskreises ist in der Regel eine langwierige Angelegenheit und gestaltet sich nicht immer einfach. Aber damit beschäftigen wir uns an einer anderen Stelle.

Dein Stundenplan

Dein Stundenplan ist maßgeblich von dem Schulsystem deines Gastlandes abhängig, das sich in der einen oder anderen Weise von dem dir bekannten deutschen System unterscheiden wird. Abgesehen davon, dass dein Schultag im Ausland unter Umständen eher beginnt, später aufhört, durch eine Mittagspause unterbrochen ist oder den ganzen Tag dauert, gibt es eine ganze Reihe weiterer Punkte, an die du dich gewöhnen musst.

Der Unterricht an deiner neuen Schule beruht vielleicht auf einem Kurssystem, bei dem Schüler verschiedener Altersstufen und Klassen gemeinsam unterrichtet werden. Auch die Lehrfächer unterscheiden sich unter Umständen grundlegend von dem dir bekannten Angebot. Inwieweit du deinen Stundenplan selbst bestimmen kannst, hängt von deinem Gastland, deiner Schule und der Jahrgangsstufe ab, in die du eingestuft wirst. Überdies macht dir deine deutsche Schule eventuell bestimmte Auflagen bei der Fächerwahl, wenn du nach dem Auslandsaufenthalt wieder in deine alte Jahrgangsstufe zurückkehren möchtest.

Bei der Zusammenstellung deines Stundenplans wirst du nicht allein gelassen: Entweder bekommst du den bereits fertigen Plan von deinem Betreuer bzw. von deiner Gastfamilie in die Hand gedrückt, oder du suchst zu Beginn deines ersten Schultages einen Lehrer oder Verwaltungsangestellten auf, der dich mit den wichtigsten Informationen versorgt. Aufgrund deiner deutschen Schulnoten und der geltenden Vorschriften des Landes stuft er dich in einen bestimmten Jahrgang ein. Falls in deinem Gastland ein zentraler, für alle Schüler verbindlicher Lehrplan existiert, bekommst du anschließend einen Zettel mit den von dir zu belegenden Stunden in die Hand gedrückt. Individuelle Wahlmöglichkeiten hast du in diesem Fall nicht. Spannender ist die Fächerwahl dagegen in Ländern, die ihren Schülern bei der Gestaltung ihres Stundenplans große Freiräume einräumen. In den USA, Kanada, Australien und Neuseeland ist es zum Beispiel durchaus üblich, sich aus ein paar Dutzend möglichen Fächern vier bis sieben herauszusuchen. Auf die Hilfe des Beratungslehrers bist du da schon angewiesen. Es ist sehr zu empfehlen, nicht nur die dir bekannten Fächer in den Stundenplan zu integrieren. An deutschen Schulen wird dir nur in den seltensten Fällen die Gelegenheit gegeben, dich täglich in den Fächern Kochen, Autoreparatur, Theater, Chor, Computer, Töpfern, Journalismus, Rhetorik oder Outdoor Education unterrichten zu lassen. Lass die einmalige Gelegenheit, deine sicherlich vorhandenen künstlerischen, handwerklichen, musikalischen oder sprachlichen Qualitäten zu entdecken beziehungsweise weiter auszubilden auf keinen Fall ungenutzt verstreichen!

In seltenen Fällen eröffnet dir dein Beratungslehrer die Möglichkeit, den Abschluss deiner Gastschule zu erwerben. Das ist sicherlich ein Zeichen für das Vertrauen in deine Leistungsfähigkeit, und du kannst das Angebot durchaus als Kompliment verstehen. Bedenke bei deiner Entscheidung pro oder contra Abschluss jedoch, dass dir ein Diplom einer ausländischen Schule außer einer Menge Arbeit und weit reichenden Einschränkungen bei der Fächerwahl nicht viel bringt.*

Der Abschluss einer ausländischen Schule nach einjährigem Auslandsaufenthalt befähigt dich in der Regel nicht dazu, an einer deutschen Universität zu studieren und dein Abitur wirst du daher ohnehin machen müssen. Selbst die automatische Hochschulzugangsberechtigung in deinem Gastland erwirbst du mit dem landestypischen Schulabschluss nicht unbedingt, da der Zugang zu vielen Universitäten über spezifische Aufnahmeprüfungen geregelt ist, für die du dich auch mit dem Abitur anmelden kannst. Schließlich ist der vermeintliche Vorteil, seinen ausländischen Schulabschluss in einem zukünftigen Bewerbungsgespräch gut verkaufen zu können, nicht unbedingt existent: Personalmanager schätzen nicht das Stück Papier mit den Noten, sondern die im Ausland gemachten Erfahrungen. Und da dir von deiner Austausch-

* Um die Anforderungen für einen Abschluss zu erfüllen, musst du zahlreiche Pflichtfächer belegen.

organisation die Teilnahme an einem Schüleraustausch mit Schulbesuch ohnehin bescheinigt wird, besitzt du bereits ein repräsentatives Schriftstück, das deine zukünftige Bewerbungsmappe zieren kann.

Tipp: Take it easy und genieße deine Zeit, ohne sie zu vergeuden! Zeugnisse und andere Trophäen wirst du noch allzu oft sammeln müssen, aber die Chance, „ungewöhnliche“ Fächer auszuprobieren, kommt nicht wieder.

Die erste Schulstunde

Wenn du dich nicht gerade durch dein Aussehen grundlegend von deinen Mitschülern unterscheidest, kannst du an deinem ersten Schultag nicht unbedingt damit rechnen, dass die anderen Jugendlichen sofort auf dich zugehen und dich über deine Herkunft ausquetschen. Gerade in mobilen Gesellschaften, in denen der häufige Wohnortwechsel zum Alltag der Menschen gehört, ist es nicht außergewöhnlich, zu Schuljahresbeginn viele neue Gesichter zu sehen. Auch die Lehrer werden dich unter Umständen nicht sonderlich beachten, wenn sie ihren Unterricht beginnen. Du sitzt einfach da, wie jeder andere Schüler. Die Anonymität dürfte allerdings nur so lange andauern, bis du das erste Mal deinen Mund öffnest und dich zu artikulieren versuchst. Dein Stottern und das verzweifelte Ringen nach den richtigen Worten werden dir vielleicht peinlich erscheinen, aber das ist es nicht. Gerade in Ländern, in denen die wenigsten Menschen mehr als eine Sprache sprechen, kannst du dir trotz deiner gebrochenen Aussprache der Anerkennung deiner Mitschüler und Lehrer sicher sein. Vor allem hast du dich auf diese Weise aber „geoutet“ und bist nun wenigstens einigen Mitschülern als „der“ beziehungsweise „die“ Deutsche bekannt.

Der Unterricht

Wie dir aus eigener Erfahrung als Schüler/in bekannt sein dürfte, gestaltet jeder Lehrer seinen Unterricht anders, wenn auch nicht unbedingt sehr abwechslungsreich. Genau dieselbe Beobachtung kannst du auf der ganzen Welt machen, egal in welches Land es dich verschlägt. Trotzdem werden dir auch gravierende Unterschiede auffallen, von denen hier einige aufgelistet sind:

- Die Schüler/innen in deinem Gastland werden ihren Lehrern unter Umständen nicht widersprechen, auch wenn diese offensichtlich im Unrecht sind.
- Die Wahrscheinlichkeit ist recht hoch, dass du einschläfernden Frontalunterricht im wahrsten Sinne des Wortes kennen lernst. Mündliche Mitarbeit wird in vielen Ländern kaum verlangt und praktiziert.
- Tägliche Tests, unter Umständen im Multiple-Choice-Verfahren, sind in einigen Staaten fester Unterrichtsbestandteil.
- Im Gegensatz zum Unterricht in Deutschland, in dem persönliche Stellungnahmen in den geistes- und gesellschaftswissenschaftlichen Fächern einen wichtigen Bestandteil der Arbeit ausmachen, werden die Schüler/innen in manchen Ländern vor allem daran gemessen, große Mengen Lehrstoff auswendig zu lernen und wiederzugeben.
- In vielen Ländern ist „Pfuschen“ kein Kavaliersdelikt, sondern gilt als bedeutender Vertrauensbruch, der von Schülern und Lehrern gleichsam geächtet wird.

Trotz vieler Umstellungen und der anderen Unterrichtssprache fällt es dir fast überall in der Welt schon nach wenigen Wochen nicht mehr schwer, dem Unterricht zu folgen, die Tests zu bestehen und an einigen Fächern Spaß zu finden. Denke immer daran, dass es sich bei deinem Austausch um ein akademisches Jahr und nicht um Urlaub handelt. Deine Lehrer erwarten von dir die gewissenhafte Erledigung der notwendigen Arbeiten. Zumindest solltest du aber in keinem Fach schwerwiegende Probleme bekommen. Die anfänglichen Sprachschwierigkeiten und Anpassungsprobleme sehen dir deine Lehrer sicherlich nach, aber schon in den ersten Wochen werden sie offensichtlich erkennbare Faulheit nicht tolerieren.

Freundschaften aufbauen

Der Erfolg deines Austauschjahres und dein persönliches Wohlempfinden hängen maßgeblich davon ab, relativ schnell Bekanntschaften zu machen. Die Schule ist dafür der ideale Ort. Wo sonst triffst du jeden Tag Dutzende von Gleichaltrigen, die ähnliche Interessen und Sorgen haben wie du? Ehe du dich versiehst, kennst du vielleicht schon 20 Leute und kannst bereits nach drei Monaten behaupten, einige Freundschaften fürs Leben geschlossen zu haben. Die skizzierte Entwicklung ist durchaus keine Utopie, aber wahrscheinlich wirst du es schwerer haben, dir einen Freundeskreis aufzubauen. Dies liegt unter anderem an deinem begrenzten Wortschatz, der tief greifende Gespräche in der ersten Zeit deines Aufenthalts nicht erlaubt. Und da der zu Anfang existierende Reiz des Informationsaustausches über Musik, Filme und Sport relativ schnell verfliegt und deine Mitschüler/innen nicht immer die Muße haben, ihre Sätze ständig zu wiederholen, lässt auch das durchaus vorhandene Interesse am Small Talk mit dir nach. Was ist zu tun?

Setze alles daran, so schnell wie möglich deinen Wortschatz zu vergrößern. Dazu liest du am besten regelmäßig eine Tageszeitung, besorgst dir einige Comics und Bücher, schaust in die Glotze und sprichst viel mit deinen Gasteltern. Gleichzeitig musst du in die Offensive gehen: Erwarte nicht von den anderen Jugendlichen, dass sie sich darum reißen, dich kennen zu lernen. Im Gegensatz zu dir haben sie einen festen Freundeskreis. Folglich musst du über deinen eigenen Schatten springen und verschiedene Leute fragen, ob ihr euch nicht einmal treffen könntet oder ob am nächsten Wochenende irgendwo eine Fete stattfindet. Das ist sicherlich nicht einfach und du wirst die eine oder andere Abfuhr bekommen. Aber da musst du durch!

Relativ einfach gestaltet sich die Kontaktaufnahme zu anderen Mitschülern bei sportlichen Aktivitäten oder in AGs, da sich hier Leute mit gleichen Interessen (z.B. Musik, Computer, Theater) in zwangloser Atmosphäre treffen. Das schweißt zusammen und es ist absolut unerheblich, ob du ein Crack auf deinem Gebiet bist oder eher ein Amateur: Dabei sein ist alles!

Legst du ein wenig Hartnäckigkeit an den Tag, bist gleichzeitig aber nicht zu aufdringlich, werden deine Bemühungen nach einigen Wochen von Erfolg gekrönt sein und du rutschst in eine Clique hinein.

Deine neue Rolle

In Deutschland nimmst du innerhalb deiner Klasse und deines Freundeskreises eine bestimmte Rolle ein, die du dir über Jahre hinweg „erarbeitet" hast, die dir von deinen Freunden zugeschrieben wurde oder die sich einfach so ergeben hat. So bist du vielleicht der Streber, die Nervensäge, das Sportass, die Klassensprecherin, das Biest, die Ausgeflippte, der Psychopath, der Komiker oder die Verklemmte. Wie du vielleicht schon einmal an der eigenen Haut erfahren musstest, ist es unwahrscheinlich schwer bis unmöglich, eine einmal eingenommene Rolle wieder abzulegen – gerade wenn sie auf negativen Zuschreibungen beruht.

Während deines Auslandsaufenthalts hast du die einmalige Chance, in eine neue Rolle zu schlüpfen. Da dich niemand kennt, kannst du dich so verhalten, wie du es schon immer wolltest beziehungsweise wie du wirklich bist. Gleichzeitig ist es aber auch nicht ungewöhnlich, dass dich deine neue Umgebung trotz unveränderten Verhaltens anders wahrnimmt, als du es gewohnt bist. In diesem Sinne kannst du beispielsweise vom Komiker zum Spinner, von der Nervensäge zur Entscheidungsträgerin und vom verklemmten zum begehrten Mitschüler mutieren.

Ausschlaggebend für die Rolle, die du während deines Aufenthalts einnimmst, ist zum großen Teil dein Verhalten in den ersten Wochen. Daher solltest du gerade am Anfang nicht zu sehr auf den Putz hauen oder ständig mit versteinerter Miene in der Ecke sitzen. Sonst kannst du dich innerhalb weniger Wochen in einer Rolle wiederfinden, die nicht deinem Selbstverständnis entspricht. Versuche einfach du selbst zu sein, ohne dabei das Gespür für die dortigen Gepflogenheiten zu verlieren.

Kontakte zu anderen Austauschschülern

Gerade in der Anfangsphase deines Aufenthalts, wenn du noch kaum Leute kennst und dich möglicherweise einsam fühlst, ist es nahe liegend, sich mit „Leidensgenossen" auszutauschen. Dagegen ist überhaupt nichts einzuwenden. Problematisch wird es allerdings, wenn sich dein neuer Bekanntenkreis auch nach vielen Monaten fast ausschließlich aus Austauschschüler/innen zusammensetzt.

Du nimmst an einem Schüleraustausch teil, um Kultur, Sprache und Lebensweise der Menschen deines Gastlandes kennen zu lernen. Und dieses Ziel solltest du nicht schon nach wenigen Wochen aus den Augen verlieren. Formiert sich erst einmal eine feste Gruppe von Austauschschülern, bleibt sie in der Regel bis zum Ende des Schuljahres bestehen. Denn deine „einheimischen" Mitschüler werden diese Gruppenbildung als Zeichen der Abgrenzung verstehen und keinerlei Anstrengungen zu eurer Integration unternehmen, während ihr euch in der Annahme ihres Desinteresses bestätigt fühlt. Eine solche Konstellation ist nicht förderlich für das gegenseitige Verständnis, wirkt frustrierend und hat auch den Nachteil, dass du die Sprache deines Gastlandes nicht annähernd so gut erlernen wirst, wie es auf der Grundlage von Freundschaften mit „Einheimischen" möglich wäre.

Sex, Drugs and Rock'n'Roll

Bunthaarige, mit Piercings und Tätowierungen geschmückte Schülerinnen und Schüler, die sich in durchlöcherter Kleidung vor den Augen ihrer Lehrer innige Zungenküsse geben, gehören nicht selten zum normalen Erscheinungsbild einer deutschen Schule. Der Individualität der Jugendlichen werden fast keine Grenzen gesetzt. Das sieht in einigen Staaten ganz anders aus. Auch wenn keine Schuluniform vorgeschrieben ist, müssen sich viele Schüler an bestimmte Kleidervorschriften halten. Das kann mit dem Verbot von Schmuck und „wilden" Haarschnitten anfangen und in der Mindestlängen-Regelung für Röcke und kurze Hosen seine Vollendung finden. Aber die strikteren Regeln beschränken sich nicht nur auf die Kleidung: An vielen Schulen herrscht absolutes Rauchverbot, und in einigen Ländern ist sogar der öffentliche Körperkontakt zwischen Teenagern verboten. In den USA kannst du beispielsweise schon Probleme bekommen, wenn du auf dem Schulgelände eine/n Mitschüler/in zur Begrüßung umarmst.

Im Gegensatz zu den Partys an deiner deutschen Schule wird der Konsum von Alkohol an deiner Gastschule wahrscheinlich nicht geduldet sein. Natürlich lassen sich immer Mittel und Wege finden, um dieses Verbot zu umgehen. Die Illegalität sorgt sogar nicht selten für den zusätzlichen Kick, der das Trinken erst richtig interessant macht. Doch so groß die Versuchung auch sein mag: Wenn dir der Alkoholkonsum aufgrund der staatlichen Gesetze, der Vorschriften deiner Schule oder des Vertrags mit deiner Austauschorganisation untersagt ist, solltest du die Finger davon lassen. Gerade bei Schulfeten wimmelt es von Aufsichtspersonen, die schon in einer leichten Alkoholfahne einen Grund für deine vorzeitige Rückkehr nach Deutschland sehen könnten. Wirst du beim illegalen Betrinken erwischt, bleibt dir im günstigsten Fall die Möglichkeit, durch herzzerreißende Beteuerungen deines Willens zur Besserung und unter dem Einsatz von reichlich Tränen eine „Bewährungsstrafe" herauszuschlagen. Du solltest es aber erst gar nicht darauf ankommen lassen!

Auch wenn du die Vorschriften an deiner Gastschule lächerlich findest: Erspare deinen Lehrern und Mitschülern eine Diskussion über ihren Sinn oder Unsinn, da du dir auf diese Weise lediglich unnötigen Ärger bereitest. Niemand wird die bestehenden Regeln aufgrund deiner Einwände in Frage stellen! Zweifelst du sie hingegen permanent an oder brichst sie sogar, kannst du kurz nach deiner Ankunft auch schon wieder deinen Rückflug buchen und dich zu deinem Heldentum beglückwünschen. Denn abgesehen von dem vorzeitigen Programmende bist du auch dafür verantwortlich, dass deine Gastschule vielleicht nie wieder einen (deutschen) Austauschschüler aufnehmen wird.

An fast jeder Schule in der industrialisierten Welt gibt es Schülerinnen und Schüler, die regelmäßig Drogen konsumieren. Neben Zigaretten, Alkohol, Marihuana und Hasch erfreuen sich seit einigen Jahren synthetische Rauschmittel einer zunehmenden Beliebtheit unter Jugendlichen.* Aber selbst wenn es an deiner Gastschule ein Drogenproblem geben sollte, wird dich niemand zum Konsum von Drogen nötigen. Du hast die Entscheidungsfreiheit über dein Verhalten und solltest dich auch von einem möglicherweise vorhandenen Gruppenzwang nicht beeinflussen lassen. Denn sonst bist du – abgesehen von den ganzen Unannehmlichkeiten mit Polizei, Justiz, Schule und Gastfamilie – schneller wieder daheim, als es dir lieb ist.

Zum Schluss noch einige Worte zum Thema Sex. Die Sexualmoral in anderen Ländern kann sich grundlegend von der dir bekannten unterscheiden. Die Jugendlichen deines Gastlandes könnten freizügiger, aber auch verklemmter mit ihrer Sexualität umgehen. Unabhängig von dem vorherrschenden Moralkodex kannst du jedoch davon ausgehen, dass auch in deinem Gastland Körperflüssigkeiten ausgetauscht wer-

* *Info:* An dieser Stelle sei darauf hingewiesen, dass der regelmäßige Konsum von chemischen Drogen wie Ecstacy nachweisbar das Gehirn schädigt und bei falscher Dosierung bereits der einmalige Konsum zu einer lebenslangen Bewusstseinsveränderung führen kann.

den. Und da es auch dich „erwischen“ kann, solltest du vorsorglich ein Päckchen Kondome mit auf die Reise nehmen. In einigen Städten könnte sich nämlich der (diskrete) Erwerb von Verhütungsmitteln durchaus schwierig gestalten, vor allem dann, wenn der einzige Drogeriemarkt von Freunden oder Verwandten deiner Gasteltern geführt wird. Eigentlich ist es überflüssig zu erwähnen, aber da einige Austauschschüler/innen gelegentlich an der Befruchtung von Eizellen mitwirken, möchte ich dich nochmals daran erinnern: Bereits beim ersten Geschlechtsverkehr ohne Verhütungsmittel kann es zu einer ungewollten Schwangerschaft kommen. Bedenkst du dann noch die immer größer werdende Gefahr einer Infizierung mit HIV, wäre es relativ dumm, ohne Präservativ miteinander zu schlafen!

Kulturschock

Die ersten Wochen des Auslandsaufenthalts erleben viele Austauschschüler/innen in einer euphorischen Stimmung. Alles ist neu und muss erkundet werden. Selbst der Einkauf im Supermarkt und der tägliche Schulweg werden zum Erlebnis. Losgelöst von den gewohnten Konventionen scheint das Leben in der neuen Heimat einfach und abwechslungsreich zu sein. Urlaubsstimmung macht sich breit. In dieser Phase vergeht ein Tag schneller als der andere und es bleibt kaum Zeit, an Eltern und Freunde in Deutschland zu denken. Ein Verwandtenbesuch jagt den nächsten, die Nachbarn wollen dich kennen lernen und deine Gastfamilie investiert viel Zeit und Geduld, um dir deine ersten Wochen so angenehm wie möglich zu gestalten. Alles ist vom Feinsten und du kannst dir nicht vorstellen, dass jetzt noch etwas schief gehen könnte.

Doch dann kommt die Ernüchterung. Langsam erkennst du, dass auch das Leben in deinem Gastland nach einem gleichförmigen Alltagstrott abläuft, der keineswegs so aufregend ist, wie du das zu Anfang angenommen hattest. Der Schulunterricht langweilt dich zunehmend, und die tägliche Erledigung der Schularbeiten fällt dir schwer. Auch deine

Freizeit verläuft unspektakulärer als erwartet: Da deine Mitschüler nur selten eine freie Minute finden, um sich mit dir zu treffen, verbringst du viele Stunden in deinem neuen Zuhause. Deine Gasteltern können sich aufgrund ihrer beruflichen und privaten Verpflichtungen auch nicht permanent um dich kümmern und erwarten stattdessen, dass du dich selbst beschäftigst. An die Stelle der anfänglichen Rücksichtnahme tritt allmählich Normalität und es wird von dir verlangt, die bequeme Rolle des außen stehenden Beobachters und Gastes gegen die des gleichberechtigten Familienmitglieds und Klassenkameraden einzutauschen.

Nicht wenige Austauschschüler/innen bekommen in dieser Phase einen regelrechten „Kulturschock", weil sie durch die von ihnen verlangte Anpassung an die Sitten und Gewohnheiten des Gastlandes ihre persönliche und kulturelle Identität bedroht sehen und bestimmte Verhaltensweisen nicht akzeptieren wollen. Wann diese Phase eintritt, wie lange sie dauert und in welcher Form sie in Erscheinung tritt, ist individuell verschieden. Die Symptome für den kulturellen Schock sind jedoch oft die gleichen: Man fühlt sich niedergeschlagen, ist depressiv und entwickelt eine Abneigung gegen das Gastland, das man bei jeder sich bietenden Gelegenheit kritisiert. Plötzlich fallen einem Klima, Sprache und Gerüche zur Last und man verspürt das Bedürfnis, deutsch zu essen und deutsch zu sprechen. Die Heimat erscheint in dieser Phase in einem strahlenden Licht, Probleme mit Eltern, Freunden und Lehrern sind aus der Erinnerung radiert. Körperliche Anzeichen des Kulturschocks sind unter anderem der Drang zum ständigen Händewaschen, Fressorgien oder die Verweigerung der Nahrungsaufnahme sowie ein ausgeprägtes Schlafbedürfnis und eine ständige Gereiztheit.

Selbstmitleid hilft dir in dieser Phase nicht weiter. Lass dich auf keinen Fall über einen längeren Zeitraum hängen! Um aus der Lethargie zu erwachen, musst du dich verstärkt mit deiner neuen Umgebung auseinandersetzen. Vermeide es dabei, die Kultur deines Gastlandes ständig mit dem Leben in Deutschland zu vergleichen. Denk insbesondere immer daran, dass es keine höheren oder minderwertigen

Kulturen gibt, sondern nur andere. Sicherlich nerven dich verschiedene Eigenarten deiner Mitschüler und Gasteltern, aber auch in deiner Heimat gibt es garantiert genügend Dinge, mit denen du weniger gut zurechtgekommen bist oder die eine Belastung für dich dargestellt haben. Sei vorsichtig vor platten Verallgemeinerungen in dem Sinne, dass du von dem Australier, dem Brasilianer oder dem Japaner „an sich" sprichst, da diese Klassifizierung der Verschiedenheit der Menschen nicht gerecht wird. Es gibt immer „solche und solche"! Flüchte nicht in eine vermeintlich heile Traumwelt, sondern lenke dich mit vielfältigen Aktivitäten von deinen Problemen ab. Gerade jetzt ist es wichtig, dass du Kontakte zu „Einheimischen" aufbaust und deine Sprachkenntnisse verbesserst. Wenn du dich nicht in die Isolation zurückziehst und aufgeschlossen auf deine neuen Verwandten und Mitschüler zugehst, lernst du garantiert viele nette Menschen kennen, die dich so akzeptieren, wie du bist. Natürlich verlangen sie von dir Toleranz und Feingefühl gegenüber bestimmten Gepflogenheiten, Sitten und Gebräuchen. Und auch auf die Einhaltung von geläufigen Höflichkeitsformeln wird gemeinhin gesteigerter Wert gelegt. Die Verleugnung deiner kulturellen Hintergründe oder gar eine hundertprozentige Assimilierung erwartet jedoch niemand von dir. Die Angst, durch Anpassung seine Identität zu verlieren, ist daher unbegründet. Im Gegenteil: Gerade das bewusste Erleben einer anderen Lebensweise stärkt und bereichert deine eigene Identität.

Heimweh

Nach überstandenem Kulturschock und erfolgreicher Integration steht einem unbeschwerten Austausch nichts mehr entgegen. Fast alle Austauschschüler/innen werden jedoch gelegentlich von Heimweh geplagt. Besonders zu Ostern, Weihnachten und Silvester sowie zu deinem Geburtstag hast du gute Chancen, von ungewohnter Schwermut und Traurigkeit erfasst zu werden. Das ist einfach zu erklären: Seit vielen Jahren spielen sich in deinem Elternhaus an diesen Tagen immer die gleichen Rituale ab, die dir das Gefühl von Geborgenheit und Vertrautheit geben. Auch das fürsorgliche Bemühen deiner Gasteltern wird daher in der Regel nichts daran ändern können, dass dir an den Festtagen etwas fehlt und du ein wenig „geknickt" bist.

Die Hochsaison für Heimweh ist üblicherweise die Zeit von Weihnachten bis Neujahr. Diese emotional aufgeladenen Tage verbringt man in vielen Ländern im Kreise der Familie, und es bieten sich unzählige Gelegenheiten, melancholisch zu werden. Tröste dich mit der Gewissheit, das nächste Weihnachtsfest wieder in gewohnter Atmosphäre zu feiern, und dieses Jahr eine neue Erfahrung zu machen. Da das „Feiertags-Heimweh" in der Regel mit dem Ende der Festivitäten wieder vergeht, solltest du es einfach über dich ergehen lassen und lediglich versuchen, dich so gut wie möglich abzulenken.

Schlimmer als das Feiertags-Heimweh ist das unter Umständen recht hartnäckige Bedürfnis, bei anhaltenden Konflikten mit der Gastfamilie seine Eltern und Freunde in Deutschland wieder sehen zu wollen, zumindest aber um Rat zu fragen. Viele Jugendliche wünschen sich in diesen Momenten nichts sehnlicher als einen Kurztrip in die Heimat. Die Symptome des problembedingten Heimwehs sind mit denen des Kulturschocks vergleichbar. Teilweise verlaufen beide Entwicklungen sogar parallel und sind nicht voneinander zu trennen. Natürlich ist es verständlich, wenn man sich aufgrund eines vermeintlich unlösbaren Problems an seine engsten Vertrauten wendet – besonders hilfreich ist es jedoch nicht: Deine Eltern und Freunde in Deutschland verfügen über keine fundierten Kenntnisse der Situation vor Ort. Folglich können sie diese auch nicht beurteilen. Gutgemeinte Ratschläge aus der Ferne schießen oft über das Ziel hinaus und sind eher kontraproduktiv. Auch auf deine psychische Verfassung wirkt sich ein intensiver Kontakt mit der Heimat meist negativ aus. Vielleicht kannst du dich am Telefon einmal richtig ausheulen oder dich ein wenig bemitleiden lassen. Doch die vermeintliche Nähe zu deinen Eltern ist trügerisch und die Einsamkeit nach dem Gespräch um so größer. Auch mit tränengetränkten Briefen solltest du sparsam umgehen. In der Regel vergehen einige Tage, bis die Post beim Adressaten ankommt. In dieser Zeit hast du das Problem unter Umständen schon gelöst, aber deine Eltern werden trotzdem in Panik versetzt.

Ganz abzuraten ist dir in Konfliktsituationen vom Gebrauch von E-Mails, Whatsapp, Facebook, Skype & Co. Bei einem herkömmlichen Brief kannst du dir auf dem Weg zum Briefkasten noch überlegen, ob du ihn wirklich abschicken willst und es besteht die Möglichkeit, ihn telefonisch wieder „abzufangen". Das World Wide Web transportiert deine spontanen Emotionen jedoch in wenigen Augenblicken um die ganze Welt und die Möglichkeit, deine Ausführungen noch einmal zu überdenken, entfällt.

Bestimmt kannst du dir bereits denken, wie diese Situation am besten zu lösen ist. Genau! Verabrede dich mit deinen Freunden, arbeite an deinen Sprachkenntnissen und sprich mit deiner Gastfamilie: Probleme lassen sich nur vor Ort lösen!

Austausch und Eltern

Für deine Eltern ist der Auslandsaufenthalt eine zweischneidige Sache: Zum einen freuen sie sich für dich, zum anderen sind sie besorgt. Selbst wenn sie deinem Schüleraustausch von Anfang an positiv gegenüberstanden, fällt es ihnen sicherlich schwer, dich „loszulassen". Körperlich bist du zwar nicht mehr greifbar, aber gedanklich werden deine Eltern ständig bei dir sein. Während du in den ersten Tagen deines Austausches permanent abgelenkt bist und kaum Zeit findest, an dein Zuhause zu denken, hinterlässt du im Alltag deiner Eltern ein großes Loch. Nachdem deine Eltern dich bis zu deiner Abreise fast täglich gesehen haben, lebst du plötzlich bei fremden Menschen, denen sie auch noch für die Dauer des Austausches die Erziehungsberechtigung übertragen mussten. Du bist einfach weg! Natürlich wissen deine Eltern, dass du nach einigen Monaten zurückkehrst und das Familienleben dann wieder seinen gewohnten Gang nehmen wird. Aber inzwischen kann viel passieren...

Viele Eltern haben daher das verständliche Bedürfnis, auch während des Schüleraustausches in engem Kontakt zu ihrem Kind zu stehen. Wöchentliche Telefonate, ein regelmäßiger Briefwechsel und gelegentliche Besuche scheinen da die ideale Lösung zu sein. Schließlich wollen sie sich auch ein Bild davon machen, in welchen Verhältnissen ihr Kind lebt, ob es sich wohl fühlt, oder ob es Hilfe benötigt. De facto ist der intensive Kontakt zwischen dir und deinen Eltern jedoch nicht hilfreich, da er dir die Eingewöhnung und Integration in deine neue Umgebung erschwert. Dein Leben spielt sich für die Dauer des Auslandsaufenthalts nicht in Deutschland ab, sondern in deinem Gastland. Ein ständiger Gedanken- und Informationsaustausch mit deinen Eltern erinnert dich hingegen permanent daran, nur Gast in dem Land deiner Wahl zu sein und gibt dir womöglich noch das Gefühl, wichtige Ereignisse in Deutschland zu verpassen. So schwer es auch sein mag: Deine Eltern müssen lernen, eine andere Rolle als die gewohnte einzunehmen. Für eine begrenzte Zeit teilst du deinen Alltag in erster Linie mit deinen Gasteltern und deinen neuen Freunden, nicht mit ihnen. Deine Eltern geben dir hingegen den Rückhalt, den du benötigst, um mit den neuen Herausforderungen fertig zu werden. Die Gewissheit, jederzeit nach Hause zurückkehren zu können, macht dich stark und gibt dir eine innere Gelassenheit.

Natürlich haben deine Eltern ein Recht darauf, schöne und weniger schöne Erlebnisse mit dir zu teilen. Rufe sie daher in den Tagen nach deiner Ankunft an und schildere ihnen deine Eindrücke. Lass auch mit dem ersten Brief nicht zu lange warten. Wenn deine Eltern erst einmal wissen, dass es dir gut geht, fällt ein Teil der Anspannung von ihnen ab. Nach der zu Anfang üblichen „Telefonitis“ sollte sich der telefonische Kontakt dann jedoch auf einmal pro Monat beschränken. Auch ein Brief pro Monat liegt durchaus im Soll. Aufgrund deiner zahlreichen Aktivitäten wirst du ohnehin kaum Zeit finden, lange Romane zu schreiben.

Für dich bedeutet dies auf der anderen Seite aber auch, bei kleineren Problemen nicht gleich zum Telefonhörer zu greifen, um die Hilfe deiner Eltern in Anspruch zu nehmen. Dieses Vorgehen wäre blanker Egoismus, denn während du dich nach dem Gespräch besser fühlst, machen sich deine Eltern bis zum nächsten Kontakt große Sorgen.

Wie du siehst, bringt der Schüleraustausch für alle Beteiligten einige schwierige Neuerungen mit sich. Auch deine Eltern sollten sich deshalb auf den Auslandsaufenthalt vorbereiten. Als ersten Einstieg könntest du ihnen zum Beispiel die folgende Liste mit Erfahrungswerten vorlegen:

Liebe Eltern!

- Wenn sich ein Austauschschüler nicht regelmäßig bei seinen Eltern meldet, seine Gasteltern in den höchsten Tönen lobt und kaum mehr in der Lage zu sein scheint, einen korrekten Satz in deutscher Sprache zu bilden, ist das kein alarmierendes Zeichen von Entfremdung, sondern der Beleg für eine erfolgreiche Integration. Freuen Sie sich für ihr Kind!
- Von Besuchen während des Austausches ist absolut abzusehen, da sie fast immer zu Komplikationen führen. Ihr Kind hat sich in einer fremden Umgebung ein neues Leben aufgebaut und sich mit den dortigen Gegebenheiten arrangiert. Durch Ihre bloße Anwesenheit kann diese Welt aus den Fugen geraten. Nicht selten entstehen Loyalitätsprobleme und der Gastfamilie wird ungewollt vor Augen geführt, dass sie nur temporäre Ersatzeltern sind. Gegen einen Besuch am Ende des Programms ist hingegen nichts einzuwenden. Man sollte sich jedoch der Problematik bewusst sein, die ein gemeinsamer Urlaub nach vielen Monaten der Trennung mit sich bringen kann.
- Vertrauen Sie Ihrem Kind! Akzeptieren Sie seine Entscheidungen und „lassen Sie es los“! Es kommt ganz sicher wieder nach Hause und wird Ihre Liberalität zu schätzen wissen.
- Bauen Sie einen lockeren Brief-, Email- oder Telefonkontakt zu den Gasteltern auf, selbst wenn die Sprachbarriere unüberwindlich

scheint. Vermeiden Sie es dabei auf jeden Fall, den Erziehungsstil und die Lebensführung der Gastfamilie zu kritisieren. Bei schwerwiegenden Problemen Ihres Kindes mit der Gastfamilie ist es ratsam, die deutsche Organisation zu kontaktieren und das weitere Vorgehen abzustimmen. Eigeninitiativen laufen fast immer schief!

- Ermutigen Sie Ihr Kind, in Phasen des Heimwehs nicht aufzugeben, wenn es sich Ihrer Meinung nach um eine temporäre Erscheinung handelt. Durchhalteparolen bei permanentem bis krankhaftem Heimweh sind dagegen wenig hilfreich.

Ein abschließender Tipp: Den vorübergehenden „Verlust“ Ihres Kindes können Sie am besten durch die Aufnahme eines ausländischen Jugendlichen kompensieren. Durch diese parallele Austauscherfahrung fällt es Ihnen leichter, bestimmte Entwicklungen in der Ferne nachzuvollziehen und nebenbei entgehen Sie der ggf. beklemmenden Stille in Ihrer Wohnung. Während Ihr Familienleben ganz normal weiterläuft, eröffnen Sie einem ausländischen Jugendlichen die Möglichkeit, wichtige Erfahrungen zu machen – und gewinnen nebenbei ein Familienmitglied hinzu. Bei einigen wenigen Veranstaltern reduziert sich dadurch sogar der Preis für das Programm Ihres Kindes.

Weiterhin sollten Sie Kontakt zu anderen Familien suchen, deren Kinder ebenfalls ihr Schuljahr im Ausland verbringen. Durch den Austausch von Freuden, Ängsten und Informationen bleiben Sie nicht allein mit Ihren Eindrücken und können Ihre Erfahrungen mit anderen „Leidensgenossen“ teilen. Bei einigen Anbietern sind Elterntreffen fester Bestandteil des Programms, aber es dürfte auch kein Problem sein, sie in Eigenregie zu organisieren.

Schließlich bietet das Internet exzellente Möglichkeiten, sich mit anderen Eltern in Verbindung zu setzen. Schauen Sie doch einfach mal im Elternforum des Online-Angebots zu diesem Buch unter www.handbuchfernweh.de vorbei, und Sie werden sehen, dass Sie mit Ihren Emotionen nicht alleine sind.

Rückkehr in die fremde Heimat

Die letzten Wochen deines Auslandsaufenthalts vergehen wie im Flug und der Tag der Abreise rückt unaufhaltsam näher. Schließlich ist es soweit: Nach tränenreichem Abschied von deiner Gastfamilie hebt der Flieger Richtung Deutschland ab. Deine Gefühlswelt ist in diesem Moment absolut durcheinander. Zum einen freust du dich auf das Wiedersehen mit deinen Eltern und Freunden, zum anderen bist du traurig über den Verlust dir wichtiger Menschen.

Viel Zeit für wehmütige Erinnerungen oder Vorfreude bleibt dir jedoch nicht! In nur wenigen Stunden wirst du mit einer wahnsinnigen Geschwindigkeit von deiner Welt in eine andere katapultiert, die dir ziemlich fremd erscheint. Alles ist so hektisch, kalt und unfreundlich und du verspürst den Wunsch, sofort wieder in deine neue Heimat zurückzufliegen. Als dich jedoch nur noch wenige Meter von dem Tor trennen, hinter dem du deine Eltern vermutest, verwirfst du diesen Gedanken. Du holst tief Luft, verlangsamst deinen Schritt, 15 Meter, 10 Meter, 5 Meter, die elektrische Ausgangstür öffnet sich, eine wartende Menschentraube schaut dich an, du gehst weiter, irgendwer ruft deinen Namen, hinter dir schließt sich die Tür. Plötzlich stehen deine Eltern mit offenen Armen vor dir: Wieder daheim!?

Die Erzählphase

In den ersten Tagen nach deiner Rückkehr schenkt man dir viel Aufmerksamkeit. Eltern, Freunde und Verwandte möchten von dir erfahren, wie es „da drüben“ aussieht. „Und, wie war’s?“ lautet die Standardfrage, die man dir fast täglich stellt. Das ernst gemeinte Interesse deiner Umgebung ist nicht immer leicht zu befriedigen, da mehrere Monate Auslandsaufenthalt in einem wenige Minuten dauernden Gespräch nicht zusammenzufassen sind. Außerdem bist du selbst noch gar nicht in der Lage, deine vielfältigen Eindrücke und Erlebnisse zu ordnen. Nach anfänglicher Sprachlosigkeit erzählst du fast immer die gleichen „best of“ Geschichten, die deinen Auslandsaufenthalt für Außenstehende als reinsten Abenteuerurlaub erscheinen lassen. Selbst Verwandte und Bekannte, die dich und deine Eltern vor deiner Abreise mit stichelnden Bemerkungen genervt haben, sind angetan von deinen Erfahrungen. Ein schönes Gefühl! Überhaupt gefällst du dir ein wenig in der Rolle des heimkehrenden Weltenbummlers, der „Außergewöhnliches“ aus einer anderen Welt zu berichten hat.

Die Sättigungsphase

Ziemlich schnell normalisiert sich jedoch das Interesse an deiner Person: Konntest du deine Zuhörer zu Anfang mit spektakulären Geschichten fesseln, begeistern sie deine euphorischen Schilderungen scheinbarer Banalitäten nur selten. Deine Eltern und besten Freunde hören dir zwar immer noch geduldig zu, wenn du zum x. Mal betonst, wie genial Menschen, Landschaft, Imbissbuden, Tankstellen, Bekleidungsläden und das Wetter in deinem Gastland sind, aber irgendwann haben auch sie genug gehört. Gelegentlich ziehen sie dich jetzt sogar wegen deines eigenartigen Sprachstils auf.

Die „Keiner-versteht-mich“-Phase

Eigentlich bist du gar nicht böse darum, nicht mehr ständig die gleichen Geschichten erzählen zu müssen. Aber dass deine Eltern und Freunde sich bereits kurz nach deiner Rückkehr einfach so verhalten, als ob du gar nicht „weg“ gewesen wärst, verstehst du nicht: Irgendwie scheinen sie deinen Schüleraustausch mit ihrem zweiwöchigen Sommerurlaub zu verwechseln. Sie begreifen offensichtlich überhaupt nicht, was es bedeutet, für eine lange Zeit in einem anderen Land gelebt zu haben. Gerade bei Personen, die dir am Herzen liegen, treibt es dich auf die Palme, wenn sie deine Begeisterung für die andere Kultur nicht teilen wollen, sondern dir entgegnen, dass das Leben in Deutschland auch nicht schlecht sei. Nach einigen vergeblichen Versuchen, sie von deiner Sichtweise zu überzeugen, gibst du schließlich auf.

Die „Alles-ist-Mist – Ich-will-wieder-weg"-Phase

Was folgt ist eine Phase des Selbstmitleids, in der du dich selbstgefällig in deine Erinnerungen flüchtest. Die Entwicklung in der Heimat scheint stehen geblieben zu sein, während sich dein Horizont enorm erweitert hat. Deinen Mitschülern und Eltern fühlst du dich überlegen, da sie immer noch das gleiche, langweilige Leben führen wie vor einem Jahr – und glücklich damit sind. Dir geht der monotone Alltag dagegen absolut auf den Geist! In deiner Erinnerung verklärt sich der Auslandsaufenthalt in eine problemfreie Zeit, die täglich Neuerungen und Herausforderungen mit sich brachte. Vor allem vermisst du die Aufgeschlossenheit und Freundlichkeit der Menschen deines Gastlandes und entwickelst eine Aversion gegen bestimmte Verhaltensweisen „der" Deutschen, mit denen du nichts mehr gemeinsam haben willst. Dein einziger Trost ist die Hoffnung auf eine bessere Zukunft. Für dich steht fest: Dieses schreckliche Land willst du so schnell wie möglich wieder verlassen!

Die „back-to-reality"-Phase

Durch die ständige Nörgelei schaffst du es in relativ kurzer Zeit, deinen gesamten Freundeskreis zu verstimmen, und deine Eltern bereuen inzwischen, dir den Auslandsaufenthalt ermöglicht zu haben. So kann es nicht weitergehen! Als die von dir selbst gewählte Situation zunehmend unerträglich wird, beginnst du, dich mit den gegebenen Umständen zu arrangieren. Komischerweise empfindest du den Alltag in Deutschland auf einmal gar nicht mehr so öde und es macht dir wieder Spaß, mit deinen Freunden loszuziehen. Schließlich hörst du auch damit auf, deinen Eltern ständig von deiner Gastfamilie vorzuschwärmen, was das Familienleben schlagartig angenehmer macht. Normalität hält Einzug in dein Leben – und du genießt es! Erst jetzt bist du wieder richtig zuhause angekommen!

Nachtrag

Diese Phaseneinteilung trifft natürlich nicht zwangsläufig auf alle zurückkehrenden Austauschschüler/innen zu. Einige Jugendliche haben keinerlei Anpassungsschwierigkeiten und knüpfen nahtlos an ihr „altes" Leben an. Das ist aber nicht unbedingt die Regel! Je erfolgreicher ein Schüleraustausch verläuft, desto schwieriger gestaltet sich üblicherweise die „Wiedereingliederung". Um dir unnötige Probleme zu ersparen, solltest du folgende Punkte im Hinterkopf behalten:

- Deine Freunde und Eltern haben sich während deiner Abwesenheit kaum verändert. Sie sind die gleichen Menschen, mit denen du dich jahrelang gut verstanden hast und die dir in schwierigen Situationen stets geholfen haben. Erinnere dich daran, bevor du ihr Verhalten und ihre Lebensführung kritisierst!
- Für deinen Bekanntenkreis und deine Eltern ist es ein eigenartiges Gefühl, mehrere Monate lang durch andere Menschen „ersetzt" worden zu sein. Konfrontiere sie nicht permanent mit den Vorzügen deiner Gasteltern und deiner ausländischen Freunde, damit bei ihnen erst gar nicht der Eindruck entsteht, nur noch eine untergeordnete Rolle in deinem Leben zu spielen und jederzeit austauschbar zu sein.
- Vergleiche die Erlebnisse deiner Freunde und Eltern nicht mit deinen eigenen: Jede Seite hat auf ihre Art eine schöne Zeit verbracht!
- Einige Tage lang ist es für alle Beteiligten ganz nett, wenn du mit deinen Sprachproblemen kokettierst. Nach einigen Wochen solltest du aber wieder in der Lage sein, „vernünftiges" Deutsch zu sprechen. Sonst läufst du Gefahr, dich lächerlich zu machen.

- Freue dich darüber, im Ausland eine einzigartige Erfahrung gemacht zu haben, die dir niemand wegnehmen kann. Sei dir aber gleichzeitig darüber im Klaren, dass sich dein Leben in den nächsten Jahren in Deutschland abspielen wird!

Resümee

Und, was meinst du? Bist du noch immer von dem Gedanken fasziniert, an einem Austauschprogramm teilzunehmen? Oder habe ich dich durch die Thematisierung möglicher Probleme abgeschreckt? Ich hoffe nicht! Der Schüleraustausch bietet dir die außerordentliche Möglichkeit, aktiv an dem Leben einer Gastfamilie teilzunehmen. Dadurch lernst du die Kultur und Lebensweise eines fremden Landes auf eine derart intensive und einmalige Weise kennen, wie es durch Urlaubs-, Sprach- und Studienreisen nicht annähernd möglich ist. Selbst lange Weltreisen oder Auslandsstudienaufenthalte erlauben keinen vergleichbaren Einblick in das Alltagsleben eines anderen Kulturkreises, da du mangels Familienanschlusses in der Regel nur die Rolle des außen stehenden Beobachters einnehmen kannst.

Bei einem Schüleraustausch bist du hingegen ein Teil des Ganzen, mit allen Rechten und Pflichten. Das versetzt dich in die außergewöhnliche Lage, dir ein Urteil über das Leben der Menschen deines Gastlandes zu bilden. Gleichzeitig fördert die räumliche und emotionale Distanz zur Heimat deine Fähigkeit, eigene Normen, Werte und Verhaltensweisen kritisch zu überprüfen. Der spielerische Erwerb einer Fremdsprache und der Auslandsbonus bei zukünftigen Vorstellungsgesprächen sind weitere positive Begleiterscheinungen des Schüleraustausches, wenn auch nicht die wichtigsten. Neben dem unbestreitbaren Beitrag für die Völkerverständigung sehe ich den alles überragenden Vorzug des Schüleraustausches in dem Nutzen für deine Persönlichkeitsentwicklung. Durch die ständige Konfrontation mit ungewohnten Situationen wirst du permanent dazu gezwungen, Entscheidungen zu treffen. Du lernst, auch in schwierigen Situationen nicht den Kopf in den Sand zu stecken und andere Standpunkte zu akzeptieren. Von der Erweiterung deines Erfahrungshorizonts zehrst du dein ganzes Leben, und die Erkenntnis, dass Deutschland nicht der Nabel der Welt ist, ermöglicht dir das Denken in größeren Dimensionen.

All diese positiven Begleiterscheinungen treten aber nicht zwangsläufig ein und fallen dir schon gar nicht in den Schoß: Du selbst bist zu einem sehr großen Teil für den Erfolg deines Auslandsaufenthalts verantwortlich und musst dafür „arbeiten"! Der Schüleraustausch lebt sowohl von der Gastfreundschaft der Familien als auch von deiner Kompromissbereitschaft sowie dem Einfühlungsvermögen aller Beteiligten. Und da in jedem Jahr auch Gastfamilien und Austauschschüler/innen aufeinander treffen, die die notwendigen Voraussetzungen für einen erfolgreichen Austausch nicht besitzen, werden im Handbuch Fernweh eben auch mögliche Problembereiche des Schüleraustausches thematisiert. Ich will dir auf diese Weise verdeutlichen, dass du einen mehrmonatigen Auslandsaufenthalt nicht mit einer von bezahlten Animateuren begleiteten Pauschalreise verwechseln solltest. Jetzt weißt du, was eventuell auf dich zukommt und kannst dich entscheiden, ob du dich darauf einlassen willst.

Ich kann dir nur empfehlen, das einmalige Erlebnis Schüleraustausch wahrzunehmen! Komm also aus dem Quark, fang an zu sparen, informiere dich über dein Wunschland, überzeuge deine Eltern, such dir eine Austauschorganisation und ab geht´s:

Die große weite Welt wartet auf dich!

Austauschprogramme im Vergleich

Nachdem du im ersten Teil dieses Buches mit dem nötigen „Rüstzeug" zum Schüleraustausch ausgestattet worden bist, kannst du mit Hilfe der folgenden Preis-Leistungs-Tabellen Programme deutscher Anbieter für 18 Gastländer vergleichen. Abgerundet wird diese einzigartige Zusammenstellung von Informationen durch die länderunabhängige Darstellung von Privatschulangeboten, die in den Ländertabellen nicht berücksichtigt werden konnten. Zunächst sollen aber einige aktuelle Entwicklungen skizziert und die Tabellen erklärt werden:

Die Vereinigten Staaten von Amerika rangieren nach wie vor – und mit riesigem Abstand – auf Platz 1 der Beliebtheitsskala der Austauschländer: Etwa 6.800 deutsche Schülerinnen und Schüler wohnen im Schuljahr 2014/15 für fünf oder zehn Monate in einer amerikanischen Gastfamilie und besuchen eine öffentliche Schule. Darüber hinaus konnten die deutschen Veranstalter noch ca. 7.150 Jugendliche in eines der anderen 50 möglichen Austauschländer „versenden". Zu den beliebtesten Destinationen jenseits der USA gehören im öffentlichen Schulprogramm Kanada (mit rund 1.700 Teilnehmern), Neuseeland (1.320), Großbritannien (880), Australien (830) und Irland (460), gefolgt von Frankreich (230), Costa Rica (170), Argentinien (170), Spanien (160), Südafrika (100) und Brasilien (90). Rund 95 Schülerinnen und Schüler zog es nach Japan und 65 nach China.

Die Anzahl der deutschen Teilnehmerinnen und Teilnehmer im USA-Programm ging im Vergleich zum Vorjahr um knapp drei Prozent zurück. Die Zahlen in den Gastländern Kanada, Neuseeland und Australien gingen um jeweils rund fünf Prozent zurück. Hingegen legte Großbritannien um gut zwei Prozent zu und überholt mit insgesamt 880 Teilnehmern erstmalig Australien. Während die Teilnehmerzahlen in Costa Rica, Südafrika, Brasilien und China um 10 – 15 Prozent zurück gingen, blieben sie in Irland, Frankreich, Argentinien, Spanien und Japan im Vergleich zum Vorjahr relativ konstant.

Insgesamt entschieden sich über 85 Prozent aller Teilnehmerinnen und Teilnehmer im öffentlichen Schulprogramm für das englischsprachige Ausland.

Addiert man zu den 13.900 Jugendlichen, die im Schuljahr 2014/15 einen Auslandsaufenthalt mit Besuch einer öffentlichen Schule über einen deutschen Veranstalter organisiert haben noch die Jugendlichen, die an einem mindestens dreimonatigen Privatschulprogramm, an einem Austausch über die Rotarier oder einem staatlichen Austauschprogramm teilgenommen haben, bzw. eine nicht näher zu greifende, wohl einige Hundert Jugendliche umfassende Zahl von privat organisierten, mindestens dreimonatigen Auslandsaufenthalten mit Schulbesuch, so ist von einer Gesamtaustauschschülerzahl von rund 18.000 Jugendlichen auszugehen. Hierbei handelt es sich um einen Annäherungswert, da für einige Programme nur bedingt belastbare Teilnehmerzahlen vorliegen.* Damit gehen die Teilnehmerzahlen im vierten Jahr in Folge zurück. Grund hierfür ist sicherlich die Schulzeitverkürzung im Zuge von G8, die bei Jugendlichen, Eltern und Lehrern zu Unsicherheiten geführt hat. Was bleibt ist die Hoffnung, dass suboptimale gesetzliche Rahmenbedingungen und daraus resultierende gesamtgesellschaftliche Stimmungen den Drang in die Ferne nicht nachhaltig stoppen.

Verschiedene Studien und Marktbeobachtungen haben gezeigt, dass die Zahl der Austauschschüler, die zumindest einmal ihre Gastfamilie wechseln, stark variiert und irgendwo zwischen 5 und 20 Prozent liegt. Um Missverständnissen vorzubeugen, sei an dieser Stelle darauf hingewiesen, dass die Gastfamilienwechselquote in der Regel nichts über die Qualität eines Programms beziehungsweise eines Programmanbieters aussagt. Da die meisten Familienwechsel darin begründet liegen, dass zwischen Gastfamilie und Austauschschüler die „Chemie“ nicht stimmt, zeichnet sich eine „gute“ Organisation – abgesehen von

* Der mehrmonatige Schüleraustausch ist übrigens eindeutig „weiblich dominiert“. Rund zwei Drittel aller Programmteilnehmer sind Mädchen.

der umfassenden Vorbereitung ihrer Programmteilnehmer auf mögliche Probleme – eben auch dadurch aus, zu gegebenem Anlass schnell einen Gastfamilienwechsel zu ermöglichen.

Bevor man eine Gastfamilie wechseln kann, muss aber erst einmal überhaupt eine Familie gefunden werden, die sich bereit erklärt, über viele Monate ihre Privatsphäre mit einem 14- bis 18-jährigen Ausländer zu teilen. Laut Selbstauskunft der Austauschorganisationen* haben bereits drei Monate vor der Abreise über 60 Prozent der Teilnehmer den ersehnten Brief mit der Adresse ihrer Gastfamilie erhalten, und einen Monat vor dem Abflug sind sogar schon rund 85 Prozent aller Jugendlichen „platziert". Zwei Wochen vor der Ausreise weiß aber jede/r zehnte Austauschschüler/in noch immer nicht, wo es hingehen soll, und dann wird es so langsam spannend. Gerade in dieser letzten Phase vor der Abreise sind größere Unterschiede zwischen den Gastländern festzustellen: Warten 14 Tage vor der Abreise noch knapp 15 Prozent aller USA-Gastschüler auf ihre Familienplatzierung, sind es bei den anderen Gastländern durchschnittlich nur noch sechs Prozent. Dieser Trend setzt sich dann fort, sodass zwei Tage vor der Abreise noch rund vier Prozent der USA-Schüler immer noch nicht schlauer sind, bei den Austauschschülern mit anderen Zielländern aber nur noch einer von Hundert auf die Adresse seines neuen Zuhauses wartet.

Wenn ein Einführungsseminar im Gastland durchgeführt wird, nehmen einige Veranstalter ihre bis zum Abflug nicht Platzierten einfach mit, und schaffen es in der Regel auch, sie während der mehrtägigen Veranstaltung zumindest vorübergehend in einer „Welcome Family" oder bei einem Betreuer unterzubringen. Andere Organisationen vertrösten ihre Teilnehmer Woche um Woche, bis die Reise dann unter Umständen später als geplant losgeht, und wieder andere müssen einigen Jugendlichen schließlich mitteilen, dass für sie keine Gastfamilie gefunden wurde.

* Vgl. dagegen die „Langzeitstudie zum Schüler- und Kulturaustausch", www.austauschumfrage.de.

Um diesen für die Jugendlichen und ihre Eltern unsäglichen Zustand zwischen Hoffen und Bangen zu „entschärfen“, ist bereits seit 2001 in Paragraf 651, Absatz I BGB das Recht des „Reisenden“ – also des Austauschschülers – auf Rücktritt vom Vertrag festgeschrieben, „wenn der Reiseveranstalter ihn nicht spätestens zwei Wochen vor Antritt der Reise jedenfalls über 1. Namen und Anschrift der für den Reisenden nach Ankunft vorgesehenen Gastfamilie, 2. Namen und Erreichbarkeit eines Ansprechpartners im Aufnahmeland, bei dem Abhilfe verlangt werden kann, informiert und auf den Aufenthalt angemessen vorbereitet hat.“ Ist dieses Gesetz im Sinne des Verbraucherschutzes auch zu begrüßen, so hat es die Platzierung der deutschen Austauschschüler kaum positiv beeinflusst. Zumindest kann der „Reisende“ nunmehr aber unter den oben genannten Voraussetzungen kostenfrei vom Vertrag zurücktreten – was jedoch kaum jemand macht.

Auf der anderen Seite brechen knapp zwei Prozent aller Teilnehmer aus den unterschiedlichsten Gründen ihr Programm freiwillig ab. Knapp ein Prozent wird aufgrund von Verstößen gegen die Gesetze des Gastlandes oder die Richtlinien ihrer Austauschorganisation zum Teil schon nach wenigen Wochen „zwangsweise“ zurück nach Deutschland befördert, wobei die Gründe hierfür vor allem im Bereich „Alkohol und andere Drogen“ zu finden sind. Darüber hinaus müssen noch weitere 0,5 Prozent aller Austauschschüler aufgrund von Essstörungen vorzeitig nach Deutschland zurückkehren, unter ihnen in der übergroßen Mehrheit Mädchen.

Weiterführende Hintergrundinformationen und Statistiken zum Schüleraustausch findet man in der weltweiser-Studie unter www.weltweiser.de.

Preis-Leistungs-Tabellen

In den nun folgenden Tabellen findest du die Informationen, die du benötigst, um das für dich richtige Austauschprogramm auszuwählen. Die Darstellung der Programme von 56 in Deutschland tätigen Organisationen für 18 Gastländer bietet dir einen einzigartigen Überblick über den Schüleraustausch. Für die Länder Argentinien, Australien, Brasilien, Chile, China, Costa Rica, Ecuador, Frankreich, Großbritannien, Irland, Italien, Japan, Kanada, Neuseeland, Schweden, Spanien und Südafrika sind die Programme auf je einer Seite pro Anbieter dargestellt, für die USA auf zwei Seiten: Da das Angebot und die Nachfrage bei den USA-Programmen am größten ist, schien es sinnvoll, dieses Programm so detailliert wie möglich zu analysieren. Außerdem bieten die meisten im Schüleraustausch aktiven Anbieter ein Programm für die Vereinigten Staaten von Amerika an, so dass viele Informationen der USA-Doppelseiten auch für die anderen Länder relevant sind, zum Beispiel die Punkte Selbstdarstellung, Vertragsabschluss, Zahlungsweise und Sicherungsschein sowie die Rücktrittsregelungen.

Jenseits der 18 dargestellten Programmangebote mit Besuch einer öffentlichen Schule findet man im Anschluss Tabellen von Privatschulanbietern mit Schulbeispielen, Kosten und Zielländern. Ausführliche Informationen zu Privatschulprogrammen findet man im *Handbuch Schulwelten. Der Ratgeber für Privatschulaufenthalte weltweit.*

Autor und Verlag behalten sich ausdrücklich das Recht vor, die Aufnahme von Organisationen und ihren Programmen in diesen Serviceteil nach freiem Ermessen zu gestalten. Mit Einschränkungen wurden jedoch alle Organisationen aufgenommen, die Programme in mindestens einem der 18 dargestellten Länder anbieten und bis zum Redaktionsschluss (Dezember 2014) die für die Veröffentlichung notwendigen Daten geliefert haben.

Individuelle Ausführungen der Veranstalter

In den Info-Kästen „Selbstdarstellung“, „Bewerbungsverlauf und Kriterien für die Annahme des Bewerbers“, „Vorbereitung auf den Auslandsaufenthalt in Deutschland“, „Betreuung während des Auslandsaufenthalts“, „Nachbereitung“ sowie „Stipendien und Sonstiges“ stellen sich die Anbieter vor und beschreiben die Besonderheiten ihrer Programme. Die inhaltliche Gestaltung und die Gewichtung der einzelnen Paragraphen waren den Veranstaltern selbst überlassen, wobei die Angaben selbstverständlich vom Autor überprüft wurden. Aus den individuellen Ausführungen können somit Rückschlüsse auf das Selbstverständnis einer jeden Organisation gezogen werden.

Preis und Leistung

Die Tabelle „Preis und Leistung“ ist folgendermaßen zu verstehen: **Programmvarianten:** Je nach Gastland und Anbieter muss beim Preis-Leistungs-Vergleich zwischen folgenden Programmvarianten unterschieden werden:

Länderwahlprogramm

Man entscheidet sich für ein Gastland und bewirbt sich für die Aufnahme in das entsprechende Programm einer Austauschorganisation. Die Partnerorganisation des deutschen Anbieters sucht dann im gesamten Wunschland bzw. in den Teilen des Landes, in denen sie platziert, nach einer Gastfamilie und Schule. Dies ist die „klassische“ und in der Regel preiswerteste Variante eines individuellen Schüleraustauschs, die seit vielen Jahrzehnten z.B. in den USA praktiziert wird. Bei einigen Austauschorganisationen besteht bei frühzeitiger Bewerbung die Option, die Gastfamiliensuche auf geografische Gebiete wie z.B. Bundesstaaten einzugrenzen. Sozusagen ein Regionenwunsch im Rahmen des Länderwahlprogramms, der häufig mit einem Aufpreis verbunden ist und nicht immer realisiert werden kann.

Regionenwahlprogramm

Bei dieser Variante hat man die Möglichkeit, sich gezielt für eine bestimmte Stadt (Großraum), Region oder einen Schulbezirk zu entscheiden. Durch die Aufnahme in das Programm der Austauschorganisation ist die Platzierung dort garantiert. Somit steht bereits zum Zeitpunkt der Bewerbung fest, wo man seinen Aufenthalt verbringen wird. Wünsche in Bezug auf das Schulprofil oder Fächerangebot der zukünftigen Gastschule können ggf. berücksichtigt werden.

Schulwahlprogramm

Die individuellste und häufig teuerste Programmvariante bietet ein Schulwahlprogramm. Wenn man während des Austauschjahres definitiv bestimmte Fächer belegen muss, seine gewohnten Hobbys auf jeden Fall ausüben will, oder sich in besonderem Maße musikalisch, künstlerisch, sportlich oder wissenschaftlich fortbilden möchte, so ist dies bei Schulwahlprogrammen möglich. Von einer Austauschorganisation, deren Mitarbeiter idealerweise die angebotenen Schulen persönlich besucht haben sollten, lässt man sich passende Schulen vorstellen und wählt dann die High School aus, deren Fächerangebote und Einrichtungen sich mit den eigenen Interessen und Fähigkeiten decken. In der Nähe der Schule wird anschließend eine Gastfamilie gesucht.

Gerade beim Schulwahl- und Regionenwahlprogramm, kann es natürlich vorkommen, dass die Austauschorganisation mehrere Deutsche an der gleichen Schule platziert und andere deutsche Agenturen die Schule ebenfalls im Programm haben. Vor allem an Schulen, die in populären Städten oder Regionen liegen, ist die Anzahl an deutschen und internationalen Austauschschülern häufig vergleichsweise hoch.

Programmvariante 1 ist in der Regel erheblich billiger als Variante 2 oder 3. In einigen englischsprachigen Ländern gibt es für diese Variante nur eine relativ begrenzte Anzahl von Plätzen, so dass man sich hierfür früh genug (je nach Land und Organisation zwischen acht und

24 Monaten vor der Ausreise) bewerben sollte. Bei den anderen beiden Varianten ist hingegen teilweise noch zwei bis drei Monate vor der Abreise eine Bewerbung möglich. Einen prinzipiellen Qualitätsunterschied zwischen den Programmvarianten gibt es nicht. Vor- und Nachteile sollten daher individuell abgewogen werden. Bei einigen Anbietern hat man die Möglichkeit, zwischen den verschiedenen Programmvarianten zu wählen.

Grundpreis: Preis, der in den Broschüren bzw. auf den Homepages der Veranstalter für das Programmjahr 2015/2016 angegeben ist. Jenseits der individuellen Kalkulationen der Veranstalter erklären sich die zum Teil erheblichen Preisunterschiede dadurch, dass in vielen südeuropäischen und lateinamerikanischen Ländern sowie in den USA keine laufenden Kosten für den Schulbesuch und die Gastfamilien entstehen. Mitunter erhebliche Gebühren für internationale Schüler werden dagegen nicht selten an öffentlichen Schulen in England, Irland, Kanada, Australien und Neuseeland erhoben. Überdies erhalten dort die Gastfamilien in der Regel eine monatliche Aufwandsentschädigung von einigen hundert Euro.

Grundpreis (ab): Weist darauf hin, dass dieser Veranstalter auch noch teurere Programme für dieses Land anbietet. Gerade bei den Regions- und Schulwahlprogrammen nach Australien, Kanada und Neuseeland können die Preise zwischen den einzelnen Schulen bzw. Regionen stark variieren.

„ja“: Alle mit „ja“ gekennzeichnete Leistungen sind im Grundpreis enthalten.

„nein“: Alle mit „nein“ gekennzeichnete Leistungen werden nicht angeboten.

„/p“: Durch das Kürzel „/p“ ergänzte Beträge zeigen an, dass die entsprechenden Leistungen (Flüge, Versicherungen) nicht zum Angebot des Veranstalters gehören. Viele Anbieter sind den Teilnehmern jedoch auf Wunsch bei der Buchung dieser Leistungen behilflich. Bei diesen Beträgen handelt es sich um vom Autor geschätzte Pauschalkosten, die je nach eigenem Wohnort, Zielort im Gastland, Flughafensteuer, Kerosinzuschlag beziehungsweise der gewählten Flug- und Versicherungsgesellschaft variieren können.

„/opt.": Das Kürzel „/opt." signalisiert, dass diese Leistungen optional für den in der entsprechenden Zeile angegebenen Preis vom Veranstalter angeboten werden. Die Kosten für diese Leistungen wurden nicht zum Gesamtpreis addiert, da sie nicht zwingend notwendig sind.

Flug: Flug in das Gastland mit allen Anschlussflügen. Die Höhe der ggf. eingesetzten Pauschalen für die Flüge erklärt sich u.a. daraus, dass von einigen Staaten für die Erteilung eines Visums der Nachweis über ein Jahresflugticket mit eingebuchtem Rückflugdatum verlangt wird. Diese Flugtickets liegen preislich weit über den gelegentlich zu findenden Sonderangeboten. Die Preisunterschiede der Flugpauschalen innerhalb einzelner Länder erklären sich aus den höheren Flugkosten aufgrund eines Zwischenstopps, wenn von der Organisation ein zentrales Einführungsseminar angeboten wird.

Bei den Flugpauschalen kann es sich natürlich nur um Annäherungen handeln. Da innerhalb Europas durchaus auch Billigflüge für 25 Euro zu buchen sind, und – gerade wenn man spät dran ist – die Flüge z.B. nach Down Under sehr teuer werden, können die Preise um einige Hundert Euro nach oben oder unten abweichen.

Flugbegleitung: Betreuung des Hinfluges durch einen Flugbegleiter des Veranstalters bzw. der Airline.

Vorbereitungstreffen: eintägige Veranstaltungen in Deutschland, in der Regel mit Eltern.

Vorbereitungsseminare: Veranstaltungen in Deutschland, bei denen an mindestens zwei aufeinander folgenden Tagen inhaltlich gearbeitet wird, zum Teil mit Eltern.

Einführungsseminare: Veranstaltungen im Gastland unmittelbar nach der Ankunft, bei denen an mindestens zwei aufeinander folgenden Tagen inhaltlich gearbeitet wird.

Elterntreffen: Veranstaltungen, die während des Auslandsaufenthalts für die Eltern der Programmteilnehmer angeboten werden.

Nachbereitungstreffen: eintägige Veranstaltungen in den Wochen nach der Rückkehr der Programmteilnehmer.

Nachbereitungsseminare: Veranstaltungen, bei denen nach der Rückkehr der Programmteilnehmer an mindestens zwei aufeinander folgenden Tagen inhaltlich gearbeitet wird.

(Die Veranstalter verwenden in ihren Broschüren die Begriffe „Seminare", „Treffen", „Workshop" und „Orientierung" nicht einheitlich. Die Tabellen „Preis und Leistung" und „Last not least" folgen jedoch strikt den oben erwähnten Kriterien.)

Versicherungen: Bei Programmen in Ländern außerhalb der Europäischen Union (EU) wurden in die Berechnung des Gesamtpreises die Prämien für Kranken- und Unfallversicherung miteinbezogen.

Da zwischen den Mitgliedsländern der EU Sozialversicherungsabkommen bestehen und die Kosten für ärztliche Behandlungen in der Regel von der deutschen Krankenkasse beziehungsweise von den Behörden des Gastlandes übernommen werden, blieben mögliche Versicherungsprämien bei Programmen innerhalb der EU unberücksichtigt.* Beim Australien-Programm ist trotz der verpflichtenden staatlichen Krankenversicherung (OSHC) ein zusätzliches Gesamtversicherungspaket zu empfehlen, weshalb auch dort die diesbezüglichen Kosten zum Gesamtpreis addiert wurden. Ähnlich verhält es sich in einigen Provinzen Kanadas. Die Leistungen der Versicherungspakete sind zum Teil sehr unterschiedlich.

Gesamtpreis (circa): Der ungefähre Gesamtpreis errechnet sich aus der Addition der Kosten für Flüge, Versicherungen und andere verpflichtende Leistungen zu dem in der Broschüre des jeweiligen Veranstalters angegebenen Grundpreis, soweit sie in diesem nicht bereits enthalten sind. Der Preis-Leistungs-Vergleich sollte folglich auf der Grundlage dieses Preises erfolgen. Ggf. angebotene optionale Leistungen wie zum Beispiel kostenpflichtige Einführungsseminare wurden nicht mit in den Gesamtpreis eingerechnet.

Die in Einzelfällen in Fremdwährungen zu zahlenden Beträge wurden bei der Errechnung des Gesamtpreises wie folgt umgerechnet:
1 US Dollar = 0,80 Euro; 1 CAD = 0,71 Euro;
1 AUD = 0,70 Euro; 1 NZD = 0,62 Euro (Stand Oktober 2014).
Zum Gesamtpreis müssen für visumspflichtige Länder noch die Kosten für das notwendige Visum addiert werden. In den USA fällt zusätzlich zum Visum noch eine Gebühr von derzeit 180 bzw. 200 US Dollar (je nach Visum) für das Student and Exchange Visitor System (SEVIS) an, welche bei vielen Organisationen nicht im Gesamtpreis enthalten ist.

Bewerbungsschluss: Der genannte Termin gibt an, bis zu welchem Datum man sich spätestens bewerben sollte. Für manche Programme sind die Plätze aber bereits viele Monate vorher vergeben, für andere ist unter Umständen auch noch eine spätere Bewerbung möglich.

---

* *Info:* Da nicht wenige Ärzte die Europäische Krankenversicherungskarte nicht akzeptieren und nur gegen Privathonorar behandeln, empfiehlt sich auch innerhalb der EU der Abschluss einer privaten Zusatzversicherung.

Spätbewerbung: Vorausgesetzt es gibt noch Programmplätze, ist bei einigen Veranstaltern eine Bewerbung auch nach dem offiziellen Bewerbungsschluss noch möglich. Falls in diesem Feld ein Betrag angegeben ist, ist damit die Summe beziffert, die dem Veranstalter für eine Spätbewerbung zu zahlen ist.

Programmbeginn, Programmende: Da in Ländern wie England und Irland die Programmlängen der einzelnen Veranstalter zum Teil erheblich variieren, sind hier die (genauen) Termine des Programmbeginns und Programmendes angegeben.

Das Kleingedruckte und das liebe Geld

Die Ausführungen zum Punkt „Vertragsabschluss" machen deutlich, wie der Abschluss des Vertrages zustande kommt bzw. ab wann der Vertrag rechtsgültig wird.

Bei „Zahlungsweise und Sicherungsschein" ist angegeben, in wie vielen Raten und zu welchen Daten der Programmpreis gezahlt werden muss und wann/ob der Sicherungsschein gemäß § 651k, Abs. 3, BGB ausgestellt wird.

Unter „Kosten bei Rücktritt vom Programm" sind die genauen Rücktrittsregelungen aufgelistet.

Kurz und bündig

Beim Punkt „Gemeinnützigkeit" ist nur bei den Organisationen die Antwort „ja" zu lesen, die dem Autor ihre Gemeinnützigkeit durch einen Körperschaftssteuerfreistellungsbescheid belegt haben. Bei Organisationen, die ihren Gerichtsstand in dem Gastland haben, wurde dies an dieser Stelle entsprechend vermerkt.

Last, but not least

Unter „Bewerbungsinterviews“ wird angegeben, in welcher Form das Interview stattfindet. Um bei der Auswahl der individuell richtigen Austauschorganisation lokale Präferenzen berücksichtigen zu können, werden ferner die Orte gelistet, in denen die Vor-, Einführungs- und Nachbereitungsveranstaltungen stattfinden. Oft sind die hier für das USA-Programm angegebenen Orte (mit Ausnahme der Einführungsseminare) mit den Veranstaltungsorten für die Programme der anderen Länder identisch.

Alle Angaben wurden vom Autor mit Hilfe der jeweiligen Prospekte und der Allgemeinen Geschäftsbedingungen der Veranstalter gewissenhaft geprüft. Teilweise festzustellende Widersprüche bzw. Unklarheiten in den schriftlichen Informationsmaterialien der Anbieter wurden in Gesprächen mit den zuständigen Mitarbeitern der Organisationen geklärt. Da trotz dieser umfassenden Recherche Fehler nicht auszuschließen sind und die Daten überdies einer zeitbedingten Veränderung unterliegen, sollten Preise und Leistungen vor Vertragsabschluss noch einmal genau überprüft werden.

Empfehlenswert ist auch der Besuch des Online-Angebots zu diesem Buch, da hier gegebenenfalls notwendige Korrekturen bekannt gegeben werden.

www.handbuchfernweh.de
High School Community

AFS Interkulturelle Begegnungen e.V.
Friedensallee 48
22765 Hamburg
info@afs.de
Telefon: 040 / 399 222-0
Telefax: 040 / 399 222-99
www.afs.de

Selbstdarstellung
AFS Interkulturelle Begegnungen e.V. ist ein gemeinnütziger Verein für Jugendaustausch und interkulturelles Lernen. Ziel von AFS ist es, die Entwicklung von interkulturellen Kompetenzen zu fördern und so die weltweite Toleranz und Völkerverständigung zu verbessern. Neben dem Schüleraustausch und dem Gastfamilienprogramm bietet AFS die Teilnahme an Freiwilligendiensten im sozialen, kulturellen und ökologischen Bereich sowie interkulturelle Trainingsmaßnahmen an. Die Organisation arbeitet ehrenamtlich basiert und ist Träger der freien Jugendhilfe. AFS ist Teil des weltweiten AFS-Netzwerks und arbeitet mit gleichberechtigten Partnern in rund 50 Ländern zusammen.

Bewerbungsverlauf und Kriterien für die Annahme des Bewerbers
Alle Bewerber werden zu einem Auswahlwochenende in der Nähe ihres Wohnortes eingeladen. Für die Auswahl ist die persönliche Eignung der Bewerber ausschlaggebend (Offenheit, Toleranz, Selbständigkeit, Anpassungsbereitschaft, Kommunikationsfähigkeit, innere Stabilität usw.).

Vorbereitung auf den Auslands-Aufenthalt in Deutschland
AFS legt großen Wert auf die Vorbereitung der Teilnehmer. Es finden zwei bis drei Wochenendseminare (je nach Abreisetermin) zur Grundvorbereitung auf das Austauschjahr und zur länderspezifischen Vorbereitung statt. Im persönlichen Gespräch eines ehrenamtlichen AFS-Mitarbeiters mit der ganzen Familie wird individuell auf alle Fragen eingegangen. Für die Eltern organisieren die Ehrenamtlichen zusätzlich Treffen zum gegenseitigen Austausch.

Betreuung während des Auslandsaufenthalts
Das weltweite Netz haupt- und ehrenamtlicher AFS-Mitarbeiter ermöglicht die persönliche Betreuung der Teilnehmer vor, während und nach dem Austauschjahr. AFS im Gastland organisiert ein Einführungsseminar zu Beginn des Programms und ein Orientierungs-/Auswertungsseminar im weiteren Verlauf des Auslandsaufenthaltes. Jeder Teilnehmer hat gemeinsam mit seiner Gastfamilie einen persönlichen Ansprechpartner vor Ort, hauptamtliche Mitarbeiter in allen AFS-Büros sind für Notfälle jederzeit erreichbar.

Nachbereitung
AFS hilft auch nach der Rückkehr beim Wiedereinleben in Deutschland. Der Verein bietet seinen Teilnehmern zwei Seminare zur Nachbereitung an: ein Grundseminar auf lokaler Ebene und eine überregionale Nachbereitung in verschiedenen Orten Deutschlands.

Stipendien und Sonstiges
Kein Schüler sollte aus finanziellen Gründen auf sein Austauschjahr verzichten müssen. Jedes Jahr vergibt AFS deshalb gemeinsam mit namhaften Stiftungen und Unternehmen an über 30 Prozent der Teilnehmer Stipendien. Gefördert werden finanziell Bedürftige, ehrenamtlich engagierte Jugendliche, Realschüler, Kinder mit Migrationshintergrund oder Schüler aus ausgewählten Regionen in Deutschland. Ein weiterer Schwerpunkt der Stipendienprogramme liegt auf dem Austausch in bestimmte Länder. AFS bietet den Schulbesuch in rund 50 Ländern auf allen Kontinenten an – die größte Ländervielfalt aller deutschen Austauschorganisationen.

Preis und Leistung			
Länderwahlprogramm	1. Halbjahr	2. Halbjahr	Schuljahr
Grundpreis	€ 9.890	€ 9.890	€ 10.390
Flug D – USA	ja	ja	ja
Flugbegleitung auf Hinreise	ab 30 Teiln.	ab 30 Teiln.	ab 30 Teiln.
Vorbereitungstreffen	teilweise	teilweise	teilweise
Vorbereitungsseminar	ja	ja	ja
Einführungsseminar in USA	ja	ja	ja
Elterntreffen	teilweise	teilweise	teilweise
Nachbereitungstreffen	ja	ja	ja
Nachbereitungsseminar	ja	ja	ja
Kranken- / Unfallversicherung	ja	ja	ja
Haftpflicht-/Gepäckversicherung	nein	nein	nein
Gesamtpreis (circa)	**€ 9.890**	**€ 9.890**	**€ 10.390**
Bewerbungsschluss	15.10.	15.05.	15.05. / 15.10.
Spätbewerbung	möglich	möglich	möglich

Das Kleingedruckte und das liebe Geld	
Vertragsabschluss	Nach der Auswahl wird dem angenommenen Bewerber ein Vertrag zugesandt. Der Vertrag wird wirksam, wenn der Bewerber und seine Eltern ihn unterschrieben zurücksenden.
Zahlungsweise und Sicherungsschein	Bei Vertragsabschluss und Vorlage des Sicherungsscheins nach § 651k BGB ist eine Anzahlung in Höhe von € 1.000 zu leisten, der verbleibende Betrag ist nach der Zusage zur Programmteilnahme und vor Abreise fällig.
Kosten bei Rücktritt vom Programm	Nach der Auswahl erhalten angenommene Bewerber internationale Teilnahmeunterlagen. Ein Rücktritt ist kostenfrei bis zur Rücksendung dieser Unterlagen an AFS (auch einzelne Teile davon), danach fällt eine Bearbeitungsgebühr von € 160 an. Erfolgt der Rücktritt, nachdem die Aufnahmebestätigung des Gastlandes erhalten wurde, sind 10%, nach der Vermittlung der Gastfamilie 20% des Teilnahmebeitrages zu zahlen.

Kurz und bündig	
Gründungsjahr (vorher internationaler Verein AFS)	1992
Gemeinnützigkeit	ja
USA High School Programm seit	1948
Amerikanische Partnerorganisation(en)	AFS
Schülerzahl im USA High School Programm 2014/15	418
Gesamtschülerzahl im High School Programm 2014/15	1.044

Last, not least	
Bewerbungsinterview	Auswahlwochenenden in der Nähe des Wohnortes
Vorbereitungstreffen	teilweise (werden von den Ehrenamtlichen organisiert)
Vorbereitungsseminare	2 Wochenenden in der Nähe des Wohnortes, 1 Wochenende zur länderspezifischen Vorbereitung
Einführungsseminare USA	in verschiedenen Orten
Nachbereitungstreffen	teilweise (werden von den Ehrenamtlichen organisiert)
Nachbereitungsseminare	1 Seminar in der Nähe des Wohnortes, 1 Wochenende auf überregionaler Ebene (5 Orte)

American Institute For Foreign Study (Deutschland) GmbH
Friedensplatz 1 Telefon: 0228 / 957 30-0
53111 Bonn Telefax: 0228 / 957 30-110
highschool@aifs.de www.aifs.de

Selbstdarstellung
Seit 1964 verfolgt AIFS das Ziel, mit qualitativ hochwertigen Programmen den internationalen Kulturaustausch zu fördern und jungen Leuten wertvolle Auslandserfahrungen zu ermöglichen. Als deutsche Tochter des American Institute For Foreign Study besitzt AIFS ausgezeichnete Kontakte in die USA. Neben Schulaufenthalten werden Au Pair Programme, Work and Travel Aufenthalte, Freiwilligenprojekte, Auslandspraktika sowie College-Aufenthalte angeboten.

Bewerbungsverlauf und Kriterien für die Annahme des Bewerbers
Bewerbung: Die Bewerbung erfolgt unverbindlich durch das Ausfüllen eines Formulars, welches unter www.aifs.de oder in der High School Broschüre von AIFS zu finden ist. Sind die formellen Voraussetzungen erfüllt, lädt AIFS den Bewerber zu einem ausführlichen Einzelgespräch in der Nähe des Wohnortes ein. Bei Eignung des Bewerbers unterbreitet AIFS anschließend ein Vertragsangebot. Dieses wird erst durch die Annahme des Bewerbers verbindlich.
Voraussetzungen: 14 bis 18 Jahre; Schülerstatus; mind. drei Jahre Englisch als Unterrichtsfach; tolerant, anpassungsfähig, aufgeschlossen und motiviert.

Vorbereitung auf den USA-Aufenthalt in Deutschland
Vorbereitung erfolgt durch das AIFS Team in Bonn als Ansprechpartner, ein- oder zweitägige Treffen bzw. Seminare in mehreren deutschen Städten, ausführliche Schüler- und Elternhandbücher sowie Inforundbriefe vor der Ausreise.

Betreuung während des Auslandsaufenthalts
Die Betreuung während des Aufenthaltes wird durch einen lokalen Betreuer, die Mitarbeiter des AIFS Büros vor Ort sowie AIFS in Bonn garantiert. Zu Beginn des Aufenthaltes finden vier Orientation-Days in New York City statt, die die Schüler auf den Aufenthalt vorbereiten. Für den Notfall steht außerdem eine 24-Notfall-Hotline zur Verfügung.

Nachbereitung
Die Nachbereitung erfolgt in Form einer großen Returnee Party. Außerdem ermöglicht das AIFS ReturNet (Netzwerk ehemaliger Teilnehmer) den Austausch mit anderen Teilnehmern.

Stipendien und Sonstiges
1) AIFS vergibt das Sir Cyril Taylor Scholarship als Vollstipendium im Wert von 9.200 Euro.
2) In Kooperation mit dem DFH vergibt AIFS ein weiteres Vollstipendium im Wert von 9.200 Euro
3) Pre-Placement-Rabatt (eigene Gastfamilie) in Höhe von € 400 / Geschwisterrabatt in Höhe von € 200 / Rabatt bei Anmeldung gemeinsam mit einem Freund in Höhe von je € 100
4) Auf Wunsch ist auch die Vermittlung an eine Privatschule möglich (Schul- und Regionenwahl möglich).
5) 4 Tage Orientation Days in New York und begleiteter Hinflug inklusive.

Alle Infos unter www.aifs de / per E-Mail an highschool@aifs.de / oder unter 0228 957 30-0.

Preis und Leistung			
Länderwahlprogramm	1. Halbjahr	2. Halbjahr	Schuljahr
Grundpreis	€ 8.400	€ 8.400	€ 9.200
Flug D – USA	ja	ja	ja
Flugbegleitung auf Hinreise	ja	ja	ja
Vorbereitungstreffen	ja	nein	ja
Vorbereitungsseminar	nein	ja	nein
Einführungsseminar in USA	ja	ja	ja
Elterntreffen	nein	nein	nein
Nachbereitungstreffen	nein	nein	nein
Nachbereitungsseminar	ja	ja	ja
Kranken-/Unfallversicherung	ja	ja	ja
Haftpflicht-/Gepäckversicherung	ja	ja	ja
Gesamtpreis (ab circa)	**€ 8.400**	**€ 8.400**	**€ 9.200**
Bewerbungsschluss	31.03.	30.09.	31.03.
Spätbewerbung	nein	nein	nein

Das Kleingedruckte und das liebe Geld	
Vertragsabschluss	Nach Annahme des Vertragsangebots durch den Bewerber, welches nach dem Ergebnis des Beratungs- und Auswahlgesprächs zugestellt wird.
Zahlungsweise und Sicherungsschein	Sicherungsschein wird mit der Teilnahmebestätigung und der ersten Teilrechnung verschickt: 10% als erste Teilrechnung, 50% 140 Tage vor der geplanten Ausreise, 40% 70 Tage vor der geplanten Ausreise
Kosten bei Rücktritt vom Programm	Je nach Zeitpunkt des Rücktritts 10%, 25% oder 35% des Programmpreises.

Kurz und bündig	
Gründungsjahr (in den USA: 1964)	1983 (in Deutschland)
Gemeinnützigkeit	nein
USA High School Programm seit	1985
Amerikanische Partnerorganisation(en)	AIFS Foundation
Schülerzahl im USA High School Programm 2014/15	453
Gesamtschülerzahl im High School Programm 2014/15	550

Last, not least	
Bewerbungsinterview	mit einem AIFS Berater in der Nähe des Wohnortes
Vorbereitungstreffen	bei Sommerausreise: für Schüler und Eltern in mehreren deutschen Städten
Vorbereitungsseminare	bei Winterausreise: für Schüler und Eltern in Bonn oder Umgebung
Einführungsseminare USA	vier Orientation-Days in der Nähe von New York City (inkl. Workshops und Stadtbesichtigungen)
Nachbereitungstreffen	/
Nachbereitungsseminare	Returnee Party (inkl. Übernachtung) in Bonn oder Umgebung

ASSIST Inc. – Deutsche Vertretung
Siegfriedstr. 21
40549 Düsseldorf
rosemarie.wegner@assist-online.net
Telefon: 0211 / 955 9638
Telefax: 0211 / 955 9789
www.assist-online.net

Selbstdarstellung
Begabtenförderung durch Vermittlung von Stipendien: ASSIST vermittelt ausschließlich Stipendien für einen einjährigen Aufenthalt an einer amerikanischen Privatschule, und zwar in der 10. oder 11. Klasse oder als Senior (nach dem Abitur). ASSIST ist eine Non-Profit-Organisation, und hat in den über 40 Jahren ihrer Existenz bereits fast 3.000 talentierte Schülerinnen und Schüler aus Deutschland vermittelt. Erfolgreiche Kandidaten zeichnen sich neben guter bis sehr guter akademischer Leistung durch breit angelegte Interessen in sportlicher, kultureller und/oder künstlerischer Beziehung aus, sind kontaktfreudig und bereit, ein herausforderndes Jahr in den USA in einer intensiven Lernatmosphäre zu verbringen. Pro Jahr werden im Moment ca. 10 Vollstipendien und ca. 60 Teilstipendien vergeben.

Bewerbungsverlauf und Kriterien für die Annahme des Bewerbers
Die schriftliche Bewerbung muss bis zum 30.09. bzw. 31.10 erfolgen und schließt ein selbst verfasstes Essay in englischer Sprache und Referenzgutachten von mindestens zwei Lehrern ein. Erfolgreiche Kandidaten müssen ein 45-minütiges Gruppen-Interview absolvieren und werden bei erfolgreicher Bewerbung einer passenden Privatschule zugeteilt, welche die besten Voraussetzungen bietet, entwicklungsfähige Talente des Schülers zu fördern.

Vorbereitung auf den USA-Aufenthalt in Deutschland
Die Stipendiaten werden Mitte Mai zusammen mit den Eltern zu einem intensiven, eintägigen Vorbereitungsseminar eingeladen, wo organisatorische Fragen, die richtige Kursauswahl in den USA, der Schulalltag, die Gasteltern etc. thematisiert werden. Kurz vor der Abreise im August findet ein 2. Seminar statt, bei dem die Schüler den jeweiligen Vorgänger von ihrer ASSIST Schule treffen und praktische Fragen im Vordergrund stehen. Nach Ankunft in den USA findet dann ein weiteres 4-tägiges Seminar statt, an dem auch ASSIST-Stipendiaten aus vielen anderen Ländern der Welt teilnehmen.

Betreuung während des Auslandsaufenthalts
In den USA ist ein zeitnaher Kontakt zum Assist Büro in Suffield gewährleistet, außerdem stehen jedem Stipendiaten an seiner Schule ein Assist-Betreuer und ein Tutor zur Verfügung. Auch das deutsche Assist-Büro leistet gerne jederzeit Unterstützung, vor allem für Fragen der Eltern in Deutschland. Mitarbeiter des US-Assist-Büros besuchen alle Stipendiaten während des Schuljahres an ihren Schulen.

Nachbereitung
Nach Abschluss des Schuljahrs in den USA folgt ein 2-tägiges Nachbereitungsseminar, das mit dem Kennenlernen des kommenden Jahrgangs verknüpft wird und Hilfestellung zur Reintegration in Deutschland bietet.

Stipendien und Sonstiges
* Es werden ausschließlich Voll- und Teilstipendien vermittelt. Der Tabellenpreis stellt die Kosten bei einem Vollstipendium dar. Bei einem Teilstipendium beträgt der Grundpreis derzeit ca. 22.000 € und der Gesamtpreis ca. 23.985 €. (inkl. anteilig anfallender Schulgelder).
Bei finanzieller Bedürftigkeit hilft der ASSIST Förderverein e.V. Köln durch Gewährung von Beihilfen, die aus Mitgliedsbeiträgen und Industriespenden finanziert werden.

Preis und Leistung			
Länderwahlprogramm	1. Halbjahr	2. Halbjahr	Schuljahr
Grundpreis (ab)			€ 9.200*
Flug D – USA			€ 1.400/p
Flugbegleitung auf Hinreise			ja
Vorbereitungstreffen			ja
Vorbereitungsseminar			nein
Einführungsseminar in USA			ja
Elterntreffen			ja
Nachbereitungstreffen			nein
Nachbereitungsseminar			€ 35
Kranken-/Unfallversicherung			€ 550
Haftpflicht-/Gepäckversicherung			ja/nein
Gesamtpreis (ab)			**€ 11.185***
Bewerbungsschluss			30.09.
Spätbewerbung			31.10.

Das Kleingedruckte und das liebe Geld	
Vertragsabschluss	Versand der Vertragsunterlagen nach Annahme des Stipendium-Platzes
Zahlungsweise und Sicherungsschein	ca. 1.600 € (2000 $) Anzahlung nach Annahme des Stipendium-Platzes; der Restbetrag wird in zwei Raten in den 10 darauffolgenden Wochen fällig.
Kosten bei Rücktritt vom Programm	Mit Annahme des Stipendium-Platzes werden 1.600 € (2000 $) fällig. Im Anschluss daran können angefallene Kosten/Zahlungen lediglich in dem Maße zurück erstattet werden, in dem sie noch nicht verbraucht worden sind. Anfallende Schulgelder bei Teilstipendien werden lediglich soweit zurückerstattet, wie sie von der jeweiligen Schule an Assist wieder freigegeben werden (bspw. wenn ein Ersatzschüler gefunden werden kann).

Kurz und bündig	
Gründungsjahr	1969
Gemeinnützigkeit	nein
USA High School Programm seit	1969
Amerikanische Partnerorganisation(en)	nein
Schülerzahl im USA High School Programm 2014/15	71
Gesamtschülerzahl im High School Programm 2014/15	71

Last, not least	
Bewerbungsinterview	Interview mit Bewerbern auf Englisch
Vorbereitungstreffen	Düsseldorf
Vorbereitungsseminare	Düsseldorf
Einführungsseminare USA	Boston
Nachbereitungstreffen	-
Nachbereitungsseminare	Düsseldorf

Ayusa-Intrax GmbH
Giesebrechtstr. 10
10629 Berlin
highschool@intrax.de
Telefon: 030 / 84 39 39 93
Telefax: 030 / 84 39 39-39
www.intrax.de

Selbstdarstellung

Unsere amerikanische Mutterorganisation Intrax engagiert sich seit mehr als 30 Jahren im Bereich des internationalen Bildung- und Kulturaustauschs und betreibt heute Standorte in 8 Ländern weltweit. Das deutsche Büro wurde 1990 als AYUSA International gegründet und unterstützt seitdem junge Menschen aus Deutschland ihren Auslandstraum zu verwirklichen.
Um die Zugehörigkeit zu unserer Mutterorganisation zu stärken, führen wir ab 2011 alle Programme unter dem Firmennamen Ayusa-Intrax in Deutschland durch. Da in den USA die Schüleraustauschprogramme auch weiterhin Ayusa genannt werden, bleibt dieser Name für unser Schüleraustausch Programm auch in Deutschland erhalten.
Als internationales und auslandsbegeistertes Team arbeiten wir täglich für unsere Mission „Connecting People and Cultures“. Wir unterstützen unsere Bewerber und Teilnehmer mit fachlicher Kompetenz und unserer eigenen Auslandserfahrung.

Bewerbungsverlauf und Kriterien für die Annahme des Bewerbers

Neben dem schriftlichen Bewerbungsverlauf gibt es ein persönliches Einzelgespräch mit dem Schüler in der Nähe des Wohnortes, gern auch mit den Eltern.
Kriterien sind: große Motivation, starkes Interesse an den USA, Anpassungsbereitschaft und Flexibilität, gute schulische Leistungen, emotionale Stabilität, realistische Erwartungen, gute englische Sprachkenntnisse und ein Sprachtest. Bewerben können sich 15- bis 17-Jährige.

Vorbereitung auf den USA-Aufenthalt in Deutschland

Wir bieten in vielen Städten Info-Veranstaltungen und auch Treffen mit ehemaligen Austauschschülern an. Neu sind unsere regelmäßigen Online-Infos, die auf rege Teilnahme stoßen. Vor Abflug gibt es für alle Teilnehmer ein Wochenendseminar in mehreren Städten in Deutschland. Für die Eltern bieten wir halbtägige Vorbereitungstreffen an. Die Teilnehmer erhalten ein Handbuch als Einführung in die amerikanische Kultur und den American Way of Life. In den USA führen die Betreuer in den jeweiligen Regionen mit ihren Schülern eine Einführungsveranstaltung durch. Zusätzlich besteht die Möglichkeit zur Einstimmung, an einem von Ayusa-Intrax betreuten, mehrtägigen Sightseeing-Programm in NY teilzunehmen.

Betreuung während des Auslandsaufenthalts

Da unsere Mutterorganisation ihren Hauptsitz in San Francisco hat und flächendeckend mit über 400 Mitarbeitern über die gesamten USA vertreten ist, gewährleisten wir eine zuverlässige und persönliche Betreuung unserer Teilnehmer.

Nachbereitung

Für die Rückkehrer bietet Ayusa-Intrax ein Wochenend-Nachbereitungsseminar in Berlin an.

Stipendien und Sonstiges

Seit 1991 vergeben wir Teilstipendien bis zu € 3.000 für das USA-Programm. Kriterien für die Stipendienvergabe sind hohe Motivation, gute Leistungen in der Schule, überzeugendes Auftreten im Auswahlverfahren und finanzielle Lage der Eltern. Neben dem vorliegenden Paketpreis bieten wir auch ein Basisprogramm ohne Flug und NY an: Preis für ein Semester: € 6.590; Preis für ein Schuljahr: € 7.190. Das Basisprogramm kann auch für das 2. Halbjahr gebucht werden.

Preis und Leistung			
Länderwahlprogramm	1. Halbjahr	2. Halbjahr	Schuljahr
Grundpreis	€ 8.390		€ 8.990
Flug D – USA	ja		ja
Flugbegleitung auf Hinreise	ja		ja
Vorbereitungstreffen	ja		ja
Vorbereitungsseminar	ja		ja
Einführungsseminar in USA	ja		ja
Elterntreffen	nein		nein
Nachbereitungstreffen	nein		nein
Nachbereitungsseminar	ja		ja
Kranken- /Unfallversicherung	ja		ja
Haftpflicht-/Gepäckversicherung	ja		ja
Gesamtpreis (circa)	**€ 8.390**		**€ 8.990**
Bewerbungsschluss	15.04.		15.04.
Spätbewerbung	möglich		möglich

Das Kleingedruckte und das liebe Geld	
Vertragsabschluss	Erfolgt nachdem der Teilnehmer die ausführlichen Bewerbungsunterlagen eingereicht und die Programmteilnahme von Ayusa-Intrax bestätigt worden ist.
Zahlungsweise und Sicherungsschein	20% bei verbindlicher Teilnahmebestätigung, 30% ca. 4 Monate vor Programmbeginn, 50% ca. 1 Monat vor Programmbeginn. Der Sicherungsschein gemäß § 651k, Abs.3 BGB wird ausgestellt.
Kosten bei Rücktritt vom Programm	Vor Anmeldeschluss und vor Platzierung 10% der Kosten. Vor Anmeldeschluss und mit Platzierung 30% der Kosten. Nach Anmeldeschluss und ohne Platzierung 20% der Kosten. Nach Anmeldeschluss und mit Platzierung 40% der Kosten.

Kurz und bündig	
Gründungsjahr	1991
Gemeinnützigkeit	nein
USA High School Programm seit	1991
Amerikanische Partnerorganisation(en)	Ayusa/Intrax
Schülerzahl im USA High School Programm 2014/15	193
Gesamtschülerzahl im High School Programm 2014/15	347

Last, not least	
Bewerbungsinterview	Einzelinterview mit Schüler (Eltern sind herzlich willkommen)
Vorbereitungstreffen	verschiedene Städte in Deutschland
Vorbereitungsseminare	Berlin und andere Städte in Deutschland
Einführungsseminare USA	New York (3 Übernachtungen, Sightseeing-Programm)
Nachbereitungstreffen	werden nicht angeboten
Nachbereitungsseminar	Berlin

CAMPS International GmbH
Poolstraße 36
20355 Hamburg
info@camps.de
Telefon: 040 / 822 90 27 0
Telefax: 040 / 822 90 27 29
www.camps.de

Selbstdarstellung
CAMPS International hat die Idee der Camp-Ferien nach Europa gebracht. Wir pflegen einen engen Kontakt zu unseren Kunden und viele ehemalige Feriencamper entscheiden sich später für einen Gastschulaufenthalt. Aber auch viele „Quereinsteiger", z.B. Internet-Surfer auf der Suche nach einer renommierten Organisation, vertrauen sich uns an. Wichtig für uns ist eine individuelle und optimale Betreuung vor, während und nach dem Aufenthalt. Join CAMPS International - make the world your world!

Bewerbungsverlauf und Kriterien für die Annahme des Bewerbers
Bewerber füllen das Anmeldeformular aus dem Katalog aus oder bewerben sich online unter www.camps.de/anmeldung. Wünschenswert ist es, uns auch ein Foto und eine Kopie der Zeugnisse der letzten 3 Jahre zukommen zu lassen. Die Zeugnisnoten sollten nicht zu schlecht sein (möglichst ohne eine 5). Danach folgt ein persönliches Auswahlgespräch, ggf. auch per Skype, zum Teil auf Englisch. Dieses Interview wird bei uns immer als Einzel-, nie als Gruppengespräch geführt. Wir wollen jeden Bewerber und dessen Eltern bestmöglich kennenlernen. Zudem versuchen wir, falsche Vorstellungen von einem Gastschulaufenthalt schon im Vorwege zu korrigieren. Wir teilen dem Schüler noch während des Gespräches mit, ob wir ihn in das Programm aufnehmen.

Vorbereitung auf den USA-Aufenthalt in Deutschland
Einige vertreten die Meinung: „Auf das Abenteuer USA kann man nicht vorbereitet werden!" Wir versuchen es trotzdem – beim Interview und im Rahmen eines eintägigen Schüler-/ Eltern-Workshops. Es kommen allgemeine Dinge, aber auch „Tabu-Themen" zur Sprache: Kulturschock, Mentalität, Hygiene, Leben an der High School, Dating, Alkohol, Programmregeln, Gastgeschenke u.v.a. In den USA selbst veranstalten wir bei Ausreise im Sommer einen viertägigen, optionalen Workshop in New York zur vertiefenden Vorbereitung. An den einzelnen Schulen gibt es eine weitere Einführung.

Betreuung während des Auslandsaufenthalts
In den USA kooperieren wir mit mehreren gemeinnützigen Partnerorganisationen: ISE, CASE, AYA, ACES, Terra Lingua USA und ESI. Diese Organisationen sind von den offiziellen Behörden anerkannt und ihre Mitarbeiter kennen wir persönlich. Eine kostenfreie 24-Stunden-Notfallnummer macht die Verantwortlichen im Bedarfsfall für unsere Schüler jederzeit erreichbar. Der wohl wichtigste Mitarbeiter für die Schüler ist der Betreuer vor Ort. Er kümmert sich in der Regel um mehrere Gastschüler und hat auch die Gastfamilie und Schule persönlich ausgesucht. CAMPS selbst hat ebenfalls eine 24-Stunden-Notfallnummer.

Nachbereitung
Wir veranstalten mindestens einmal pro Jahr ein mehrtägiges Returnee Meeting. Hier treffen sich ehemalige CAMPS-Gastschüler zum Erfahrungsaustausch.

Stipendien und Sonstiges
* Bei Buchung des Einführungsseminars in den USA: Flugbegleitung auf Hinreise inklusive.
Gegen einen Aufpreis können die Region oder der Staat gewählt werden.
Weiteres USA-Programm (USA Liberty): Wahl des Schulbezirkes möglich.

Preis und Leistung			
Länderwahlprogramm	1. Halbjahr	2. Halbjahr	Schuljahr
Grundpreis	€ 8.200	€ 8.200	€ 8.800
Flug D – USA	ja	ja	ja
Flugbegleitung auf Hinreise*	optional	optional	optional
Vorbereitungstreffen	ja	ja	ja
Vorbereitungsseminar	nein	nein	nein
Einführungsseminar in USA	€ 495/opt.	€ 495/opt.	€ 495/opt.
Elterntreffen	nein	nein	nein
Nachbereitungstreffen	nein	nein	nein
Nachbereitungsseminar	ja	ja	ja
Kranken- /Unfallversicherung	ja	ja	ja
Haftpflicht-/Gepäckversicherung	ja	ja	ja
Gesamtpreis (circa)	**€ 8.200**	**€ 8.200**	**€ 8.800**
Bewerbungsschluss	15.03.	15.09.	15.03.
Spätbewerbung	möglich	möglich	möglich

Das Kleingedruckte und das liebe Geld	
Vertragsabschluss	Nach erfolgreichem Interview wird dem Bewerber ein Vertragsangebot zugesandt, das dieser bestätigen muss.
Zahlungsweise und Sicherungsschein	10% nach Aufnahme durch CAMPS und nach Erhalt des Sicherungsscheins – 50% am 15. April (Sommerprogramme) / 15. September (Winterprogramme) – 40% am 30. Juni (Sommerprogramme) / 30. November (Winterprogramme)
Kosten bei Rücktritt vom Programm	10% bei Rücktritt nach Vertragsabschluss vor dem 15. Mai (Sommerprogramme) / 15. Oktober (Winterprogramme) – 25% ab 15. Mai (Sommerprogramme) / ab 15. Oktober (Winterprogramme) – 35% ab 15. Juni (Sommerprogramme) / 15. November (Winterprogramme)

Kurz und bündig	
Gründungsjahr (1984: CAMPS Ges. mbH)	2010: CAMPS International GmbH
Gemeinnützigkeit	nein
USA High School Programm seit	1990
Amerikanische Partnerorganisation(en)	ISE, CASE, AYA, ACES, TLUSA, ESI
Schülerzahl im USA High School Programm 2014/15	74
Gesamtschülerzahl im High School Programm 2014/15	141

Last, not least	
Bewerbungsinterview	Einzelinterview mit Schüler und Eltern im Hamburger Büro, per Skype oder nach Vereinbarung
Vorbereitungstreffen	Hamburg
Vorbereitungsseminare	werden im Sommer optional gegen Aufpreis in New York angeboten
Einführungsseminare USA	werden i.d.R. von den Schulen angeboten
Nachbereitungstreffen	werden nicht angeboten
Nachbereitungsseminare	mehrtägiges Returnee Meeting für alle

CAP – Cultures and Perspectives – Inh. Geska Jäkel
Rosenäckerweg 14 Telefon: 07348 / 250 91 39
89160 Dornstadt Telefax. 07348 / 205 91 40
info@go-cap.de www.go-cap.de

Selbstdarstellung
CAP will jungen Menschen den Traum vom Leben in einem anderen Land erfüllen. CAP vermittelt pro Jahr maximal 70 Teilnehmer ins Ausland. Hierdurch ist eine persönliche und individuelle Betreuung möglich. Durch die eigene Erfahrung im Ausland ist CAP ein kompetenter und engagierter Partner für Eltern und Schüler.

Bewerbungsverlauf und Kriterien für die Annahme des Bewerbers
Jeder Schüler von Real-, Gesamtschulen und Gymnasien muss Grundvoraussetzungen erfüllen. Neben dem Alter (14/15-18), mindestens ausreichenden Schulnoten und möglichst einer „Drei“ in Englisch brauchen unsere Schüler auch noch das „persönliche Zeug“ dazu. Das sind besonders Motivation, Anpassungsfähigkeit, Flexibilität und der nötige Biss.
Für die unverbindliche und kostenfreie Bewerbung füllst Du bitte unser Online-Bewerbungsformular, welches auf unserer Homepage zu finden ist, aus.
Unser persönliches Interview wird bei jedem Schüler zu Hause durchgeführt, wozu auch die ganze Familie mit eingeladen ist. Während dieses Gespräches überzeugen wir uns von dem Schüler und seiner persönlichen Eignung und klären Ihre offenen Fragen.

Vorbereitung auf den USA-Aufenthalt in Deutschland
Neben Informationstexten, die dem Teilnehmer in regelmäßigen Abständen zugesandt werden, bieten wir jeweils im Frühjahr und Herbst ein 2-tägiges Seminar an, um auf das Leben im Ausland vorzubereiten. Die Seminarorte liegen sowohl in Nord – als auch Süddeutschland.

Betreuung während des Auslandsaufenthalts
Unsere Schüler werden während ihres Aufenthaltes durch unsere Partner und deren Koordinatoren vor Ort betreut. Die Koordinatoren stehen in regelmäßigem Kontakt mit den Schülern und geben Hilfestellungen, wenn benötigt. CAP steht ebenfalls in regelmäßigem Kontakt mit den Schülern und Eltern und bietet außerhalb der Bürozeiten eine Notrufbereitschaft an.

Nachbereitung
CAP bietet allen Schülern ein Nachbereitungstreffen nach ihrer Heimkehr an. Hier sprechen wir über die Erfahrungen des Aufenthaltes und helfen bei der Rückeingliederung in Deutschland.

Stipendien und Sonstiges
CAP bietet hoch motivierten Schülern mit einem Notendurchschnitt von 2,5 und besser, die nicht über die finanziellen Möglichkeiten verfügen, Teilstipendien in all unseren High School-Programmen an.

Preis und Leistung			
Länderwahlprogramm	1. Halbjahr	2. Halbjahr	Schuljahr
Grundpreis	€ 6.390	€ 6.390	€ 6.690
Flug D – USA	€ 1.100/p	€ 1.100/p	€ 1.100/p
Flugbegleitung auf Hinreise	nein	nein	nein
Vorbereitungstreffen	nein	nein	nein
Vorbereitungsseminar	ja	ja	ja
Einführungsseminar in USA	nein	nein	nein
Elterntreffen	nein	nein	nein
Nachbereitungstreffen	ja	ja	ja
Nachbereitungsseminar	nein	nein	nein
Kranken-/Unfallversicherung	€ 275	€ 275	€ 550
Haftpflicht-/Gepäckversicherung	ja	ja	ja
Gesamtpreis (circa)	**€ 7.765**	**€ 7.765**	**€ 8.340**
Bewerbungsschluss	nach Verfügbarkeit freier Plätze		
Spätbewerbung	möglich	möglich	möglich

Das Kleingedruckte und das liebe Geld	
Vertragsabschluss	Nach dem persönlichen Bewerbungsgespräch wird über die Aufnahme ins Programm und die eventuelle Zuteilung eines Teilstipendiums entschieden. Erst dann wird dem Bewerber ein Vertragsangebot unterbreitet.
Zahlungsweise und Sicherungsschein	15% bei Vertragsschluss – 50 % ca. 4 Monate vor Ausreise – 35 % mit Zusendung der Visumunterlagen. Der Sicherungsschein über die Programmgebühr wird mit der ersten Rechnung ausgehändigt.
Kosten bei Rücktritt vom Programm	Staffelung nach Zeitraum vor Ausreise und Platzierungsstatus. 20% / 30% / 40% / 80 %

Kurz und bündig	
Gründungsjahr	2007
Gemeinnützigkeit	nein
USA High School Programm seit	2007
Amerikanische Partnerorganisation(en)	Global Insights / Quest €xchange iE-USA / PSE
Schülerzahl im USA High School Programm 2014/15	11
Gesamtschülerzahl im High School Programm 2014/15	35

Last, not least	
Bewerbungsinterview	Interview erfolgt nach Eingang der Bewerbung beim Schüler zu Hause.
Vorbereitungstreffen	nein
Vorbereitungsseminare	zweitägiges Vorbereitungsseminar findet ca. 2 Monate vor Ausreise statt. Im Anschluss findet das Elterntreffen statt.
Einführungsseminare USA	werden durch die Koordinatoren vor Ort durchgeführt.
Nachbereitungstreffen	nach Rückkehr wird allen Schülern ein Nachbereitungstreffen angeboten.
Nachbereitungsseminare	nein

Carl Duisberg Centren Intertraining & Consult GmbH
Hansaring 49 – 51 Telefon: 0221 / 16 26 207
50670 Köln Telefax: 0221 / 16 26 217
highschool@cdc.de www.cdc.de

Selbstdarstellung
Das Carl Duisberg High School Year und das Carl Duisberg Boarding School Program basieren auf der jahrzehntelangen Erfahrung der Carl Duisberg Gruppe im internationalen Austausch und werden von den Carl Duisberg Centren ITC durchgeführt. Seit über 50 Jahren sind wir erfolgreich tätig im Bereich der internationalen Weiterbildung und Personalentwicklung. Dazu gehören u.a. auch die Vorbereitung auf den Auslandsaufenthalt durch qualifiziertes Fremdsprachentraining im In- und Ausland sowie Interkulturelles Training.

Bewerbungsverlauf und Kriterien für die Annahme des Bewerbers
Zum Bewerbungsverfahren: 1.) Schriftliche Bewerbung (Formular) inkl. Zeugniskopie und Din-A-4 Seite Selbstbeschreibung 2.) Einladung von Schüler und Eltern zu einem persönlichen Auswahlgespräch (Einzelinterview, Dauer ca. 1,5 - 2 Stunden) 3.) Bei Eignung Aufnahme in das Programm und schriftliche Bestätigung des Platzes.
Zu den Aufnahmekriterien: Aufgeschlossenheit für andere Länder und Kulturen; Anpassungsbereitschaft an Gegebenheiten des Gastlandes; Selbstständigkeit im Rahmen der landesüblichen Möglichkeiten; zufriedenstellende Kenntnisse der Landessprache; Notendurchschnitt 3,0 und besser für das öffentliche High School Programm in den USA sowie Kanada, dokumentiert durch das letzte vorliegende Zeugnis. Zeugnisse werden für alle Programme jedoch individuell bewertet, Bewerben lohnt sich immer.

Vorbereitung auf den USA-Aufenthalt in Deutschland
Das Auswahlgespräch und das Ausfüllen der Bewerbungsunterlagen sind bereits Teil der Vorbereitung. Wichtigster Teil der Vorbereitung sind unsere intensiven zweitägigen Vorbereitungsseminare, bei denen wir alle wichtigen Aspekte des Auslandsaufenthaltes in Diskussionen, Vorträgen und Rollenspielen behandeln. Abgerundet wird die Vorbereitung durch unser landesspezifisches Carl Duisberg Schülerhandbuch.

Betreuung während des Auslandsaufenthalts
Die Betreuung erfolgt durch das Carl Duisberg High School Team in Deutschland und durch einen lokalen Betreuer der Partnerorganisation oder Partnerschule vor Ort. Wir führen Elterntreffen durch. Nach Rückkehr laden wir alle Schüler zum Nachbereitungstreffen ein.

Nachbereitung
Unser Nachbereitungstreffen steht allen interessierten Rückkehrern offen und behandelt alle wichtigen Fragen der Wiedereingewöhnung in der Heimat und der Aufarbeitung der Auslandserfahrung.

Stipendien und Sonstiges
Im Schuljahr 2015/2016 vergeben wir wieder Teilstipendien für das USA Public High School Programm. Bewerbungsfrist: 31.01.2015 bzw. 15.08.2015.
Wir bieten auch den Besuch von privaten Tagesschulen sowie von renommierten Internaten in Nordamerika und Großbritannien an. Hierzu unterbreiten wir Vorschläge auf Basis eines ausführlichen gemeinsamen Gespräches.
* Regionenwahlprogramm an öffentlichen Schulen sowie im Privatschul- und Internatsbereich in den USA mit Aufpreis möglich.

Preis und Leistung			
*Länderwahlprogramm**	1. Halbjahr	2. Halbjahr	Schuljahr
Grundpreis	€ 7.990	€ 7.990	€ 8.290
Flug D – USA	ja	ja	ja
Flugbegleitung auf Hinreise	nein	nein	nein
Vorbereitungstreffen	nein	nein	nein
Vorbereitungsseminar	ja	ja	ja
Einführungsseminar in USA	nein	nein	nein
Elterntreffen	ja	ja	ja
Nachbereitungstreffen	ja	ja	ja
Nachbereitungsseminar	nein	nein	nein
Kranken-/Unfallversicherung	€ 300	€ 300	€ 600
Haftpflicht-/Gepäckversicherung	ja/nein	ja/nein	ja/nein
Gesamtpreis (circa)	**€ 8.290**	**€ 8.290**	**€ 8.890**
Bewerbungsschluss	31.03	30.09.	31.03.
Spätbewerbung	auf Anfrage	auf Anfrage	auf Anfrage

Das Kleingedruckte und das liebe Geld	
Vertragsabschluss	Erfolgt nach erfolgreichem Bewerbungsgespräch durch Zusenden der Anmeldebestätigung.
Zahlungsweise und Sicherungsschein	25% des Programmpreises innerhalb v. 14 Tagen nach Erhalt der Teilnahmebestätigung, der Rechnung und des Sicherungsscheines gem. § 651k, Abs. 3 BGB; 45% nach Eingangsbestätigung der Bewerbungsunterlagen durch die Partnerorganisation bzw. –schule und entsprechende Mitteilung von CDC; Restzahlung bis 3 Wochen v. Reisebeginn.
Kosten bei Rücktritt vom Programm	Kostenfrei binnen 10 Tagen nach Erhalt der Anmeldebestätigung, danach 10% des Reisepreises bei Rücktritt bis 3 Monate vor Abreise, falls CDC die Mitteilung der Gastfamilienanschrift und/oder das Visumsantragsformular noch nicht verschickt hat, 20% sofern die Gastfamilienanschrift und/oder das Visumsantragsformular bereits an Sie verschickt wurde; 30% bis einen Monat vor Reisebeginn, 40% bei Rücktritt innerhalb des letzten Monats.

Kurz und bündig	
Gründungsjahr	1962
Gemeinnützigkeit	nein
USA High School Programm seit	1998
Amerikanische Partnerorganisation(en)	ERDT/SHARE, ISE, NWS, ESI
Schülerzahl im USA High School Programm 2014/15	141
Gesamtschülerzahl im High School Programm 2014/15	408

Last, not least	
Bewerbungsinterview	Einzelinterview mit Schülern und Eltern (Dauer: ca. 1,5-2 Std.)
Vorbereitungstreffen	werden nicht angeboten
Vorbereitungsseminare	Köln, Hannover, München, Hamburg, Frankfurt und nach weiterem Bedarf.
Einführungsseminare USA	werden nicht angeboten
Nachbereitungstreffen	Köln und nach Bedarf
Nachbereitungsseminare	werden nicht angeboten

Deutsches Youth For Understanding Komitee e.V. (YFU)
Oberaltenallee 6 Telefon: 040 / 22 70 02-0
22081 Hamburg Telefax: 040 / 22 70 02-27
info@yfu.de www.yfu.de

Selbstdarstellung
Das Deutsche Youth For Understanding Komitee e.V. (YFU) ist eine gemeinnützige Schüleraustauschorganisation. Seit der Gründung im Jahr 1957 haben über 60.000 Jugendliche mit YFU ein Schuljahr im Ausland verbracht. YFU setzt sich mit den Austauschprogrammen für interkulturelle Bildung und Toleranz ein – ohne damit einen finanziellen Gewinn zu erzielen. Allein in Deutschland engagieren sich 2.000 ehrenamtliche und 50 hauptamtliche Mitarbeiterinnen und Mitarbeiter für YFU.

Bewerbungsverlauf und Kriterien für die Annahme des Bewerbers
Für ein Austauschjahr mit YFU können sich Schülerinnen und Schüler aller Schularten bewerben. Bewerber müssen psychisch stabil und belastbar sein. Sie sollten aufgeschlossen, anpassungsfähig und verantwortungsbewusst sein und mindestens durchschnittliche Schulnoten vorweisen. Für die USA sind vor allem in Englisch gute bis durchschnittliche Noten wichtig. Nach Durchsicht der schriftlichen Bewerbungsunterlagen führt YFU regional Auswahlgespräche in Form von Gruppen- und Einzelinterviews durch.

Vorbereitung auf den USA-Aufenthalt in Deutschland
Alle YFU-Austauschschüler nehmen vor Abreise an einer einwöchigen Tagung teil, auf der sie intensiv auf das Leben in einer fremden Kultur vorbereitet werden und praktische Tipps für den Alltag in den USA erhalten. Die Tagungen werden von Ehrenamtlichen geleitet, die selbst ein Schuljahr im Ausland verbracht haben. Auch für Eltern werden eigene Vorbereitungstreffen angeboten. YFU stellt außerdem umfangreiche schriftliche Unterlagen zur Verfügung.

Betreuung während des Auslandsaufenthalts
Durch das große Netzwerk aus Ehren- und Hauptamtlichen ist eine professionelle und gleichzeitig persönliche Betreuung der Austauschschüler gewährleistet: Jeder Austauschschüler hat im Ausland vor Ort einen persönlichen Betreuer, der auch für die Gastfamilie zuständig ist. Darüber hinaus stehen auch die hauptamtlichen YFU-Mitarbeiter in Deutschland und den USA zur Verfügung – im Notfall rund um die Uhr. Während des Austauschjahres finden außerdem begleitende Seminare statt.

Nachbereitung
Auf der zwei- oder dreitägigen Nachbereitungstagung können die Jugendlichen sich über ihre Auslandserfahrung und das „Wieder-Einleben“ zu Hause austauschen. Sie diskutieren, wie sie ihre Erfahrungen und neu gewonnenen Fähigkeiten in Deutschland einbringen können. Viele Rückkehrer engagieren sich nach dem Austauschjahr ehrenamtlich bei YFU.

Stipendien und Sonstiges
Um möglichst vielen Jugendlichen ein Austauschjahr zu ermöglichen, vergibt YFU jährlich rund 300 Stipendien im Gesamtwert von etwa einer halben Million Euro. Die Vergabe und Höhe der Stipendien richtet sich nach der finanziellen Situation der Familie, nicht nach Schulnoten. Der Großteil der YFU-Stipendien kann von allen YFU-Austauschschülern und für alle Gastländer beantragt werden. Darüber hinaus gibt es in Kooperation mit externen Förderern viele Sonderstipendien, die auf bestimmte Gastländer oder Schülergruppen zugeschnitten sind. Eine Übersicht gibt es unter www.yfu.de/stipendien.

Preis und Leistung			
Länderwahlprogramm	1. Halbjahr	2. Halbjahr	Schuljahr
Grundpreis			€ 9.900
Flug D – USA			ja
Flugbegleitung auf Hinreise			ja
Vorbereitungstreffen			ja
Vorbereitungsseminar			ja
Einführungsseminar in USA			teilweise
Elterntreffen			ja
Nachbereitungstreffen			ja
Nachbereitungsseminar			ja
Kranken-/Unfallversicherung			ja
Haftpflicht-/Gepäckversicherung			ja
Gesamtpreis			**€ 9.900**
Bewerbungsschluss			variabel
Spätbewerbung			nein

Das Kleingedruckte und das liebe Geld	
Vertragsabschluss	Die Bewerbung ist unverbindlich und kostenlos. Verläuft die Bewerbung erfolgreich und wünschen Schüler und Eltern eine Teilnahme, wird ein gesonderter Vertrag abgeschlossen.
Zahlungsweise und Sicherungsschein	Zahlungen erfolgen erst nach Zusendung des Sicherungsscheins. Die Staffelung ist in 3 Raten vorgesehen.
Kosten bei Rücktritt vom Programm	4% des Programmpreises sofern die Jugendlichen noch nicht an der Vorbereitungstagung teilgenommen haben, danach maximal 8%.

Kurz und bündig	
Gründungsjahr	1957; seit 1965 eingetragener Verein
Gemeinnützigkeit	ja
USA High School Programm seit	1957
Amerikanische Partnerorganisation(en)	YFU USA
Schülerzahl im USA High School Programm 2014/15	651
Gesamtschülerzahl im High School Programm 2014/15	1.092

Last, not least	
Bewerbungsinterview	Gruppen- und Einzelinterview (Schüler), bundesweit
Vorbereitungstreffen	bundesweit
Vorbereitungsseminare	bundesweit
Einführungsseminare USA	regional, für einige Programmteilnehmer/innen
Nachbereitungstreffen	bundesweit
Nachbereitungsseminare	bundesweit

DFSR – Dr. Frank Sprachen & Reisen GmbH
Siegfriedstr. 5 Telefon: 06252 / 93 32-0
64646 Heppenheim Telefax: 06252 / 93 32-60
info@dfsr.de www.dfsr.de

Selbstdarstellung
DFSR wurde 1978 gegründet und ist eine der ältesten und renommiertesten Schüleraustausch-Organisationen in Deutschland. Dies wird nicht nur von Schülern und ihren Eltern in Deutschland, sondern auch von unseren Partnerorganisationen wertgeschätzt. Wir pflegen stabile Partnerschaften mit Organisationen im Ausland, die sich in über 36 Jahren als dauerhaft zuverlässig und qualitativ hochwertig erwiesen haben.
Die Mehrzahl unserer Teilnehmer kommt auf Empfehlung ehemaliger Teilnehmer, ihrer Eltern und Lehrer zu uns. DFSR bekommt von seinen Austauschschülern regelmäßig die Bestnote „1" verliehen.
Seinen Namen hat Dr. Frank Sprachen & Reisen (DFSR) Professor Dr. Klaus Frank zu verdanken, einem renommierten Touristik-Professor. Heute begleitet uns die Eule Dr. Frankie, die unter dem Flügelschlag „Ausland macht schlau!" Schüler animiert, mit DFSR an eine Schule im Ausland zu fliegen.
Im Programm haben wir die Länder USA, Kanada, Australien, Neuseeland, Großbritannien, Irland, Frankreich, Spanien, Italien, Japan, Brasilien, Argentinien sowie Dänemark, Schweden, Norwegen und Finnland. Als Mitglied im Deutschen Fachverband High School e.V. (DFH), sowie der amerikanischen Dachorganisation CSIET erfüllt DFSR dauerhaft hohe Qualitätsstandards.

Bewerbungsverlauf und Kriterien für die Annahme des Bewerbers
Für alle Teilnehmer gilt: Es kommt nicht nur auf die Schulnoten an. Wichtig sind auch ihre Motivation und ihr Interesse an dem Gastland und dem Kulturaustausch. Der zukünftige Austauschschüler sollte Flexibilität, Verständnis, Toleranz und Selbstständigkeit mitbringen. Bewerben können sich Schüler/innen, die über mindestens zufriedenstellende Englischkenntnisse verfügen. Teilnahmealter: 14 – 18 Jahre (bei Privatschulen ab 12 Jahre).
Bewerbungsverlauf: Ausfüllen des Bewerbungsformulars, persönliches Bewerbungsgespräch gemeinsam mit den Eltern, nach erfolgreichem Gespräch Aufnahme ins Programm.

Vorbereitung auf den USA-Aufenthalt in Deutschland
Intensive zweitätige Vorbereitungsseminare in mehreren Städten.

Betreuung während des Auslandsaufenthalts
Unsere Partnerorganisation vor Ort stellt für die Schüler einen Betreuer vor Ort und auch DFSR ist für seine Partner über eine 24h-Notrufnummer immer erreichbar.

Nachbereitung
Nach Rückkehr der Schüler in Deutschland haben diese die Möglichkeit, auf einer „Welcome Back Party" von ihren Erfahrungen zu berichten und sich mit anderen Heimkehrern auszutauschen.

Stipendien und Sonstiges
Schuldistriktwahl und Privatschulen in mehreren Zielländern möglich.
Ein Vollstipendium USA in Zusammenarbeit mit dem DFH, staatliche Teilstipendien in Australien und Neuseeland. Platzierungsgarantie bei High School USA. Soft Landing Camps bei fast allen Ländern inklusive. Geschwisterrabatt und Rabatte für Gastfamilien.

Preis und Leistung			
Länderwahlprogramm	1. Halbjahr	2. Halbjahr	Schuljahr
Grundpreis	€ 8.490	€ 8.490	€ 8.990
Flug D – USA	ja	ja	ja
Flugbegleitung auf Hinreise	nein	nein	nein
Vorbereitungstreffen	nein	nein	nein
Vorbereitungsseminar	ja	ja	ja
Einführungsseminar in USA	ja	nein	ja
Elterntreffen	ja	ja	ja
Nachbereitungstreffen	ja	ja	ja
Nachbereitungsseminar	nein	nein	nein
Kranken-/Unfallversicherung	€ 325	€ 325	€ 650
Haftpflicht-/Gepäckversicherung	ja	ja	ja
Gesamtpreis (circa)	**€ 8.815**	**€ 8.815**	**€ 9.640**
Bewerbungsschluss	31.03.	30.09.	31.03.
Spätbewerbung	möglich	möglich	möglich

Das Kleingedruckte und das liebe Geld	
Vertragsabschluss	Erfolgt nach erfolgreichem Bewerbungsgespräch durch Angebot und Annahme des Vertrags.
Zahlungsweise und Sicherungsschein	Mit der Teilnahmebestätigung und den ausführlichen Bewerbungsunterlagen erhält der Kunde unsere Rechnung und einen Sicherungsschein. Zahlungsplan - Abreise Sommer/ Winter: 20% des Programmpreises: nach Erhalt der Programmbestätigung 20% des Programmpreises: zum 1. März / 1. August 20% des Programmpreises: zum 1. Mai/ 1. Oktober 40% des Programmpreises: nach Erhalt der Visa-Unterlagen, Schulplatzierung u. Gastfamilieninformation; spätestens 3 Wochen vor Abreise
Kosten bei Rücktritt vom Programm	Kostenfreier Rücktritt binnen einer Woche nach Zugang der Annahmebestätigung. Danach berechnen wir folgende Gebühren: Staffelung: 10% , 20%, 30%, 40% je nach Zeitpunkt des Rücktritts.

Kurz und bündig	
Gründungsjahr	1978
Gemeinnützigkeit	nein
USA High School Programm seit	1980
Amerikanische Partnerorganisation(en)	CET, EDUCATIUS, Privatschulen
Schülerzahl im USA High School Programm 2014/15	232
Gesamtschülerzahl im High School Programm 2014/15	392

Last, not least	
Bewerbungsinterview	Einzelinterview mit Schüler und Eltern am Wohnort des Bewerbers bzw. in der Region
Vorbereitungstreffen	werden nicht angeboten
Vorbereitungsseminare	in 6 Städten
Einführungsseminare USA	5-tägiges Soft Landing Camp in New York inklusive, bei Programmbeginn im Sommer. Bei Programmende im Sommer zusätzlich Year End Camp in Washington D.C. inklusive.
Nachbereitungstreffen	bei DFSR in Heppenheim oder in nahe gelegener Stadt
Nachbereitungsseminare	werden nicht angeboten

ec.se – educational consulting & student exchange GmbH
Adenauerallee 12-14 Telefon: 0228 / 259084-0
53113 Bonn Telefax: 0228 / 259084-20
info@highschoolberater.de www.highschoolberater.de

Selbstdarstellung
Es gibt viele Fragen, die sich vor einem längeren Schulaufenthalt im Ausland jedem anders stellen. Fragen, die am besten persönlich und im Detail beantwortet werden. Hier setzt die educational consulting & student exchange GmbH an. ec.se bietet Schülern und Eltern eine individuelle und umfassende Beratung zum Schulbesuch im Ausland und den damit verbundenen internationalen Bildungschancen. Aktuelle Informationen und Termine für bundesweite ec.se Beratertage sind im Internet unter www.highschoolberater.de zu finden. Unser Anspruch: für ec.se Schüler ist ein High School Aufenthalt mehr als eine willkommene Abwechslung zum bisherigen Schulalltag. Richtig genutzt, ist es eine einmalige Chance für das ganze Leben.

Bewerbungsverlauf und Kriterien für die Annahme des Bewerbers
Auf Grundlage der kompletten Kurzbewerbung erfolgt ein ausführliches Beratungsgespräch mit der Familie. Alle weiteren Schritte und im Einzelfall notwendige zusätzliche Gespräche resultieren daraus.
Kriterien:
Hohes Maß an Aufgeschlossenheit, Anpassungsfähigkeit, Lernbereitschaft, Selbstständigkeit
Zufriedenstellende Englischkenntnisse
Notendurchschnitt 2,8 und besser, wobei letztlich der Gesamteindruck ausschlaggebend ist.

Vorbereitung auf den USA-Aufenthalt in Deutschland
Ausfüllen der Original-Bewerbungsunterlagen mit Darstellung der Motivation, Erwartungen
ec.se Vorbereitungstreffen für Schüler und Eltern
ec.se Vorbereitungsmaterial

Betreuung während des Auslandsaufenthalts
Erfolgt in den USA durch erfahrene Partnerorganisationen und deren lokale Betreuer. Zusätzlich steht in schulischen Fragen der Guidance Counselor der Schule zur Verfügung.
ec.se ist in Deutschland vor, während und nach dem Aufenthalt jederzeit Ansprechpartner.

Nachbereitung
Nachbereitungstreffen für alle Schüler.

Stipendien und Sonstiges
ec.se (www.highschoolberater.de) bietet eine umfassende und individuelle Beratung für schulgeldpflichtige Aufenthalte an öffentlichen (s. Pre-Select-Programm) wie privaten Schulen in den USA, Kanada, Australien und Neuseeland. Privatschulen sind akademisch sehr anspruchsvoll,bieten internationalen Schülern außergewöhnliche Chancen. Dabei können besondere Begabungen entdeckt, Talente entwickelt, vorhandene Lernschwächen ausgeglichen werden. Akademischer Schwerpunkt und konkretes Fächerangebot unterscheiden sich je nach Schule. Möglich ist der Besuch einer Tagesschule mit Familienaufenthalt oder einer Boarding School (Internat). Die Sevis-Gebühr ist im Preis enthalten.

Preis und Leistung			
Länderwahlprogramm	1. Halbjahr	2. Halbjahr	Schuljahr
Grundpreis	€ 7.690	€ 7.690	€ 8.090
Flug D – USA	ja	ja	ja
Flugbegleitung auf Hinreise	nein	nein	nein
Vorbereitungstreffen	ja	ja	ja
Vorbereitungsseminar	nein	nein	nein
Einführungsseminar in USA	nein	nein	nein
Elterntreffen	ja	ja	ja
Nachbereitungstreffen	ja	ja	ja
Nachbereitungsseminar	nein	nein	nein
Kranken-/Unfallversicherung	€ 315	€ 315	€ 630
Haftpflicht-/Gepäckversicherung	ja	ja	ja
Gesamtpreis (circa)	**€ 8.005**	**€ 8.005**	**€ 8.720**
Bewerbungsschluss	01.04.	01.10.	01.04.
Spätbewerbung	€ 200	€ 200	€ 200

Das Kleingedruckte und das liebe Geld	
Vertragsabschluss	Die Kurzbewerbung verpflichtet zu nichts. Der Vertragsabschluss erfolgt erst durch einen separaten Vertrag gemäß der u.a. auf der Kurzbewerbung abgedruckten ec.se Reise- und Teilnahmebedingungen.
Zahlungsweise und Sicherungsschein	Die Zahlung erfolgt nach Übergabe des Sicherungsscheins in 4 Teilbeträgen gemäß der ec.se Reise- und Teilnahmebedingungen.
Kosten bei Rücktritt vom Programm	Kostenloses Rücktrittsrecht bis 14 Tage nach Zugang der Aufnahmebestätigung. Nach diesem Zeitpunkt werden 10 % bis 40 % vom Reisepreis berechnet, je nach zeitlicher Nähe zum Reisebeginn. Es gelten die ec.se Reise- und Teilnahmebedingungen.

Kurz und bündig	
Gründungsjahr	2002
Gemeinnützigkeit	nein
USA High School Programm seit	2002
Amerikanische Partnerorganisation(en)	ISE, CASE
Schülerzahl im USA High School Programm 2014/15	99
Gesamtschülerzahl im High School Programm 2014/15	196

Last, not least	
Bewerbungsinterview	Persönliches Einzelinterview (Schüler und Eltern)
Vorbereitungstreffen	Bonn, Köln, Bonn, Düsseldorf, Hamburg, Hannover, Frankfurt, Stuttgart bzw. nach Bedarf regional
Vorbereitungsseminare	werden nicht angeboten
Einführungsseminare USA	werden nicht angeboten
Nachbereitungstreffen	Hamburg, Bonn, Frankfurt und Stuttgart bzw. nach Bedarf regional
Nachbereitungsseminare	werden nicht angeboten

EF Education (Deutschland) GmbH
Königsallee 92a
40212 Düsseldorf
highschoolyear.de@ef.com
Telefon: 0211 / 688 57 300
Telefax: 0211 / 688 57 301
www.ef.com/highschool

Selbstdarstellung
EF ist seit 50 Jahren führend im internationalen Schüleraustausch. Die Idee war von Anfang an interkultureller Austausch, d.h. den Jugendlichen vieler Nationalitäten und Länder die Möglichkeit geben, das Gastland ihrer Wahl, das dortige Schulsystem, den Alltag in einer Gastfamilie kennen zu lernen und gleichzeitig die Fremdsprachenkenntnisse zu perfektionieren. Die Stärke und Qualität unserer Arbeit liegt in der professionellen und persönlichen Betreuung unserer Teilnehmer vom ersten Schritt der Bewerbung bis zur Rückkehr nach Deutschland. EF arbeitet ohne Partner und verfügt in allen Gastländern über eigene Büros und ein großes Netzwerk eigener Betreuer. Mehr Informationen auf www.exchangestories.com

Bewerbungsverlauf und Kriterien für die Annahme des Bewerbers
Bewerbungsverlauf: Die Bewerbung erfolgt über das Bewerbungsformular aus der Broschüre, per Internet oder per Telefon. Das Auswahlgespräch (unverbindlich und kostenfrei) findet mit EF-Interviewern und ehemaligen Austauschschülern statt (eine Elternberatung findet direkt im Anschluss/parallel statt). *Auswahlkriterien:* Persönlichkeit, Reife, Anpassungsfähigkeit, Toleranz, Flexibilität, hohe Motivation, schulische Leistungen und Fremdsprachenkenntnisse.

Vorbereitung auf den USA-Aufenthalt in Deutschland
Informationsveranstaltungen in ca. 40 Städten in Deutschland / monatlich umfangreiches Informationsmaterial / eintägige Vorbereitungsseminare in verschiedenen Städten Deutschlands / EF Welcome Days in New York (im Programmpreis inklusive: 4 Tage Vorbereitung im Gastland), EF Language & Cultural Camp in New York (optionale 10-tägige Vorbereitung in den USA) auf dem Campus einer renommierten Universität.

Betreuung während des Auslandsaufenthalts
Regelmäßiger Kontakt mit dem/der Betreuer/in vor Ort / Besuch des/der Betreuers/in / Ausflüge bzw. Reiseangebote durch Betreuer vor Ort (optional) / telefonische Unterstützung für Schüler und Eltern während des Austauschjahres durch das EF-Büro in Deutschland und im Gastland. Den Schülern steht im Gastland eine 24h-Notrufnummer zur Verfügung.

Nachbereitung
Regionale Treffen / Ambassador Club für Ehemalige / EF Homecoming Events

Stipendien und Sonstiges
Stipendien: EF bietet mehrere Teilstipendien an (www.ef.com/stipendien). *Sonstiges:* In allen Gastländern finden während des Austauschjahres EF Discovery Tours statt. Eine Regionenwahl ist in allen Gastländern möglich, in den USA zudem eine Staatenwahl. Weiterhin ist es möglich, im Rahmen der EF Academy einen internationalen Schulabschluss in Großbritannien oder den USA zu erwerben.

Preis und Leistung			
Länderwahlprogramm	1. Halbjahr	2. Halbjahr	Schuljahr
Grundpreis	€ 9.490	€ 9.490	€ 9.990
Flug D – USA	ja	ja	ja
Flugbegleitung auf Hinreise	nein	nein	nein
Vorbereitungstreffen	ja	ja	ja
Vorbereitungsseminar	nein	nein	nein
Einführungsseminar in USA	4 Tage inkl./ 10 Tage (€ 1.195)	4 Tage inkl.	4 Tage inkl./ 10 Tage (€ 1.195)
Elterntreffen	ja	ja	ja
Nachbereitungstreffen	ja	ja	ja
Nachbereitungsseminar	nein	nein	nein
Kranken-/Unfallversicherung	€ 525	€ 525	€ 795
Haftpflicht-/Gepäckversicherung	ja	ja	ja
Gesamtpreis (ab circa)	**€ 10.015**	**€ 10.015**	**€ 10.785**
Bewerbungsschluss	31.03.	01.10.	31.03.
Spätbewerbung	möglich	möglich	möglich

Das Kleingedruckte und das liebe Geld	
Vertragsabschluss	Nach positivem Auswahlgespräch erfolgt ein Vertragsangebot von EF. Mit Unterzeichnung des Vertrags und der Zahlung der ersten Teilrechnung wir der Programmplatz und die Platzierung im Gastland von EF garantiert. Eine Regionen-/Staatenwahl ist möglich.
Zahlungsweise und Sicherungsschein	*Zahlungsweise:* In Raten. 1. Rate 30 Tage nach Vertragsabschluss; 2. Rate ca. sechs Monate vor Abreise; 3. Rate ca. drei Monate vor Abreise; 4. Rate ca. drei Wochen vor Abreise. *Sicherungsschein:* ja
Kosten bei Rücktritt vom Programm	Bis 6 Monate vor Abreisemonat: 15% des Programmpreises. Innerhalb 6 Monate und 6 Wochen vor Abreisemonat: 22% des Programmpreises. Danach 48% des Programmpreises.

Kurz und bündig	
Gründungsjahr	1965
Gemeinnützigkeit	nein
USA High School Programm seit	1979
Amerikanische Partnerorganisation(en)	eigene EF-Mitarbeiter/-Organisation
Schülerzahl im USA High School Programm 2014/15	700
Gesamtschülerzahl im High School Programm 2014/15	900

Last, not least	
Bewerbungsinterview	in etwa 40 Städten
Vorbereitungstreffen	in 5 Städten
Vorbereitungsseminare	werden nicht angeboten
Einführungsseminare USA	4 Tage Welcome Days in New York inklusive oder optional 10 Tage Vorbereitungskurs in New York für € 1.195
Nachbereitungstreffen	in etwa 20 Städten
Nachbereitungsseminare	werden nicht angeboten

ehighschool – Inh. Christian Prelle
Am Sportplatz 3
39576 Stendal
info@ehighschool.de
Telefon: 03931 / 531 831-0
Telefax: 03931 / 531 831-2
www.ehighschool.de

Selbstdarstellung
Das Motto von ehighschool lautet: Preiswert, persönlich, fair. ehighschool hat es sich zur Aufgabe gemacht, den internationalen Kulturaustausch zu fördern, indem durch günstige Preise auch weniger finanzstarke Schüler die Möglichkeit erhalten, am High School-Programm teilzunehmen. Darüber hinaus legen wir viel Wert auf Fairness, Ehrlichkeit und persönlichen Kontakt.

Bewerbungsverlauf und Kriterien für die Annahme des Bewerbers
Bewerbungsverlauf:
1. unverbindliche Bewerbung des Schülers/der Schülerin
2. unverbindliches persönliches Bewerbungsgespräch mit dem Schüler und den Eltern
3. Angebot der Teilnahme am High School-Programm und Vorlage eines Buchungsformulars

Aufnahmekriterien:
- Zeugnisnoten: 4 oder besser (auf den letzten 6 Zeugnissen), einzelne Ausnahmen möglich (nicht in Englisch)
- mindestens ordentliche Englischkenntnisse
- motiviert und zielstrebig
- Impfungen gemäß Vorschriften

Vorbereitung auf den USA-Aufenthalt in Deutschland
Zur Vorbereitung wird ein Vorbereitungstreffen veranstaltet und ein Schüler-Handbuch ausgegeben, darüber hinaus können einzelne Fragen in persönlichen Gesprächen geklärt werden. Auf dem Vorbereitungstreffen soll der Teilnehmer fit gemacht werden für das Leben in einem fremden Land, in einer Gastfamilie und für den Besuch der Gastschule. Unterschiede zwischen den Kulturen, den Lebensformen und Systemen werden aufgezeigt, Verständnis für die Erwartungen und Anforderungen an den Teilnehmer geweckt. Wichtiger Punkt sind die Gesetze und Regeln, die jeder Teilnehmer kennen muss.

Betreuung während des Auslandsaufenthalts
Die Betreuung ist ein besonders wichtiges Thema bei ehighschool. Während des Auslandsaufenthalts hat der Schüler gleich drei Ansprechpartner: Den lokalen Betreuer (Area Rep) in der Nähe der Gastfamilie, die Zentrale der Partner in den USA und ehighschool in Deutschland.
Die Eltern bekommen ein Eltern-Handbuch.

Nachbereitung
ehighschool bietet den Rückkehrern verschiedene Möglichkeiten, von den vielfältigen Erlebnissen und Erfahrungen zu berichten. Dazu gehört das jährliche Rückkehrer-Treffen (im Preis enthalten), auf dem sich die ehemaligen Teilnehmer untereinander austauschen können.

Stipendien und Sonstiges
Info-Telefon: 0700 HIGHSCHOOL (0700-44 44 72 46)

Preis und Leistung			
Länderwahlprogramm	1. Halbjahr	2. Halbjahr	Schuljahr
Grundpreis	€ 5.999	€ 5.999	€ 6.699
Flug D – USA	€ 1.100/p	€ 1.100/p	€ 1.100/p
Flugbegleitung auf Hinreise	teilweise	teilweise	teilweise
Vorbereitungstreffen	nein	nein	nein
Vorbereitungsseminar	ja	ja	ja
Einführungsseminar in USA	€ 249/opt.	nein	€ 249/opt.
Elterntreffen	ja	ja	ja
Nachbereitungstreffen	ja	ja	ja
Nachbereitungsseminar	nein	nein	nein
Kranken-/Unfallversicherung	€ 250	€ 250	€ 500
Haftpflicht-/Gepäckversicherung	ja/nein	ja/nein	ja/nein
Gesamtpreis (circa)	**€ 7.350**	**€ 7.350**	**€ 8.300**
Bewerbungsschluss	09.03.	09.07.	09.03.
Spätbewerbung	auf Anfrage	ja	auf Anfrage

Das Kleingedruckte und das liebe Geld	
Vertragsabschluss	durch Eingang des eigenhändig unterschriebenen Buchungsauftrags
Zahlungsweise und Sicherungsschein	10% innerhalb von 14 Tagen nach Erhalt von Rechnung und Reisepreis-Sicherungsschein 30% 3 Monate vor Reisebeginn 30% 2 Monate vor Reisebeginn Restzahlung 4 Wochen vor Reisebeginn
Kosten bei Rücktritt vom Programm	bis 60 Tage vor Reisebeginn: 10% ab 59. Tag vor Reisebeginn: 35% ab 14. Tag vor Reisebeginn: 50% ab Reisebeginn: 100%

Kurz und bündig	
Gründungsjahr	2002
Gemeinnützigkeit	nein
USA High School Programm seit	2003
Amerikanische Partnerorganisation(en)	EMF, FIEA
Schülerzahl im USA High School Programm 2014/15	88
Gesamtschülerzahl im High School Programm 2014/15	101

Last, not least	
Bewerbungsinterview	in verschiedenen Städten
Vorbereitungstreffen	nein
Vorbereitungsseminare	in 2 Städten
Einführungsseminare USA	optional, € 249 (Einführungstreffen)
Nachbereitungstreffen	1 pro Jahr
Nachbereitungsseminare	nein

EUROVACANCES Youth Exchange gGmbH
Rothenbaumchaussee 5 | Telefon: 040 / 44 70 700
20148 Hamburg | Telefax: 040 / 44 66 96
info@eurovacances.de | www.eurovacances.de

Selbstdarstellung
EUROVACANCES ist eine gemeinnützige Schüleraustauschorganisation. Seit 36 Jahren ermöglichen wir Jugendlichen Auslandsaufenthalte weltweit, auch ausländischen Schülern in Deutschland. Mit unseren Programmen möchten wir zur internationalen Verständigung beitragen, Menschen verschiedener Kulturen einander näher bringen und länderübergreifende Freundschaften fördern.

Bewerbungsverlauf und Kriterien für die Annahme des Bewerbers
Bei EUROVACANCES bewerben sich die Schüler mit einer zweiseitigen Kurzbewerbung für ihr Wunschgastland. Wenn dort ein Platz zur Verfügung steht, laden wir den Schüler und seine Eltern zu einem ausführlichen kostenlosen Bewerbungsgespräch ein. Es dient dem gegenseitigen Kennenlernen und hilft häufig bei der Beantwortung der Frage „Ist Schüleraustausch wirklich das Richtige für mich?“ Direkt im Anschluss bekommt der Bewerber, abhängig von seiner Eignung, eine Zu- oder Absage. Die Familie hat dann ein bis zwei Wochen Zeit, sich zu entscheiden. Solange halten wir den Platz frei. Kriterien für die Aufnahme in unsere Programme sind Schulnoten (Ø 3,2 im Zeugnis) und persönliche Fähigkeiten wie: Offenheit, Toleranz und Mut, für sich selber einzustehen. Auf deutschlandweiten Informationsveranstaltungen können sich interessierte Familien schon vor der Bewerbung ein Bild davon machen, wie Schüleraustausch funktioniert und welche Herausforderungen er mit sich bringt.

Vorbereitung auf den USA-Aufenthalt in Deutschland
Jeder Schüler, der in unser Programm aufgenommen ist, hat einen EUROVACANCES-Mitarbeiter in seiner Nähe, der ihn vom Bewerbungsgespräch bis zum regionalen Nachbereitungstreffen begleitet. Auf einem überregionalen dreitägigen Vorbereitungsseminar, auf dem auch ehemalige Austauschschüler eine wichtige Rolle spielen, lernen die Jugendlichen ihre Gastländer gut kennen. In interkulturellen Workshops bekommen sie das zwischenmenschliche „Werkzeug“ an die Hand, damit sie mit möglichen Konflikten optimal umgehen. Außerdem gibt es im Rahmen des Vorbereitungsseminars ein Elterntreffen. Alles Wissenswerte zu ihren Gastländern erfahren die Schüler zusätzlich aus unseren EUROVACANCES-Handbüchern.

Betreuung während des Auslandsaufenthalts
Im Gastland hat jeder Schüler einen Betreuer vor Ort und mindestens zwei weitere Ansprechpartner unserer Partnerorganisation. Die Eltern können sich jederzeit an ihren EUROVACANCES-Mitarbeiter in Deutschland oder an unser Hauptbüro wenden. Außerdem finden Elterntreffen statt. Sowohl im Gastland als auch in Deutschland gibt es eine 24-Stunden-Notrufnummer.

Nachbereitung
Nach der Auslandserfahrung bieten wir unseren Rückkehrern ein regionales Treffen und ein zweitägiges Nachbereitungsseminar an.

Stipendien und Sonstiges
Wir vergeben ein USA-Vollstipendium für sozial engagierte Schüler. Informationen zu unserem USA-Wahlprogramm und Programmen in zehn weiteren Ländern sind auf unserer Website zu finden: www.eurovacances.de.

Preis und Leistung			
Länderwahlprogramm	1. Halbjahr	2. Halbjahr	Schuljahr
Grundpreis (ab)	€ 8.600	€ 8.600	€ 9.100
Flug D – USA	ja	ja	ja
Flugbegleitung auf Hinreise	ab 15 Teiln.	ab 15 Teiln.	ab 15 Teiln.
Vorbereitungstreffen	teilweise	teilweise	teilweise
Vorbereitungsseminar	ja	ja	ja
Einführungsseminar in USA	€ 500/opt.	nein	€ 500/opt.
Elterntreffen	ja	ja	ja
Nachbereitungstreffen	ja	ja	ja
Nachbereitungsseminar	ja	ja	ja
Kranken-/Unfallversicherung	ja/€ 80	ja/€ 80	ja/€ 90
Haftpflicht-/Gepäckversicherung	ja/nein	ja/nein	ja/nein
Gesamtpreis (ab circa)	**€ 8.680**	**€ 8.680**	**€ 9.190**
Bewerbungsschluss	31.03.	15.10.	31.03.
Spätbewerbung	auf Anfrage	auf Anfrage	auf Anfrage

Das Kleingedruckte und das liebe Geld	
Vertragsabschluss	Die Bewerbung ist unverbindlich und kostenlos. Zum Vertragsabschluss kommt es nach dem erfolgreichen Bewerbungsgespräch und der Gegenzeichnung des Vertrags durch den Teilnehmer und seine Eltern.
Zahlungsweise und Sicherungsschein	15% nach Abschluss des Vertrags innerhalb einer Woche, 15 % sechs Wochen nach Vertragsabschluss, 60% am 1. April (bei Beginn ab Sommer) bzw. am 1. Oktober (bei Beginn im Winter), 10 % am 15. Juni (bei Beginn ab Sommer) bzw. am 15. November (bei Beginn im Winter), der dem Beginn des Auslandsaufenthaltes vorausgeht. Aushändigung des Sicherungsscheins erfolgt sofort nach Vertragsunterzeichnung.
Kosten bei Rücktritt vom Programm	Vor Anmeldeschluss: 10% des Programmpreises vor Platzierung, 30% nach Platzierung, nach Anmeldeschluss: 40% vor Platzierung, 50% nach Platzierung.

Kurz und bündig	
Gründungsjahr	1979
Gemeinnützigkeit	ja
USA High School Programm seit	1981
Amerikanische Partnerorganisation(en)	ASPECT, NACEL Open Door u.a.
Schülerzahl im USA High School Programm 2014/15	197
Gesamtschülerzahl im High School Programm 2014/15	413

Last, not least	
Bewerbungsinterview	Einzelgespräche mit Eltern und Schüler (ca. 3 Stunden). Durchführung: deutschlandweit durch regionale Mitarbeiter
Vorbereitungstreffen	teilweise
Vorbereitungsseminare	dreitägig in verschiedenen Städten
Einführungsseminare USA	dreitägig in New York (optional – Aufpreis: € 500)
Nachbereitungstreffen	eintägig in über 20 Regionen in Deutschland
Nachbereitungsseminare	zweitägig in verschiedenen Städten

Experiment e.V.
Gluckstraße 1
53115 Bonn
info@experiment-ev.de
Telefon: 0228 / 95722-0
Telefax: 0228 / 35 82 82
www.experiment-ev.de

Selbstdarstellung
Seit über 80 Jahren hat sich die gemeinnützige Organisation Experiment e.V. den Austausch zwischen Menschen aller Kulturen, Religionen und Altersgruppen zum Ziel gesetzt. Neben Schüleraustauschprogrammen in 23 Ländern bietet Experiment e.V. auch Freiwilligendienste, Praktika und Kurzzeitaufenthalte im Ausland sowie Gastfamilienprogramme in Deutschland an.

Bewerbungsverlauf und Kriterien für die Aufnahme des Bewerbers
Schülerinnen und Schüler zwischen 14 und 18 Jahren können am Programm teilnehmen.
Es ist möglich, sich zunächst für mehrere Programmländer zu bewerben, wobei die Zusage nach einem persönlichen Auswahlgespräch immer für ein bestimmtes Land erfolgt.
Voraussetzung ist, dass der Bewerber bis zur Ausreise eine weiterführende Schule besucht. Er sollte ein ernsthaftes Interesse am interkulturellen Austausch haben und bereit sein, der neuen Umgebung Informationen und Eindrücke von Deutschland zu vermitteln. Aufgeschlossenheit, Offenheit, Toleranz und ein gewisses Anpassungsvermögen sind dabei unentbehrliche Fähigkeiten.

Vorbereitung auf den USA-Aufenthalt in Deutschland
Alle Teilnehmenden werden zu einem überregionalen, viertägigen Vorbereitungsseminar eingeladen, auf dem sie von Ehrenamtlichen umfassend auf ihren Auslandsaufenthalt vorbereitet werden. Diese intensive Vorbereitung findet bereits mehrere Wochen vor der Ausreise statt, ist verpflichtend für alle Teilnehmer und daher bereits im Preis enthalten.

Betreuung während des Auslandsaufenthalts
Ein persönlicher Betreuer unserer Partnerorganisation hat die Gastfamilie vor der Ankunft des Austauschschülers besucht und ist während des Aufenthaltes Ansprechperson für Schüler und Gastfamilie. Für Eltern und Teilnehmende gibt es zusätzlich in Deutschland einen telefonischen Bereitschaftsdienst von Experiment e.V., der rund um die Uhr erreichbar ist.

Nachbereitung
Ein mehrtägiges Nachbereitungsseminar nach der Rückkehr ist ebenfalls bereits im Preis eingeschlossen und hilft vielen Teilnehmenden bei der Wiedereingewöhnung.

Stipendien und Sonstiges
* Es ist auch möglich, an einem Schulwahlprogramm in verschiedenen Regionen ab 14 Jahren teilzunehmen. Experiment e.V. stellt für den „Schulbesuch im Ausland" einen eigenfinanzierten Stipendienfonds in Höhe von € 60.000 (2015-16) zur Verfügung. Wir sind Entsendeorganisation des PPP-Programms (Vollstipendien über den Deutschen Bundestag) und arbeiten mit weiteren Kooperationspartnern zusammen. Aktuelle Stipendien unter www.experiment-ev.de/stipendien.

Preis und Leistung			
*Länderwahlprogramm**	1. Halbjahr	2. Halbjahr	Schuljahr
Grundpreis	€ 8.100	€ 8.100	€ 8.600
Flug D – USA	ja	ja	ja
Flugbegleitung auf Hinreise	ja	nein	ja
Vorbereitungstreffen	nein	nein	nein
Vorbereitungsseminar	ja	ja	ja
Einführungsseminar in USA	nein	nein	nein
Elterntreffen	nein	nein	nein
Nachbereitungstreffen	nein	nein	nein
Nachbereitungsseminar	ja	ja	ja
Kranken-/Unfallversicherung	ja	ja	ja
Haftpflicht-/Gepäckversicherung	ja/nein	ja/nein	ja/nein
Gesamtpreis (circa)	**€ 8.100**	**€ 8.100**	**€ 8.600**
Bewerbungsschluss	01.02.	01.08.	01.02.
Spätbewerbung	möglich	möglich	möglich

Das Kleingedruckte und das liebe Geld	
Vertragsabschluss	Nach erfolgreichem Auswahlgespräch wird dem Teilnehmer ein Vertragsangebot zugesendet. Erst nach Rücksendung des Angebotes innerhalb der angegeben Frist kommt ein Vertrag zustande.
Zahlungsweise und Sicherungsschein	1. Rate nach Erhalt der Rechnung 2. Rate 4 Monate vor Ausreise 3. Rate 2 Monate vor Ausreise bzw. spätestens mit Aushändigung der Reiseunterlagen Sicherungsschein gem. § 651 k, Abs. 3, BGB
Kosten bei Rücktritt vom Programm	Rücktritt nach Versand der Bestätigung/Rechnung 15%, nach Eintreffen der Platzierungsunterlagen für den Partner im Ausland bei uns 25 %, nach Eintreffen der Gastfamilienadresse bei uns 40 %

Kurz und bündig	
Gründungsjahr	1932
Gemeinnützigkeit	ja
USA High School Programm seit	mehr als 25 Jahren
Amerikanische Partnerorganisation(en)	ERDT/SHARE, CIEE, NWSE
Schülerzahl im USA High School Programm 2014/15	252
Gesamtschülerzahl im High School Programm 2014/15	490

Last, not least	
Bewerbungsinterview	Persönliche Einzel- und Gruppeninterviews (Schüler)
Vorbereitungstreffen	werden nicht angeboten
Vorbereitungsseminare	4-tägiges verpflichtendes VBS an verschiedenen Seminarorten
Einführungsseminare USA	durch örtliche Betreuer
Nachbereitungstreffen	werden nicht angeboten
Nachbereitungsseminare	3-tägiges NBS an verschiedenen Seminarorten

FLAG – Foreign Link Around the Globe – Deutsche Kontaktstelle
Wiesengrund 4 Telefon: 02247 / 898 15
53819 Neunkirchen Telefax: 02247 / 898 15
flag-dk@flag-germany.de www.flag-germany.de

Selbstdarstellung
FLAG (Foreign Link Around the Globe) existiert seit über 20 Jahren und wurde von einer Gruppe von Lehrern und Schuldirektoren gegründet. FLAG ermöglicht insgesamt ca. 200 Schülern aus aller Welt pro Jahr ein Schuljahr in den USA zu verbringen. FLAG ist eine Not-For-Profit Organisation. Sie wird vom CSIET (Council on Standards for International Educational Travel) in Washington überprüft und jährlich begutachtet. Es werden u.a. Schüler aus Deutschland, Spanien, Frankreich, Vietnam, China, Japan und Südamerika aufgenommen. Ca. 40 Mitarbeiter und Betreuer in den USA ermöglichen die Vermittlung und den reibungslosen Ablauf des Programms.

Bewerbungsverlauf und Kriterien für die Annahme des Bewerbers
1. Ausfüllen eines vorläufigen, unverbindlichen Antrages zur Aufnahme
2. Auswahlgespräch des Schülers und der Eltern mit einem FLAG-Repräsentanten
3. Durchschnittszensuren
4. Bereitschaft zur Anpassung an eine fremde Kultur
5. Korrekte Bearbeitung von Unterlagen
6. Einzahlen von € 85 nach Gespräch und Akzeptanz
7. Pünktliche Abgabe aller Unterlagen zu den entsprechenden Terminen

Vorbereitung auf den USA-Aufenthalt in Deutschland
Durch persönliche Gespräche mit Schülern und Eltern werden Sie informiert. Außerdem wird schrittweise umfangreiches Material nach der Aufnahme in das Programm zur Verfügung gestellt. Im Mai/Juni findet ein weiteres Treffen aller Schüler und Eltern statt. Nach der Ankunft in den USA nehmen die Schüler an einer 2-tägigen Orientierung teil. Die Schüler lernen dort alle Mitarbeiter und ihren persönlichen Betreuer kennen.

Betreuung während des Auslandsaufenthalts
Mitarbeiter „vor Ort“ besuchen die Gastfamilien und die Schulen vor und während des Aufenthaltes des Schülers. Diese kümmern sich auch um die Kinder in kritischen Situationen bis hin zum Familienwechsel. Die Mitarbeiter sind entsprechend der CSIET Regeln „in der Nähe“. Die Gastfamilien werden sehr genau informiert, wie mit „ihrem“ Gastschüler zu verfahren ist (z.B. im Krankheitsfall). Alle Gastfamilien werden im Vorfeld überprüft, ehe ihnen ein Schüler anvertraut wird. Die deutschen Schüler haben in Frau Christine Moore eine deutschsprachige Ansprechpartnerin vor Ort während des Austauschjahres.

Nachbereitung
Wir nutzen die Kenntnisse unserer Ehemaligen zur Vorbereitung der neuen Schüler.

Stipendien und Sonstiges
FLAG vergibt keine Stipendien, vielmehr ist FLAG bemüht einen für alle akzeptablen Preis zu gewährleisten. Die interkontinentalen Flüge werden in Absprache mit FLAG privat organisiert. Bearbeitungsgebühren nach Akzeptanz € 85.

Preis und Leistung			
Länderwahlprogramm	1. Halbjahr	2. Halbjahr	Schuljahr
Grundpreis	US$ 7.850	US$ 7.850	US$ 8.100
Flug D – USA	€ 1.400/p	€ 1.400/p	€ 1.400/p
Flugbegleitung auf Hinreise	nein	nein	nein
Vorbereitungstreffen	ja	ja	ja
Vorbereitungsseminar	nein	nein	nein
Einführungsseminar in USA	ja	nein	ja
Elterntreffen	nein	nein	nein
Nachbereitungstreffen	nein	nein	nein
Nachbereitungsseminar	nein	nein	nein
Kranken-/Unfallversicherung	ja	ja	ja
Haftpflicht-/Gepäckversicherung	ja	ja	ja
Gesamtpreis (circa)	**€ 7.680**	**€ 6.680**	**€ 7.880**
Bewerbungsschluss	31.04.	31.10.	31.04.
Spätbewerbung	möglich	möglich	möglich

Das Kleingedruckte und das liebe Geld	
Vertragsabschluss	Nach Auswahlgespräch und Zahlung einer Bearbeitungsgebühr von € 85.
Zahlungsweise und Sicherungsschein	Per Überweisung
Kosten bei Rücktritt vom Programm	Rücktrittsgebühren gestaffelt in Abhängigkeit von Vertragsabschluss und Programmfortschritt. Genaue Angaben werden beim Auswahlgespräch den Eltern mitgeteilt.

Kurz und bündig	
Gründungsjahr	1989
Gemeinnützigkeit	nein, Gerichtsstand USA
USA High School Programm seit	1989
Amerikanische Partnerorganisation(en)	FLAG-International
Schülerzahl im USA High School Programm 2014/15	7
Gesamtschülerzahl im High School Programm 2014/15	7

Last, not least	
Bewerbungsinterview	Gruppeninterview mit Schülern
Vorbereitungstreffen	53819 Neunkirchen (Rhein-Siegkreis)
Vorbereitungsseminare	werden nicht angeboten
Einführungsseminare USA	ja
Nachbereitungstreffen	werden nicht angeboten
Nachbereitungsseminare	werden nicht angeboten

GIVE – Gesellschaft für internationale Verständigung mbH
In der Neckarhalle 127 a
69118 Heidelberg
info@give-highschool.de
Telefon: 06221 / 38 935-0
Telefax: 06221 / 38 935-20
www.give-highschool.de

Selbstdarstellung
GIVE ist auf die Durchführung von Schulaufenthalten spezialisiert, verfügt über sehr gute Kontakte zu den Partnerorganisationen in den Gastländern und bereitet den Aufenthalt für alle Schüler/innen sorgfältig vor.

Bewerbungsverlauf und Kriterien für die Annahme des Bewerbers
Nach dem Eingang des Bewerbungsbogens wirst Du zu einem Auswahlgespräch eingeladen, bei dem wir einander kennen lernen. Dieses Gespräch dient der Entscheidung über Deine Aufnahme in das Programm. Kurze Zeit nach dem Gespräch erhältst Du dann Bescheid, ob Du in das Programm aufgenommen wirst.
Teilnehmen können Schüler an allgemeinbildenden Schulen, die mindestens drei Jahre Englischunterricht nachweisen können, die in den letzten drei Jahren keine Klasse wiederholt und mindestens durchschnittliche Leistungen erbracht haben und deren Versetzung nicht gefährdet ist.

Vorbereitung auf den USA-Aufenthalt in Deutschland
Während der Vorbereitungszeit bekommt Ihr von GIVE regelmäßig Infobriefe zugestellt, die Euch mit allen wichtigen Informationen über Deinen Gastaufenthalt und Dein Gastland vertraut machen. Darüber hinaus veranstaltet GIVE für Dich und Deine Eltern Vorbereitungsseminare in verschiedenen deutschen Städten, auf denen Du die anderen Teilnehmer kennen lernst und alle organisatorischen und praktischen Dinge über den bevorstehenden Gastaufenthalt erfährst.

Betreuung während des Auslandsaufenthalts
GIVE arbeitet mit einer der größten Schüleraustausch-Organisationen zusammen. Diese genießt aufgrund der Sorgfalt, mit der sie die Gastfamilien und Schulen aussucht, einen sehr guten Ruf. Der örtliche Betreuer steht jederzeit mit Rat und Hilfe bereit.
Die Hinreise findet als Gruppenflug mit Begleitung statt.

Nachbereitung
GIVE bietet allen Rückkehrern ein zweitägiges Nachtreffen an, auf dem man sich wiedersehen und miteinander austauschen kann. An diesem Treffen nehmen auch Returnees früherer Jahrgänge teil.

Stipendien und Sonstiges
Auf begründeten Antrag hin werden Teil-Stipendien vergeben. Ein solcher Antrag muss bis zum 31. Oktober eingereicht werden. * Großes Privatschulangebot für Teilnehmer ab 14 Jahren. Zusätzlich zum klassischen Länderwahlprogramm bietet GIVE auch ein Wahlprogramm für öffentliche Schulen an.

Preis und Leistung			
*Länderwahlprogramm**	1. Halbjahr	2. Halbjahr	Schuljahr
Grundpreis (ab)	€ 7.980		€ 8.490
Flug D – USA	ja		ja
Flugbegleitung auf Hinreise	ja		ja
Vorbereitungstreffen	ja		ja
Vorbereitungsseminar	ja		ja
Einführungsseminar in USA	nein		nein
Elterntreffen	nein		nein
Nachbereitungstreffen	€ 45/opt.		€ 45/opt.
Nachbereitungsseminar	nein.		nein
Kranken-/Unfallversicherung	€ 320		€ 590
Haftpflicht-/Gepäckversicherung	ja		ja
Gesamtpreis (ab circa)	**€ 8.300**		**€ 9.080**
Bewerbungsschluss	31.03.		31.03.
Spätbewerbung	möglich		möglich

Das Kleingedruckte und das liebe Geld	
Vertragsabschluss	Nach erfolgreichem Interview wird dem Bewerber ein Vertragsangebot zugesandt, das dieser bestätigen muss.
Zahlungsweise und Sicherungsschein	Sicherungsschein wird mit Aufnahme ins Programm ausgehändigt. Die Programmkosten sind in vier Teilbeträgen zu entrichten: 20 % 6 Monate vor Reisebeginn. Weitere 20 % 4 Monate und 40% 2,5 Monate vor Reisebeginn. Der Restbetrag 14 Tage vor Reisebeginn.
Kosten bei Rücktritt vom Programm	Nach Annahme des Platzes: 5 % des Preises. Ab 60 Tage vor der Abreise: 30 %. Ab 29 Tage vor der Abreise: 40 %.

Kurz und bündig	
Gründungsjahr	1987
Gemeinnützigkeit	nein
USA High School Programm seit	1987
Amerikanische Partnerorganisation(en)	ASSE
Schülerzahl im USA High School Programm 2014/15	179
Gesamtschülerzahl im High School Programm 2014/15	445

Last, not least	
Bewerbungsinterview	Einzelinterview mit Schüler und Eltern
Vorbereitungstreffen	in diversen Großstädten in Deutschland
Vorbereitungsseminare	in diversen Großstädten in Deutschland
Einführungsseminare USA	werden nicht angeboten
Nachbereitungstreffen	Köln
Nachbereitungsseminare	werden nicht angeboten

Global Youth Group e.V.
Eststr. 6
45149 Essen
info@global-youth-group.de
Telefon: 0201 / 6124529
Telefax: 0201 / 47619824
www.global-youth-group.de

Selbstdarstellung
Global Youth Group e.V. ist ein gemeinnütziger Verein mit Sitz in Essen. Ziel der Global Youth Group ist allen Teilnehmern und Teilnehmerinnen einen erfolgreichen Auslandsaufenthalt zu organisieren und durchzuführen. Daher achten wir stark auf hohe Qualität und Sicherheit. Mit unserem pädagogischen Team, stehen wir dir und deinen Eltern immer mit einem persönlichen Ansprechpartner und einer 24-Stunden Notrufnummer zu Seite. Bei uns steht dein höchstmöglicher Nutzen im Vordergrund.

Bewerbungsverlauf und Kriterien für die Annahme des Bewerbers
Nach deiner Kurzbewerbung, die du online, per Telefon, per Fax oder per Post mit unserem Bewerbungsformular einreichen kannst, vereinbaren wir mit dir und deinen Eltern ein kostenloses und unverbindliches Bewerbungsinterview an deinem Wunschort (z.B. bei dir zu Hause) oder auf Wunsch per Skype. Anschließend hast du mit deinen Eltern 14 Tage Zeit zu entscheiden, ob ihr unser Vertragsangebot annehmt. Im Anschluss erhältst du die Unterlagen unserer Partner im Gastland.
Du solltest mindestens 12 Jahre alt sein, in einigen Ländern auch älter, dich für neue Kulturen, Sprachen und Menschen interessieren. Flexibilität, Toleranz und Anpassungsfähigkeit sind wichtige Charaktereigenschaften für einen erfolgreichen Auslandsaufenthalt.

Vorbereitung auf den USA-Aufenthalt in Deutschland
In Deutschland bereiten wir dich mit einem Vorbereitungsseminar vor. Dieses findet immer an einem Wochenende mehrere Wochen vor deiner Abreise statt. In diesem bereiten wir dich auf dein Land, die Programmregeln und alles Wissenswerte vor. Daneben findet auch immer ein optionales Vorbereitungsseminar für deine Eltern statt. Es finden immer mehrere Seminare in ganz Deutschland statt, du hast dabei die freie Wahl.

Betreuung während des Auslandsaufenthalts
Deine Betreuung erfolgt immer über 3 Wege. Dein erster Ansprechpartner ist dein lokaler Betreuer. Er ist dein persönlicher Betreuer und kümmert sich nur um eine kleine Gruppe. Er steht dir jederzeit zur Verfügung und kontaktiert dich mindestens einmal im Monat. Daneben hast du immer eine 24-Stunden Notrufnummer zum Hauptbüro im Gastland. Auch wir stehen dir und deinen Eltern als Ansprechpartner jederzeit zur Seite.

Nachbereitung
Nach deiner Rückkehr findet ein mehrtägiges Nachbereitungsseminar statt. Neben einem Erfahrungsaustausch, geben wir dir Tipps zur Wiedereingliederung und feiern ein gemeinsames Abschlussfest. Anschließend freuen wir uns auf deine Teilnahme im GYG-Comeback Club.

Stipendien und Sonstiges
Preisnachlass: 150 € bei Geschwisterkindern; 80 € bei Freunden; 400 € bei einer Bewerbung bis zum 30.11. (Sommer) und 31.5. (Winter)
GYG Weltbürger-Teilstipendium: 2 x 2.000 € (2015/16); 2 x 1.000 € (2016/17)
Optional: 5 Tage New York Trip (+ 400 €), Kalifornien- und Platzierungsgarantie (Kosten auf Nachfrage)

Preis und Leistung			
Länderwahlprogramm	1. Halbjahr	2. Halbjahr	Schuljahr
Grundpreis	€ 5.900	€ 5.750	€ 6.750
Flug D – USA	€ 1.400/p	€ 1.400/p	€ 1.400/p
Flugbegleitung auf Hinreise	optional	optional	optional
Vorbereitungstreffen	optional	optional	optional
Vorbereitungsseminar	ja	ja	ja
Einführungsseminar in USA	ja	ja	ja
Elterntreffen	ja	ja	ja
Nachbereitungstreffen	nein	nein	nein
Nachbereitungsseminar	ja	ja	ja
Kranken-/Unfallversicherung	ja	ja	ja
Haftpflicht-/Gepäckversicherung	ja	ja	ja
Gesamtpreis (ab circa)	**€ 7.300**	**€ 7.150**	**€ 8.150**
Bewerbungsschluss	30.01.	30.09.	30.01.
Spätbewerbung	ggf. mit Aufpreis	ggf. mit Aufpreis	ggf. mit Aufpreis

Das Kleingedruckte und das liebe Geld	
Vertragsabschluss	Für den Vertragsabschluss haben du und deine Eltern nach Erstellung des Vertrags 2 Wochen Zeit. Bis zur Unterschrift sind alle Leistungen kostenlos und unverbindlich.
Zahlungsweise und Sicherungsschein	Die Programmgebühren werden immer in Euro und US Dollar bezahlt. Du hast dabei die freie Wahl, welche unserer Partnerorganisation du nutzen möchtest. 14 Tage nach Rechnungserstellung und Zusendung des Sicherungsscheins sind 1.500 € anzuzahlen. Die Restkosten können auf verschieden Varianten bezahlt werden. Zur Wahl stehen: Komplett Ablösung 3 Teilzahlungen Ratenzahlung. Die Bezahlung der Programmkosten in US Dollar ist immer von der Wahl der Partnerorganisation abhängig.
Kosten bei Rücktritt vom Programm	Rücktritt bis 14 Tagen nach Unterschrift: kostenlos Weitere Informationen zu Kosten bei Rücktritt findest du auf unserer Website oder in unserer High School Broschüre.

Kurz und bündig	
Gründungsjahr	2009
Gemeinnützigkeit	ja
USA High School Programm seit	2010
Amerikanische Partnerorganisation(en)	AFICE,EMF, CETUSA, Educations
Schülerzahl im USA High School Programm 2014/15	41
Gesamtschülerzahl im High School Programm 2014/15	79

Last, not least	
Bewerbungsinterview	Einzelinterviews mit dir und deinen Eltern
Vorbereitungstreffen	als Alternative zum Seminar in Essen
Vorbereitungsseminare	jeweils in Nord-, Ost-, Süd- und Westdeutschland
Einführungsseminare USA	örtlich durch den lokalen Betreuer
Nachbereitungstreffen	-
Nachbereitungsseminare	je nach Teilnehmer an einem zentralen Ort in Deutschland

GLS Sprachenzentrum – Inh. Barbara Jaeschke
Kastanienallee 82 Telefon: 030 / 780 089 80
10435 Berlin Telefax: 030 / 787 419 1
highschool@gls-sprachenzentrum.de www.gls-sprachenzentrum.de

Selbstdarstellung
Seit mehr als 30 Jahren Erfahrung im internationalen Schüleraustausch, über 20 Destinationen weltweit, eine große Auswahl an staatlichen und privaten Schulen, Colleges und Internaten, Aufenthalte von 2 bis 24 Monaten – bei GLS findet sich für jeden ein passendes Programm. Regelmäßige Besuche bei unseren Partnern im Ausland, eine individuelle und persönliche Betreuung vor und nach Abreise, motivierte Mitarbeiter sowie Workshops zur Vor- und Nachbereitung sind für uns selbstverständlich.

Bewerbungsverlauf und Kriterien für die Annahme des Bewerbers
Nach Erhalt des Anmeldeformulars laden wir zu einem einstündigen Interview auf Englisch ein, das zusammen mit den Noten die Grundlage für die Aufnahme ins Programm bildet. Ein Notendurchschnitt von mind. 2,5 sowie eine Englischnote von mind. 3 sind neben Motivation, Interesse und Anpassungsbereitschaft weitere wichtige Voraussetzungen für die Aufnahme. Nach bestandenem Interview senden wir die Bewerbungsmappe (ca. 20 Seiten) zu, die später unseren Partnern sowie der potentiellen Gastfamilie übergeben wird. Da die Gastfamilie in den USA ihren Gastschüler selbst auswählt, ist eine ansprechende, offene und herzliche Bewerbung unbedingt notwendig. Für das Ausfüllen der kompletten Bewerbungsunterlagen sind ca. 4 Wochen vorgesehen; nach Erhalt und Durchsicht der Unterlagen senden wir diese weiter an unsere Partnerorganisation in den USA, die dann vor Ort eine passende Gastfamilie sucht sowie einen Schulplatz sicherstellt.

Vorbereitung auf den USA-Aufenthalt in Deutschland
Noch vor Vertragsunterzeichnung können sich Interessenten mit ehemaligen GLSlern über ihre Erfahrungen und Erlebnisse austauschen. In Berlin werden darüber hinaus Workshops und Sprachkurse zur intensiven Vorbereitung optional angeboten. Im Frühjahr und Herbst treffen wir außerdem Schüler und Eltern in zehn Städten (D, A, CH) zur Orientierung kurz vor Abreise und natürlich kannst du immer mit anderen in der GLS Community oder über Facebook networken.

Betreuung während des Auslandsaufenthalts
Jedem Teilnehmer wird ein direkter Betreuer im Gastland zur Seite gestellt, die Kontaktdaten werden bereits in den Platzierungsunterlagen mitgeteilt. Darüber hinaus stehen selbstverständlich auch nach Abreise die GLS Mitarbeiter Schülern wie Eltern mit Rat und Tat zur Verfügung. Umgehende Reaktion und Hilfestellung garantieren wir gerne.

Nachbereitung
Unsere Rückkehrer laden wir im Herbst zum Returnee-Treffen nach Berlin ein. Neben Workshops zur Nachbereitung des Auslandsaufenthalts und Austausch mit anderen GLSlern steht ein abwechslungsreiches Berlin-Programm auf der Agenda.

Stipendien und Sonstiges
Weltbürger-Stipendien; Kombi-Programme; IB-Schulen; Vollstipendium in Zusammenarbeit mit dem DFH; * Regionen- und Schulwahl möglich; Reisen vor Ort buchbar.

Preis und Leistung			
*Länderwahlprogramm**	1. Halbjahr	2. Halbjahr	Schuljahr
Grundpreis (ab)	€ 6.290	€ 6.290	€ 6.990
Flug D – USA	€ 1.400/p	€ 1.400/p	€ 1.400/p
Flugbegleitung auf Hinreise	nein	nein	nein
Vorbereitungstreffen	ja	ja	ja
Vorbereitungsseminar	€ 100/opt.	€ 100/opt.	€ 100/opt.
Einführungsseminar in USA	€ 590/opt.	nein	€ 590/opt.
Elterntreffen	nein	nein	nein
Nachbereitungstreffen	nein	nein	nein
Nachbereitungsseminar	ja	ja	ja
Kranken-/Unfallversicherung	€ 275	€ 275	€ 550
Haftpflicht-/Gepäckversicherung	ja	ja	ja
Gesamtpreis (ab circa)	**€ 7.965**	**€ 7.965**	**€ 8.940**
Bewerbungsschluss	15.03.	15.10.	15.03.
Spätbewerbung	möglich	möglich	möglich

Das Kleingedruckte und das liebe Geld	
Vertragsabschluss	Beratung und Interview sind unverbindlich und kostenlos; im Anschluss auf Wunsch Versand der Vertragsunterlagen. Die Teilnahme am Programm wird verbindlich, wenn uns ein von Eltern und Schülern unterschriebener Vertrag vorliegt.
Zahlungsweise und Sicherungsschein	Bei Erhalt der Rechnung und des Sicherungsscheines 20% des Programmpreises, vier Monate vor Abreise 30% des Programmpreises, zwei Monate vor Abreise, spätestens aber bei Erhalt der Gastfamilienadresse und der Schulplatzierung, 50% des Programmpreises.
Kosten bei Rücktritt vom Programm	Nach Vertragsschluss 10% des Programmpreises, ab 3 Monate vor Programmbeginn 30% des Programmpreises, ab 2 Monate vor Programmbeginn 40% des Programmpreises, ab 1 Monat vor Programmbeginn 50% des Programmpreises.

Kurz und bündig	
Gründungsjahr	1983
Gemeinnützigkeit	nein
USA High School Programm seit	1986
Amerikanische Partnerorganisation(en)	FACE, ETC, Direktkontakt Schulen
Schülerzahl im USA High School Programm 2014/15	98
Gesamtschülerzahl im High School Programm 2014/15	576

Last, not least	
Bewerbungsinterview	einstündiges Interview mit Bewerber auf Englisch
Vorbereitungstreffen	Berlin, Dortmund, Frankfurt/Main, Hamburg, Hannover, Köln, München, Stuttgart, Wien, Zürich
Vorbereitungsseminare	Berlin
Einführungsseminare USA	New York
Nachbereitungstreffen	Berlin
Nachbereitungsseminare	im Herbst in Berlin

HiCo Education – High School & College Consulting – Inh. Ilona Wondratschek
Darmstädter Str. 162 Telefon: 06251 / 58 50 688
64625 Bensheim Telefax: 06251 / 58 30 002
info@hico-education.de www.hico-education.de

Selbstdarstellung
HiCo Education berät Schüler und deren Eltern persönlich und individuell das passende Programm bzw. die richtige Schule/Schuldistrikte nach den Neigungen und Interessen der Schüler auszuwählen. In den USA bieten wird das günstige Classic-Programm, das Select-Programm sowie eine große Anzahl an Privatschulen und Internaten in ganz USA an. Der Vorteil am Select Programm ist, dass die Jugendlichen im Vorfeld eine Schule nach ihren Wünschen und Vorstellungen aussuchen können. Dies kann der Wunsch nach einer Stadt, Region, Sport oder einem bestimmten Fächerwunsch sein. Der Aufenthalt kann genauer geplant werden, da man den genauen Schulstart und Ende, Zielflughafen usw. im Vorfeld bestimmen kann. Ein weiterer Vorteil des Select Programmes ist, dass auch Schüler unter 15 Jahren im Programm aufgenommen werden können. Weiter bieten wir Schulaufenthalte in Kanada, Irland und Großbritannien an. HiCo Education ist auch spezialisiert auf Internationale Schulen weltweit sowie Schulen mit bestimmten Schwerpunkten wie z.B. Sport und Kunst.

Bewerbungsverlauf und Kriterien für die Annahme des Bewerbers
Für den Erstkontakt reicht eine Kurz-Bewerbung, sobald diese vorliegt, setzen wir uns zwecks eines unverbindlichen Beratungsgespräches mit den Familien in Verbindung. Bei diesem Gespräch wird ein ausführliches Schülerprofil erstellt. Es werden Wünsche und Erwartungen besprochen. Das Profil dient als Grundlage für unsere Angebotserstellung. Im Anschluss schlagen wir ein Programm bzw. Schulen vor. HiCo begleitet die Familien während des gesamten Bewerbungsablaufs, der Visa-Beantragung und Flugbuchung. Auch während des Aufenthaltes bleibt das HiCo-Team in Deutschland der Ansprechpartner für unsere Familien.

Vorbereitung auf den USA-Aufenthalt in Deutschland
Alle Schüler werden ausführlich auf ihren Auslandsaufenthalt vorbereitet. Wir bieten für alle Schüler ein Vorbereitungstreffen an, verteilen Schüler- und Elternhandbücher, erstellen aktuelle Visa-Beantragungs-Hilfen, buchen die Flüge für unsere Schüler und helfen bei der Auswahl der Krankenversicherung, falls diese nicht im Programmpreis inbegriffen ist.

Betreuung während des Auslandsaufenthalts
Während des gesamten Auslandsaufenthaltes stehen den Schülern Betreuer unserer Partnerorganisation/Schule im Land zur Seite, diese sind für die Jugendlichen stets erreichbar und halten auch regelmäßig Kontakt zu den Schülern. Alle Jugendlichen bekommen eine kostenlose 24-Stunden-Notfall-Telefonnummer, unter der 24/7 ihren persönlichen Betreuer erreichen können. Das HiCo-Team steht den Eltern und Schülern stets für Fragen und Informationen als Ansprechpartner bereit. Wir halten regelmäßigen Kontakt zu unseren Schülern.

Nachbereitung
Auf Wunsch bieten wir Nachtreffen an. Wir stehen Schülern und Eltern auch nach dem Aufenthalt für Fragen und Informationen zur Verfügung. Selbstverständlich freuen wir uns auch über Returnees, die interessierten Schülern von ihren Erlebnissen berichten.

Stipendien und Sonstiges
Wir vergeben jedes Jahr Teilstipendien im Wert von jeweils € 1.000 für unterschiedliche Länder und Programme. Infos hierzu finden Interessenten auf unsere Homepage.

Preis und Leistung			
Regionenwahlprogramm	1. Halbjahr	2. Halbjahr	Schuljahr
Grundpreis (ab)	€ 7.800	€ 7.800	€ 8.600
Flug D – USA	ja	ja	ja
Flugbegleitung auf Hinreise	nein	nein	nein
Vorbereitungstreffen	ja	ja	ja
Vorbereitungsseminar	nein	nein	nein
Einführungsseminar in USA	je nach Schule	je nach Schule	je nach Schule
Elterntreffen	nein	nein	nein
Nachbereitungstreffen	auf Wunsch	auf Wunsch	auf Wunsch
Nachbereitungsseminar	auf Wunsch	auf Wunsch	auf Wunsch
Kranken-/Unfallversicherung	ja	ja	ja
Haftpflicht-/Gepäckversicherung	ja	ja	ja
Gesamtpreis (ab circa)	**€ 7.800**	**€ 7.800**	**€ 8.600**
Bewerbungsschluss	31.05.	30.11.	31.05.
Spätbewerbung	möglich	möglich	möglich

Das Kleingedruckte und das liebe Geld	
Vertragsabschluss	Nach einem unverbindlichem Bewerbungs-/Beratungsgespräch übersenden wir Programm-/Schulvorschläge. Wenn die Eltern & Schüler eine Teilnahme wünschen wird der Vertrag mit den Bewerbungsunterlagen verschickt.
Zahlungsweise und Sicherungsschein	20% des Programmpreises innerhalb v. 14 Tagen nach Erhalt der Programmbestätigung, Rechnung und des Sicherungsscheins. 30% zum 1.3., 30% zum 1.5. die restlichen 20% vor Programmbeginn.
Kosten bei Rücktritt vom Programm	Bis 14 Tage nach Zusage ist der Rücktritt kostenfrei, danach berechnen wir je nach erbrachter Leistung eine gestaffelten Rücktrittspreis, gem. unseren AGBs.

Kurz und bündig	
Gründungsjahr	2009
Gemeinnützigkeit	nein
USA High School Programm seit	2009
Amerikanische Partnerorganisation(en)	ISE, Educatius, Quest, Schulwahl
Schülerzahl im USA High School Programm 2014/15	74
Gesamtschülerzahl im High School Programm 2014/15	141

Last, not least	
Bewerbungsinterview	individueller und persönlicher Termin
Vorbereitungstreffen	werden auf Wunsch gern angeboten
Vorbereitungsseminare	ein 1-tätiges Seminar wird durchgeführt.
Einführungsseminare USA	wird je nach Schuldistrikt vor Ort angeboten
Nachbereitungstreffen	werden auf Wunsch gerne angeboten
Nachbereitungsseminare	werden auf Wunsch gerne angeboten

ICXchange-Deutschland e.V.
Bahnhofstraße 16-18
26122 Oldenburg
info@icxchange.de
Telefon: 0441 / 923 98-0
Telefax: 0441 / 923 98-99
www.icxchange.de

Selbstdarstellung
ICXchange-Deutschland e.V. – kurz ICX – ist eine gemeinnützige Organisation, die seit 1974 unterschiedliche Programme im Bereich des internationalen Schüleraustausches und der interkulturellen Begegnung durchführt. Unser Ziel ist es, die Völkerverständigung, den internationalen Gedankenaustausch und die Toleranz auf allen Gebieten der Kultur zu pflegen und dadurch ein friedliches Miteinander aller Menschen zu fördern. Es besteht keine politische, weltanschauliche oder religiöse Bindung.

Bewerbungsverlauf und Kriterien für die Annahme des Bewerbers
Bewerben können sich aufgeschlossene und anpassungsfähige Schüler zwischen 15 und 18 Jahren, die eine allgemeinbildende Schule besuchen und bei guter Gesundheit sind. Es sind drei Jahre Englischunterricht und ein Notendurchschnitt von 3,5 für Gymnasiasten, 3,0 für Realschüler und 2,0 für Hauptschüler nachzuweisen. Nach Eingang der Kurzbewerbung laden wir den Bewerber zu einem persönlichen Gespräch am oder in der Nähe seines Wohnortes ein. Verlief das Gespräch erfolgreich, wird er für die Teilnahme akzeptiert und erhält weitere ausführliche Bewerbungsunterlagen, die die Grundlage der Gastfamilien- und Schulplatzvermittlung bilden. Außerdem wird dem Bewerber und seinen Eltern ein schriftliches Vertragsangebot unterbreitet.

Vorbereitung auf den USA-Aufenthalt in Deutschland
Vor der Ausreise laden wir alle Teilnehmer zu einem zweitägigen Vorbereitungsseminar ein. Die Eltern kommen für einen Nachmittag dazu. Das Seminar wird von ICX-Mitarbeitern geleitet, die von ehemaligen USA-Teilnehmern unterstützt werden. Zusätzlich erhält jeder Teilnehmer eine ausführliche Informationsmappe. Selbstverständlich stehen wir Bewerbern und Eltern gern bei allen Fragen zur Seite.

Betreuung während des Auslandsaufenthalts
Während des Fluges werden die Teilnehmer ab einer Gruppenstärke von 15 Personen von ICX begleitet. In den USA beginnt der Austausch optional mit einem dreitätigen Einführungsseminar in New York. Das Seminar wird von unserer Partnerorganisation durchgeführt. Während des gesamten Aufenthalts in den USA wird für die Teilnehmer ein persönlicher Betreuer unserer amerikanischen Partnerorganisation Ansprechpartner sein. Bei Bedarf können sich die Schüler auch jederzeit an die hauptberuflichen Mitarbeiter im Büro unserer Partnerorganisation wenden. Wir von ICX bleiben während des Aufenthalts der Schüler in den USA Ansprechpartner für die Eltern. Die Eltern erhalten zudem schriftliche Kurzberichte über den Programmverlauf.

Nachbereitung
Nach der Rückkehr laden wir alle Teilnehmer eines Austauschjahrgangs zu einem gemeinsamen Nachbereitungsseminar in Deutschland ein, das dem Wiedersehen sowie dem Austausch und der Auswertung der Auslandserfahrungen dient.

Stipendien und Sonstiges
ICX vergibt Teilstipendien bis € 1.000. Die Stipendienvergabe richtet sich nach der Höhe des Familieneinkommens und dem zur Verfügung stehenden Stipendienfonds.

Preis und Leistung			
Länderwahlprogramm	1. Halbjahr	2. Halbjahr	Schuljahr
Grundpreis	€ 7.700	€ 7.700	€ 8.500
Flug D – USA	ja	ja	ja
Flugbegleitung auf Hinreise	ab 15 Teiln.	nein	ab 15 Teiln.
Vorbereitungstreffen	nein	nein	nein
Vorbereitungsseminar	ja	ja	ja
Einführungsseminar in USA	€ 500/opt.	nein	€ 500/opt.
Elterntreffen	nein	nein	nein
Nachbereitungstreffen	nein	nein	nein
Nachbereitungsseminar	ja	ja	ja
Kranken-/Unfallversicherung	ja	ja	ja
Haftpflicht-/Gepäckversicherung	€ 75/60/opt.	€ 75/60/opt.	€ 75/60/opt.
Gesamtpreis (ab circa)	**€ 7.700**	**€ 7.700**	**€ 8.500**
Bewerbungsschluss	15.03.	15.09.	15.03.
Spätbewerbung	möglich	möglich	möglich

Das Kleingedruckte und das liebe Geld	
Vertragsabschluss	Nach Aufnahme ins Programm unterbreiten wir dem Schüler ein Vertragsangebot. Der Vertrag kommt zustande, indem der Schüler und seine Eltern unsere Vertragsofferte schriftlich bestätigen.
Zahlungsweise und Sicherungsschein	Nach Vertragsabschluss erhält der Schüler einen Sicherungsschein. Danach wird eine Anzahlung in Höhe von € 500 fällig. Die Restzahlung erfolgt in drei Raten.
Kosten bei Rücktritt vom Programm	Rücktritt vor Platzierung bei einer Gastfamilie: 10% des Programmpreises, max. € 950 Rücktritt nach Platzierung bei einer Gastfamilie: 20% des Programmpreises, max. € 1.750

Kurz und bündig	
Gründungsjahr	1974
Gemeinnützigkeit	ja
USA High School Programm seit	1974
Amerikanische Partnerorganisation(en)	PAX
Schülerzahl im USA High School Programm 2014/15	110
Gesamtschülerzahl im High School Programm 2014/15	229

Last, not least	
Bewerbungsinterview	Einzelinterview mit dem Schüler am Wohnort des Bewerbers bzw. in der Nähe.
Vorbereitungstreffen	wird nicht angeboten
Vorbereitungsseminare	in Bremen, Frankfurt und Göttingen
Einführungsseminare USA	optional 3 Tage in New York
Nachbereitungstreffen	wird nicht angeboten
Nachbereitungsseminare	Göttingen

iE – international Experience e.V.
Amselweg 20
53797 Lohmar
info@international-experience.net
Telefon: 02246 / 915 49 0
Telefax: 02246 / 915 49 12
www.international-experience.net

Selbstdarstellung
iE-Deutschland und iE-USA arbeiten seit vielen Jahren erfolgreich zusammen. iE-USA ist Mitglied der CSIET (Council on Standards for International Educational Travel) und gewährleistet bei der Auswahl der Gastfamilien und Schulen besondere Qualität. Alle iE Mitarbeiter/Innen haben langjährige persönliche Auslandserfahrungen. Wir kennen die Problematik und kulturellen Unterschiede aus eigenem Erleben und können deshalb umfassend und individuell beraten. Wir kennen die Leiter/Innen vieler Privatschulen in den USA persönlich und können dort individuell zugeschnittene Bildungswege anbieten. In allen Bereichen arbeiten Fulbright Alumni mit und gestalten die Vorbereitung und Betreuung auf hohem Niveau.

Bewerbungsverlauf und Kriterien für die Annahme des Bewerbers
1. schriftliche Bewerbung der Interessenten (Bewerbungsessay + Zeugnisse der letzten drei Schuljahre und Bewerbungsbogen) entweder per Post oder online.
2. persönliches Einzelinterview zu Hause mit dem Bewerber und seinen Eltern.
3. Unterbreitung eines Vertragsangebotes nach dem Interview.

Kriterien für die Aufnahme in unser Programm sind neben den Schulnoten besonders persönliche Eigenschaften wie Motivation, Flexibilität und Anpassungsfähigkeit.
Wir suchen “great kids” mit positiver Einstellung, die auch ihrer Gastfamilie etwas zu bieten haben, die freundlich, aufgeschlossen, aktiv in Schule und Freizeit sind, die neugierig auf das Leben und optimistisch auf die vor ihnen liegenden Herausforderungen blicken.

Vorbereitung auf den USA-Aufenthalt in Deutschland
Die iE - Vorbereitungen beinhalten persönliche Gespräche, Materialien in Schriftform und ein mehrtägiges Vorbereitungsseminar. Im persönlichen Kontakt weisen wir auf Erfahrungsberichte, lesenswerte Bücher und Bildmaterial hin. Das Seminar ist für iE-Schüler/Innen Pflicht. Die Eltern werden an einem der drei Tage dazu ebenso eingeladen. iE-Koordinatoren, aus den USA und anderen Ländern sind dort teilw. anwesend. Immer nehmen auch Ehemalige an den Seminaren teil und geben ihre Erfahrungen weiter.

Betreuung während des Auslandsaufenthalts
Geschultes iE Personal mit entsprechender Erfahrung betreut vor Ort. Sie helfen bei der Eingliederung in die Schule und in die neue Familie. iE unterhält einen persönlichen 24-Stunden-Notfall Dienst (kein Call-Center) für Schüler/Innen und Eltern hier in Deutschland und auch für die Gasteltern im Ausland. Eventuelle Probleme werden zunächst mit dem iE Büro in Deutschland besprochen.

Nachbereitung
Nach der Rückkehr veranstalten wir ein Returnee-Treffen mit anschließender Party. Der Vorstand und die iE Mitarbeiter stellen sich hierbei sowohl kritischen als auch positiven Gesprächen persönlich.

Stipendien und Sonstiges
iE e.V. bietet pro Jahr ca. 5 Teilstipendien im öffentl. Schulprogramm an. Voraussetzungen hierfür können bei iE angefordert werden. Darüber hinaus besorgt iE-USA Teilstipendien von sehr guten Privatschulen und Internaten.

Preis und Leistung			
Länderwahlprogramm	1. Halbjahr	2. Halbjahr	Schuljahr
Grundpreis	€ 6.395	€ 6.395	€ 6.795
Flug D – USA	€ 1.100/p	€ 1.100/p	€ 1.100/p
Flugbegleitung auf Hinreise	nein	nein	nein
Vorbereitungstreffen	nein	nein	nein
Vorbereitungsseminar	ja	ja	ja
Einführungsseminar in USA	ja	ja	ja
Elterntreffen	nein	nein	nein
Nachbereitungstreffen	ja	ja	ja
Nachbereitungsseminar	nein	nein	nein
Kranken-/Unfallversicherung	€ 365	€ 365	€ 730
Haftpflicht-/Gepäckversicherung	ja	ja	ja
Gesamtpreis (circa)	**€ 7.860**	**€ 7.860**	**€ 8.625**
Bewerbungsschluss	31.03.	30.11.	31.03.
Spätbewerbung	€ 300	€ 300	€ 300

Das Kleingedruckte und das liebe Geld	
Vertragsabschluss	Nach dem persönlichen Bewerbungsgespräch und Akzeptanz des Bewerbers wird iE ein Vertragsangebot unterbreiten. Nach Unterschrift des Bewerbers und seiner Eltern und anschließender Gegenzeichnung durch den iE-Vorstand wird er zum Teilnehmer.
Zahlungsweise und Sicherungsschein	20% Anzahlung nach Vertragsannahme und Aufnahme in das Programm 50% ca. vier Monate vor geplanter Ausreise 30% nach Erhalt der Unterlagen zur Visabeantragung Sicherungsschein mit der Bestätigung zur Aufnahme in das Programm.
Kosten bei Rücktritt vom Programm	Die Rücktrittskosten regeln sich nach den Bestimmungen für Gastschulaufenthalte des BGB § 651, l (4).

Kurz und bündig	
Gründungsjahr	2000
Gemeinnützigkeit	ja
USA High School Programm seit	2000
Amerikanische Partnerorganisation(en)	iE-USA
Schülerzahl im USA High School Programm 2014/15	272
Gesamtschülerzahl im High School Programm 2014/15	335

Last, not least	
Bewerbungsinterview	Einzelinterview mit Schüler/in und Eltern
Vorbereitungstreffen	werden nicht angeboten.
Vorbereitungsseminare	in verschiedenen deutschen Städten (2,5 Tage)
Einführungsseminare USA	werden angeboten.
Nachbereitungstreffen	Im Kölner Raum findet ein Nachbereitungstreffen mit anschließender Party statt
Nachbereitungsseminare	werden nicht angeboten.

into GmbH
Ostlandstraße 14
50858 Köln
kontakt@into.de
Telefon: 02234 / 946 36-0
Telefax: 02234 / 946 36-23
www.into.de

Selbstdarstellung
Bereits seit 1986 verbringen Schüler ihr Austauschjahr mit into. Mit dieser langjährigen Erfahrung sowie der Fähigkeit, stets auf Veränderungen und neue Herausforderungen in Zusammenhang mit der komplexen Arbeit im Bereich Schüleraustausch zu reagieren, gehören wir zu den führenden Veranstaltern in Deutschland. into ist seit 1994 Mitglied im DFH.

Bewerbungsverlauf und Kriterien für die Annahme des Bewerbers
Du musst folgende Voraussetzungen mitbringen: Bei der Abreise mindestens 15 Jahre alt sein, Dein Notendurchschnitt muss befriedigend oder besser sein und Dein Zeugnis darf keine mangelhafte Note in einem Hauptfach enthalten. Das Wichtigste ist, dass Du Motivation, Flexibilität, Toleranz und Anpassungsfähigkeit mitbringst. Nach Deiner Bewerbung wirst Du zusammen mit Deinen Eltern ausführlich über unser Austauschprogramm beraten. Dieses so genannte „Auswahlgespräch“ dient dem gegenseitigen Kennenlernen. Bei dieser Gelegenheit möchten wir etwas über Deine Englischkenntnisse erfahren. Im Anschluss an unser Gespräch kann in der Regel unmittelbar über Deine Aufnahme entschieden werden.

Vorbereitung auf den USA-Aufenthalt in Deutschland
Du bekommst ein Schüler- und Elternhandbuch sowie regelmäßig Infobriefe (Newslinks) mit Hinweisen zum Ablauf des Austauschprogramms, kulturellen Eigenheiten der Gastländer sowie Ratschlägen und Erfahrungsberichten. Ca. zwei Monate vor der Abreise findet ein zweitägiges Vorbereitungsseminar statt. Dort erhältst Du Infos und Tipps und erfährst etwas zu den Vorschriften und Regeln während Deines Austausches. Zudem wirst Du mit Rollenspielen, kreativer Arbeit und lustigen Sketchen auf Deinen Austausch vorbereitet. Es gibt eine Extra-Informationsveranstaltung zur Vorbereitung Deiner Eltern bei Sommer-Ausreise.

Betreuung während des Auslandsaufenthalts
Unsere US-Partner sind alle Mitglieder im Dachverband CSIET. Die Arbeit mit ihnen beruht auf langjähriger Partnerschaft. Die Qualifikation der Gastfamilien setzt eine erfolgreiche Überprüfung ihrer Lebensverhältnisse und die Einreichung eines polizeilichen Führungszeugnisses voraus. Im Gastland wird in der Nähe Deines Wohnortes ein Ansprechpartner für Dich und Deine Gastfamilie für die gesamte Zeit Deines Aufenthaltes sein. Auch in Deutschland sind wir immer erreichbar und gewährleisten einen ständigen Kontakt und Informationsaustausch zwischen Teilnehmern, Eltern und unseren Partnerorganisationen.

Nachbereitung
Nach Deiner Rückkehr ist es noch nicht „vorbei“: Unsere Returnees sind aktiv und organisieren „get togethers“, das traditionelle *into* BBQ und Ausflüge, bei denen sich viele Ehemalige immer wieder treffen. Unsere Nachbereitungsseminare finden an mehreren Orten statt.

Stipendien und Sonstiges
into vergibt in Kooperation mit dem DFH ein Stipendium für die USA. Bei Sommer-Ausreise ist im Preis ein fünftägiges Orientation Camp in New York enthalten. *into* bietet in den USA auch ein Select-Programm an, bei welchem Du Dir den Schulbezirk aussuchen kannst. Zudem gibt es ein Privatschulen-Programm.

Preis und Leistung			
Länderwahlprogramm	1. Halbjahr	2. Halbjahr	Schuljahr
Grundpreis	€ 8.290	€ 7.990	€ 8.690
Flug D – USA	ja	ja	ja
Flugbegleitung auf Hinreise	ja	ab 15 Teiln.	ja
Vorbereitungstreffen	nein	nein	nein
Vorbereitungsseminar	ja	ja	ja
Einführungsseminar in USA	5 Tage NY	nein	5 Tage NY
Elterntreffen	nein	nein	nein
Nachbereitungstreffen	nein	nein	nein
Nachbereitungsseminar	ja	ja	ja
Kranken-/Unfallversicherung	€ 420	€ 420	€ 690
Haftpflicht-/Gepäckversicherung	ja	ja	ja
Gesamtpreis (circa)	**€ 8.710**	**€ 8.410**	**€ 9.380**
Bewerbungsschluss	31.03.	30.09.	31.03.
Spätbewerbung	auf Anfrage	auf Anfrage	auf Anfrage

Das Kleingedruckte und das liebe Geld	
Vertragsabschluss	Die Bewerbung ist unverbindlich. Zum verbindlichen Vertragsabschluss kommt es erst nach einem erfolgreichen Interview, nach Abgabe der Bewerbungsunterlagen und Gegenzeichnung des Vertrages durch den Teilnehmer und seine Eltern.
Zahlungsweise und Sicherungsschein	20% Anzahlung nach Bestätigung der Aufnahme in das Programm. Gleichzeitig wird ein Sicherungsschein ausgehändigt. 20% am 01. März (30% am 01. Mai) und 30% Restzahlung vier Wochen vor der Abreise.
Kosten bei Rücktritt vom Programm	Nach Abgabe der Bewerbungsunterlagen und Gegenzeichnung des Vertrages, der die Aufnahme in das Programm bestätigt: 20%; nach erfolgter Platzierung in einer Gastfamilie bzw. Internat: 30%.

Kurz und bündig	
Gründungsjahr	1986
Gemeinnützigkeit	nein
USA High School Programm seit	1986
Amerikanische Partnerorganisation(en)	SAI, ISE, CASE, ICES
Schülerzahl im USA High School Programm 2014/15	255
Gesamtschülerzahl im High School Programm 2014/15	435

Last, not least	
Bewerbungsinterview	Einzelinterview mit Schüler und Eltern
Vorbereitungstreffen	werden nicht angeboten
Vorbereitungsseminare	für Schüler und Eltern, an mehreren Standorten in Deutschland
Einführungsseminare USA	New York, fünf Tage Orientation Camp im Preis inbegriffen
Nachbereitungstreffen	werden angeboten
Nachbereitungsseminare	an mehreren Standorten in Deutschland

ISKA-Sprachreisen GmbH
Hausener Weg 61
60489 Frankfurt
info@iska.de
Telefon: 069 / 978 47 20
Telefax: 069 / 978 47 222
www.iska.de

Selbstdarstellung
ISKA-Sprachreisen gibt es bereits seit 1972. Schon viele Jahre ist unser Name anerkanntes Markenzeichen für lernintensive und erlebnisreiche Sprachkurse und High School Programme im Ausland. ISKA ist ein kleines, leistungsstarkes Institut mit betont persönlichem Rahmen; die Teilnehmer haben bei ISKA noch einen Namen und sind nicht nur Buchungsnummer: Bei unserem engagierten und sachkundigen MitarbeiterInnen-Team wird gründliche Beratung ganz groß geschrieben. Dieser Rahmen garantiert zuverlässige Qualität und gibt die Sicherheit, mit der Buchung einer ISKA-Sprachreise eine gute Wahl getroffen zu haben.
Das USA-High-School-Programm führen wir seit 1987 mit großem Erfolg durch. Unsere Kunden können sich darauf verlassen, dass wir bei diesem Programm die gleichen Qualitätsmaßstäbe anlegen wie bei unserem seit 1972 durchgeführten Feriensprachreise-Programm.

Bewerbungsverlauf und Kriterien für die Annahme des Bewerbers
Nach Eingang der Anmeldung und der drei letzten Versetzungszeugnissen prüfen wir, ob die Bedingungen für die Programmteilnahme erfüllt sind: Nötige Reife, richtige Grundeinstellung, ausreichende Noten, Alter zwischen 15 und 18 bei Programmbeginn. Bei positiver Einschätzung bekommt man umgehend eine Teilnahmebestätigung.

Vorbereitung auf den USA-Aufenthalt in Deutschland
Es gibt ein individuelles Vorbereitungsgespräch für jeden einzelnen Schüler und seine Eltern (2-3 Stunden) sowie eintägiges Gruppenvorbereitungstreffen für alle Schüler und ihre Eltern gemeinsam.

Betreuung während des Auslandsaufenthalts
Während des Aufenthaltes erfolgt die Betreuung auf amerikanischer Seite durch den Gebietsrepräsentanten und die Partnerorganisation und auf deutscher Seite durch ISKA.

Nachbereitung
Bei einem Treffen in Frankfurt kann man Erlebnisse und Erfahrungen austauschen.

Stipendien und Sonstiges
Frühbucherrabatt € 600 bis 13.12.14

Wir vergeben Teilstipendien für Teilnehmer am Schuljahresprogramm. Für die erfolgreichen Bewerber ermäßigt sich der Programmpreis um € 2.000. Die Gewinner werden auf Grundlage eines englischen Aufsatzes ermittelt.

Im „USA Classic" Programm kann man gegen Aufpreis (zwischen € 600 und € 1.350) einen Garantiestaat bzw. eine Garantieregion oder eine Metropolitan Area buchen.

* Zusätzlich zum klassischen USA Programm bieten wir mit dem „USA Select" Programm auch ein Schulwahlprogramm in den USA an. In diesem Programm meldet man sich gezielt für einen unserer ausgewählten Schulbezirke an.

Preis und Leistung			
*Länderwahlprogramm**	1. Halbjahr	2. Halbjahr	Schuljahr
Grundpreis (ab)	€ 8.295	€ 8.295	€ 8.595
Flug D – USA	ja	ja	ja
Flugbegleitung auf Hinreise	ca. € 80/opt.	ca. € 80/opt.	ca. € 80/opt.
Vorbereitungstreffen	ja	ja	ja
Vorbereitungsseminar	€ 289/opt.	€ 289/opt.	€ 289/opt.
Einführungsseminar in USA	€ 595/opt.	nein	€ 595 opt.
Elterntreffen	nein	nein	nein
Nachbereitungstreffen	ja	ja	ja
Nachbereitungsseminar	nein	nein	nein
Kranken-/Unfallversicherung	€ 395	€ 395	€ 695
Haftpflicht-/Gepäckversicherung	ja	ja	ja
Gesamtpreis (ab circa)	**€ 8.690**	**€ 8.690**	**€ 9.290**
Bewerbungsschluss	18.03.2015	01.09.2015	18.03.2015
Spätbewerbung	möglich	möglich	möglich

Das Kleingedruckte und das liebe Geld	
Vertragsabschluss	Erfolgt nach Anmeldung durch Anmeldebestätigung und Rechnung.
Zahlungsweise und Sicherungsschein	Nach Erhalt von Rechnung und Sicherungsschein 20%, weitere 40% am 1. März, 30% nach Erhalt des Visumsantrages, Restzahlung nach Erhalt der Reiseunterlagen, circa 4 Wochen vor Abreise
Kosten bei Rücktritt vom Programm	Stichtag 15.08. bzw. 15.01.: Bis 14 Tage nach Erhalt der Rechnung € 25, bis 90 Tage vor Beginn 10% bzw. 30% (mit Gastfamilie), bis 60 Tage 30% bzw. 40% (mit Gastfamilie), bis 30 Tage 40% bzw. 50% (mit Gastfamilie), ab 29 Tage 60%.

Kurz und bündig	
Gründungsjahr	1972
Gemeinnützigkeit	nein
USA High School Programm seit	1987
Amerikanische Partnerorganisation(en)	ICES
Schülerzahl im USA High School Programm 2014/15	116
Gesamtschülerzahl im High School Programm 2014/15	162

Last, not least	
Bewerbungsinterview	individuell in verschiedenen Städten
Vorbereitungstreffen	eintägiges Gruppen-Vorbereitungs-Treffen in Frankfurt/Main
Vorbereitungsseminare	2 Tage in Köln
Einführungsseminare USA	New York und Los Angeles
Nachbereitungstreffen	eintägiges Gruppen-Nachbereitungstreffen in Frankfurt/Main
Nachbereitungsseminare	werden nicht angeboten

iSt Internationale Sprach- und Studienreisen GmbH
Stiftsmühle Telefon: 06221 / 89 00-0
69080 Heidelberg Telefax: 06221 / 89 00-200
iSt@sprachreisen.de www.sprachreisen.de

Selbstdarstellung
Für die bewährte und reibungslose Organisation des High School Programms bürgt die langjährige Erfahrung der iSt Internationale Sprach- und Studienreisen GmbH und ihrer amerikanischen Partnerorganisation. Als angesehene Austauschorganisation ist iSt Mitglied des Deutschen Fachverbandes High School (DFH). Der DFH hat einen dreiköpfigen Beirat, dessen Haupttätigkeit die Kontrolle der Mitglieder ist. Er wertet die Fragebögen aus, die 75 Teilnehmer jedes DFH Unternehmens vor, während und nach ihrem Aufenthalt erhalten.

Bewerbungsverlauf und Kriterien für die Annahme des Bewerbers
Die Bewerber füllen ein Bewerbungsformular aus und schicken dies zusammen mit einer kurzen Selbstbeschreibung und der letzten Zeugniskopie an unser Büro. Die Bewerber und ihre Eltern werden dann umgehend zu einem persönlichen Gespräch eingeladen. Kurze Zeit nach dem Interview teilen wir schriftlich mit, ob Sie in das Programm aufgenommen werden. Wenn Sie den Platz annehmen möchten, bestätigen Sie uns dies schriftlich.

Vorbereitung auf den USA-Aufenthalt in Deutschland
Schon beim Bewerbungsgespräch informieren wir umfassend über viele wichtige Aspekte der Programmteilnahme und erläutern kulturelle Besonderheiten des Gastlandes. Die Teilnehmer erhalten regelmäßig Informationsbriefe zum bevorstehenden Aufenthalt und können Kontakt zu ehemaligen Teilnehmern aufnehmen. Einige Zeit vor der Abreise laden wir die Teilnehmer und ihre Eltern zu einem Vorbereitungstreffen ein. In mehreren Städten informieren iS Mitarbeiter und ehemalige Teilnehmer noch einmal ausführlich über das Programm und beantworten Fragen. Unmittelbar danach beginnt das Vorbereitungsseminar, wo sich die neuen Teilnehmer unter der Anleitung von Mitarbeitern und Returnees in Gesprächen, Rollenspielen und Workshops intensiv auf ihren Aufenthalt vorbereiten. Außerdem steht Ihnen jederzeit Ihr High School Pate mit Rat, Hilfe und wichtigen Tipps zur Seite. High School Paten sind Schüler, die bereits früher an einem High School Aufenthalt teilgenommen haben.

Betreuung während des Auslandsaufenthalts
Wir bleiben mit Ihnen auch während des Aufenthaltes in Kontakt. Wir versorgen Sie mit aktuellen Informationen. Auch der örtliche Vertreter unserer Partnerorganisation steht Ihnen mit Rat und Hilfe zur Verfügung.

Nachbereitung
Zurückkehrende High School Teilnehmer treffen sich im Herbst mit Returnees der letzten Jahrgänge zu einer großen Welcome Back Party in Köln. Unser Returnee Club bietet vielfältige Möglichkeiten, sich zu treffen und auszutauschen. Viele Teilnehmer bereiten ihre Erfahrungen und Erlebnisse auf, indem sie aktiv bei der Auswahl und Vorbereitung neuer Teilnehmer mitwirken.

Stipendien und Sonstiges
In manchen Fällen kann iSt mit Teilstipendien helfen. Ein Antrag hat nur Aussicht auf Erfolg, wenn der Bewerber einen Notendurchschnitt von 2 nachweisen kann. Ein gut begründeter Antrag, aus dem hervorgeht, dass man nicht über die finanziellen Mittel für die Teilnahme am High School Programm verfügt, muss bis zum 15. Dezember gestellt werden. * Großes Privatschulangebot für Teilnehmer ab 14 Jahren und Wahlprogramm für öffentliche Schulen

Preis und Leistung			
*Länderwahlprogramm**	1. Halbjahr	2. Halbjahr	Schuljahr
Grundpreis (ab)	€ 8.230		€ 8.690
Flug D – USA	ja		ja
Flugbegleitung auf Hinreise	ja		ja
Vorbereitungstreffen	nein		nein
Vorbereitungsseminar	ja		ja
Einführungsseminar in USA	nein		nein
Elterntreffen	nein		nein
Nachbereitungstreffen	€ 45/opt.		€ 45/opt.
Nachbereitungsseminar	nein		nein
Kranken-/Unfallversicherung	€ 320		€ 590
Haftpflicht-/Gepäckversicherung	ja		ja
Gesamtpreis (ab circa)	**€ 8.550**		**€ 9.280**
Bewerbungsschluss	31.03.		31.03.
Spätbewerbung	auf Anfrage		auf Anfrage

Das Kleingedruckte und das liebe Geld	
Vertragsabschluss	Bewerber erhält ein schriftliches Angebot und hat dann Zeit zu überlegen, ob er den Platz annehmen möchte. Erst mit der unterschriebenen Einverständniserklärung wird die Aufnahme ins Programm wirksam.
Zahlungsweise und Sicherungsschein	Die Programmkosten sind in vier Teilbeträgen zu entrichten. 20% 6 Monate vor Reisebeginn und nach Erhalt des Sicherungsscheins. Weitere 20% 4 Monate vor Reisebeginn. 40% 2,5 Monate vor Reisebeginn. Der Restbetrag 14 Tage vor Reisebeginn. Nach Eingang des Endbetrages erfolgt der Versand des Flugtickets und der letzten Reiseunterlagen.
Kosten bei Rücktritt vom Programm	5% des Programmpreises nach Annahme des Platzes – 30% ab 60 Tage vor Abreise – 40% ab 29 Tage vor Abreise. Bei Rücktritt aus Krankheitsgründen keine Kosten.

Kurz und bündig	
Gründungsjahr	1981
Gemeinnützigkeit	nein
USA High School Programm seit	1983
Amerikanische Partnerorganisation(en)	ASSE, Schulen
Schülerzahl im USA High School Programm 2014/15	180
Gesamtschülerzahl im High School Programm 2014/15	1.090

Last, not least	
Bewerbungsinterview	persönliches Einzel- oder Gruppeninterview (Schüler + Eltern)
Vorbereitungstreffen	in verschiedenen Großstädten in Deutschland
Vorbereitungsseminare	in verschiedenen Großstädten in Deutschland (2 Tage)
Einführungsseminare USA	nein
Nachbereitungstreffen	Köln und weitere Städte; regionale Treffen des Returnee Clubs
Nachbereitungsseminare	werden nicht angeboten

KAPLAN – ASPECT Internationale Sprachschule GmbH
Zeil 65 Telefon: 069 / 244 5005 20
60313 Frankfurt am Main Telefax: 069 / 244 5005 09
highschool.weltweit@kaplaninternational.com www.kaplaninternational.com/de

Selbstdarstellung
Seit über 15 Jahren unterstützt das Kaplan-Team High School-Schüler bei der individuellen Planung und Verwirklichung ihres großen Traumes: einem Schulaufenthalt im Ausland! Jährlich vermitteln wir ca. 150 Austauschschüler in 9 verschiedene Länder. Diese Schülerzahl ermöglicht uns, sehr individuell auf unsere Schüler und deren Eltern einzugehen. Eine optimale Vorbereitung auf den Auslandsaufenthalt, Ehrlichkeit und Offenheit sind uns wichtig. Wir wollen bereits im Vorfeld ein realistisches Bild von der Zeit sowie den Herausforderungen im Ausland vermitteln. Als Mitglied im Deutschen Fachverband High School e.V. (DFH) und im Fachverband Deutscher Sprachreiseveranstalter e.V. (FDSV) unterliegen wir regelmäßigen Qualitätskontrollen.

Bewerbungsverlauf und Kriterien für die Annahme des Bewerbers
Nach der ersten Bewerbung (schriftlich oder online) findet ein persönliches Beratungsgespräch (mit mind. einem Elternteil) in der Nähe des Wohnortes statt. Unmittelbar nach dem Gespräch entscheidet KAPLAN über die Aufnahme des Schülers. Dabei spielt neben den schulischen Leistungen und gesundheitlichen Voraussetzungen auch der persönliche Eindruck eine große Rolle (Motivation, Reife, Offenheit, Anpassungsfähigkeit und kulturelles Interesse). Darüber hinaus gelten folgende Aufnahmebedingungen: Notendurchschnitt besser als 3,5; in den letzten Jahren vor Abreise keine Klasse wiederholt; Alter: 14-18,5 (je nach Land).

Vorbereitung auf den USA-Aufenthalt in Deutschland
Eine optimale Vorbereitung auf den Auslandsaufenthalt ist uns wichtig: Darunter verstehen wir ein individuelles Beratungsgespräch, die persönliche Betreuung von Schülern und Eltern, ein zweitägiges Vorbereitungsseminar für alle Schüler und ein Informationstreffen für die Eltern, sowie detailliertes Informationsmaterial vor der Ausreise.

Betreuung während des Auslandsaufenthalts
Betreuung vor Ort durch unsere Partnerorganisation ASPECT Foundation. Jeder Schüler hat einen lokalen Betreuer, darüber hinaus können die Schüler sich an weitere Mitarbeiter oder das Hauptbüro in San Francisco wenden. Es gibt eine 24-Stunden-Notfallnummer.
Das KAPLAN-Büro in Deutschland ist Ansprechpartner für Fragen der Eltern.

Nachbereitung
KAPLAN lädt alle Schüler nach der Rückkehr zu einem „Returnee Treffen" ein, bei dem sie ihre Erfahrungen mit anderen Ehemaligen teilen können. Schüler können uns außerdem jederzeit kontaktieren und ihre Erfahrungen und Eindrücke an andere Schüler weitergeben oder KAPLAN z.B. bei Informationsveranstaltungen unterstützen.

Stipendien und Sonstiges
In Zusammenarbeit mit dem DFH vergibt KAPLAN jedes Jahr ein Vollstipendium.
KAPLAN bietet für das USA Programm zwei Pakete an: Classic- und Premiumpaket. Im Premiumpaket ist der Flug (i.d.R. mit Flugbegleitung) und ein 3-tägiger Vorbereitungskurs in New York inklusive.
Regionenwunsch gegen Aufpreis möglich.

Preis und Leistung			
Länderwahlprogramm	1. Halbjahr	2. Halbjahr	Schuljahr
Grundpreis (ab)	€ 6.890	€ 6.890	€ 7.490
Flug D – USA	€ 1.400/p	€ 1.400/p	€ 1.400/p
Flugbegleitung auf Hinreise	nein	nein	nein
Vorbereitungstreffen	nein	nein	nein
Vorbereitungsseminar	ja	ja	ja
Einführungsseminar in USA	opt.	nein	opt.
Elterntreffen	nein	nein	nein
Nachbereitungstreffen	ja	ja	ja
Nachbereitungsseminar	nein	nein	nein
Kranken-/Unfallversicherung	ja	ja	ja
Haftpflicht-/Gepäckversicherung	ja/nein	ja/nein	ja/nein
Gesamtpreis (ab circa)	**€ 8.290**	**€ 8.290**	**€ 8.890**
Bewerbungsschluss	01.03.	20.09.	01.03.
Spätbewerbung	auf Anfrage	auf Anfrage	auf Anfrage

Das Kleingedruckte und das liebe Geld	
Vertragsabschluss	Nach erfolgreichem Interview wird dem Bewerber ein Vertragsangebot zugesandt, das dieser bestätigen muss, um sich verbindlich anzumelden.
Zahlungsweise und Sicherungsschein	Vor Zahlung des 1. Teilbetrages wird ein Sicherungsschein ausgestellt. 1. TB nach Rücksendung des Vertrags: 1.000 € 2. TB 1. April bzw. 1. September: € 2.500 3. TB 15. Juni bzw. 1. Dezember: Rest
Kosten bei Rücktritt vom Programm	10% des Gesamtpreises bei Rücktritt bis zum 31. Januar bzw. 14 August des Reisejahres, 20% bei Rücktritt vom 1. Februar – 30. April bzw. 15. August – 30. September des Reisejahres, 35% bei Rücktritt vom 1. Mai – 14. Juni bzw. 1. Oktober – 14. November des Reisejahres, 50% bei Rücktritt ab dem 15. Juni bzw. ab dem 15. November, bei Nichtantritt des Aufenthalts ohne ausdrückliche Rücktrittserklärung 80% des Gesamtpreises

Kurz und bündig	
Gründungsjahr	1985
Gemeinnützigkeit	nein
USA High School Programm seit	1996
Amerikanische Partnerorganisation(en)	ASPECT Foundation
Schülerzahl im USA High School Programm 2014/15	95
Gesamtschülerzahl im High School Programm 2014/15	152

Last, not least	
Bewerbungsinterview	individuelles Gespräch mit Schüler und mind. einem Elternteil in der Nähe des Wohnortes (in 28 Städten bundesweit sowie 3 Städten in Österreich)
Vorbereitungstreffen	werden nicht angeboten
Vorbereitungsseminare	bundesweit in verschiedenen Großstädten
Einführungsseminare USA	3 Tage New York (nur im Premiumpaket)
Nachbereitungstreffen	ja, ein Returnee-Treffen
Nachbereitungsseminare	werden nicht angeboten

KulturLife gGmbH
Max-Giese-Str. 22
24116 Kiel
info@kultur-life.de
Telefon: 0431 / 888 14 10
Telefax: 0431 / 888 14 19
www.kultur-life.de

Selbstdarstellung
Mit unseren Programmen bringen wir Menschen aus unterschiedlichen Kulturen zusammen. Für uns als gemeinnützige Einrichtung stehen der persönliche Kontakt mit unseren Teilnehmern und die Förderung des internationalen Austausches im Mittelpunkt.
Jeder unserer Teilnehmer hat einen festen Ansprechpartner von der ersten Beratung bis zur Rückkehr. Dieser vertrauensvolle Umgang ermöglicht es, gemeinsam auch schwierige Situationen erfolgreich zu meistern. Durch unsere überschaubare Größe können wir uns seit 20 Jahren um jeden Teilnehmer individuell kümmern.

Bewerbungsverlauf und Kriterien für die Annahme des Bewerbers
Unsere Programme richten sich an alle interessierten Schüler - Gymnasiasten und Realschüler sind gleichermaßen willkommen. Im Rahmen der verkürzten Schulzeit (G 8) haben wir spezielle Programme für jüngere Schüler (ab 14 Jahren) und kürzere Aufenthalte (ab drei Monaten) entwickelt.
Du erhältst von uns Anmeldeunterlagen, anhand derer wir, gemeinsam mit einem persönlichen Interview, über die Annahme entscheiden. Direkt im Anschluss erhältst du ein Vertragsangebot!

Vorbereitung auf den USA-Aufenthalt in Deutschland
Jedes Jahr im Frühjahr und Herbst führen wir mehrere Vorbereitungsseminare durch, die jeweils ein Wochenende dauern. Neben den Jugendlichen sind am ersten Tag auch deren Eltern eingeladen. Es werden neben allgemeinen Tipps u.a. die Visumsbeschaffung, die An- und Abreise, der Aufenthalt sowie die Finanzen besprochen. Besondere Schwerpunkte der Vorbereitungsseminare sind neben einem intensiven interkulturellen Training das Verhalten in der Gastfamilie und Strategien zur Vermeidung oder Lösung möglicher Problemen.

Betreuung während des Auslandsaufenthalts
Während deines gesamten Aufenthaltes hast du Kontakt zu deinem örtlichen Betreuer im Gastland und natürlich auch zu deinem persönlichen Betreuer von KulturLife. Für Notfälle sind wir in Deutschland mit unserer 24-Stunden-Hotline rund um die Uhr erreichbar.

Nachbereitung
Ein zweitägiges Returnee-Treffen wird angeboten. Zusätzlich können sich Ehemalige auch über unsere Facebook-Seite www.facebook.com/kulturlife vernetzen.

Stipendien und Sonstiges
Es werden Stipendien für Schüler aus Norddeutschland mit besonderem sozialem und gesellschaftlichem Engagement vergeben. KulturLife unterstützt dabei die Stiftung Nordlicht bei der Vergabe der Stipendien: www.nordlicht-stipendium.de.

Preis und Leistung			
Länderwahlprogramm	1. Halbjahr	2. Halbjahr	Schuljahr
Grundpreis (ab)	€ 7.990	€ 7.990	€ 8.790
Flug D – USA	ja	ja	ja
Flugbegleitung auf Hinreise	möglich	nein	möglich
Vorbereitungstreffen	nein	nein	nein
Vorbereitungsseminar	ja	ja	ja
Einführungsseminar in USA	ja	nein	ja
Elterntreffen	ja	ja	ja
Nachbereitungstreffen	ja	ja	ja
Nachbereitungsseminar	nein	nein	nein
Kranken-/Unfallversicherung	ja	ja	ja
Haftpflicht-/Gepäckversicherung	€ 45 opt./nein	€ 45 opt./nein	€ 90 opt./nein
Gesamtpreis (ab circa)	**€ 7.990**	**€ 7.990**	**€ 8.790**
Bewerbungsschluss	15.04.	15.10.	15.04.
Spätbewerbung	möglich	möglich	möglich

Das Kleingedruckte und das liebe Geld	
Vertragsabschluss	Nach erfolgreichem Interview wird dir ein Vertragsangebot zugesandt, das du bestätigen musst.
Zahlungsweise und Sicherungsschein	Nach Vertragsabschluss und Übergabe des Sicherungsscheines ist eine Anzahlung von 20% des Reisepreises zu zahlen, 6 Monate vor der Abreise weitere 40%, der Restbetrag vier Wochen vor Abreise
Kosten bei Rücktritt vom Programm	Nach Vertragsabschluss 20%, ab 4 Monate vor der Abreise 40%.

Kurz und bündig	
Gründungsjahr	1995
Gemeinnützigkeit	ja
USA High School Programm seit	1995
Amerikanische Partnerorganisation(en)	NACEL Open Door, Educatius
Schülerzahl im USA High School Programm 2014/15	44
Gesamtschülerzahl im High School Programm 2014/15	194

Last, not least	
Bewerbungsinterview	Einzelinterview mit Schüler und Eltern (Interviewer kommt nach Hause)
Vorbereitungstreffen	werden nicht angeboten
Vorbereitungsseminare	ja, mehrtätig
Einführungsseminare USA	Chicago, zweitägig (im Programmpreis enthalten)
Nachbereitungstreffen	werden nicht angeboten
Nachbereitungsseminare	werden angeboten

MAP SPRACHREISEN GmbH – MUNICH ACADEMIC PROGRAM
Türkenstraße 104 Telefon: 089 / 35 73 79 77
80799 München Telefax: 089 / 35 73 79 78
highschool@map-sprachreisen.com www.map-sprachreisen.com

Selbstdarstellung
Mit mehr als 30 Jahren Erfahrung hat sich MAP auf langfristige High School Aufenthalte mit einer Programmdauer ab 3 Monaten in den USA (hier ab 5 Monaten), Kanada, Australien, Neuseeland, Argentinien, Spanien und Irland spezialisiert. Die Schüler wohnen in ausgewählten Gastfamilien und besuchen entweder eine öffentliche High School oder auf Wunsch eine Privatschule bzw. ein Internat. MAP bietet ein umfangreiches Service-Paket an. Dies umfasst u.a. das persönliche Bewerbungsgespräch, Auswahl der passenden Gastfamilie und High School, Flugbuchung und -begleitung sowie eine umfassende Vorbereitung auf den Auslandsaufenthalt inkl. Unterstützung bei der Visumsbeantragung.

Bewerbungsverlauf und Kriterien für die Annahme des Bewerbers
Für das USA Classic Program muss der Bewerber zwischen dem 10.03.1997 und 01.08.2000 geboren sein und darf in den letzten 2 Jahren keine Klasse wiederholt haben. Voraussetzung ist weiterhin ein guter Notendurchschnitt und im Fach Englisch keine Note fünf. Für das USA Classic Program Plus, für das Select- und Privatschulprogramm kann der Bewerber auch jünger als 15 Jahre alt sein. Nach Bewerbungseingang erhalten Schüler und Eltern eine Einladung zu einem persönlichen Bewerbungs- und Informationsgespräch, das in der nächstgelegenen Großstadt stattfindet. Nachdem sich MAP von der Eignung des Bewerbers überzeugt hat, erhält er nach wenigen Tagen ein Vertragsangebot und die MAP Akzeptierungsunterlagen.

Vorbereitung auf den USA-Aufenthalt in Deutschland
Von Anfang an wird jeder Programmteilnehmer umfassend auf seinen Aufenthalt in den USA vorbereitet und über die erforderlichen (organisatorischen) Schritte unterrichtet und mit Infomaterial (Literaturhinweisen, Berichten ehemaliger Schüler, Wissenswertem über Land und Leute usw.) versorgt.

Betreuung während des Auslandsaufenthalts
MAP begleitet die Gruppenflüge in die USA. Vor Ort steht jedem Gastschüler ein "Local Coordinator" zur Seite, der von Anfang an, beginnend mit dem Einführungstreffen bei Ankunft, Kontakt hält.

Nachbereitung
Nach der Rückkehr aus den USA organisiert MAP ein "Returnee"-Treffen.

Stipendien und Sonstiges
MAP Sprachreisen GmbH vergibt 6 Taschengeldstipendien im Wert von je € 500 für Aufenthalte ab 5 Monaten an Teilnehmer des USA Classic Programs. Eine Regionenwahl im Classic Program ist möglich und kostet bei erfolgreicher Vermittlung in die gewünschte Region € 700 Aufpreis.
* Neben dem Länderwahlprogram bietet MAP für die USA weiterhin ein Schulwahlprogramm (Select- bzw. Privatschulprogramm) an.
Der Abschluss eines speziell für das High School Programm erstellten Versicherungspakets (Kranken-, Haftpflicht-, Unfallversicherung inkl. Krankenrücktransport) über die Hanse Merkur (€ 75 im Monat) ist im USA Programm verpflichtend.

Preis und Leistung			
*Länderwahlprogramm**	1. Halbjahr	2. Halbjahr	Schuljahr
Grundpreis	€ 8.690	€ 8.690	€ 8.990
Flug D – USA	ja	ja	ja
Flugbegleitung auf Hinreise	ja	ab 15 Teiln.	ja
Vorbereitungstreffen	ja	ja	ja
Vorbereitungsseminar	nein	nein	nein
Einführungsseminar in USA	€ 800/opt	nein	€ 800/opt
Elterntreffen	nein	nein	nein
Nachbereitungstreffen	ja	ja	ja
Nachbereitungsseminar	nein	nein	nein
Kranken-/Unfallversicherung	€ 375	€ 375	€ 750
Haftpflicht-/Gepäckversicherung	ja/nein	ja/nein	ja/nein
Gesamtpreis (circa)	**€ 9.065**	**€ 9.065**	**€ 9.740**
Bewerbungsschluss	31.03.	15.10.	31.03.
Spätbewerbung	möglich	möglich	möglich

Das Kleingedruckte und das liebe Geld	
Vertragsabschluss	Nachdem die vollständigen Vertrags- und Akzeptierungsunterlagen des Teilnehmers vorliegen, erfolgt die Vertragsunterzeichnung durch MAP.
Zahlungsweise und Sicherungsschein	5 Teilbeträge: € 850 bei Vertragsbeginn, 3 weitere Teilzahlungen (je € 1.000), der Restbetrag ist spätestens 1 Monat vor Reiseantritt zu entrichten. Mit den Akzeptierungsunterlagen wird ein Sicherungsschein gemäß § 651 k BGB ausgehändigt.
Kosten bei Rücktritt vom Programm	Rücktritt vor Benennung der Gastfamilie und … … 90 Tage vor Reiseantritt: 10%, … zwischen 89 bis 60 Tage vor Reiseantritt: 25%, … zwischen 59 bis 30 Tage vor Reiseantritt: 30%, … weniger als 30 Tage vor Reiseantritt: 50% des Programmpreises. Nur USA: Rücktritt nach Erhalt der Platzierung, unabhängig vom Rücktrittszeitpunkt: 50% des Programmpreises

Kurz und bündig	
Gründungsjahr	1996
Gemeinnützigkeit	nein
USA High School Programm seit	1996
Amerikanische Partnerorganisation(en)	CCI, ISES
Schülerzahl im USA High School Programm 2014/15	126
Gesamtschülerzahl im High School Programm 2014/15	203

Last, not least	
Bewerbungsinterview	Einzelinterview mit Schüler und Eltern
Vorbereitungstreffen	nach Wohnort der Schüler in mehreren Großstädten Deutschlands, u.a. zusammen mit dem amerikanischen Partner CCI
Vorbereitungsseminare	werden nicht angeboten
Einführungsseminare USA	optional: 4-tägiges Seminar in Chicago (August), € 800
Nachbereitungstreffen	in mehreren Großstädten Deutschlands
Nachbereitungsseminare	werden nicht angeboten

OneWorld Education GmbH
Kuseler Weg 41
40229 Düsseldorf
info@oneworld-education.de
Telefon: 0211 / 280 11 80
Telefax: 0211 / 21 98 66
www.oneworld-education.de

Selbstdarstellung

OneWorld Education GmbH hatte 1996 ihr Headquarter in Kalifornien gegründet und sich auf ihre Kernkompetenzen – nämlich High-School-Programme in Kalifornien, Florida, Hawaii und New York – spezialisiert. So sind wir heute stolz Experten für solche Programme – in den von Austauschschülern am stärksten nachgefragten US-Bundesstaaten – sein zu dürfen.
Im Programm „*OneWorld Take2*“ hat der Bewerber bei einem zehnmonatigen Aufenthalt zudem die Möglichkeit für das erste und zweite Semester die zwei bevorzugten Bundesstaaten zu wählen (bspw. Kalifornien im ersten und Florida im zweiten Semester). Dieses Programm wurde von OneWorld exklusiv entwickelt und ist einzigartig! Somit zählt OneWorld bundesweit zu den günstigsten Anbietern von High-School-Programmen mit kostenloser Staatenwahl, soweit eine Platzierung im gewünschten Bundesstaat realisierbar ist.
Schließlich ist es unser Ziel, den akademischen Gedanken mit Spaß und Erlebnissen in den schönsten und aufregendsten Bundesstaaten der USA zu kombinieren und trotzdem einen bezahlbaren akademisch-kulturellen Auslandsaufenthalt zu ermöglichen.

Bewerbungsverlauf und Kriterien für die Annahme des Bewerbers

Nach Erhalt der völlig kostenlosen und unverbindlichen Kurzbewerbung und Prüfung der formalen Kriterien, senden wir Ihnen die vollständigen Bewerbungs- & Vertragsunterlagen zu. Erst mit dem Eingang der vollständigen Bewerbungs- & Vertragsunterlagen bei OneWorld ist die Anmeldung für Sie verbindlich. Nach dem erfolgreich verlaufenen Auswahlgespräch teilen wir Ihnen in der Regel binnen 14 Tagen die Aufnahme in unser Programm mit.
Teilnahmevoraussetzungen: Umfassende Kenntnisse der englischen Sprache sowie eine charakterliche und schulische Eignung. Die Schulnoten alleine sind – aufgrund des unterschiedlichen Bildungsniveaus in den einzelnen Bundesländern – kein primäres Auswahlkriterium. Mithin spielt die Schulform ebenso wie die Schulnoten eine untergeordnete Rolle.

Vorbereitung auf den USA-Aufenthalt in Deutschland

Die Vorbereitung auf den USA-Aufenthalt findet in Form eines Blockseminars in Hörsälen der Heinrich-Heine-Universität Düsseldorf sowie anhand von einschlägiger Literatur statt.

Betreuung während des Auslandsaufenthalts

Durch die regionale Spezialisierung auf nur wenige Bundesstaaten können unsere Partner in den USA eine bestmögliche Betreuung gewährleisten und bei eventuell auftretenden Problemen besonders schnell vor Ort sein. Die Eltern werden durch regelmäßige Statusberichte über Aktivitäten und die Entwicklung des Gastschülers informiert.

Nachbereitung

Bei Bedarf werden Returnee-Treffen organisiert, damit ehemalige Schüler(innen) zusammentreffen und ihre Erfahrungen austauschen können.

Stipendien und Sonstiges

Ein umfangreiches Versicherungspaket inkl. Haftpflichtversicherung sowie eine International Student Identity Card (ISIC) ist im Programmpreis enthalten!

Preis und Leistung			
Länderwahlprogramm	1. Halbjahr	2. Halbjahr	Schuljahr
Grundpreis	€ 6.900	€ 6.900	€ 7.690
Flug D – USA	€ 1.100/p	€ 1.100/p	€ 1.100/p
Flugbegleitung auf Hinreise	ab 15 Teiln.	ab 15 Teiln.	ab 15 Teiln.
Vorbereitungstreffen	ja	ja	ja
Vorbereitungsseminar	nein	nein	nein
Einführungsseminar in USA	nein	nein	nein
Elterntreffen	nein	nein	nein
Nachbereitungstreffen	ja	ja	ja
Nachbereitungsseminar	nein	nein	nein
Kranken-/Unfallversicherung	ja	ja	ja
Haftpflicht-/Gepäckversicherung	ja	ja	ja
Gesamtpreis (ab circa)	**€ 8.000**	**€ 8.000**	**€ 8.790**
Bewerbungsschluss	15.03.	15.08.	15.03.
Spätbewerbung	möglich	möglich	möglich

Das Kleingedruckte und das liebe Geld	
Vertragsabschluss	Die Bewerbung ist völlig kostenlos und unverbindlich. Verläuft die Bewerbung erfolgreich, wird ein gesonderter Vertrag abgeschlossen, den der Bewerber bei Einwilligung bestätigen muss.
Zahlungsweise und Sicherungsschein	Zahlungen erfolgen erst nach Zusendung des Sicherungsscheins! Die Programmkosten sind in drei Teilbeträgen zu entrichten: 20% nach Erhalt der Teilnahmebestätigung durch OneWorld, € 2.000 nach Erhalt der Gastfamilienanschrift und/oder der Visumantragsformulare, der Restbetrag spätestens vier Wochen vor Reisebeginn.
Kosten bei Rücktritt vom Programm	10% des Reisepreises falls OneWorld die Mitteilung der Gastfamilienanschrift und/oder die Visumantragsformulare noch nicht an Sie verschickt hat, 20% sofern diese bereits an Sie verschickt wurden bis drei Monate vor Reisebeginn, 30% bei Rücktritt bis zwei Monate vor Reisebeginn, 80% innerhalb der letzten zwei Monate vor Reisebeginn.

Kurz und bündig	
Gründungsjahr (1996: B.E.ST.)	2002: OneWorld GmbH
Gemeinnützigkeit	nein
USA High School Programm seit	1996
Amerikanische Partnerorganisation(en)	FACE, ICES, WISE, InterEd, FTW, FORTE
Schülerzahl im USA High School Programm 2014/15	195
Gesamtschülerzahl im High School Programm 2014/15	195

Last, not least	
Bewerbungsinterview	persönliches Einzelinterview (Schüler + Eltern)
Vorbereitungstreffen	Heinrich-Heine-Universität Düsseldorf
Vorbereitungsseminare	werden nicht angeboten
Einführungsseminare USA	werden nicht angeboten
Nachbereitungstreffen	Heinrich-Heine-Universität Düsseldorf
Nachbereitungsseminare	werden nicht angeboten

Open Door International e.V.
Thürmchenswall 69
50668 Köln
info@opendoorinternational.de
Telefon: 0221 / 60 60 85 50
Telefax: 0221 / 60 60 85 519
www.opendoorinternational.de

Selbstdarstellung

Open Door International e.V. (ODI) hat es sich zur Aufgabe gemacht, jungen Menschen aus allen Teilen der Welt die Möglichkeit zu geben, ein neues Land, seine Sprache, Kultur und den Alltag kennen zu lernen. Mit unseren erfahrenen Partnern im Ausland, die wir regelmäßig besuchen, verfügen wir über 30 Jahre Erfahrung im weltweiten Austausch. Als kleiner gemeinnütziger Verein können wir eine persönliche und individuelle Betreuung anbieten – von der ausführlichen Vorbereitung, der Begleitung während des Aufenthaltes, beim Elterntreffen bis hin zu einer intensiven Nachbereitung. ODI ist zudem Mitglied im Arbeitskreis gemeinnütziger Jugendaustausch-Organisationen (AJA).

Bewerbungsverlauf und Kriterien für die Annahme des Bewerbers

Der Bewerber erhält eine Kurzbewerbung, anhand derer bereits über die Annahme vorbehaltlich eines folgenden persönlichen Interviews entschieden wird. Anschließend werden die ausführlichen Bewerbungsunterlagen verschickt. Ein ehrenamtlicher Betreuer oder Returnee aus dem Einzugsgebiet des Bewerbers führt bei Ihnen zu Hause das Interview durch. Auswahlkriterien sind primär die persönliche Eignung und Motivation des Bewerbers (Offenheit, Toleranz, Flexibilität, Selbstständigkeit, Anpassungsbereitschaft, psychische Stabilität usw.) aber auch die schulischen Leistungen, die nicht schlechter als 3,0 Notendurchschnitt sein dürfen. Das Programm ist auch für Realschüler mit guten Schulleistungen geeignet.

Vorbereitung auf den USA-Aufenthalt in Deutschland

Vor Programmbeginn führen wir mehrere dreitägige Vorbereitungsseminare in Köln durch. Neben den Jugendlichen sind am Sonntagnachmittag auch deren Eltern mit eingeladen. Es werden neben allgemeinen Tipps u.a. die Visumsbeschaffung, die Reise, der Aufenthalt sowie die Finanzen besprochen. Ein besonderer Schwerpunkt ist das Verhalten in der Gastfamilie und Strategien zur Vermeidung/Lösung von Problemen. Sowohl die hauptamtlichen Programmbetreuer als auch ehemalige Teilnehmer leiten diese Seminare.

Betreuung während des Auslandsaufenthalts

Jeder Teilnehmer hat einen Betreuer vor Ort, mit dem sie/er von Anfang an in Verbindung steht (Telefon, E-Mail und persönlicher Besuch). Es gibt eine 24h-Notfallnummer in den USA und Deutschland. Die deutschen Mitarbeiter stehen während des gesamten Aufenthaltes bei Fragen und Problemen für Schüler und Eltern zur Verfügung.

Nachbereitung

Wir bieten ein mehrtägiges Nachbereitungsseminar für unsere Rückkehrer an. Hier können Erfahrungen ausgetauscht und verarbeitet und bei Problemen persönliche Hilfestellungen gegeben werden. Wir laden alle Rückkehrer zudem zur weiteren Mitarbeit in der interkulturellen Jugendarbeit ein und bieten die Ausbildung zum ODI-Teamer an.

Stipendien und Sonstiges

ODI vergibt für das Programmjahr 2015/2016 zwei Vollstipendien für die USA, ein Vollstipendium für die südamerikanischen Programmländer sowie insgesamt vier Teilstipendien für alle ODI-Programmländer.

Preis und Leistung			
Länderwahlprogramm	1. Halbjahr	2. Halbjahr	Schuljahr
Grundpreis (ab)	€ 7.990	€ 7.990	€ 8.790
Flug D – USA	ja	ja	ja
Flugbegleitung auf Hinreise	optional*	nein	optional*
Vorbereitungstreffen	nein	nein	nein
Vorbereitungsseminar	ja	ja	ja
Einführungsseminar in USA	€ 300/opt.*	nein	€ 300/opt.*
Elterntreffen	ja	ja	ja
Nachbereitungstreffen	nein	nein	nein
Nachbereitungsseminar	ja	ja	ja
Kranken-/Unfallversicherung	ja	ja	ja
Haftpflicht-/Gepäckversicherung	ja/nein	ja/nein	ja/nein
Gesamtpreis (ab circa)	**€ 7.990**	**€ 7.990**	**€ 8.790**
Bewerbungsschluss	01.03.	30.09.	01.03.
Spätbewerbung	möglich	möglich	möglich

Das Kleingedruckte und das liebe Geld	
Vertragsabschluss	Die Bewerbung ist unverbindlich und kostenlos. Verläuft die Bewerbung erfolgreich, wird dem Bewerber ein Vertragsangebot zugesandt, das dieser bestätigen muss.
Zahlungsweise und Sicherungsschein	10% des jeweiligen Programmpreises nach Vertragsabschluss 40% des jeweiligen Programmpreises 5 Monate vor Programmbeginn. 50% des jeweiligen Programmpreises vier Wochen vor der Abreise Ein Sicherungsschein wird mit der Anzahlungsrechnung ausgehändigt.
Kosten bei Rücktritt vom Programm	10% des jeweiligen Programmpreises nach Vertragsbestätigung 30% des jeweiligen Programmpreises ab 8 Wochen vor Reisebeginn 40% des jew. Programmpreises später als 4 Wochen vor Reisebeginn 60 % des jew. Programmpreises später als 14 Tage vor Reisebeginn 90 % des jew. Programmpreises bei Nichtantritt oder Rücktritt am Abreisetag zzgl. der anfallenden Stornierungskosten des Flugtickets

Kurz und bündig	
Gründungsjahr	1983
Gemeinnützigkeit	ja
USA High School Programm seit	1984
Amerikanische Partnerorganisation(en)	NACEL Open Door
Schülerzahl im USA High School Programm 2014/15	65
Gesamtschülerzahl im High School Programm 2014/15	145

Last, not least	
Bewerbungsinterview	Einzelinterview zuhause beim Bewerber
Vorbereitungstreffen	werden nicht angeboten
Vorbereitungsseminare	in Köln, dreitägig
Einführungsseminare USA	Chicago, zweitägig *(nur bei begleitetem Gruppenflug im August optional gegen Aufpreis)
Nachbereitungstreffen	werden nicht angeboten
Nachbereitungsseminar	wird angeboten (dreitägig)

Partnership International e.V.
Hansaring 85
50670 Köln
office@partnership.de
Telefon: 0221 / 913 973 3
Telefax: 0221 / 913 973 4
www.partnership.de

Selbstdarstellung
„Wir sind das Sprungbrett für die Schüler, die sich über geografische Entfernungen und kulturelle Hürden wagen wollen!“ Von begeisterten Alumni 1961 gegründet, gestalten wir seit über 50 Jahren spannende internationale Austauschprogramme für Schüler. Unseren haupt- und ehrenamtlichen Mitarbeitern liegt der individuelle Erfolg des Austausches für jeden einzelnen unser Teilnehmer am Herzen. Die persönliche Betreuung von Teilnehmern und Eltern steht bei uns deshalb im Vordergrund!

Bewerbungsverlauf und Kriterien für die Annahme des Bewerbers
Um sich erfolgreich bei uns zu bewerben, sollte man als Grundvoraussetzung zwischen 15 und 18 Jahren alt sein und zufriedenstellende schulische Leistungen haben. Viel wichtiger als die Noten sind uns aber die Persönlichkeit und die Motivation eines Schülers. Darum laden wir jeden Bewerber und seine Eltern zu einem Beratungsgespräch ein. In diesem Gespräch können sich Schüler und Eltern mit unserem Verein und ihrem Wunschprogramm vertraut machen. Wir haben gleichzeitig die Möglichkeit, den Bewerber persönlich kennenzulernen.

Vorbereitung auf den USA-Aufenthalt in Deutschland
Um optimal auf ihren Auslandsaufenthalt vorbereitet zu sein, nehmen unsere Teilnehmer vor Abreise an einem 3-tägigen Seminar teil. Organisiert und gestaltet wird dieses Seminar von geschulten, ehemaligen Austauschschülern. Denn sie kennen die tatsächlichen Herausforderungen des Alltags im Ausland am besten. Das Seminar ist im Programmpreis enthalten. Für die Eltern bieten wir zur Vorbereitung eine eintägige Informationsveranstaltung an.

Betreuung während des Auslandsaufenthalts
Während ihrer Zeit im Ausland werden unsere Schüler von unserer Partnerorganisation betreut. Jeder Schüler hat vor Ort einen lokalen Ansprechpartner, an den er sich bei Herausforderungen und Fragen wenden kann. Darüber hinaus steht eine 24/7 Notfall-Nummer zur Verfügung. Zudem organisieren unsere Partner in den USA verschiedene Treffen und Veranstaltungen für die Schüler. Ebenfalls inklusive – unsere E-Mail-Betreuung durch geschulte Alumni unserer Austauschprogramme.

Nachbereitung
Auf unserem mehrtägigen Nachbereitungsseminar in Deutschland haben die Teilnehmer die Möglichkeit, sich mit anderen Austauschschülern auszutauschen, die im vorigen Jahr ähnliche Erfahrungen sammeln durften. Das Seminar bietet eine gute Gelegenheit um Erlebnisse zu teilen, das Jahr Revue passieren zu lassen und das Fernweh ein wenig zu lindern.

Stipendien und Sonstiges
Im Auftrag des Deutschen Bundestages betreut PI jedes Jahr 57 deutsche und 50 amerikanische Stipendiaten im Rahmen des Parlamentarischen Patenschafts-Programmes (PPP). Darüber hinaus vergeben wir jedes Jahr aus Vereinsmitteln Teilstipendien, unter Berücksichtigung von sozialen Kriterien und gesellschaftlichem Engagement.

Preis und Leistung			
Länderwahlprogramm	1. Halbjahr	2. Halbjahr	Schuljahr
Grundpreis	€ 8.200	€ 8.200	€ 8.990
Flug D – USA	ja	ja	ja
Flugbegleitung auf Hinreise	teilweise	teilweise	teilweise
Vorbereitungstreffen	nein	nein	nein
Vorbereitungsseminar	ja	ja	ja
Einführungsseminar in USA	teilweise	teilweise	teilweise
Elterntreffen	ja	ja	ja
Nachbereitungstreffen	nein	nein	nein
Nachbereitungsseminar	ja	ja	ja
Kranken-/Unfallversicherung	ja	ja	ja
Haftpflicht-/Gepäckversicherung	ja	ja	ja
Gesamtpreis (circa)	**€ 8.200**	**€ 8.200**	**€ 8.990**
Bewerbungsschluss	31.01.	30.09.	31.01
Spätbewerbung	möglich	möglich	möglich

Das Kleingedruckte und das liebe Geld	
Vertragsabschluss	Bewerbung und Beratungsgespräch sind kostenlos und unverbindlich. Nach erfolgreichem Gespräch erhalten die Eltern ein schriftliches Vertragsangebot. Vertrag wird erst durch Rücksendung des unterzeichneten Vertrags geschlossen.
Zahlungsweise und Sicherungsschein	15 % des Reisepreises nach Erhalt der Rechnung 50 % des Reisepreises fünf Monate vor der Abreise 35 % des Reisepreises einen Monat vor Abreise
Kosten bei Rücktritt vom Programm	bis acht Wochen vor Reiseantritt: 25 % später als acht Wochen vor Reiseantritt: 35 % später als vier Wochen vor Reiseantritt: 50 % später als 14 Tage vor Reiseantritt: 80 % bei Rücktritt am Abreisetag oder Nichtantritt der Reise: 100 %

Kurz und bündig	
Gründungsjahr	1961
Gemeinnützigkeit	ja
USA High School Programm seit	1967
Amerikanische Partnerorganisation(en)	ETC, FIEA, FLAG
Schülerzahl im USA High School Programm 2014/15	147
Gesamtschülerzahl im High School Programm 2014/15	167

Last, not least	
Bewerbungsinterview	Einzel- und Gruppeninterviews deutschlandweit
Vorbereitungstreffen	Elterntreffen in Köln
Vorbereitungsseminare	Berlin, Bad Honnef (Bonn)
Einführungsseminare USA	teilweise
Nachbereitungstreffen	nein
Nachbereitungsseminare	Berlin

Reflections International Inc. – Deutsche Vertretung
Ergster Weg 30 b
58093 Hagen
christian_fritsch@t-online.de
Telefon: 02334 / 534 80
Telefax: 02334 / 534 80

Selbstdarstellung
RI ist eine Schüleraustauschorganisation, die bewusst Wert legt auf den persönlichen Kontakt und die Betreuung der Eltern und Schüler. Wir versuchen, den Schülerinnen und Schülern eine realistische Erwartungshaltung zu vermitteln, vor allem sie auf die Besonderheiten der amerikanischen Gesellschaft (Gesetze, soziale Probleme), der Highschools (Struktur, Inhalte) und des amerikanischen Familienlebens (Regeln, Integrationsnotwendigkeit) vorzubereiten. Als Unterstützung bei diesen Vorhaben dienen auch unsere Informationsmappe und unser Schülerhandbuch, in denen auch Versicherungsinformationen, Verhalten in Problemfällen und Lösungswege angeboten werden, zusammen mit Berichten unserer ehemaligen Austauschschüler. Unsere Betreuung in den USA umfasst neben Besuchen und regelmäßigen Telefonaten auch die Betreuung im schulischen Bereich. Während unserer Informationstreffen finden die Auswahlgespräche in Englisch statt, um sprachliche Basiskenntnisse sicherzustellen und um zu versuchen die Motivationslage und innere Bereitschaft der Bewerber, sich auf einen längeren Aufenthalt in den USA einzulassen, kennenzulernen, ehe wir sie akzeptieren.

Bewerbungsverlauf und Kriterien für die Annahme des Bewerbers
Schüler sendet ein: Unverbindliche Anmeldung, Zeugnis des letzten Jahres und ein Foto. Beratungstreffen in kleineren Gruppen mit Eltern und Schülern. Themen: Kennenlernen des Programms. Einzelinterviews der Bewerber in Englisch, Einzelgespräche mit den Eltern. Kriterien für die Akzeptanz oder Nichtakzeptanz liegen in der sorgfältigen Auswertung des persönlichen Interviews durch RI. Ausschlaggebend sind die vorhandenen Englischkenntnisse, soziale und gesellschaftliche Haltungen und Einstellungen des Bewerbers. Bei Akzeptanz erfolgt ein schriftliches Vertragsangebot mit einer Frist, während der sich RI an ihr Angebot gebunden erklärt. Der Bewerber nimmt dadurch an, dass er das unterschriebene Vertragsangebot innerhalb der Frist an RI zurücksendet.

Vorbereitung auf den USA-Aufenthalt in Deutschland
Es werden 2 Ganztagestreffen für Bewerber und Eltern angeboten mit getrennten Beratungs- und Informationseinheiten für Eltern und Schüler. Daneben telefonische Problemberatung.

Betreuung während des Auslandsaufenthalts
Fast alle unsere Austauschschüler leben in Wisconsin. Abholung der Schüler auf dem Flughafen in Chicago von unseren Betreuern. Gemeinsame Fahrt nach Madison zu einem Wochenendseminar. Während der Programmzeit regelmäßige Checks der Familien- und Schulsituation der Schüler durch unsere Area-Representanten/innen sowie persönliche Besuche bei den Familien in Problemsituationen. Gratistelefonate mit den Betreuern möglich. Angebote von freiwilligen gemeinsamen Ausflügen auch mit amerikanischen Freunden, z.B. nach Chicago, Mall of America, Iron Mountains (Preise nicht im Programmpreis enthalten)

Nachbereitung
In der Form von Wochenendtreffen nach individueller Abstimmung

Stipendien und Sonstiges
Kranken-, Unfall-, Haftpflicht-, Assistanceversicherungen im Programmpreis enthalten.

Preis und Leistung			
Länderwahlprogramm	1. Halbjahr	2. Halbjahr	Schuljahr
Grundpreis	€ 8.600		€ 9.100
Flug D – USA	ja		ja
Flugbegleitung auf Hinreise	nein		nein
Vorbereitungstreffen	ja		ja
Vorbereitungsseminar	nein		nein
Einführungsseminar in USA	ja		ja
Elterntreffen	nein		nein
Nachbereitungstreffen	ja		ja
Nachbereitungsseminar	nein		nein
Kranken-/Unfallversicherung	ja		ja
Haftpflicht-/Gepäckversicherung	ja		ja
Gesamtpreis (circa)	**€ 8.600**		**€ 9.100**
Bewerbungsschluss	20.01.		20.01.
Spätbewerbung	möglich		möglich

Das Kleingedruckte und das liebe Geld	
Vertragsabschluss	Nach erfolgreichem Interview wird dem Bewerber ein Vertragsangebot unterbreitet, das er und die Erziehungsberechtigten unterschrieben zurücksenden müssen.
Zahlungsweise und Sicherungsschein	Aushändigung des Sicherungsscheines u. Rechnung über Gesamtpreis. 10% nach Zugang der Rechnung, 50% 120 Tage vor Abflug, 40% 60 Tage vor Abflug, spätestens nach Erhalt der vollständigen Unterlagen.
Kosten bei Rücktritt vom Programm	10% des Programmpreises, falls RI die Gastfamilienanschrift oder die Visumsanträge noch nicht an Bewerber verschickt hat . 20% nach Erhalt der Gastfamilienanschrift vor dem 60. Tag vor Abflug. 30% bei Rücktritt ab dem 60. Tag vor Abflug. 35% ab dem 30.Tag vor Abflug.

Kurz und bündig	
Gründungsjahr	1996
Gemeinnützigkeit	nein
USA High School Programm seit	1996
Amerikanische Partnerorganisation(en)	Reflections International
Schülerzahl im USA High School Programm 2014/15	34
Gesamtschülerzahl im High School Programm 2014/15	34

Last, not least	
Bewerbungsinterview	Einzelinterviews des Bewerbers und der Eltern
Vorbereitungstreffen	2 x Infotreffen in Hagen/Freiburg/Berlin/Sion(Schweiz)
Vorbereitungsseminare	werden nicht angeboten
Einführungsseminare USA	Madison ,Wisconsin, USA
Nachbereitungstreffen	Hagen in Westfalen
Nachbereitungsseminare	werden nicht angeboten

Southern Cross (SouthernCross.eu GmbH)
Dachauer Str. 173
80636 München
info@southerncross.eu
Telefon: 089 / 379 45 851
Telefax: 089 / 379 45 850
www.southerncross.eu

Selbstdarstellung
Southern Cross hat sich auf die Vermittlung von High School Aufenthalten in Kanada und USA spezialisiert. Wir beraten Eltern und Schüler individuell und persönlich bei der Planung eines Auslandsaufenthaltes an einer privaten oder staatlichen High School in Nordamerika. Southern Cross arbeitet ausschließlich mit dem Schulwahl-Prinzip. Das bedeutet, die Schüler und ihre Eltern wählen die Region, Stadt oder/und den Schuldistrikt aus und kennen lange vor der Abreise die künftige Schule in den USA.

Bewerbungsverlauf und Kriterien für die Annahme des Bewerbers
In persönlichen Bewerbungs- und Informationsgesprächen, welche bei den Familien zu Hause oder in einem unserer Büros in D, A und CH stattfinden, helfen wir den Jugendlichen dabei, entsprechend Ihren Wünschen, Neigungen und Vorlieben die passende Region, Schule und Gastfamilie für ihren Auslandsaufenthalt zu finden. Wir begleiten und unterstützen Eltern und Schüler bei der gesamten Abwicklung des Bewerbungsprozesses und der Visums-Angelegenheiten. Schüler können Aufenthaltsregion, z.T. auch den Ort und die Gastschule selbst auswählen. Regionen: Arizona, Florida, Washington, New Jersey, Massachusetts, Kalifornien. Einstiegsmöglichkeit halbjährlich (Semester). Auswahl der Schule: Manche der Schulbezirke, die wir anbieten, haben nur ein oder zwei ausgewählte Schulen der Sekundarstufe, die internationale Gastschüler aufnehmen. Zu anderen Bezirken, wie zum Beispiel der Los Angeles School District, zählen 200 Schulen, so dass hier nur die Region, nicht aber eine spezielle Schule gewählt werden kann. Wir beraten dich gerne und helfen bei deiner Auswahl.

Vorbereitung auf den USA-Aufenthalt in Deutschland
- Persönliche Beratung und Information durch landeskundigen Mitarbeiter.
- Individuelle Betreuung und Planung des Aufenthalts.
- Vorbereitungsseminar in verschiedenen Städten Deutschlands, ca. 2 Monate vor Abreise.

Betreuung während des Auslandsaufenthalts
Wir stehen Ihnen selbstverständlich auch während des Auslandsaufenthaltes als Ansprechpartner zur Verfügung. Auswahl der Gastfamilie und Betreuung vor Ort durch Mitarbeiter der Schule oder Partnerorganisation. Kontaktperson an jeder Schule ist ein Int. Student Counsellor oder die Büros in Deutschland, Österreich und der Schweiz.

Nachbereitung
Fragebogen nach der Rückkehr, Berichterstattung im Internet,
auf Wunsch Nachbereitungstreffen für interessierte Schüler.

Stipendien und Sonstiges
Staatliche Schulen im Rahmen des Select Highschool Programs von Educatius International und Privatschulen. Sicherungsschein nach deutschem Reiserecht. 4 Stipendien je Schuljahr!
Garantierte Platzierung / freie Schulwahl / Hilfe bei der Visumbeantragung

Preis und Leistung			
Regionenwahlprogramm	1. Halbjahr	2. Halbjahr	Schuljahr
Grundpreis (ab)	€ 10.700	€ 10.700	€ 15.500
Flug D – USA	€ 1.100/p	€ 1.100/p	€ 1.100/p
Flugbegleitung auf Hinreise	€ 99/opt.	€ 99/opt.	€ 99/opt.
Vorbereitungstreffen	ja	ja	ja
Vorbereitungsseminar	nein	nein	nein
Einführungsseminar in USA	nein	nein	nein
Elterntreffen	nein	nein	nein
Nachbereitungstreffen	auf Anfrage	auf Anfrage	auf Anfrage
Nachbereitungsseminar	nein	nein	nein
Kranken-/Unfallversicherung	€ 360	€ 360	€ 720
Haftpflicht-/Gepäckversicherung	ja	ja	ja
Gesamtpreis (ab circa)	**€ 12.160**	**€ 12.160**	**€ 17.320**
Bewerbungsschluss	flexibel	flexibel	flexibel
Spätbewerbung	ja	ja	ja

Das Kleingedruckte und das liebe Geld	
Vertragsabschluss	Southern Cross bietet das „*Schulwahl Programm*" an. Hier wählen Sie die Region, Stadt oder den Schuldistrikt aus und kennen lange vor Ihrer Abreise Ihre künftige Schule. Erst nachdem im Beratungsgespräch die gewünschte Region/Schule ausgewählt wurde und dann durch die Schule dem Schüler ein Platz zugesagt wurde kommt der Vertragsschluss zustande.
Zahlungsweise und Sicherungsschein	14 Tage nach Vertragsschluss / Aushändigung des Sicherungsscheines: Bezahlung des SC Servicepaketes 4 Monate vor Reiseantritt: Bezahlung der Schul-/Gastfamilienkosten 4 Wochen vor Reiseantritt: Restzahlung
Kosten bei Rücktritt vom Programm	Bei allen Stornierungen 10% des Programmpreises nach Vertragsabschluss 20% des Programmpreises ab dem 80. Tag vor Programmbeginn 30% des Programmpreises ab dem 60. Tag vor Programmbeginn 40% des Programmpreises ab dem 30. Tag vor Programmbeginn

Kurz und bündig	
Gründungsjahr (1998: Southern Cross Sprachreisen GmbH)	2013: Southern Cross.eu GmbH
Gemeinnützigkeit	nein
USA High School Programm seit	2010
Amerikanische Partnerorganisation(en)	Educatius Int. und Privatschulen
Schülerzahl im USA High School Programm 2014/15	2
Gesamtschülerzahl im High School Programm 2014/15	250

Last, not least	
Bewerbungsinterview	ja
Vorbereitungstreffen	ja
Vorbereitungsseminare	nein
Einführungsseminare USA	nein
Nachbereitungstreffen	auf Anfrage
Nachbereitungsseminare	nein

Stepin GmbH – Student Travel and Education Programmes International
Beethovenallee 21 Telefon: 0228 / 956 95 30
53173 Bonn Telefax: 0228 / 956 95 39
school@stepin.de www.stepin.de

Selbstdarstellung
Stepin gehört seit 15 Jahren zu den führenden deutschen Austauschorganisationen und vermittelt seitdem erfolgreich Auslandsaufenthalte für junge und junggebliebene Weltentdecker auf allen fünf Kontinenten. Das vielfältige Angebot umfasst die Programme High School, Work & Travel, Auslandspraktikum, Freiwilligenarbeit, Au-pair sowie Sprachreisen. Zudem betreut Stepin auch internationale Austauschschüler und deren Gastfamilien in Deutschland.
In Kooperation mit dem IAAK (Institut für Anglistik, Amerikanistik und Keltologie) der Universität Bonn unterstützt Stepin auch linguistische Forschungsarbeiten auf dem Gebiet der Fremdsprachenförderung.

Bewerbungsverlauf und Kriterien für die Annahme des Bewerbers
Step 1: Unverbindliche Anmeldung durch Ausfüllen des Anmeldebogens (online od. schriftlich). Step 2: Einladung zu einem unverbindlichen Kennenlerngespräch mit einem Stepin-Berater in Wohnortnähe des Bewerbers. Hierbei findet eine ausführliche und individuelle Beratung zum Wunschprogramm statt, sowie ein Einzelinterview mit dem Bewerber. Step 3: Bei Eignung des Bewerbers unterbreitet Stepin ein Vertragsangebot.
Teilnahmevoraussetzungen sind kulturelle Aufgeschlossenheit, Reife, Toleranz und mindestens befriedigende schulische Leistungen.

Vorbereitung auf den USA-Aufenthalt in Deutschland
Eltern- und Schülervorbereitungstreffen bzw. -seminar in mehreren deutschen Städten sowie Handbücher und regelmäßige Info-Rundbriefe für Teilnehmer und Eltern bis zur Ausreise, fester Programm-Ansprechpartner im Stepin-Büro.

Betreuung während des Auslandsaufenthalts
Betreuung durch einen lokalen Betreuer vor Ort, telefonische Betreuung Tag und Nacht durch einen Mitarbeiter der Partnerorganisation. Auch das Stepin Team steht während des gesamten Auslandsaufenthaltes als Ansprechpartner zur Verfügung.

Nachbereitung
Großes Returnee-Wochenende in Deutschland

Stipendien und Sonstiges
Stepin vergibt Voll- und Teilstipendien für unterschiedliche Programme. Stepin organisiert teilweise feste Gruppenausreisen.
Es besteht die Möglichkeit, ein dreitägiges Einführungsseminar in New York bei Ausreise im August zu buchen. Weitere Zusatzoptionen im Länderwahlprogramm (USA Classic) ermöglichen z.B. die Wahl einer Region (zzgl. € 450), eines Bundesstaates (zzgl. ab € 750), einer Metropole (zzgl. € 1.050) oder einer Top-School (zzgl. € 1.750).

* Ein gesondertes Regionen- bzw. Schulwahlprogramm (USA Select) ist in folgenden Regionen möglich: Hawaii, Kalifornien, Florida, New York, Massachusetts, Montana und Maine.

Preis und Leistung			
*Länderwahlprogramm**	1. Halbjahr	2. Halbjahr	Schuljahr
Grundpreis (ab)	€ 8.260	€ 8.260	€ 8.990
Flug D – USA	ja	ja	ja
Flugbegleitung auf Hinreise	teilweise	teilweise	teilweise
Vorbereitungstreffen	ja	ja	ja
Vorbereitungsseminar	ja	ja	ja
Einführungsseminar in NY	€ 490/opt.	nein	€ 490/opt.
Elterntreffen	nein	nein	nein
Nachbereitungstreffen	nein	nein	nein
Nachbereitungsseminar	ja	ja	ja
Kranken-/Unfallversicherung	ja	ja	ja
Haftpflicht-/Gepäckversicherung	ja	ja	ja
Gesamtpreis (ab circa)	**€ 8.260**	**€ 8.260**	**€ 8.990**
Bewerbungsschluss	31.03.	15.10.	31.03.
Spätbewerbung	möglich	möglich	möglich

Das Kleingedruckte und das liebe Geld	
Vertragsabschluss	Nach Eignung des Schülers erfolgt ein schriftliches Vertragsangebot. Der Teilnehmer nimmt das Angebot dadurch an, dass er uns innerhalb der gesetzten Frist das Vertragsangebot unterschrieben zurückschickt.
Zahlungsweise und Sicherungsschein	Der Sicherungsschein wird zusammen mit der Teilnahmebestätigung verschickt. Danach werden 10% Anzahlung binnen 14 Tagen, 50% 120 Tage vor Abreise, Restbetrag 40% 30 Tage vor Reisebeginn fällig.
Kosten bei Rücktritt vom Programm	10% des Programmpreises ab Annahme des Vertragsangebots, 20% nach Erhalt der Gastfamilienanschrift vor dem 60. Tag vor Reisebeginn, 30% ab dem 60. Tag vor Reisebeginn, 35% ab dem 30. Tag vor Reisebeginn

Kurz und bündig	
Gründungsjahr	1997
Gemeinnützigkeit	nein
USA High School Programm seit	1997
Amerikanische Partnerorganisation(en)	PAX, ICES, Educatius, IHC, Travelmate, UTP
Schülerzahl im USA High School Programm 2014/15	260
Gesamtschülerzahl im High School Programm 2014/15	> 600

Last, not least	
Bewerbungsinterview	Einzelinterview mit Schüler durch einen Stepin-Berater in Wohnortnähe des Bewerbers
Vorbereitungstreffen	Elternseminar (eintägig)
Vorbereitungsseminare	zweitätiges interkulturelles Training für Schüler (im Länderwahlprogramm verpflichtend)
Einführungsseminare USA	New York, 3 Tage (optional bei Sommerausreise)
Nachbereitungstreffen	nein
Nachbereitungsseminare	ja

STS Sprachreisen GmbH
Mönckebergstraße 5
20095 Hamburg
highschool@sts-education.de
Telefon: 040 / 303 999-23
Telefax: 040 / 303 999-08
www.sts-education.de

Selbstdarstellung
STS Sprachreisen ist Teil einer weltweit tätigen Organisation mit eigenen Niederlassungen in 14 Ländern. STS Deutschland organisiert seit über 27 Jahren High School Programme für Schüler zwischen 14 und 18 Jahren nach Amerika, Australien, Neuseeland, Argentinien, Kanada, Frankreich, Spanien, Italien, Großbritannien, Irland- und Dänemark. Als erfahrene Austauschorganisation kann STS (Student Travel Schools) weltweit auf mehr als 56 Jahre erfolgreichen Schüleraustausch und die Durchführung von Sprachreisen zurückblicken.

Bewerbungsverlauf und Kriterien für die Annahme des Bewerbers
Nach Eingang der Bewerbung laden wir den Schüler und seine Eltern zu einem persönlichen Gespräch ein und schicken weitere Unterlagen zu. Das persönliche Interview, eine Selbstdarstellung, die Zeugnisse (Durchschnitt: 3,3 oder besser), die Angaben zu Person und die Beurteilung des Lehrers sind u.a. die Bewertungskriterien für die endgültige Aufnahme ins Programm. Aufgeschlossenheit, Anpassungsbereitschaft und -fähigkeit sowie Offenheit gegenüber der Kultur des Gastlandes sind wesentliche Voraussetzungen für die Teilnahme.

Vorbereitung auf den USA-Aufenthalt in Deutschland
Bereits beim Interview informiert der jeweilige Interviewer umfassend über das Programm. Vor der Abreise führen wir ein ganztägiges Vorbereitungstreffen für alle Teilnehmer und deren Eltern durch. Ehemalige STS-Schüler informieren die Austauschschüler darüber hinaus und stehen als Kontaktschüler zur Verfügung.

Betreuung während des Auslandsaufenthalts
Die Betreuung erfolgt durch STS Deutschland sowie durch den Gebietsrepräsentanten (Area Representative/Local Coordinator) und das STS Büro bzw. unsere Partnerorganisationen vor Ort. Die Betreuer vor Ort haben immer ein offenes Ohr für die Anliegen der Schüler und oft werden auch Treffen mit anderen Austauschschülern organisiert. In der Regel gibt es für STS Austauschschüler Reiseangebote vor Ort (z.B. im Sommer unsere USA Coast-to-Coast-Reise von New York nach Los Angeles oder umgekehrt). Für die Eltern steht STS Sprachreisen während der gesamten Zeit als Ansprechpartner zur Verfügung.

Nachbereitung
Mindestens einmal pro Jahr veranstalten wir ein mehrtägiges Nachbereitungstreffen, wo wir die gemachten Erfahrungen reflektieren, über das Thema „Re-Entry“ sprechen und wie die neu gewonnenen Fähigkeiten in Deutschland angewendet werden. Ferner erläutern wir, wie sich die Rückkehrer in Deutschland weiter bei STS engagieren können.

Stipendien und Sonstiges
STS vergibt Teilstipendien bis zu € 2.000 bei eingereichten Anträgen bis Dezember des Vorjahres. Schulische Leistungen, finanzielle Situation und die Referenzen sind entscheidend.

Preis und Leistung			
Länderwahlprogramm	1. Halbjahr	2. Halbjahr	Schuljahr
Grundpreis (ab)	€ 8.750	€ 8.750	€ 9.450
Flug D – USA	ja	ja	ja
Flugbegleitung auf Hinreise	in der Regel	in der Regel	in der Regel
Vorbereitungstreffen	ja	ja	ja
Vorbereitungsseminar	nein	nein	nein
Einführungsseminar in USA	inklusive	nein	inklusive
Elterntreffen	nein	nein	nein
Nachbereitungstreffen	bei Interesse	bei Interesse	bei Interesse
Nachbereitungsseminar	ja	ja	ja
Kranken-/Unfallversicherung	€ 495	€ 495	€ 795
Haftpflicht-/Gepäckversicherung	ja	ja	ja
Gesamtpreis (ab circa)	**€ 9.245**	**€ 9.245**	**€ 10.245**
Bewerbungsschluss	31.03.	01.10.	31.03.
Spätbewerbung	möglich	möglich	möglich

Das Kleingedruckte und das liebe Geld	
Vertragsabschluss	Erfolgt durch Bestätigung der Vereinbarung.
Zahlungsweise und Sicherungsschein	1. Teilzahlung (fällig direkt nach der Aufnahme): € 1.000 2. Teilzahlung (fällig am 1. Februar): € 2.000 3. Teilzahlung (fällig am 1. Mai): € 2.000 4. Teilzahlung (fällig bei Aushändigung der Reiseunterlagen): Endbetrag Für Abreisen im Januar: 1. Juli bzw. 1. Oktober (zweite bzw. dritte Teilzahlung). Sicherungsschein bei Aufnahme ins Programm.
Kosten bei Rücktritt vom Programm	Rücktritt nach Vertragsabschluss: 10% des Programmpreises Rücktritt nach Erhalt der Gastfamilienadresse/Schulbestätigung und mehr als 2 Monate vor Programmbeginn: 25% des Programmpreises Rücktritt < 60 Tage vor Abreise: 30% des Programmpreises Rücktritt < 30 Tage vor Abreise: 40% des Programmpreises

Kurz und bündig	
Gründungsjahr	jetzige Rechtsform: 1987
Gemeinnützigkeit	nein
USA High School Programm seit	27 Jahren in Deutschland
Amerikanische Partnerorganisation(en)	STS Foundation, CCI
Schülerzahl im USA High School Programm 2014/15	k.A.
Gesamtschülerzahl im High School Programm 2014/15	k.A.

Last, not least	
Bewerbungsinterview	Einzelinterview mit Schüler und Eltern
Vorbereitungstreffen	Hamburg, Berlin, Frankfurt/Main, Köln/Düsseldorf, München
Vorbereitungsseminare	werden nicht angeboten
Einführungsseminare USA	in der Nähe von New York
Nachbereitungstreffen	bei Interesse/nach Vereinbarung regional
Nachbereitungsseminare	wird angeboten

team! Sprachen & Reisen GmbH
Bärbroich 35
51429 Bergisch Gladbach
info@team-sprachreisen.de
Telefon: 02207 / 911 390
Telefax: 02207 / 911 387
www.team-sprachreisen.de

Selbstdarstellung
Wir sind uns unserer Verantwortung bewusst, wenn uns Eltern ihre Kinder anvertrauen und legen größten Wert auf individuelle, persönliche Betreuung. Das Ziel von team! ist es, für jede/n Bewerber/in die optimalen Voraussetzungen für „das schönste Jahr des Lebens" zu schaffen. team! verfügt über langjährige Erfahrung in der Organisation von High School Aufenthalten und ist darüber hinaus Mitglied im Deutschen Fachverband High School (DFH).

Bewerbungsverlauf und Kriterien für die Annahme des Bewerbers
Nach Erhalt der Kurzbewerbung und Überprüfung der formalen Kriterien erfolgt die Einladung zum Interview. Danach findet ein ca. 3-stündiges Interview mit Bewerber/in und Eltern statt. Nach dem Interview teilen wir schriftlich mit, ob der Bewerber/die Bewerberin in das Programm aufgenommen wird. Kriterien für die Aufnahme sind: gute Englischkenntnisse, Offenheit, Anpassungsbereitschaft sowie Motivation und Selbstständigkeit.

Vorbereitung auf den USA-Aufenthalt in Deutschland
team! Informationsbriefe in regelmäßigen Abständen, Vermittlung von "Patenschaften" (ehemalige Teilnehmer, die für Fragen, Tipps etc. den neuen Bewerber/innen zur Verfügung stehen), Vorbereitungstreffen für Schüler/innen und Eltern sowie anschließendes Seminar nur für Teilnehmer/innen.

Betreuung während des Auslandsaufenthalts
Begleitete Gruppenflüge. (Zubringerflüge von fast allen deutschen Flughäfen)
Inklusive: 5-tägige Rundreise New York, Philadelphia, Washington, die von team! und World Heritage Mitarbeitern betreut wird.
Betreuung vor Ort erfolgt durch Vertreter/innen unserer Partnerorganisation, Liste der Ansprechpartner wird mit den Reiseunterlagen an Teilnehmer/innen versandt. Regelmäßigen schriftlichen Kontakt zu Schüler/innen. team! steht während des gesamten Aufenthaltes auch den Eltern für Fragen und Hilfestellungen zur Verfügung. Ständiger Kontakt mit den Büros der Partnerorganisation.

Nachbereitung
Nach der Rückkehr erhalten alle Teilnehmer Fragebögen mit der Möglichkeit zur positiven und negativen Kritik. Des Weiteren besteht auch die Möglichkeit als Returnee bei Interviews und Vorbereitungstreffen, etc. aktiv zu werden. Party im Herbst nach der Rückkehr.

Stipendien und Sonstiges
Von team! werden jedes Jahr Teilstipendien an mehrere Teilnehmer/innen vergeben. Antragsteller müssen einen Notendurchschnitt von 2,0 nachweisen, außerdem muss hervorgehen, dass man nur bei Erhalt eines Teilstipendiums teilnehmen kann.
Betreute Reisen werden während des Jahres von der Partnerorganisation angeboten. Darüber hinaus bietet team! ausgewählte private Schulen in den USA an.

Preis und Leistung			
Länderwahlprogramm	1. Halbjahr	2. Halbjahr	Schuljahr
Grundpreis (ab)	€ 8.550		€ 8.890
Flug D – USA	ja		ja
Flugbegleitung auf Hinreise	ja		ja
Vorbereitungstreffen	nein		nein
Vorbereitungsseminar	ja		ja
Einführungsseminar in USA	nein		nein
Elterntreffen	nein		nein
Nachbereitungstreffen	€ 45/opt.		€ 45/opt.
Nachbereitungsseminar	nein		nein
Kranken-/Unfallversicherung	€ 320		€ 590
Haftpflicht-/Gepäckversicherung	ja		ja
Gesamtpreis (ab circa)	**€ 8.870**		**€ 9.480**
Bewerbungsschluss	31.03.15		31.03.15
Spätbewerbung	auf Anfrage		auf Anfrage

Das Kleingedruckte und das liebe Geld	
Vertragsabschluss	Nach erfolgreichem Interview erhält die/der Bewerber/in ein Aufnahmeangebot, das zum Vertragsabschluss schriftlich von ihr/ihm und den Eltern bestätigt werden muss.
Zahlungsweise und Sicherungsschein	Der Programmpreis ist in vier Teilbeträgen zu entrichten: 20% des Programmpreises 6 Monate vor Reisebeginn und nach Erhalt des Sicherungsscheins. Weitere 20% 4 Monate vor Reisebeginn, 40% 2,5 Monate vor Reisebeginn. Restbetrag 2 Wochen vor Reiseantritt
Kosten bei Rücktritt vom Programm	Nach Annahme des Platzes: 5% des Programmpreises Ab 60 Tage vor Abreise: 30% des Programmpreises Ab 29 Tage vor Abreise: 40% des Programmpreises

Kurz und bündig	
Gründungsjahr	1992
Gemeinnützigkeit	nein
USA High School Programm seit	1992
Amerikanische Partnerorganisation(en)	World Heritage, ASSE
Schülerzahl im USA High School Programm 2014/15	75
Gesamtschülerzahl im High School Programm 2014/15	179

Last, not least	
Bewerbungsinterview	Einzelinterview mit Schülern (und Eltern) in verschiedenen deutschen Großstädten
Vorbereitungstreffen	in verschiedenen Großstädten in Deutschland
Vorbereitungsseminare	in verschiedenen Großstädten in Deutschland
Einführungsseminare USA	Rundreise: New York, Philadelphia, Washington
Nachbereitungstreffen	€ 45/opt.
Nachbereitungsseminare	werden nicht angeboten

TravelWorks (Travelplus Group GmbH)
Münsterstr. 111
48155 Münster
highschool@travelworks.de
Telefon: 02506 / 8303 600
Telefax: 02506 / 8303 231
www.schueleraustausch-international.de

Selbstdarstellung
TravelWorks als Marke der Travelplus Group GmbH, ist Mitglied verschiedener weltweiter Qualitätsverbände sowie des DFH (Deutscher Fachverband High School) und Partner des BundesForum Kinder- und Jugendreisen e.V. In den letzten 23 Jahren haben wir im Rahmen unserer verschiedenen Auslandsprogramme über 100.000 zufriedene Teilnehmer auf Reisen geschickt. Wo auch immer die Reise hingehen soll: Gemeinsam mit unseren Partnern weltweit setzen wir von TravelWorks uns dafür ein, dass unsere Teilnehmer ihr High School Programm optimal vorbereitet antreten und im Gastland eine tolle und sichere Zeit haben.

Bewerbungsverlauf und Kriterien für die Annahme des Bewerbers
Nach der unverbindlichen Bewerbung laden wir die SchülerInnen und deren Eltern zum persönlichen Auswahl- und Informationsgespräch ein. Anschließend senden wir den Bewerbern unsere Buchungsgrundlage sowie das verbindliche Anmeldeformular zu, das bei Interesse am Programm unterschrieben an uns zurückgesandt werden muss. Bewerber werden akzeptiert, wenn sie mindestens einen Notendurchschnitt von drei vorweisen und ihre Note in Englisch nicht schlechter als drei ist. Bewerber müssen flexibel, motiviert, weltoffen, kompromissbereit und anpassungsfähig sein. Ihr Alter liegt zwischen 14 und 18 Jahren.

Vorbereitung auf den USA-Aufenthalt in Deutschland
Etwa drei Monate vor Abreise laden wir die TeilnehmerInnen und ihre Eltern zu einem eintägigen Vorbereitungsseminar in mehreren deutschen Städten und in Österreich ein. Außerdem erhalten die TeilnehmerInnen ein Infohandbuch sowie regelmäßige Inforundbriefe.

Betreuung während des Auslandsaufenthalts
Während des Aufenthaltes werden die Schüler von einem Koordinator unserer Partnerorganisation vor Ort betreut. Für die Eltern stehen natürlich auch die Kollegen in unserem deutschen Büro als Ansprechpartner zur Verfügung, im Notfall auch 24 Stunden am Tag. Alle TeilnehmerInnen des USA-Programms absolvieren direkt nach der Ankunft in New York ein weiteres 3-tägiges Orientierungsseminar (inkl. Verpflegung, Unterbringung, Workshopangebot, Sightseeingtour, Eintrittsgelder). In Australien und Neuseeland nehmen unsere Teilnehmer ebenfalls an einem dreitägigen Seminar in Sydney bzw. Auckland teil. Ähnliche Vorbereitungsseminare finden für unsere Teilnehmer der Programme in Kanada, Argentinien, Brasilien, Frankreich, Irland, Südafrika, Costa Rica und China statt.

Nachbereitung
Nach dem Ende des Programms führen wir ein Nachtreffen für die TeilnehmerInnen im Rahmen eines Ausflugswochenendes durch.

Stipendien und Sonstiges
1 Sozialstipendium à € 1.500, 1 Kreativstipendium à € 2.500, 1 Vollstipendium in den USA über den Deutschen Fachverband High School (DFH) im Wert von ca. € 8.490. 41 Musikstipendien sowie 1 Fußballstipendium in Neuseeland über je 25% der Schulgebühren.

Preis und Leistung			
Länderwahlprogramm	1. Halbjahr	2. Halbjahr	Schuljahr
Grundpreis	€ 8.290	€ 8.290	€ 8.490
Flug D – USA	ja	ja	ja
Flugbegleitung auf Hinreise	ja	nein	ja
Vorbereitungstreffen	ja	ja	ja
Vorbereitungsseminar	nein	nein	nein
Einführungsseminar in USA	ja	ja	ja
Elterntreffen	nein	nein	nein
Nachbereitungstreffen	ja	ja	ja
Nachbereitungsseminar	nein	nein	nein
Kranken-/Unfallversicherung	ja	ja	ja
Haftpflicht-/Gepäckversicherung	ja	ja	ja
Gesamtpreis (circa)	**€ 8.290**	**€ 8.290**	**€ 8.490**
Bewerbungsschluss	15.04. / 15.09.	15.04. / 15.09.	15.04. / 15.09.
Spätbewerbung	nein	nein	nein

Das Kleingedruckte und das liebe Geld	
Vertragsabschluss	Nach der verbindlichen Anmeldung wird mit der schriftlichen Bestätigung/Rechnung durch TravelWorks der Vertrag rechtswirksam.
Zahlungsweise und Sicherungsschein	Nach Erhalt der Rechnung und des Sicherungsscheins ist innerhalb von zehn Tagen eine Anzahlung von 10 Prozent fällig. Die zweite Rate in Höhe von 50 Prozent ist vier Monate vor Reisebeginn fällig, die restlichen 40 Prozent einen Monat vor Reisebeginn.
Kosten bei Rücktritt vom Programm	Nach Annahme des Vertragsangebotes: 10 Prozent des Reisepreises Ab dem 60. Tag vor Abreise: 30 Prozent des Reisepreises Ab dem 30. Tag vor Abreise: 40 Prozent des Reisepreises

Kurz und bündig	
Gründungsjahr (1991: carpe diem Sprachreisen GmbH)	2006 Umfirmierung: Travelplus Group GmbH
Gemeinnützigkeit	nein
USA High School Programm seit	2004
Amerikanische Partnerorganisation(en)	CIEE, Educatius (USA Select)
Schülerzahl im USA High School Programm 2014/15	305
Gesamtschülerzahl im High School Programm 2014/15	536

Last, not least	
Bewerbungsinterview	Einzelinterview: Schüler und Eltern
Vorbereitungstreffen	ja
Vorbereitungsseminare	nein
Einführungsseminare USA	dreitägig in New York
Nachbereitungstreffen	Welcome Back-Wochenende
Nachbereitungsseminare	nein

TREFF – International Education e.V.
Wörthstraße 155
72793 Pfullingen (bei Reutlingen)
info@treff-sprachreisen.de
Telefon: 07121 / 696 696-0
Telefax: 07121 / 696 696-9
www.treff-sprachreisen.de

Selbstdarstellung
Wir wollen es jungen Menschen ermöglichen andere Länder, Kulturen und Lebensweisen kennen zu lernen, um so gegenseitige Toleranz und internationale Freundschaften zu fördern. Wir legen Wert auf sorgfältig ausgesuchte Gastfamilien und intensive Betreuung.

Bewerbungsverlauf und Kriterien für die Annahme des Bewerbers
- Unverbindliche Anmeldung (Anmeldungsformular aus Prospekt oder online auf Website).
- Vollständige Bewerbungsunterlagen werden zugesandt.
- Ein Interviewtermin wird vereinbart. In einem persönlichen Gespräch lernen sich der Bewerber, die Eltern und der Veranstalter kennen. Hier können wichtige Fragen beantwortet werden. Wir führen ein Interview in Englisch mit dem Bewerber.
- Zusammen mit unserem US-Partner entscheiden wir über die Aufnahme in das Programm.
- Bei positivem Entscheid erhält der Bewerber ein Angebot und einen Vertrag.
- Mit Unterzeichnung des Vertrages ist der Bewerber endgültig ins Programm aufgenommen.

Vorbereitung auf den USA-Aufenthalt in Deutschland
- Literaturempfehlungen
- Infobriefe
- ganztägiges Vorbereitungstreffen im Mai/Juni bzw. November/Dezember
- Buddy-Club
- Handbücher für Teilnehmer und Eltern

Betreuung während des Auslandsaufenthalts
Betreuung durch unsere Partnerorganisationen vor Ort.
Jeder Schüler hat einen Koordinator. Der Koordinator führt Einführungsgespräche durch und steht dem Schüler während des gesamten Aufenthaltes zur Seite. Mache Koordinatoren bieten auch Ausflüge und Aktivitäten an. Der Koordinator erwartet auch regelmäßige Rückmeldungen vom Gastschüler.
Darüber hinaus hat der Schüler aber auch immer die Möglichkeit, das Hauptbüro unserer Partnerorganisation unter einer 24 Stunden Notfallnummer zu erreichen.
Selbstverständlich sind auch wir von TREFF immer für Sie da, und wo nötig, schalten wir uns auch bei der Problemlösung ein.

Nachbereitung
Erfahrungsaustausch bei einem Nachtreffen mit Workshops und Freizeitprogramm. Erwünscht ist auch ein Abschlussbericht. Dieses Material wird wiederum zukünftigen Austauschschülern zugänglich gemacht.

Stipendien und Sonstiges
Teilstipendien bis € 1.500 (formloser schriftlicher Antrag, Bescheid innerhalb einer Woche). Wir orientieren uns an den Noten, an besonderem Engagement und den wirtschaftlichen Verhältnissen der Familien: Einkommensnachweis, Kinderzahl, letztes Jahreszeugnis. Abwicklung und Durchführung des Programms erfolgt durch die TREFF-Sprachreisen GmbH.

Preis und Leistung			
Länderwahlprogramm	1. Halbjahr	2. Halbjahr	Schuljahr
Grundpreis (ab)	€ 8.200	€ 8.200	€ 8.800
Flug D – USA	ja	ja	ja
Flugbegleitung auf Hinreise	ja	ja	ja
Vorbereitungstreffen	ja	ja	ja
Vorbereitungsseminar	nein	nein	nein
Einführungsseminar in USA	nein	nein	nein
Elterntreffen	nein	nein	nein
Nachbereitungstreffen	ja	ja	ja
Nachbereitungsseminar	nein	nein	nein
Kranken-/Unfallversicherung	ja	ja	ja
Haftpflicht-/Gepäckversicherung	ja	ja	ja
Gesamtpreis (ab circa)	**€ 8.200**	**€ 8.200**	**€ 8.800**
Bewerbungsschluss	30.03.	30.09.	30.03.
Spätbewerbung	möglich	möglich	möglich

Das Kleingedruckte und das liebe Geld	
Vertragsabschluss	Nach erfolgreichem Interview wird dem Bewerber ein Vertragsangebot zugesandt, das die Eltern bestätigen müssen.
Zahlungsweise und Sicherungsschein	20 % nach Erhalt der Buchungsbestätigung und des Sicherungsscheins 20 % bis 1. März (Programmbeginn im August) bzw. 1. August (Programmbeginn im Januar) 20 % bis 1. Mai (Programmbeginn im August) bzw. 1. Oktober (Programmbeginn im Januar) 40 % nach Erhalt der Gastfamilieninformation, spätestens jedoch 3 Wochen vor Progarmmbeginn.
Kosten bei Rücktritt vom Programm	10 % nach Ablauf der Rücktrittsfrist und vor Anmeldeschluss 20 % nach Anmeldeschluss ohne erfolgte Platzierung 40 % nach erfolgter Platzierung

Kurz und bündig	
Gründungsjahr (1984 TREFF Sprachreisen GmbH)	1994: TREFF International Educ. e.V.
Gemeinnützigkeit	ja
USA High School Programm seit	1995
Amerikanische Partnerorganisation(en)	ISE, CASE, ERDT, IF
Schülerzahl im USA High School Programm 2014/15	129
Gesamtschülerzahl im High School Programm 2014/15	194

Last, not least	
Bewerbungsinterview	Gruppen- oder Einzelinterview mit Schüler und Eltern
Vorbereitungstreffen	i.d.R. Berlin, Hamburg, Frankfurt, München, Köln, Reutlingen und Stuttgart
Vorbereitungsseminare	werden nicht angeboten
Einführungsseminare USA	optionales Sightseeing-Programm in Washington mit zwei Übernachtungen zum Preis von circa € 390
Nachbereitungstreffen	i.d.R. Frankfurt, Köln, Stuttgart
Nachbereitungsseminare	werden nicht angeboten

World Wide Qualifications Sprach- und Studienreisen GmbH
Buschöhrchen 29
53819 Neunkirchen-Seelscheid
info@schuelerweltweit.de
Telefon: 02247 / 969 0 480
Telefax: 02247 / 969 0 482
www.schuelerweltweit.de

Selbstdarstellung
World Wide Qualifications wurde ursprünglich in Irland, in 1999 von Ex-Betreuern und ESL Englisch Lehrern gegründet. Die Philosophie von World Wide Qualifications ist es, Schülern und Studenten positive Erfahrungen und die bestmögliche Ausbildung in einem anderen Land zu ermöglichen. Um das zu erreichen, und aufgrund unserer langjährigen Erfahrungen als Betreuer von Austauschschülern vor Ort, legen wir bewusst Wert auf individuelle Beratung, gute Betreuung und die Auswahl der Gastfamilien sowie Partnern im Ausland. Wünsche von Schülern und Eltern werden berücksichtigt. Für High School USA bieten wir das günstige klassische Programm. Regionalwahl, Staatenwahl (inklusive Kalifornien, Florida) ist hierbei möglich. Zusätzlich wird das Selectprogramm geboten, bei dem Schüler und Eltern aus einer großen Anzahl Schulen und Internaten eine Schule oder Stadt selber auswählen können. Wünsche der Sportarten oder eines bestimmten Lifestyles wie z.B. Reiten, Strand- oder Großstadtleben können auf diese Weise erfüllt werden.
In den USA werden Schüler von unserer Partnerorganisation ISE oder Forte betreut, welche insbesondere innerhalb der USA einen sehr guten Ruf genießen weil sie eine gute Betreuung gewährleisten. Das ist wichtig, denn Schulen und Gastfamilien nehmen gerne Schüler unter der Obhut von ISE oder Forte auf. ISE ist eine der ältesten Austauschorganisationen welche schon seit über 30 Jahren Schüler in den USA betreut. World Wide Qualifications bietet High School Programme, Sprachreisen, sowie Lehrerfortbildungen in vielen Ländern an.

Bewerbungsverlauf und Kriterien für die Annahme des Bewerbers
Nach Eingang Deines Bewerbungsformulars erfolgt ein Informationsgespräch. Ein solch individuelles Gespräch ist ganz wichtig, um für Dich eine Schule und Gastfamilie zu finden, wo Du Dich wohl fühlen wirst! Kriterien: Notendurchschnitt 3. Wir bieten auch eine „Summerschool" an – hier ist der Notendurchschnitt unerheblich.

Vorbereitung auf den USA-Aufenthalt in Deutschland
Nach der Anmeldung beginnt der Englisch-Vorbereitungsfernlehrgang. Außerdem wirst Du von uns laufend informiert z.B. über Schule und Gastfamilie. 1-2 Monate vor Abfahrt: Schüler & Elterntreffen: Hier werden organisatorische Dinge besprochen z.B. über den Reiseablauf, und Dinge die Du auf der Reise mitnehmen solltest. Am 2. Tag folgt ein „außergewöhnliches" Englisch-Intensiv Seminar mit Muttersprachlern und viel Spaß: Mit anderen Schülern machst Du Rollenspiele auf Englisch, so dass Du in den ersten Tagen in den USA keine Angst mehr vor der fremden Sprache haben brauchst!

Betreuung während des Auslandsaufenthalts
„Co-ordinator" u. Regional Manager der Partnerorganisation vor Ort, WWQ in Deutschland.

Nachbereitung
Nach Deiner Rückkehr kannst Du bei unserem Schülerpatenschaftsprogramm mitwirken

Stipendien und Sonstiges
Teil-Stipendien, *Staatenwahl und Regionenwahl werden angeboten
Während der Schulferien bieten wir für Austauschschüler USA-Jugendreisen an.
F1 Programm: Staatliche Schulen mit Schulwahl USA schon ab 14 Jahren möglich.

Preis und Leistung			
Länderwahlprogramm	1. Halbjahr	2. Halbjahr	Schuljahr
Grundpreis	€ 6.220	€ 5.990	€ 6.550
Flug D – USA	€ 1.100/p	€ 1.100/p	€ 1.100/p
Flugbegleitung auf Hinreise	nein	nein	nein
Vorbereitungstreffen	ja	ja	ja
Vorbereitungsseminar	ja	ja	ja
Einführungsseminar in USA	nein	nein	nein
Elterntreffen	nein	nein	nein
Nachbereitungstreffen	ja	ja	ja
Nachbereitungsseminar	nein	nein	nein
Kranken-/Unfallversicherung	€ 349	€ 349	€ 539
Haftpflicht-/Gepäckversicherung	ja	ja	ja
Gesamtpreis (circa)	**€ 7.670**	**€ 7.440**	**€ 8.190**
Bewerbungsschluss	15.04.	15.10.	15.04.
Spätbewerbung	möglich	möglich	möglich

Das Kleingedruckte und das liebe Geld	
Vertragsabschluss	Bewerbung und Interview sind unverbindlich. Vertragsabschluss erfolgt erst nach dem erfolgreichen Interview/ Infogespräch und nach Gegenzeichnung des Vertrags durch die Eltern und Teilnehmer.
Zahlungsweise und Sicherungsschein	20% Anzahlung bei Anmeldung nach Erhalt des Sicherungsscheins. 2. Rate ca. 3 Monate vor Abflug, Restzahlung 30 Tag Abflug. Weitere Ratenzahlung nach Absprache möglich.
Kosten bei Rücktritt vom Programm	Nach Aufnahme in das Programm 10% Nach Zusage der Schule oder Gastfamilie oder/und ab 60 Tage vor Reisebeginn 30% . 30-59 Tage vor Reisebeginn 40%

Kurz und bündig	
Gründungsjahr	2005
Gemeinnützigkeit	nein
USA High School Programm seit	2005
Amerikanische Partnerorganisation(en)	ISE, Forte, DMD für Privatschulen
Schülerzahl im USA High School Programm 2014/15	37
Gesamtschülerzahl im High School Programm 2014/15	71

Last, not least	
Bewerbungsinterview	Einzel- oder Gruppeninterview mit Schüler und Eltern
Vorbereitungstreffen	in Köln und anderen Städten o. schulintern
Vorbereitungsseminare	in Köln und in verschiedenen Städten je nach Anmeldungen
Einführungsseminare USA	werden teilweise angeboten
Nachbereitungstreffen	werden angeboten
Nachbereitungsseminare	werden nicht angeboten

Xplore GmbH
Theodorstr. 48
22761 Hamburg
info@xplore.de
Telefon: 040 / 429 336 00
Telefax: 040 / 429 336 11
www.xploreschueleraustausch.de

Selbstdarstellung

Wir bieten dir die Möglichkeit, aus einem von 10 Zielen weltweit zu wählen. Dabei ist es uns wichtig, dich bei jedem einzelnen Kontakt mit uns zufrieden zu stellen! Wir sehen Xplore als eine ultimativ kundenorientierte Organisation mit hohem Anspruch an perfekten Service. Bei uns sollst du dich verstanden und sehr gut betreut fühlen. Wir kommunizieren – und leben – Herzlichkeit, Kompetenz und Professionalität. Kontinuität im Mitarbeiterstamm ist unser oberstes Ziel. Damit wollen wir dir feste Ansprechpartner bieten und Individualität sicherstellen; d.h. du bist bei Xplore der „Name“ und nicht die „Nummer“. Was uns wichtig ist, sind positives Kunden-Feedback und Mundpropaganda – denn deine Zufriedenheit ist immer noch die beste Werbung!

Bewerbungsverlauf und Kriterien für die Annahme des Bewerbers

Zunächst kannst du dich online oder mit unserem Anmeldeformular aus dem Katalog, einer Kopie deines letzten Zeugnisses und einem aktuellen Foto ganz unverbindlich bei uns bewerben. Wir melden uns zur Terminabsprache und es folgt ein persönliches Beratungsgespräch mit dir und deinen Eltern. Wir unterhalten uns über die Besonderheiten deines Wunschlandes, Anforderungen, Schule, Charaktereigenschaften der Bewohner, Essen etc. und auch über typische Probleme. Dieses Gespräch wird mit jedem einzelnen Teilnehmer, nie in einer Gruppe durchgeführt. Wir beantworten alle Fragen und nehmen uns ca. 2-3 Stunden Zeit, um dich auch ein wenig kennenlernen zu können! Nach dem Gespräch erfährst du sofort, ob du angenommen bist oder nicht.

Vorbereitung auf den USA-Aufenthalt in Deutschland

Die Vorbereitung startet bereits mit unserem ausführlichen, individuellen Auswahlgespräch, das viele offene Fragen klärt, und vor dem Abflug treffen wir uns zu einem eintägigen Schüler- und Elternworkshop. Dieser Tag ist von uns auf die verschiedenen Programmländer zugeschnitten und behandelt verschiedene Themenblöcke wie z.B. Eingewöhnung und Problembewältigung. Unsere Mitarbeiter waren bereits in allen von uns angebotenen Ländern! Zu Beginn deines Programms fliegst du zum dreitägigen Orientation Meeting nach New York City mit Seminar und Sightseeing, das bereits im Preis enthalten ist. Einer aus dem Xplore-Team begleitet dich auf dem Flug und hilft bei den Einreiseformalitäten!

Betreuung während des Auslandsaufenthalts

Du hast vor Ort einen Betreuer, der während des gesamten Aufenthaltes für dich da ist. In den USA sind das die „LC‘s“ (Local Coordinator). Sie kümmern sich auch um die Gastfamilien und einen Schulplatz. In jedem Land arbeiten wir mit einem Partner zusammen, in den USA ist das die gemeinnützige Organisation CIEE. Die Mitarbeiter vor Ort kennen wir persönlich schon seit Jahren und unsere Schüler und wir können sie im Notfall jederzeit erreichen.

Nachbereitung

Persönliches Feedback sowie der Austausch mit anderen „Ehemaligen“ ist uns wichtig. Dafür laden wir alle Xplore Schüler einmal pro Jahr zu einem großen mehrtägigen Treffen ein.

Stipendien und Sonstiges

Preis und Leistung			
Länderwahlprogramm	1. Halbjahr	2. Halbjahr	Schuljahr
Grundpreis	€ 7.650	€ 7.650	€ 7.750
Flug D – USA	€ 1.400/p	€ 1.400/p	€ 1.400/p
Flugbegleitung auf Hinreise	ja	ja	ja
Vorbereitungstreffen	ja	ja	ja
Vorbereitungsseminar	nein	nein	nein
Einführungsseminar in USA	ja	ja	ja
Elterntreffen	nein	nein	nein
Nachbereitungstreffen	nein	nein	nein
Nachbereitungsseminar	ja	ja	ja
Kranken- / Unfallversicherung	ja	ja	ja
Haftpflicht-/Gepäckversicherung	ja	ja	ja
Gesamtpreis (circa)	**€ 9.050**	**€ 9.050**	**€ 9.150**
Bewerbungsschluss	15.04.	15.10.	15.04.
Spätbewerbung	möglich	möglich	möglich

Das Kleingedruckte und das liebe Geld	
Vertragsabschluss	Nach erfolgreichem Auswahlgespräch machen wir ein Vertragsangebot, das bestätigt werden muss.
Zahlungsweise und Sicherungsschein	15% nach Vertragsabschluss und nach Erhalt des Sicherungsscheins – 50% 4 Monate vor Abreise – 35% nach Erhalt der Gastfamilie (frühestens 2 Monate vor Abreise)
Kosten bei Rücktritt vom Programm	10% bei Rücktritt nach Vertragsabschluss 25% bei Rücktritt nach Übersendung der Gastfamilienadresse und mehr als 2 Monate vor Programmbeginn 40% bei Rücktritt weniger als 2 Monate vor Programmbeginn

Kurz und bündig	
Gründungsjahr	2009
Gemeinnützigkeit	nein
USA High School Programm seit	2010
Amerikanische Partnerorganisation(en)	CIEE
Schülerzahl im USA High School Programm 2014/15	108
Gesamtschülerzahl im High School Programm 2014/15	242

Last, not least	
Bewerbungsinterview	Einzelinterview mit Schüler und Eltern
Vorbereitungstreffen	Köln, Hamburg
Vorbereitungsseminare	werden nicht angeboten
Einführungsseminare USA	New York City
Nachbereitungstreffen	werden nicht angeboten
Nachbereitungsseminare	zentrales Treffen für alle

AFS Interkulturelle Begegnungen e.V.
Friedensallee 48
22765 Hamburg
info@afs.de
Telefon: 040 / 399 222-0
Telefax: 040 / 399 222-99
www.afs.de

Preis und Leistung			
Länderwahlprogramm	1. Halbjahr	2. Halbjahr	Schuljahr
Grundpreis	€ 7.290	€ 7.290	€ 7.790
Flug D – Argentinien	ja	ja	ja
Flugbegleitung auf Hinreise	ab 30 Teiln.	ab 30 Teiln.	ab 30 Teiln.
Vorbereitungstreffen	teilweise	teilweise	teilweise
Vorbereitungsseminar	ja	ja	ja
Einführungsseminar in Argentinien	ja	ja	ja
Elterntreffen	teilweise	teilweise	teilweise
Nachbereitungstreffen	ja	ja	ja
Nachbereitungsseminar	ja	ja	ja
Kranken-/Unfallversicherung	ja	ja	ja
Haftpflicht-/Gepäckversicherung	nein	nein	nein
Gesamtpreis (circa)	**€ 7.290**	**€ 7.290**	**€ 7.790**
Bewerbungsschluss	15.10.	15.05.	15.05. / 15.10
Spätbewerbung	möglich	möglich	möglich

Bewerbungsverlauf und Kriterien für die Annahme des Bewerbers
Alle Bewerber werden zu einem Auswahlwochenende in der Nähe ihres Wohnortes eingeladen. Die persönliche Eignung der Bewerber ist ausschlaggebend (Offenheit, Toleranz, Selbstständigkeit, Anpassungsbereitschaft, Kommunikationsfähigkeit, innere Stabilität usw.).

Vorbereitung auf den Argentinien-Aufenthalt in Deutschland
AFS legt großen Wert auf die Vorbereitung. Es finden 2-3 Wochenendseminare statt: 1 oder 2 zur Grundvorbereitung (je nach Abreisetermin) und ein weiteres zur länderspezifischen Vorbereitung. Im persönlichen Gespräch mit der Familie wird individuell auf alle Fragen eingegangen, für die Eltern organisieren die Ehrenamtlichen Treffen zum gegenseitigen Austausch.

Betreuung während des Auslandsaufenthalts und durch Nachbereitung
Das weltweite AFS-Netzwerk ermöglicht die persönliche Betreuung der Teilnehmer vor, während und nach dem Austauschjahr. AFS im Gastland organisiert ein Einführungsseminar zu Beginn des Programms und ein Orientierungs-/ Auswertungsseminar im weiteren Verlauf des Auslandsaufenthaltes. Jeder Teilnehmer hat einen persönlichen Ansprechpartner vor Ort, hauptamtliche Mitarbeiter in allen AFS-Büros sind für Notfälle jederzeit erreichbar. AFS bietet seinen Teilnehmern zwei Seminare zur Nachbereitung an: ein Grundseminar auf lokaler Ebene und eine überregionale Nachbereitung in verschiedenen Orten Deutschlands.

Stipendien und Sonstiges
AFS vergibt an über 30 Prozent seiner Teilnehmer Stipendien aus Vereinsmitteln und Spenden. Erstes Vergabekriterium ist in der Regel die finanzielle Situation der Familie.

Kurz und bündig			
Gründungsjahr (1947)	1992	Schülerzahl im Argentinien-Programm 2014/15	63
ARG-Programm seit	1975	Gesamtschülerzahl im High School Programm 2014/15	1.044
Gemeinnützigkeit	ja	Partner in Argentinien	AFS

CAMPS International GmbH	
Poolstraße 36	Telefon: 040 / 822 90 27 0
20355 Hamburg	Telefax: 040 / 822 90 27 29
info@camps.de	www.camps.de

Preis und Leistung

Länderwahlprogramm	3 Monate	Halbjahr	Schuljahr
Grundpreis	€ 5.100	€ 5.800	€ 6.600
Flug D – Argentinien	€ 1.400/p	€ 1.400/p	€ 1.400/p
Flugbegleitung auf Hinreise	nein	nein	nein
Vorbereitungstreffen	ja	ja	ja
Vorbereitungsseminar	nein	nein	nein
Einführungsseminar in Argentinien	ja	ja	ja
Elterntreffen	nein	nein	nein
Nachbereitungstreffen	nein	nein	nein
Nachbereitungsseminar	ja	ja	ja
Kranken-/Unfallversicherung	€ 150/p	€ 300/p	€ 600/p
Haftpflicht-/Gepäckversicherung	ja	ja	ja
Gesamtpreis (circa)	**€ 6.650**	**€ 7.500**	**€ 8.600**
Bewerbungsschluss	28.02. / 30.09.	28.02. / 30.09.	28.02. / 30.09.
Spätbewerbung	möglich	möglich	möglich

Bewerbungsverlauf und Kriterien für die Annahme des Bewerbers
Bewerber füllen das Anmeldeformular aus dem Katalog aus oder bewerben sich online unter www.camps.de/anmeldung. Danach folgt ein persönliches Auswahlgespräch, ggf. per Skype. Dieses Interview wird bei uns immer als Einzel-, nie als Gruppengespräch geführt! Wir wollen jeden Bewerber und dessen Eltern bestmöglich kennenlernen. Zudem versuchen wir, falsche Vorstellungen von einem Gastschulaufenthalt schon im Vorwege zu korrigieren. Wir teilen dem Schüler noch während des Gespräches mit, ob wir ihn in das Programm aufnehmen.

Vorbereitung auf den Argentinien-Aufenthalt in Deutschland
Durch Argentinienbesuche und Gespräche mit den Vertretern unserer argentinischen Partnerorganisation können wir uns ein gutes Bild vom Leben in den einzelnen Regionen des Landes und den Erwartungen an einen Gastschüler machen. Diese Erfahrungen versuchen wir bei verschiedenen Informationsveranstaltungen und im Rahmen eines eintägigen Workshops vor Reiseantritt neuen Gastschülern pragmatisch zu vermitteln.

Betreuung während des Auslandsaufenthalts und durch Nachbereitung
In Argentinien selbst beginnt der Aufenthalt mit einem mehrtägigen Orientation Meeting inkl. Sprachkurs, veranstaltet durch Mitarbeiter unseres Partners Intercambio Cultural.
Wir veranstalten einmal pro Jahr ein Returnee Meeting. Hier treffen sich ehemalige CAMPS-Schüler zum Erfahrungsaustausch.

Stipendien und Sonstiges
Platzierung erfolgt nur auf Privatschulen.

Kurz und bündig

Gründungsjahr (1984)	2010	Schülerzahl im Argentinien-Programm 2014/15	6
ARG-Programm seit	2005	Gesamtschülerzahl im High School Programm 2014/15	141
Gemeinnützigkeit	nein	Partner in Argentinien	InterCambio Cultural

CAP – Cultures and Perspectives – Inh. Geska Jäkel
Rosenäckerweg 14 Telefon: 07348 / 250 91 39
89160 Dornstadt Telefax. 07348 / 205 91 40
info@go-cap.de www.go-cap.de

Preis und Leistung

Länderwahlprogramm	3 Monate	Halbjahr	Schuljahr
Grundpreis	€ 4.300	€ 5.400	€ 6.150
Flug D – Argentinien	€ 1.400/p	€ 1.400/p	€ 1.400/p
Flugbegleitung auf Hinreise	nein	nein	nein
Vorbereitungstreffen	nein	nein	nein
Vorbereitungsseminar	ja	ja	ja
Einführungsseminar in Argentinien	ja	ja	ja
Elterntreffen	nein	nein	nein
Nachbereitungstreffen	ja	ja	ja
Nachbereitungsseminar	nein	nein	nein
Kranken-/Unfallversicherung	€ 165	€ 275	€ 550
Haftpflicht-/Gepäckversicherung	ja	ja	ja
Gesamtpreis (circa)	**€ 5.865**	**€ 7.075**	**€ 8.100**
Bewerbungsschluss	nach Verfügbarkeit freier Plätze		
Spätbewerbung	möglich	möglich	möglich

Bewerbungsverlauf und Kriterien für die Annahme des Bewerbers
Jeder Schüler von Real-, Gesamtschulen und Gymnasien muss Grundvoraussetzungen erfüllen. Neben dem Alter (14-18), mindestens ausreichenden Schulnoten brauchen unsere Schüler auch noch das „persönliche Zeug" dazu: Motivation, Anpassungsfähigkeit, Flexibilität und der nötige Biss. Spanischkenntnisse sind wünschenswert, aber keine Grundvoraussetzung. Für die unverbindliche Bewerbung benötigen wir die Online-Bewerbung auf unserer Homepage. Unser persönliches Interview wird bei jedem Schüler zu Hause durchgeführt. Während dieses Gespräches überzeugen wir uns von dem Schüler und seiner persönlichen Eignung und klären offene Fragen.

Vorbereitung auf den Argentinien-Aufenthalt in Deutschland
Wir bieten im Frühjahr und Herbst ein Vorbereitungsseminar für Eltern und Schüler an.

Betreuung während des Auslandsaufenthalts und durch Nachbereitung
Intensive Einführungswoche mit Sprachunterricht in Argentinien. Der Aufenthalt wird auch mit Sprachunterricht begleitet. Jeder Schüler hat einen deutschsprachigen Koordinator vor Ort, der in regelmäßigem Kontakt mit den Schülern steht und bei Problemen hilft. Auch CAP begleitet die Schüler und stellt eine Notrufbereitschaft außerhalb der Bürozeiten bereit.

Stipendien und Sonstiges
Teilstipendien für all unsere Programme. Die Aufenthaltsdauer kann variabel von 2 – 10 Monate gestaltet werden.

Kurz und bündig

Gründungsjahr	2007	Schülerzahl im Argentinien Programm 2014/15	3
ARG-Programm seit	2007	Gesamtschülerzahl im High School Programm 2014/15	35
Gemeinnützigkeit	nein	Partner in Argentinien	ICC

Deutsches Youth For Understanding Komitee e.V. (YFU)	
Oberaltenallee 6	Telefon: 040 / 22 70 02-0
22081 Hamburg	Telefax: 040 / 22 70 02-27
info@yfu.de	www.yfu.de

Preis und Leistung			
Länderwahlprogramm			Schuljahr
Grundpreis			€ 7.650
Flug D – Argentinien			ja
Flugbegleitung auf Hinreise			ja
Vorbereitungstreffen			ja
Vorbereitungsseminar			ja
Einführungsseminar in Argentinien			ja
Elterntreffen			ja
Nachbereitungstreffen			ja
Nachbereitungsseminar			ja
Kranken-/Unfallversicherung			ja
Haftpflicht-/Gepäckversicherung			ja
Gesamtpreis			**€ 7.650**
Bewerbungsschluss			variabel
Spätbewerbung			nein

Bewerbungsverlauf und Kriterien für die Annahme des Bewerbers
Bei YFU können sich Schülerinnen und Schüler aller Schularten bewerben. Sie sollten aufgeschlossen, anpassungsfähig und verantwortungsbewusst sein und mindestens durchschnittliche Schulleistungen vorweisen. Nach Durchsicht der schriftlichen Bewerbungsunterlagen führt YFU regional Auswahlgespräche in Form von Gruppen- und Einzelinterviews durch.

Vorbereitung auf den Argentinien-Aufenthalt in Deutschland
Alle YFU-Austauschschüler nehmen vor Abreise an einer einwöchigen Tagung teil, auf der sie intensiv auf das Leben in einer fremden Kultur vorbereitet werden und praktische Tipps für den Alltag in Argentinien erhalten. Auch für Eltern werden eigene Vorbereitungstreffen angeboten. YFU stellt außerdem umfangreiche schriftliche Unterlagen zur Verfügung.

Betreuung während des Auslandsaufenthalts und durch Nachbereitung
Jeder Austauschschüler hat im Ausland vor Ort einen persönlichen Betreuer. Darüber hinaus stehen die hauptamtlichen YFU-Mitarbeiter in Deutschland und Argentinien zur Verfügung – im Notfall rund um die Uhr. Während des Austauschjahres finden außerdem begleitende Seminare statt. Nach der Rückkehr gibt es ein zwei- bis dreitägiges Nachbereitungsseminar.

Stipendien und Sonstiges
YFU vergibt jährlich rund 300 Stipendien im Gesamtwert von etwa einer halben Million Euro. Die Vergabe und Höhe der Stipendien richtet sich nach der finanziellen Situation der Familie, nicht nach Schulnoten. Weitere Informationen gibt es unter www.yfu.de/stipendien.

Kurz und bündig			
Gründungsjahr	1957	Schülerzahl im Argentinien-Programm 2014/15	19
ARG-Programm seit	1987	Gesamtschülerzahl im High School Programm 2014/15	1.092
Gemeinnützigkeit	ja	Partner in Argentinien	YFU Argentinien

DFSR – Dr. Frank Sprachen & Reisen GmbH
Siegfriedstr. 5 Telefon: 06252 / 93 32-0
64646 Heppenheim Telefax: 06252 / 93 32-60
info@dfsr.de www.dfsr.de

Preis und Leistung			
Länderwahlprogramm	1. Halbjahr	2. Halbjahr	Schuljahr
Grundpreis	€ 8.490	€ 8.490	€ 8.990
Flug D – Argentinien	ja	ja	ja
Flugbegleitung auf Hinreise	nein	nein	nein
Vorbereitungstreffen	nein	nein	nein
Vorbereitungsseminar	ja	ja	ja
Einführungsseminar in Argentinien	ja	ja	ja
Elterntreffen	ja	ja	ja
Nachbereitungstreffen	ja	ja	ja
Nachbereitungsseminar	nein	nein	nein
Kranken-/Unfallversicherung	€ 325	€ 325	€ 650
Haftpflicht-/Gepäckversicherung	ja	ja	ja
Gesamtpreis (circa)	**€ 8.815**	**€ 8.815**	**€ 9.640**
Bewerbungsschluss	15.12.	15.05.	15.12. / 15.05.
Spätbewerbung	möglich	möglich	möglich

Bewerbungsverlauf und Kriterien für die Annahme des Bewerbers
Für alle Teilnehmer gilt: Es kommt nicht nur auf die Schulnoten an. Wichtig sind auch ihre Motivation und ihr Interesse an dem Gastland und dem Kulturaustausch. Der zukünftige Austauschschüler sollte Flexibilität, Verständnis, Toleranz und Selbstständigkeit mitbringen. Bewerben können sich Schüler/innen, die über gute Englisch- oder Spanischkenntnisse verfügen.
Teilnahmealter: 14 – 18 Jahre.
Bewerbungsverlauf: Ausfüllen des Bewerbungsformulars, persönliches Bewerbungsgespräch gemeinsam mit den Eltern, nach erfolgreichem Gespräch Aufnahme ins Programm.

Vorbereitung auf den Argentinien-Aufenthalt in Deutschland
Intensives Vorbereitungsseminar in mehreren Städten Deutschlands.

Betreuung während des Auslandsaufenthalts und durch Nachbereitung
Unsere kleine, familiäre Partnerorganisation in Argentinien befindet sich in der Nähe der Gastfamilien und steht den Schülern mit Rat und Tat zur Seite. Auch DFSR ist über eine 24h-Notrufnummer immer erreichbar. Nach Rückkehr der Schüler nach Deutschland erhalten sie die Möglichkeit, auf der Welcome-Back Party von ihren Erfahrungen zu berichten.

Stipendien und Sonstiges
Auch Kurzaufenthalt von 8 oder 12 Wochen möglich.
Mehrtägiges Soft Landing Camp in Córdoba und 20 Stunden Spanischkurs zu Beginn des Aufenthalts inklusive. Optional können weitere 40 Stunden Spanischkurs und Ausflüge durch das Land gebucht werden.

Kurz und bündig			
Gründungsjahr	1978	Schülerzahl im Argentinien-Programm 2014/15	0
ARG-Programm seit	2015	Gesamtschülerzahl im High School Programm 2014/15	392
Gemeinnützigkeit	nein	Partner in Argentinien	EduQuality

Experiment e.V.
Gluckstraße 1
53115 Bonn
info@experiment-ev.de
Telefon: 0228 / 95722-0
Telefax: 0228 / 35 82 82
www.experiment-ev.de

Preis und Leistung			
Länderwahlprogramm	1. Halbjahr	2. Halbjahr	Schuljahr
Grundpreis	€ 5.995	€ 5.995	€ 6.750
Flug D – Argentinien	ja	ja	ja
Flugbegleitung auf Hinreise	teilweise	nein	teilweise
Vorbereitungstreffen	nein	nein	nein
Vorbereitungsseminar	ja	ja	ja
Einführungsseminar in Argentinien	ja	ja	ja
Elterntreffen	nein	nein	nein
Nachbereitungstreffen	nein	nein	nein
Nachbereitungsseminar	ja	ja	ja
Kranken-/Unfallversicherung	ja	ja	ja
Haftpflicht-/Gepäckversicherung	ja/nein	ja/nein	ja/nein
Gesamtpreis (circa)	**€ 5.995**	**€ 5.995**	**€ 6.750**
Bewerbungsschluss	01.02. / 01.08	01.02. / 01.08.	01.02. / 01.08
Spätbewerbung	möglich	möglich	möglich

Bewerbungsverlauf und Kriterien für die Annahme des Bewerbers
Schülerinnen und Schüler zwischen 14 und 18 Jahren können an dem Programm teilnehmen. Voraussetzung ist, dass der Bewerber bis zur Ausreise eine weiterführende Schule besucht. Er sollte ein ernsthaftes Interesse am interkulturellen Austausch haben und bereit sein, der neuen Umgebung Informationen und Eindrücke von Deutschland zu vermitteln. Aufgeschlossenheit, Offenheit, Toleranz und ein gewisses Anpassungsvermögen sind dabei unentbehrliche Fähigkeiten. Wir erwarten, dass Grundkenntnisse in Spanisch bis zur Ausreise erlernt werden.

Vorbereitung auf den Argentinien-Aufenthalt in Deutschland
Alle Teilnehmer werden zu einem überregionalen, viertägigen Vorbereitungsseminar eingeladen, auf dem sie von Ehrenamtlichen umfassend auf ihren Auslandsaufenthalt vorbereitet werden. Diese intensive Vorbereitung findet bereits mehrere Wochen vor der Ausreise statt, ist verpflichtend für alle Teilnehmer und daher bereits im Preis enthalten.

Betreuung während des Auslandsaufenthalts und durch Nachbereitung
Ein persönlicher Betreuer unserer Partnerorganisation hat die Gastfamilie vor der Ankunft des Austauschschülers besucht und ist während des Aufenthaltes Ansprechpartner für Schüler und Gastfamilie. Für Eltern und Teilnehmer gibt es zusätzlich in Deutschland einen telefonischen Bereitschaftsdienst von Experiment e.V., der rund um die Uhr erreichbar ist.

Stipendien und Sonstiges
Experiment e.V. stellt für den „Schulbesuch im Ausland" einen eigenfinanzierten Stipendienfonds in Höhe von € 60.000 (2015-16) zur Verfügung. Sprachpionierstipendien (€ 4.000) für nicht-englischsprachige Länder. Aktuelle Stipendien unter www.experiment-ev.de/stipendien.

Kurz und bündig			
Gründungsjahr	1932	Schülerzahl im Argentinien-Programm 2014/15	13
ARG-Programm seit	2009	Gesamtschülerzahl im High School Programm 2014/15	490
Gemeinnützigkeit	ja	Partner in Argentinien	E.I.L. Argentina

Global Youth Group e.V.
Eststr. 6
45149 Essen
info@global-youth-group.de
Telefon: 0201 / 6124529
Telefax: 0201 / 47619824
www.global-youth-group.de

Preis und Leistung

Länderwahlprogramm	3 Monate	Halbjahr	Schuljahr
Grundpreis	€ 3.900	€ 4.600	€ 5.850
Flug D – Argentinien	€ 1.400/p	€ 1.400/p	€ 1.400/p
Flugbegleitung auf Hinreise	optional	optional	optional
Vorbereitungstreffen	optional	optional	optional
Vorbereitungsseminar	ja	ja	ja
Einführungsseminar in Argentinien	ja	ja	ja
Elterntreffen	ja	ja	ja
Nachbereitungstreffen	nein	nein	nein
Nachbereitungsseminar	ja	ja	ja
Kranken-/Unfallversicherung	ja	ja	ja
Haftpflicht-/Gepäckversicherung	ja	ja	ja
Gesamtpreis (circa)	**€ 5.300**	**€ 6.000**	**€ 7.250**
Bewerbungsschluss	31.10. / 31.3.	31.10. / 31.3.	31.10. / 31.3.
Spätbewerbung	auf Anfrage	auf Anfrage	auf Anfrage

Bewerbungsverlauf und Kriterien für die Annahme des Bewerbers
Bewerben kannst du dich online, per Telefon / Fax oder mit unserem Bewerbungsformular welches du in unserer Broschüre findest. Anschließend verabreden wir mit dir und deinen Eltern ein kostenloses und unverbindliches Bewerbungsinterview.
Du solltest dich für die Kultur, das Leben und die Sprache in Argentinien interessieren.
Teilnahme ab 14 Jahren möglich.

Vorbereitung auf den Argentinien-Aufenthalt in Deutschland
Wir bereiten dich und deine Eltern im Vorbereitungsseminar auf deinen Aufenthalt in Argentinien vor.
Das Seminar findet in Nord-, Ost-, Süd- und Westdeutschland statt.

Betreuung während des Auslandsaufenthalts und durch Nachbereitung
In Argentinien wirst du durch unsere Partnerorganisation betreut. Diese stellt dir einen persönlichen Betreuer, sowie eine 24-Stunden Notrufnummer zur Verfügung. Zusätzlich steht dir und deinen Eltern stets dein persönlicher GYG Ansprechpartner zur Seite.
Nach deiner Rückkehr findet ein Nachbereitungscamp statt.

Stipendien und Sonstiges
Preisnachlass: - 150 € bei Geschwisterkindern; - 80 € bei Freunden;
GYG Weltbürger-Teilstipendium: 2 x 2.000 € (2015/16); 2 x 1.000 € (2016/17)
Inklusive: Orientierungscamp zu Beginn mit Sprachunterricht.

Kurz und bündig

Gründungsjahr	2009	Schülerzahl im Argentinien-Programm 2014/15	0
ARG-Programm seit	2013	Gesamtschülerzahl im High School Programm 2014/15	79
Gemeinnützigkeit	ja	Partner in Argentinien	ICC

GLS Sprachenzentrum – Inh. Barbara Jaeschke
Kastanienallee 82
10435 Berlin
highschool@gls-sprachenzentrum.de
Telefon: 030 / 780 089 80
Telefax: 030 / 787 419 1
www.gls-sprachenzentrum.de

Preis und Leistung			
*Länderwahlprogramm**	3 Monate	Halbjahr	Schuljahr
Grundpreis (ab)	€ 3.990	€ 5.090	€ 6.190
Flug D – Argentinien	€ 1.400/p	€ 1.400/p	€ 1.400/p
Flugbegleitung auf Hinreise	nein	nein	nein
Vorbereitungstreffen	ja	ja	ja
Vorbereitungsseminar	€ 110/opt.	€ 110/opt.	€ 110/opt.
Einführungsseminar in Argentin.	1 Woche	1 Woche	1 Woche
Elterntreffen	nein	nein	nein
Nachbereitungstreffen	nein	nein	nein
Nachbereitungsseminar	ja	ja	ja
Kranken-/Unfallversicherung	€ 165	€ 275	€ 550
Haftpflicht-/Gepäckversicherung	ja	ja	ja
Gesamtpreis (ab circa)	**€ 5.555**	**€ 6.765**	**€ 8.140**
Bewerbungsschluss	flexibel	flexibel	flexibel
Spätbewerbung	möglich	möglich	möglich

Bewerbungsverlauf und Kriterien für die Annahme des Bewerbers
Nach Anmeldung laden wir zum Interview auf Englisch oder Spanisch und auf Wunsch zu einer kostenlosen Beratung ein. Neben Motivation und Anpassungsbereitschaft sowie einem Notendurchschnitt von mind. 3,5 bildet das Interview die Voraussetzung für die Aufnahme ins Programm. Sobald uns die Bewerbungsmappe vorliegt, leiten wir diese nach Durchsicht unseren Partnern im Ausland weiter, die vor Ort Gastfamilie und Schulplatz sicherstellen.

Vorbereitung auf den Argentinien-Aufenthalt in Deutschland
Neben unseren Orientierungstreffen vor Abreise für Schüler und Eltern im Frühjahr und im Herbst (deutschlandweit sowie in Zürich und Wien) bieten wir regelmäßig optionale Workshops und Sprachkurse zur Vorbereitung auf unserem Campus in Berlin an.

Betreuung während des Auslandsaufenthalts und durch Nachbereitung
Jedem Teilnehmer wird ein Betreuer im Gastland zur Seite gestellt. Darüber hinaus unterstützen wir selbstverständlich auch nach Abreise Schüler wie Eltern und garantieren umgehende Reaktion und Hilfestellung. Unsere Rückkehrer laden wir im Herbst zum Returnee-Wochenende nach Berlin ein. Neben Workshops zur Nachbereitung des Auslandsaufenthalts und Austausch mit anderen GLSlern steht natürlich ein abwechslungsreiches Berlin-Programm auf der Agenda.

Stipendien und Sonstiges
* Weltbürger-Stipendien; Regionen-/Städtewahl; Reisen und Sprachkurse vor Ort buchbar

Kurz und bündig			
Gründungsjahr	1983	Schülerzahl im Argentinien Programm 2014/15	3
ARG-Programm seit	2002	Gesamtschülerzahl im High School Programm 2014/15	576
Gemeinnützigkeit	nein	Partner in Argentinien	Direktkontakt

ICXchange-Deutschland e.V.
Bahnhofstraße 16-18
26122 Oldenburg
info@icxchange.de
Telefon: 0441 / 92398-0
Telefax: 0441 / 92398-99
www.icxchange.de

Preis und Leistung

Regionenwahlprogramm	3 Monate	Halbjahr	Schuljahr
Grundpreis	€ 6.100	€ 7.100	€ 8.100
Flug D – Argentinien	ja	ja	ja
Flugbegleitung auf Hinreise	ab 15 Teiln.	ab 15 Teiln.	ab 15 Teiln.
Vorbereitungstreffen	nein	nein	nein
Vorbereitungsseminar	ja	ja	ja
Einführungsseminar in Argentinien	ja	ja	ja
Elterntreffen	nein	nein	nein
Nachbereitungstreffen	nein	nein	nein
Nachbereitungsseminar	ja	ja	ja
Kranken-/Unfallversicherung	ja	Ja	ja
Haftpflicht-/Gepäckversicherung	€ 75/60/opt.	€ 75/60/opt.	€ 75/60/opt.
Gesamtpreis	**€ 6.100**	**€ 7.100**	**€ 8.100**
Bewerbungsschluss	15.02. / 15.08.	15.02. / 15.08.	15.02. / 15.08.
Spätbewerbung	möglich	möglich	möglich

Bewerbungsverlauf und Kriterien für die Annahme des Bewerbers
Nach Eingang der Kurzbewerbung laden wir den Bewerber zu einem persönlichen Gespräch ein. Verlief das Gespräch erfolgreich, folgen Akzeptierung, ausführliche Bewerbungsunterlagen und Vertragsofferte. Teilnahmevoraussetzungen sind: 14 bis 18 Jahre, Besuch einer allgemeinbildenden Schule, Gesundheit, Anpassungsfähigkeit, Aufgeschlossenheit, Spanisch-Grundkenntnisse und ein Notendurchschnitt von 3,5 (Gymnasiasten) bzw. 3,0 (Realschüler).

Vorbereitung auf den Argentinien -Aufenthalt in Deutschland
Vor der Ausreise laden wir alle Teilnehmer zu einem zweitägigen Vorbereitungsseminar ein. Die Eltern kommen für einen Nachmittag dazu. Das Seminar wird von ICX-Mitarbeitern geleitet, die von ehemaligen Teilnehmern unterstützt werden. Zusätzlich erhält jeder Teilnehmer eine ausführliche Informationsmappe.

Betreuung während des Auslandsaufenthalts und durch Nachbereitung
Während des Programms werden die Schüler von unserer argentinischen Partnerorganisation ICC betreut. Jedem Schüler steht ein persönlicher Ansprechpartner zur Verfügung. Zu Beginn findet in Córdoba ein mehrtätiges Einführungsseminar und Spanischunterricht statt. Nach Beendigung des Programms findet ein Nachbereitungsseminar in Deutschland statt.

Stipendien und Sonstiges
ICX vergibt Teilstipendien bis € 1.000. Die Stipendienvergabe richtet sich nach der Höhe des Familieneinkommens und dem zur Verfügung stehenden Stipendienfonds.

Kurz und bündig

Gründungsjahr	1975	Schülerzahl im Argentinien-Programm 2014/15	2
ARG-Programm seit	2013	Gesamtschülerzahl im High School Programm 2014/15	229
Gemeinnützigkeit	ja	Partner in Argentinien	ICC

iE – international Experience e.V.
Amselweg 20
53797 Lohmar
info@international-experience.net
Telefon: 02246 / 915 49 0
Telefax: 02246 / 915 49 12
www.international-experience.net

Preis und Leistung			
*Länderwahlprogramm**	3 Monate	Halbjahr	Schuljahr
Grundpreis	€ 4.530	€ 5.495	€ 5.845
Flug D – Argentinien	€ 1.400/p	€ 1.400/p	€ 1.400/p
Flugbegleitung auf Hinreise	nein	nein	nein
Vorbereitungstreffen	nein	nein	nein
Vorbereitungsseminar	ja	ja	ja
Einführungsseminar in Argentin.	ja	ja	ja
Elterntreffen	nein	nein	nein
Nachbereitungstreffen	ja	ja	ja
Nachbereitungsseminar	nein	nein	nein
Kranken-/Unfallversicherung	€ 165	€ 275	€ 550
Haftpflicht/Gepäckversicherung	ja	ja	ja
Gesamtpreis (ab circa)	**€ 6.095**	**€ 7.170**	**€ 7.795**
Bewerbungsschluss	31.03. / 30.09.	31.03. / 30.09.	31.03. / 30.09.
Spätbewerbung	€ 500	€ 500	€ 500

Bewerbungsverlauf und Kriterien für die Annahme des Bewerbers

Auswahl der Bewerber nach einem ausführlichen Einzelgespräch im persönlichen Umfeld des Schülers und im Beisein der Eltern. Nach Annahme ist vom Schüler ein ausführliches Profil mit ärztlichem Gutachten und Lehrerempfehlung einzureichen. Spanischkenntnisse des Bewerbers sind von Vorteil, Flexibilität, Offenheit, Toleranz und Freude am spontanen Lebensstil der Südamerikaner sind Voraussetzung. Besonders geeignet sind Bewerber, die Interesse nicht nur an der spanischen Sprache, sondern auch an der argentinischen Kultur haben.

Vorbereitung auf den Argentinien-Aufenthalt in Deutschland

Vor Abreise finden Wochenendseminare zur Vorbereitung statt, die für die Teilnehmer Pflicht sind. Während der gesamten Vorbereitungszeit steht dem Schüler ein persönlicher Ansprechpartner von iE e.V. zur Verfügung.

Betreuung während des Auslandsaufenthalts und durch Nachbereitung

Die Teilnehmer werden vor Ort durch die Mitarbeiter unserer Partnerorganisation betreut. Direkt zu Beginn wird eine einwöchige Vorbereitung inkl. Sprachkurs (nur bei Halbjahres- und Jahresprogramm) durchgeführt. iE e.V. steht während des Austauschaufenthaltes mit den Partnern und mit der Familie in Deutschland in regelmäßigem persönlichem Kontakt. iE unterhält in Deutschland einen persönlichen 24-Stunden-Notfall Dienst (kein Call-Center).

Stipendien und Sonstiges

* Gegen Aufpreis (monatlich ab ca. 100 €) können Privatschulen vermittelt werden.

Kurz und bündig			
Gründungsjahr	2000	Schülerzahl im Argentinien-Programm 2014/15	2
ARG-Programm seit	2006	Gesamtschülerzahl im High School Programm 2014/15	335
Gemeinnützigkeit	ja	Partner in Argentinien	COINED International

into GmbH	
Ostlandstraße 14	Telefon: 02234 / 946 36-0
50858 Köln	Telefax: 02234 / 946 36-23
kontakt@into.de	www.into.de

Preis und Leistung			
Länderwahlprogramm	1. Halbjahr	2. Halbjahr	Schuljahr
Grundpreis	€ 7.990	€ 7.990	€ 8.490
Flug D – Argentinien	ja	ja	ja
Flugbegleitung auf Hinreise	nein	nein	nein
Vorbereitungstreffen	nein	nein	nein
Vorbereitungsseminar	ja	ja	ja
Einführungsseminar in Argentin.	ja	ja	ja
Elterntreffen	nein	nein	nein
Nachbereitungstreffen	nein	nein	nein
Nachbereitungsseminar	ja	ja	ja
Kranken-/Unfallversicherung	€ 420	€ 420	€ 690
Haftpflicht-/Gepäckversicherung	ja	ja	ja
Gesamtpreis (circa)	**€ 8.410**	**€ 8.410**	**€ 9.180**
Bewerbungsschluss	30.09.	31.03.	31.03. / 30.09.
Spätbewerbung	auf Anfrage	auf Anfrage	auf Anfrage

Bewerbungsverlauf und Kriterien für die Annahme des Bewerbers

Dein Notendurchschnitt muss befriedigend oder besser sein. Dein Zeugnis darf keine mangelhafte Note in einem Hauptfach enthalten. Das Wichtigste ist, dass Du Motivation, Flexibilität, Toleranz und Anpassungsfähigkeit mitbringst.

Vorbereitung auf den Argentinien-Aufenthalt in Deutschland

Schüler- und Elternhandbuch, regelmäßig Infobriefe (Newslinks) mit Infos zum Ablauf, kulturellen Eigenheiten der Gastländer sowie Ratschlägen und Erfahrungsberichten. Zweitägiges Vorbereitungsseminar vor Abreise bei dem Du Infos und Tipps erhältst und etwas zu den Vorschriften und Regeln während Deines Austausches erfährst. Zudem wirst Du mit Rollenspielen, kreativer Arbeit und lustigen Sketchen auf Deinen Austausch vorbereitet. Es gibt eine Extra-Informationsveranstaltung zur Vorbereitung Deiner Eltern bei Sommer-Ausreise.

Betreuung während des Auslandsaufenthalts und durch Nachbereitung

In Argentinien wird in der Nähe Deines Wohnortes ein Ansprechpartner für Dich und Deine Gastfamilie sein. Auch in Deutschland sind wir immer erreichbar. Nach Deiner Rückkehr ist es noch nicht „vorbei“: Unsere Returnees organisieren „get togethers“, das traditionelle *into* BBQ und Ausflüge, bei denen sich viele Ehemalige immer wieder treffen.

Stipendien und Sonstiges

Es gibt eine Reise zu den Iguazú Wasserfällen und eine Einführungswoche (Intensiv-Spanischkurs, Workshops und Ausflüge) in Rosario. Beides ist im Preis enthalten.

Kurz und bündig			
Gründungsjahr	1986	Schülerzahl im Argentinien Programm 2014/15	0
ARG-Programm seit	2001	Gesamtschülerzahl im High School Programm 2014/15	435
Gemeinnützigkeit	nein	Partner in Argentinien	WEP Argentina

iSt Internationale Sprach- und Studienreisen GmbH
Stiftsmühle
69080 Heidelberg
iSt@sprachreisen.de
Telefon: 06221 / 8900-0
Telefax: 06221 / 8900-200
www.sprachreisen.de

Preis und Leistung			
Länderwahlprogramm	3 Monate	Halbjahr	Schuljahr
Grundpreis ab	€ 4.920	€ 5.980	€ 7.290
Flug D – Argentinien	ja	ja	ja
Flugbegleitung auf Hinreise	nein	nein	nein
Vorbereitungstreffen	nein	nein	nein
Vorbereitungsseminar	nein	nein	nein
Einführungsseminar in Argentinien	ja	ja	ja
Elterntreffen	nein	nein	nein
Nachbereitungstreffen	€ 45/opt.	€ 45/opt.	€ 45/opt.
Nachbereitungsseminar	nein	nein	nein
Kranken-/Unfallversicherung	€ 150	€ 250	€ 500
Haftpflicht-/Gepäckversicherung	ja	ja	ja
Gesamtpreis (circa)	**€ 5.070**	**€ 6.230**	**€ 7.790**
Bewerbungsschluss	jeweils	3 Monate	vor Ausreise
Spätbewerbung	auf Anfrage	auf Anfrage	auf Anfrage

Bewerbungsverlauf und Kriterien für die Annahme des Bewerbers
Die Bewerber füllen ein Bewerbungsformular aus und schicken dies zusammen mit einer kurzen Selbstbeschreibung und der letzten Zeugniskopie an unser Büro. Die Bewerber und ihre Eltern werden dann umgehend zu einem persönlichen Gespräch eingeladen. Kurze Zeit nach dem Interview teilen wir schriftlich mit, ob Sie in das Programm aufgenommen werden.

Vorbereitung auf den Argentinien-Aufenthalt in Deutschland
Schon beim Bewerbungsgespräch informieren wir umfassend über viele wichtige Aspekte der Programmteilnahme und erläutern kulturelle Besonderheiten des Gastlandes. Die Teilnehmer erhalten regelmäßig Informationsbriefe zum bevorstehenden Aufenthalt.

Betreuung während des Auslandsaufenthalts und durch Nachbereitung
Wir bleiben mit Ihnen auch während des Aufenthaltes in Kontakt und versorgen Sie mit aktuellen Informationen. Der örtliche Vertreter steht Ihnen mit Rat und Hilfe zur Verfügung. Es gibt ein Nachbereitungstreffen, bei dem Sie Ihre Eindrücke noch einmal Revue passieren lassen können und Erfahrungen mit anderen Teilnehmern austauschen.

Stipendien und Sonstiges
Die Bewerber müssen über Grundkenntnisse der spanischen Sprache verfügen. Der Aufenthalt beginnt im Februar oder im Juli. Es sind auch zweimonatige Aufenthalte möglich.

Kurz und bündig			
Gründungsjahr	1981	Schülerzahl im Argentinien-Programm 2014/15	5
ARG-Programm seit	2009	Gesamtschülerzahl im High School Programm 2014/15	1.090
Gemeinnützigkeit	nein	Partner in Argentinien	EduQuality Argentina

KAPLAN – ASPECT Internationale Sprachschule GmbH
Zeil 65 Telefon: 069 / 244 5005 20
60313 Frankfurt am Main Telefax: 069 / 244 5005 09
highschool.weltweit@kaplaninternational.com www.kaplaninternational.com/de

Preis und Leistung			
Länderwahlprogramm	3 Monate	Halbjahr	Schuljahr
Grundpreis (ab)	€ 5.590	€ 6.190	€ 6.950
Flug D – Argentinien	€ 1.400/p	€ 1.400/p	€ 1.400/p
Flugbegleitung auf Hinreise	nein	nein	nein
Vorbereitungstreffen	nein	nein	nein
Vorbereitungsseminar	ja	ja	ja
Einführungsseminar in Argentinien	ja	ja	ja
Elterntreffen	nein	nein	nein
Nachbereitungstreffen	ja	ja	ja
Nachbereitungsseminar	nein	nein	nein
Kranken-/Unfallversicherung	€ 180	€ 300	€ 600
Haftpflicht-/Gepäckversicherung	ja/nein	ja/nein	ja/nein
Gesamtpreis (ab circa)	**€ 7.170**	**€ 7.890**	**€ 8.950**
Bewerbungsschluss	3 Monate vorher	01.04. / 01.10.	01.04. / 01.10.
Spätbewerbung	möglich	möglich	möglich

Bewerbungsverlauf und Kriterien für die Annahme des Bewerbers
Nach der Bewerbung (schriftlich oder online) findet ein persönliches Beratungsgespräch (mit mind. einem Elternteil) in der Nähe des Wohnortes statt. Unmittelbar danach entscheidet KAPLAN über die Aufnahme des Schülers. Dabei spielt neben den schulischen Leistungen und gesundheitlichen Voraussetzungen auch der persönliche Eindruck eine große Rolle (Motivation, Reife, Offenheit, Anpassungsfähigkeit und kulturelles Interesse). Alter 14-18.

Vorbereitung auf den Argentinien-Aufenthalt in Deutschland
Neben dem Elterntreffen und dem zweitägigen Vorbereitungsseminar, das für alle Schüler obligatorisch ist, bekommen Schüler schon beim Gespräch und nach der Aufnahme ins Programm viele Informationen zu Land und Leuten und zum Leben im Ausland sowie ein ausführliches Handbuch.

Betreuung während des Auslandsaufenthalts und durch Nachbereitung
Betreuung durch örtliche Partnerorganisation (persönliche deutschsprachige Ansprechpartnerin) und 24 Stunden Notfall-Nummer. Das KAPLAN-Büro in Deutschland ist Ansprechpartner für Fragen der Eltern.

Stipendien und Sonstiges
Schüler werden vor allem in Córdoba und Umgebung platziert. Alle Schüler besuchen eine Privatschule oder eine bilinguale Ganztagschule (auf Anfrage). Zu Programmbeginn findet ein 6-tägiges Orientierungsseminar in Córdoba statt. Die Schüler werden bei diversen Freizeitaktivitäten und einem Sprachkurs angemessen auf ihren Aufenthalt vorbereitet.

Kurz und bündig			
Gründungsjahr	1985	Schülerzahl im Argentinien-Programm 2014/15	4
ARG-Programm seit	2009	Gesamtschülerzahl im High School Programm 2014/15	152
Gemeinnützigkeit	nein	Partner in Argentinien	ICC

KulturLife gGmbH
Max-Giese-Str. 22
24116 Kiel
info@kultur-life.de
Telefon: 0431 / 888 14 10
Telefax: 0431 / 888 14 19
www.kultur-life.de

Preis und Leistung			
Länderwahlprogramm	3 Monate	Halbjahr	Schuljahr
Grundpreis (ab)	€ 6.190	€ 7.190	€ 8.190
Flug D – Argentinien	ja	ja	ja
Flugbegleitung auf Hinreise	nein	nein	nein
Vorbereitungstreffen	nein	nein	nein
Vorbereitungsseminar	ja	ja	ja
Einführungsseminar in Argentinien	1 Woche	1 Woche	1 Woche
Elterntreffen	ja	ja	ja
Nachbereitungstreffen	nein	nein	nein
Nachbereitungsseminar	ja	ja	ja
Kranken-/Unfallversicherung	€ 135	€ 225	€ 450
Haftpflicht-/Gepäckversicherung	€ 45 opt./nein	€ 45 opt./nein	€ 90 opt./nein
Gesamtpreis (ab circa)	**€ 6.325**	**€ 7.415**	**€ 8.640**
Bewerbungsschluss	01.04. / 01.10.	01.10. / 01.10.	01.04. / 01.10.
Spätbewerbung	möglich	möglich	möglich

Bewerbungsverlauf und Kriterien für die Annahme des Bewerbers
Anhand deiner unverbindlichen Voranmeldung prüfen wir, ob wir dich in unser Programm aufnehmen können. Nach der Sichtung deiner Anmeldung melden wir uns bei dir, um einen persönlichen Gesprächstermin zu vereinbaren. Es findet ein persönliches Interview mit einem Programmbetreuer über Skype statt.

Vorbereitung auf den Argentinien-Aufenthalt in Deutschland
Jedes Jahr im Frühjahr und Herbst führen wir mehrere Vorbereitungsseminare durch, die jeweils ein Wochenende dauern. Neben den Jugendlichen sind am ersten Tag auch die Eltern eingeladen. Besondere Schwerpunkte der Vorbereitungsseminare sind neben einem intensiven interkulturellen Training das Verhalten in der Gastfamilie und Strategien zur Vermeidung oder Lösung möglicher Problemen.

Betreuung während des Auslandsaufenthalts und durch Nachbereitung
Die Betreuung findet durch das z.T. deutschsprachige Hauptbüro in Córdoba statt. Außerdem gibt es eine 24-Stunden-Notfallnummer. Auch den Eltern steht während des Aufenthaltes stets ein fester Ansprechpartner zur Verfügung.

Stipendien und Sonstiges
Bewerber müssen nicht über Spanischvorkenntnisse verfügen, da das Einführungsseminar in Córdoba einen Sprachkurs beinhaltet. Bewerbungen für das Nordlicht-Stipendium sind möglich. Wir bieten auch Programme in Costa Rica an.

Kurz und bündig				
Gründungsjahr	1995	Schülerzahl im Argentinien-Programm 2014/15		2
ARG-Programm seit	2007	Gesamtschülerzahl im High School Programm 2014/15		194
Gemeinnützigkeit	ja	Partner in Argentinien	ICC	

MAP SPRACHREISEN GmbH – MUNICH ACADEMIC PROGRAM
Türkenstraße 104 Telefon: 089 / 35 73 79 77
80799 München Telefax: 089 / 35 73 79 78
highschool@map-sprachreisen.com www.map-sprachreisen.com

Preis und Leistung			
*Länderwahlprogramm**	3 Monate	Halbjahr	Schuljahr
Grundpreis	€ 4.600	€ 5.550	€ 6.700
Flug D – Argentinien	€ 1.400/p	€ 1.400/p	€ 1.400/p
Flugbegleitung auf Hinreise	ab 15 Teiln.	ab 15 Teiln.	ab 15 Teiln.
Vorbereitungstreffen	ja	ja	ja
Vorbereitungsseminar	nein	nein	nein
Einführungsseminar in Argentinien	ja (im Feb./Juli)	ja (im Feb./Juli)	ja (im Feb./Juli)
Elterntreffen	nein	nein	nein
Nachbereitungstreffen	ja	ja	ja
Nachbereitungsseminar	nein	nein	nein
Kranken-/Unfallversicherung	€ 135	€ 225	€ 435
Haftpflicht-/Gepäckversicherung	ja/nein	ja/nein	ja/nein
Gesamtpreis (circa)	**€ 6.135**	**€ 7.175**	**€ 8.535**
Bewerbungsschluss	12 Wochen	vor	Schulbeginn
Spätbewerbung	möglich	möglich	möglich

Bewerbungsverlauf und Kriterien für die Annahme des Bewerbers
Keine besonderen Alters- und Notenvorgaben. Grundkenntnisse in Spanisch sind von Vorteil, aber nicht Voraussetzung. Nach Bewerbungseingang erhalten Schüler und Eltern eine Einladung zu einem persönlichen Bewerbungs- und Informationsgespräch, das in der nächstgelegenen Großstadt stattfindet. Nachdem sich MAP von der Eignung des Bewerbers überzeugt hat, erhält er nach wenigen Tagen ein Vertragsangebot und die MAP Akzeptierungsunterlagen.

Vorbereitung auf den Argentinien-Aufenthalt in Deutschland
Von Anfang an wird jeder Programmteilnehmer umfassend von MAP auf seinen Aufenthalt vorbereitet und über die erforderlichen (organisatorischen) Schritte unterrichtet und mit Infomaterial versorgt. Kurz vor Abreise findet ein Vorbereitungstreffen (Orientation) statt.

Betreuung während des Auslandsaufenthalts und durch Nachbereitung
Der Aufenthalt beginnt in Argentinien mit einem 1-wöchtigen Vorbereitungsseminar. Weiterhin erhält jeder Schüler zu Beginn 60 Stunden Spanischunterricht. Jedem Gastschüler steht vor Ort ein Repräsentant als Ansprechpartner für Probleme aller Art zur Seite. Nach Rückkehr organisiert MAP ein “Returnee”-Treffen.

Stipendien und Sonstiges
* Genannte Preise sind für Privatschulen im Großraum Córdoba (inkl. Schulgebühren).
MAP Sprachreisen GmbH bietet ein speziell für das High School Programm erstelltes Versicherungspaket inkl. Haftpflicht an (ca. € 45 im Monat).

Kurz und bündig			
Gründungsjahr	1996	Schülerzahl im Argentinien-Programm 2014/15	1
ARG-Programm seit	2010	Gesamtschülerzahl im High School Programm 2014/15	203
Gemeinnützigkeit	nein	Partner in Argentinien	ICC, InterCambioCultural, Córdoba

Open Door International e.V.
Thürmchenswall 69
50668 Köln
info@opendoorinternational.de
Telefon: 0221 / 6060855 0
Telefax: 0221 / 6060855 19
www.opendoorinternational.de

Preis und Leistung

Länderwahlprogramm	1. Halbjahr	2. Halbjahr	Schuljahr
Grundpreis (ab)	€ 7.690	€ 7.690	€ 8.390
Flug D – Argentinien	ja	ja	ja
Flugbegleitung auf Hinreise	nein	nein	nein
Vorbereitungstreffen	nein	nein	nein
Vorbereitungsseminar	ja	ja	ja
Einführungsseminar in Argentinien	1 Woche	3,5 Tage	1 Woche
Elterntreffen	ja	ja	ja
Nachbereitungstreffen	nein	nein	nein
Nachbereitungsseminar	ja	ja	ja
Kranken-/Unfallversicherung	€ 200	€ 200	€ 390
Haftpflicht-/Gepäckversicherung	ja/nein	ja/nein	ja/nein
Gesamtpreis (circa)	**€ 7.890**	**€ 7.890**	**€ 8.780**
Bewerbungsschluss	31.04.	31.10.	31.04. / 31.10.
Spätbewerbung	möglich	möglich	möglich

Bewerbungsverlauf und Kriterien für die Annahme des Bewerbers

Nach der Kurzbewerbung folgt das persönliche Auswahlgespräch beim Bewerber zu Hause, bei dem es darum geht, den Bewerber auf Motivation, Persönlichkeit und generelle Eignung zu prüfen. Bewerben können sich Jugendliche zw. 14 und 18 Jahren. Spanischkenntnisse sind von Vorteil, aber nicht Voraussetzung. Es können keine Vegetarier/Innen akzeptiert werden.

Vorbereitung auf den Argentinien-Aufenthalt in Deutschland

Dreitägiges Wochenend-Vorbereitungsseminar in Deutschland ist obligatorisch. Hier erhalten Schüler und Eltern alle wichtigen Informationen (Visum, Versicherung, Finanzen, etc.) sowie ein umfassendes Handbuch. Mit Workshops und ausführlichem Infomaterial werden die Teilnehmer auf ihr Zielland vorbereitet. Ein persönlicher, fester Ansprechpartner im ODI-Büro steht zudem telefonisch und per E-Mail immer zur Verfügung.

Betreuung während des Auslandsaufenthalts und durch Nachbereitung

Betreuung vor Ort durch deutschsprachige Mitarbeiterin der argentinischen Partnerorganisation. 24-Stunden-Notrufnummer in Argentinien und in Deutschland. Betreuung der Eltern durch das Kölner ODI-Büro sowie Elterntreffen während des Aufenthaltes. Mehrtägiges Nachbereitungsseminar für Returnees sowie Möglichkeit der Mitarbeit im Jugendaustausch.

Stipendien und Sonstiges

ODI vergibt für das Programmjahr 2015/2016 zwei Vollstipendien für die USA, ein Vollstipendium für die südamerikanischen Programmländer sowie insgesamt vier Teilstipendien für alle ODI-Programmländer. Einwöchiges Einführungsseminar vor Ort und 60 Std. Spanisch-Sprachkurs inkl.

Kurz und bündig

Gründungsjahr	1983	Schülerzahl im Argentinien-Programm 2014/15		8
ARG-Programm seit	2005	Gesamtschülerzahl im High School Programm 2014/15		145
Gemeinnützigkeit	ja	Partner in Argentinien	Inter Cambio Cultural (ICC)	

Partnership International e.V.
Hansaring 85
50670 Köln
office@partnership.de
Telefon: 0221 / 913 973 3
Telefax: 0221 / 913 973 4
www.partnership.de

Preis und Leistung			
Länderwahlprogramm	1. Halbjahr	2. Halbjahr	Schuljahr
Grundpreis	€ 8.100	€ 8.100	€ 9.200
Flug D – Argentinien	ja	ja	ja
Flugbegleitung auf Hinreise	nein	nein	nein
Vorbereitungstreffen	nein	nein	nein
Vorbereitungsseminar	ja	ja	ja
Einführungsseminar in Argentinien	ja	ja	ja
Elterntreffen	ja	ja	ja
Nachbereitungstreffen	nein	nein	nein
Nachbereitungsseminar	ja	ja	ja
Kranken-/Unfallversicherung	ja	ja	ja
Haftpflicht-/Gepäckversicherung	ja	ja	ja
Gesamtpreis (circa)	**€ 8.100**	**€ 8.100**	**€ 9.200**
Bewerbungsschluss	31.01.	30.09.	31.01.
Spätbewerbung	möglich	möglich	möglich

Bewerbungsverlauf und Kriterien für die Annahme des Bewerbers
Bewerben können sich Schüler zwischen 14 und 18 Jahren mit zufriedenstellenden schulischen Leistungen. Wir laden jeden Bewerber zu einem Beratungsgespräch ein, sodass sich Schüler und Eltern mit unserem Verein und unserem Argentinienprogramm vertraut machen können. Spanischkenntnisse sind von Vorteil, aber keine Teilnahmebedingung.

Vorbereitung auf den Argentinien-Aufenthalt in Deutschland
Um optimal auf ihren Auslandsaufenthalt vorbereitet zu sein, nehmen unsere Teilnehmer vor Abreise an einem 3-tägigen Seminar teil. Organisiert und gestaltet wird dieses Seminar von geschulten, ehemaligen Austauschschülern. Das Seminar ist im Programmpreis enthalten. Für Eltern bieten wir zur Vorbereitung eine eintägige Informationsveranstaltung an.

Betreuung während des Auslandsaufenthalts und durch Nachbereitung
Der Aufenthalt beginnt mit einem 2-wöchigen Sprachkurs. Die Schüler stehen in engem Kontakt zu unserer Partnerorganisation, an deren deutschsprachige Mitarbeiter sie sich bei Herausforderungen und Fragen rund um die Uhr wenden können. Zudem organisieren unsere Partner in Argentinien verschiedene Treffen und Ausflüge für die Schüler. Ebenfalls inklusive – unsere E-Mail-Betreuung durch geschulte Alumni und das Nachbereitungsseminar.

Stipendien und Sonstiges
Wir vergeben jedes Jahr aus Vereinsmitteln Teilstipendien, unter Berücksichtigung von sozialen Kriterien und gesellschaftlichem Engagement.

Kurz und bündig			
Gründungsjahr	1961	Schülerzahl im Argentinien-Programm 2014/15	3
ARG-Programm seit	2009	Gesamtschülerzahl im High School Programm 2014/15	167
Gemeinnützigkeit	ja	Partner in Argentinien	Intercambio Cultural

Stepin GmbH – Student Travel and Education Programmes International
Beethovenallee 21 Telefon: 0228 / 956 95 30
53173 Bonn Telefax: 0228 / 956 95 39
school@stepin.de www.stepin.de

Preis und Leistung			
Länderwahlprogramm	3 Monate	Halbjahr	Schuljahr
Grundpreis	€ 6.790	€ 7.790	€ 8.890
Flug D – Argentinien	ja	ja	ja
Flugbegleitung auf Hinreise	nein	nein	nein
Vorbereitungstreffen	ja	ja	ja
Vorbereitungsseminar	ja	ja	ja
Einführungsseminar in Argentinien	ja	ja	ja
Elterntreffen	nein	nein	nein
Nachbereitungstreffen	nein	nein	nein
Nachbereitungsseminar	ja	ja	ja
Kranken-/Unfallversicherung	ja	ja	ja
Haftpflicht-/Gepäckversicherung	ja	ja	ja
Gesamtpreis (ab circa)*	**€ 6.790**	**€ 7.790**	**€ 8.890**
Bewerbungsschluss	15.4. / 15.10.	15.4. / 15.10.	15.4. / 15.04.
Spätbewerbung	möglich	möglich	möglich

Bewerbungsverlauf und Kriterien für die Annahme des Bewerbers
Step 1: Unverbindliche Anmeldung (schriftlich od. online). Step 2: persönliches Kennenlerngespräch in Wohnortnähe des Bewerbers. Step 3: Bei Eignung des Bewerbers unterbreitet Stepin ein Vertragsangebot. Teilnahmevoraussetzungen sind kulturelle Aufgeschlossenheit, Reife, Toleranz und mindestens befriedigende schulische Leistungen. Spanischkenntnisse von Vorteil.

Vorbereitung auf den Argentinien-Aufenthalt in Deutschland
Eltern- und Schülervorbereitungstreffen bzw. -seminar in mehreren deutschen Städten sowie Handbücher und regelmäßige Info-Rundbriefe für Teilnehmer und Eltern bis zur Ausreise. Fester Programm-Ansprechpartner im Stepin-Büro.

Betreuung während des Auslandsaufenthalts und durch Nachbereitung
Je nach Ausreisezeitpunkt 3-7-tägiges Einführungsseminar mit Sprachkurs in Córdoba. Betreuung durch unsere Partnerorganisation vor Ort. Unser Stepin Team steht Ihnen jederzeit als Ansprechpartner zur Verfügung. Returnee-Wochenende in Deutschland.

Stipendien und Sonstiges
* Ausschließlich Vermittlung an Privatschulen; Stepin organisiert feste Gruppenausreisen. Teilnahme an organisierten Reisen durch Partnerorganisation möglich (optional)

Kurz und bündig			
Gründungsjahr	1997	Schülerzahl im Argentinien-Programm 2014/15	7
ARG-Programm seit	2006	Gesamtschülerzahl im High School Programm 2014/15	> 600
Gemeinnützigkeit	nein	Partner in Argentinien	Inter Cambio Cultural

TravelWorks (Travelplus Group GmbH)
Münsterstr. 111
48155 Münster
highschool@travelworks.de
Telefon: 02506 / 8303 600
Telefax: 02506 / 8303 231
www.schueleraustausch-international.de

Preis und Leistung			
Länderwahlprogramm	3 Monate	Halbjahr	Schuljahr
Grundpreis (ab)	€ 6.190	€ 7.170	€ 8.190
Flug D – Argentinien	ja	ja	ja
Flugbegleitung auf Hinreise	nein	nein	nein
Vorbereitungstreffen	ja	ja	ja
Vorbereitungsseminar	nein	nein	nein
Einführungsseminar in Argentinien	ja	ja	ja
Elterntreffen	nein	nein	nein
Nachbereitungstreffen	ja	ja	ja
Nachbereitungsseminar	nein	nein	nein
Kranken-/Unfallversicherung	€ 171	€ 342	€ 627
Haftpflicht-/Gepäckversicherung	ja	ja	ja
Gesamtpreis (ab circa)	**€ 6.360**	**€ 7.510**	**€ 8.820**
Bewerbungsschluss	15.04. / 15.09.	15.04. / 15.09.	15.04. / 15.09.
Spätbewerbung	ja	ja	ja

Bewerbungsverlauf und Kriterien für die Annahme des Bewerbers
Nach der unverbindlichen Bewerbung laden wir die SchülerInnen und deren Eltern zum persönlichen Auswahl- und Informationsgespräch ein. Anschließend senden wir den Bewerbern unsere Buchungsgrundlage sowie das verbindliche Anmeldeformular zu, das bei Interesse am Programm unterschrieben an uns zurückgesandt werden muss. Bewerber müssen flexibel, motiviert, weltoffen, kompromissbereit und anpassungsfähig sein. Alter: 14 bis 18 Jahre.

Vorbereitung auf den Argentinien-Aufenthalt in Deutschland
Etwa drei Monate vor Abreise laden wir die TeilnehmerInnen und ihre Eltern zu einem eintägigen Vorbereitungsseminar in mehreren deutschen Städten bzw. in Österreich ein. Außerdem erhalten die TeilnehmerInnen ein Infohandbuch sowie regelmäßige Inforundbriefe.

Betreuung während des Auslandsaufenthalts und durch Nachbereitung
Nach der Ankunft findet ein mehrtägiges Orientierungscamp in Córdoba mit Freizeitaktivitäten und 25 Stunden Spanischunterricht statt. Die Schüler werden während des Aufenthaltes von unserer Partnerorganisation betreut. 24-Stunden-Notfall-Nummer im Gastland und in Deutschland.

Stipendien und Sonstiges
1 Sozialstipendium im Wert von 1.500 €, 1 Kreativstipendium im Wert von 2.500 € In Argentinien schreiben wir unsere Schüler ausschließlich an Privatschulen ein.

Kurz und bündig			
Gründungsjahr	1991	Schülerzahl im Argentinien-Programm 2014/15	7
ARG-Programm seit	2007	Gesamtschülerzahl im High School Programm 2014/15	536
Gemeinnützigkeit	nein	Partner in Argentinien	ICC

Xplore GmbH
Theodorstr. 48 Telefon: 040 / 429 336 00
22761 Hamburg Telefax: 040 / 429 336 11
info@xplore.de www.xploreschueleraustausch.de

Preis und Leistung			
Länderwahlprogramm	1. Halbjahr	2. Halbjahr	Schuljahr
Grundpreis	€ 6.250	€ 6.250	€ 7.150
Flug D – Argentinien	€ 1.400/p	€ 1.400/p	€ 1.400/p
Flugbegleitung auf Hinreise	nein	nein	nein
Vorbereitungstreffen	ja	ja	ja
Vorbereitungsseminar	nein	nein	nein
Einführungsseminar in Argentinien	1 Woche	1 Woche	1 Woche
Elterntreffen	nein	nein	nein
Nachbereitungstreffen	nein	nein	nein
Nachbereitungsseminar	ja	ja	ja
Kranken-/Unfallversicherung	€ 300	€ 300	€ 660
Haftpflicht-/Gepäckversicherung	nein	nein	nein
Gesamtpreis (circa)	**€ 7.950**	**€ 7.950**	**€ 9.210**
Bewerbungsschluss	01.05.	01.10.	01 05. / 01.10.
Spätbewerbung	möglich	möglich	möglich

Bewerbungsverlauf und Kriterien für die Annahme des Bewerbers
Zunächst kannst du dich online oder mit unserem Anmeldeformular aus dem Katalog, einer Kopie deines letzten Zeugnisses und einem aktuellen Foto ganz unverbindlich bei uns bewerben. Es folgt ein persönliches Beratungsgespräch mit dir und deinen Eltern. Wir unterhalten uns über die Besonderheiten Argentiniens, Anforderungen, Schule, Charaktereigenschaften der Bewohner, Essen etc. und auch über typische Probleme. Dieses Gespräch wird mit jedem einzelnen Teilnehmer, nie in einer Gruppe durchgeführt. Wir nehmen uns ca. 2-3 Stunden Zeit und wollen dich auch ein wenig kennenlernen!

Vorbereitung auf den Argentinien-Aufenthalt in Deutschland
Xplore kennt Argentinien und das Programm schon viele Jahre. Dieses Wissen geben wir während des Beratungsgespräches, aber auch bei unserem eintägigen Vorbereitungs-Workshop und allen Gesprächen bis zu deinem Aufenthalt an unsere Teilnehmer weiter. Bei allen auftretenden Sorgen und Problemen geben wir dir und deinen Eltern Hilfestellung.

Betreuung während des Auslandsaufenthalts und durch Nachbereitung
Bevor du deine Gastfamilie persönlich kennenlernst, wirst du an einem einwöchigen Orientation-Meeting in Argentinien teilnehmen. Nicht nur ein intensiver Spanischkurs, auch ein paar Tangoschritte dürfen hier nicht fehlen. Persönliches Feedback ist uns wichtig, dafür laden wir alle Xplore Schüler einmal pro Jahr zu einem mehrtägigen Treffen ein.

Stipendien und Sonstiges
Wir bieten zusätzlich 3-Monatsprogramme und Reisen in Argentinien an!

Kurz und bündig			
Gründungsjahr	2009	Schülerzahl im Argentinien-Programm 2014/15	7
ARG-Programm seit	2010	Gesamtschülerzahl im High School Programm 2014/15	242
Gemeinnützigkeit	nein	Partner in Argentinien	ICC

Abroad Study Down Under – Inh. Margit Fahrländer
Carl-Orff-Weg 4 Telefon: 07641 / 9599410
79312 Emmendingen Telefax: 07641 / 9599411
info@abroad-study.eu www.abroad-study.eu

Preis und Leistung				
Schulwahlprogramm	1 Term	2 Terms	3 Terms	4 Terms
Grundpreis (ab)	€ 6.100	€ 9.800	€ 13.500	€ 16.800
Flug D – Australien	€ 2.000/p	€ 2.000/p	€ 2.000/p	€ 2.000/p
Flugbegleitung auf Hinreise*	ja	ja	ja	ja
Vorbereitungstreffen	ja	ja	ja	ja
Vorbereitungsseminar	nein	nein	nein	nein
Einführungsseminar in Australien	nein	nein	nein	nein
Elterntreffen	nein	nein	nein	nein
Nachbereitungstreffen	ja	ja	ja	ja
Nachbereitungsseminar	nein	nein	nein	nein
Kranken-/Unfallversicherung	ja	ja	ja	ja
Haftpflicht-/Gepäckversicherung	optional	optional	optional	optional
Gesamtpreis (ab circa)	**€ 8.100**	**€ 11.800**	**€ 15.500**	**€ 18.800**
Bewerbungsschluss	flexibel	flexibel	flexibel	flexibel
Spätbewerbung	ohne Aufpr.	ohne Aufpr.	ohne Aufpr.	ohne Aufpr.

Bewerbungsverlauf und Kriterien für die Annahme des Bewerbers
Persönliche, individuelle und unverbindliche Beratung beim Schüler zuhause.
Rechnungsstellung erst nach Zusage des Ministeriums in Australien.
Kriterien: Motivation, Interesse, Anpassungsfähigkeit, Offenheit und Toleranz gegenüber dem Gastland und der Schule. Stabile häusliche und gesundheitliche Verhältnisse.

Vorbereitung auf den Australien-Aufenthalt in Deutschland
Persönliche und individuelle Informationen und Beratung. Ständiger E-Mail Kontakt.
Intensives Vorbereitungstreffen für Schüler und Eltern ca. 2-3 Monate vor Abreise mit allumfassenden Informationen und ausführlicher Info-Mappe. Orientation Day an der AUS-Schule.

Betreuung während des Auslandsaufenthalts und durch Nachbereitung
Individuelle ständige Betreuung durch KoordinatorIn an der Schule, durch E-Mail- und teilweise persönlichen Kontakt mit Abroad Study Down Under. Intensiver Kontakt mit den Eltern zuhause und der Schule in AUS. Nachtreffen 1x jährlich.

Stipendien und Sonstiges
Stipendien ggf. in Kooperation mit der jeweiligen Schule. Geschwisterrabatt € 200.
Der Aufenthalt ist für alle Schüler geeignet: von Haupt-, Realschule und Gymnasium.
Kurzaufenthalte (ab 4 Wochen) möglich. IB möglich.
Margit Fahrländer ist *Aussie Specialist.*
* bei Flug mit der Gruppe im Januar und Juli bei mind. 10 Schülern
Verlängerungen vor Ort möglich ohne Verwaltungsgebühren von Abroad Study.

Kurz und bündig				
Gründungsjahr	2012	Schülerzahl im Australien Programm 2014/15		8
AUS-Programm seit	2012	Gesamtschülerzahl im High School Programm 2014/15		12
Gemeinnützigkeit	nein	Partner in Australien	Kontaktperson an der Schule direkt	

AFS Interkulturelle Begegnungen e.V.	
Friedensallee 48	Telefon: 040 / 399 222-0
22765 Hamburg	Telefax: 040 / 399 222-99
info@afs.de	www.afs.de

Preis und Leistung				
Länderwahlprogramm	1 Term	2 Terms	3 Terms	4 Terms
Grundpreis		€ 10.990		€ 11.490
Flug D – Australien		ja		ja
Flugbegleitung auf Hinreise		ab 30 Teiln.		ab 30 Teiln.
Vorbereitungstreffen		teilweise		teilweise
Vorbereitungsseminar		ja		ja
Einführungsseminar in Australien		ja		ja
Elterntreffen		teilweise		teilweise
Nachbereitungstreffen		ja		ja
Nachbereitungsseminar		ja		ja
Kranken-/Unfallversicherung		ja		ja
Haftpflicht-/Gepäckversicherung		nein		nein
Gesamtpreis (circa)		**€ 10.990**		**€ 11.490**
Bewerbungsschluss		15.05. /15.10.		15.05.
Spätbewerbung		möglich		möglich

Bewerbungsverlauf und Kriterien für die Annahme des Bewerbers
Alle Bewerber werden zu einem Auswahlwochenende in der Nähe ihres Wohnortes eingeladen. Die persönliche Eignung der Bewerber ist ausschlaggebend (Offenheit, Toleranz, Selbständigkeit, Anpassungsbereitschaft, Kommunikationsfähigkeit, innere Stabilität usw.).

Vorbereitung auf den Australien-Aufenthalt in Deutschland
AFS legt großen Wert auf die Vorbereitung. Es finden 2-3 Wochenendseminare statt: ein oder zwei zur Grundvorbereitung (je nach Abreisetermin) und ein weiteres zur länderspezifischen Vorbereitung. Im persönlichen Gespräch mit der ganzen Familie wird individuell auf alle Fragen eingegangen, für die Eltern organisieren die Ehrenamtlichen Treffen zum gegenseitigen Austausch.

Betreuung während des Auslandsaufenthalts und Nachbereitung
Das weltweite AFS-Netzwerk ermöglicht die persönliche Betreuung der Teilnehmer vor, während und nach dem Austauschjahr. AFS im Gastland organisiert ein Einführungsseminar zu Beginn des Programms und ein Orientierungs-/ Auswertungsseminar im weiteren Verlauf des Auslandsaufenthaltes. Jeder Teilnehmer hat einen persönlichen Ansprechpartner vor Ort, hauptamtliche Mitarbeiter in allen AFS-Büros sind für Notfälle jederzeit erreichbar. AFS bietet seinen Teilnehmern zwei Seminare zur Nachbereitung an: ein Grundseminar auf lokaler Ebene und eine überregionale Nachbereitung in verschiedenen Orten Deutschlands.

Stipendien und Sonstiges
AFS vergibt an über 30 Prozent seiner Teilnehmer Stipendien aus Vereinsmitteln und Spenden. Erstes Vergabekriterium ist in der Regel die finanzielle Situation der Familie.

Kurz und bündig			
Gründungsjahr (1947)	1992	Schülerzahl im Australien Programm 2014/15	6
AUS-Programm seit	1977	Gesamtschülerzahl im High School Programm 2014/15	1.044
Gemeinnützigkeit	ja	Partner in Australien	AFS

American Institute For Foreign Study (Deutschland) GmbH
Friedensplatz 1
53111 Bonn
highschool@aifs.de
Telefon: 0228 / 957 30-0
Telefax: 0228 / 957 30-110
www.aifs.de

Preis und Leistung				
Regionenwahlprogramm	1 Term	2 Terms	3 Terms	4 Terms
Grundpreis (ab)	€ 7.850	€ 11.250		€ 17.850
Flug D – Australien	ja	ja		ja
Flugbegleitung auf Hinreise	ja	ja		ja
Vorbereitungstreffen	nein	nein		nein
Vorbereitungsseminar	ja	ja		ja
Einführungsseminar in Australien	ja	ja		ja
Elterntreffen	nein	nein		nein
Nachbereitungstreffen	nein	nein		nein
Nachbereitungsseminar	ja	ja		ja
Kranken-/Unfallversicherung	ja	ja		ja
Haftpflicht-/Gepäckversicherung	ja	ja		ja
Gesamtpreis (ab circa)	**€ 7.850**	**€ 11.250**		**€ 17.850**
Bewerbungsschluss	offen	offen		offen
Spätbewerbung	ja	ja		ja

Bewerbungsverlauf und Kriterien für die Annahme des Bewerbers
Bewerbung: Die Bewerbung erfolgt unverbindlich durch das Ausfüllen des Formulars auf www.aifs.de oder aus der AIFS High School Broschüre. Sind die formellen Voraussetzungen erfüllt, lädt AIFS den Bewerber zu einem ausführlichen, telefonischen Einzelgespräch mit einem unserer Australien-Spezialisten ein. Bei Eignung des Bewerbers unterbreitet AIFS ein Vertragsangebot. Dieses wird erst durch die Annahme des Bewerbers verbindlich.
Voraussetzungen: 14 bis 18 Jahre; Schülerstatus; mind. drei Jahre Englisch als Unterrichtsfach; tolerant, anpassungsfähig, aufgeschlossen und motiviert

Vorbereitung auf den Australien-Aufenthalt in Deutschland
Die Vorbereitung erfolgt durch das AIFS Team in Bonn als Ansprechpartner, ein zweitägiges Seminar in Bonn oder Umgebung, die Zuteilung eines Paten, ausführliche Schüler- und Elternhandbücher sowie Inforundbriefe vor der Ausreise.

Betreuung während des Auslandsaufenthalts und durch Nachbereitung
Die Betreuung während des Aufenthaltes wird durch einen lokalen Betreuer, Partner vor Ort, das AIFS Büro in Sydney sowie AIFS in Bonn garantiert. Nachbereitung: im Rahmen einer großen Returnee Party

Stipendien und Sonstiges
1) Geschwisterrabatt in Höhe von je € 200
2) Rabatt bei Anmeldung gemeinsam mit einem Freund in Höhe von je € 100
3) 4 Tage Orientation Days in Sydney und begleiteter Hinflug im Preis enthalten.

Kurz und bündig			
Gründungsjahr (1964)	1983	Schülerzahl im Australien Programm 2014/15	23
AUS-Programm seit	1987	Gesamtschülerzahl im High School Programm 2014/15	550
Gemeinnützigkeit	nein	Partner in Australien	staatliche Schulbehörden

Ayusa-Intrax GmbH	
Giesebrechtstr. 10	Telefon: 030 / 84 39 39 93
10629 Berlin	Telefax: 030 / 84 39 39-39
highschool@intrax.de	www.intrax.de

Preis und Leistung				
*Länderwahlprogramm**	1 Term	2 Terms	3 Terms	4 Terms
Grundpreis (ab)		€ 10.690		€ 12.990
Flug D – Australien		ja		ja
Flugbegleitung auf Hinreise		nein		nein
Vorbereitungstreffen		ja		ja
Vorbereitungsseminar		ja		ja
Einführungsseminar in Australien		ja		ja
Elterntreffen		nein		nein
Nachbereitungstreffen		nein		nein
Nachbereitungsseminar		ja		ja
Kranken-/Unfallversicherung		ja		ja
Haftpflicht-/Gepäckversicherung		ja		ja
Gesamtpreis (ab circa)		**€ 10.690**		**€ 12.990**
Bewerbungsschluss		31.01./31.07.		31.01./31.07.
Spätbewerbung		ja		ja

Bewerbungsverlauf und Kriterien für die Annahme des Bewerbers
Neben dem schriftlichen Bewerbungsverlauf gibt es ein persönliches Einzelgespräch in der Nähe des Wohnortes, gern auch mit den Eltern. Kriterien sind: große Motivation, starkes Interesse an Australien, Anpassungsbereitschaft und Flexibilität, gute schulische Leistungen, emotionale Stabilität, realistische Erwartungen und gute englische Sprachkenntnisse. Für Australien können sich 15-bis 18-Jährige bewerben, Schulwahl ab 14 Jahre.

Vorbereitung auf den Australien-Aufenthalt in Deutschland
Es finden Informationsveranstaltungen und Vorbereitungsseminare für Schüler in mehreren Städten in Deutschland statt. Wenn möglich kommen ehemalige Ayusa Schüler zu diesen Treffen. Es besteht die Möglichkeit zum Telefonkontakt mit ehemaligen Teilnehmern. Außerdem gibt es Handbücher für erste Einblicke und praktische Hinweise.

Betreuung während des Auslandsaufenthalts und durch Nachbereitung
Der Teilnehmer wird von der australischen Partnerorganisation betreut. Ayusa-Intrax steht während der gesamten Programmdauer mit den Eltern in Kontakt. Für die Rückkehrer bietet Ayusa-Intrax ein 2-tägiges Nachbereitungsseminar (Returnee-Treffen) in Berlin an.

Stipendien und Sonstiges
* Beim landesweiten Programm findet ein 3-tägiges Einführungsseminar in Sydney statt. Beim Schulwahl-Programm sind auch 1 und 3 Terms möglich. Fristen für Schulwahl: ab Januar (15.10.), ab Juli (15.4.) Möglich sind auch 4 bis 12 Wochen mit Startdaten im April, Juni und Juli. Es werden Teilstipendien bis maximal € 3.000 vergeben.

Kurz und bündig			
Gründungsjahr	1991	Schülerzahl im Australien Programm 2014/15	14
AUS-Programm seit	1997	Gesamtschülerzahl im High School Programm 2014/15	347
Gemeinnützigkeit	nein	Partner in Australien	Student Exchange Australia

CAMPS International GmbH
Poolstraße 36
20355 Hamburg
info@camps.de
Telefon: 040 / 822 90 27 0
Telefax: 040 / 822 90 27 29
www.camps.de

Preis und Leistung				
Schulwahlprogramm	1 Term	2 Terms	3 Terms	4 Terms
Grundpreis (ab circa)	€ 6.900	€ 11.300	€ 16.800	€ 20.800
Flug D – Australien	€ 2.000/p	€ 2.000/p	€ 2.000/p	€ 2.000/p
Flugbegleitung auf Hinreise*	opt.	opt.	opt.	opt.
Vorbereitungstreffen	ja	ja	ja	ja
Vorbereitungsseminar**	€ 1.950/opt.	€ 1.950/opt.	€ 1.950/opt.	€ 1.950/opt.
Einführungsseminar in Australien	nein	nein	nein	nein
Elterntreffen	nein	nein	nein	nein
Nachbereitungstreffen	nein	nein	nein	nein
Nachbereitungsseminar	ja	ja	ja	ja
Kranken-/Unfallversicherung	ja	ja	ja	ja
Haftpflicht-/Gepäckversicherung	€ 80/opt.	€ 160/opt.	€ 240/opt.	€ 320/opt.
Gesamtpreis (ab circa)	**€ 8.900**	**€ 13.300**	**€ 18.800**	**€ 22.800**
Bewerbungsschluss	3-4	Monate	vor	Ausreise
Spätbewerbung	möglich	möglich	möglich	möglich

Bewerbungsverlauf und Kriterien für die Annahme des Bewerbers
Nach seiner Bewerbung durchläuft der Schüler ein Interview mit einem CAMPS-Mitarbeiter, wobei auch seine individuellen Bedürfnisse ermittelt werden. Der Schüler erhält daraufhin gezielte Schulvorschläge, aus denen er wählen kann. Weiteres: s. „Public High School USA".

Vorbereitung auf den Australien-Aufenthalt
Durch persönliche Besuche kennen wir unsere Ziele und können einschätzen, was den Gastschüler vor Ort erwartet. Diese Erfahrungen vermitteln wir unter anderem während eines eintägigen Vorbereitungsworkshops in Deutschland. Australien-Teilnehmer können optional an einem viertägigen Workshop in Sydney teilnehmen. Vor Ort wird an der Schule ein weiterer Einführungsworkshop durchgeführt.

Betreuung während des Auslandsaufenthalts und Nachbereitung
Unsere Teilnehmer zahlen Schul- und Gastfamiliengebühren direkt an die australischen Bildungsministerien der einzelnen Bundesstaaten, die das Programm vor Ort betreuen und überwachen. CAMPS erhält eine Service- und Betreuungspauschale (€ 1.750) für die Betreuung von Schüler und Eltern während des gesamten Aufenthaltes. Eine kostenfreie Notfallnummer macht die Verantwortlichen im Bedarfsfall für unsere Schüler erreichbar. Zur Nachbereitung dient ein mehrtägiges Returnee Meeting in Deutschland. Dort treffen sich ehemalige CAMPS-Schüler zum Erfahrungsaustausch.

Stipendien und Sonstiges
*/** Bei Buchung des Vorbereitungsseminars in Sydney: Flug und Flugbegleitung auf Hinreise inklusive. Kürzere Aufenthalte möglich (1-3 Monate).

Kurz und bündig			
Gründungsjahr (1984)	2010	Schülerzahl im Australien Programm 2014/15	2
AUS-Programm seit	2006	Gesamtschülerzahl im High School Programm 2014/15	141
Gemeinnützigkeit	nein	Partner in Australien	Departments of Education

CAP – Cultures and Perspectives – Inh. Geska Jäkel
Rosenäckerweg 14 Telefon: 07348 / 250 91 39
89160 Dornstadt Telefax. 07348 / 205 91 40
info@go-cap.de www.go-cap.de

Preis und Leistung				
Regionenwahlprogramm	1 Term	2 Terms	3 Terms	4 Terms
Grundpreis (ab)	€ 4.125	€ 7.940	€ 11.305	€ 15.580
Flug D – Australien	€ 2.000/p	€ 2.000/p	€ 2.000/p	€ 2.000/p
Flugbegleitung auf Hinreise	nein	nein	nein	nein
Vorbereitungstreffen	nein	nein	nein	nein
Vorbereitungsseminar	ja	ja	ja	ja
Einführungsseminar in Australien	ja	ja	ja	ja
Elterntreffen	nein	nein	nein	nein
Nachbereitungstreffen	ja	ja	ja	ja
Nachbereitungsseminar	nein	nein	nein	nein
Kranken-/Unfallversicherung	€ 165	€ 330	€ 495	€ 660
Haftpflicht-/Gepäckversicherung	ja	ja	Ja	ja
Gesamtpreis (ab circa)	**€ 6.290**	**€ 10.270**	**€ 13.800**	**€ 18.240**
Bewerbungsschluss	nach Verfügbarkeit freier Plätze			
Spätbewerbung	möglich	möglich	möglich	möglich

Bewerbungsverlauf und Kriterien für die Annahme des Bewerbers
Jeder Schüler von Real-, Gesamtschulen und Gymnasien muss Grundvoraussetzungen erfüllen. Neben dem Alter (14-19), mindestens ausreichenden Schulnoten und möglichst einer „Drei" in Englisch brauchen die Schüler auch noch das „persönliche Zeug" dazu. Das sind besonders Motivation, Anpassungsfähigkeit, Flexibilität und der nötige Biss.
Für die unverbindliche Bewerbung benötigen wir die Online-Bewerbung auf unserer Homepage.
Unser persönliches Interview wird bei jedem Schüler zu Hause durchgeführt. Während dieses Gespräches überzeugen wir uns von dem Schüler und seiner persönlichen Eignung und klären offene Fragen.

Vorbereitung auf den Australien-Aufenthalt in Deutschland
Wir bieten jeweils im Frühjahr und Herbst ein 2-tägiges Vorbereitungsseminar an.

Betreuung während des Auslandsaufenthalts und Nachbereitung
Während ihres Aufenthaltes werden unsere Schüler durch CAP sowie durch die Partner und deren Koordinatoren betreut. Vor Ort wird bei Problemen kompetente Hilfestellung gegeben. Dies geschieht durch regelmäßigen Kontakt mit Eltern und Schülern. Außerhalb der Bürozeiten stellt CAP eine Notrufnummer zu Verfügung.

Stipendien und Sonstiges
Es gibt Teilstipendien für all unsere Programme (siehe auch „Public High School USA").

Kurz und bündig			
Gründungsjahr	2007	Schülerzahl im Australien Programm 2014/15	2
AUS-Programm seit	2007	Gesamtschülerzahl im High School Programm 2014/15	35
Gemeinnützigkeit	nein	Partner in Australien	verschiedene

Carl Duisberg Centren Intertraining & Consult GmbH	
Hansaring 49 – 51	Telefon: 0221 / 16 26 207
50670 Köln	Telefax: 0221 / 16 26 217
highschool@cdc.de	www.cdc.de

Preis und Leistung				
Schulwahlprogramm	1 Term	2 Terms	3 Terms	4 Terms
Grundpreis (ab)	€ 7.890	€ 11.290	€ 14.790	€ 17.890
Flug D – Australien	ja	ja	ja	ja
Flugbegleitung auf Hinreise	nein	nein	nein	nein
Vorbereitungstreffen	nein	nein	nein	nein
Vorbereitungsseminar	ja	ja	ja	ja
Einführungsseminar in Australien	nein	nein	nein	nein
Elterntreffen	ja	ja	ja	ja
Nachbereitungstreffen	ja	ja	ja	ja
Nachbereitungsseminar	nein	nein	nein	nein
Kranken-/Unfallversicherung	€ 180	€ 360	€ 540	€ 720
Haftpflicht-/Gepäckversicherung	ja/nein	ja/nein	ja/nein	ja/nein
Gesamtpreis (ab circa)	**€ 8.070**	**€ 11.650**	**€ 15.330**	**€ 18.610**
Bewerbungsschluss	30.4. / 30.9.	30.4. / 30.9.	30.4. / 30.9.	30.4. / 30.9.
Spätbewerbung	möglich	ohne	zusätzliche	Gebühren

Bewerbungsverlauf und Kriterien für die Annahme des Bewerbers

Zum Bewerbungsverfahren: 1.) Schriftliche Bewerbung (Formular) inkl. Zeugniskopie und Selbstbeschreibung. 2.) Einladung von Schüler und Eltern zu einem persönlichen Auswahlgespräch 3.) Schulvorschläge 4.) Bei Eignung Aufnahme in das Programm und schriftliche Bestätigung des Platzes - *Zu den Aufnahmekriterien:* Aufgeschlossenheit für andere Länder und Kulturen; Anpassungsbereitschaft an Gegebenheiten des Gastlandes; Selbstständigkeit im Rahmen der landesüblichen Möglichkeiten; zufriedenstellende Kenntnisse der Landessprache.

Vorbereitung auf den Australien-Aufenthalt in Deutschland

Das Auswahlgespräch und das Ausfüllen der Bewerbungsunterlagen sind bereits Teil der Vorbereitung. Wichtigster Teil unserer Vorbereitung sind unsere zweitägigen Seminare, bei denen wir alle wichtigen Aspekte in Diskussionen, Vorträgen und Rollenspielen behandeln. Man erhält ein landesspezifisches Handbuch.

Betreuung während des Auslandsaufenthalts und durch Nachbereitung

Die Betreuung erfolgt durch das Carl Duisberg High School Team in Deutschland und durch einen Betreuer der Partnerorganisation/-schule in Australien. Wir führen Elterntreffen durch. Nach Rückkehr laden wir alle Schüler zum Nachbereitungstreffen ein.

Stipendien und Sonstiges

Wir bieten v. a. Schulwahlprogramme an: Öffentliche Schulen in Sydney, Queensland, Tasmanien. Für Abiturienten möglich: Tasmanien, Queensland

Kurz und bündig			
Gründungsjahr	1962	Schülerzahl im Australien Programm 2014/15	43
AUS-Programm seit	1998	Gesamtschülerzahl im High School Programm 2014/15	408
Gemeinnützigkeit	nein	Partner in Australien	Schulen und Schulministerien

Deutsches Youth For Understanding Komitee e.V. (YFU)
Oberaltenallee 6 Telefon: 040 / 22 70 02-0
22081 Hamburg Telefax: 040 / 22 70 02-27
info@yfu.de www.yfu.de

Preis und Leistung				
Länderwahlprogramm	1 Term	2 Terms	3 Terms	4 Terms
Grundpreis				€ 11.900
Flug D – Australien				ja
Flugbegleitung auf Hinreise				ja
Vorbereitungstreffen				ja
Vorbereitungsseminar				ja
Einführungsseminar in Australien				ja
Elterntreffen				ja
Nachbereitungstreffen				ja
Nachbereitungsseminar				ja
Kranken-/Unfallversicherung				ja
Haftpflicht-/Gepäckversicherung				ja
Gesamtpreis				**€ 11.900**
Bewerbungsschluss				variabel
Spätbewerbung				nein

Bewerbungsverlauf und Kriterien für die Annahme des Bewerbers

Bei YFU können sich Schülerinnen und Schüler aller Schularten bewerben. Sie sollten aufgeschlossen, anpassungsfähig und verantwortungsbewusst sein und mindestens durchschnittliche Schulleistungen vorweisen. Nach Durchsicht der schriftlichen Bewerbungsunterlagen führt YFU regional Auswahlgespräche in Form von Gruppen- und Einzelinterviews durch.

Vorbereitung auf den Australien-Aufenthalt in Deutschland

Alle YFU-Austauschschüler nehmen vor Abreise an einer einwöchigen Tagung teil, auf der sie intensiv auf das Leben in einer fremden Kultur vorbereitet werden und praktische Tipps für den Alltag in Australien erhalten. Auch für Eltern werden eigene Vorbereitungstreffen angeboten. YFU stellt außerdem umfangreiche schriftliche Unterlagen zur Verfügung.

Betreuung während des Auslandsaufenthalts und durch Nachbereitung

Jeder Austauschschüler hat im Ausland vor Ort einen persönlichen Betreuer. Darüber hinaus stehen die hauptamtlichen YFU-Mitarbeiter in Deutschland und Australien zur Verfügung – im Notfall rund um die Uhr. Während des Austauschjahres finden außerdem begleitende Seminare statt. Nach der Rückkehr gibt es ein zwei- bis dreitägiges Nachbereitungsseminar.

Stipendien und Sonstiges

YFU vergibt jährlich rund 300 Stipendien im Gesamtwert von etwa einer halben Million Euro. Die Vergabe und Höhe der Stipendien richtet sich nach der finanziellen Situation der Familie, nicht nach Schulnoten. Weitere Informationen gibt es unter www.yfu.de/stipendien.

Kurz und bündig			
Gründungsjahr	1957	Schülerzahl im Australien-Programm 2014/15	3
AUS-Programm seit	1982	Gesamtschülerzahl im High School Programm 2014/15	1.092
Gemeinnützigkeit	ja	Partner in Australien	YFU Australien

DFSR – Dr. Frank Sprachen & Reisen GmbH
Siegfriedstr. 5 Telefon: 06252 / 93 32-0
64646 Heppenheim Telefax: 06252 / 93 32-60
info@dfsr.de www.dfsr.de

Preis und Leistung

*Länderwahlprogramm**	1 Term	2 Terms	3 Terms	4 Terms
Grundpreis	€ 6.990	€ 9.990	auf Anfrage	€ 12.990
Flug D – Australien	ja	ja		ja
Flugbegleitung auf Hinreise	nein	nein		nein
Vorbereitungstreffen	nein	nein		nein
Vorbereitungsseminar	ja	ja		ja
Einführungsseminar in Australien	ja	ja		ja
Elterntreffen	ja	ja		ja
Nachbereitungstreffen	ja	ja		ja
Nachbereitungsseminar	nein	nein		nein
Kranken-/Unfallversicherung	ja	ja		ja
Haftpflicht-/Gepäckversicherung	nein	nein		nein
Gesamtpreis (ab circa)	**€ 6.990**	**€ 9.990**		**€ 12.990**
Bewerbungsschluss	15.3./15.9.	15.2./15.9.		15.01./15.8.
Spätbewerbung	möglich	möglich		möglich

Bewerbungsverlauf und Kriterien für die Annahme des Bewerbers
Für alle Teilnehmer gilt: Es kommt nicht nur auf die Schulnoten an. Wichtig sind auch ihre Motivation und ihr Interesse an dem Gastland und dem Kulturaustausch. Der zukünftige Austauschschüler sollte Flexibilität, Verständnis, Toleranz und Selbstständigkeit mitbringen. Bewerben können sich Schüler/innen, die über mindestens zufriedenstellende Englischkenntnisse verfügen und keine Fünf im letzten Schuljahreszeugnis hatten. Teilnahmealter: 15 – 18 Jahre (14 Jahre auf Anfrage). Bewerbungsverlauf: Ausfüllen des Bewerbungsformulars, persönliches Bewerbungsgespräch gemeinsam mit den Eltern, nach erfolgreichem Gespräch Aufnahme ins Programm.

Vorbereitung auf den Australien-Aufenthalt in Deutschland
Intensives Vorbereitungsseminar in Frankfurt.

Betreuung während des Auslandsaufenthalts und durch Nachbereitung
Unsere Partnerorganisation vor Ort stellt für die Schüler einen Betreuer vor Ort und auch DFSR ist für seine Partner über eine 24h-Notrufnummer immer erreichbar. Nach Rückkehr der Schüler nach Deutschland haben sie die Möglichkeit, auf der Welcome-Back Party von ihren Erfahrungen zu berichten.

Stipendien und Sonstiges
4 Tage Soft Landing Camp in Sydney bei Programmbeginn im Juli oder Januar inklusive. In Australien steht nur eine begrenzte Anzahl von Programmplätzen für den oben genannten Preis zur Verfügung. * Neben dem landesweiten Programm gibt es auch ein Schulwahlprogramm mit öffentlichen Schulen und Privatschulen in den Regionen New South Wales, Queensland, South Australia und Western Australia. Plätze hierfür sind stets vorhanden.

Kurz und bündig

Gründungsjahr	1978	Schülerzahl im Australien Programm 2014/15	27
AUS-Programm seit	1980	Gesamtschülerzahl im High School Programm 2014/15	392
Gemeinnützigkeit	nein	Partner in Australien	Southern Cross, SEA

ec.se – educational consulting & student exchange GmbH
Adenauerallee 12-14 Telefon: 0228 / 259084 0
53113 Bonn Telefax: 0228 / 259084 20
info@highschoolberater.de www.highschoolberater.de

Preis und Leistung				
Schulwahlprogramm	1 Term	2 Terms	3 Terms	4 Terms
Grundpreis	AU$ 5.629	AU$ 10.805	AU$ 16.098	AU$ 20.863
Flug D – Australien	€ 2.000/p	€ 2.000/p	€ 2.000/p	€ 2.000/p
Flugbegleitung auf Hinreise	nein	nein	nein	nein
Vorbereitungstreffen	ja	ja	ja	ja
Vorbereitungsseminar	nein	nein	nein	nein
Einführungsseminar in Australien	nein	nein	nein	nein
Elterntreffen	ja	ja	ja	ja
Nachbereitungstreffen	ja	ja	ja	ja
Nachbereitungsseminar	nein	nein	nein	nein
Kranken-/Unfallversicherung	€ 189	€ 378	€ 567	€ 756
Haftpflicht-/Gepäckversicherung	ja	ja	ja	ja
Gesamtpreis (circa)*	**€ 8.020**	**€ 11.830**	**€ 15.725**	**€ 19.250**
Bewerbungsschluss	flexibel	flexibel	flexibel	flexibel
Spätbewerbung	möglich	möglich	möglich	möglich

Bewerbungsverlauf und Kriterien für die Annahme des Bewerbers
Das ausführliche Beratungsgespräch und die kompletten Bewerbungsunterlagen sind die Grundlage für individuelle Schulvorschläge unter Berücksichtigung akademischer Aspekte, persönlicher Präferenzen.

Vorbereitung auf den Australien-Aufenthalt in Deutschland
ec.se Vorbereitungstreffen für Schüler und Eltern
ec.se Vorbereitungsmaterial

Betreuung während des Auslandsaufenthalts und durch Nachbereitung
In Australien durch die Partnerorganisation und die besuchte Schule
ec.se ist Ansprechpartner in Deutschland, Nachbereitungstreffen

Stipendien und Sonstiges
Platzierungen sind z.B. möglich an öffentlichen Schulen in Queensland, New South Wales/Sydney, Victoria/Melbourne sowie an ausgewählten Privatschulen.
* Gesamtpreis inklusive Beratungspauschale von € 1.890.

Kurz und bündig			
Gründungsjahr	2002	Schülerzahl im Australien Programm 2014/15	13
AUS-Programm seit	2002	Gesamtschülerzahl im High School Programm 2014/15	196
Gemeinnützigkeit	nein	Partner in Australien	EQI, NSW, VGS, Privatschulen

Experiment e.V.
Gluckstraße 1
53115 Bonn
info@experiment-ev.de
Telefon: 0228 / 95722-0
Telefax: 0228 / 35 82 82
www.experiment-ev.de

Preis und Leistung				
Schulwahlprogramm	1 Term	2 Terms	3 Terms	4 Terms
Grundpreis (ab)	€ 7.860	€ 11.430	€ 15.995	€ 19.600
Flug D – Australien	ja	ja	ja	ja
Flugbegleitung auf Hinreise	nein	nein	nein	nein
Vorbereitungstreffen	nein	nein	nein	nein
Vorbereitungsseminar	ja	ja	ja	ja
Einführungsseminar in Australien	ja	ja	ja	ja
Elterntreffen	nein	nein	nein	nein
Nachbereitungstreffen	nein	nein	nein	nein
Nachbereitungsseminar	ja	ja	ja	ja
Kranken-/Unfallversicherung	ja	ja	ja	ja
Haftpflicht-/Gepäckversicherung	ja/nein	ja/nein	ja/nein	ja/nein
Gesamtpreis (ab circa)	**€ 7.860**	**€ 11.430**	**€ 15.995**	**€ 19.600**
Bewerbungsschluss	01.02./01.08.	01.02./01.08.	01.02./01.08.	01.02./01.08.
Spätbewerbung	möglich	möglich	möglich	möglich

Bewerbungsverlauf und Kriterien für die Annahme des Bewerbers

Ab 14 bis 18 Jahre. Voraussetzung ist der Besuch einer weiterführenden Schule bis zur Ausreise. Bewerber sollten ein ernsthaftes Interesse am interkulturellen Austausch haben und bereit sein, der neuen Umgebung Informationen und Eindrücke von Deutschland zu vermitteln. Aufgeschlossenheit, Offenheit, Toleranz und ein gewisses Anpassungsvermögen sind dabei unentbehrliche Fähigkeiten.

Vorbereitung auf den Australien-Aufenthalt in Deutschland

Alle Teilnehmer werden zu einem überregionalen, viertägigen Vorbereitungsseminar eingeladen, auf dem sie von Ehrenamtlichen umfassend auf ihren Auslandsaufenthalt vorbereitet werden. Diese intensive Vorbereitung findet bereits mehrere Wochen vor der Ausreise statt, ist verpflichtend für alle Teilnehmer und daher bereits im Preis enthalten.

Betreuung während des Auslandsaufenthalts und durch Nachbereitung

Ein persönlicher Betreuer unserer Partnerorganisation hat die Gastfamilie vor der Ankunft des Austauschschülers besucht und ist während des Aufenthaltes Ansprechpartner für Schüler und Gastfamilie. Für Eltern und Teilnehmer gibt es zusätzlich in Deutschland einen telefonischen Bereitschaftsdienst von Experiment e.V., der rund um die Uhr erreichbar ist.

Stipendien und Sonstiges

Aktuelle Stipendien unter www.experiment-ev.de/stipendien.

Kurz und bündig			
Gründungsjahr	1932	Schülerzahl im Australien Programm 2014/15	8
AUS-Programm seit	2011	Gesamtschülerzahl im High School Programm 2014/15	490
Gemeinnützigkeit	ja	Partner in Australien	Education Queensland

GIVE – Gesellschaft für internationale Verständigung mbH
In der Neckarhelle 127a | Telefon: 06221 / 38 935 0
69118 Heidelberg | Telefax: 06221 / 38 935 20
info@give-highschool.de | www.give-highschool.de

Preis und Leistung				
Schulwahlprogramm	1 Term	2 Terms	3 Terms	4 Terms
Grundpreis (ab)	€ 7.680	€ 11.540	€ 15.830	€ 19.180
Flug D – Australien	ja	ja	ja	ja
Flugbegleitung auf Hinreise	ja	ja	ja	ja
Vorbereitungstreffen	ja	ja	ja	ja
Vorbereitungsseminar	ja	ja	ja	ja
Einführungsseminar in Australien	nein	nein	nein	nein
Elterntreffen	nein	nein	nein	nein
Nachbereitungstreffen	€ 45/opt.	€ 45/opt.	€ 45/opt.	€ 45/opt.
Nachbereitungsseminar	nein.	nein	nein	nein
Kranken-/Unfallversicherung	€ 150	€ 300	€ 450	€ 600
Haftpflicht-/Gepäckversicherung	ja	ja	ja	ja
Gesamtpreis (ab circa)	**€ 7.830**	**€ 11.840**	**€ 16.280**	**€ 19.780**
Bewerbungsschluss	jeweils	2 Monate	vor	Abreise
Spätbewerbung	auf	Anfrage	auf	Anfrage

Bewerbungsverlauf und Kriterien für die Annahme des Bewerbers

Nach dem Eingang der Bewerbung wirst du zu einem Auswahlgespräch eingeladen, bei dem wir einander kennen lernen. Dieses Gespräch dient der Entscheidung über deine Aufnahme in das Programm. Kurze Zeit nach dem Gespräch erhältst du dann Bescheid, ob du in das Programm aufgenommen wirst. Wir nehmen Bewerber mit mindestens durchschnittlichen Leistungen entgegen.

Vorbereitung auf den Australien-Aufenthalt in Deutschland

Während der Vorbereitungszeit bekommt ihr von GIVE regelmäßig Infobriefe zugestellt, die euch mit allen wichtigen Informationen über deinen Gastaufenthalt und dein Gastland vertraut machen. Darüber hinaus veranstaltet GIVE Vorbereitungsseminare, auf denen du die anderen Teilnehmer kennen lernen kannst und alle organisatorischen und praktischen Dinge über den bevorstehenden Gastaufenthalt erfährst.

Betreuung während des Auslandsaufenthalts und Nachbereitung

GIVE arbeitet mit WEP World Education Programm zusammen. Darüber hinaus steht jedem Schüler in Australien an seiner Schule ein Betreuer zur Verfügung.

Stipendien und Sonstiges

GIVE bietet 40 Schulen in verschiedenen Bundesstaaten in Australien an. Die Schüler können die Schule und Region selbst auswählen.

Kurz und bündig			
Gründungsjahr	1987	Schülerzahl im Australien Programm 2014/15	22
AUS-Programm seit	2005	Gesamtschülerzahl im High School Programm 2014/15	445
Gemeinnützigkeit	nein	Partner in Australien	World Education Programm

GLS Sprachenzentrum – Inh. Barbara Jaeschke
Kastanienallee 82 — Telefon: 030 / 780 089 80
10435 Berlin — Telefax: 030 / 787 419 1
highschool@gls-sprachenzentrum.de — www.gls-sprachenzentrum.de

Preis und Leistung				
*Schulwahlprogramm**	1 Term	2 Terms	3 Terms	4 Terms
Grundpreis (ab)	€ 5.180	€ 8.980	€ 12.780	€ 15.980
Flug D – Australien	€ 2.000/p	€ 2.000/p	€ 2.000/p	€ 2.000/p
Flugbegleitung auf Hinreise	ja	ja	ja	ja
Vorbereitungstreffen	ja	ja	ja	ja
Vorbereitungsseminar	€ 110/opt.	€ 110/opt.	€ 110/opt.	€ 110/opt.
Einführungsseminar in Australien	opt.	opt.	opt.	opt.
Elterntreffen	nein	nein	nein	nein
Nachbereitungstreffen	nein	nein	nein	nein
Nachbereitungsseminar	ja	ja	ja	ja
Kranken-/Unfallversicherung	€ 113	€ 187	€ 338	€ 375
Haftpflicht-/Gepäckversicherung	ja	ja	ja	ja
Gesamtpreis (ab circa)	**€ 7.290**	**€ 11.170**	**€ 15.120**	**€ 18.355**
Bewerbungsschluss	je nach Verfügbarkeit			
Spätbewerbung	möglich	möglich	möglich	möglich

Bewerbungsverlauf und Kriterien für die Annahme des Bewerbers
Nach Anmeldung laden wir zum Interview auf Englisch und auf Wunsch zu einer kostenlosen Beratung ein. Neben Motivation und Anpassungsbereitschaft sowie einem Notendurchschnitt von mind. 3,5 bildet das Interview die Voraussetzung für die Aufnahme ins Programm. Sobald uns die Bewerbungsmappe vorliegt, leiten wir diese nach Durchsicht unseren Partnern im Ausland weiter, die vor Ort Gastfamilie bzw. Internats- und Schulplatz sicherstellen.

Vorbereitung auf den Australien-Aufenthalt in Deutschland
Neben unseren Orientierungstreffen vor Abreise für Schüler und Eltern im Frühjahr und im Herbst (deutschlandweit sowie in Zürich und Wien) bieten wir regelmäßig optionale Workshops und Sprachkurse zur Vorbereitung auf unserem Campus in Berlin an.

Betreuung während des Auslandsaufenthalts und durch Nachbereitung
Jedem Teilnehmer wird ein Betreuer im Gastland zur Seite gestellt; Darüber hinaus unterstützen wir selbstverständlich auch nach Abreise Schüler wie Eltern und garantieren umgehende Reaktion und Hilfestellung. Unsere Rückkehrer laden wir im Herbst zum Returnee-Wochenende nach Berlin ein. Neben Workshops zur Nachbereitung des Auslandsaufenthalts und Austausch mit anderen GLSlern steht natürlich ein abwechslungsreiches Berlin-Programm auf der Agenda.

Stipendien und Sonstiges
* Weltbürger-Stipendien; Kombi-Programme; Programmverlängerung möglich; GLS übernimmt Visumsbeantragung und vermittelt Reiseangebote; INKLUSIVE bei Buchung mit Flug: Orientierungstage in Sydney

Kurz und bündig			
Gründungsjahr	1983	Schülerzahl im Australien Programm 2014/15	55
AUS-Programm seit	1995	Gesamtschülerzahl im High School Programm 2014/15	576
Gemeinnützigkeit	nein	Partner in Australien	Departments of Education, Privatschulen

Hausch & Partner GmbH – High Schools Down Under	
Gasstr. 16	Telefon: 040 / 4147580
22761 Hamburg	Telefax: 040 / 41475815
info@hauschundpartner.de	www.hauschundpartner.de

Preis und Leistung				
Schulwahlprogramm	1 Term	2 Terms	3 Terms	4 Terms
Grundpreis (ab)	€ 6.446	€ 10.155	€ 13.892	€ 17.245
Flug D – Australien	€ 2.000/p	€ 2.000/p	€ 2.000/p	€ 2.000/p
Flugbegleitung auf Hinreise*	€ 180/opt.	€ 180/opt.	€ 180/opt.	€ 180/opt.
Vorbereitungstreffen	ja	ja	ja	ja
Vorbereitungsseminar	nein	nein	nein	nein
Einführungsseminar in Australien	nein	nein	nein	nein
Elterntreffen	nein	nein	nein	nein
Nachbereitungstreffen	ja	ja	ja	ja
Nachbereitungsseminar	nein	nein	nein	nein
Kranken-/Unfallversicherung	€ 88	€ 175	€ 260	€ 350
Haftpflicht-/Gepäckversicherung	ja	ja	ja	ja
Gesamtpreis (ab circa)	**€ 8.535**	**€ 12.330**	**€ 16.150**	**€ 19.595**
Bewerbungsschluss	jederzeit	möglich	jederzeit	möglich
Spätbewerbung	jederzeit	möglich	jederzeit	möglich

Bewerbungsverlauf und Kriterien für die Annahme des Bewerbers
1. Kurzbewerbung (Formular) mit persönlichen Angaben
2. Persönliches Einzelgespräch (ca. 2 Std.), teilweise zunächst telefonisch
Kriterien:
- Schüler zeigt sich offen, motiviert und interessiert
- relativ stabile häusliche Verhältnisse

Vorbereitung auf den Australien-Aufenthalt in Deutschland
Persönliches Gespräch, Info-Mappe; Vorbereitungstreffen (1 Tag); ständige Betreuung per E-Mail vor dem Aufenthalt; Kommunikation mit den Eltern

Betreuung während des Auslandsaufenthalts und Nachbereitung
Ständige Betreuung durch die Koordinatoren der Schulen und durch uns per E-Mail während des Aufenthaltes; Kommunikation mit den Eltern; Nachtreffen (1 Tag)

Stipendien und Sonstiges
Stipendien nur gelegentlich (auf Anfrage) in Zusammenarbeit mit Schulen;
Kurzaufenthalt möglich (ab 4 Wochen);
Auch für Schüler mit Haupt- und Realschulabschluss;
Für Jugendliche ab 12 Jahren;
* nur bei Flug mit der Gruppe Januar und Juli

Kurz und bündig			
Gründungsjahr	1988	Schülerzahl im Australien Programm 2014/15	83
AUS-Programm seit	2002	Gesamtschülerzahl im High School Programm 2014/15	345
Gemeinnützigkeit	nein	Partner in Australien	Schulen direkt

ICXchange-Deutschland e.V.
Bahnhofstraße 16-18
26122 Oldenburg
info@icxchange.de
Telefon: 0441 / 923 98-0
Telefax: 0441 / 923 98-99
www.icxchange.de

Preis und Leistung				
Regionenwahlprogramm	1 Term	2 Terms	3 Terms	4 Terms
Grundpreis	€ 8.900	€ 13.100		€ 23.350
Flug D – Australien	ja	ja		ja
Flugbegleitung auf Hinreise	ab 15 Teiln.	ab 15 Teiln.		ab 15 Teiln.
Vorbereitungstreffen	nein	nein		nein
Vorbereitungsseminar	ja	ja		ja
Einführungsseminar in Australien	nein	nein		nein
Elterntreffen	nein	nein		nein
Nachbereitungstreffen	nein	nein		nein
Nachbereitungsseminar	ja	ja		ja
Kranken-/Unfallversicherung	ja	ja		ja
Haftpflicht-/Gepäckversicherung	€ 75/60/opt.	€ 75/60/opt.		€ 75/60/opt.
Gesamtpreis (circa)	**€ 8.900**	**€ 13.100**		**€ 23.350**
Bewerbungsschluss	31.03./30.09.	31.03./30.09.		31.03.
Spätbewerbung	möglich	möglich		möglich

Bewerbungsverlauf und Kriterien für die Annahme des Bewerbers
Nach Eingang der Kurzbewerbung laden wir den Bewerber zu einem persönlichen Gespräch am oder in der Nähe seines Wohnortes ein. Verlief das Gespräch erfolgreich, folgen Akzeptierung, ausführliche Bewerbungsunterlagen und Vertragsofferte.
Teilnahmevoraussetzungen sind: 15 bis 18 Jahre, Besuch einer allgemeinbildenden Schule, Gesundheit, Anpassungsfähigkeit, 3 Jahre Englischunterricht sowie ein Notendurchschnitt von 3,5 für Gymnasiasten, 3,0 für Realschüler und 2,0 für Hauptschüler.

Vorbereitung auf den Australien-Aufenthalt in Deutschland
Vor der Ausreise laden wir alle Teilnehmer zu einem zweitägigen Vorbereitungsseminar ein. Die Eltern kommen für einen Nachmittag dazu. Das Seminar wird von ICX-Mitarbeitern geleitet, die von ehemaligen Australien-Teilnehmern unterstützt werden. Zusätzlich erhält jeder Teilnehmer eine ausführliche Informationsmappe.

Betreuung während des Auslandsaufenthalts und durch Nachbereitung
Während des Programms werden die Schüler von unserer australischen Partnerorganisation ISCA betreut. Jedem Schüler steht in Brisbane ein örtlicher Repräsentant von ISCA als Ansprechpartner zur Verfügung. Nach Beendigung des Programms findet ein Nachbereitungsseminar in Deutschland statt.

Stipendien und Sonstiges
ICX vergibt Teilstipendien bis € 1.000. Die Stipendienvergabe richtet sich nach der Höhe des Familieneinkommens und dem zur Verfügung stehenden Stipendienfonds.

Kurz und bündig			
Gründungsjahr	1974	Schülerzahl im Australien Programm 2014/15	4
AUS-Programm seit	2001	Gesamtschülerzahl im High School Programm 2014/15	229
Gemeinnützigkeit	ja	Partner in Australien	ISCA

iE – international Experience e.V.	
Amselweg 20	Telefon: 02246 / 915 49 0
53797 Lohmar	Telefax: 02246 / 915 49 12
info@international-experience.net	www.international-experience.net

Preis und Leistung				
Regionenwahlprogramm	1 Term	2 Terms	3 Terms	4 Terms
Grundpreis (ab)	€ 6.870	€ 11.160	€ 15.480	€ 19.800
Flug D – Australien	€ 2.000/p	€ 2.000/p	€ 2.000/p	€ 2.000/p
Flugbegleitung auf Hinreise	nein	nein	nein	nein
Vorbereitungstreffen	nein	nein	nein	nein
Vorbereitungsseminar	ja	ja	ja	ja
Einführungsseminar in Australien	ja	ja	ja	ja
Elterntreffen	nein	nein	nein	nein
Nachbereitungstreffen	ja	ja	ja	ja
Nachbereitungsseminar	nein	nein	nein	nein
Kranken-/Unfallversicherung	€ 150/p	€ 300/p	€ 450/p	€ 600/p
Haftpflicht-/Gepäckversicherung	ja	ja	ja	ja
Gesamtpreis (ab circa)	**€ 9.020**	**€ 13.460**	**€ 17.930**	**€ 22.400**
Bewerbungsschluss	31.03./30.09.	31.03./30.09.	31.03./30.09.	31.03./30.09.
Spätbewerbung	möglich	möglich	möglich	möglich

Bewerbungsverlauf und Kriterien für die Annahme des Bewerbers

Kriterien für die Aufnahme in unser Programm sind neben den Schulnoten besonders persönliche Eigenschaften wie Motivation, Flexibilität und Anpassungsfähigkeit.
Wir suchen "great kids" mit positiver Einstellung, die auch ihrer Gastfamilie etwas zu bieten haben, die freundlich, aufgeschlossen, aktiv in Schule und Freizeit sind.

Vorbereitung auf den Australien-Aufenthalt in Deutschland

Die iE - Vorbereitungen beinhalten persönliche Gespräche, Materialien in Schriftform und ein mehrtägiges Vorbereitungsseminar. Das Vorbereitungsseminar ist für iE-Schüler/Innen Pflicht. Immer nehmen Ehemalige an den Seminaren teil und geben ihre Erfahrungen weiter.

Betreuung während des Auslandsaufenthalts

International student counselors an den Schulen betreuen die Schüler und deren Gastfamilien vor Ort. Sie helfen bei der Eingliederung in die Schule und in die neue Familie. iE unterhält einen persönlichen 24-Stunden-Notfall Dienst für Schüler/Innen und Eltern in Deutschland (kein Call-Center). Eventuelle Probleme werden zunächst mit iE in Deutschland besprochen.

Nachbereitung

Nach der Rückkehr veranstalten wir ein Returnee-Treffen mit anschließender Party.

Stipendien und Sonstiges

Der o.g. Gesamtpreis kann je nach Staat in Australien variieren. iE arbeitet auch mit ausgewählten Privatschulen und Internaten zusammen. Kurzzeitprogramme sind möglich. Im Programmpreis ist eine Basis-Krankenversicherung vor Ort enthalten. Zusätzlich dazu kann ein Versicherungspaket (inkl. Haftpflicht- und Gepäckversicherung) abgeschlossen werden.

Kurz und bündig			
Gründungsjahr	2000	Schülerzahl im Australien Programm 2014/15	6
AUS-Programm seit	2002	Gesamtschülerzahl im High School Programm 2014/15	335
Gemeinnützigkeit	ja	Partner in Australien	Bildungsministerien der Staaten

into GmbH
Ostlandstraße 14
50858 Köln
kontakt@into.de
Telefon: 02234 / 946 36-0
Telefax: 02234 / 946 36-23
www.into.de

Preis und Leistung				
*Schulwahlprogramm**	1 Term	2 Terms	3 Terms	4 Terms
Grundpreis (ab)	€ 11.590	€ 16.990	€ 20.100	€ 29.190
Flug D – Australien	ja	ja	ja	ja
Flugbegleitung auf Hinreise	nein	nein	nein	nein
Vorbereitungstreffen	nein	nein	nein	nein
Vorbereitungsseminar	ja	ja	ja	ja
Einführungsseminar in Australien	nein	nein	nein	nein
Elterntreffen	nein	nein	nein	nein
Nachbereitungstreffen	nein	nein	nein	nein
Nachbereitungsseminar	ja	ja	ja	ja
Kranken-/Unfallversicherung	€ 170	€ 250	€ 270	€ 300
Haftpflicht-/Gepäckversicherung	ja	ja	ja	ja
Gesamtpreis (ab circa)	**€ 11.760**	**€ 17.240**	**€ 20.370**	**€ 29.490**
Bewerbungsschluss	flexibel	flexibel	flexibel	flexibel
Spätbewerbung	auf Anfrage	auf Anfrage	auf Anfrage	auf Anfrage

Bewerbungsverlauf und Kriterien für die Annahme des Bewerbers
Dein Notendurchschnitt sollte befriedigend oder besser sein. Das Wichtigste ist, dass Du Motivation, Flexibilität, Toleranz und Anpassungsfähigkeit mitbringst.

Vorbereitung auf den Australien-Aufenthalt in Deutschland
Schüler- und Elternhandbuch, regelmäßig Infobriefe (Newslinks) mit Infos zum Ablauf, kulturellen Eigenheiten der Gastländer sowie Ratschlägen und Erfahrungsberichten. Zweitägiges Vorbereitungsseminar vor Abreise bei dem Du Infos und Tipps erhältst und etwas zu den Vorschriften und Regeln während Deines Austausches erfährst. Zudem wirst Du mit Rollenspielen, kreativer Arbeit und lustigen Sketchen auf Deinen Austausch vorbereitet. Es gibt eine Extra-Informationsveranstaltung zur Vorbereitung Deiner Eltern bei Sommer-Ausreise.

Betreuung während des Auslandsaufenthalts und durch Nachbereitung
In Australien wird in der Nähe Deines Wohnortes ein Ansprechpartner für Dich und Deine Gastfamilie sein. Auch in Deutschland sind wir immer erreichbar. Nach Deiner Rückkehr ist es noch nicht „vorbei“: Unsere Returnees organisieren „get togethers“, das traditionelle *into* BBQ und Ausflüge, bei denen sich viele Ehemalige immer wieder treffen.

Stipendien und Sonstiges
* Neben dem Schulwahl-Programm bietet *into* auch ein Classic-Programm an. Beim Classic-Programm gibt es vier Einführungstage in Sydney mit Workshops und Ausflügen. Diese sind im Preis enthalten.

Kurz und bündig			
Gründungsjahr	1986	Schülerzahl im Australien Programm 2014/15	5
AUS-Programm seit	1996	Gesamtschülerzahl im High School Programm 2014/15	435
Gemeinnützigkeit	nein	Partner in Australien	WEP Australia, CEA, SEA, SEANZ

iSt Internationale Sprach- und Studienreisen GmbH

Stiftsmühle
69080 Heidelberg
iSt@sprachreisen.de
Telefon: 06221 / 89 00-0
Telefax: 06221 / 89 00-200
www.sprachreisen.de

Preis und Leistung				
Schulwahlprogramm	1 Term	2 Terms	3 Terms	4 Terms
Grundpreis (ab)	€ 7.690	€ 11.550	€ 15.840	€ 19.190
Flug D – Australien	ja	ja	ja	ja
Flugbegleitung auf Hinreise	ja	ja	ja	ja
Vorbereitungstreffen	nein	nein	nein	nein
Vorbereitungsseminar	ja	ja	ja	ja
Einführungsseminar in Australien	nein	nein	nein	nein
Elterntreffen	nein	nein	nein	nein
Nachbereitungstreffen	€ 45/opt.	€ 45/opt.	€ 45/opt.	€ 45/opt.
Nachbereitungsseminar	nein	nein	nein	nein
Kranken-/Unfallversicherung	€ 150/p	€ 300/p	€ 450/p	€ 600/p
Haftpflicht-/Gepäckversicherung	ja	ja	ja	ja
Gesamtpreis (ab circa)	**€ 7.840**	**€ 11.850**	**€ 16.290**	**€ 19.790**
Bewerbungsschluss	jeweils	3 Monate	vor	Abreise
Spätbewerbung	auf	Anfrage	auf	Anfrage

Bewerbungsverlauf und Kriterien für die Annahme des Bewerbers

Die Bewerber füllen ein Bewerbungsformular aus und schicken dies zusammen mit einer kurzen Selbstbeschreibung und der letzten Zeugniskopie an unser Büro. Die Bewerber und ihre Eltern werden dann umgehend zu einem persönlichen Gespräch eingeladen. Kurze Zeit nach dem Interview teilen wir schriftlich mit, ob Sie in das Programm aufgenommen werden.

Vorbereitung auf den Australien-Aufenthalt in Deutschland

Schon beim Bewerbungsgespräch informieren wir umfassend über viele wichtige Aspekte der Programmteilnahme und erläutern kulturelle Besonderheiten des Gastlandes. Die Teilnehmer erhalten regelmäßig Informationsbriefe zum bevorstehenden Aufenthalt und können Kontakt zu ehemaligen Teilnehmern aufnehmen. Auf einem zweitägigen Seminar bereiten sich die neuen Teilnehmer intensiv auf ihren Aufenthalt vor. (Für weitere Informationen siehe USA)

Betreuung während des Auslandsaufenthalts und Nachbereitung

Wir bleiben mit Ihnen auch während des Aufenthaltes in Kontakt und versorgen Sie mit aktuellen Informationen. Der örtliche Vertreter steht Ihnen mit Rat und Hilfe zur Verfügung. Es gibt ein Nachbereitungstreffen, bei dem Sie Ihre Eindrücke noch einmal Revue passieren lassen können und Erfahrungen mit anderen Teilnehmern austauschen.

Stipendien und Sonstiges

Aus über 100 Schulen in ganz Australien können Sie die Einrichtung auswählen, die Ihren Neigungen und Fähigkeiten am besten entspricht. Der Einstieg ist zu jedem Termbeginn möglich, die Dauer ist frei bestimmbar (1-4 Terms). Bei Beginn im Januar oder Juli kann ein 4-tägiger Aufenthalt in Singapur zusätzlich gebucht werden.

Kurz und bündig			
Gründungsjahr	1981	Schülerzahl im Australien Programm 2014/15	121
AUS-Programm seit	1984	Gesamtschülerzahl im High School Programm 2014/15	1.090
Gemeinnützigkeit	nein	Partner in Australien	WEP

KAPLAN – ASPECT Internationale Sprachschule GmbH
Zeil 65 Telefon: 069 / 244 5005 20
60313 Frankfurt am Main Telefax: 069 / 244 5005 09
highschool.weltweit@kaplaninternational.com www.kaplaninternational.com/de

Preis und Leistung				
*Regionenwahlprogramm**	1 Term	2 Terms	3 Terms	4 Terms
Grundpreis (ab)	€ 6.390	€ 9.990		€ 17.790
Flug D – Australien	€ 2.000/p	€ 2.000/p		€ 2.000/p
Flugbegleitung auf Hinreise	nein	nein		nein
Vorbereitungstreffen	nein	nein		nein
Vorbereitungsseminar	ja	ja		ja
Einführungsseminar in Australien	nein	nein		nein
Elterntreffen	nein	nein		nein
Nachbereitungstreffen	ja	ja		ja
Nachbereitungsseminar	nein	nein		nein
Kranken-/Unfallversicherung	€ 180	€ 300		€ 600
Haftpflicht-/Gepäckversicherung	ja/nein	ja/nein		ja/nein
Gesamtpreis (ab circa)	**€ 8.570**	**€ 12.290**		**€ 20.390**
Bewerbungsschluss	01.05./15.10.	01.05./15.10.		01.05./15.10.
Spätbewerbung	möglich	möglich		möglich

Bewerbungsverlauf und Kriterien für die Annahme des Bewerbers
Nach der Bewerbung (schriftlich oder online) findet ein persönliches Beratungsgespräch (mit mind. einem Elternteil) in der Nähe des Wohnortes statt. Unmittelbar danach entscheidet KAPLAN über die Aufnahme des Schülers. Dabei spielt neben den schulischen Leistungen und gesundheitlichen Voraussetzungen auch der persönliche Eindruck eine große Rolle (Motivation, Reife, Offenheit, Anpassungsfähigkeit und kulturelles Interesse). Darüber hinaus gelten folgende Aufnahmebedingungen: Notendurchschnitt besser als 3,5; mind. 2 Jahre Englischunterrricht; in den letzten Jahren vor Abreise keine Klasse wiederholt; Alter: 14-18.

Vorbereitung auf den Australien-Aufenthalt in Deutschland
Neben dem Elterntreffen und dem zweitägigen Vorbereitungsseminar, das für alle Schüler obligatorisch ist, bekommen Schüler schon beim Gespräch und nach der Aufnahme ins Programm viele Informationen zu Land und Leuten und zum Leben im Ausland sowie ein ausführliches Handbuch.

Betreuung während des Auslandsaufenthalts und Nachbereitung
Jeder Schüler hat persönliche Betreuer, außerdem gibt es eine 24 Stunden Notfall-Nummer. Das KAPLAN-Büro in Deutschland ist Ansprechpartner für Fragen der Eltern.

Stipendien und Sonstiges
* Schüler haben die Möglichkeit der Regionen- oder Schulwahl. Schüler haben außerdem die Möglichkeit, eine von drei Privatschulen zu besuchen (in Adelaide, Brisbane oder Sydney).

Kurz und bündig			
Gründungsjahr	1985	Schülerzahl im Australien Programm 2014/15	6
AUS-Programm seit	2001	Gesamtschülerzahl im High School Programm 2014/15	152
Gemeinnützigkeit	nein	Partner in Australien	Schulen direkt / QueenslandEQI

KulturLife gGmbH	
Max-Giese-Str. 22	Telefon: 0431 / 888 14-10
24116 Kiel	Telefax: 0431 / 888 14 19
info@kultur-life.de	www.kultur-life.de

Preis und Leistung				
Schulwahlprogramm	1 Term	2 Terms	3 Terms	4 Terms
Grundpreis (ab)	€ 8.190	€ 12.490	auf Anfrage	€ 21.490
Flug D – Australien	ja	ja		ja
Flugbegleitung auf Hinreise	nein	nein		nein
Vorbereitungstreffen	nein	nein		nein
Vorbereitungsseminar	ja	ja		ja
Einführungsseminar in Australien	ja	ja		ja
Elterntreffen	ja	ja		ja
Nachbereitungstreffen	nein	nein		nein
Nachbereitungsseminar	ja	ja		ja
Kranken-/Unfallversicherung	ja	ja		ja
Haftpflicht-/Gepäckversicherung	€45 opt./nein	€45 opt./nein		€90 opt./nein
Gesamtpreis (ab circa)	**€ 8.190**	**€ 12.490**		**€ 21.490**
Bewerbungsschluss	bis etwa zwei Monate vor der Abreise			
Spätbewerbung	möglich	möglich		möglich

Bewerbungsverlauf und Kriterien für die Annahme des Bewerbers
Anhand deiner unverbindlichen Voranmeldung prüfen wir, ob wir dich in unser Programm aufnehmen können. Danach melden wir uns bei dir und vereinbaren einen persönlichen Gesprächstermin. Es findet ein persönliches Interview mit einem Programmbetreuer über Skype statt.

Vorbereitung auf den Australien-Aufenthalt in Deutschland
Jedes Jahr im Frühjahr und Herbst führen wir mehrere Vorbereitungsseminare durch, die jeweils ein Wochenende dauern. Neben den Jugendlichen sind am ersten Tag auch deren Eltern eingeladen. Besondere Schwerpunkte der Vorbereitungsseminare sind das Verhalten in der Gastfamilie und Strategien zur Vermeidung oder Lösung möglicher Problemen.

Betreuung während des Auslandsaufenthalts und durch Nachbereitung
Bei der Ankunft beispielsweise in Sydney wirst du am Flughafen durch unsere Partner abgeholt. Außerdem gibt es eine 24-Stunden-Notfallnummer. Auch den Eltern steht während des Aufenthaltes stets ein fester Ansprechpartner zur Verfügung.

Stipendien und Sonstiges
Alternativ zu diesem Programm arbeiten wir noch mit vielen Schulbehörden direkt zusammen. Hier kann konkret auf Stadt- bzw. Gebietswünsche eingegangen werden. Bewerbungen für das Nordlicht-Stipendium sind möglich. Wir bieten auch Programme in Neuseeland an.

Kurz und bündig			
Gründungsjahr	1995	Schülerzahl im Australien Programm 2014/15	8
AUS-Programm seit	1998	Gesamtschülerzahl im High School Programm 2014/15	194
Gemeinnützigkeit	ja	Partner in Australien	Schulbehörden in NSW und QLD

MAP SPRACHREISEN GmbH – MUNICH ACADEMIC PROGRAM
Türkenstraße 104 Telefon: 089 / 35 73 79 77
80799 München Telefax: 089 / 35 73 79 78
highschool@map-sprachreisen.com www.map-sprachreisen.com

Preis und Leistung				
*Schulwahlprogramm**	1 Term	2 Terms	3 Terms	4 Terms
Grundpreis (ab)	€ 6.300	€ 10.800		€ 18.950
Flug D – Australien	€ 2.000/p	€ 2.000/p		€ 2.000/p
Flugbegleitung auf Hinreise	ab 15 Teiln.	ab 15 Teiln.		ab 15 Teiln.
Vorbereitungstreffen	ja	ja		ja
Vorbereitungsseminar	nein	nein		nein
Einführungsseminar in Australien	nein	nein		nein
Elterntreffen	nein	nein		nein
Nachbereitungstreffen	ja	ja		ja
Nachbereitungsseminar	nein	nein		nein
Kranken-/Unfallversicherung	€ 100	€ 200		€ 375
Haftpflicht-/Gepäckversicherung	nein	nein		nein
Gesamtpreis (ab circa)	**€ 8.400**	**€ 13.000**		**€ 21.325**
Bewerbungsschluss	8	Wochen	vor	Schulbeginn
Spätbewerbung	möglich	möglich		möglich

Bewerbungsverlauf und Kriterien für die Annahme des Bewerbers
Keine besonderen Alters- und Notenvorgaben.
Nach Bewerbungseingang erhalten Schüler und Eltern eine Einladung zu einem persönlichen Bewerbungs- und Informationsgespräch, das in der nächstgelegenen Großstadt stattfindet. Nachdem sich MAP von der Eignung des Bewerbers überzeugt hat, erhält er nach wenigen Tagen ein Vertragsangebot und die MAP Akzeptierungsunterlagen.

Vorbereitung auf den Australien-Aufenthalt in Deutschland
Von Anfang an wird jeder Programmteilnehmer umfassend von MAP auf seinen Aufenthalt vorbereitet und über die erforderlichen (organisatorischen) Schritte unterrichtet und mit Infomaterial (Literaturhinweisen, Berichten ehemaliger Schüler, Wissenswertem über Land und Leute usw.) versorgt. Kurz vor Abreise findet ein Vorbereitungstreffen (Orientation) statt.

Betreuung während des Auslandsaufenthalts und durch Nachbereitung
In Australien steht jedem Gastschüler ein Repräsentant der Schule als Ansprechpartner für Probleme aller Art zur Seite. Nach Rückkehr organisiert MAP ein "Returnee"-Treffen.

Stipendien und Sonstiges
Die oben erwähnte Krankenversicherung bezieht sich auf die OSHC, die die australischen Behörden für alle Gastschüler verlangen. Der Betrag ist kursabhängig.
* MAP bietet zudem ein günstigeres Regionenwahlprogramm (Regional Schools) an.

Kurz und bündig			
Gründungsjahr	1996	Schülerzahl im Australien-Programm 2014/15	7
AUS-Programm seit	1996	Gesamtschülerzahl im High School Programm 2014/15	203
Gemeinnützigkeit	nein	Partner in Australien	EQI und diverse Schulen

Open Door International e.V.
Thürmchenswall 69
50668 Köln
info@opendoorinternational.de
Telefon: 0221 / 60 60 85 50
Telefax: 0221 / 60 60 85 519
www.opendoorinternational.de

Preis und Leistung				
Schulwahlprogramm	1 Term	2 Terms	3 Terms	4 Terms
Grundpreis (ab)	€ 6.590	€ 9.990		€ 16.990
Flug D – Australien	€ 2.000/p	€ 2.000/p		€ 2.000/p
Flugbegleitung auf Hinreise	nein	nein		nein
Vorbereitungstreffen	nein	nein		nein
Vorbereitungsseminar	ja	ja		ja
Einführungsseminar in Australien	nein	nein		nein
Elterntreffen	ja	ja		ja
Nachbereitungstreffen	nein	nein		nein
Nachbereitungsseminar	ja	ja		ja
Kranken-/Unfallversicherung	ja	ja		ja
Haftpflicht-/Gepäckversicherung	nein	nein		nein
Gesamtpreis (ab circa)	**€ 8.590**	**€ 11.990**		**€ 18.990**
Bewerbungsschluss	solange	Plätze	vorhanden	sind
Spätbewerbung	möglich	möglich		möglich

Bewerbungsverlauf und Kriterien für die Annahme des Bewerbers
Bewerbung: Kurzbewerbung und die 3 letzten Versetzungszeugnisse (Durchschnitt mind. 3). Nach einem persönlichen Interview zuhause folgt die Zwischenakzeptanz und weitere auszufüllende Unterlagen. Das Interview wird von einem ehrenamtlichen Betreuer bzw. Returnee durchgeführt. Auswahlkriterien sind generelle Eignung, Motivation und Persönlichkeit.

Vorbereitung auf den Australien-Aufenthalt in Deutschland
Im Frühjahr und Herbst finden Wochenend-Vorbereitungsseminare statt (Themen: Visum, Versicherung, Finanzen, etc.). Mit Workshops und ausführlichem Infomaterial werden die Teilnehmer auf ihr Zielland u. das Leben dort vorbereitet. Ein persönlicher, fester Ansprechpartner im Kölner ODI-Büro steht zudem telefonisch und per E-Mail immer zur Verfügung.

Betreuung während des Auslandsaufenthalts und Nachbereitung
Jeder Teilnehmer hat einen Betreuer vor Ort (Mitarbeiter der Schule). Es gibt eine 24-Stunden-Notrufnummer für Teilnehmer und Eltern. Betreuung der Eltern durch das Kölner ODI-Büro sowie Elterntreffen während des Aufenthaltes. Mehrtägiges Nachbereitungsseminar für Returnees sowie Möglichkeit der Mitarbeit im Jugendaustausch.

Stipendien und Sonstiges
Stipendien z.Z. für Lateinamerika, USA oder ein Wunschland sowie für Kölner Schülerinnen und Schüler; Schulwahlprogramm in Queensland und Tasmanien (auch für Teilnehmer unter 16 Jahren geeignet); * eine gesetzlich vorgeschriebene Basiskrankenversicherung ist im Programmpreis enthalten, zusätzlich ist unser Versicherungspaket optional buchbar.

Kurz und bündig			
Gründungsjahr	1983	Schülerzahl im Australien Programm 2014/15	3
AUS-Programm seit	2008	Gesamtschülerzahl im High School Programm 2014/15	145
Gemeinnützigkeit	ja	Partner in Australien	Gov. Tasmania, Edu. Queensland Intern.

Southern Cross (SouthernCross.eu GmbH)
Dettenhauser Str. 53 Telefon: 07127 / 925680
72141 Walddorf Telefax: 07127 / 9256815
info@southerncross.eu www.southerncross.eu

Preis und Leistung				
Schulwahlprogramm	1 Term	2 Terms	3 Terms	4 Terms
Grundpreis (ab)	€ 4.960	€ 8.700	€ 12.500	€ 15.600
Flug D – Australien	€ 2.000/p	€ 2.000/p	€ 2.000/p	€ 2.000/p
Flugbegleitung auf Hinreise	€ 99/opt.	€ 99/opt.	€ 99/opt.	€ 99/opt.
Vorbereitungstreffen	ja	ja	ja	ja
Vorbereitungsseminar	nein	nein	nein	nein
Einführungsseminar in Australien	€ 495/opt.	€ 495/opt.	€ 495/opt.	€ 495/opt.
Elterntreffen	nein	nein	nein	nein
Nachbereitungstreffen	auf	Anfrage	auf	Anfrage
Nachbereitungsseminar	nein	nein	nein	nein
Kranken-/Unfallversicherung	€ 180	€ 360	€ 540	€ 720
Haftpflicht-/Gepäckversicherung	ja	ja	ja	ja
Gesamtpreis (ab circa)	**€ 7.140**	**€ 11.060**	**€ 15.040**	**€ 18.320**
Bewerbungsschluss	flexibel	flexibel	flexibel	flexibel
Spätbewerbung	ja	ja	ja	ja

Bewerbungsverlauf und Kriterien für die Annahme des Bewerbers
Persönliches und individuelles Interview/Bewerbungsgespräch bei Ihnen zu Hause oder in unseren Büros. Schüler können Aufenthaltsort und Gastschule selbst auswählen. Regionen: South Australia, Queensland, New South Wales, Western Australia, Victoria, Tasmania. Einstiegsmöglichkeit vierteljährlich (Term) z.T auch flexibel. Aufenthaltsverlängerung möglich.

Vorbereitung auf den Australien-Aufenthalt in Deutschland
- Persönliche Beratung und Information durch landeskundigen Mitarbeiter.
- Individuelle Betreuung und Planung des Aufenthalts.
- Alle angebotenen Schulen sind persönlich bekannt.
- Vorbereitungsseminare in verschiedenen Städten in Deutschland und Österreich.

Betreuung während des Auslandsaufenthalts und durch Nachbereitung
Auswahl der Gastfamilie und Betreuung vor Ort durch Mitarbeiter des jeweiligen Ministeriums. Ansprechpartner an jeder Schule ist ein Int. Student Counsellor und unsere deutschsprachige Southern Cross Mitarbeiterin in Australien oder die Büros in Deutschland, Österreich und der Schweiz. Fragebogen nach der Rückkehr, Berichterstattung im Internet, auf Wunsch Nachbereitungstreffen für interessierte Schüler.

Stipendien und Sonstiges
Vertrag nach deutschem Reiserecht (Veranstalter), 4 Stipendien je Schuljahr,
Begleitete Gruppenflüge / garantierte Platzierung / freie Schulwahl / Visumbeantragung
NEU: Kurzzeitaufenthalte (4-10 Wochen) z.B. in den Sommerferien! flexible Starttermine

Kurz und bündig			
Gründungsjahr	1998	Schülerzahl im Australien Programm 2014/15	100
AUS-Programm seit	1998	Gesamtschülerzahl im High School Programm 2014/15	250
Gemeinnützigkeit	nein	Partner in Australien	Bildungsministerien, Schulen,Private HS

Stepin GmbH – Student Travel and Education Programmes International
Beethovenallee 21 Telefon: 0228 / 956 95 30
53173 Bonn Telefax: 0228 / 956 95 39
school@stepin.de www.stepin.de

Preis und Leistung				
*Länderwahlprogramm**	1 Term	2 Terms	3 Terms	4 Terms*
Grundpreis	€ 6.920	€ 9.990	€ 12.990	auf Anfrage
Flug D – Australien	ja	ja	ja	
Flugbegleitung auf Hinreise	teilweise	teilweise	teilweise	
Vorbereitungstreffen	ja	ja	ja	
Vorbereitungsseminar	ja	ja	ja	
Einführungsseminar in Australien	ja	ja	ja	
Elterntreffen	nein	nein	nein	
Nachbereitungstreffen	nein	nein	nein	
Nachbereitungsseminar	ja	ja	ja	
Kranken-/Unfallversicherung	ja	ja	ja	
Haftpflicht-/Gepäckversicherung	ja	ja	ja	
Gesamtpreis (circa)	**€ 6.920**	**€ 9.990**	**€ 12.990**	
Bewerbungsschluss	Jan. / Okt.	Jan. / Okt.	Jan. / Okt.	
Spätbewerbung	möglich	möglich	möglich	

Bewerbungsverlauf und Kriterien für die Annahme des Bewerbers
Step 1: Unverbindliche Anmeldung (schriftlich od. online). Step 2: persönliches Kennenlerngespräch in Wohnortnähe des Bewerbers. Step 3: Bei Eignung des Bewerbers unterbreitet Stepin ein Vertragsangebot. Teilnahmevoraussetzungen sind kulturelle Aufgeschlossenheit, Reife, Toleranz und mindestens befriedigende schulische Leistungen.

Vorbereitung auf den Australien-Aufenthalt in Deutschland
Eltern- und Schülervorbereitungstreffen bzw. -seminar in mehreren deutschen Städten sowie Handbücher und regelmäßige Info-Rundbriefe für Teilnehmer und Eltern bis zur Ausreise. Fester Programm-Ansprechpartner im Stepin-Büro.

Betreuung während des Auslandsaufenthalts und durch Nachbereitung
3-tägiges Einführungsseminar in Sydney. Betreuung durch unsere Partnerorganisation vor Ort und Ansprechpartner im Stepin-Büro. Returnee-Wochenende in Deutschland.

Stipendien und Sonstiges
Stepin vergibt Voll- und Teilstipendien für unterschiedliche Programme. Stepin organisiert feste Gruppenausreisen. Teilnahme an organisierten Reisen durch Partnerorganisation möglich (optional).* Aufenthaltsdauer bis zu 4 Terms ist im gesonderten Regionenwahlprogramm (Select-Programm) möglich.

Kurz und bündig				
Gründungsjahr	1997	Schülerzahl im Australien Programm 2014/15		133
AUS-Programm seit	1997	Gesamtschülerzahl im High School Programm 2014/15		> 600
Gemeinnützigkeit	nein	Partner in Australien	SCCE, Southern Cross Cult. Exchange, sowie Government School Departments	

STS Sprachreisen GmbH
Mönckebergstraße 5
20095 Hamburg
highschool@sts-education.de
Telefon: 040 / 303 999 23
Telefax: 040 / 303 999 08
www.sts-education.de

Preis und Leistung				
Länderwahlprogramm	1 Term	2 Terms	3 Terms	4 Terms
Grundpreis (ab)		€ 12.240		€ 14.840
Flug D – Australien		ja		ja
Flugbegleitung auf Hinreise		ja		ja
Vorbereitungstreffen		ja		ja
Vorbereitungsseminar		nein		nein
Einführungsseminar in Australien		ja		ja
Elterntreffen		nein		nein
Nachbereitungstreffen		bei Interesse		bei Interesse
Nachbereitungsseminar		ja		ja
Kranken-/Unfallversicherung		€ 495		€ 795
Haftpflicht-/Gepäckversicherung		ja		ja
Gesamtpreis (ab circa)		**€ 12.735**		**€ 15.635**
Bewerbungsschluss		31.08./15.03.		31.08./15.03.
Spätbewerbung		möglich		möglich

Bewerbungsverlauf und Kriterien für die Annahme des Bewerbers
Nach Eingang der Bewerbung laden wir den Schüler und seine Eltern zu einem persönlichen Gespräch ein und schicken weitere Unterlagen zu. Das persönliche Interview, eine Selbstdarstellung, die Zeugnisse (Durchschnitt: 3,3 oder besser), die Angaben zur Person und die Beurteilung des Lehrers sind u.a. Bewertungskriterien für die Aufnahme ins Programm.

Vorbereitung auf den Australien-Aufenthalt in Deutschland
Bereits beim Interview informiert der jeweilige Interviewer umfassend über das Programm. Vor der Abreise führen wir ein Vorbereitungstreffen mit allen Teilnehmern und deren Eltern durch. Ehemalige STS-Schüler informieren die Austauschschüler darüber hinaus und stehen als Kontaktschüler zur Verfügung.

Betreuung während des Auslandsaufenthalts und durch Nachbereitung
Die Betreuung erfolgt durch STS Deutschland, den Gebietsrepräsentanten und das STS Büro bzw. unsere Partnerorganisationen vor Ort. Die Betreuer vor Ort haben immer ein offenes Ohr für die Anliegen der Schüler und oft gibt es Zusammenkünfte mit anderen Austauschschülern. In der Regel Reiseangebote vor Ort.

Stipendien und Sonstiges
Schul- und Regionenwahl ab einem Term im Rahmen unseres Select-Programms möglich. STS vergibt Teilstipendien bis zu € 2.000 bei eingereichten Anträgen bis Dezember des Vorjahres. Schulische Leistungen, finanzielle Situation und die Referenzen sind entscheidend.

Kurz und bündig			
Gründungsjahr	1987	Schülerzahl im Australien Programm 2014/15	k.A.
AUS-Programm seit	1987	Gesamtschülerzahl im High School Programm 2014/15	k.A.
Gemeinnützigkeit	nein	Partner in Australien	STS Australien, EQI, NSW Government

team! Sprachen & Reisen GmbH	
Bärbroich 35	Telefon: 0 22 07 / 911 390
51429 Bergisch Gladbach	Telefax: 0 22 07 / 911 387
info@team-sprachreisen.de	www.team-sprachreisen.de

Preis und Leistung				
Schulwahlprogramm	1 Term	2 Terms	3 Terms	4 Terms
Grundpreis (ab)	€ 8.270	€ 12.770	€ 17.860	€ 21.770
Flug D – Australien	ja	ja	ja	ja
Flugbegleitung auf Hinreise	ja	ja	ja	ja
Vorbereitungstreffen	nein	nein	nein	nein
Vorbereitungsseminar	ja	ja	ja	ja
Einführungsseminar in Australien	nein	nein	nein	nein
Elterntreffen	nein	nein	nein	nein
Nachbereitungstreffen	€ 45/opt.	€ 45/opt.	€ 45/opt.	€ 45/opt.
Nachbereitungsseminar	nein	nein	nein	nein
Kranken-/Unfallversicherung	€ 150	€ 300	€ 450	€ 600
Haftpflicht-/Gepäckversicherung	ja	ja	ja	ja
Gesamtpreis (circa)	**€ 8.420**	**€ 13.070**	**€ 18.310**	**€ 22.370**
Bewerbungsschluss	3	Monate	vor	Schulbeginn
Spätbewerbung	auf Anfrage	auf Anfrage	auf Anfrage	auf Anfrage

Bewerbungsverlauf und Kriterien für die Annahme des Bewerbers

Nach Erhalt der Kurzbewerbung erfolgt die Einladung zum Interview. Danach findet ein ca. 2-stündiges Einzelinterview mit Bewerber/in und Eltern statt. Nach dem Interview teilen wir schriftlich mit, ob der Bewerber/die Bewerberin in das Programm aufgenommen wird. Kriterien für die Aufnahme sind gute Englischkenntnisse, Offenheit, Anpassungsbereitschaft sowie Motivation und Selbständigkeit.

Vorbereitung auf den Australien-Aufenthalt in Deutschland

team! Informationsbriefe in regelmäßigen Abständen zu unterschiedlichen Aspekten des Aufenthalts sowie kulturellen Gegebenheiten Australiens. Büchervorschläge zum Thema, Vorbereitungsseminar, Treffen mit Schüler/innen und Eltern (optional). 2-tägiges Seminar für Teilnehmer/innen (optional)

Betreuung während des Auslandsaufenthalts und Nachbereitung

Betreuung vor Ort erfolgt durch Vertreter/innen unserer Partnerorganisation, Ansprechpartner wird mit den Reiseunterlagen bekannt gegeben. Hin- und Rückflüge erfolgen nach Möglichkeit als begleitete Gruppenreise. Ständiger Kontakt, auch zu Eltern und Partnerorganisation. Nachbereitungstreffen.

Stipendien und Sonstiges

Über 60 staatliche Schulen (Victoria, Queensland, South Australia, Western Australia und New South Wales) und zahlreiche Privatschulen, die sich der Schüler selber aussuchen kann. Programmbeginn zu jedem Term möglich.

Kurz und bündig			
Gründungsjahr	1992	Schülerzahl im Australien Programm 2014/15	18
AUS-Programm seit	1997	Gesamtschülerzahl im High School Programm 2014/15	179
Gemeinnützigkeit	nein	Partner in Australien	WEP & Student Placement Australia

TravelWorks (Travelplus Group GmbH)
Münsterstr. 111
48155 Münster
highschool@travelworks.de
Telefon: 02506 / 8303 600
Telefax: 02506 / 8303 231
www.schueleraustausch-international.de

Preis und Leistung

Schulwahlprogramm	1 Term	2 Terms	3 Terms	4 Terms
Grundpreis (ab)	€ 7.550	€ 11.190	€ 14.980	€ 17.980
Flug D – Australien	ja	ja	ja	ja
Flugbegleitung auf Hinreise	ja	ja	ja	ja
Vorbereitungstreffen	ja	ja	ja	ja
Vorbereitungsseminar	nein	nein	nein	nein
Einführungsseminar in Australien	ja	ja	ja	ja
Elterntreffen	nein	nein	nein	nein
Nachbereitungstreffen	ja	ja	ja	ja
Nachbereitungsseminar	nein	nein	nein	nein
Kranken-/Unfallversicherung	€ 171	€ 342	€ 513	€ 684
Haftpflicht-/Gepäckversicherung	ja	ja	ja	ja
Gesamtpreis (ab circa)	**€ 7.720**	**€ 11.530**	**€ 15.495**	**€ 18.665**
Bewerbungsschluss	31.1./15.4./ 15.9.	31.1./15.4./ 15.9.	31.1./15.4./ 15.9.	31.1./15.4./ 15.9.
Spätbewerbung	ja	ja	ja	ja

Bewerbungsverlauf und Kriterien für die Annahme des Bewerbers

Nach der unverbindlichen Bewerbung laden wir die SchülerInnen und deren Eltern zum persönlichen Auswahl- und Informationsgespräch ein. Anschließend senden wir den Bewerbern unsere Buchungsgrundlage sowie das verbindliche Anmeldeformular zu, das bei Interesse am Programm unterschrieben an uns zurückgesandt werden muss. Bewerber müssen flexibel, motiviert, weltoffen, kompromissbereit und anpassungsfähig sein. Alter: 14 bis 18 Jahre.

Vorbereitung auf den Australienaufenthalt in Deutschland

Etwa drei Monate vor Abreise laden wir die TeilnehmerInnen und ihre Eltern zu einem eintägigen Vorbereitungsseminar in mehreren deutschen Städten bzw. in Österreich ein. Außerdem erhalten die TeilnehmerInnen ein Infohandbuch sowie regelmäßige Inforundbriefe.

Betreuung während des Auslandsaufenthalts und Nachbereitung

Alle Schüler nehmen nach der Ankunft an einem dreitägigen Orientierungsseminar in Sydney teil. Während des Aufenthalts werden die Schüler von unseren australischen Partnen betreut. Für die Eltern stehen Kollegen in unserem deutschen Büro zur Verfügung. 24-Stunden-Notfall-Nummer im Gastland und in Deutschland.

Stipendien und Sonstiges

1 Sozialstipendium im Wert von 1.500 €, 1 Kreativstipendium im Wert von 2.500 €. Auch Privatschulen und Summer School möglich.

Kurz und bündig

Gründungsjahr	1991	Schülerzahl im Australien Programm 2014/15	40
AUS-Programm seit	2004	Gesamtschülerzahl im High School Programm 2014/15	536
Gemeinnützigkeit	nein	Partner in Australien	Bundesstaaten direkt, Privatschulen

TREFF – International Education e.V.	
Wörthstraße 155	Telefon: 07121 / 696 696-0
72793 Pfullingen (bei Reutlingen)	Telefax: 07121 / 696 696-9
info@treff-sprachreisen.de	www.treff-sprachreisen.de

Preis und Leistung				
Schulwahlprogramm	1 Term	2 Terms	3 Terms	4 Terms
Grundpreis (ab)	€ 7.580	€ 10.980	€ 14.480	€ 17.580
Flug D – Australien	ja	ja	ja	ja
Flugbegleitung auf Hinreise	ja	ja	ja	ja
Vorbereitungstreffen	ja	ja	ja	ja
Vorbereitungsseminar	nein	nein	nein	nein
Einführungsseminar in Australien	nein	nein	nein	nein
Elterntreffen	nein	nein	nein	nein
Nachbereitungstreffen	ja	ja	ja	ja
Nachbereitungsseminar	nein	nein	nein	nein
Kranken-/Unfallversicherung	€ 75	€ 150	€ 225	€ 300
Haftpflicht-/Gepäckversicherung	ja	ja	ja	ja
Gesamtpreis (ab circa)	**€ 7.655**	**€ 11.130**	**€ 14.705**	**€ 17.880**
Bewerbungsschluss	drei	Monate	vor	Schulbeginn
Spätbewerbung	möglich	möglich	möglich	möglich

Bewerbungsverlauf und Kriterien für die Annahme des Bewerbers
- Kriterien: Persönlichkeit, Offenheit, Toleranz, Reife, Schulnoten
- Anmeldung mittels Anmeldeformular aus dem Prospekt oder online auf Website
- Bewerbungsunterlagen werden zugesandt
- persönliches Interview
- Erhalt von Anmeldebestätigung, Angebot, Rechnung, Reisevertrag und Sicherungsschein nach Eingang der Bewerbungsunterlagen

Vorbereitung auf den Australien-Aufenthalt in Deutschland
persönliches Gespräch, ganztägiges Vorbereitungstreffen, Handbücher für Teilnehmer und Eltern, Info-Briefe, Buddy Club

Betreuung während des Auslandsaufenthalts und durch Nachbereitung
Betreuung durch die Schule vor Ort.
Wir stehen selbstverständlich telefonisch und persönlich jederzeit zur Verfügung.
Erfahrungsaustausch bei einem Nachtreffen mit Workshops und Freizeitprogramm.

Stipendien und Sonstiges
Teilstipendien bis € 1.500 (formloser schriftlicher Antrag, Bescheid innerhalb einer Woche). Wir orientieren uns an den Noten, an besonderem Engagement und den wirtschaftlichen Verhältnissen der Familien: Einkommensnachweis, Kinderzahl, letztes Jahreszeugnis.

Kurz und bündig			
Gründungsjahr	1994	Schülerzahl im Australien Programm 2014/15	13
AUS-Programm seit	1998	Gesamtschülerzahl im High School Programm 2014/15	194
Gemeinnützigkeit	ja	Partner in Au	Dep. of Educ. SA, QLD, NT, WA, Tasm., Vict.

World Wide Qualifications Sprach- und Studienreisen GmbH
Buschöhrchen 29 Telefon: 02247 / 969 0 480
53819 Neunkirchen-Seelscheid Telefax: 02247 / 969 0 482
info@schuelerweltweit.de www.schuelerweltweit.de

Preis und Leistung				
*Regionenwahlprogramm**	1 Term	2 Terms	3 Terms	4 Terms
Grundpreis (ab)	€ 5.990	€ 10.250	€ 13.990	€ 17.800
Flug D – Australien	€ 2.000/p	€ 2.000/p	€ 2.000/p	€ 2.000/p
Flugbegleitung auf Hinreise	ab 15 Teiln.	ab 15 Teiln.	ab 15 Teiln.	ab 15 Teiln.
Vorbereitungstreffen	nein	nein	nein	nein
Vorbereitungsseminar	ja	ja	ja	ja
Einführungsseminar in Australien	ja	ja	ja	ja
Elterntreffen	nein	nein	nein	nein
Nachbereitungstreffen	ja	ja	ja	ja
Nachbereitungsseminar	nein	nein	nein	nein
Kranken-/Unfallversicherung	€ 140	€ 260	€ 380	€ 460
Haftpflicht-/Gepäckversicherung	ja	ja	ja	ja
Gesamtpreis (ab circa)	**€ 8.130**	**€ 12.510**	**€ 16.370**	**€ 20.260**
Bewerbungsschluss	4 bis	6 Wochen	vor der	Ausreise
Spätbewerbung	möglich	möglich	möglich	möglich

Bewerbungsverlauf und Kriterien für die Annahme des Bewerbers
Individuelles Gespräch für Dich und Deine Eltern. Vorstellung der einzelnen Schulen und Orte, welche Du frei wählen kannst. In einem Einzelinterview mit Dir stellen wir Deine Eignung fest. Kriterien: 14-18 Jahre, Notendurchschnitt 3,2

Vorbereitung auf den Australien-Aufenthalt in Deutschland
Persönliche Beratung durch landeskundige Firmengründerin, welche 12 Jahre in Australien lebte, dort selbst zur Schule und Universität ging, sowie auch jahrelang Austauschschüler in Australien und Asien betreute.
1. Tag – Schüler- und Elterntreffen: Über Schulen, das Leben in Aust. u. Organisatorisches
2. Tag – Ein „außergewöhnliches“ Englisch-Intensiv Seminar „the Australian way“ mit BBQ und Boomerang. Mit anderen Austauschschülern machst Du Rollenspiele auf Englisch, so dass Du Dich in den ersten Tagen in Australien schon sicher zu verständigen weißt und keine Angst mehr vor der Sprache haben brauchst!

Betreuung während des Auslandsaufenthalts und durch Nachbereitung
Student Counsellor der Schule sowie auch speziell dafür ausgebildete Mitarbeiter der regionalen Schulbehörden. Berichterstattung für die Eltern in Deutschland.

Stipendien und Sonstiges
* Schulwahl möglich
Sprachreisen in Australien ohne Notenvorraussetzung

Kurz und bündig			
Gründungsjahr	2005	Schülerzahl im Australien-Programm 2014/15	8
AUS-Programm seit	2005	Gesamtschülerzahl im High School Programm 2014/15	71
Gemeinnützigkeit	nein	Partner in Australien	EQI, International House, Schulen direkt

Xplore GmbH
Theodorstr. 48
22761 Hamburg
info@xplore.de
Telefon: 040 / 429 336 00
Telefax: 040 / 429 336 11
www.xploreschueleraustausch.de

Preis und Leistung				
Schulwahlprogramm	1 Term	2 Terms	3 Terms	4 Terms
Grundpreis (ab)	€ 6.950	€ 10.950	€ 14.450	€ 17.750
Flug D – Australien	€ 2.000/p	€ 2.000/p	€ 2.000/p	€ 2.000/p
Flugbegleitung auf Hinreise	ja	ja	ja	ja
Vorbereitungstreffen	ja	ja	ja	ja
Vorbereitungsseminar	nein	nein	nein	nein
Einführungsseminar in Australien	ja	ja	ja	ja
Elterntreffen	nein	nein	nein	nein
Nachbereitungstreffen	nein	nein	nein	nein
Nachbereitungsseminar	ja	ja	ja	ja
Kranken-/Unfallversicherung	ja	ja	ja	ja
Haftpflicht-/Gepäckversicherung	nein	nein	nein	nein
Gesamtpreis (ab circa)	**€ 8.950**	**€ 12.950**	**€ 16.450**	**€ 19.750**
Bewerbungsschluss	2	Monate	vor	Ausreise
Spätbewerbung	möglich	möglich	möglich	möglich

Bewerbungsverlauf und Kriterien für die Annahme des Bewerbers
Zunächst kannst du dich online oder mit unserem Anmeldeformular aus dem Katalog bei uns bewerben. Es folgt ein persönliches Beratungsgespräch mit dir und deinen Eltern. Wir unterhalten uns über die Besonderheiten Australiens, Anforderungen, Schule, Charaktereigenschaften der Bewohner, Essen etc. und auch über typische Probleme. Dieses Gespräch wird mit jedem einzelnen Teilnehmer, nie in einer Gruppe durchgeführt. Wir nehmen uns ca. 2-3 Stunden Zeit und wollen dich auch ein wenig kennenlernen! Danach machen wir dir individuelle Vorschläge zu verschiedenen Schulen in Australien!

Vorbereitung auf den Australien-Aufenthalt
Geh mit Xplore in Australien nach Queensland! Wir haben alle angebotenen Schulen persönlich besucht. Dieses Wissen hilft bei der optimalen Vorbereitung während des Beratungsgespräches, aber auch bei unserem eintägigen Vorbereitungs-Workshops für Schüler und Eltern. Zusätzlich ist eine mehrtägige Orientation in Sydney bereits im Programmpreis enthalten. Diese Orientation umfasst einen Stadtrundgang, Sightseeing, alle Mahlzeiten und die Unterbringung und noch einiges mehr.

Betreuung während des Auslandsaufenthalts und Nachbereitung
Deinen Betreuer findest du direkt an deiner von dir ausgesuchten Schule. Hier triffst du immer einen Ansprechpartner, der dir weiter helfen kann. Persönliches Feedback ist uns wichtig, dafür laden wir alle Xplore Schüler mindestens einmal pro Jahr zu einem Treffen ein.

Stipendien und Sonstiges
Freie Schulwahl in Queensland und New South Wales!

Kurz und bündig			
Gründungsjahr	2009	Schülerzahl im Australien Programm 2014/15	5
AUS-Programm seit	2010	Gesamtschülerzahl im High School Programm 2014/15	242
Gemeinnützigkeit	nein	Partner in Australien	Departments of Education

AFS Interkulturelle Begegnungen e.V.
Friedensallee 48 — Telefon: 040 / 399 222-0
22765 Hamburg — Telefax: 040 / 399 222-99
info@afs.de — www.afs.de

Preis und Leistung			
Länderwahlprogramm	1. Halbjahr	2. Halbjahr	Schuljahr
Grundpreis	€ 7.090	€ 7.090	€ 7.590
Flug D – Brasilien	ja	ja	ja
Flugbegleitung auf Hinreise	ab 30 Teiln.	ab 30 Teiln.	ab 30 Teiln.
Vorbereitungstreffen	teilweise	teilweise	teilweise
Vorbereitungsseminar	ja	ja	ja
Einführungsseminar in Brasilien	ja	ja	ja
Elterntreffen	teilweise	teilweise	teilweise
Nachbereitungstreffen	ja	ja	ja
Nachbereitungsseminar	ja	ja	ja
Kranken-/Unfallversicherung	ja	ja	ja
Haftpflicht-/Gepäckversicherung	nein	nein	nein
Gesamtpreis (circa)	**€ 7.090**	**€ 7.090**	**€ 7.590**
Bewerbungsschluss	15.10.	15.05.	15.05. / 15.10.
Spätbewerbung	möglich	möglich	möglich

Bewerbungsverlauf und Kriterien für die Annahme des Bewerbers
Alle Bewerber werden zu einem Auswahlwochenende in der Nähe ihres Wohnortes eingeladen. Die persönliche Eignung der Bewerber ist ausschlaggebend (Offenheit, Toleranz, Selbstständigkeit, Anpassungsbereitschaft, Kommunikationsfähigkeit, innere Stabilität usw.).

Vorbereitung auf den Brasilien-Aufenthalt in Deutschland
AFS legt großen Wert auf die Vorbereitung. Es finden 2-3 Wochenendseminare statt: 1 oder 2 zur Grundvorbereitung (je nach Abreisetermin) & ein weiteres zur länderspezifischen Vorbereitung. Im persönlichen Gespräch mit der Familie wird individuell auf alle Fragen eingegangen. Für die Eltern organisieren die Ehrenamtlichen Treffen zum gegenseitigen Austausch.

Betreuung während des Auslandsaufenthalts und durch Nachbereitung
Das weltweite AFS-Netzwerk ermöglicht die persönliche Betreuung der Teilnehmer vor, während und nach dem Austauschjahr. AFS im Gastland organisiert ein Einführungsseminar zu Beginn des Programms und ein Orientierungs-/ Auswertungsseminar im weiteren Verlauf des Auslandsaufenthaltes. Jeder Teilnehmer hat einen persönlichen Ansprechpartner vor Ort, hauptamtliche Mitarbeiter in allen AFS-Büros sind für Notfälle jederzeit erreichbar. AFS bietet seinen Teilnehmern zwei Seminare zur Nachbereitung an: ein Grundseminar auf lokaler Ebene und eine überregionale Nachbereitung in verschiedenen Orten Deutschlands.

Stipendien und Sonstiges
AFS vergibt an über 30 Prozent seiner Teilnehmer Stipendien aus Vereinsmitteln und Spenden. Erstes Vergabekriterium ist in der Regel die finanzielle Situation der Familie.

Kurz und bündig			
Gründungsjahr (1947)	1992	Schülerzahl im Brasilien-Programm 2014/15	39
BRA-Programm seit	1974	Gesamtschülerzahl im High School Programm 2014/15	1.044
Gemeinnützigkeit	ja	Partner in Brasilien	AFS

Deutsches Youth For Understanding Komitee e.V. (YFU)	
Oberaltenallee 6	Telefon: 040 / 22 70 02-0
22081 Hamburg	Telefax: 040 / 22 70 02-27
info@yfu.de	www.yfu.de

Preis und Leistung			
Länderwahlprogramm			Schuljahr
Grundpreis			€ 7.500
Flug D – Brasilien			ja
Flugbegleitung auf Hinreise			ja
Vorbereitungstreffen			ja
Vorbereitungsseminar			ja
Einführungsseminar in Brasilien			ja
Elterntreffen			ja
Nachbereitungstreffen			ja
Nachbereitungsseminar			ja
Kranken-/Unfallversicherung			ja
Haftpflicht-/Gepäckversicherung			ja
Gesamtpreis			**€ 7.500**
Bewerbungsschluss			variabel
Spätbewerbung			nein

Bewerbungsverlauf und Kriterien für die Annahme des Bewerbers
Bei YFU können sich Schülerinnen und Schüler aller Schularten bewerben. Sie sollten aufgeschlossen, anpassungsfähig und verantwortungsbewusst sein und mindestens durchschnittliche Schulleistungen vorweisen. Nach Durchsicht der schriftlichen Bewerbungsunterlagen führt YFU regional Auswahlgespräche in Form von Gruppen- und Einzelinterviews durch.

Vorbereitung auf den Brasilien-Aufenthalt in Deutschland
Alle YFU-Austauschschüler nehmen vor Abreise an einer einwöchigen Tagung teil, auf der sie intensiv auf das Leben in einer fremden Kultur vorbereitet werden und praktische Tipps für den Alltag in Brasilien erhalten. Auch für Eltern werden eigene Vorbereitungstreffen angeboten. YFU stellt außerdem umfangreiche schriftliche Unterlagen zur Verfügung.

Betreuung während des Auslandsaufenthalts und durch Nachbereitung
Jeder Austauschschüler hat im Ausland vor Ort einen persönlichen Betreuer. Darüber hinaus stehen die hauptamtlichen YFU-Mitarbeiter in Deutschland und Brasilien zur Verfügung – im Notfall rund um die Uhr. Während des Austauschjahres finden außerdem begleitende Seminare statt. Nach der Rückkehr gibt es ein zwei- bis dreitägiges Nachbereitungsseminar.

Stipendien und Sonstiges
YFU vergibt jährlich rund 300 Stipendien im Gesamtwert von etwa einer halben Million Euro. Die Vergabe und Höhe der Stipendien richtet sich nach der finanziellen Situation der Familie, nicht nach Schulnoten. Weitere Informationen gibt es unter www.yfu.de/stipendien.

Kurz und bündig			
Gründungsjahr	1957	Schülerzahl im Brasilien-Programm 2014/15	32
BRA-Programm seit	1987	Gesamtschülerzahl im High School Programm 2014/15	1.092
Gemeinnützigkeit	ja	Partner in Brasilien	YFU Brasilien

DFSR – Dr. Frank Sprachen & Reisen GmbH
Siegfriedstr. 5 — Telefon: 06252 / 93 32-0
64646 Heppenheim — Telefax: 06252 / 93 32-60
info@dfsr.de — www.dfsr.de

Preis und Leistung			
Länderwahlprogramm	1. Halbjahr	2. Halbjahr	Schuljahr
Grundpreis	€ 8.490	€ 8.490	€ 8.990
Flug D – Brasilien	ja	ja	ja
Flugbegleitung auf Hinreise	nein	nein	nein
Vorbereitungstreffen	nein	nein	nein
Vorbereitungsseminar	ja	ja	ja
Einführungsseminar in Brasilien	ja	ja	ja
Elterntreffen	ja	ja	ja
Nachbereitungstreffen	ja	ja	ja
Nachbereitungsseminar	nein	nein	nein
Kranken-/Unfallversicherung	€ 325	€ 325	€ 650
Haftpflicht-/Gepäckversicherung	ja	ja	ja
Gesamtpreis (circa)	**€ 8.815**	**€ 8.815**	**€ 9.640**
Bewerbungsschluss	15.12.	15.05.	15.12./15.05.
Spätbewerbung	möglich	möglich	möglich

Bewerbungsverlauf und Kriterien für die Annahme des Bewerbers
Für alle Teilnehmer gilt: Es kommt nicht nur auf die Schulnoten an. Wichtig sind auch ihre Motivation und ihr Interesse an dem Gastland und dem Kulturaustausch. Der zukünftige Austauschschüler sollte Flexibilität, Verständnis, Toleranz und Selbstständigkeit mitbringen. Bewerben können sich Schüler/innen, die über gute Englischkenntnisse verfügen. Portugiesischkenntnisse werden für das Programm nicht vorausgesetzt. Teilnahmealter: 15 – 18 Jahre. Bewerbungsverlauf: Ausfüllen des Bewerbungsformulars, persönliches Bewerbungsgespräch gemeinsam mit den Eltern, nach erfolgreichem Gespräch Aufnahme ins Programm.

Vorbereitung auf den Brasilien-Aufenthalt in Deutschland
Intensives Vorbereitungsseminar in mehreren Städten Deutschlands.

Betreuung während des Auslandsaufenthalts und Nachbereitung
Bei High School Brasilien handelt es sich um ein privates, sehr familiäres Programm. Unsere Partnerorganisation in Brasilien befindet sich in der Nähe der Gastfamilien und steht den Schülern mit Rat und Tat zur Seite. Auch DFSR ist über eine 24h-Notrufnummer immer erreichbar. Nach Rückkehr der Schüler nach Deutschland erhalten sie die Möglichkeit, auf der Welcome-Back Party von ihren Erfahrungen zu berichten

Stipendien und Sonstiges
3 Tage Soft Landing Camp und zweiwöchiger Portugiesischkurs zu Beginn des Aufenthalts inklusive. Optional kann der Kurs zu Selbstkosten bis maximal ein Semester verlängert werden. Außerdem können Ausflüge durch das Land vor Ort dazu gebucht werden.

Kurz und bündig				
Gründungsjahr	1978	Schülerzahl im Brasilien-Programm 2014/15		0
BRA-Programm seit	2015	Gesamtschülerzahl im High School Programm 2014/15		392
Gemeinnützigkeit	nein	Partner in Brasilien	Via Mundo	

Global Youth Group e.V.
Eststr. 6
45149 Essen
info@global-youth-group.de
Telefon: 0201 / 6124529
Telefax: 0201 / 47619824
www.global-youth-group.de

Preis und Leistung			
Länderwahlprogramm	3 Monate	Halbjahr	Schuljahr
Grundpreis	€ 2.950	€ 4.500	€ 5.250
Flug D – Brasilien	€ 1.500/p	€ 1.500/p	€ 1.500/p
Flugbegleitung auf Hinreise	optional	optional	optional
Vorbereitungstreffen	optional	optional	optional
Vorbereitungsseminar	ja	ja	ja
Einführungsseminar in Brasilien	ja	ja	ja
Elterntreffen	ja	ja	ja
Nachbereitungstreffen	nein	nein	nein
Nachbereitungsseminar	ja	ja	ja
Kranken-/Unfallversicherung	ja	ja	ja
Haftpflicht-/Gepäckversicherung	ja	ja	ja
Gesamtpreis (ab)	**€ 4.450**	**€ 6.000**	**€ 6.750**
Bewerbungsschluss	individuell	individuell	individuell
Spätbewerbung	möglich	möglich	möglich

Bewerbungsverlauf und Kriterien für die Annahme des Bewerbers
Bewirb dich online, per Telefon / Fax oder mit unserem Bewerbungsformular welches du in unserer Broschüre findest. Anschließend verabreden wir mit dir und deinen Eltern ein kostenloses und unverbindliches Bewerbungsinterview.
Du solltest dich für die Kultur, das Leben und die Sprache in Brasilien interessieren. Erste Sprachkenntnisse sind von Vorteil aber kein Muss.

Vorbereitung auf den Brasilien-Aufenthalt in Deutschland
Wir bereiten dich und deine Eltern im Vorbereitungsseminar auf deinen Aufenthalt in Brasilien vor. Das Seminar findet in Nord-, Ost-, Süd- und Westdeutschland statt.
Alternativ kannst du am Vorbereitungstreffen in Essen teilnehmen.

Betreuung während des Auslandsaufenthalts und durch Nachbereitung
Betreut wirst du durch deinen lokalen Betreuer, der immer in deinem Umkreis wohnt. Zusätzlich hast du eine 24-Stunden Notrufnummer. Während der gesamten Zeit stehen wir für dich und deine Eltern als Ansprechpartner zur Verfügung.
Nach deiner Rückkehr findet ein Nachbereitungscamp statt.

Stipendien und Sonstiges
Preisnachlass: - 150 € bei Geschwisterkindern; - 80 € bei Freunden;
GYG Weltbürger-Teilstipendium: 2 x 2.000 € (2015/16); 2 x 1.000 € (2016/17)
Extras: 2 Wochen Sprachkurs zu Beginn, 2 Stunden Sprachkurs pro Tag im ersten Semester.

Kurz und bündig			
Gründungsjahr	2009	Schülerzahl im Brasilien-Programm 2014/15	0
BRA-Programm seit	2012	Gesamtschülerzahl im High School Programm 2014/15	79
Gemeinnützigkeit	ja	Partner in Brasilien	Inter Hispania

GLS Sprachenzentrum – Inh. Barbara Jaeschke
Kastanienallee 82
10435 Berlin
highschool@gls-sprachenzentrum.de
Telefon: 030 / 780 089 80
Telefax: 030 / 787 419 1
www.gls-sprachenzentrum.de

Preis und Leistung			
Länderwahlprogramm	3 Monate	Halbjahr	Schuljahr
Grundpreis	€ 2.940	€ 4.040	€ 4.740
Flug D – Brasilien	€ 1.500/p	€ 1.500/p	€ 1.500/p
Flugbegleitung auf Hinreise	nein	nein	nein
Vorbereitungstreffen	ja	ja	ja
Vorbereitungsseminar	€ 110/opt.	€ 110/opt.	€ 110/opt.
Einführungsseminar in Brasilien	1 Woche	1 Woche	1 Woche
Elterntreffen	nein	nein	nein
Nachbereitungstreffen	nein	nein	nein
Nachbereitungsseminar	ja	ja	ja
Kranken-/Unfallversicherung	€ 165	€ 275	€ 550
Haftpflicht-/Gepäckversicherung	ja	ja	ja
Gesamtpreis (ab circa)	**€ 4.605**	**€ 5.815**	**€ 6.790**
Bewerbungsschluss	je	nach	Verfügbarkeit
Spätbewerbung	möglich	möglich	möglich

Bewerbungsverlauf und Kriterien für die Annahme des Bewerbers
Nach Anmeldung laden wir zum Interview auf Englisch und auf Wunsch zu einer kostenlosen Beratung ein. Neben Motivation und Anpassungsbereitschaft sowie einem Notendurchschnitt von mind. 3,5 bildet das Interview die Voraussetzung für die Aufnahme ins Programm. Sobald uns die Bewerbungsmappe vorliegt, leiten wir diese nach Durchsicht unseren Partnern im Ausland weiter, die vor Ort Gastfamilie und Schulplatz sicherstellen.

Vorbereitung auf den Brasilien-Aufenthalt in Deutschland
Neben unseren Orientierungstreffen vor Abreise für Schüler und Eltern im Frühjahr und im Herbst (deutschlandweit sowie in Zürich und Wien) bieten wir regelmäßig optionale Workshops und Sprachkurse zur Vorbereitung auf unserem Campus in Berlin an.

Betreuung während des Auslandsaufenthalts und durch Nachbereitung
Jedem Teilnehmer wird ein Betreuer im Gastland zur Seite gestellt. Darüber hinaus unterstützen wir selbstverständlich auch nach Abreise Schüler wie Eltern und garantieren umgehende Reaktion und Hilfestellung. Umgehende Reaktion und Hilfestellung stellen wir sicher. Unsere Rückkehrer laden wir im Herbst zum Returnee-Wochenende nach Berlin ein. Neben Workshops zur Nachbereitung des Auslandsaufenthalts und Austausch mit anderen GLSlern steht natürlich ein abwechslungsreiches Berlin-Programm auf der Agenda.

Stipendien und Sonstiges
Platzierungsgarantie in Belo Horizonte / Sprachkurse und Reisen vor Ort buchbar.

Kurz und bündig				
Gründungsjahr	1983	Schülerzahl im Brasilien-Programm 2014/15		3
BRA-Programm seit	1999	Gesamtschülerzahl im High School Programm 2014/15		576
Gemeinnützigkeit	nein	Partner in Brasilien	Central do Estudiante	

into GmbH
Ostlandstraße 14
50858 Köln
kontakt@into.de
Telefon: 02234 / 946 36-0
Telefax: 02234 / 946 36-23
www.into.de

Preis und Leistung			
Länderwahlprogramm	3 Monate	Halbjahr	Schuljahr
Grundpreis	€ 6.390	€ 7.290	€ 7.590
Flug D – Brasilien	ja	ja	ja
Flugbegleitung auf Hinreise	nein	nein	nein
Vorbereitungstreffen	nein	nein	nein
Vorbereitungsseminar	ja	ja	ja
Einführungsseminar in Brasilien	nein	nein	nein
Elterntreffen	nein	nein	nein
Nachbereitungstreffen	nein	nein	nein
Nachbereitungsseminar	ja	ja	ja
Kranken-/Unfallversicherung	€ 330	€ 420	€ 690
Haftpflicht-/Gepäckversicherung	ja	ja	ja
Gesamtpreis (circa)	**€ 6.720**	**€ 7.710**	**€ 8.280**
Bewerbungsschluss	30.04.	30.04. / 31.10.	30.04. / 31.10.
Spätbewerbung	auf Anfrage	auf Anfrage	auf Anfrage

Bewerbungsverlauf und Kriterien für die Annahme des Bewerbers

Dein Notendurchschnitt muss befriedigend oder besser sein, Dein Zeugnis darf keine mangelhafte Note in einem Hauptfach enthalten. Das Wichtigste ist, dass Du Motivation, Flexibilität, Toleranz und Anpassungsfähigkeit mitbringst.

Vorbereitung auf den Brasilien-Aufenthalt in Deutschland

Schüler- und Elternhandbuch, regelmäßig Infobriefe (Newslinks) mit Infos zum Ablauf, kulturellen Eigenheiten der Gastländer sowie Ratschlägen und Erfahrungsberichten. Zweitägiges Vorbereitungsseminar vor Abreise bei dem Du Infos und Tipps erhältst und etwas zu den Vorschriften und Regeln während Deines Austausches erfährst. Zudem wirst Du mit Rollenspielen, kreativer Arbeit und lustigen Sketchen auf Deinen Austausch vorbereitet. Es gibt eine Extra-Informationsveranstaltung zur Vorbereitung Deiner Eltern bei Sommer-Ausreise.

Betreuung während des Auslandsaufenthalts und durch Nachbereitung

In Brasilien wird in der Nähe Deines Wohnortes ein Ansprechpartner für Dich und Deine Gastfamilie sein. Auch in Deutschland sind wir immer erreichbar. Nach Deiner Rückkehr ist es noch nicht „vorbei“: Unsere Returnees organisieren „get togethers“, das traditionelle *into* BBQ und Ausflüge, bei denen sich viele Ehemalige immer wieder treffen.

Stipendien und Sonstiges

Kurz und bündig			
Gründungsjahr	1986	Schülerzahl im Brasilien-Programm 2014/15	0
BRA-Programm seit	1998	Gesamtschülerzahl im High School Programm 2014/15	435
Gemeinnützigkeit	nein	Partner in Brasilien	Inter-Brasil

iSt Internationale Sprach- und Studienreisen GmbH
Stiftsmühle
69080 Heidelberg
iSt@sprachreisen.de
Telefon: 06221 / 8900-0
Telefax: 06221 / 8900-200
www.sprachreisen.de

Preis und Leistung			
Länderwahlprogramm	3 Monate	Halbjahr	Schuljahr
Grundpreis	€ 4.690	€ 5.790	€ 6.980
Flug D – Brasilien	ja	ja	ja
Flugbegleitung auf Hinreise	nein	nein	nein
Vorbereitungstreffen	nein	nein	nein
Vorbereitungsseminar	nein	nein	nein
Einführungsseminar in Brasilien	ab 10 TN	ab 10 TN	ab 10 TN
Elterntreffen	nein	nein	nein
Nachbereitungstreffen	€ 45/opt.	€ 45/opt.	€ 45/opt.
Nachbereitungsseminar	nein	nein	nein
Kranken-/Unfallversicherung	€ 150	€ 250	€ 500
Haftpflicht-/Gepäckversicherung	ja	ja	ja
Gesamtpreis (circa)	**€ 4.840**	**€ 6.040**	**€ 7.480**
Bewerbungsschluss	jeweils	3 Monate	vor Abreise
Spätbewerbung	auf Anfrage	auf Anfrage	auf Anfrage

Bewerbungsverlauf und Kriterien für die Annahme des Bewerbers
Die Bewerber füllen ein Bewerbungsformular aus und schicken dies zusammen mit einer kurzen Selbstbeschreibung und der letzten Zeugniskopie an unser Büro. Die Bewerber und ihre Eltern werden dann umgehend zu einem persönlichen Gespräch eingeladen. Kurze Zeit nach dem Interview teilen wir schriftlich mit, ob Sie in das Programm aufgenommen werden.

Vorbereitung auf den Brasilien-Aufenthalt in Deutschland
Schon beim Bewerbungsgespräch informieren wir umfassend über viele wichtige Aspekte der Programmteilnahme und erläutern kulturelle Besonderheiten des Gastlandes. Die Teilnehmer erhalten regelmäßig Informationsbriefe zum bevorstehenden Aufenthalt.

Betreuung während des Auslandsaufenthalts und durch Nachbereitung
Wir bleiben mit Ihnen auch während des Aufenthaltes in Kontakt und versorgen Sie mit aktuellen Informationen. Der örtliche Vertreter steht Ihnen mit Rat und Hilfe zur Verfügung. Es gibt ein Nachbereitungstreffen, bei dem Sie Ihre Eindrücke noch einmal Revue passieren lassen können und Erfahrungen mit anderen Teilnehmern austauschen.

Stipendien und Sonstiges
Die Bewerber sollten über Grundkenntnisse der portugiesischen Sprache verfügen. Der Jahresaufenthalt beginnt im Februar, halbjährige oder 3-monatige Aufenthalte sind ab Februar oder ab August möglich.

Kurz und bündig			
Gründungsjahr	1981	Schülerzahl im Brasilien-Programm 2014/15	1
BRA-Programm seit	2009	Gesamtschülerzahl im High School Programm 2014/15	1.090
Gemeinnützigkeit	nein	Partner in Brasilien	FIT Intercâmbio

TravelWorks (Travelplus Group GmbH)
Münsterstr. 111
48155 Münster
highschool@travelworks.de
Telefon: 02506 / 8303 600
Telefax: 02506 / 8303 231
www.schueleraustausch-international.de

Preis und Leistung			
Länderwahlprogramm	3 Monate	Halbjahr	Schuljahr
Grundpreis (ab)	€ 4.980	€ 7.190	€ 7.690
Flug D – Brasilien	ja	ja	ja
Flugbegleitung auf Hinreise	nein	nein	nein
Vorbereitungstreffen	ja	ja	ja
Vorbereitungsseminar	nein	nein	nein
Einführungsseminar in Brasilien	ja	ja	ja
Elterntreffen	nein	nein	nein
Nachbereitungstreffen	ja	ja	ja
Nachbereitungsseminar	nein	nein	nein
Kranken-/Unfallversicherung	€ 171	€ 285	€ 684
Haftpflicht-/Gepäckversicherung	ja	ja	ja
Gesamtpreis (ab circa)	**€ 5.150**	**€ 7.475**	**€ 8.375**
Bewerbungsschluss	15.04. / 15.09.	15.04. / 15.09.	15.04. / 15.09.
Spätbewerbung	ja	ja	ja

Bewerbungsverlauf und Kriterien für die Annahme des Bewerbers

Nach der unverbindlichen Bewerbung laden wir die SchülerInnen und deren Eltern zum persönlichen Auswahl- und Informationsgespräch ein. Anschließend senden wir den Bewerbern unsere Buchungsgrundlage sowie das verbindliche Anmeldeformular zu, das bei Interesse am Programm unterschrieben an uns zurückgesandt werden muss. Bewerber müssen flexibel, motiviert, weltoffen, kompromissbereit und anpassungsfähig sein. Alter :14 bis 18 Jahre. Vorkenntnisse der portugiesischen Sprache sind nicht Bedingung, aber von Vorteil.

Vorbereitung auf den Brasilien-Aufenthalt in Deutschland

Etwa drei Monate vor Abreise laden wir die TeilnehmerInnen und ihre Eltern zu einem eintägigen Vorbereitungsseminar in mehreren deutschen Städten bzw. in Österreich ein. Außerdem erhalten die TeilnehmerInnen ein Infohandbuch sowie regelmäßige Inforundbriefe.

Betreuung während des Auslandsaufenthalts und durch Nachbereitung

Während des Aufenthaltes werden die Schüler von einem Koordinator der Partnerorganisation vor Ort betreut. Für Eltern stehen Kollegen in unserem dt. Büro als Ansprechpartner zur Verfügung. 24-Stunden-Notfall-Nummer im Gastland und in Deutschland.

Stipendien und Sonstiges

1 Sozialstipendium im Wert von 1.500 €, 1 Kreativstipendium im Wert von 2.500 €. Vermittlung überwiegend an Privatschulen. Orientierungsseminar in Brasilien inkl. Ausflügen & Portugiesischunterricht inklusive.

Kurz und bündig				
Gründungsjahr	1991	Schülerzahl im Brasilien-Programm 2014/15		6
BRA-Programm seit	2007	Gesamtschülerzahl im High School Programm 2014/15		536
Gemeinnützigkeit	nein	Partner in Brasilien	Via Mundo	

Xplore GmbH
Theodorstr. 48
22761 Hamburg
info@xplore.de
Telefon: 040 / 429 336 00
Telefax: 040 / 429 336 11
www.xploreschueleraustausch.de

Preis und Leistung			
Länderwahlprogramm	1. Halbjahr	2. Halbjahr	Schuljahr
Grundpreis	€ 6.450	€ 6.450	€ 6.950
Flug D – Brasilien	€ 1.500/p	€ 1.500/p	€ 1.500/p
Flugbegleitung auf Hinreise	nein	nein	nein
Vorbereitungstreffen	ja	ja	ja
Vorbereitungsseminar	nein	nein	nein
Einführungsseminar in Brasilien	ja	ja	ja
Elterntreffen	nein	nein	nein
Nachbereitungstreffen	nein	nein	nein
Nachbereitungsseminar	ja	ja	ja
Kranken-/Unfallversicherung	€ 300/p	€ 300/p	€ 600/p
Haftpflicht-/Gepäckversicherung	nein	nein	nein
Gesamtpreis (circa)	**€ 8.250**	**€ 8.250**	**€ 9.050**
Bewerbungsschluss	01.05.	01.11.	01.05. / 01.11.
Spätbewerbung	möglich	möglich	möglich

Bewerbungsverlauf und Kriterien für die Annahme des Bewerbers
siehe „Public High School USA“

Vorbereitung auf den Brasilien-Aufenthalt in Deutschland
Xplore kennt Brasilien, das Programm und unsere Partnerorganisation schon viele Jahre. Bei unseren Beratungsgesprächen, aber vor allem während unseres eintägigen Vorbereitungsworkshops für Schüler und Eltern ermöglicht das eine sehr gute Vorbereitung.

Betreuung während des Auslandsaufenthalts und Nachbereitung
Gleich nach deiner Ankunft in Brasilien startet das Programm mit einem dreiwöchigen Vorbereitungsseminar. Neben einem täglichen Intensiv-Sprachkurs lernst du die Kulturunterschiede zwischen Deutschland und Brasilien kennen. Ein Wochenendausflug in den Nationalpark „Lencois Maranhenses“ darf natürlich auch nicht fehlen. Das alles ist im Preis enthalten. Während des Aufenthaltes erhältst du weiterhin einmal pro Woche Portugiesisch-Unterricht. In Brasilien wohnen alle unsere Schüler in São Luís, dem Sitz von Via Mundo. Unsere langjährigen Freunde Antonio und Allyson und ihr Team kümmern sich um dich und du bist in ihrem Büro immer herzlich willkommen. Dort findest du auch deinen lokalen Betreuer. Persönliches Feedback ist uns wichtig, dafür laden wir alle Xplore Schüler einmal pro Jahr zu einem mehrtägigen Treffen ein.

Stipendien und Sonstiges
Keine Portugiesischkenntnisse nötig.

Kurz und bündig				
Gründungsjahr	2009	Schülerzahl im Brasilien-Programm 2014/15		2
BRA-Programm seit	2010	Gesamtschülerzahl im High School Programm 2014/15		242
Gemeinnützigkeit	nein	Partner in Brasilien	Via Mundo	

AFS Interkulturelle Begegnungen e.V.	
Friedensallee 48	Telefon: 040 / 399 222-0
22765 Hamburg	Telefax: 040 / 399 222-99
info@afs.de	www.afs.de

Preis und Leistung			
Länderwahlprogramm	1. Halbjahr	2. Halbjahr	Schuljahr
Grundpreis	€ 7.290	€ 7.290	€ 7.790
Flug D – Chile	ja	ja	ja
Flugbegleitung auf Hinreise	ab 30 Teiln.	ab 30 Teiln.	ab 30 Teiln.
Vorbereitungstreffen	teilweise	teilweise	teilweise
Vorbereitungsseminar	ja	ja	ja
Einführungsseminar in Chile	ja	ja	ja
Elterntreffen	teilweise	teilweise	teilweise
Nachbereitungstreffen	ja	ja	ja
Nachbereitungsseminar	ja	ja	ja
Kranken-/Unfallversicherung	ja	ja	ja
Haftpflicht-/Gepäckversicherung	nein	nein	nein
Gesamtpreis	**€ 7.290**	**€ 7.290**	**€ 7.790**
Bewerbungsschluss	15.10.	15.05.	15.05. / 15.10.
Spätbewerbung	möglich	möglich	möglich

Bewerbungsverlauf und Kriterien für die Annahme des Bewerbers
Alle Bewerber werden zu einem Auswahlwochenende in der Nähe ihres Wohnortes eingeladen. Die persönliche Eignung der Bewerber ist ausschlaggebend (Offenheit, Toleranz, Selbstständigkeit, Anpassungsbereitschaft, Kommunikationsfähigkeit, innere Stabilität usw.).

Vorbereitung auf den Chile-Aufenthalt in Deutschland
AFS legt großen Wert auf die Vorbereitung. Es finden 2-3 Wochenendseminare statt: 1 oder 2 zur Grundvorbereitung (je nach Abreisetermin) und ein weiteres zur länderspezifischen Vorbereitung. Im persönlichen Gespräch mit der Familie wird individuell auf alle Fragen eingegangen, für die Eltern organisieren die Ehrenamtlichen Treffen zum gegenseitigen Austausch.

Betreuung während des Auslandsaufenthalts und durch Nachbereitung
Das weltweite AFS-Netzwerk ermöglicht die persönliche Betreuung der Teilnehmer vor, während und nach dem Austauschjahr. AFS im Gastland organisiert ein Einführungsseminar zu Beginn des Programms und ein Orientierungs-/ Auswertungsseminar im weiteren Verlauf des Auslandsaufenthaltes. Jeder Teilnehmer hat einen persönlichen Ansprechpartner vor Ort, hauptamtliche Mitarbeiter in allen AFS-Büros sind für Notfälle jederzeit erreichbar. AFS bietet seinen Teilnehmern zwei Seminare zur Nachbereitung an: ein Grundseminar auf lokaler Ebene und eine überregionale Nachbereitung in verschiedenen Orten Deutschlands.

Stipendien und Sonstiges
AFS vergibt an über 30 Prozent seiner Teilnehmer Stipendien aus Vereinsmitteln und Spenden. Erstes Vergabekriterium ist in der Regel die finanzielle Situation der Familie.

Kurz und bündig			
Gründungsjahr	1992	Schülerzahl im Chile-Programm 2014/15	22
Chile-Programm seit	1977	Gesamtschülerzahl im High School Programm 2014/15	1.044
Gemeinnützigkeit	ja	Partner in Chile	AFS

Deutsches Youth For Understanding Komitee e.V. (YFU)	
Oberaltenallee 6	Telefon: 040 / 22 70 02-0
22081 Hamburg	Telefax: 040 / 22 70 02-27
info@yfu.de	www.yfu.de

Preis und Leistung			
Länderwahlprogramm	1. Halbjahr	2. Halbjahr	Schuljahr
Grundpreis			€ 7.650
Flug D – Chile			ja
Flugbegleitung auf Hinreise			ja
Vorbereitungstreffen			ja
Vorbereitungsseminar			ja
Einführungsseminar in Chile			ja
Elterntreffen			ja
Nachbereitungstreffen			ja
Nachbereitungsseminar			ja
Kranken-/Unfallversicherung			ja
Haftpflicht-/Gepäckversicherung			ja
Gesamtpreis			**€ 7.650**
Bewerbungsschluss			variabel
Spätbewerbung			nein

Bewerbungsverlauf und Kriterien für die Annahme des Bewerbers
Bei YFU können sich Schülerinnen und Schüler aller Schularten bewerben. Sie sollten aufgeschlossen, anpassungsfähig und verantwortungsbewusst sein und mindestens durchschnittliche Schulleistungen vorweisen. Nach Durchsicht der schriftlichen Bewerbungsunterlagen führt YFU regional Auswahlgespräche in Form von Gruppen- und Einzelinterviews durch.

Vorbereitung auf den Chile-Aufenthalt in Deutschland
Alle YFU-Austauschschüler nehmen vor Abreise an einer einwöchigen Tagung teil, auf der sie intensiv auf das Leben in einer fremden Kultur vorbereitet werden und praktische Tipps für den Alltag in Chile erhalten. Auch für Eltern werden eigene Vorbereitungstreffen angeboten. YFU stellt außerdem umfangreiche schriftliche Unterlagen zur Verfügung.

Betreuung während des Auslandsaufenthalts und durch Nachbereitung
Jeder Austauschschüler hat im Ausland vor Ort einen persönlichen Betreuer. Darüber hinaus stehen die hauptamtlichen YFU-Mitarbeiter in Deutschland und Chile zur Verfügung – im Notfall rund um die Uhr. Während des Austauschjahres finden außerdem begleitende Seminare statt. Nach der Rückkehr gibt es ein zwei- bis dreitägiges Nachbereitungsseminar.

Stipendien und Sonstiges
YFU vergibt jährlich rund 300 Stipendien im Gesamtwert von etwa einer halben Million Euro. Die Vergabe und Höhe der Stipendien richtet sich nach der finanziellen Situation der Familie, nicht nach Schulnoten. Weitere Informationen gibt es unter www.yfu.de/stipendien.

Kurz und bündig				
Gründungsjahr	1957	Schülerzahl im Chile-Programm 2014/15		22
Chile-Programm seit	1987	Gesamtschülerzahl im High School Programm 2014/15		1.092
Gemeinnützigkeit	ja	Partner in Chile	YFU Chile	

Experiment e.V.
Gluckstraße 1
53115 Bonn
info@experiment-ev.de
Telefon: 0228 / 95722-0
Telefax: 0228 / 35 82 82
www.experiment-ev.de

Preis und Leistung

Länderwahlprogramm	1. Halbjahr	2. Halbjahr	Schuljahr
Grundpreis	€ 6.750	€ 6.750	€ 7.700
Flug D – Chile	ja	ja	ja
Flugbegleitung auf Hinreise	nein	nein	nein
Vorbereitungstreffen	nein	nein	nein
Vorbereitungsseminar	ja	ja	ja
Einführungsseminar in Chile	ja	ja	ja
Elterntreffen	nein	nein	nein
Nachbereitungstreffen	nein	nein	nein
Nachbereitungsseminar	ja	ja	ja
Kranken-/Unfallversicherung	ja	ja	ja
Haftpflicht-/Gepäckversicherung	ja/nein	ja/nein	ja/nein
Gesamtpreis (circa)	**€ 6.750**	**€ 6.750**	**€ 7.700**
Bewerbungsschluss	01.02.	01.08.	01.02. / 01.08.
Spätbewerbung	möglich	möglich	möglich

Bewerbungsverlauf und Kriterien für die Annahme des Bewerbers Schülerinnen und Schüler zwischen 15 und 18 Jahren können an dem Programm teilnehmen. Voraussetzung ist, dass der Bewerber bis zur Ausreise eine weiterführende Schule besucht. Er sollte ein ernsthaftes Interesse am interkulturellen Austausch haben und bereit sein, der neuen Umgebung Informationen und Eindrücke von Deutschland zu vermitteln. Aufgeschlossenheit, Offenheit, Toleranz und ein gewisses Anpassungsvermögen sind dabei unentbehrliche Fähigkeiten.

Vorbereitung auf den Chile-Aufenthalt in Deutschland
Alle Teilnehmer werden zu einem überregionalen, 4tägigen Vorbereitungsseminar eingeladen, auf dem sie von Ehrenamtlichen auf ihren Auslandsaufenthalt vorbereitet werden. Diese findet bereits mehrere Wochen vor der Ausreise statt, ist verpflichtend und daher bereits im Preis enthalten. Zus. 3-wöchige Vorbereitung inkl. Sprachkurs nach Ankunft in Chile.

Betreuung während des Auslandsaufenthalts und durch Nachbereitung
Ein persönlicher Betreuer unserer Partnerorganisation hat die Gastfamilie vor der Ankunft des Austauschschülers besucht und ist während des Aufenthaltes Ansprechpartner für Schüler und Gastfamilie. Für Eltern und Teilnehmer gibt es zusätzlich in Deutschland einen telefonischen Bereitschaftsdienst von Experiment e.V., der rund um die Uhr erreichbar ist.

Stipendien und Sonstiges
Aufenthalt ab 3 Monaten möglich. Experiment e.V. stellt für den „Schulbesuch im Ausland" einen eigenfinanzierten Stipendienfonds in Höhe von € 60.000 (2015-2016) bereit: www.experiment-ev.de/stipendien. Sprachpionierstipendien (€ 4.000) für nicht englischsprachige Länder. Sprachkurs vor Ort im Programmpreis enthalten

Kurz und bündig

Gründungsjahr	1932	Schülerzahl im Chile-Programm 2014/15	6
Chile-Programm seit	2011	Gesamtschülerzahl im High School Programm 2014/15	490
Gemeinnützigkeit	ja	Partner in Chile	Experiment Chile

Global Youth Group e.V.
Eststr. 6
45149 Essen
info@global-youth-group.de
Telefon: 0201 / 6124529
Telefax: 0201 / 47619824
www.global-youth-group.de

Preis und Leistung			
Länderwahlprogramm	3 Monate	Halbjahr	Schuljahr
Grundpreis	€ 3.750	€ 4.800	€ 5.800
Flug D – Chile	€ 1.500/p	€ 1.500/p	€ 1.500/p
Flugbegleitung auf Hinreise	optional	optional	optional
Vorbereitungstreffen	optional	optional	optional
Vorbereitungsseminar	ja	ja	ja
Einführungsseminar in Chile	ja	ja	ja
Elterntreffen	ja	ja	ja
Nachbereitungstreffen	nein	nein	nein
Nachbereitungsseminar	ja	ja	ja
Kranken-/Unfallversicherung	ja	ja	ja
Haftpflicht-/Gepäckversicherung	ja	ja	ja
Gesamtpreis	**€ 5.250**	**€ 6.300**	**€ 7.300**
Bewerbungsschluss	30.09. / 31.3.	30.09. / 31.3.	30.09. / 31.3.
Spätbewerbung	auf Anfrage	auf Anfrage	auf Anfrage

Bewerbungsverlauf und Kriterien für die Annahme des Bewerbers
Bewerben kannst du dich online, per Telefon / Fax oder mit unserem Bewerbungsformular welches du in unserer Broschüre findest. Anschließend verabreden wir mit dir und deinen Eltern ein kostenloses und unverbindliches Bewerbungsinterview.
Du solltest dich für die Kultur, das Leben und die Sprache in Schweden interessieren. Gute Englischkenntnisse müssen vorhanden sein. Teilnahme ab 15 Jahren möglich.

Vorbereitung auf den Chile-Aufenthalt in Deutschland
Wir bereiten dich und deine Eltern im Vorbereitungsseminar auf deinen Aufenthalt in Chile vor.
Das Seminar findet in Nord-, Ost-, Süd- und Westdeutschland statt.

Betreuung während des Auslandsaufenthalts und durch Nachbereitung
In Chile wirst du durch unsere Partnerorganisation betreut. Diese stellt dir einen persönlichen Betreuer, sowie eine 24-Stunden Notrufnummer zur Verfügung. Zusätzlich steht dir und deinen Eltern stets dein persönlicher GYG Ansprechpartner zur Seite,
Nach deiner Rückkehr findet ein Nachbereitungscamp statt

Stipendien und Sonstiges
Preisnachlass: - 150 € bei Geschwisterkindern; - 80 € bei Freunden;
GYG Weltbürger-Teilstipendium: 2 x 2.000 € (2015/16); 2 x 1.000 € (2016/17)
Inklusive: 2 Wochen Vorbereitung in Santiago de Chile, inklusive Sprachkurs

Kurz und bündig				
Gründungsjahr	2009	Schülerzahl im Chile-Programm 2014/15		0
Chile-Programm seit	2014	Gesamtschülerzahl im High School Programm 2014/15		79
Gemeinnützigkeit	ja	Partner in Chile	verschiedene	

Open Door International e.V.
Thürmchenswall 69
50668 Köln
info@opendoorinternational.de
Telefon: 0221 / 60 60 85 50
Telefax: 0221 / 60 60 85 519
www.opendoorinternational.de

Preis und Leistung

Länderwahlprogramm	1. Halbjahr	2. Halbjahr	Schuljahr
Grundpreis	€ 6.790	€ 6.790	€ 7.590
Flug D – Chile	ja	ja	ja
Flugbegleitung auf Hinreise	nein	nein	nein
Vorbereitungstreffen	nein	nein	nein
Vorbereitungsseminar	ja	ja	ja
Einführungsseminar in Chile	nein	nein	nein
Elterntreffen	ja	ja	ja
Nachbereitungstreffen	nein	nein	nein
Nachbereitungsseminar	ja	ja	ja
Kranken-/Unfallversicherung	€ 200	€ 200	€ 390
Haftpflicht-/Gepäckversicherung	ja/nein	ja/nein	ja/nein
Gesamtpreis	**€ 6.990**	**€ 6.990**	**€ 7.980**
Bewerbungsschluss	15.04.	15.11.	15.04.
Spätbewerbung	möglich	möglich	möglich

Bewerbungsverlauf und Kriterien für die Annahme des Bewerbers
Nach der Kurzbewerbung folgt das persönliche Auswahlgespräch beim Bewerber zu Hause, bei dem es darum geht, den Bewerber auf Motivation, Persönlichkeit und generelle Eignung zu prüfen. Bewerben können sich kommunikations- und kontaktfreudige Jugendliche zw. 14 und 18 Jahren. Spanischbasiskenntnisse sind Voraussetzung.

Vorbereitung auf den Chile-Aufenthalt in Deutschland
Die Teilnahme am dreitägigen Vorbereitungsseminar in Deutschland ist für den Bewerber obligatorisch. Hier erhalten Schüler und Eltern alle wichtigen Informationen (Visum, Versicherung, Finanzen etc.) sowie ein umfassendes Handbuch. Ein persönlicher, fester Ansprechpartner im Kölner ODI-Büro steht zudem telefonisch und per E-Mail immer zur Verfügung.

Betreuung während des Auslandsaufenthalts und durch Nachbereitung
Betreuung vor Ort durch lokale Mitarbeiter der chilenischen Partnerorganisation. 24-Stunden-Notrufnummer in Chile und in Deutschland. Mehrtägiges Nachbereitungsseminar für Returnees sowie die Möglichkeit der Mitarbeit im weltweiten Jugendaustausch.

Stipendien und Sonstiges
ODI vergibt für das Programmjahr 2015/2016 zwei Vollstipendien für die USA, ein Vollstipendium für die südamerikanischen Programmländer sowie insgesamt vier Teilstipendien für alle ODI-Programmländer

Kurz und bündig

Gründungsjahr	1983	Schülerzahl im Chile-Programm 2014/15	9
Chile-Programm seit	2007	Gesamtschülerzahl im High School Programm 2014/15	14
Gemeinnützigkeit	ja	Partner in Chile	Inside Chile

AFS Interkulturelle Begegnungen e.V.
Friedensallee 48 Telefon: 040 / 399 222-0
22765 Hamburg Telefax: 040 / 399 222-99
info@afs.de www.afs.de

Preis und Leistung			
Länderwahlprogramm	1. Halbjahr	2. Halbjahr	Schuljahr
Grundpreis	€ 7.990		€ 8.490
Flug D – China	ja		ja
Flugbegleitung auf Hinreise	ab 30 Teiln.		ab 30 Teiln.
Vorbereitungstreffen	teilweise		teilweise
Vorbereitungsseminar	ja		ja
Einführungsseminar in China	ja		ja
Elterntreffen	teilweise		teilweise
Nachbereitungstreffen	ja		ja
Nachbereitungsseminar	ja		ja
Kranken-/Unfallversicherung	ja		ja
Haftpflicht-/Gepäckversicherung	nein		nein
Gesamtpreis (circa)	**€ 7.990**		**€ 8.490**
Bewerbungsschluss	15.10.		15.10.
Spätbewerbung	möglich		möglich

Bewerbungsverlauf und Kriterien für die Annahme des Bewerbers
Alle Bewerber werden zu einem Auswahlwochenende in der Nähe ihres Wohnortes eingeladen. Die persönliche Eignung der Bewerber ist ausschlaggebend (Offenheit, Toleranz, Selbständigkeit, Anpassungsbereitschaft, Kommunikationsfähigkeit, innere Stabilität usw.).

Vorbereitung auf den China-Aufenthalt in Deutschland
AFS legt großen Wert auf die Vorbereitung. Es finden drei Wochenendseminare statt: zwei zur Grundvorbereitung und ein weiteres zur länderspezifischen Vorbereitung. Im persönlichen Gespräch mit der ganzen Familie wird individuell auf alle Fragen eingegangen, für die Eltern organisieren die Ehrenamtlichen zusätzlich Treffen zum gegenseitigen Austausch.

Betreuung während des Auslandsaufenthalts und durch Nachbereitung
Das weltweite AFS-Netzwerk ermöglicht die persönliche Betreuung der Teilnehmer vor, während und nach dem Austauschjahr. AFS im Gastland organisiert ein Einführungsseminar zu Beginn des Programms und ein Orientierungs-/ Auswertungsseminar im weiteren Verlauf des Auslandsaufenthaltes. Jeder Teilnehmer hat einen persönlichen Ansprechpartner vor Ort, hauptamtliche Mitarbeiter in allen AFS-Büros sind für Notfälle jederzeit erreichbar. AFS bietet seinen Teilnehmern zwei Seminare zur Nachbereitung an: ein Grundseminar auf lokaler Ebene und eine überregionale Nachbereitung in verschiedenen Orten Deutschlands.

Stipendien und Sonstiges
AFS vergibt an über 30 Prozent seiner Teilnehmer Stipendien aus Vereinsmitteln und Spenden. Die Stiftung Mercator vergibt Stipendien speziell für den Austausch mit China.

Kurz und bündig			
Gründungsjahr (1947)	1992	Schülerzahl im China-Programm 2014/15	28
China-Programm seit	2002	Gesamtschülerzahl im High School Programm 2014/15	1.044
Gemeinnützigkeit	ja	Partner in China	AFS

American Institute For Foreign Study (Deutschland) GmbH
Friedensplatz 1 Telefon: 0228 / 957 30-0
53111 Bonn Telefax: 0228 / 957 30-110
highschool@aifs.de www.aifs.de

Preis und Leistung			
Länderwahlprogramm	1. Halbjahr	2. Halbjahr	Schuljahr
Grundpreis	€ 7.500	€ 7.500	€ 8.900
Flug D – China	ja	ja	ja
Flugbegleitung auf Hinreise	nein	nein	nein
Vorbereitungstreffen	nein	nein	nein
Vorbereitungsseminar	ja	ja	ja
Einführungsseminar in China	ja	ja	ja
Elterntreffen	nein	nein	nein
Nachbereitungstreffen	nein	nein	nein
Nachbereitungsseminar	ja	ja	ja
Kranken-/Unfallversicherung	ja	ja	ja
Haftpflicht-/Gepäckversicherung	ja	ja	ja
Gesamtpreis	**€ 7.500**	**€ 7.500**	**€ 8.900**
Bewerbungsschluss	31.03.	15.10.	31.03.
Spätbewerbung	nein	nein	nein

Bewerbungsverlauf und Kriterien für die Annahme des Bewerbers
Bewerbung: Die Bewerbung erfolgt unverbindlich durch das Ausfüllen eines Formulars auf www.aifs.de oder aus der AIFS High School Broschüre. Sind die formellen Voraussetzungen erfüllt, lädt AIFS den Bewerber zu einem ausführlichen telefonischen Einzelgespräch mit einem unserer China-Spezialisten ein. Bei Eignung des Bewerbers unterbreitet AIFS anschließend ein Vertragsangebot, das erst durch die Annahme des Bewerbers verbindlich wird.
Voraussetzungen: 14 bis 18 Jahre; Schülerstatus; mind. drei Jahre Englisch als Unterrichtsfach (Grundkenntnisse in Mandarin von Vorteil); tolerant, anpassungsfähig, aufgeschlossen und motiviert

Vorbereitung auf den China-Aufenthalt in Deutschland
Die Vorbereitung erfolgt durch die Zuteilung eines Paten, das AIFS Team in Bonn als Ansprechpartner, ein zweitägiges Seminar in Bonn oder Umgebung, die Zuteilung eines Paten, ausführliche Schüler- und Elternhandbücher sowie Inforundbriefe vor der Ausreise.

Betreuung während des Auslandsaufenthalts und durch Nachbereitung
Die Betreuung während des Aufenthaltes wird durch einen lokalen Betreuer, Partner vor Ort sowie AIFS in Bonn garantiert. Nachbereitung: im Rahmen einer großen Returnee Party

Stipendien und Sonstiges
1) 3 Tage Orientation-Days in Shanghai im Preis enthalten
2) Geschwisterrabatt in Höhe von jeweils € 200
3) Rabatt bei Anmeldung gemeinsam mit einem Freund in Höhe von je € 100

Kurz und bündig			
Gründungsjahr (1964)	1983	Schülerzahl im China-Programm 2014/15	3
China-Programm seit	2011	Gesamtschülerzahl im High School Programm 2014/15	550
Gemeinnützigkeit	nein	Partner in China	k. A.

Deutsches Youth For Understanding Komitee e.V. (YFU)
Oberaltenallee 6 Telefon: 040 / 22 70 02-0
22081 Hamburg Telefax: 040 / 22 70 02-27
info@yfu.de www.yfu.de

Preis und Leistung			
Länderwahlprogramm	1. Halbjahr	2. Halbjahr	Schuljahr
Grundpreis			€ 8.500
Flug D – China			ja
Flugbegleitung auf Hinreise			ja
Vorbereitungstreffen			ja
Vorbereitungsseminar			ja
Einführungsseminar in China			ja
Elterntreffen			ja
Nachbereitungstreffen			ja
Nachbereitungsseminar			ja
Kranken-/Unfallversicherung			ja
Haftpflicht-/Gepäckversicherung			ja
Gesamtpreis			**€ 8.500**
Bewerbungsschluss			variabel
Spätbewerbung			nein

Bewerbungsverlauf und Kriterien für die Annahme des Bewerbers
Bei YFU können sich Schülerinnen und Schüler aller Schularten bewerben. Sie sollten aufgeschlossen, anpassungsfähig und verantwortungsbewusst sein und mindestens durchschnittliche Schulleistungen vorweisen. Nach Durchsicht der schriftlichen Bewerbungsunterlagen führt YFU regional Auswahlgespräche in Form von Gruppen- und Einzelinterviews durch.

Vorbereitung auf den China-Aufenthalt in Deutschland
Alle YFU-Austauschschüler nehmen vor Abreise an einer einwöchigen Tagung teil, auf der sie intensiv auf das Leben in einer fremden Kultur vorbereitet werden und praktische Tipps für den Alltag in China erhalten. Auch für Eltern werden eigene Vorbereitungstreffen angeboten. YFU stellt außerdem umfangreiche schriftliche Unterlagen zur Verfügung.

Betreuung während des Auslandsaufenthalts und durch Nachbereitung
Jeder Austauschschüler hat im Ausland vor Ort einen persönlichen Betreuer. Darüber hinaus stehen die hauptamtlichen YFU-Mitarbeiter in Deutschland und China zur Verfügung – im Notfall rund um die Uhr. Während des Austauschjahres finden außerdem begleitende Seminare statt. Nach der Rückkehr gibt es ein zwei- bis dreitägiges Nachbereitungsseminar.

Stipendien und Sonstiges
YFU vergibt jährlich rund 300 Stipendien im Gesamtwert von etwa einer halben Million Euro. Die Vergabe und Höhe der Stipendien richtet sich nach der finanziellen Situation der Familie, nicht nach Schulnoten. Weitere Informationen gibt es unter www.yfu.de/stipendien.

Kurz und bündig				
Gründungsjahr	1957	Schülerzahl im China-Programm 2014/15		9
China-Programm seit	2004	Gesamtschülerzahl im High School Programm 2014/15		1.092
Gemeinnützigkeit	ja	Partner in China	YFU China	

Experiment e.V.
Gluckstraße 1
53115 Bonn
info@experiment-ev.de
Telefon: 0228 / 95722-0
Telefax: 0228 / 35 82 82
www.experiment-ev.de

Preis und Leistung			
Länderwahlprogramm	1. Halbjahr	2. Halbjahr	Schuljahr
Grundpreis	€ 6.680	€ 6.680	€ 9.200
Flug D – China	ja	ja	ja
Flugbegleitung auf Hinreise	nein	nein	nein
Vorbereitungstreffen	nein	nein	nein
Vorbereitungsseminar	ja	ja	ja
Einführungsseminar in China	ja	ja	ja
Elterntreffen	nein	nein	nein
Nachbereitungstreffen	nein	nein	nein
Nachbereitungsseminar	ja	ja	ja
Kranken-/Unfallversicherung	ja	ja	ja
Haftpflicht-/Gepäckversicherung	ja/nein	ja/nein	ja/nein
Gesamtpreis (circa)	**€ 6.680**	**€ 6.680**	**€ 9.200**
Bewerbungsschluss	01.02.	01.08.	01.02.
Spätbewerbung	möglich	möglich	möglich

Bewerbungsverlauf und Kriterien für die Annahme des Bewerbers
Ab 14 bis 18 Jahre. Bewerber müssen bis zur Ausreise eine weiterführende Schule besuchen Wichtig: ernsthaftes Interesse am interkulturellen Austausch und Bereitschaft, der neuen Umgebung Eindrücke von Deutschland zu vermitteln, Aufgeschlossenheit, Offenheit, Toleranz, Anpassungsvermögen. Grundkenntnisse in Chinesisch bis zur Ausreise.

Vorbereitung auf den China-Aufenthalt in Deutschland
Alle Teilnehmer werden zu einem überregionalen, viertägigen Vorbereitungsseminar eingeladen, auf dem sie von Ehrenamtlichen umfassend auf ihren Auslandsaufenthalt vorbereitet werden. Diese intensive Vorbereitung findet bereits mehrere Wochen vor der Ausreise statt, ist verpflichtend für alle Teilnehmer und daher bereits im Preis enthalten.

Betreuung während des Auslandsaufenthalts und durch Nachbereitung
Ein persönlicher Betreuer unserer Partnerorganisation hat die Gastfamilie vor der Ankunft des Austauschschülers besucht und ist während des Aufenthaltes Ansprechpartner für Schüler und Gastfamilie. Für Eltern und Teilnehmer gibt es zusätzlich in Deutschland einen telefonischen Bereitschaftsdienst von Experiment e.V., der rund um die Uhr erreichbar ist.

Stipendien und Sonstiges
Ab 14 Jahre. Aufenthalt ab 3 Monate möglich. Optionaler Sprachkurs vor Ort. Besuch des englischsprachigen Unterrichts möglich. Förderung speziell für China über die Stiftung Mercator möglich. Stipendien www.experiment-ev.de/stipendien.

Kurz und bündig			
Gründungsjahr	1932	Schülerzahl im China-Programm 2014/15	3
China-Programm seit	2009	Gesamtschülerzahl im High School Programm 2014/15	490
Gemeinnützigkeit	ja	Partner in China	Xu Bo Art and Cultural Exchange

GLS Sprachenzentrum – Inh. Barbara Jaeschke
Kastanienallee 82 Telefon: 030 / 780 089 80
10435 Berlin Telefax: 030 / 787 419 1
highschool@gls-sprachenzentrum.de www.gls-sprachenzentrum.de

Preis und Leistung			
Schulwahlprogramm	1. Halbjahr	2. Halbjahr	Schuljahr
Grundpreis (ab)	€ 7.190	€ 7.190	€ 9.590
Flug D – China	€ 1.000/p	€ 1.000/p	€ 1.000/p
Flugbegleitung auf Hinreise	nein	nein	nein
Vorbereitungstreffen	ja	ja	ja
Vorbereitungsseminar	€ 110/opt.	€ 110/opt.	€ 110/opt.
Einführungsseminar in China	ja	ja	ja
Elterntreffen	nein	nein	nein
Nachbereitungstreffen	nein	nein	nein
Nachbereitungsseminar	ja	ja	ja
Kranken-/Unfallversicherung	€ 275	€ 275	€ 550
Haftpflicht-/Gepäckversicherung	ja	ja	ja
Gesamtpreis (circa)	**€ 8.465**	**€ 8.465**	**€ 11.140**
Bewerbungsschluss	flexibel	flexibel	flexibel
Spätbewerbung	möglich	möglich	möglich

Bewerbungsverlauf und Kriterien für die Annahme des Bewerbers
Nach Anmeldung laden wir zum Interview auf Englisch und auf Wunsch zu einer kostenlosen Beratung ein. Neben Motivation und Anpassungsbereitschaft sowie einem Notendurchschnitt von mind. 3,5 bildet das Interview die Voraussetzung für die Aufnahme ins Programm. Sobald uns die Bewerbungsmappe vorliegt, leiten wir diese nach Durchsicht unseren Partnern im Ausland weiter, die vor Ort Gastfamilie und Schulplatz sicherstellen.

Vorbereitung auf den China-Aufenthalt in Deutschland
Neben unseren Orientierungstreffen vor Abreise für Schüler und Eltern im Frühjahr und im Herbst (deutschlandweit sowie in Zürich und Wien) bieten wir regelmäßig optionale Workshops und Sprachkurse zur Vorbereitung auf unserem Campus in Berlin an.

Betreuung während des Auslandsaufenthalts und durch Nachbereitung
Jedem Teilnehmer wird ein Betreuer im Gastland zur Seite gestellt. Darüber hinaus unterstützen wir selbstverständlich auch nach Abreise Schüler wie Eltern und garantieren umgehende Reaktion und Hilfestellung. Unsere Rückkehrer laden wir im Herbst zum Returnee-Wochenende nach Berlin ein. Neben Workshops zur Nachbereitung des Auslandsaufenthalts und Austausch mit anderen GLSlern steht natürlich ein abwechslungsreiches Berlin-Programm auf der Agenda.

Stipendien und Sonstiges
INKLUSIVE: 20 Std. Chinesischkurs und Freizeitprogramm in Berlin vor Abreise; Chinesisch-Sprachunterricht vor Ort; mehrtägige Studienreise

Kurz und bündig			
Gründungsjahr	1983	Schülerzahl im China Programm 2014/15	7
China-Programm seit	2004	Gesamtschülerzahl im High School Programm 2014/15	576
Gemeinnützigkeit	nein	Partner in China	DYO Consulting, JEIEC

iSt Internationale Sprach- und Studienreisen GmbH	
Stiftsmühle	Telefon: 06221 / 89 00-0
69080 Heidelberg	Telefax: 06221 / 89 00-200
iSt@sprachreisen.de	www.sprachreisen.de

Preis und Leistung			
Länderwahlprogramm	1. Halbjahr	2. Halbjahr	Schuljahr
Grundpreis	€ 8.290		€ 8.690
Flug D – China	ja		ja
Flugbegleitung auf Hinreise	nein		nein
Vorbereitungstreffen	nein		nein
Vorbereitungsseminar	nein		nein
Einführungsseminar in China	nein		nein
Elterntreffen	nein		nein
Nachbereitungstreffen	€ 45/opt.		€ 45/opt.
Nachbereitungsseminar	nein		nein
Kranken-/Unfallversicherung	€ 320		€ 590
Haftpflicht-/Gepäckversicherung	ja		ja
Gesamtpreis (circa)	**€ 8.610**		**€ 9.280**
Bewerbungsschluss	31.03.		31.03.
Spätbewerbung	auf Anfrage		auf Anfrage

Bewerbungsverlauf und Kriterien für die Annahme des Bewerbers

Die Bewerber füllen ein Bewerbungsformular aus und schicken dies zusammen mit einer kurzen Selbstbeschreibung und der letzten Zeugniskopie an unser Büro. Die Bewerber und ihre Eltern werden dann umgehend zu einem persönlichen Gespräch eingeladen. Kurze Zeit nach dem Interview teilen wir schriftlich mit, ob Sie in das Programm aufgenommen werden.

Vorbereitung auf den China-Aufenthalt in Deutschland

Schon beim Bewerbungsgespräch informieren wir umfassend über viele wichtige Aspekte der Programmteilnahme und erläutern kulturelle Besonderheiten des Gastlandes. Die Teilnehmer erhalten regelmäßig Informationsbriefe zum bevorstehenden Aufenthalt und können Kontakt zu ehemaligen Teilnehmern aufnehmen.

Betreuung während des Auslandsaufenthalts und durch Nachbereitung

Wir bleiben auch während des Aufenthaltes mit Ihnen in Kontakt und versorgen Sie mit aktuellen Informationen. Der örtliche Vertreter steht Ihnen mit Rat und Hilfe zur Seite. Auf einem Nachbereitungstreffen können Sie Ihre Eindrücke noch einmal Revue passieren lassen und mit anderen Teilnehmern Erfahrungen austauschen.

Stipendien und Sonstiges

Die Bewerber müssen über solide Grundkenntnisse der chinesischen Sprache verfügen.

Kurz und bündig			
Gründungsjahr	1981	Schülerzahl im China-Programm 2014/15	1
China-Programm seit	2004	Gesamtschülerzahl im High School Programm 2014/15	1.090
Gemeinnützigkeit	nein	Partner in China	ASSE

Partnership International e.V.
Hansaring 85
50670 Köln
office@partnership.de
Telefon: 0221 / 913 973 3
Telefax: 0221 / 913 973 4
www.partnership.de

Preis und Leistung			
Länderwahlprogramm	1. Halbjahr	2. Halbjahr	Schuljahr
Grundpreis (ab)	€ 7.500	€ 7.500	€ 8.400
Flug D – China	ja	ja	ja
Flugbegleitung auf Hinreise	nein	nein	nein
Vorbereitungstreffen	nein	nein	nein
Vorbereitungsseminar	ja	ja	ja
Einführungsseminar in China	ja	ja	ja
Elterntreffen	ja	ja	ja
Nachbereitungstreffen	nein	nein	nein
Nachbereitungsseminar	ja	ja	ja
Kranken-/Unfallversicherung	ja	ja	ja
Haftpflicht-/Gepäckversicherung	ja	ja	ja
Gesamtpreis (ab circa)	**€ 7.500**	**€ 7.500**	**€ 8.400**
Bewerbungsschluss	31.01.	30.09.	31.01.
Spätbewerbung	möglich	möglich	möglich

Bewerbungsverlauf und Kriterien für die Annahme des Bewerbers
Bewerben können sich Schüler zwischen 15 und 18 Jahren mit zufriedenstellenden schulischen Leistungen. Wir laden jeden Bewerber zu einem Beratungsgespräch ein, sodass sich Schüler und Eltern mit unserem Verein und unserem Chinaprogramm vertraut machen können. Wir haben gleichzeitig die Möglichkeit, den Bewerber persönlich kennenzulernen. Mandarinkenntnisse sind von Vorteil, aber keine Teilnahmebedingung.

Vorbereitung auf den China-Aufenthalt in Deutschland
Um optimal auf ihren Auslandsaufenthalt vorbereitet zu sein, nehmen unsere Teilnehmer vor Abreise an einem 3-tägigen Seminar teil. Organisiert und gestaltet wird dieses Seminar von geschulten, ehemaligen Austauschschülern. Das Seminar ist im Programmpreis enthalten. Für Eltern bieten wir zur Vorbereitung eine eintägige Informationsveranstaltung an.

Betreuung während des Auslandsaufenthalts und durch Nachbereitung
Der Aufenthalt beginnt mit einem mehrwöchigen Sprachkurs. Jeder Schüler hat vor Ort einen lokalen Ansprechpartner, an den er sich bei Herausforderungen und Fragen wenden kann. Darüber hinaus steht eine 24/7 Notfall-Nummer zur Verfügung. Ebenfalls inklusive – unsere E-Mail-Betreuung durch geschulte Alumni und das Nachbereitungsseminar.

Stipendien und Sonstiges
Wir vergeben jedes Jahr aus Vereinsmitteln Teilstipendien, unter Berücksichtigung von sozialen Kriterien und gesellschaftlichem Engagement.

Kurz und bündig				
Gründungsjahr	1961	Schülerzahl im China-Programm 2014/15		2
China-Programm seit	2009	Gesamtschülerzahl im High School Programm 2014/15		167
Gemeinnützigkeit	ja	Partner in China	ACIE	

TravelWorks (Travelplus Group GmbH)
Münsterstr. 111
48155 Münster
highschool@travelworks.de
Telefon: 02506 / 8303 600
Telefax: 02506 / 8303 231
www.schueleraustausch-international.de

Preis und Leistung			
Regionenwahlprogramm	1. Halbjahr	2. Halbjahr	Schuljahr
Grundpreis (ab)	€ 6.790	€ 6.790	€ 9.390
Flug D – China	ja	ja	ja
Flugbegleitung auf Hinreise	nein	nein	nein
Vorbereitungstreffen	nein	nein	nein
Vorbereitungsseminar	ja	ja	ja
Einführungsseminar in China	ja	ja	ja
Elterntreffen	nein	nein	nein
Nachbereitungstreffen	ja	ja	ja
Nachbereitungsseminar	nein	nein	nein
Kranken-/Unfallversicherung	€ 285	€ 285	€ 570
Haftpflicht-/Gepäckversicherung	ja	ja	ja
Gesamtpreis (ab circa)	**€ 7.075**	**€ 7.075**	**€ 9.960**
Bewerbungsschluss	15.04.	15.04.	15.04.
Spätbewerbung	ja	ja	ja

Bewerbungsverlauf und Kriterien für die Annahme des Bewerbers
Nach der unverbindlichen Bewerbung laden wir die SchülerInnen und deren Eltern zum persönlichen Auswahl- und Informationsgespräch ein. Anschließend senden wir den Bewerbern unsere Buchungsgrundlage sowie das verbindliche Anmeldeformular zu, das bei Interesse am Programm unterschrieben an uns zurückgesandt werden muss. Bewerber müssen flexibel, motiviert, weltoffen, kompromissbereit und anpassungsfähig sein. Alter: 14 bis 19 Jahre.
Die Schüler sollten über Mandarin-Grundkenntnisse verfügen.

Vorbereitung auf den China-Aufenthalt in Deutschland
Etwa drei Monate vor Abreise laden wir die TeilnehmerInnen und ihre Eltern zu einem eintägigen Vorbereitungsseminar in mehreren deutschen Städten bzw. in Österreich ein. Sie erhalten ein Infohandbuch sowie regelmäßige Inforundbriefe.

Betreuung während des Auslandsaufenthalts und durch Nachbereitung
Während des Aufenthaltes werden die Schüler von einem Koordinator unserer Partner vor Ort betreut. Für die Eltern stehen die Kollegen in unserem deutschen Büro als Ansprechpartner zur Verfügung. Es gibt eine 24-Stunden-Notfall-Nummer in Deutschland und in China.

Stipendien und Sonstiges
1 Sozialstipendium im Wert von 1.500 €, 1 Kreativstipendium im Wert von 2.500 €
Unsere Teilnehmer haben die Wahl zwischen verschiedenen Schulen in Peking, Shanghai und Zhengzhou.

Kurz und bündig				
Gründungsjahr	1991	Schülerzahl im China-Programm 2014/15		6
China-Programm seit	2009	Gesamtschülerzahl im High School Programm 2014/15		536
Gemeinnützigkeit	nein	Partner in China	XUBO China,LTL	

AFS Interkulturelle Begegnungen e.V.
Friedensallee 48
22765 Hamburg
info@afs.de
Telefon: 040 / 399 222-0
Telefax: 040 / 399 222-99
www.afs.de

Preis und Leistung			
Länderwahlprogramm	1. Halbjahr	2. Halbjahr	Schuljahr
Grundpreis	€ 7.690	€ 7.690	€ 8.190
Flug D – Costa Rica	ja	ja	ja
Flugbegleitung auf Hinreise	ab 30 Teiln.	ab 30 Teiln.	ab 30 teiln.
Vorbereitungstreffen	teilweise	teilweise	teilweise
Vorbereitungsseminar	ja	ja	ja
Einführungsseminar in Costa Rica	ja	ja	ja
Elterntreffen	teilweise	teilweise	teilweise
Nachbereitungstreffen	ja	ja	ja
Nachbereitungsseminar	ja	ja	ja
Kranken-/Unfallversicherung	ja	ja	ja
Haftpflicht-/Gepäckversicherung	nein	nein	nein
Gesamtpreis (circa)	**€ 7.690**	**€ 7.690**	**€ 8.190**
Bewerbungsschluss	15.10.	15.05.	15.05. / 15.10.
Spätbewerbung	möglich	möglich	möglich

Bewerbungsverlauf und Kriterien für die Annahme des Bewerbers
Alle Bewerber werden zu einem Auswahlwochenende in der Nähe ihres Wohnortes eingeladen. Die persönliche Eignung der Bewerber ist ausschlaggebend (Offenheit, Toleranz, Selbstständigkeit, Anpassungsbereitschaft, Kommunikationsfähigkeit, innere Stabilität usw.).

Vorbereitung auf den Costa Rica-Aufenthalt in Deutschland
AFS legt großen Wert auf die Vorbereitung. Es finden 2-3 Wochenendseminare statt: 1 oder 2 zur Grundvorbereitung (je nach Abreisetermin) und ein weiteres zur länderspezifischen Vorbereitung. Im persönlichen Gespräch mit der Familie wird individuell auf alle Fragen eingegangen, für die Eltern organisieren die Ehrenamtlichen Treffen zum gegenseitigen Austausch.

Betreuung während des Auslandsaufenthalts und durch Nachbereitung
Das weltweite AFS-Netzwerk ermöglicht die persönliche Betreuung der Teilnehmer vor, während und nach dem Austauschjahr. AFS im Gastland organisiert ein Einführungsseminar zu Beginn des Programms und ein Orientierungs-/ Auswertungsseminar im weiteren Verlauf des Auslandsaufenthaltes. Jeder Teilnehmer hat einen persönlichen Ansprechpartner vor Ort, hauptamtliche Mitarbeiter in allen AFS-Büros sind für Notfälle jederzeit erreichbar. AFS bietet seinen Teilnehmern zwei Seminare zur Nachbereitung an: ein Grundseminar auf lokaler Ebene und eine überregionale Nachbereitung in verschiedenen Orten Deutschlands.

Stipendien und Sonstiges
AFS vergibt an über 30 Prozent seiner Teilnehmer Stipendien aus Vereinsmitteln und Spenden. Erstes Vergabekriterium ist in der Regel die finanzielle Situation der Familie.

Kurz und bündig			
Gründungsjahr (1947)	1992	Schülerzahl im Costa Rica-Programm 2014/15	44
CR-Programm seit	1975	Gesamtschülerzahl im High School Programm 2014/15	1.044
Gemeinnützigkeit	ja	Partner in Costa Rica	AFS

Ayusa-Intrax GmbH
Giesebrechtstr. 10
10629 Berlin
highschool@intrax.de
Telefon: 030 / 84 39 39 93
Telefax: 030 / 84 39 39-39
www.intrax.de

Preis und Leistung

*Länderwahlprogramm**	3 Monate	Halbjahr	Schuljahr
Grundpreis (ab)	€ 5.990	€ 6.990	€ 9.890
Flug D – Costa Rica	ja	ja	ja
Flugbegleitung auf Hinreise	nein	nein	nein
Vorbereitungstreffen	nein	nein	nein
Vorbereitungsseminar	ja	ja	ja
Einführungsseminar in Costa Rica	ja	ja	ja
Elterntreffen	ja	ja	ja
Nachbereitungstreffen	nein	nein	nein
Nachbereitungsseminar	ja	ja	ja
Kranken-/Unfallversicherung	ja	ja	ja
Haftpflicht-/Gepäckversicherung	ja	ja	ja
Gesamtpreis (ab circa)	**€ 5.990**	**€ 6.990**	**€ 9.890**
Bewerbungsschluss	30.11. / 15.05.	30.11. / 15.05.	30.11. / 15.05.
Spätbewerbung	möglich	möglich	möglich

Bewerbungsverlauf und Kriterien für die Annahme des Bewerbers
Neben dem schriftlichen Bewerbungsverlauf laden wir zu einem persönlichen Einzelgespräch in der Nähe des Wohnortes ein, gerne auch mit den Eltern. Unsere Auswahlkriterien sind große Motivation, starkes Interesse an Costa Rica, Flexibilität, realistische Erwartungen, gute Englischkenntnisse und Grundkenntnisse in Spanisch bei Ausreise. Für das Programm in Costa Rica können sich 15- bis 18-Jährige bewerben.

Vorbereitung auf den Costa Rica-Aufenthalt in Deutschland
Auf deutschlandweit stattfindenden Veranstaltungen informieren wir Schüler und Eltern und bereiten bei Vorbereitungsseminaren auf den Aufenthalt vor. Weiterhin stellen wir Telefonnummern und Email-Adressen ehemaliger Teilnehmer zur Verfügung. Vor Abreise erhalten alle Teilnehmer ein Handbuch mit Einblicken in das Land und praktischen Hinweisen.

Betreuung während des Auslandsaufenthalts und durch Nachbereitung
In Costa Rica beginnt der Aufenthalt mit einer dreitägigen Orientation bei Alajuela. Vor Ort werden unsere Teilnehmer von Mitarbeitern der Partnerorganisation betreut, die teilweise auch Deutsch sprechen. Es werden Ausflüge und Reisen, z.B. nach Panama oder Nicaragua, angeboten.

Stipendien und Sonstiges
Für einen Aufenthalt in Costa Rica werden im Rahmen des Ayusa-Intrax Stipendienprogrammes Teilstipendien bis maximal 3.000 € vergeben.
* Aufpreis für Regionswahl: 500 €

Kurz und bündig

Gründungsjahr	1991	Schülerzahl im Costa Rica-Programm 2014/15	2
CR-Programm seit	2011	Gesamtschülerzahl im High School Programm 2014/15	347
Gemeinnützigkeit	nein	Partner in Costa Rica	Academia Intercultural de Lenguas

CAMPS International GmbH
Poolstraße 36
20355 Hamburg
info@camps.de
Telefon: 040 / 822 90 27 0
Telefax: 040 / 822 90 27 29
www.camps.de

Preis und Leistung

Länderwahlprogramm	1. Halbjahr	2. Halbjahr	Schuljahr
Grundpreis	€ 5.750	€ 5.750	€ 8.500
Flug D – Costa Rica	€ 1.500/p	€ 1.500/p	€ 1.500/p
Flugbegleitung auf Hinreise	nein	nein	nein
Vorbereitungstreffen	ja	ja	ja
Vorbereitungsseminar	nein	nein	nein
Einführungsseminar in Costa Rica	ja	ja	ja
Elterntreffen	nein	nein	nein
Nachbereitungstreffen	nein	nein	nein
Nachbereitungsseminar	ja	ja	ja
Kranken-/Unfallversicherung	€ 300/p	€ 300/p	€ 600/p
Haftpflicht-/Gepäckversicherung	ja	ja	ja
Gesamtpreis	**€ 7.550**	**€ 7.550**	**€ 10.600**
Bewerbungsschluss	15.04.	30.10.	15.04. / 30.10.
Spätbewerbung	möglich	möglich	möglich

Bewerbungsverlauf und Kriterien für die Annahme des Bewerbers
Bewerber füllen das Anmeldeformular aus dem Katalog aus oder bewerben sich online unter www.camps.de/anmeldung. Danach folgt ein persönliches Auswahlgespräch, ggf. per Skype. Dieses Interview wird bei uns immer als Einzel-, nie als Gruppengespräch geführt! Wir wollen jeden Bewerber und dessen Eltern bestmöglich kennenlernen. Zudem versuchen wir, falsche Vorstellungen von einem Gastschulaufenthalt schon im Vorwege zu korrigieren. Wir teilen dem Schüler noch während des Gespräches mit, ob wir ihn in das Programm aufnehmen.

Vorbereitung auf den Costa Rica-Aufenthalt in Deutschland
Durch Besuche in Costa Rica und Gespräche mit den Vertretern unserer Partnerorganisation können wir uns ein gutes Bild vom Leben in den einzelnen Regionen des Landes und den Erwartungen an einen Gastschüler machen. Diese Erfahrungen versuchen wir im Rahmen eines eintägigen Workshops vor Reiseantritt pragmatisch zu vermitteln.

Betreuung während des Auslandsaufenthalts und durch Nachbereitung
In Costa Rica selbst beginnt der Aufenthalt mit einem Einführungsworkshop in San José, durchgeführt von Mitarbeitern unseres Partners Intercultura.
Wir veranstalten einmal im Jahr ein mehrtägiges Returnee Meeting. Dort treffen sich ehemalige CAMPS-Schüler zum Erfahrungsaustausch.

Stipendien und Sonstiges
Platzierung erfolgt auf öffentlichen, halbstaatlichen oder privaten Schulen.

Kurz und bündig

Gründungsjahr (1984)	2010	Schülerzahl im Costa Rica-Programm 2014/15	0
CR-Programm seit	2012	Gesamtschülerzahl im High School Programm 2014/15	141
Gemeinnützigkeit	nein	Partner in Costa Rica	Intercultura

CAS Costa Rica-Austausch-Service – Deutsche Kontaktstelle
Duisburger Str. 6 — Telefon: 030 / 120 102 38
10707 Berlin — Telefax: 030 / 301 113 83
info@cas.cr — www.costarica-austausch-service.com

Preis und Leistung			
Schulwahlprogramm	3 Monate	Halbjahr	Schuljahr
Grundpreis (ab)	€ 3.700	€ 5.050	€ 7.900
Flug D – Costa Rica	€ 1.500/p	€ 1.500/p	€ 1.500/p
Flugbegleitung auf Hinreise	nein	nein	nein
Vorbereitungstreffen	nein	nein	nein
Vorbereitungsseminar	ja	ja	ja
Einführungsseminar in Costa Rica	ja	ja	ja
Elterntreffen	nein	nein	nein
Nachbereitungstreffen	ja	ja	ja
Nachbereitungsseminar	nein	nein	nein
Kranken-/Unfallversicherung	€ 100	€ 160	€ 360
Haftpflicht-/Gepäckversicherung	ja	ja	ja
Gesamtpreis (circa)	**€ 5.300**	**€ 6.710**	**€ 9.760**
Bewerbungsschluss	15.04. / 01.11.	15.04. / 01.11.	15.04. / 01.11.
Spätbewerbung	möglich	möglich	möglich

Bewerbungsverlauf und Kriterien für die Annahme des Bewerbers
Mit dem Bewerbungsformular benötigen wir eine Selbstdarstellung des/der BewerberIn, die letzten zwei Zeugnisse, ein Schulgutachten und ein ärztliches Attest. Darüber hinaus führen wir ein Auswahlgespräch per Skype. Soziale Fähigkeiten, Anpassungsbereitschaft, Motivation, Selbständigkeit und Toleranz sind für uns die entscheidenden Eigenschaften.

Vorbereitung auf den Costa Rica-Aufenthalt in Deutschland
Ca. 2 Monate vor Programmbeginn findet in verschiedenen Städten Deutschlands ein 2-tägiges Vorbereitungsseminar für die TeilnehmerInnen und ihre Eltern statt. Neben einem interaktiven Teil mit interkulturellem Training und Themen wie, Anpassung, Kommunikation u.v.m. gibt es einen Vortrag zum Programm: Schule in Costa Rica, das Leben in der Gastfamilie, Sprachkurse, Ausflüge... Ehemalige Teilnehmer berichten von ihren Erfahrungen und stehen für Fragen zur Verfügung.

Betreuung während des Auslandsaufenthalts und durch Nachbereitung
In Costa Rica finden Orientierungs-, Mittel- und Abschlusstreffen statt. Die Betreuung hat für CAS oberste Priorität. Unser deutsch-costaricanisches Team ist direkt vor Ort für jeden einzelnen da. Auch stehen wir in engem Kontakt mit den Eltern, Gastfamilien und Schulen. Wir kümmern uns um die Freizeitgestaltung (Sprachkurse, Freiwilligendienste, Praktika) und unternehmen monatliche Ausflüge. Ein Ausflug pro Halbjahr ist im Preis inklusive!

Stipendien und Sonstiges
CAS vergibt ein Taschengeldstipendium in Höhe von € 1.650. Wir kooperieren mit öffentl. Schulen, Privatschulen und bilingualen Privatschulen in Costa Rica.

Kurz und bündig			
Gründungsjahr	2004	Schülerzahl im Costa Rica-Programm 2014/15	35
CR-Programm seit	2004	Gesamtschülerzahl im High School Programm 2014/15	35
Gemeinnützigkeit	nein	Partner in Costa Rica	eigene Organisation

Deutsches Youth For Understanding Komitee e.V. (YFU)
Oberaltenallee 6 | Telefon: 040 / 22 70 02-0
22081 Hamburg | Telefax: 040 / 22 70 02-27
info@yfu.de | www.yfu.de

Preis und Leistung			
Länderwahlprogramm			Schuljahr
Grundpreis			€ 9.600
Flug D – Costa Rica			ja
Flugbegleitung auf Hinreise			ja
Vorbereitungstreffen			ja
Vorbereitungsseminar			ja
Einführungsseminar in Costa Rica			ja
Elterntreffen			ja
Nachbereitungstreffen			ja
Nachbereitungsseminar			ja
Kranken-/Unfallversicherung			ja
Haftpflicht-/Gepäckversicherung			ja
Gesamtpreis			**€ 9.600**
Bewerbungsschluss			variabel
Spätbewerbung			nein

Bewerbungsverlauf und Kriterien für die Annahme des Bewerbers
Bei YFU können sich Schülerinnen und Schüler aller Schularten bewerben. Sie sollten aufgeschlossen, anpassungsfähig und verantwortungsbewusst sein und mindestens durchschnittliche Schulleistungen vorweisen. Nach Durchsicht der schriftlichen Bewerbungsunterlagen führt YFU regional Auswahlgespräche in Form von Gruppen- und Einzelinterviews durch.

Vorbereitung auf den Costa Rica-Aufenthalt in Deutschland
Alle YFU-Austauschschüler nehmen vor Abreise an einer einwöchigen Tagung teil, auf der sie intensiv auf das Leben in einer fremden Kultur vorbereitet werden und praktische Tipps für den Alltag in Costa Rica erhalten. Auch für Eltern werden eigene Vorbereitungstreffen angeboten. YFU stellt außerdem umfangreiche schriftliche Unterlagen zur Verfügung.

Betreuung während des Auslandsaufenthalts und durch Nachbereitung
Jeder Austauschschüler hat im Ausland vor Ort einen persönlichen Betreuer. Darüber hinaus stehen die hauptamtlichen YFU-Mitarbeiter in Deutschland und Costa Rica zur Verfügung – im Notfall rund um die Uhr. Während des Austauschjahres finden außerdem begleitende Seminare statt. Nach der Rückkehr gibt es ein zwei- bis dreitägiges Nachbereitungsseminar.

Stipendien und Sonstiges
YFU vergibt jährlich rund 300 Stipendien im Gesamtwert von etwa einer halben Million Euro. Die Vergabe und Höhe der Stipendien richtet sich nach der finanziellen Situation der Familie, nicht nach Schulnoten. Weitere Informationen gibt es unter www.yfu.de/stipendien.

Kurz und bündig			
Gründungsjahr	1957	Schülerzahl im Costa Rica-Programm 2014/15	10
CR-Programm seit	2010	Gesamtschülerzahl im High School Programm 2014/15	1.092
Gemeinnützigkeit	ja	Partner in Costa Rica	k. A.

Experiment e.V.
Gluckstraße 1
53115 Bonn
info@experiment-ev.de
Telefon: 0228 / 957 220
Telefax: 0228 / 358 282
www.experiment-ev.de

Preis und Leistung			
Länderwahlprogramm	3 Monate	Halbjahr	Schuljahr
Grundpreis		€ 6.570	€ 7.700
Flug D – Costa Rica		ja	ja
Flugbegleitung auf Hinreise		nein	nein
Vorbereitungstreffen		nein	nein
Vorbereitungsseminar		ja	ja
Einführungsseminar in Costa Rica		ja	ja
Elterntreffen		nein	nein
Nachbereitungstreffen		nein	nein
Nachbereitungsseminar		ja	ja
Kranken-/Unfallversicherung		ja	ja
Haftpflicht-/Gepäckversicherung		ja/nein	ja/nein
Gesamtpreis (circa)		**€ 6.570**	**€ 7.700**
Bewerbungsschluss		01.02. / 01.08.	01.02. / 01.08.
Spätbewerbung		möglich	möglich

Bewerbungsverlauf und Kriterien für die Annahme des Bewerbers
Ab 15 bis 18 Jahren. Voraussetzung ist, dass der Bewerber bis zur Ausreise eine weiterführende Schule besucht. Er sollte ein ernsthaftes Interesse am interkulturellen Austausch haben und bereit sein, der neuen Umgebung Informationen und Eindrücke von Deutschland zu vermitteln. Aufgeschlossenheit, Offenheit, Toleranz und ein gewisses Anpassungsvermögen sind dabei unentbehrliche Fähigkeiten.

Vorbereitung auf den Costa Rica-Aufenthalt in Deutschland
Alle Teilnehmer werden zu einem überregionalen, viertägigen Vorbereitungsseminar eingeladen, auf dem sie von Ehrenamtlichen umfassend auf ihren Auslandsaufenthalt vorbereitet werden. Diese intensive Vorbereitung findet bereits mehrere Wochen vor der Ausreise statt, ist verpflichtend für alle Teilnehmer und daher bereits im Preis enthalten. Zusätzliches Einführungsseminar in San José durch unseren Partner nach der Ankunft.

Betreuung während des Auslandsaufenthalts und durch Nachbereitung
Ein persönlicher Betreuer unserer Partnerorganisation hat die Gastfamilie vor der Ankunft des Austauschschülers besucht und ist während des Aufenthaltes Ansprechpartner für Schüler und Gastfamilie. Für Eltern und Teilnehmer gibt es zusätzlich in Deutschland einen telefonischen Bereitschaftsdienst von Experiment e.V., der rund um die Uhr erreichbar ist.

Stipendien und Sonstiges
Experiment e.V. stellt für den „Schulbesuch im Ausland" einen eigenfinanzierten Stipendienfonds in Höhe von € 60.000 (2015-16) bereit: www.experiment-ev.de/stipendien. Sprachpionierstipendien (€ 4.000) für nicht-englischsprachige Länder.

Kurz und bündig				
Gründungsjahr	1932	Schülerzahl im Costa-Rica-Programm 2014/15		11
CR-Programm seit	2011	Gesamtschülerzahl im High School Programm 2014/15		490
Gemeinnützigkeit	ja	Partner in Costa Rica	Intercultura	

GLS Sprachenzentrum – Inh. Barbara Jaeschke
Kastanienallee 82 Telefon: 030 / 780 089 80
10435 Berlin Telefax: 030 / 787 419 1
highschool@gls-sprachenzentrum.de www.gls-sprachenzentrum.de

Preis und Leistung			
*Länderwahlprogramm**	3 Monate	Halbjahr	Schuljahr
Grundpreis (ab)	€ 3.940	€ 4.940	€ 7.840
Flug D – Costa Rica	€ 1.500/p	€ 1.500/p	€ 1.500/p
Flugbegleitung auf Hinreise	nein	nein	nein
Vorbereitungstreffen	ja	ja	ja
Vorbereitungsseminar	€ 110/opt.	€ 110/opt.	€ 110/opt.
Einführungsseminar in Costa Rica	ja	ja	ja
Elterntreffen	nein	nein	nein
Nachbereitungstreffen	nein	nein	nein
Nachbereitungsseminar	ja	ja	ja
Kranken-/Unfallversicherung	€ 165	€ 275	€ 550
Haftpflicht-/Gepäckversicherung	ja	ja	ja
Gesamtpreis (ab circa)	**€ 5.605**	**€ 6.715**	**€ 9.890**
Bewerbungsschluss	flexibel	flexibel	flexibel
Spätbewerbung	möglich	möglich	möglich

Bewerbungsverlauf und Kriterien für die Annahme des Bewerbers
Nach Anmeldung laden wir zum Interview auf Englisch oder Spanisch und auf Wunsch zu einer kostenlosen Beratung ein. Neben Motivation und Anpassungsbereitschaft sowie einem Notendurchschnitt von mind. 3,5 bildet das Interview die Voraussetzung für die Aufnahme ins Programm. Sobald uns die Bewerbungsmappe vorliegt, leiten wir diese nach Durchsicht unseren Partnern im Ausland weiter, die vor Ort Gastfamilie und Schulplatz sicherstellen.

Vorbereitung auf den Costa Rica-Aufenthalt in Deutschland
Neben unseren Orientierungstreffen vor Abreise für Schüler und Eltern im Frühjahr und im Herbst (deutschlandweit sowie in Zürich und Wien) bieten wir regelmäßig optionale Workshops und Sprachkurse zur Vorbereitung auf unserem Campus in Berlin an.

Betreuung während des Auslandsaufenthalts und durch Nachbereitung
Jedem Teilnehmer wird ein Betreuer im Gastland zur Seite gestellt. Darüber hinaus unterstützen wir selbstverständlich auch nach Abreise Schüler wie Eltern und garantieren umgehende Reaktion und Hilfestellung. Unsere Rückkehrer laden wir im Herbst zum Returnee-Wochenende nach Berlin ein. Neben Workshops zur Nachbereitung des Auslandsaufenthalts und Austausch mit anderen GLSlern steht natürlich ein abwechslungsreiches Berlin-Programm auf der Agenda.

Stipendien und Sonstiges
* Region-/Schulwahl sowie Reisen und Sprachkurse buchbar; Kombi-Programme

Kurz und bündig			
Gründungsjahr	1983	Schülerzahl im Costa Rica-Programm 2014/15	14
CR-Programm seit	2004	Gesamtschülerzahl im High School Programm 2014/15	576
Gemeinnützigkeit	nein	Partner in Costa Rica	AIL

ICXchange-Deutschland e.V.
Bahnhofstraße 16-18 Telefon: 0441 / 923 98-0
26122 Oldenburg Telefax: 0441 / 923 98-99
info@icxchange.de www.icxchange.de

Preis und Leistung			
Länderwahlprogramm	3 Monate	Halbjahr	Schuljahr
Grundpreis	€ 5.550	€ 7.800	€ 9.650
Flug D – Costa Rica	ja	ja	ja
Flugbegleitung auf Hinreise	ab 15 Teiln.	ab 15 Teiln.	ab 15 teiln.
Vorbereitungstreffen	nein	nein	nein
Vorbereitungsseminar	ja	ja	ja
Einführungsseminar in Costa Rica	nein	nein	nein
Elterntreffen	nein	nein	nein
Nachbereitungstreffen	nein	nein	nein
Nachbereitungsseminar	ja	ja	ja
Kranken-/Unfallversicherung	ja	ja	ja
Haftpflicht-/Gepäckversicherung	€ 75/60/opt.	€ 75/60/opt.	€ 75/60/opt.
Gesamtpreis	**€ 5.550**	**€ 7.800**	**€ 9.650**
Bewerbungsschluss	30.04. / 30.09.	30.09.	30.04.
Spätbewerbung	möglich	möglich	möglich

Bewerbungsverlauf und Kriterien für die Annahme des Bewerbers
Nach Eingang der Kurzbewerbung laden wir den Bewerber zu einem persönlichen Gespräch am oder in der Nähe seines Wohnortes ein. Danach erfolgen Akzeptierung, ausführliche Bewerbungsunterlagen und Vertragsofferte. Voraussetzungen: 15-18 Jahre, Besuch einer allgemeinbildenden Schule, Gesundheit, Anpassungsfähigkeit, Spanisch-Grundkenntnisse, Notendurchschnitt von 3,5 für Gymnasiasten, 3,0 für Realschüler und 2,0 für Hauptschüler.

Vorbereitung auf den Costa Rica-Aufenthalt in Deutschland
Vor der Ausreise laden wir alle Teilnehmer zu einem zweitägigen Vorbereitungsseminar ein. Die Eltern kommen für einen Nachmittag dazu. Das Seminar wird von ICX-Mitarbeitern geleitet, die von ehemaligen Teilnehmern unterstützt werden. Zusätzlich erhält jeder Teilnehmer eine ausführliche Informationsmappe.

Betreuung während des Auslandsaufenthalts und durch Nachbereitung
Während des Programms werden die Schüler von unserer costa-ricanischen Partnerorganisation AVE betreut. Jedem Schüler steht am Wohnort oder in der Nähe ein Repräsentant von AVE als Ansprechpartner zur Verfügung. Nach Beendigung des Programms findet ein Nachbereitungsseminar in Deutschland statt.

Stipendien und Sonstiges
ICX vergibt Teilstipendien bis € 1.000. Die Stipendienvergabe richtet sich nach der Höhe des Familieneinkommens und dem zur Verfügung stehenden Stipendienfonds.

Kurz und bündig				
Gründungsjahr	1974	Schülerzahl im Costa Rica-Programm 2014/15		2
CR-Programm seit	2012	Gesamtschülerzahl im High School Programm 2014/15		229
Gemeinnützigkeit	ja	Partner in Costa Rica	AVE	

into GmbH
Ostlandstraße 14
50858 Köln
kontakt@into.de
Telefon: 02234 / 946 36-0
Telefax: 02234 / 946 36-23
www.into.de

Preis und Leistung			
Länderwahlprogramm	3 Monate	Halbjahr	Schuljahr
Grundpreis	€ 7.390	€ 8.190	€ 9.190
Flug D – Costa Rica	ja	ja	ja
Flugbegleitung auf Hinreise	nein	nein	nein
Vorbereitungstreffen	nein	nein	nein
Vorbereitungsseminar	ja	ja	ja
Einführungsseminar in Costa Rica	ja	ja	ja
Elterntreffen	nein	nein	nein
Nachbereitungstreffen	nein	nein	nein
Nachbereitungsseminar	ja	ja	ja
Kranken-/Unfallversicherung	€ 330	€ 420	€ 690
Haftpflicht-/Gepäckversicherung	ja	ja	ja
Gesamtpreis (circa)	**€ 7.720**	**€ 8.610**	**€ 9.880**
Bewerbungsschluss	30.04.	30.04. / 31.10.	30.04. / 31.10.
Spätbewerbung	auf Anfrage	auf Anfrage	auf Anfrage

Bewerbungsverlauf und Kriterien für die Annahme des Bewerbers
Dein Notendurchschnitt sollte befriedigend oder besser sein. Das Wichtigste ist, dass Du Motivation, Flexibilität, Toleranz und Anpassungsfähigkeit mitbringst.

Vorbereitung auf den Costa Rica-Aufenthalt in Deutschland
Schüler- und Elternhandbuch, regelmäßig Infobriefe (Newslinks) mit Infos zum Ablauf, kulturellen Eigenheiten der Gastländer sowie Ratschlägen und Erfahrungsberichten. Zweitägiges Vorbereitungsseminar vor Abreise bei dem Du Infos und Tipps erhältst und etwas zu den Vorschriften und Regeln während Deines Austausches erfährst. Zudem wirst Du mit Rollenspielen, kreativer Arbeit und lustigen Sketchen auf Deinen Austausch vorbereitet. Es gibt eine Extra-Informationsveranstaltung zur Vorbereitung Deiner Eltern bei Sommer-Ausreise.

Betreuung während des Auslandsaufenthalts und durch Nachbereitung
In Costa Rica wird in der Nähe Deines Wohnortes ein Ansprechpartner für Dich und Deine Gastfamilie sein. Auch in Deutschland sind wir immer erreichbar. Nach Deiner Rückkehr ist es noch nicht „vorbei“: Unsere Returnees organisieren „get togethers“, das traditionelle *into* BBQ und Ausflüge, bei denen sich viele Ehemalige immer wieder treffen.

Stipendien und Sonstiges
Zu Beginn des Austausches gibt es zwei Einführungstage (Workshops, Fragerunden, landestypisches Abendessen etc.) in San José. Diese sind im Preis enthalten.

Kurz und bündig			
Gründungsjahr	1986	Schülerzahl im Costa Rica-Programm 2014/15	4
CR-Programm seit	2012	Gesamtschülerzahl im High School Programm 2014/15	435
Gemeinnützigkeit	nein	Partner in Costa Rica	Intercultura

iSt Internationale Sprach- und Studienreisen GmbH
Stiftsmühle
69080 Heidelberg
iSt@sprachreisen.de
Telefon: 06221 / 89 00-0
Telefax: 06221 / 89 00-200
www.sprachreisen.de

Preis und Leistung			
Länderwahlprogramm	3 Monate	Halbjahr	Schuljahr
Grundpreis	€ 4.890	€ 6.440	€ 8.150
Flug D – Costa Rica	ja	ja	ja
Flugbegleitung auf Hinreise	nein	nein	nein
Vorbereitungstreffen	nein	nein	nein
Vorbereitungsseminar	nein	nein	nein
Einführungsseminar in Costa Rica	ja	ja	ja
Elterntreffen	nein	nein	nein
Nachbereitungstreffen	€ 45/opt.	€ 45/opt.	€ 45/opt.
Nachbereitungsseminar	nein	nein	nein
Kranken-/Unfallversicherung	€ 150/p	€ 250/p	€ 500/p
Haftpflicht-/Gepäckversicherung	ja	ja	ja
Gesamtpreis (circa)	**€ 5.040**	**€ 6.690**	**€ 8.650**
Bewerbungsschluss	12 Wochen	vor	Abreise
Spätbewerbung	auf Anfrage	auf Anfrage	auf Anfrage

Bewerbungsverlauf und Kriterien für die Annahme des Bewerbers
Die Bewerber füllen ein Bewerbungsformular aus und schicken dies zusammen mit einer kurzen Selbstbeschreibung und der letzten Zeugniskopie an unser Büro. Die Bewerber werden dann umgehend zu einem persönlichen Gespräch eingeladen. Kurze Zeit nach dem Interview teilen wir schriftlich mit, ob Sie in das Programm aufgenommen werden. Wenn Sie den Platz annehmen möchten, bestätigen Sie und dies schriftlich.

Vorbereitung auf den Costa Rica-Aufenthalt in Deutschland
Schon beim Bewerbungsgespräch informieren wir umfassend über viele wichtige Aspekte der Programmteilnahme und erläutern kulturelle Besonderheiten des Gastlandes. Die Teilnehmer erhalten regelmäßig Informationsbriefe zum bevorstehenden Aufenthalt.

Betreuung während des Auslandsaufenthalts und durch Nachbereitung
Wir bleiben auch während des Aufenthaltes mit Ihnen in Kontakt und versorgen Sie mit aktuellen Informationen. Der örtliche Vertreter steht Ihnen mit Rat und Hilfe zur Seite. Für die Eltern sind wir hier im Büro stets ansprechbar. Auf einem Nachbereitungstreffen können Sie Ihre Eindrücke noch einmal Revue passieren lassen und mit anderen Teilnehmern Erfahrungen austauschen.

Stipendien und Sonstiges
Die Bewerber müssen über Grundkenntnisse der spanischen Sprache verfügen. Der Jahresaufenthalt beginnt im Februar oder Juli, halbjährige und 3-monatige Aufenthalte sind ab Februar oder Juli möglich. Sprachkurse vor Ort zubuchbar. Auf Wunsch auch Besuch einer öffentlichen Schule mit gehobenem Standard oder einer privaten Schule möglich.

Kurz und bündig			
Gründungsjahr	1981	Schülerzahl im Costa Rica-Programm 2014/15	8
CR-Programm seit	2011	Gesamtschülerzahl im High School Programm 2014/15	1.090
Gemeinnützigkeit	nein	Partner in Costa Rica	AVE

KAPLAN – ASPECT Internationale Sprachschule GmbH
Zeil 65
60313 Frankfurt am Main
highschool.weltweit@kaplaninternational.com
Telefon: 069 / 244 5005 20
Telefax: 069 / 244 5005 09
www.kaplaninternational.com/de

Preis und Leistung			
Länderwahlprogramm	3 Monate	Halbjahr	Schuljahr
Grundpreis	€ 4.990	€ 6.090	€ 8.490
Flug D – Costa Rica	€ 1.500/p	€ 1.500/p	€ 1.500/p
Flugbegleitung auf Hinreise	nein	nein	nein
Vorbereitungstreffen	nein	nein	nein
Vorbereitungsseminar	ja	ja	ja
Einführungsseminar in Costa Rica	ja	ja	ja
Elterntreffen	nein	nein	nein
Nachbereitungstreffen	ja	ja	ja
Nachbereitungsseminar	nein	nein	nein
Kranken-/Unfallversicherung	€ 180	€ 300	€ 600
Haftpflicht-/Gepäckversicherung	ja/nein	ja/nein	ja/nein
Gesamtpreis (circa)	**€ 6.670**	**€ 7.890**	**€ 10.590**
Bewerbungsschluss	01.05. / 15.11.	01.05. / 15.11.	01.05. / 15.11.
Spätbewerbung	möglich	möglich	möglich

Bewerbungsverlauf und Kriterien für die Annahme des Bewerbers
Nach der Bewerbung (schriftlich oder online) findet ein persönliches Beratungsgespräch (mit mind. einem Elternteil) in der Nähe des Wohnortes statt. Unmittelbar nach dem Gespräch entscheidet KAPLAN über die Aufnahme des Schülers. Dabei spielt neben den schulischen Leistungen und gesundheitlichen Voraussetzungen auch der persönliche Eindruck eine große Rolle (Motivation, Reife, Offenheit, Anpassungsfähigkeit und kulturelles Interesse).
Alter: 14-18.

Vorbereitung auf den Costa Rica-Aufenthalt in Deutschland
Neben dem Elterntreffen und dem zweitägigen Vorbereitungsseminar, das für alle Schüler obligatorisch ist, bekommen Schüler schon beim Gespräch und nach der Aufnahme ins Programm viele Informationen zu Land und Leuten und zum Leben im Ausland sowie ein ausführliches Handbuch.

Betreuung während des Auslandsaufenthalts und durch Nachbereitung
Betreuung durch örtliche Partnerorganisation (persönliche deutschsprachige Ansprechpartner) und 24 Stunden Notfall-Nummer. Das KAPLAN-Büro in Deutschland ist Ansprechpartner für Fragen der Eltern.

Stipendien und Sonstiges
Zu Programmbeginn findet ein 3-tägiges Orientierungscamp in Alajuela statt. Das Camp bereitet die Schüler auf den Aufenthalt vor und bietet die Möglichkeit Fragen zu stellen und andere Austauschschüler kennenzulernen.
Privatschulprogramm möglich. Regionenwahl gegen Aufpreis möglich!

Kurz und bündig				
Gründungsjahr	1985	Schülerzahl im Costa Rica-Programm 2014/15		4
CR-Programm seit	2010	Gesamtschülerzahl im High School Programm 2014/15		152
Gemeinnützigkeit	nein	Partner in Costa Rica	AIL	

KulturLife gGmbH
Max-Giese-Str. 22
24116 Kiel
info@kultur-life.de
Telefon: 0431 / 888 14 10
Telefax: 0431 / 888 14 19
www.kultur-life.de

Preis und Leistung			
Länderwahlprogramm	3 Monate	Halbjahr	Schuljahr
Grundpreis	€ 5.590	€ 6.590	€ 8.790
Flug D – Costa Rica	ja	ja	ja
Flugbegleitung auf Hinreise	nein	nein	nein
Vorbereitungstreffen	nein	nein	nein
Vorbereitungsseminar	ja	ja	ja
Einführungsseminar in Costa Rica	ja	ja	ja
Elterntreffen	ja	ja	ja
Nachbereitungstreffen	nein	nein	nein
Nachbereitungsseminar	ja	ja	ja
Kranken-/Unfallversicherung	€ 135	€ 225	€ 450
Haftpflicht-/Gepäckversicherung	€ 40 opt./nein	€ 40 opt./nein	€ 90 opt./nein
Gesamtpreis (circa)	**€ 5.725**	**€ 6.815**	**€ 9.240**
Bewerbungsschluss	01.05. / 30.10.	01.05. / 30.10.	01.05. / 30.10.
Spätbewerbung	möglich	möglich	möglich

Bewerbungsverlauf und Kriterien für die Annahme des Bewerbers
Anhand deiner unverbindlichen Voranmeldung prüfen wir, ob wir dich in unser Programm aufnehmen können. Danach melden wir uns und vereinbaren einen persönlichen Gesprächstermin. Es findet ein persönliches Interview mit einem Programmbetreuer über Skype statt. Spanischkenntnisse sind von Vorteil aber keine Voraussetzung.

Vorbereitung auf den Costa Rica-Aufenthalt in Deutschland
Jedes Jahr im Frühjahr und Herbst führen wir mehrere Vorbereitungsseminare durch, die jeweils ein Wochenende dauern. Neben den Jugendlichen sind am ersten Tag auch die Eltern eingeladen. Besondere Schwerpunkte der Vorbereitungsseminare sind neben einem intensiven interkulturellen Training das Verhalten in der Gastfamilie und Strategien zur Vermeidung oder Lösung möglicher Problemen.

Betreuung während des Auslandsaufenthalts und durch Nachbereitung
Die Betreuung findet durch das deutschsprachige Hauptbüro in San José statt. Außerdem gibt es eine 24-Stunden-Notfallnummer. Auch den Eltern steht während des Aufenthaltes stets ein fester Ansprechpartner zur Verfügung.

Stipendien und Sonstiges
Bewerbungen für das Nordlicht-Stipendium sind möglich. Wir bieten auch ein Programm in Argentinien an.

Kurz und bündig			
Gründungsjahr	1995	Schülerzahl im Costa Rica-Programm 2014/15	4
CR-Programm seit	2012	Gesamtschülerzahl im High School Programm 2014/15	194
Gemeinnützigkeit	ja	Partner in Costa Rica	AiL

Open Door International e.V.
Thürmchenswall 69
50668 Köln
info@opendoorinternational.de
Telefon: 0221 / 60 60 85 50
Telefax: 0221 / 60 60 85 519
www.opendoorinternational.de

Preis und Leistung			
Länderwahlprogramm	3 Monate	Halbjahr	Schuljahr
Grundpreis (ab)	€ 7.290	€ 7.290	€ 8.290
Flug D – Costa Rica	ja	ja	ja
Flugbegleitung auf Hinreise	nein	nein	nein
Vorbereitungstreffen	nein	nein	nein
Vorbereitungsseminar	ja	ja	ja
Einführungsseminar in Costa Rica	ja	ja	ja
Elterntreffen	ja	ja	ja
Nachbereitungstreffen	nein	nein	nein
Nachbereitungsseminar	ja	ja	ja
Kranken-/Unfallversicherung	€ 200	€ 200	€ 390
Haftpflicht-/Gepäckversicherung	ja/nein	ja/nein	ja/nein
Gesamtpreis (ab circa)	**€ 7.490**	**€ 7.490**	**€ 8.680**
Bewerbungsschluss	31.04.	31.10.	31.04. / 31.10.
Spätbewerbung	möglich	möglich	möglich

Bewerbungsverlauf und Kriterien für die Annahme des Bewerbers

Nach der Kurzbewerbung folgt das persönliche Auswahlgespräch beim Bewerber zu Hause, bei dem es um Motivation, Persönlichkeit und generelle Eignung geht. Bewerben können sich Jugendliche zw. 14 und 17 Jahren, Notendurchschnitt nicht schlechter als 3. Spanischbasiskenntnisse als Voraussetzung. Vegetarier können angenommen werden.

Vorbereitung auf den Costa Rica-Aufenthalt in Deutschland

Dreitägiges Wochenend-Vorbereitungsseminar in Deutschland ist obligatorisch. Hier erhalten Schüler und Eltern alle wichtigen Informationen (Visum, Versicherung, Finanzen, etc.) sowie ein umfassendes Handbuch. Mit Workshops und ausführlichem Infomaterial werden die Teilnehmer auf ihr Zielland vorbereitet. Ein persönlicher, fester Ansprechpartner im ODI-Büro steht zudem telefonisch und per E-Mail immer zur Verfügung.

Betreuung während des Auslandsaufenthalts und durch Nachbereitung

Betreuung vor Ort durch Mitarbeiter der costa-ricanischen Partnerorganisation. 24-Stunden-Notrufnummer in Costa Rica und in Deutschland. Betreuung der Eltern durch das Kölner ODI-Büro sowie Elterntreffen während des Aufenthaltes. Mehrtägiges Nachbereitungsseminar für Returnees sowie Möglichkeit der Mitarbeit im Jugendaustausch.

Stipendien und Sonstiges

ODI vergibt für das Programmjahr 2015/2016 ein Vollstipendium für die südamerikanischen Programmländer sowie insgesamt vier Teilstipendien für alle ODI-Programmländer. Einführungsseminar vor Ort inklusive.

Kurz und bündig				
Gründungsjahr	1983	Schülerzahl im Costa Rica-Programm 2014/15		5
CR-Programm seit	2013	Gesamtschülerzahl im High School Programm 2014/15		145
Gemeinnützigkeit	ja	Partner in Costa Rica	Intercultura	

Stepin GmbH – Student Travel and Education Programmes International	
Beethovenallee 21	Telefon: 0228 / 956 95 30
53173 Bonn	Telefax: 0228 / 956 95 39
school@stepin.de	www.stepin.de

Preis und Leistung			
Länderwahlprogramm	3 Monate	Halbjahr	Schuljahr
Grundpreis (ab)	€ 5.690	€ 7.290	€ 8.690
Flug D – Costa Rica	ja	ja	ja
Flugbegleitung auf Hinreise	nein	nein	nein
Vorbereitungstreffen	ja	ja	ja
Vorbereitungsseminar	ja	ja	ja
Einführungsseminar in Costa Rica	ja	ja	ja
Elterntreffen	nein	nein	nein
Nachbereitungstreffen	nein	nein	nein
Nachbereitungsseminar	ja	ja	ja
Kranken-/Unfallversicherung	ja	ja	ja
Haftpflicht-/Gepäckversicherung	ja	ja	ja
Gesamtpreis (ab circa)	**€ 5.690**	**€ 7.290**	**€ 8.690**
Bewerbungsschluss	30.10. / 30.04.	30.10. / 30.04.	30.10. / 30.04.
Spätbewerbung	möglich	möglich	möglich

Bewerbungsverlauf und Kriterien für die Annahme des Bewerbers
Step 1: Unverbindliche Anmeldung (schriftlich od. online). Step 2: persönliches Kennenlerngespräch in Wohnortnähe des Bewerbers. Step 3: Bei Eignung des Bewerbers unterbreitet Stepin ein Vertragsangebot. Teilnahmevoraussetzungen sind kulturelle Aufgeschlossenheit, Reife, Toleranz und mindestens befriedigende schulische Leistungen. Spanischkenntnisse von Vorteil.

Vorbereitung auf den Costa Rica-Aufenthalt in Deutschland
Eltern- und Schülervorbereitungstreffen bzw. -seminar in mehreren deutschen Städten sowie Handbücher und regelmäßige Info-Rundbriefe für Teilnehmer und Eltern bis zur Ausreise. Fester Programm-Ansprechpartner im Stepin-Büro.

Betreuung während des Auslandsaufenthalts und durch Nachbereitung
Betreuung durch unsere Partnerorganisation vor Ort. Unser Stepin Team steht Ihnen jederzeit als Ansprechpartner zur Verfügung. Returnee-Wochenende in Deutschland.

Stipendien und Sonstiges
Vorbereitungsseminar in San José. Stepin vergibt Voll- und Teilstipendien für unterschiedliche Programme. Stepin organisiert feste Gruppenausreisen. Teilnahme an organisierten Reisen durch Partnerorganisation möglich (optional).

Kurz und bündig			
Gründungsjahr	1997	Schülerzahl im Costa Rica-Programm 2014/15	10
CR-Programm seit	2012	Gesamtschülerzahl im High School Programm 2014/15	> 600
Gemeinnützigkeit	nein	Partner in Costa Rica	Intercultura

TravelWorks (Travelplus Group GmbH)
Münsterstr. 111
48155 Münster
highschool@travelworks.de
Telefon: 02506 / 8303 600
Telefax: 02506 / 8303 231
www.schueleraustausch-international.de

Preis und Leistung			
Länderwahlprogramm	1. Halbjahr	2. Halbjahr	Schuljahr
Grundpreis	€ 6.590	€ 6.590	€ 8.570
Flug D – Costa Rica	ja	ja	ja
Flugbegleitung auf Hinreise	nein	nein	nein
Vorbereitungstreffen	ja	ja	ja
Vorbereitungsseminar	nein	nein	nein
Einführungsseminar in Costa Rica	ja	ja	ja
Elterntreffen	nein	nein	nein
Nachbereitungstreffen	ja	ja	ja
Nachbereitungsseminar	nein	nein	nein
Kranken-/Unfallversicherung	€ 228	€ 228	€ 627
Haftpflicht-/Gepäckversicherung	ja	ja	ja
Gesamtpreis (circa)	**€ 6.820**	**€ 6.820**	**€ 9.195**
Bewerbungsschluss	15.04. / 15.09.	15.04. / 15.09.	15.04. / 15.09.
Spätbewerbung	ja	ja	ja

Bewerbungsverlauf und Kriterien für die Annahme des Bewerbers
Nach der unverbindlichen Bewerbung laden wir die SchülerInnen und deren Eltern zum persönlichen Auswahl- und Informationsgespräch ein. Anschließend senden wir den Bewerbern unsere Buchungsgrundlage sowie das verbindliche Anmeldeformular zu, das bei Interesse am Programm unterschrieben an uns zurückgesandt werden muss. Bewerber müssen flexibel, motiviert, weltoffen, kompromissbereit und anpassungsfähig sein. Alter: 14 bis 18 Jahre. Spanischkenntnisse sind von Vorteil, aber nicht Bedingung.

Vorbereitung auf den Costa Rica-Aufenthalt in Deutschland
Etwa drei Monate vor Abreise laden wir die TeilnehmerInnen und ihre Eltern zu einem eintägigen Vorbereitungsseminar in mehreren deutschen Städten ein. Außerdem erhalten die TeilnehmerInnen ein Infohandbuch sowie regelmäßige Inforundbriefe.

Betreuung während des Auslandsaufenthalts und durch Nachbereitung
Alle Schüler nehmen in Costa Rica zunächst an einem eintägigen Orientierungsseminar mit Übernachtung in San José teil. Während des Aufenthalts werden die Schüler von einem Koordinator unserer lokalen Partnerorganisation betreut. 24-Stunden-Notfall-Nummer im Gastland und in Deutschland.

Stipendien und Sonstiges
1 Sozialstipendium im Wert von 1.500 €, 1 Kreativstipendium im Wert von 2.500 €. Im Preis des Schuljahresprogramms ist ein 3-tägiger Ausflug in einen Nationalpark enthalten.

Kurz und bündig			
Gründungsjahr	1991	Schülerzahl im Costa Rica-Programm 2014/15	6
CR-Programm seit	2011	Gesamtschülerzahl im High School Programm 2014/15	536
Gemeinnützigkeit	nein	Partner in Costa Rica	Intercultura

AFS Interkulturelle Begegnungen e.V.
Friedensallee 48
22765 Hamburg
info@afs.de
Telefon: 040 / 399 222-0
Telefax: 040 / 399 222-99
www.afs.de

Preis und Leistung			
Länderwahlprogramm	1. Halbjahr	2. Halbjahr	Schuljahr
Grundpreis			€ 7.690
Flug D – Ecuador			ja
Flugbegleitung auf Hinreise			ab 30 teiln.
Vorbereitungstreffen			teilweise
Vorbereitungsseminar			ja
Einführungsseminar in Ecuador			ja
Elterntreffen			teilweise
Nachbereitungstreffen			ja
Nachbereitungsseminar			ja
Kranken-/Unfallversicherung			ja
Haftpflicht-/Gepäckversicherung			nein
Gesamtpreis (circa)			**€ 7.690**
Bewerbungsschluss			15.10.
Spätbewerbung			möglich

Bewerbungsverlauf und Kriterien für die Annahme des Bewerbers

Alle Bewerber werden zu einem Auswahlwochenende in der Nähe ihres Wohnortes eingeladen. Die persönliche Eignung der Bewerber ist ausschlaggebend (Offenheit, Toleranz, Selbstständigkeit, Anpassungsbereitschaft, Kommunikationsfähigkeit, innere Stabilität usw.).

Vorbereitung auf den Ecuador-Aufenthalt in Deutschland

AFS legt großen Wert auf die Vorbereitung. Es finden drei Wochenendseminare statt: zwei zur Grundvorbereitung und ein weiteres zur länderspezifischen Vorbereitung. Im persönlichen Gespräch mit der ganzen Familie wird individuell auf alle Fragen eingegangen, für die Eltern organisieren die Ehrenamtlichen zusätzlich Treffen zum gegenseitigen Austausch.

Betreuung während des Auslandsaufenthalts und durch Nachbereitung

Das weltweite AFS-Netzwerk ermöglicht die persönliche Betreuung der Teilnehmer vor, während und nach dem Austauschjahr. AFS im Gastland organisiert ein Einführungsseminar zu Beginn des Programms und ein Orientierungs-/ Auswertungsseminar im weiteren Verlauf des Auslandsaufenthaltes. Jeder Teilnehmer hat einen persönlichen Ansprechpartner vor Ort, hauptamtliche Mitarbeiter in allen AFS-Büros sind für Notfälle jederzeit erreichbar. AFS bietet seinen Teilnehmern zwei Seminare zur Nachbereitung an: ein Grundseminar auf lokaler Ebene und eine überregionale Nachbereitung in verschiedenen Orten Deutschlands.

Stipendien und Sonstiges

AFS vergibt an über 30 Prozent seiner Teilnehmer Stipendien aus Vereinsmitteln und Spenden. Erstes Vergabekriterium ist in der Regel die finanzielle Situation der Familie.

Kurz und bündig			
Gründungsjahr (1947)	1992	Schülerzahl im Ecuador-Programm 2014/15	22
ECU-Programm seit	1977	Gesamtschülerzahl im High School Programm 2014/15	1.044
Gemeinnützigkeit	ja	Partner in Ecuador	AFS

Deutsches Youth For Understanding Komitee e.V. (YFU)
Oberaltenallee 6 | Telefon: 040 / 22 70 02-0
22081 Hamburg | Telefax: 040 / 22 70 02-27
info@yfu.de | www.yfu.de

Preis und Leistung			
Länderwahlprogramm			Schuljahr
Grundpreis			€ 7.800
Flug D – Ecuador			ja
Flugbegleitung auf Hinreise			ja
Vorbereitungstreffen			ja
Vorbereitungsseminar			ja
Einführungsseminar in Ecuador			ja
Elterntreffen			ja
Nachbereitungstreffen			ja
Nachbereitungsseminar			ja
Kranken-/Unfallversicherung			ja
Haftpflicht-/Gepäckversicherung			ja
Gesamtpreis			**€ 7.800**
Bewerbungsschluss			variabel
Spätbewerbung			nein

Bewerbungsverlauf und Kriterien für die Annahme des Bewerbers
Bei YFU können sich Schülerinnen und Schüler aller Schularten bewerben. Sie sollten aufgeschlossen, anpassungsfähig und verantwortungsbewusst sein und mindestens durchschnittliche Schulleistungen vorweisen. Nach Durchsicht der schriftlichen Bewerbungsunterlagen führt YFU regional Auswahlgespräche in Form von Gruppen- und Einzelinterviews durch.

Vorbereitung auf den Ecuador-Aufenthalt in Deutschland
Alle YFU-Austauschschüler nehmen vor Abreise an einer einwöchigen Tagung teil, auf der sie intensiv auf das Leben in einer fremden Kultur vorbereitet werden und praktische Tipps für den Alltag in Ecuador erhalten. Auch für Eltern werden eigene Vorbereitungstreffen angeboten. YFU stellt außerdem umfangreiche schriftliche Unterlagen zur Verfügung.

Betreuung während des Auslandsaufenthalts und durch Nachbereitung
Jeder Austauschschüler hat im Ausland vor Ort einen persönlichen Betreuer. Darüber hinaus stehen die hauptamtlichen YFU-Mitarbeiter in Deutschland und Ecuador zur Verfügung – im Notfall rund um die Uhr. Während des Austauschjahres finden außerdem begleitende Seminare statt. Nach der Rückkehr gibt es ein zwei- bis dreitägiges Nachbereitungsseminar.

Stipendien und Sonstiges
YFU vergibt jährlich rund 300 Stipendien im Gesamtwert von etwa einer halben Million Euro. Die Vergabe und Höhe der Stipendien richtet sich nach der finanziellen Situation der Familie, nicht nach Schulnoten. Weitere Informationen gibt es unter www.yfu.de/stipendien.

Kurz und bündig			
Gründungsjahr	1957	Schülerzahl im Ecuador-Programm 2014/15	24
ECU-Programm seit	1987	Gesamtschülerzahl im High School Programm 2014/15	1.092
Gemeinnützigkeit	ja	Partner in Ecuador	YFU Ecuador

Experiment e.V.
Gluckstraße 1
53115 Bonn
info@experiment-ev.de
Telefon: 0228 / 95722-0
Telefax: 0228 / 35 82 82
www.experiment-ev.de

Preis und Leistung			
Länderwahlprogramm	3 Monate	Halbjahr	Schuljahr
Grundpreis	€ 4.720	€ 5.450	€ 6.570
Flug D – Ecuador	ja	ja	ja
Flugbegleitung auf Hinreise	nein	nein	nein
Vorbereitungstreffen	nein	nein	nein
Vorbereitungsseminar	ja	ja	ja
Einführungsseminar in Ecuador	ja	ja	ja
Elterntreffen	nein	nein	nein
Nachbereitungstreffen	nein	nein	nein
Nachbereitungsseminar	ja	ja	ja
Kranken-/Unfallversicherung	ja	ja	ja
Haftpflicht-/Gepäckversicherung	ja/nein	ja/nein	ja/nein
Gesamtpreis (circa)	**€ 4.720**	**€ 5.450**	**€ 6.570**
Bewerbungsschluss	01.02. / 01.08.	01.02. / 01.08.	01.02. / 01.08.
Spätbewerbung	möglich	möglich	möglich

Bewerbungsverlauf und Kriterien für die Annahme des Bewerbers

Schüler/innen zwischen 15 und 18 Jahren können an dem Programm teilnehmen. Voraussetzung ist, dass der Bewerber bis zur Ausreise eine weiterführende Schule besucht. Er sollte ein ernsthaftes Interesse am interkulturellen Austausch haben und bereit sein, der neuen Umgebung Informationen und Eindrücke von Deutschland zu vermitteln. Aufgeschlossenheit, Offenheit, Toleranz und ein gewisses Anpassungsvermögen sind dabei unentbehrliche Fähigkeiten. Wir erwarten, dass Grundkenntnisse in Spanisch bis zur Ausreise erlernt werden.

Vorbereitung auf den Ecuador-Aufenthalt in Deutschland

Alle Teilnehmer werden zu einem überregionalen, viertägigen Vorbereitungsseminar mehrere Wochen vor Ausreise eingeladen, auf dem sie von Ehrenamtlichen umfassend auf ihren Auslandsaufenthalt vorbereitet werden. Das Seminar ist verpflichtend für alle Teilnehmer und daher bereits im Preis enthalten.

Betreuung während des Auslandsaufenthalts und Nachbereitung

Ein persönlicher Betreuer unserer Partnerorganisation hat die Gastfamilie vor der Ankunft des Austauschschülers besucht und ist während des Aufenthaltes Ansprechpartner für Schüler und Gastfamilie. Für Eltern und Teilnehmer gibt es zusätzlich in Deutschland einen telefonischen Bereitschaftsdienst von Experiment e.V., der rund um die Uhr erreichbar ist.

Stipendien und Sonstiges

3-tägiges Einführungsseminar in Quito. Ab 3 Monaten möglich. Experiment e.V. stellt einen eigenfinanzierten Stipendienfonds in Höhe von € 60.000 (2015-16) zur Verfügung. Sprachpionierstipendien (€ 4.000) für nicht-englischsprachige Länder.

Kurz und bündig			
Gründungsjahr	1932	Schülerzahl im Ecuador-Programm 2014/15	1
ECU-Programm seit	2004	Gesamtschülerzahl im High School Programm 2014/15	490
Gemeinnützigkeit	ja	Partner in Ecuador	Experimento Ecuador

ICXchange-Deutschland e.V.
Bahnhofstraße 16-18
26122 Oldenburg
info@icxchange.de
Telefon: 0441 / 923 98-0
Telefax: 0441 / 923 98-99
www.icxchange.de

Preis und Leistung			
Länderwahlprogramm	1. Halbjahr	2. Halbjahr	Schuljahr
Grundpreis	€ 6.250	€ 6.250	€ 7.250
Flug D – Ecuador	ja	ja	ja
Flugbegleitung auf Hinreise	ab 15 Teiln.	ab 15 Teiln.	ab 15 Teiln.
Vorbereitungstreffen	nein	nein	nein
Vorbereitungsseminar	ja	ja	ja
Einführungsseminar in Ecuador	ja, in Quito	ja, in Quito	ja, in Quito
Elterntreffen	nein	nein	nein
Nachbereitungstreffen	nein	nein	nein
Nachbereitungsseminar	ja	ja	ja
Kranken-/Unfallversicherung	ja	ja	ja
Haftpflicht-/Gepäckversicherung	€ 75/60/opt.	€ 75/60/opt.	€ 75/60/opt.
Gesamtpreis (circa)	**€ 6.250**	**€ 6.250**	**€ 7.250**
Bewerbungsschluss	15.04.	30.09.	15.04.
Spätbewerbung	möglich	möglich	möglich

Bewerbungsverlauf und Kriterien für die Annahme des Bewerbers

Nach Eingang der Kurzbewerbung laden wir den Bewerber zu einem persönlichen Gespräch ein. Verlief das Gespräch erfolgreich, folgen Akzeptierung, ausführliche Bewerbungsunterlagen und Vertragsofferte. Teilnahmevoraussetzungen sind: 15 bis 18 Jahre, Besuch einer allgemeinbildenden Schule, Gesundheit, Anpassungsfähigkeit, Aufgeschlossenheit, Spanisch-Grundkenntnisse und ein Notendurchschnitt von 3,0 (Gymnasiasten) bzw. 2,0 (Realschüler).

Vorbereitung auf den Ecuador-Aufenthalt in Deutschland

Vor der Ausreise laden wir alle Teilnehmer zu einem zweitägigen Vorbereitungsseminar ein. Die Eltern kommen für einen Nachmittag dazu. Das Seminar wird von ICX-Mitarbeitern geleitet, die von ehemaligen Ecuador-Teilnehmern unterstützt werden. Zusätzlich erhält jeder Teilnehmer eine ausführliche Informationsmappe.

Betreuung während des Auslandsaufenthalts und durch Nachbereitung

Während des Programms werden die Schüler von unserer ecuadorianischen Partnerorganisation AYEC betreut. Jedem Schüler steht am Wohnort oder in der Nähe ein örtlicher Repräsentant von AYEC zur Verfügung. Nach Beendigung des Programms findet ein Nachbereitungsseminar in Deutschland statt.

Stipendien und Sonstiges

ICX vergibt Teilstipendien bis € 1.000. Die Stipendienvergabe richtet sich nach der Höhe des Familieneinkommens und dem zur Verfügung stehenden Stipendienfonds.

Kurz und bündig				
Gründungsjahr	1974	Schülerzahl im Ecuador-Programm 2014/15		2
ECU-Programm seit	1996	Gesamtschülerzahl im High School Programm 2014/15		229
Gemeinnützigkeit	ja	Partner in Ecuador	AYEC	

AFS Interkulturelle Begegnungen e.V.
Friedensallee 48
22765 Hamburg
info@afs.de
Telefon: 040 / 399 222-0
Telefax: 040 / 399 222-99
www.afs.de

Preis und Leistung			
Länderwahlprogramm	1. Halbjahr	2. Halbjahr	Schuljahr
Grundpreis	€ 6.890	€ 6.890	€ 7.390
Flug D – Frankreich	ja	ja	ja
Flugbegleitung auf Hinreise	ab 30 Teiln.	ab 30 Teiln.	ab 30 Teiln.
Vorbereitungstreffen	teilweise	teilweise	teilweise
Vorbereitungsseminar	ja	ja	ja
Einführungsseminar in Frankreich	ja	ja	ja
Elterntreffen	teilweise	teilweise	teilweise
Nachbereitungstreffen	ja	ja	ja
Nachbereitungsseminar	ja	ja	ja
Gesamtpreis (circa)	**€ 6.890**	**€ 6.890**	**€ 7.390**
Bewerbungsschluss	15.10.	15.05.	15.10.
Spätbewerbung	möglich	möglich	möglich

Bewerbungsverlauf und Kriterien für die Annahme des Bewerbers
Alle Bewerber werden zu einem Auswahlwochenende in der Nähe ihres Wohnortes eingeladen. Die persönliche Eignung der Bewerber ist ausschlaggebend (Offenheit, Toleranz, Selbständigkeit, Anpassungsbereitschaft, Kommunikationsfähigkeit, innere Stabilität usw.).

Vorbereitung auf den Frankreich-Aufenthalt in Deutschland
AFS legt großen Wert auf die Vorbereitung. Es finden drei Wochenendseminare statt: zwei zur Grundvorbereitung und ein weiteres zur länderspezifischen Vorbereitung. Im persönlichen Gespräch mit der ganzen Familie wird individuell auf alle Fragen eingegangen, für die Eltern organisieren die Ehrenamtlichen zusätzlich Treffen zum gegenseitigen Austausch.

Betreuung während des Auslandsaufenthalts und durch Nachbereitung
Das weltweite AFS-Netzwerk ermöglicht die persönliche Betreuung der Teilnehmer vor, während und nach dem Austauschjahr. AFS im Gastland organisiert ein Einführungsseminar zu Beginn des Programms und ein Orientierungs-/ Auswertungsseminar im weiteren Verlauf des Auslandsaufenthaltes. Jeder Teilnehmer hat einen persönlichen Ansprechpartner vor Ort, hauptamtliche Mitarbeiter in allen AFS-Büros sind für Notfälle jederzeit erreichbar. AFS bietet seinen Teilnehmern zwei Seminare zur Nachbereitung an: ein Grundseminar auf lokaler Ebene und eine überregionale Nachbereitung in verschiedenen Orten Deutschlands.

Stipendien und Sonstiges
AFS vergibt an über 30 Prozent seiner Teilnehmer Stipendien aus Vereinsmitteln und Spenden. Erstes Vergabekriterium ist in der Regel die finanzielle Situation der Familie.

Kurz und bündig			
Gründungsjahr (1947)	1992	Schülerzahl im Frankreich-Programm 2014/15	14
FR-Programm seit	1977	Gesamtschülerzahl im High School Programm 2014/15	1.044
Gemeinnützigkeit	ja	Partner in Frankreich	AFS

Ayusa-Intrax GmbH
Giesebrechtstr. 10
10629 Berlin
highschool@intrax.de
Telefon: 030 / 84 39 39 93
Telefax: 030 / 84 39 39-39
www.intrax.de

Preis und Leistung			
*Länderwahlprogramm**	3 Monate	Halbjahr	Schuljahr
Grundpreis	€ 4.390	€ 5.490	€ 6.590
Flug D – Frankreich	€ 400/p	€ 400/p	€ 400/p
Flugbegleitung auf Hinreise	nein	nein	nein
Vorbereitungstreffen	ja	ja	ja
Vorbereitungsseminar	ja	ja	ja
Einführungsseminar in Frankreich	nein	nein	nein
Elterntreffen	nein	nein	nein
Nachbereitungstreffen	nein	nein	nein
Nachbereitungsseminar	ja	ja	ja
Gesamtpreis (circa)	**€ 4.790**	**€ 5.890**	**€ 6.990**
Bewerbungsschluss	30.04. / 30.09.	30.04. / 30.09.	30.04.
Spätbewerbung	möglich	möglich	möglich

Bewerbungsverlauf und Kriterien für die Annahme des Bewerbers
Neben schriftlichen Bewerbungsverlauf findet ein persönliches Einzelinterview in der Nähe des Wohnortes statt, gern auch mit den Eltern. Persönliche Voraussetzungen sind starkes Interesse an der franz. Sprache, Geschichte und Kultur. Gute Französischkenntnisse (Durchschnitt von 2,5), volles Engagement und große Lernbereitschaft sind Bedingung, ebenso ein Notendurchschnitt von 3,0 über die letzten 3 Schuljahre. Bewerben können sich 15- bis 18-Jährige.

Vorbereitung auf den Frankreich-Aufenthalt in Deutschland
Bundesweit finden Informationsveranstaltungen und Vorbereitungsseminare für Schüler statt. Wenn möglich kommen ehemalige Ayusa Schüler zu diesen Treffen. Es gibt die Möglichkeit zum Telefonkontakt mit ehemaligen Teilnehmern. Zusätzlich erhalten alle Teilnehmer Handbücher mit Informationen zum Gastland und wertvollen Hinweisen zur Gastlandkultur.

Betreuung während des Auslandsaufenthalts und durch Nachbereitung
Die Teilnehmer werden durch die französische Partnerorganisation vor Ort betreut. Ayusa-Intrax steht während der gesamten Programmdauer mit den Eltern in Kontakt. Für die Rückkehrer bietet Ayusa-Intrax ein Nachbereitungsseminar (Returnee-Treffen) in Berlin an.

Stipendien und Sonstiges
Es werden Teilstipendien bis maximal € 3.000 vergeben. Möglich sind auch Programme von 2 und 4 Monaten. Das Mittagessen in der Schule ist in den Programmkosten bereits enthalten.
* Ayusa-Intrax bietet auch ein Regionenwahl-Programm an: Großraum Paris / Bretagne / Provence / Aquitaine / Languedoc. Preise hängen von der Region ab.

Kurz und bündig			
Gründungsjahr	1991	Schülerzahl im Frankreich-Programm 2014/15	14
FR-Programm seit	1997	Gesamtschülerzahl im High School Programm 2014/15	347
Gemeinnützigkeit	nein	Partner in Frankreich	CEI

CAP – Cultures and Perspectives – Inh. Geska Jäkel
Rosenäckerweg 14 — Telefon: 07348 / 250 91 39
89160 Dornstadt — Telefax. 07348 / 205 91 40
info@go-cap.de — www.go-cap.de

Preis und Leistung			
Länderwahlprogramm	3 Monate	Halbjahr	Schuljahr
Grundpreis	€ 4.250	€ 6.600	€ 7.600
Flug D – Frankreich	€ 400/p	€ 400/p	€ 400/p
Flugbegleitung auf Hinreise	nein	nein	nein
Vorbereitungstreffen	nein	nein	nein
Vorbereitungsseminar	ja	ja	ja
Einführungsseminar in Frankreich	nein	nein	nein
Elterntreffen	nein	nein	nein
Nachbereitungstreffen	ja	ja	ja
Nachbereitungsseminar	nein	nein	nein
Gesamtpreis (circa)	**€ 4.650**	**€ 7.000**	**€ 8.000**
Bewerbungsschluss	nach Verfügbarkeit freier Plätze		
Spätbewerbung	möglich	möglich	möglich

Bewerbungsverlauf und Kriterien für die Annahme des Bewerbers

Jeder Schüler von Real-, Gesamtschulen und Gymnasien, der sich in dieses Abenteuer stürzen möchte, muss ein paar Grundvoraussetzungen erfüllen. Neben dem Alter (15-18), mindestens ausreichenden Schulnoten und guten Französischkenntnissen benötigen unsere Schüler auch noch das „persönliche Zeug" dazu. Das sind besonders Motivation, Anpassungsfähigkeit, Flexibilität und der nötige Biss. Für die unverbindliche Bewerbung benötigen wir die Online-Bewerbung auf unserer Homepage. Unser persönliches Bewerbungsgespräch wird bei jedem Schüler zu Hause durchgeführt. Während dieses Gespräches überzeugen wir uns von dem Schüler und seiner persönlichen Eignung und klären offene Fragen.

Vorbereitung auf den Frankreich-Aufenthalt in Deutschland

Wir bieten im Frühjahr und Herbst ein 2-tägiges Vorbereitungsseminar an.

Betreuung während des Auslandsaufenthalts und durch Nachbereitung

Während ihres Aufenthaltes werden unsere Schüler durch CAP sowie durch die Partner und deren Koordinatoren betreut. Vor Ort wird bei Problemen kompetente Hilfestellung gegeben. Dies geschieht durch regelmäßigen Kontakt mit Eltern und Schülern. Außerhalb der Bürozeiten stellt CAP eine Notrufnummer zur Verfügung.

Stipendien und Sonstiges

Es gibt Teilstipendien für all unsere Programme (siehe auch „Public High School USA").
CAP bietet ebenfalls ein französischsprachiges Programm in Belgien an Grundkosten € 3.900 für 3 Monate, € 4.750 für 5 Monate und € 5.050 für 10 Monate.

Kurz und bündig				
Gründungsjahr	2007	Schülerzahl im Frankreich-Programm 2014/15		2
FR-Programm seit	2010	Gesamtschülerzahl im High School Programm 2014/15		35
Gemeinnützigkeit	nein	Partner in Frankreich	WEP	

Deutsches Youth For Understanding Komitee e.V. (YFU)
Oberaltenallee 6 Telefon: 040 / 22 70 02-0
22081 Hamburg Telefax: 040 / 22 70 02-27
info@yfu.de www.yfu.de

Preis und Leistung			
Länderwahlprogramm			Schuljahr
Grundpreis			€ 7.200
Flug D – Frankreich			ja
Flugbegleitung auf Hinreise			ja
Vorbereitungstreffen			ja
Vorbereitungsseminar			ja
Einführungsseminar in Frankreich			ja
Elterntreffen			ja
Nachbereitungstreffen			ja
Nachbereitungsseminar			ja
Gesamtpreis			**€ 7.200**
Bewerbungsschluss			variabel
Spätbewerbung			nein

Bewerbungsverlauf und Kriterien für die Annahme des Bewerbers

Bei YFU können sich Schülerinnen und Schüler aller Schularten bewerben. Sie sollten aufgeschlossen, anpassungsfähig und verantwortungsbewusst sein und mindestens durchschnittliche Schulleistungen vorweisen. Nach Durchsicht der schriftlichen Bewerbungsunterlagen führt YFU regional Auswahlgespräche in Form von Gruppen- und Einzelinterviews durch.

Vorbereitung auf den Frankreich-Aufenthalt in Deutschland

Alle YFU-Austauschschüler nehmen vor Abreise an einer einwöchigen Tagung teil, auf der sie intensiv auf das Leben in einer fremden Kultur vorbereitet werden und praktische Tipps für den Alltag in Frankreich erhalten. Auch für Eltern werden eigene Vorbereitungstreffen angeboten. YFU stellt außerdem umfangreiche schriftliche Unterlagen zur Verfügung.

Betreuung während des Auslandsaufenthalts und durch Nachbereitung

Jeder Austauschschüler hat im Ausland vor Ort einen persönlichen Betreuer. Darüber hinaus stehen die hauptamtlichen YFU-Mitarbeiter in Deutschland und Frankreich zur Verfügung – im Notfall rund um die Uhr. Während des Austauschjahres finden außerdem begleitende Seminare statt. Nach der Rückkehr gibt es ein zwei- bis dreitägiges Nachbereitungsseminar.

Stipendien und Sonstiges

YFU vergibt jährlich rund 300 Stipendien im Gesamtwert von etwa einer halben Million Euro. Die Vergabe und Höhe der Stipendien richtet sich nach der finanziellen Situation der Familie, nicht nach Schulnoten. Weitere Informationen gibt es unter www.yfu.de/stipendien.

Kurz und bündig			
Gründungsjahr	1957	Schülerzahl im Frankreich-Programm 2014/15	13
FR-Programm seit	1982	Gesamtschülerzahl im High School Programm 2014/15	1.092
Gemeinnützigkeit	ja	Partner in Frankreich	YFU Frankreich

DFSR – Dr. Frank Sprachen & Reisen GmbH
Siegfriedstr. 5 Telefon: 06252 / 93 32-0
64646 Heppenheim Telefax: 06252 / 93 32-60
info@dfsr.de www.dfsr.de

Preis und Leistung			
Länderwahlprogramm	3 Monate	Halbjahr	Schuljahr
Grundpreis	€ 5.490	€ 5.990	€ 6.990
Flug D – Frankreich	ja	ja	ja
Flugbegleitung auf Hinreise	nein	nein	nein
Vorbereitungstreffen	nein	nein	nein
Vorbereitungsseminar	ja	ja	ja
Einführungsseminar in Frankreich	ja	ja	ja
Elterntreffen	ja	ja	ja
Nachbereitungstreffen	ja	ja	ja
Nachbereitungsseminar	nein	nein	nein
Gesamtpreis (circa)	**€ 5.490**	**€ 5.990**	**€ 6.990**
Bewerbungsschluss	30.04. / 01.09.	30.04. / 01.09.	30.04. / 01.09
Spätbewerbung	möglich	möglich	möglich

Bewerbungsverlauf und Kriterien für die Annahme des Bewerbers

Für alle Teilnehmer gilt: Es kommt nicht nur auf die Schulnoten an. Wichtig sind auch ihre Motivation und ihr Interesse an dem Gastland und dem Kulturaustausch. Der zukünftige Austauschschüler sollte Flexibilität, Verständnis, Toleranz und Selbstständigkeit mitbringen. Bewerben können sich Schüler/innen, die über mindestens zufriedenstellende Französischkenntnisse verfügen und einen Notendurchschnitt von mindestens 2,8 vorweisen können. Teilnahmealter: 15 – 18 Jahre.

Bewerbungsverlauf: Ausfüllen des Bewerbungsformulars, persönliches Bewerbungsgespräch gemeinsam mit den Eltern, nach erfolgreichem Gespräch Aufnahme ins Programm.

Vorbereitung auf den Frankreich-Aufenthalt in Deutschland

Intensives Vorbereitungsseminar in mehreren Städten

Betreuung während des Auslandsaufenthalts und durch Nachbereitung

Unsere Partnerorganisation vor Ort stellt für die Schüler einen Betreuer vor Ort und auch DFSR ist über eine 24h-Notrufnummer für seine Partner immer erreichbar. Nach der Rückkehr der Schüler nach Deutschland erhalten sie die Möglichkeit, auf der Welcome-Back-Party von ihren Erfahrungen zu berichten.

Stipendien und Sonstiges

2 Tage Soft Landing Camp in Paris inklusive, bei Programmbeginn im Sommer.

Kurz und bündig				
Gründungsjahr	1978	Schülerzahl im Frankreich-Programm 2014/15		4
FR-Programm seit	1980	Gesamtschülerzahl im High School Programm 2014/15		392
Gemeinnützigkeit	nein	Partner in Frankreich	JEV	

Experiment e.V.
Gluckstraße 1
53115 Bonn
info@experiment-ev.de

Telefon: 0228 / 95722-0
Telefax: 0228 / 35 82 82
www.experiment-ev.de

Preis und Leistung			
Länderwahlprogramm	3 Monate	Halbjahr	Schuljahr
Grundpreis	€ 3.640	€ 4.590	€ 5.990
Flug D – Frankreich	€ 400/p	€ 400/p	€ 400/p
Flugbegleitung auf Hinreise	nein	nein	nein
Vorbereitungstreffen	nein	nein	nein
Vorbereitungsseminar	ja	ja	ja
Einführungsseminar in Frankreich	nein	nein	nein
Elterntreffen	nein	nein	nein
Nachbereitungstreffen	nein	nein	nein
Nachbereitungsseminar	ja	ja	ja
Gesamtpreis (circa)	**€ 4.040**	**€ 4.990**	**€ 6.390**
Bewerbungsschluss	01.02. / 01.08.	01.02. / 01.08.	01.02.
Spätbewerbung	möglich	möglich	möglich

Bewerbungsverlauf und Kriterien für die Annahme des Bewerbers
Schülerinnen und Schüler zwischen 14 und 18 Jahren können an dem Programm teilnehmen. Voraussetzung ist, dass der Bewerber bis zur Ausreise eine weiterführende Schule besucht. Er sollte ein ernsthaftes Interesse am interkulturellen Austausch haben und bereit sein, der neuen Umgebung Informationen und Eindrücke von Deutschland zu vermitteln. Aufgeschlossenheit, Offenheit, Toleranz und ein gewisses Anpassungsvermögen sind dabei unentbehrliche Fähigkeiten. Gute Grundkenntnisse in Französisch setzen wir ebenfalls voraus.

Vorbereitung auf den Frankreich-Aufenthalt in Deutschland
Alle Teilnehmer werden zu einem überregionalen, viertägigen Vorbereitungsseminar eingeladen, auf dem sie von Ehrenamtlichen umfassend auf ihren Auslandsaufenthalt vorbereitet werden. Diese intensive Vorbereitung findet bereits mehrere Wochen vor der Ausreise statt, ist verpflichtend für alle Teilnehmer und daher bereits im Preis enthalten.

Betreuung während des Auslandsaufenthalts und durch Nachbereitung
Ein persönlicher Betreuer unserer Partnerorganisation hat die Gastfamilie vor der Ankunft des Austauschschülers besucht und ist während des Aufenthaltes Ansprechpartner für Schüler und Gastfamilie. Für Eltern und Teilnehmer gibt es zusätzlich in Deutschland einen telefonischen Bereitschaftsdienst von Experiment e.V., der rund um die Uhr erreichbar ist.

Stipendien und Sonstiges
Ab 14 Jahre möglich, Transfer von Paris zur Gastfamilie bei der Anreise enthalten. 3 Monate und 4 Monate möglich. Regionenwahl möglich. Experiment e.V. stellt für den „Schulbesuch im Ausland" einen eigenfinanzierten Stipendienfonds in Höhe von € 60.000 (2015-16) zur Verfügung. Sprachpionierstipendien (€ 4.000) für nicht-englischsprachige Länder. Aktuelle Stipendien unter www.experiment-ev.de/stipendien.

Kurz und bündig			
Gründungsjahr	1932	Schülerzahl im Frankreich-Programm 2014/15	19
FR-Programm seit	2003	Gesamtschülerzahl im High School Programm 2014/15	490
Gemeinnützigkeit	ja	Partner in Frankreich	CEI/ Club des 4 Vents

Global Youth Group e.V.	
Eststr. 6	Telefon: 0201 / 6124529
45149 Essen	Telefax 0201 / 47619824
info@global-youth-group.de	www.global-youth-group.de

Preis und Leistung			
Länderwahlprogramm	3 Monate	Halbjahr	Schuljahr
Grundpreis	€ 3.600	€ 4.500	€ 5.900
Flug D – Frankreich	€ 400/p	€ 400/p	€ 400/p
Flugbegleitung auf Hinreise	optional	optional	optional
Vorbereitungstreffen	optional	optional	optional
Vorbereitungsseminar	ja	ja	ja
Einführungsseminar in Frankreich	ja	ja	ja
Elterntreffen	ja	ja	ja
Nachbereitungstreffen	nein	nein	nein
Nachbereitungsseminar	ja	ja	ja
Gesamtpreis (circa)	**€ 4.000**	**€4.900**	**€ 6.300**
Bewerbungsschluss	31.03. / 30.09.	31.03. / 30.09.	31.03.
Spätbewerbung	möglich	möglich	möglich

Bewerbungsverlauf und Kriterien für die Annahme des Bewerbers

Bewirb dich online, per Telefon / Fax oder mit unserem Bewerbungsformular welches du in unserer Broschüre findest. Anschließend verabreden wir mit dir und deinen Eltern ein kostenloses und unverbindliches Bewerbungsinterview.

Du solltest dich für die Kultur, das Leben und die Sprache in Frankreich interessieren und schon erste Sprachkenntnisse haben.

Teilnahme ab 14 Jahren und auch nach dem Abitur möglich.

Vorbereitung auf den Frankreich-Aufenthalt in Deutschland

Wir bereiten dich und deine Eltern im Vorbereitungsseminar auf deinen Aufenthalt in Frankreich vor. Das Seminar findet in Nord-, Ost-, Süd- und Westdeutschland statt.

Alternativ kannst du am Vorbereitungstreffen in Essen teilnehmen.

Betreuung während des Auslandsaufenthalts und durch Nachbereitung

In Frankreich wirst du immer durch unsere Partnerorganisation betreut. Diese stellt dir einen persönlichen Betreuer, sowie eine 24-Stunden Notrufnummer zur Verfügung. Exklusive bei uns hast du die Möglichkeit, zusätzlich durch einen GYG-Betreuer viertel- oder halbjährlich vor Ort betreut zu werden. Nach deiner Rückkehr findet ein Nachbereitungscamp statt.

Stipendien und Sonstiges

Preisnachlass: 150 € bei Geschwisterkindern; 80 € bei Freunden; 300 € bei einer Bewerbung bis zum 30.12. (Sommer) und 31.5. (Winter); GYG Weltbürger-Teilstipendium: 2 x 2.000 € (2015/16); 2 x 1.000 € (2016/17); Optional: 3-Tage Paris Trip (+ 300 €), Programme in Frankreich: Landesweit, Städtewahl und Regionen Wahl.

Kurz und bündig			
Gründungsjahr	2009	Schülerzahl im Frankreich-Programm 2014/15	3
FR-Programm seit	2010	Gesamtschülerzahl im High School Programm 2014/15	79
Gemeinnützigkeit	ja	Partner in Frankreich	SILC,CEI

GLS Sprachenzentrum – Inh. Barbara Jaeschke
Kastanienallee 82
10435 Berlin
highschool@gls-sprachenzentrum.de
Telefon: 030 / 780 089 80
Telefax: 030 / 787 419 1
www.gls-sprachenzentrum.de

Preis und Leistung			
*Länderwahlprogramm**	3 Monate	Halbjahr	Schuljahr
Grundpreis (ab)	€ 3.990	€ 4.990	€ 6.490
Flug D – Frankreich	€ 400/p	€ 400/p	€ 400/p
Flugbegleitung auf Hinreise	nein	nein	nein
Vorbereitungstreffen	ja	ja	ja
Vorbereitungsseminar	€ 110/opt.	€ 110/opt.	€ 110/opt.
Einführungsseminar in Frankreich	je	nach	Programm
Elterntreffen	nein	nein	nein
Nachbereitungstreffen	nein	nein	nein
Nachbereitungsseminar	ja	ja	ja
Gesamtpreis (ab circa)	**€ 4.390**	**€ 5.390**	**€ 6.890**
Bewerbungsschluss	ca. 2 Mon. vorher	01.05. / 01.10.	01.05. / 01.10.
Spätbewerbung	möglich	möglich	möglich

Bewerbungsverlauf und Kriterien für die Annahme des Bewerbers
Nach Anmeldung laden wir zum Interview auf Französisch oder Englisch und auf Wunsch zu einer kostenlosen Beratung ein. Neben Motivation und Anpassungsbereitschaft sowie einem Notendurchschnitt von mind. 3,0 bildet das Interview die Voraussetzung für die Aufnahme ins Programm. Sobald uns die Bewerbungsmappe vorliegt, leiten wir diese nach Durchsicht unseren Partnern im Ausland weiter, die vor Ort Gastfamilie bzw. Internats- und Schulplatz sicherstellen.

Vorbereitung auf den Frankreich-Aufenthalt in Deutschland
Neben unseren Orientierungstreffen vor Abreise für Schüler und Eltern im Frühjahr und im Herbst (deutschlandweit sowie in Zürich und Wien) bieten wir regelmäßig optionale Workshops und Sprachkurse zur Vorbereitung auf unserem Campus in Berlin an.

Betreuung während des Auslandsaufenthalts und durch Nachbereitung
Jedem Teilnehmer wird ein Betreuer im Gastland zur Seite gestellt. Darüber hinaus unterstützen wir selbstverständlich auch nach Abreise Schüler wie Eltern und garantieren umgehende Reaktion und Hilfestellung. Unsere Rückkehrer laden wir im Herbst zum Returnee-Wochenende nach Berlin ein. Neben Workshops zur Nachbereitung des Auslandsaufenthalts und Austausch mit anderen GLSlern steht natürlich ein abwechslungsreiches Berlin-Programm auf der Agenda.

Stipendien und Sonstiges
* Weltbürger-Stipendien; Kombi-Programme; Regionen-/Schulwahl (priv. Tagesschulen/ Internate); Alternative: Quebec/Kanada

Kurz und bündig			
Gründungsjahr	1983	Schülerzahl im Frankreich-Programm 2014/15	35
FR-Programm seit	1999	Gesamtschülerzahl im High School Programm 2014/15	576
Gemeinnützigkeit	nein	Partner in Frankreich	ARAM, CEI 4 vents

ICXchange-Deutschland e.V.
Bahnhofstr. 16-18
26122 Oldenburg
info@icxchange.de
Telefon: 0441 / 923 98-0
Telefax: 0441 / 923 98-99
www.icxchange.de

Preis und Leistung			
Länderwahlprogramm	3 Monate	Halbjahr	Schuljahr
Grundpreis	€ 4.300	€ 5.550	€ 7.150
Flug D – Frankreich	ja	ja	ja
Flugbegleitung auf Hinreise	nein	nein	nein
Vorbereitungstreffen	nein	nein	nein
Vorbereitungsseminar	ja	ja	ja
Einführungsseminar in Frankreich	nein	nein	nein
Elterntreffen	nein	nein	nein
Nachbereitungstreffen	nein	nein	nein
Nachbereitungsseminar	ja	ja	ja
Gesamtpreis (circa)	**€ 4.300**	**€ 5.550**	**€ 7.150**
Bewerbungsschluss	31.03. / 31.08.	31.03. / 31.08.	31.03.
Spätbewerbung	möglich	möglich	möglich

Bewerbungsverlauf und Kriterien für die Annahme des Bewerbers
Nach Eingang der Kurzbewerbung laden wir den Bewerber zu einem persönlichen Gespräch am oder in der Nähe seines Wohnortes ein. Verlief das Gespräch erfolgreich, folgen Akzeptierung, ausführliche Bewerbungsunterlagen und Vertragsofferte.
Teilnahmevoraussetzungen sind: 15 bis 18 Jahre, Besuch einer allgemeinbildenden Schule, gute Gesundheit, Anpassungsfähigkeit, Aufgeschlossenheit, 3 Jahre Französischunterricht sowie ein Notendurchschnitt von 3,0 für Gymnasiasten und 2,0 für Realschüler.

Vorbereitung auf den Frankreich-Aufenthalt in Deutschland
Vor der Ausreise laden wir alle Teilnehmer zu einem zweitägigen Vorbereitungsseminar ein. Die Eltern kommen für einen Nachmittag dazu. Das Seminar wird von ICX-Mitarbeitern geleitet, die von ehemaligen Frankreich-Teilnehmern unterstützt werden. Zusätzlich erhält jeder Teilnehmer eine ausführliche Informationsmappe.

Betreuung während des Auslandsaufenthalts und durch Nachbereitung
Während des Programms werden die Schüler von unserer französischen Partnerorganisation HDM betreut. Jedem Schüler steht am Wohnort der Gastfamilie oder in der Nähe ein örtlicher Repräsentant von HDM als Ansprechpartner zur Verfügung. Nach Beendigung des Programms findet ein Nachbereitungsseminar in Deutschland statt.

Stipendien und Sonstiges
ICX vergibt Teilstipendien bis € 1.000. Die Stipendienvergabe richtet sich nach der Höhe des Familieneinkommens und dem zur Verfügung stehenden Stipendienfonds.

Kurz und bündig			
Gründungsjahr	1974	Schülerzahl im Frankreich-Programm 2014/15	4
FR-Programm seit	1994	Gesamtschülerzahl im High School Programm 2014/15	229
Gemeinnützigkeit	ja	Partner in Frankreich	HDM

into GmbH
Ostlandstraße 14
50858 Köln
kontakt@into.de
Telefon: 02234 / 946 36-0
Telefax: 02234 / 946 36-23
www.into.de

Preis und Leistung			
*Länderwahlprogramm**	3 Monate	Halbjahr	Schuljahr
Grundpreis	€ 4.890	€ 5.490	€ 6.890
Flug D – Frankreich	ja	ja	ja
Flugbegleitung auf Hinreise	nein	nein	nein
Vorbereitungstreffen	nein	nein	nein
Vorbereitungsseminar	ja	ja	ja
Einführungsseminar in Frankreich	nein	nein	nein
Elterntreffen	nein	nein	nein
Nachbereitungstreffen	nein	nein	nein
Nachbereitungsseminar	ja	ja	ja
Gesamtpreis (circa)	**€ 4.890**	**€ 5.490**	**€ 6.890**
Bewerbungsschluss	31.03. / 30.09.	31.03. / 30.09.	31.03.
Spätbewerbung	auf Anfrage	auf Anfrage	auf Anfrage

Bewerbungsverlauf und Kriterien für die Annahme des Bewerbers
Dein Notendurchschnitt muss befriedigend oder besser sein, Dein Zeugnis darf keine mangelhafte Note in einem Hauptfach enthalten. Das Wichtigste ist, dass Du Motivation, Flexibilität, Toleranz und Anpassungsfähigkeit mitbringst.

Vorbereitung auf den Frankreich-Aufenthalt in Deutschland
Schüler- und Elternhandbuch, regelmäßig Infobriefe (Newslinks) mit Infos zum Ablauf, kulturellen Eigenheiten der Gastländer sowie Ratschlägen und Erfahrungsberichten. Zweitägiges Vorbereitungsseminar vor Abreise bei dem Du Infos und Tipps erhältst und etwas zu den Vorschriften und Regeln während Deines Austausches erfährst. Zudem wirst Du mit Rollenspielen, kreativer Arbeit und lustigen Sketchen auf Deinen Austausch vorbereitet. Es gibt eine Extra-Informationsveranstaltung zur Vorbereitung Deiner Eltern bei Sommer-Ausreise.

Betreuung während des Auslandsaufenthalts und durch Nachbereitung
In Frankreich wird in der Nähe Deines Wohnortes ein Ansprechpartner für Dich und Deine Gastfamilie sein. Auch in Deutschland sind wir immer erreichbar. Nach Deiner Rückkehr ist es noch nicht „vorbei“: Unsere Returnees organisieren „get togethers“, das traditionelle *into* BBQ und Ausflüge, bei denen sich viele Ehemalige immer wieder treffen.

Stipendien und Sonstiges
* Neben dem Classic-Programm bietet into in Frankreich auch zwei Wahlprogramme an: Südfrankreich-Programm und Städte-Programm.

Kurz und bündig			
Gründungsjahr	1986	Schülerzahl im Frankreich-Programm 2014/15	5
FR-Programm seit	2005	Gesamtschülerzahl im High School Programm 2014/15	435
Gemeinnützigkeit	nein	Partner in Frankreich	WEP France

iSt Internationale Sprach- und Studienreisen GmbH
Stiftsmühle
69080 Heidelberg
iSt@sprachreisen.de
Telefon: 06221 / 89 00-0
Telefax: 06221 / 89 00-200
www.sprachreisen.de

Preis und Leistung			
Länderwahlprogramm	3 Monate	Halbjahr	Schuljahr
Grundpreis	€ 3.750	€ 4.980	€ 6.160
Flug D – Frankreich	ja	ja	ja
Flugbegleitung auf Hinreise	nein	nein	nein
Vorbereitungstreffen	nein	nein	nein
Vorbereitungsseminar	nein	nein	nein
Einführungsseminar in Frankreich	ja	nein	nein
Elterntreffen	nein	nein	nein
Nachbereitungstreffen	€ 45/opt.	€ 45/opt.	€ 45/opt.
Nachbereitungsseminar	nein	nein	nein
Gesamtpreis (circa)	**€ 3.750**	**€ 4.980**	**€ 6.160**
Bewerbungsschluss	14 Wochen	vor	Abreise
Spätbewerbung	auf Anfrage	auf Anfrage	auf Anfrage

Bewerbungsverlauf und Kriterien für die Annahme des Bewerbers
Die Bewerber füllen ein Bewerbungsformular aus und schicken dies zusammen mit einer kurzen Selbstbeschreibung und der letzten Zeugniskopie an unser Büro. Die Bewerber werden dann umgehend zu einem persönlichen Gespräch eingeladen. Kurze Zeit nach dem Interview teilen wir schriftlich mit, ob Sie in das Programm aufgenommen werden. Wenn Sie den Platz annehmen möchten, bestätigen Sie und dies schriftlich.

Vorbereitung auf den Frankreich-Aufenthalt in Deutschland
Schon beim Bewerbungsgespräch informieren wir umfassend über viele wichtige Aspekte der Programmteilnahme und erläutern kulturelle Besonderheiten des Gastlandes. Die Teilnehmer erhalten regelmäßig Informationsbriefe zum bevorstehenden Aufenthalt.

Betreuung während des Auslandsaufenthalts und durch Nachbereitung
Wir bleiben auch während des Aufenthaltes mit Ihnen in Kontakt und versorgen Sie mit aktuellen Informationen. Der örtliche Vertreter steht Ihnen mit Rat und Hilfe zur Seite. Für die Eltern sind wir hier im Büro stets ansprechbar. Auf einem Nachbereitungstreffen können Sie Ihre Eindrücke noch einmal Revue passieren lassen und mit anderen Teilnehmern Erfahrungen austauschen.

Stipendien und Sonstiges
Mindestens 2 Jahre Französischunterricht werden vorausgesetzt.
3- und 5-monatige Aufenthalte sind auch ab Januar möglich.

Kurz und bündig			
Gründungsjahr	1981	Schülerzahl im Frankreich-Programm 2014/15	12
FR-Programm seit	2011	Gesamtschülerzahl im High School Programm 2014/15	1.090
Gemeinnützigkeit	nein	Partner in Frankreich	PIE

KAPLAN – ASPECT Internationale Sprachschule GmbH
Zeil 65 Telefon: 069 / 244 5005 20
60313 Frankfurt am Main Telefax: 069 / 244 5005 09
highschool.weltweit@kaplaninternational.com www.kaplaninternational.com/de

Preis und Leistung			
Länderwahlprogramm	3 Monate	Halbjahr	Schuljahr
Grundpreis	€ 4.490	€ 5.450	€ 6.290
Flug D – Frankreich	€ 400	€ 400	€ 400
Flugbegleitung auf Hinreise	nein	nein	nein
Vorbereitungstreffen	nein	nein	nein
Vorbereitungsseminar	ja	ja	ja
Einführungsseminar in Frankreich	ja	ja	ja
Elterntreffen	nein	nein	nein
Nachbereitungstreffen	ja	ja	ja
Nachbereitungsseminar	nein	nein	nein
Gesamtpreis (circa)	**€ 4.890**	**€ 5.850**	**€ 6.690**
Bewerbungsschluss	15.04. /15.09.	15.04. / 15.09.	15.04.
Spätbewerbung	nein	nein	nein

Bewerbungsverlauf und Kriterien für die Annahme des Bewerbers
Nach der Bewerbung (schriftlich oder online) findet ein persönliches Beratungsgespräch (mit mind. einem Elternteil) in der Nähe des Wohnortes statt. Unmittelbar nach dem Gespräch entscheidet KAPLAN über die Aufnahme des Schülers. Dabei spielt neben den schulischen Leistungen und gesundheitlichen Voraussetzungen auch der persönliche Eindruck eine große Rolle (Motivation, Reife, Offenheit, Anpassungsfähigkeit und kulturelles Interesse). Darüber hinaus gelten folgende Aufnahmebedingungen: Notendurchschnitt besser als 3,5; Französischnote mindestens 3; mindestens 2 Jahre Französischunterricht sind Voraussetzung; in den letzten Jahren vor Abreise keine Klasse wiederholt, Alter: 15-18.

Vorbereitung auf den Frankreich-Aufenthalt in Deutschland
Neben dem Elterntreffen und dem zweitägigen Vorbereitungsseminar, das für alle Schüler obligatorisch ist, bekommen Schüler schon beim Auswahlgespräch und nach der Aufnahme ins Programm viele Informationen zu Land und Leuten und zum Leben im Ausland sowie ein ausführliches Handbuch.

Betreuung während des Auslandsaufenthalts und durch Nachbereitung
Jeder Schüler hat in Frankreich einen persönlichen Betreuer, außerdem gibt es eine 24 Stunden Notfall-Nummer. Das KAPLAN-Büro in Deutschland ist Ansprechpartner für Fragen der Eltern.

Stipendien und Sonstiges
Zu Programmbeginn findet ein zweitägiger Vorbereitungskurs in Paris statt.
Regionenwunsch gegen Aufpreis möglich!

Kurz und bündig				
Gründungsjahr	1985	Schülerzahl im Frankreich-Programm 2014/15		2
FR-Programm seit	1996	Gesamtschülerzahl im High School Programm 2014/15		152
Gemeinnützigkeit	nein	Partner in Frankreich	JEV	

KulturLife gGmbH
Max-Giese-Str. 22 Telefon: 0431 / 888 14-10
24116 Kiel Telefax: 0431 / 888 14-19
info@kultur-life.de www.kultur-life.de

Preis und Leistung

Länderwahlprogramm	3 Monate	Halbjahr	Schuljahr
Grundpreis (ab)	€ 4.190	€ 4.990	€ 6.790
Flug D – Frankreich	€ 400/p	€ 400/p	€ 400/p
Flugbegleitung auf Hinreise	nein	nein	nein
Vorbereitungstreffen	nein	nein	nein
Vorbereitungsseminar	ja	ja	ja
Einführungsseminar in Frankreich	nein	nein	nein
Elterntreffen	ja	ja	ja
Nachbereitungstreffen	nein	nein	nein
Nachbereitungsseminar	ja	ja	ja
Gesamtpreis (ab circa)	**€ 4.590**	**€ 5.390**	**€ 7.190**
Bewerbungsschluss	01.05. / 01.10.	01.05. / 01.10.	01.05.
Spätbewerbung	möglich	möglich	möglich

Bewerbungsverlauf und Kriterien für die Annahme des Bewerbers

Anhand deiner unverbindlichen Voranmeldung prüfen wir, ob wir dich in unser Programm aufnehmen können. Danach melden wir uns und vereinbaren einen persönlichen Gesprächstermin. Es findet ein persönliches Interview mit einem Programmbetreuer über Skype statt. Voraussetzungen: Min. 2 Jahre Französisch-Unterricht.

Vorbereitung auf den Frankreich-Aufenthalt in Deutschland

Jedes Jahr im Frühjahr und Herbst führen wir mehrere Vorbereitungsseminare durch, die jeweils ein Wochenende dauern. Neben den Jugendlichen sind am ersten Tag auch die Eltern eingeladen. Besondere Schwerpunkte der Vorbereitungsseminare sind neben einem intensiven interkulturellen Training das Verhalten in der Gastfamilie und Strategien zur Vermeidung oder Lösung möglicher Problemen.

Betreuung während des Auslandsaufenthalts und durch Nachbereitung

Die Anreise erfolgt bis Paris, ab dort übernehmen die französischen Partner. Teilweise erfolgt die Anreise komplett eigenständig. Die Betreuung vor Ort erfolgt durch Betreuer der Partnerorganisation bzw. der Schule. Außerdem gibt es eine 24-Stunden-Notfallnummer. Auch den Eltern steht während des Aufenthaltes stets ein fester Ansprechpartner zur Verfügung.

Stipendien und Sonstiges

Es ist auch eine Regionenwahl sowie ein Programm in Überseemöglich. Wir bieten außerdem ein umfangreiches Schulwahlprogramm an; hier kannst du deine Schule selbst aussuchen. Bewerbungen für das Nordlicht-Stipendium sind möglich.

Kurz und bündig

Gründungsjahr	1995	Schülerzahl im Frankreich-Programm 2014/15		27
FR-Programm seit	1995	Gesamtschülerzahl im High School Programm 2014/15		194
Gemeinnützigkeit	ja	Partner in Frankreich	Schulen direkt, CEI, Rapididiom	

Open Door International e.V.
Thürmchenswall 69
50668 Köln
info@opendoorinternational.de
Telefon: 0221 / 60 60 85 50
Telefax: 0221 / 60 60 85 519
www.opendoorinternational.de

Preis und Leistung			
Länderwahlprogramm	3 Monate	Halbjahr	Schuljahr
Grundpreis (ab)	€ 4.690	€ 5.390	€ 6.690
Flug D – Frankreich	€ 400/p	€ 400/p	€ 400/p
Flugbegleitung auf Hinreise	nein	nein	nein
Vorbereitungstreffen	nein	nein	nein
Vorbereitungsseminar	ja	ja	ja
Einführungsseminar in Frankreich	nein	nein	nein
Elterntreffen	ja	ja	ja
Nachbereitungstreffen	nein	nein	nein
Nachbereitungsseminar	ja	ja	ja
Gesamtpreis (ab circa)	**€ 5.090**	**€ 5.790**	**€ 7.090**
Bewerbungsschluss	15.03. / 15.10.	15.03. / 15.10.	15.03.
Spätbewerbung	möglich	möglich	möglich

Bewerbungsverlauf und Kriterien für die Annahme des Bewerbers
Nach der Kurzbewerbung folgt das persönliche Auswahlgespräch beim Bewerber zu Hause, bei dem es um Motivation, Persönlichkeit und generelle Eignung geht. Bewerben können sich Jugendliche zw. 15 und 18 Jahren, Notendurchschnitt nicht schlechter als 3,0. Französischkenntnisse als Voraussetzung.

Vorbereitung auf den Frankreich-Aufenthalt in Deutschland
Dreitägiges Wochenend-Vorbereitungsseminar in Deutschland ist obligatorisch. Hier erhalten Schüler und Eltern alle wichtigen Informationen (Versicherung, Finanzen, etc.) sowie Tipps und Tricks und ein umfassendes Handbuch. Mit Workshops und ausführlichem Infomaterial werden die Teilnehmer auf ihr Zielland vorbereitet. Ein persönlicher, fester Ansprechpartner im ODI-Büro steht zudem telefonisch und per E-Mail immer zur Verfügung.

Betreuung während des Auslandsaufenthalts und durch Nachbereitung
Individuelle Anreise bis Paris. Um die Weiterreise zur Gastfamilie kümmert sich die Partnerorganisation. Die Betreuung vor Ort erfolgt durch Mitarbeiter von CEI. 24-Stunden-Notrufnummer in Frankreich und in Deutschland. Betreuung der Eltern durch das Kölner ODI-Büro sowie Elterntreffen während des Aufenthaltes. Mehrtägiges Nachbereitungsseminar für Returnees sowie die Möglichkeit der Mitarbeit im weltweiten Jugendaustausch.

Stipendien und Sonstiges
ODI vergibt für das Programmjahr 2015/2016 zwei Vollstipendien für die USA, ein Vollstipendium für die südamerikanischen Programmländer sowie insgesamt vier Teilstipendien für alle ODI-Programmländer.

Kurz und bündig			
Gründungsjahr	1983	Schülerzahl im Frankreich Programm 2014/15	8
FR-Programm seit	2002	Gesamtschülerzahl im High School Programm 2014/15	145
Gemeinnützigkeit	ja	Partner in Frankreich	CEI

Stepin GmbH – Student Travel and Education Programmes International	
Beethovenallee 21	Telefon: 0228 / 956 95 30
53173 Bonn	Telefax: 0228 / 956 95 39
school@stepin.de	www.stepin.de

Preis und Leistung			
*Länderwahlprogramm**	3 Monate	Halbjahr	Schuljahr
Grundpreis (ab)	€ 4.890	€ 5.590	€ 6.890
Flug D – Frankreich	ja	ja	ja
Flugbegleitung auf Hinreise	nein	nein	nein
Vorbereitungstreffen	ja	ja	ja
Vorbereitungsseminar	ja	ja	ja
Einführungsseminar in Frankreich	ja (nicht im Jan.)	ja (nicht im Jan.)	ja
Elterntreffen	nein	nein	nein
Nachbereitungstreffen	nein	nein	nein
Nachbereitungsseminar	ja	ja	ja
Gesamtpreis (ab circa)	**€ 4.890**	**€ 5.590**	**€ 6.890**
Bewerbungsschluss	31.03. / 30.08.	31.03. / 30.08.	31.03.
Spätbewerbung	möglich	möglich	möglich

Bewerbungsverlauf und Kriterien für die Annahme des Bewerbers

Step 1: Unverbindliche Anmeldung (schriftlich od. online). Step 2: persönliches Kennenlerngespräch in Wohnortnähe des Bewerbers. Step 3: Bei Eignung des Bewerbers unterbreitet Stepin ein Vertragsangebot. Teilnahmevoraussetzungen sind kulturelle Aufgeschlossenheit, Reife, Toleranz und mindestens befriedigende schulische Leistungen.

Vorbereitung auf den Frankreich-Aufenthalt in Deutschland

Eltern- und Schülervorbereitungstreffen bzw. -seminar in mehreren deutschen Städten sowie Handbücher und regelmäßige Info-Rundbriefe für Teilnehmer und Eltern bis zur Ausreise. Fester Programm-Ansprechpartner im Stepin-Büro.

Betreuung während des Auslandsaufenthalts und durch Nachbereitung

Eineinhalbtägiges Vorbereitungsseminar in Paris und 2-wöchiger Sprachkurs (nicht bei Regionenwahlprogramm La Réunion). Betreuung durch unsere Partnerorganisation vor Ort. Ansprechpartner im Stepin-Büro. Returnee-Wochenende in Deutschland.

Stipendien und Sonstiges

Stepin vergibt Voll- und Teilstipendien für unterschiedliche Programme.
Bei Ausreise im September ist eine Aufenthaltsdauer von 3 Monaten, 4,5 Monaten (Halbjahr) und 10 Monaten (Schuljahr) möglich, bei Ausreise im Januar eine Dauer von 3 Monaten bzw. 4,5 Monaten. * Regionenwahlprogramm möglich (Frankreich Festland und La Réunion)

Kurz und bündig			
Gründungsjahr	1997	Schülerzahl im Frankreich-Programm 2014/15	11
FR-Programm seit	2009	Gesamtschülerzahl im High School Programm 2014/15	> 600
Gemeinnützigkeit	nein	Partner in Frankreich	J.E.V.

TravelWorks (Travelplus Group GmbH)
Münsterstraße 111
48155 Münster
highschool@travelworks.de
Telefon: 02506 / 8303 600
Telefax: 02506 / 8303 231
www.schueleraustausch-international.de

Preis und Leistung			
Länderwahlprogramm	3 Monate	2. Halbjahr	Schuljahr
Grundpreis	€ 4.790	€ 5.690	€ 7.190
Flug D – Frankreich	ja	ja	ja
Flugbegleitung auf Hinreise	nein	nein	nein
Vorbereitungstreffen	ja	ja	ja
Vorbereitungsseminar	nein	nein	nein
Einführungsseminar in Frankreich	ja	ja	ja
Elterntreffen	nein	nein	nein
Nachbereitungstreffen	ja	ja	ja
Nachbereitungsseminar	nein	nein	nein
Gesamtpreis (circa)	**€ 4.790**	**€ 5.690**	**€ 7.190**
Bewerbungsschluss	4 Mo. im Voraus	15.04. / 15.09.	15.04. / 15.09.
Spätbewerbung	ja	ja	ja

Bewerbungsverlauf und Kriterien für die Annahme des Bewerbers
Nach der unverbindlichen Bewerbung laden wir die SchülerInnen und deren Eltern zum persönlichen Auswahl- und Informationsgespräch ein. Anschließend senden wir den Bewerbern unsere Buchungsgrundlage sowie das verbindliche Anmeldeformular zu, das bei Interesse am Programm unterschrieben an uns zurückgesandt werden muss. Bewerber müssen flexibel, motiviert, weltoffen, kompromissbereit und anpassungsfähig sein. Alter: 15 bis 18 Jahre (14 Jahre auf Anfrage).

Vorbereitung auf den Frankreich-Aufenthalt in Deutschland
Etwa Circa drei Monate vor Abreise laden wir die TeilnehmerInnen und ihre Eltern zu einem eintägigen Vorbereitungsseminar in mehreren deutschen Städten bzw. in Österreich ein. Außerdem erhalten die TeilnehmerInnen ein Infohandbuch sowie regelmäßige Inforundbriefe.

Betreuung während des Auslandsaufenthalts und durch Nachbereitung
Alle Schüler nehmen nach der Ankunft in Frankreich an einem lokalen Orientierungsseminar teil. Während des Aufenthaltes werden die Schüler von einem Koordinator unserer Partnerorganisation betreut. Für die Eltern stehen natürlich auch die Kollegen in unserem deutschen Büro als Ansprechpartner zur Verfügung. 24 Stunden Notfallnummer in Frankreich sowie in Deutschland.

Stipendien und Sonstiges
1 Sozialstipendium im Wert von 1.500 €, 1 Kreativstipendium im Wert von 2.500 €
Besonderheiten: Es besteht die Möglichkeit, gegen Aufpreis bestimmte Regionen bzw. Städte (u.a. Paris) in Frankreich auszuwählen.

Kurz und bündig				
Gründungsjahr	1991	Schülerzahl im Frankreich-Programm 2014/15		11
FR-Programm seit	2001	Gesamtschülerzahl im High School Programm 2014/15		536
Gemeinnützigkeit	nein	Partner in Frankreich	ARAM, CEI	

American Institute For Foreign Study (Deutschland) GmbH
Friedensplatz 1 — Telefon: 0228 / 957 30-0
53111 Bonn — Telefax: 0228 / 957 30-110
highschool@aifs.de — www.aifs.de

Preis und Leistung						
Regionenwahlprogramm	Herbst	Winter	Frühjahr	Herbst/ Winter	Winter/ Frühjahr	Schuljahr
Grundpreis (ab)	€ 7.450	€ 6.300		€ 9.750	€ 8.900	€ 12.150
Flug D – Großbritannien	ja	€ 400/p		ja	€ 400/p	ja
Flugbegleitung	ja	nein		ja	nein	ja
Vorbereitungstreffen	nein	nein		nein	ncin	ncin
Vorbereitungsseminar	ja	ja		ja	ja	ja
Einführungsseminar in GB	ja	nein		ja	nein	ja
Elterntreffen	nein	nein		nein	nein	nein
Nachbereitungstreffen	nein	nein		nein	nein	nein
Nachbereitungsseminar	ja	ja		ja	ja	ja
Gesamtpreis (ab circa)	**€ 7.450**	**€ 6.700**		**€ 9.750**	**€ 9.300**	**€ 12.150**
Programmbeginn	Sept.	Jan.		Sept.	Jan.	Sept.
Programmende	Dez.	März		März	Juni/Juli	Juni/Juli
Bewerbungsschluss	15.06.	15.10.		15.06.	15.10.	15.06.
Spätbewerbung	ja	ja		ja	ja	ja

Bewerbungsverlauf und Kriterien für die Annahme des Bewerbers
Bewerbung: Die Bewerbung erfolgt unverbindlich durch das Ausfüllen eines Formulars auf www.aifs.de oder aus der AIFS High School Broschüre. Sind die formellen Voraussetzungen erfüllt, lädt AIFS den Bewerber zu einem ausführlichen telefonischen Einzelgespräch mit einem der England-Spezialisten ein. Bei Eignung des Bewerbers unterbreitet AIFS anschließend ein Vertragsangebot. Dieses wird erst durch die Annahme des Bewerbers verbindlich.
Voraussetzungen: 14 bis 18 Jahre; Schülerstatus; mind. drei Jahre Englisch als Unterrichtsfach; tolerant, anpassungsfähig, aufgeschlossen und motiviert

Vorbereitung auf den Großbritannien-Aufenthalt in Deutschland
Vorbereitung durch das AIFS Team Bonn als Ansprechpartner, zweitägiges Seminar in Bonn oder Umgebung, ausführliche Schüler-/Elternhandbücher, Inforundbriefe vor der Ausreise.

Betreuung während des Auslandsaufenthalts und durch Nachbereitung
Die Betreuung während des Aufenthaltes wird durch einen lokalen Betreuer, Partner vor Ort sowie AIFS in Bonn garantiert. Nachbereitung: im Rahmen einer großen Returnee Party

Stipendien und Sonstiges
1) Geschwisterrabatt in Höhe von jeweils € 200; 2) Rabatt bei Anmeldung gemeinsam mit einem Freund in Höhe von je € 100; 3) Bis zu € 375 Rabatt (je nach Programmlänge) bei frühzeitiger Anmeldung für September-Ausreise; 4) Bei Sommerausreise: 3 Tage Orientation-Days in London und begleiteter Hinflug inklusive.

Kurz und bündig			
Gründungsjahr (1964)	1983	Schülerzahl im Großbritannien-Programm 2014/15	20
GB-Programm seit	2010	Gesamtschülerzahl im High School Programm 2014/15	550
Gemeinnützigkeit	nein	Partner in GB	k.A.

Ayusa-Intrax GmbH
Giesebrechtstr. 10
10629 Berlin
highschool@intrax.de
Telefon: 030 / 84 39 39 93
Telefax: 030 / 84 39 39-39
www.intrax.de

Preis und Leistung						
*Länderwahlprogramm**	Herbst	Winter	Herbst/ Winter	Herbst/ Winter	Winter/ Frühjahr	Schuljahr
Grundpreis (ab)	€ 6.990	€ 6.490	€ 9.390	€ 9.390	€ 9.390	€ 11.890
Flug D – Großbritannien	€ 400/p	€ 400/p	€ 400/p	€ 400/p	€ 400/p	€ 400/p
Flugbegleitung	nein	nein	nein	nein	nein	nein
Vorbereitungstreffen	ja	ja	ja	ja	ja	ja
Vorbereitungsseminar	ja	ja	ja	ja	ja	ja
Einführungsseminar in GB	ja	nein	ja	ja	nein	ja
Elterntreffen	nein	nein	nein	nein	nein	nein
Nachbereitungstreffen	nein	nein	nein	nein	nein	nein
Nachbereitungsseminar	ja	ja	ja	ja	ja	ja
Gesamtpreis (ab circa)	**€ 7.390**	**€ 6.890**	**€ 9.790**	**€ 9.790**	**€ 9.790**	**€ 12.290**
Programmbeginn	Sept.	Januar	Sept.	Sept.	Januar	Sept.
Programmende	Dez.	März	Januar	März	Juli	Juli
Bewerbungsschluss	15.05.	15.11.	15.05.	15.05.	15.11.	15.05.
Spätbewerbung	möglich	möglich	möglich	möglich	möglich	möglich

Bewerbungsverlauf und Kriterien für die Annahme des Bewerbers
Neben dem schriftlichen Bewerbungsverlauf findet ein persönliches Einzelinterview in der Nähe des Wohnorts statt, gern auch mit den Eltern. Bewerben können sich 13-bis 18-Jährige.

Vorbereitung auf den Großbritannien-Aufenthalt in Deutschland
Es finden Informationsveranstaltungen und Vorbereitungsseminare in mehreren Städten in Deutschland statt. Wenn möglich kommen ehemalige Ayusa Schüler zu diesen Treffen. Telefonkontakt zu ehemaligen Teilnehmern ist möglich. Alle Teilnehmer erhalten Handbücher.

Betreuung während des Auslandsaufenthalts und durch Nachbereitung
Beim Programmstart im Sommer und einer Programmlänge von mind. 3 Monate, gibt es 3-tägiges Einführungsseminar mit Ausflügen nach London und Cambridge. Teilnehmer werden von der englischen Partnerorganisation vor Ort betreut. Ayusa-Intrax steht während der Programmdauer mit Eltern in Deutschland in Kontakt. Für die Rückkehrer bietet Ayusa-Intrax ein Wochenend-Nachbereitungsseminar an.

Stipendien und Sonstiges
Es werden Teilstipendien bis max. € 3.000 vergeben. Die Teilnehmer fahren über die Weihnachtsferien nach Hause (mit Ausnahme des Programms von Sept.-Jan.). Auf Wunsch ist eine Unterbringung während dieser Zeit gegen Aufpreis möglich. * Es gibt auch Kurz-Programme ab 4 Wochen. Beginn ist flexibel wählbar, aber nicht in den britischen Schulferien möglich. Ganz neu im Programm: Regionswahl Schottland!

Kurz und bündig				
Gründungsjahr	1991	Schülerzahl im Großbritannien-Programm 2014/15		45
GB-Programm seit	1997	Gesamtschülerzahl im High School Programm 2014/15		347
Gemeinnützigkeit	nein	Partner in GB	White House Guardianship, Xplore, ETS	

CAMPS International GmbH
Poolstraße 36
20355 Hamburg
info@camps.de
Telefon: 040 / 822 90 27 0
Telefax: 040 / 822 90 27 29
www.camps.de

Preis und Leistung						
*Länderwahlprogramm**	Herbst	Winter	Herbst/ Winter	Herbst/ Winter	Winter/ Frühjahr	Schuljahr
Grundpreis (ab)	€ 6.800	€ 6.300	€ 8.100	€ 9.100	€ 8.900	€ 11.500
Flug D – Großbritannien	€ 400/p	€ 400/p	€ 400/p	€ 400/p	€ 400/p	€ 400/p
Flugbegleitung**	opt.	nein	opt.	opt.	nein	opt.
Vorbereitungstreffen	ja	ja	ja	ja	ja	ja
Vorbereitungsseminar	nein	nein	nein	nein	nein	nein
Einführungsseminar in GB	€650/opt.	nein	€650/opt.	€650/opt.	nein	€650/opt.
Elterntreffen	nein	nein	nein	nein	nein	nein
Nachbereitungstreffen	nein	nein	nein	nein	nein	nein
Nachbereitungsseminar	ja	ja	ja	ja	ja	ja
Gesamtpreis (ab circa)	**€ 7.200**	**€ 6.700**	**€ 8.500**	**€ 9.500**	**€ 9.300**	**€ 11.900**
Programmbeginn	Sept.	Januar	Sept.	Sept.	Januar	Sept.
Programmende	Dez.	April	Januar	April	Juni	Juni
Bewerbungsschluss	15.05.	15.10.	15.05.	15.05.	15.10.	15.05.
Spätbewerbung	möglich	möglich	möglich	möglich	möglich	möglich

Bewerbungsverlauf und Kriterien für die Annahme des Bewerbers
Bewerber füllen das Anmeldeformular aus dem Katalog aus oder bewerben sich online unter www.camps.de/anmeldung. Danach folgt ein persönliches Auswahlgespräch, ggf. per Skype. Dieses Interview wird bei uns immer als Einzel-, nie als Gruppengespräch geführt! Wir wollen jeden Bewerber und dessen Eltern bestmöglich kennenlernen. Wir teilen dem Schüler während des Gespräches mit, ob wir ihn in das Programm aufnehmen. Programm-Teilnehmer können bei Ausreise im September optional an einem Workshop in London teilnehmen.

Vorbereitung auf den Großbritannien-Aufenthalt in Deutschland
Durch Besuche in England und Gespräche mit den Vertretern unseres Partners können wir uns ein gutes Bild vom Leben in England und den Erwartungen an einen Gastschüler machen. Diese Erfahrungen versuchen wir bei verschiedenen Informationsveranstaltungen und im Rahmen eines eintägigen Workshops vor Reiseantritt neuen Gastschülern zu vermitteln.

Betreuung während des Auslandsaufenthalts und durch Nachbereitung
In England kooperieren wir mit White House Guardianships. Eine 24-Stunden-Notfallnummer macht die Verantwortlichen im Bedarfsfall für unsere Schüler jederzeit erreichbar. Wir veranstalten einmal pro Jahr ein mehrtägiges Returnee Meeting. Dort treffen sich ehemalige CAMPS-Schüler zum Erfahrungsaustausch.

Stipendien und Sonstiges
* Es können drei Wunsch-Regionen angegeben werden.
** Bei Buchung des Einführungsseminars in London: Flugbegleitung auf Hinreise inklusive.

Kurz und bündig			
Gründungsjahr (1984)	2010	Schülerzahl im Großbritannien-Programm 2014/15	13
GB-Programm seit	2012	Gesamtschülerzahl im High School Programm 2014/15	141
Gemeinnützigkeit	nein	Partner in GB	White House Guardianships

CAP – Cultures and Perspectives – Inh. Geska Jäkel
Rosenäckerweg 14 Telefon: 07348 / 250 91 39
89160 Dornstadt Telefax. 07348 / 205 91 40
info@go-cap.de www.go-cap.de

Preis und Leistung						
Länderwahlprogramm	Herbst	Winter	Frühjahr	Herbst/ Winter	Winter/ Frühjahr	Schuljahr
Grundpreis	€ 6.650	€ 6.650		€ 7.500	€ 7.500	€ 7.880
Flug D – Großbritannien	€ 400/p	€ 400/p		€ 400/p	€ 400/p	€ 400/p
Flugbegleitung	nein	nein		nein	nein	nein
Vorbereitungstreffen	nein	nein		nein	nein	nein
Vorbereitungsseminar	ja	ja		ja	ja	Ja
Einführungsseminar in GB	nein	nein		nein	nein	nein
Elterntreffen	nein	nein		nein	nein	nein
Nachbereitungstreffen	ja	ja		ja	ja	Ja
Nachbereitungsseminar	nein	nein		nein	nein	nein
Gesamtpreis (circa)	**€ 7.050**	**€ 7.050**		**€ 7.900**	**€ 7.900**	**€ 8.280**
Programmbeginn	Sept.	Januar		Sept.	Januar	Sept.
Programmende	Dez.	April		Jan./Mrz.	Mai/Juni	Juni
Bewerbungsschluss	nach Verfügbarkeit freier Plätze					
Spätbewerbung	möglich	möglich		möglich	möglich	möglich

Bewerbungsverlauf und Kriterien für die Annahme des Bewerbers
Jeder Schüler von Real-, Gesamtschulen und Gymnasien, der sich in dieses Abenteuer stürzen möchte, muss ein paar Grundvoraussetzungen erfüllen. Neben dem Alter (16-18), mindestens ausreichenden Schulnoten und möglichst einer „Drei" in Englisch benötigen unsere Schüler auch noch das „persönliche Zeug" dazu. Das sind besonders Motivation, Anpassungsfähigkeit, Flexibilität und der nötige Biss. Für die unverbindliche Bewerbung benötigen wir die Online-Bewerbung auf unserer Homepage. Unser persönliches Bewerbungsgespräch wird bei jedem Schüler zu Hause durchgeführt.

Vorbereitung auf den Großbritannien-Aufenthalt in Deutschland
Wir bieten im Frühjahr und Herbst ein 2-tägiges Vorbereitungsseminar an.

Betreuung während des Auslandsaufenthalts und durch Nachbereitung
Während ihres Aufenthaltes werden unsere Schüler durch CAP sowie durch die Partner und deren Koordinatoren betreut. Vor Ort wird bei Problemen kompetente Hilfestellung gegeben. Außerhalb der Bürozeiten stellt CAP eine Notrufnummer zu Verfügung.

Stipendien und Sonstiges
Regionenwahl ist gegen Aufpreis möglich. Ab 15 Jahren kann das Juniorprogramm für ein angeboten werden (Grundpreis € 7.950 für 3 Monate / € 8.950 für 5 Monate und € 9.350 für 10 Monate). 8 Wochen Kurzprogramm (€ 4.990)

Kurz und bündig			
Gründungsjahr	2007	Schülerzahl im Großbritannien-Programm 2014/15	2
GB-Programm seit	2011	Gesamtschülerzahl im High School Programm 2014/15	35
Gemeinnützigkeit	nein	Partner in GB	Interstudies

Carl Duisberg Centren Intertraining & Consult GmbH	
Hansaring 49-51	Telefon: 0221 / 16 26 207
50670 Köln	Telefax: 0221 / 16 26 217
highschool@cdc.de	www.cdc.de

Preis und Leistung						
Regionenwahlprogramm	Herbst	Winter	Frühjahr	Herbst/ Winter	Winter/ Frühjahr	Schuljahr
Grundpreis (ab*)	€ 6.940	€ 6.340		€ 9.440	€ 9.340	€ 11.940
Flug D – Großbritannien	€ 400/p	€ 400/p		€ 400/p	€ 400/p	€ 400/p
Flugbegleitung	nein	nein		nein	nein	nein
Vorbereitungstreffen	nein	nein		nein	nein	nein
Vorbereitungsseminar	ja	ja		ja	ja	Ja
Einführungsseminar in GB	nein	nein		nein	nein	nein
Elterntreffen	ja	ja		ja	ja	ja
Nachbereitungstreffen	ja	ja		ja	ja	ja
Nachbereitungsseminar	nein	nein		nein	nein	nein
Gesamtpreis (ab circa)	**€ 7.340**	**€ 6.740**		**€ 9.840**	**€ 9.740**	**€ 12.340**
Programmbeginn	Sept.	Jan.		Sept.	Jan.	Sept.
Programmende	Dez.	Osterfer.		Osterfer.	Mai/Juni	Mai/Juni
Bewerbungsschluss	flexibel	flexibel		flexibel	flexibel	flexibel
Spätbewerbung	möglich	auf		Anfrage		

Bewerbungsverlauf und Kriterien für die Annahme des Bewerbers

Zum Bewerbungsverfahren: 1.) Schriftliche Bewerbung (Formular) inkl. Zeugniskopie und Selbstbeschreibung. 2.) Einladung von Schüler und Eltern zu einem persönlichen Auswahlgespräch 3.) Bei Eignung Aufnahme in das Programm und schriftliche Bestätigung des Platzes. *Zu den Aufnahmekriterien:* Aufgeschlossenheit für andere Länder und Kulturen; Anpassungsbereitschaft an Gegebenheiten des Gastlandes; Selbstständigkeit im Rahmen der landesüblichen Möglichkeiten; zufriedenstellende Kenntnisse der Landessprache.

Vorbereitung auf den Großbritannien-Aufenthalt in Deutschland

Das Auswahlgespräch und das Ausfüllen der Bewerbungsunterlagen sind bereits Teil der Vorbereitung. Wichtigster Teil unserer Vorbereitung sind unsere zweitägigen Seminare, bei denen wir alle wichtigen Aspekte in Diskussionen, Vorträgen und Rollenspielen behandeln. Man erhält ein landesspezifisches Handbuch.

Betreuung während des Auslandsaufenthalts und durch Nachbereitung

Die Betreuung erfolgt durch das Carl Duisberg High School Team in Deutschland und durch einen Betreuer der Partner in GB. Wir führen Eltern- u. Nachbereitungstreffen durch.

Stipendien und Sonstiges

* Erläuterung: Preise beziehen sich auf die Mittelstufe, Preise für Oberstufe liegen für einzelne Terms höher (Ausnahme: Schuljahr: € 11.940); auch 1,5 Terms ab September möglich (€ 8.340/€ 10.090); Privatschulen/Internate auf Anfrage möglich

Kurz und bündig				
Gründungsjahr	1962	Schülerzahl im Großbritannien-Programm 2014/15		20
GB-Programm seit	2013	Gesamtschülerzahl im High School Programm 2014/15		408
Gemeinnützigkeit	nein	Partner in GB	White House Guardianships (WHG)	

Deutsches Youth For Understanding Komitee e.V. (YFU)
Oberaltenallee 6 Telefon: 040 / 22 70 02-0
22081 Hamburg Telefax: 040 / 22 70 02-27
info@yfu.de www.yfu.de

Preis und Leistung						
Länderwahlprogramm	Herbst	Winter	Frühjahr	Herbst/ Winter	Winter/ Frühjahr	Schuljahr
Grundpreis						€ 11.900
Flug D – Großbritannien						ja
Flugbegleitung						ja
Vorbereitungstreffen						ja
Vorbereitungsseminar						ja
Einführungsseminar in GB						ja
Elterntreffen						ja
Nachbereitungstreffen						ja
Nachbereitungsseminar						ja
Gesamtpreis						**€ 11.900**
Programmbeginn						Aug/Sep
Programmende						Juni/Juli
Bewerbungsschluss						variabel
Spätbewerbung						nein

Bewerbungsverlauf und Kriterien für die Annahme des Bewerbers
Bei YFU können sich Schülerinnen und Schüler aller Schularten bewerben. Sie sollten aufgeschlossen, anpassungsfähig und verantwortungsbewusst sein und mindestens durchschnittliche Schulleistungen vorweisen. Für Großbritannien sind vor allem in Englisch gute bis durchschnittliche Noten wichtig. Nach Durchsicht der schriftlichen Bewerbungsunterlagen führt YFU regional Auswahlgespräche in Form von Gruppen- und Einzelinterviews durch.

Vorbereitung auf den Großbritannien-Aufenthalt in Deutschland
Alle YFU-Austauschschüler nehmen vor Abreise an einer einwöchigen Tagung teil, auf der sie intensiv auf das Leben in einer fremden Kultur vorbereitet werden und praktische Tipps für den Alltag in Großbritannien erhalten. Auch für Eltern werden eigene Vorbereitungstreffen angeboten. YFU stellt außerdem umfangreiche schriftliche Unterlagen zur Verfügung.

Betreuung während des Auslandsaufenthalts und durch Nachbereitung
Jeder Austauschschüler hat im Ausland vor Ort einen persönlichen Betreuer. Darüber hinaus stehen die hauptamtlichen YFU-Mitarbeiter in Deutschland und Großbritannien zur Verfügung – im Notfall rund um die Uhr. Während des Austauschjahres finden außerdem begleitende Seminare statt. Nach der Rückkehr gibt es ein 2- bis 3-tägiges Nachbereitungsseminar.

Stipendien und Sonstiges
YFU vergibt jährlich rund 300 Stipendien im Gesamtwert von etwa einer halben Million Euro. Die Vergabe und Höhe der Stipendien richtet sich nach der finanziellen Situation der Familie, nicht nach Schulnoten. Weitere Informationen gibt es unter www.yfu.de/stipendien.

Kurz und bündig			
Gründungsjahr	1957	Schülerzahl im Großbritannien-Programm 2014/15	0
GB-Programm seit	2015	Gesamtschülerzahl im High School Programm 2014/15	1.092
Gemeinnützigkeit	ja	Partner in GB	k. A.

DFSR – Dr. Frank Sprachen & Reisen GmbH
Siegfriedstr. 5 Telefon: 06252 / 93 32-0
64646 Heppenheim Telefax: 06252 / 93 32-60
info@dfsr.de www.dfsr.de

Preis und Leistung

Länderwahlprogramm	Herbst	Winter	Frühjahr	Herbst/ Winter	Winter/ Frühjahr	Schuljahr
Grundpreis				€ 7.990	€ 7.990	€ 8.990
Flug D – Großbritannien				ja	ja	ja
Flugbegleitung				nein	nein	nein
Vorbereitungstreffen				nein	nein	nein
Vorbereitungsseminar				ja	ja	ja
Einführungsseminar in GB				€420/opt.	nein	€420/opt.
Elterntreffen				ja	ja	ja
Nachbereitungstreffen				ja	ja	ja
Nachbereitungsseminar				nein	nein	nein
Gesamtpreis (ab circa)				**€ 7.990**	**€ 7.990**	**€ 8.990**
Programmbeginn				Sept.	Januar	Sept.
Programmende				Februar	Juni	Juni
Bewerbungsschluss				15.04.	15.09.	15.04.
Spätbewerbung				auf Anfr.	auf Anfr.	auf Anfr.

Bewerbungsverlauf und Kriterien für die Annahme des Bewerbers
Für alle Teilnehmer gilt: Es kommt nicht nur auf die Schulnoten an, wichtig sind auch ihre Motivation und ihr Interesse an dem Gastland und dem Kulturaustausch. Der zukünftige Austauschschüler sollte Flexibilität, Verständnis, Toleranz und Selbstständigkeit mitbringen. Bewerben können sich Schüler/innen, die über gute Englischkenntnisse und Schulnoten verfügen. Für Allergien, schlechtere Noten oder besondere Ernährungsgewohnheiten fällt eine zusätzliche Gebühr an. Teilnahmealter: 16-18 Jahre (15 bzw. 19 Jahre auf Anfrage). Bewerbungsverlauf: Ausfüllen des Bewerbungsformulars, persönliches Bewerbungsgespräch gemeinsam mit den Eltern, nach erfolgreichem Gespräch Aufnahme ins Programm.

Vorbereitung auf den Großbritannien-Aufenthalt in Deutschland
Intensives Vorbereitungsseminar in Frankfurt.

Betreuung während des Auslandsaufenthalts und durch Nachbereitung
Unsere Partnerorganisation stellt für die Schüler einen Betreuer vor Ort und auch DFSR ist für seine Partner über eine 24h-Notrufnummer immer erreichbar. Nach ihrer Rückkehr nach Deutschl. können die Schüler auf der Welcome-Back Party von ihren Erfahrungen berichten.

Stipendien und Sonstiges
Regionenwahl oder Schottland-Programm möglich. Im Rahmen unseres Select-Programms bieten wir folgende Auswahlmöglichkeiten: A-Level, internationales Abitur, BTEC Vocational Kurse und Kurzzeitprogramme. 3 Tage Soft Landing Camp in London optional buchbar.

Kurz und bündig

Gründungsjahr	1978	Schülerzahl im Großbritannien-Programm 2014/15	12
GB-Programm seit	2010	Gesamtschülerzahl im High School Programm 2014/15	392
Gemeinnützigkeit	nein	Partner in GB	EDUCATIUS, Interstudies, Colleges

EF Education (Deutschland) GmbH
Königsallee 92 a
40212 Düsseldorf
highschoolyear.de@ef.com
Telefon: 0211 / 688 57 300
Telefax: 0211 / 688 57 301
www.ef.com/highschool

Preis und Leistung						
Länderwahlprogramm	Herbst	Winter	Frühjahr	Herbst/ Winter	Winter/ Frühjahr	Schuljahr
Grundpreis						€ 8.690
Flug D – Großbritannien						ja
Flugbegleitung						nein
Vorbereitungstreffen						ja
Vorbereitungsseminar						nein
Einführungsseminar in GB						ja
Elterntreffen						ja
Nachbereitungstreffen						ja
Nachbereitungsseminar						nein
Gesamtpreis (circa)						**€ 8.690**
Programmbeginn						August
Programmende						Juni
Bewerbungsschluss						15.05.
Spätbewerbung						möglich

Bewerbungsverlauf und Kriterien für die Annahme des Bewerbers
Wir laden Dich und Deine Eltern nach Deiner Anmeldung zu einem persönlichen Auswahlgespräch mit EF-Mitarbeitern und ehemaligen Austauschschülern ein. Eine Elternberatung findet parallel statt. Kriterien für die Annahme sind Offenheit, Anpassungsfähigkeit, hohe Motivation, schulische Leistungen und Fremdsprachenkenntnisse.

Vorbereitung auf den Großbritannien-Aufenthalt in Deutschland
Informationsveranstaltungen und Vorbereitungsseminare in mehreren Städten in Deutschland. Monatlich wird umfangreiches Informationsmaterial zugesandt und zu Beginn des Jahres finden Welcome Days (2 Tage Vorbereitung im Gastland) oder zusätzlich das 10-tägige EF High School Camp (optional für 1.195 €) auf dem Campus der Universität Winchester statt.

Betreuung während des Auslandsaufenthalts und durch Nachbereitung
Regelmäßiger Kontakt mit dem Betreuer vor Ort / Besuch des Betreuers / Ausflüge bzw. Reiseangebote durch Betreuer vor Ort (optional) / telefonische Unterstützung für Schüler und Eltern während des Austauschjahres durch das EF-Büro in Deutschland und im Gastland. Den Schülern steht im Gastland eine 24h-Notrufnummer zur Verfügung.

Stipendien und Sonstiges
Stipendien: EF bietet mehrere Teilstipendien an (www.ef.com/stipendien). *Sonstiges:* EF Discovery Tours und Regionenwahl (England, Schottland oder Wales). Möglichkeit i.R.d. EF Academy einen internationalen Schulabschluss in Großbritannien oder den USA zu erwerben.

Kurz und bündig			
Gründungsjahr	1965	Schülerzahl im Großbritannien-Programm 2014/15	75
GB-Programm seit	1979	Gesamtschülerzahl im High School Programm 2014/15	900
Gemeinnützigkeit	nein	Partner in GB	eigene EF-Mitarbeiter/-Organisation

Experiment e.V.
Gluckstraße 1
53115 Bonn
info@experiment-ev.de
Telefon: 0228 / 957 220
Telefax: 0228 / 358 282
www.experiment-ev.de

Preis und Leistung

Länderwahlprogramm	Herbst	Winter	Frühjahr	Herbst/ Winter	Winter/ Frühjahr	Schuljahr
Grundpreis (circa)						€ 9.120
Flug D – Großbritannien						€ 400/p
Flugbegleitung						nein
Vorbereitungstreffen						nein
Vorbereitungsseminar						ja
Einführungsseminar in GB						nein
Elterntreffen						nein
Nachbereitungstreffen						nein
Nachbereitungsseminar						ja
Gesamtpreis (circa)						**€ 9.520**
Programmbeginn						Aug/Sep
Programmende						Juni
Bewerbungsschluss						01.02.
Spätbewerbung						möglich

Bewerbungsverlauf und Kriterien für die Annahme des Bewerbers
Schülerinnen und Schüler im Alter von 16 bis 18 Jahren können an dem Programm teilnehmen. Voraussetzung ist, dass der Bewerber bis zur Ausreise eine weiterführende Schule besucht. Aufgeschlossenheit, Offenheit, Toleranz und ein gewisses Anpassungsvermögen sind unentbehrliche Fähigkeiten. Gute Grundkenntnisse in Englisch setzen wir voraus.

Vorbereitung auf den Großbritannien-Aufenthalt in Deutschland
Alle Teilnehmer werden zu einem überregionalen, viertägigen Vorbereitungsseminar eingeladen, auf dem sie von Ehrenamtlichen umfassend auf ihren Auslandsaufenthalt vorbereitet werden. Diese intensive Vorbereitung findet bereits mehrere Wochen vor der Ausreise statt, ist verpflichtend für alle Teilnehmer und daher bereits im Preis enthalten.

Betreuung während des Auslandsaufenthalts und durch Nachbereitung
Ein persönlicher Betreuer unserer Partnerorganisation hat die Gastfamilie vor der Ankunft des Austauschschülers besucht und ist während des Aufenthaltes Ansprechpartner für Schüler und Gastfamilie. Für Eltern und Teilnehmer gibt es zusätzlich in Deutschland einen telefonischen Bereitschaftsdienst von Experiment e.V., der rund um die Uhr erreichbar ist.

Stipendien und Sonstiges
Erst ab 16 Jahren möglich. Experiment e.V. stellt für den „Schulbesuch im Ausland" einen eigenfinanzierten Stipendienfonds in Höhe von € 60.000 (2015-16) zur Verfügung. Alle Stipendien unter www.experiment-ev.de/stipendien.

Kurz und bündig

Gründungsjahr	1932	Schülerzahl im Großbritannien-Programm 2014/15	20
GB-Programm seit	2006	Gesamtschülerzahl im High School Programm 2014/15	490
Gemeinnützigkeit	ja	Partner in GB	Experiment UK

GIVE – Gesellschaft für internationale Verständigung mbH
In der Neckarhalle 127 a | Telefon: 06221 / 38 935-0
69118 Heidelberg | Telefax: 06221 / 38 935-20
info@give-highschool.de | www.give-highschool.de

Preis und Leistung

Länderwahlprogramm	Herbst	Winter	Herbst/ Winter	Herbst/ Winter	Winter/ Frühjahr	Schuljahr
Grundpreis (ab)	€ 5.990	€ 5.240	€ 7.290	€ 8.390	€ 7.860	€ 10.980
Flug D – Großbritannien	ja	ja	ja	ja	ja	ja
Flugbegleitung	nein	nein	nein	nein	nein	nein
Vorbereitungstreffen	ja	ja	ja	ja	ja	ja
Vorbereitungsseminar	nein	nein	nein	nein	nein	nein
Einführungsseminar in GB	nein	nein	nein	nein	nein	nein
Elterntreffen	nein	nein	nein	nein	nein	nein
Nachbereitungstreffen	€ 45/opt.	€ 45/opt.	€ 45/opt.	€ 45/opt.	€ 45/opt.	€ 45/opt.
Nachbereitungsseminar	nein	nein	nein	nein	nein	nein
Gesamtpreis (ab circa)	**€ 5.990**	**€ 5.240**	**€ 7.290**	**€ 8.390**	**€ 7.860**	**€ 10.980**
Programmbeginn	Sept.	Jan.	Sept.	Sept.	Jan.	Sept.
Programmende	Dez.	März	Jan.	März	Juli	Juli
Bewerbungsschluss	Ende Jun	Ende Okt	Ende Jun	Ende Jun	Ende Okt	Ende Jun
Spätbewerbung	auf	Anfrage	auf	Anfrage	auf	Anfrage

Bewerbungsverlauf und Kriterien für die Annahme des Bewerbers
Nach dem Eingang der Bewerbung wirst du zu einem Auswahlgespräch eingeladen, bei dem wir einander kennen lernen. Dieses Gespräch dient der Entscheidung über deine Aufnahme in das Programm. Kurze Zeit nach dem Gespräch erhältst du dann Bescheid, ob du in das Programm aufgenommen wirst. Wir nehmen Bewerber mit mindestens durchschnittlichen Leistungen entgegen.

Vorbereitung auf den Großbritannien-Aufenthalt in Deutschland
Während der Vorbereitungszeit bekommt ihr von GIVE regelmäßig Infobriefe zugestellt, die euch mit allen wichtigen Informationen über deinen Gastaufenthalt und dein Gastland vertraut machen. Darüber hinaus veranstaltet GIVE für dich und deine Eltern Vorbereitungsnachmittage, auf denen du die anderen Teilnehmer kennen lernen kannst und alle organisatorischen und praktischen Dinge über den bevorstehenden Gastaufenthalt erfährst.

Betreuung während des Auslandsaufenthalts und durch Nachbereitung
GIVE arbeitet in England mit White House Guardianship zusammen. Während des Aufenthaltes werden die Teilnehmer von unserer Partnerorganisation betreut.

Stipendien und Sonstiges
Short Stay Programm: 4 Wo. ab € 3.690/ 6 Wo. ab € 4.790

Kurz und bündig

Gründungsjahr	1987	Schülerzahl im Großbritannien-Programm 2014/15		54
GB-Programm seit	2012	Gesamtschülerzahl im High School Programm 2014/15		445
Gemeinnützigkeit	nein	Partner in GB	White House Guardianship	

Global Youth Group e.V.
Eststr. 6
45149 Essen
info@global-youth-group.de
Telefon: 0201 / 6124529
Telefax: 0201/ 47619824
www.global-youth-group.de

Preis und Leistung						
*Länderwahlprogramm**	Herbst	Winter	Herbst/ Winter	Herbst/ Winter	Winter/ Frühjahr	Schuljahr
Grundpreis (ab)	€ 6.075	€ 5.700	€ 7.250	€ 7.450	€ 7.950	€ 6.800
Flug D – Großbritannien	€ 400/p	€ 400/p	€ 400/p	€ 400/p	€ 400/p	€ 400/p
Flugbegleitung	optional	optional	optional	optional	optional	optional
Vorbereitungstreffen	optional	optional	optional	optional	optional	optional
Vorbereitungsseminar	ja	ja	ja	ja	ja	ja
Einführungsseminar in GB	ja	ja	ja	ja	ja	ja
Elterntreffen	ja	ja	ja	ja	ja	ja
Nachbereitungstreffen	nein	nein	nein	nein	nein	nein
Nachbereitungsseminar	ja	ja	ja	ja	ja	ja
Gesamtpreis (ab circa)	**€ 6.475**	**€ 6.100**	**€ 7.650**	**€ 7.850**	**€ 8.350**	**€ 7.200****
Programmbeginn	Sept.	Jan.	Sept.	Sept.	Jan.	Sept.
Programmende	Dez.	April	Jan.	März	Juli	Juli
Bewerbungsschluss	30.04.	30.09.	30.04.	31.03.	30.09.	31.05.
Spätbewerbung	möglich	möglich	möglich	möglich	möglich	möglich

Bewerbungsverlauf und Kriterien für die Annahme des Bewerbers
Bewirb dich online, per Telefon / Fax oder mit unserem Bewerbungsformular welches du in unserer Broschüre findest. Im Anschluss findet ein kostenloses und unverbindliches Bewerbungsinterview. Du solltest dich für das Leben in deinem Gastland interessieren und erste Sprachkenntnisse haben. Teilnahme ab 12 Jahren und auch nach dem Abitur möglich.

Vorbereitung auf den Großbritannien-Aufenthalt in Deutschland
Wir bereiten dich und deine Eltern im Vorbereitungsseminar auf deinen Aufenthalt in England vor. Das Seminar findet in Nord-, Ost-, Süd- und Westdeutschland statt.

Betreuung während des Auslandsaufenthalts und durch Nachbereitung
In Großbritannien wirst du durch unsere Partnerorganisation betreut. Diese stellt dir einen persönlichen Betreuer, sowie eine 24-Stunden Notrufnummer zur Verfügung. Exklusive bei uns hast du die Möglichkeit, zusätzlich durch einen GYG-Betreuer viertel- oder halbjährlich vor Ort betreut zu werden. Nach deiner Rückkehr findet ein Nachbereitungscamp statt.

Stipendien und Sonstiges
Preisnachlass: 150 € bei Geschwisterkindern; 80 € bei Freunden; 300 € bei einer Bewerbung bis zum 30.12. (Sommer) und 31.5. (Winter); GYG Weltbürger-Teilstipendium: 2 x 2.000 € (2015/16); 2 x 1.000 € (2016/17)
Optional: 3-Tage London Trip (+ 300 €) oder Vorbereitungswoche in Südengland (+ 750 €);
* Programme in GB: Landesweit, Schulwahl, Regionenwahl, Schottland. ** Boston College

Kurz und bündig			
Gründungsjahr	2009	Schülerzahl im Großbritannien-Programm 2014/15	21
GB-Programm seit	2010	Gesamtschülerzahl im High School Programm 2014/15	79
Gemeinnützigkeit	ja	Partner in GB	Boston College, WHG, LSC, IS, Study UK

GLS Sprachenzentrum – Inh. Barbara Jaeschke
Kastanienallee 82 Telefon: 030 / 780 089 80
10435 Berlin Telefax: 030 / 787 419 1
highschool@gls-sprachenzentrum.de www.gls-sprachenzentrum.de

Preis und Leistung

*Länderwahlprogramm**	Herbst	Winter	Frühjahr	Herbst/ Winter	Winter/ Frühjahr	Schuljahr
Grundpreis (ab)	€ 6.490	€ 5.290	€ 8.490	€ 8.290	€ 8.290	€ 8.990
Flug D – Großbritannien	€ 400/p	€ 400/p	€ 400/p	€ 400/p	€ 400/p	€ 400/p
Flugbegleitung	nein	nein	nein	nein	nein	nein
Vorbereitungstreffen	ja	ja	ja	ja	ja	ja
Vorbereitungsseminar	€ 110/opt	€ 110/opt	€ 110/opt	€ 110/opt	€110/opt	€ 110/opt
Einführungsseminar in GB	nein	nein	nein	nein	nein	nein
Elterntreffen	nein	nein	nein	nein	nein	nein
Nachbereitungstreffen	nein	nein	nein	nein	nein	nein
Nachbereitungsseminar	ja	ja	ja	ja	ja	ja
Gesamtpreis (ab circa)	**€ 6.890**	**€ 5.690**	**€ 8.890**	**€ 8.690**	**€ 8.690**	**€ 9.390**
Programmbeginn	23.8.-1.9.	3.-10.1.	10.4.-5.4.	23.8.-1.9.	3.-10.1.	23.8.-1.9.
Programmende	20.12.	30.03.	30.6.	30.03.	4.7.-5.7.	13.6.-5.7.
Bewerbungsschluss	flexibel	flexibel	flexibel	flexibel	flexibel	flexibel
Spätbewerbung	möglich	möglich	möglich	möglich	möglich	möglich

Bewerbungsverlauf und Kriterien für die Annahme des Bewerbers
Nach Anmeldung laden wir zum Interview auf Englisch und auf Wunsch zu einer kostenlosen Beratung ein. Neben Motivation und Anpassungsbereitschaft sowie einem Notendurchschnitt von mind. 3,5 bildet das Interview die Voraussetzung für die Aufnahme ins Programm. Sobald uns die Bewerbungsmappe vorliegt, leiten wir diese nach Durchsicht unseren Partnern im Ausland weiter, die vor Ort Gastfamilie bzw. Internats- und Schulplatz sicherstellen.

Vorbereitung auf den Großbritannien-Aufenthalt in Deutschland
Neben unseren Orientierungstreffen vor Abreise für Schüler und Eltern im Frühjahr und im Herbst (deutschlandweit sowie in Zürich und Wien) bieten wir regelmäßig optionale Workshops und Sprachkurse zur Vorbereitung auf unserem Campus in Berlin an.

Betreuung während des Auslandsaufenthalts und durch Nachbereitung
Jedem Teilnehmer wird ein Betreuer im Gastland zur Seite gestellt. Darüber hinaus unterstützen wir selbstverständlich auch nach Abreise Schüler wie Eltern und garantieren umgehende Reaktion und Hilfestellung. Unsere Rückkehrer laden wir im Herbst zum Returnee-Wochenende nach Berlin ein. Neben Workshops zur Nachbereitung des Auslandsaufenthalts und Austausch mit anderen GLSlern steht natürlich ein abwechslungsreiches Berlin-Programm auf der Agenda

Stipendien und Sonstiges
* Regionen- und Schulwahl ebenfalls möglich (staatl./priv. Tagesschulen/Internate)

Kurz und bündig

Gründungsjahr	1983	Schülerzahl im Großbritannien-Programm 2014/15	104
GB-Programm seit	1994	Gesamtschülerzahl im High School Programm 2014/15	576
Gemeinnützigkeit	nein	Partner in GB	HSI, SPEAK, LSC, WHG, diverse Schulen

HiCo Education – High School & College Consulting – Inh. Ilona Wondratschek
Darmstädter Str. 162 Telefon: 06251 / 58 50 688
64625 Bensheim Telefax: 06251 / 58 30 002
info@hico-education.de www.hico-education.de

Preis und Leistung

*Länderwahlprogramm**	Herbst	Winter	Frühjahr	Herbst/ Winter	Winter/ Frühjahr	Schuljahr
Grundpreis (ab)	€ 6.900	€ 6.600		€ 8.800	€ 8.100	€ 10.500
Flug D – Großbritannien	ja	ja		ja	ja	ja
Flugbegleitung	nein	nein		nein	nein	nein
Vorbereitungstreffen	ja	ja		ja	ja	ja
Vorbereitungsseminar	nein	nein		nein	nein	nein
Einführungsseminar in GB	ja	ja		ja	ja	ja
Elterntreffen	nein	nein		nein	nein	nein
Nachbereitungstreffen	a.Wunsch	a.Wunsch		a.Wunsch	a.Wunsch	a.Wunsch
Nachbereitungsseminar	nein	nein		nein	nein	nein
Gesamtpreis (circa)	**€ 6.900**	**€ 6.600**		**€ 8.800**	**€ 8.100**	**€ 10.500**
Programmbeginn	Sept.	Januar		Sept.	Januar	Sept.
Programmende	Dez.	Mrz/April		Mrz/April	Juni/Juli	Juni/Juli
Bewerbungsschluss	31.03.	15.10.		31.03.	15.10.	31.03.
Spätbewerbung	mögl.	mögl.		mögl.	mögl.	mögl.

Bewerbungsverlauf und Kriterien für die Annahme des Bewerbers
Für unser Großbritannien Programm im A-Level können sich Schüler zwischen 16 und 18 Jahren bewerben, mit jedem Bewerber wird ein persönliches Beratungsgespräch vereinbart. Für Schüler ab 14 Jahren bieten wir ein Juniorprogramm im GCSE-Level an. Nach dem Gespräch unterbreiten wir ein Beratungs- und Betreuungsangebot, das sich nach der Dauer des Aufenthaltes richtet.

Vorbereitung auf den Großbritannien-Aufenthalt in Deutschland
Vor Programmbeginn bieten wir für alle Schüler ein 1-tägiges Vorbereitungsseminar an, hier erfahren die Jugendlichen alles rund um das Auslandsjahr, haben die Gelegenheit sich mit "Ehemaligen" auszutauschen, bekommen ein ausführliches Schülerhandbuch GB usw.

Betreuung während des Auslandsaufenthalts und durch Nachbereitung
Während der gesamten Zeit des Aufenthaltes werden unsere Schüler von unserer Partnerorganisation betreut, jeder Schüler hat an seinem Wohnort einen lokalen Betreuer als Ansprechpartner zur Verfügung. Auch unser Team steht das Jahr über in Kontakt mit den Jugendlichen und daher immer für Fragen verfügbar.

Stipendien und Sonstiges
* Unsere Partnerorganisation versucht die Schüler nach bestimmten Wunschkriterien an der optimalen Schule zu platzieren, dies können Fremdsprachen, Sport o.ä. sein. HiCo Education bietet ein Teilstipendium in Höhe von € 1.000 für Großbritannien an.

Kurz und bündig

Gründungsjahr	2009	Schülerzahl im Großbritannien-Programm 2014/15	14
GB-Programm seit	2009	Gesamtschülerzahl im High School Programm 2014/15	141
Gemeinnützigkeit	nein	Partner in GB	WHG, Staatliche Internate, Privatschulen

ICXchange-Deutschland e.V.
Bahnhofstr. 16-18
26122 Oldenburg
icx@icxchange.de
Telefon: 0441 / 9 23 98-0
Telefax: 0441 / 9 23 98-99
www.icxchange.de

Preis und Leistung						
Länderwahlprogramm	Herbst	Winter	Frühjahr	Herbst/ Winter	Winter/ Frühjahr	Schuljahr
Grundpreis (ab)	€ 6.000	€ 5.100		€ 8.950	€ 7.700	€ 11.650
Flug D – Großbritannien	ja	ja		ja	ja	ja
Flugbegleitung	ja	nein		ja	nein	ja
Vorbereitungstreffen	nein	nein		nein	nein	nein
Vorbereitungsseminar	ja	ja		ja	ja	ja
Einführungsseminar in GB	ja	ja		ja	ja	ja
Elterntreffen	nein	nein		nein	nein	nein
Nachbereitungstreffen	nein	nein		nein	nein	nein
Nachbereitungsseminar	ja	ja		ja	ja	ja
Gesamtpreis (ab circa)	**€ 6.000**	**€ 5.100**		**€ 8.950**	**€ 7.700**	**€ 11.650**
Programmbeginn	28.08.	08.01.		28.08.	08.01.	28.08.
Programmende	18.12.	24.03.		24.03.	18.06.	18.06.
Bewerbungsschluss	30.04.	30.09.		30.04.	30.09.	30.04.
Spätbewerbung	möglich	möglich		möglich	möglich	möglich

Bewerbungsverlauf und Kriterien für die Annahme des Bewerbers
Nach Eingang der Kurzbewerbung laden wir den Bewerber zu einem persönlichen Gespräch ein. Danach folgen Akzeptierung, ausführliche Bewerbungsunterlagen und Vertragsofferte. Voraussetzungen: 15-18 Jahre, Besuch einer allgemeinbildenden Schule, 3 Jahre Englischunterricht, Notendurchschnitt von 3,5 für Gymnasiasten und 3,0 für Realschüler.

Vorbereitung auf den Großbritannien-Aufenthalt in Deutschland
Vor der Ausreise laden wir alle Teilnehmer zu einem zweitägigen Vorbereitungsseminar ein. Die Eltern kommen für einen Nachmittag dazu. Das Seminar wird von ICX-Mitarbeitern geleitet, die von ehemaligen England-Teilnehmern unterstützt werden. Zusätzlich erhält jeder Teilnehmer eine ausführliche Informationsmappe.

Betreuung während des Auslandsaufenthalts und durch Nachbereitung
Während des Programms werden die Schüler von unserer englischen Partnerorganisation IEOP betreut. Jedem Schüler steht am Wohnort der Gastfamilie bzw. in der Nähe ein örtlicher Repräsentant von IEOP als Ansprechpartner zur Verfügung. Nach Beendigung des Programms findet ein Nachbereitungsseminar in Deutschland statt.

Stipendien und Sonstiges
ICX vergibt Teilstipendien bis € 1.000. Die Stipendienvergabe richtet sich nach der Höhe des Familieneinkommens und dem zur Verfügung stehenden Stipendienfonds.

Kurz und bündig			
Gründungsjahr	1974	Schülerzahl im Großbritannien-Programm 2014/15	56
GB-Programm seit	1990	Gesamtschülerzahl im High School Programm 2014/15	229
Gemeinnützigkeit	ja	Partner in GB	IEOP

iE – international Experience e.V.
Amselweg 20
53797 Lohmar
info@international-experience.net
Telefon: 02246 / 915 49 0
Telefax: 02246 / 915 49 12
www.international-experience.net

Preis und Leistung						
Länderwahlprogramm	Herbst	Winter	Frühjahr	Herbst/ Winter	Winter/ Frühjahr	Schuljahr
Grundpreis (ab)	€ 7.195	€ 7.195		€ 9.195	€ 9.195	€ 11.390
Flug D – Großbritannien	€ 400/p	€ 400/p		€ 400/p	€ 400/p	€ 400/p
Flugbegleitung	nein	nein		nein	nein	nein
Vorbereitungstreffen	nein	nein		nein	nein	nein
Vorbereitungsseminar	ja	ja		ja	ja	ja
Einführungsseminar in GB	nein	nein		nein	nein	nein
Elterntreffen	nein	nein		nein	nein	nein
Nachbereitungstreffen	ja	ja		ja	ja	ja
Nachbereitungsseminar	nein	nein		nein	nein	nein
Gesamtpreis (ab circa)	**€ 7.595**	**€ 7.595**		**€ 9.595**	**€ 9.595**	**€ 11.790**
Programmbeginn	Sept.	Jan.		Sept.	Jan.	Sept.
Programmende	Dez.	März		März	Juni	Juni
Bewerbungsschluss	31.03.	31.10.		31.03.	31.10.	31.03.
Spätbewerbung	möglich	möglich		möglich	möglich	möglich

Bewerbungsverlauf und Kriterien für die Annahme des Bewerbers

Kriterien für die Aufnahme in unser Programm sind neben den Schulnoten besonders persönliche Eigenschaften wie Motivation, Flexibilität und Anpassungsfähigkeit.

Wir suchen „great kids“ mit positiver Einstellung, die auch ihrer Gastfamilie etwas zu bieten haben, die freundlich, aufgeschlossen, aktiv in Schule und Freizeit sind.

Vorbereitung auf den Großbritannien-Aufenthalt in Deutschland

Vor Abreise finden Wochenendseminare zur Vorbereitung statt, die für die Teilnehmer Pflicht sind. Während der gesamten Vorbereitungszeit steht dem Schüler ein persönlicher Ansprechpartner von iE e.V. zur Verfügung.

Betreuung während des Auslandsaufenthalts und durch Nachbereitung

Die Teilnehmer werden vor Ort durch die Mitarbeiter unserer Partnerorganisationen betreut. Direkt zu Beginn findet eine Vorbereitung vor Ort statt. iE e.V. steht während des Austauschaufenthaltes mit den Partnern und mit der Familie in Deutschland in regelmäßigem persönlichem Kontakt. iE unterhält in Deutschland einen persönlichen 24-Stunden-Notfall Dienst (kein Call-Center).

Stipendien und Sonstiges

Auf Anfrage bieten wir sowohl staatliche oder private hochwertige Internate an.

Kurz und bündig				
Gründungsjahr	2000	Schülerzahl im Großbritannien-Programm 2014/15		18
GB-Programm seit	2011	Gesamtschülerzahl im High School Programm 2014/15		335
Gemeinnützigkeit	ja	Partner in GB	Into education, Xplore UK	

into GmbH
Ostlandstraße 14
50858 Köln
kontakt@into.de
Telefon: 02234 / 946 36-0
Telefax: 02234 / 946 36-23
www.into.de

Preis und Leistung						
*Länderwahlprogramm**	Herbst	Winter	Frühjahr	Herbst/ Winter	Herbst/ Frühjahr	Schuljahr
Grundpreis	€ 7.190			€ 8.590	€ 8.790	€ 9.590
Flug D – Großbritannien	ja			ja	ja	ja
Flugbegleitung	nein			nein	nein	nein
Vorbereitungstreffen	nein			nein	nein	nein
Vorbereitungsseminar	ja			ja	ja	ja
Einführungsseminar in GB	ja			ja	ja	ja
Elterntreffen	nein			nein	nein	nein
Nachbereitungstreffen	nein			nein	nein	nein
Nachbereitungsseminar	ja			ja	ja	ja
Gesamtpreis (circa)	**€ 7.190**			**€ 8.590**	**€ 8.790**	**€ 9.590**
Programmbeginn	Jan.			Sept.	Sept.	Sept.
Programmende	Dez.			Jan.	Ostern	Juni
Bewerbungsschluss	30.04.			30.04.	30.04.	30.04.
Spätbewerbung	auf Anfr.			auf Anfr.	auf Anfr.	auf Anfr.

Bewerbungsverlauf und Kriterien für die Annahme des Bewerbers
Dein Notendurchschnitt muss befriedigend oder besser sein, Dein Zeugnis darf keine mangelhafte Note in einem Hauptfach enthalten. Das Wichtigste ist, dass Du Motivation, Flexibilität, Toleranz und Anpassungsfähigkeit mitbringst.

Vorbereitung auf den Großbritannien-Aufenthalt in Deutschland
Schüler- und Elternhandbuch, regelmäßig Infobriefe (Newslinks) mit Infos zum Ablauf, kulturellen Eigenheiten der Gastländer sowie Ratschlägen und Erfahrungsberichten. Zweitägiges Vorbereitungsseminar vor Abreise bei dem Du Infos und Tipps erhältst und etwas zu den Vorschriften und Regeln während Deines Austausches erfährst. Zudem wirst Du mit Rollenspielen, kreativer Arbeit und lustigen Sketchen auf Deinen Austausch vorbereitet. Es gibt eine Extra-Informationsveranstaltung zur Vorbereitung Deiner Eltern bei Sommer-Ausreise.

Betreuung während des Auslandsaufenthalts und durch Nachbereitung
In England wird in der Nähe Deines Wohnortes ein Ansprechpartner für Dich und Deine Gastfamilie sein. Auch in Deutschland sind wir immer erreichbar. Nach Deiner Rückkehr ist es noch nicht „vorbei“: Unsere Returnees organisieren „get togethers“, das traditionelle *into* BBQ und Ausflüge, bei denen sich viele Ehemalige immer wieder treffen.

Stipendien und Sonstiges
* Schottland kann zudem als Destination gewählt werden. Es gibt in England auch ein Schulwahl-Programm und ein College 16+-Programm (praxisbezogene Kurse für 16-22 Jährige). Bei Sommer-Ausreise ist im Preis ein viertägiges Orientation Camp in London enthalten.

Kurz und bündig				
Gründungsjahr	1986	Schülerzahl im Großbritannien-Programm 2014/15		55
GB-Programm seit	1995	Gesamtschülerzahl im High School Programm 2014/15		435
Gemeinnützigkeit	nein	Partner in GB	*into* Education	

iSt Internationale Sprach- und Studienreisen GmbH	
Stiftsmühle	Telefon: 06221 / 89 00-0
69080 Heidelberg	Telefax: 06221 / 89 00-200
iSt@sprachreisen.de	www.sprachreisen.de

Preis und Leistung						
Länderwahlprogramm	Herbst	Winter	Herbst/ Winter	Herbst/ Winter	Winter/ Frühjahr	Schuljahr
Grundpreis (ab)	€ 5.990	€ 5.240	€ 7.290	€ 8.390	€ 7.860	€ 10.890
Flug D – Großbritannien	ja	ja	ja	ja	ja	ja
Flugbegleitung	nein	nein	nein	nein	nein	nein
Vorbereitungstreffen	ja	ja	ja	ja	ja	ja
Vorbereitungsseminar	nein	nein	nein	nein	nein	nein
Einführungsseminar in GB	nein	nein	nein	nein	nein	nein
Elterntreffen	nein	nein	nein	nein	nein	nein
Nachbereitungstreffen	€ 45/opt.	€ 45/opt.	€ 45/opt.	€ 45/opt.	€ 45/opt.	€ 45/opt.
Nachbereitungsseminar	nein	nein	nein	nein	nein	nein
Gesamtpreis (ab circa)	**€ 5.990**	**€ 5.240**	**€ 7.290**	**€ 8.390**	**€ 7.860**	**€ 10.890**
Programmbeginn	Sept.	Jan.	Sept.	Sept.	Jan.	Sept.
Programmende	Dez.	März	Jan.	März	Juli	Juli
Bewerbungsschluss	30.06.	31.10.	30.06.	30.06.	31.10.	30.06.
Spätbewerbung	auf	Anfrage	auf	Anfrage	auf	Anfrage

Bewerbungsverlauf und Kriterien für die Annahme des Bewerbers

Die Bewerber füllen ein Bewerbungsformular aus und schicken dies zusammen mit einer kurzen Selbstbeschreibung und der letzten Zeugniskopie an unser Büro. Die Bewerber und ihre Eltern werden dann umgehend zu einem persönlichen Gespräch eingeladen. Kurze Zeit nach dem Interview teilen wir schriftlich mit, ob Sie in das Programm aufgenommen werden.

Vorbereitung auf den Großbritannien-Aufenthalt in Deutschland

Schon beim Bewerbungsgespräch informieren wir umfassend über viele wichtige Aspekte der Programmteilnahme und erläutern kulturelle Besonderheiten des Gastlandes. Die Teilnehmer erhalten regelmäßig Informationsbriefe zum bevorstehenden Aufenthalt und können Kontakt zu ehemaligen Teilnehmern aufnehmen. Einige Zeit vor der Abreise laden wir die Teilnehmer und ihre Eltern zu einem Vorbereitungstreffen ein.

Betreuung während des Auslandsaufenthalts und durch Nachbereitung

Wir bleiben auch während des Aufenthaltes mit Ihnen in Kontakt und versorgen Sie mit aktuellen Informationen. Der örtliche Vertreter steht Ihnen mit Rat und Hilfe zur Seite. Auf einem Nachbereitungstreffen können Sie Ihre Eindrücke noch einmal Revue passieren lassen und mit anderen Teilnehmern Erfahrungen austauschen.

Stipendien und Sonstiges

Die Teilnahme am Programm ist bereits ab 14 Jahren möglich. Regionenwahl ohne Aufpreis. Short Stays: 4 Wo. zwi. Jan. 15 und Mai 16: € 3.690 / 6 Wo. zwi. Jan. 15 und Mai 16: € 4.790

Kurz und bündig				
Gründungsjahr	1981	Schülerzahl im Großbritannien-Programm 2014/15		137
GB-Programm seit	1984	Gesamtschülerzahl im High School Programm 2014/15		1.090
Gemeinnützigkeit	nein	Partner in GB	White House Guardianships	

KAPLAN – ASPECT Internationale Sprachschule GmbH
Zeil 65 Telefon: 069 / 244 5005 20
60313 Frankfurt am Main Telefax: 069 / 244 5005 09
highschool.weltweit@kaplaninternational.com www.kaplaninternational.com/de

Preis und Leistung						
Länderwahlprogramm	Herbst	Winter	Frühjahr	Herbst/ Winter	Winter/ Frühjahr	Schuljahr
Grundpreis (ab circa)	€ 7.490	€ 6.590	auf	€ 9.490	€ 9.590	€ 12.190
Flug D – Großbritannien	€ 400/p	€ 400/p	Anfrage	€ 400/p	€ 400/p	€ 400/p
Flugbegleitung	nein	nein		nein	nein	nein
Vorbereitungstreffen	nein	nein		nein	nein	nein
Vorbereitungsseminar	ja	ja		ja	ja	ja
Einführungsseminar in GB	nein	nein		nein	nein	nein
Elterntreffen	nein	nein		nein	nein	nein
Nachbereitungstreffen	ja	ja		ja	ja	ja
Nachbereitungsseminar	nein	nein		nein	nein	nein
Gesamtpreis (ab circa)	**€7.890**	**€ 6.990**		**€ 9.890**	**€ 9.990**	**€ 12.590**
Programmbeginn	Sept.	Januar		Sept.	Januar	Sept.
Programmende	Dez.	März		März	Juli	Juli
Bewerbungsschluss	01.06.	01.11.		01.06.	01.11.	01.06.
Spätbewerbung	möglich	möglich		möglich	möglich	möglich

Bewerbungsverlauf und Kriterien für die Annahme des Bewerbers
Nach der Bewerbung (schriftlich oder online) findet ein persönliches Beratungsgespräch (mit mind. einem Elternteil) in der Nähe des Wohnortes statt. Unmittelbar nach dem Gespräch entscheidet KAPLAN über die Aufnahme des Schülers. Dabei spielt neben den schulischen Leistungen und gesundheitlichen Voraussetzungen auch der persönliche Eindruck eine große Rolle. Darüber hinaus gelten folgende Aufnahmebedingungen: Notendurchschnitt besser als 3,5; in den letzten Jahren vor Abreise keine Klasse wiederholt; Alter: 13-18. Für Schüler der Oberstufe (i.d.R. 16-18 Jahre) gelten andere Programmpreise.

Vorbereitung auf den Großbritannien-Aufenthalt in Deutschland
Neben dem Elterntreffen und dem zweitägigen Vorbereitungsseminar, das für alle Schüler obligatorisch ist, bekommen Schüler schon beim Gespräch und nach der Aufnahme ins Programm viele Informationen zu Land und Leuten und zum Leben im Ausland sowie ein ausführliches Handbuch.

Betreuung während des Auslandsaufenthalts und durch Nachbereitung
Jeder Schüler hat einen persönlichen Betreuer und eine 24 Stunden Notfall-Nummer. Das KAPLAN-Büro in Deutschland ist Ansprechpartner für Fragen der Eltern.

Stipendien und Sonstiges
Regionenwunsch ohne Aufpreis möglich. Schüler können zwei komplette Schuljahre in England verbringen und entweder das englische A-Level oder den internationalen IB erhalten.

Kurz und bündig			
Gründungsjahr	1985	Schülerzahl im Großbritannien-Programm 2014/15	15
GB-Programm seit	1998	Gesamtschülerzahl im High School Programm 2014/15	152
Gemeinnützigkeit	nein	Partner in GB	White House Guardianships (WHG)

KulturLife gGmbH
Max-Giese-Str. 22
24116 Kiel
info@kultur-life.de
Telefon: 0431 / 888 14-10
Telefax: 0431 / 888 14-19
www.kultur-life.de

Preis und Leistung						
Länderwahlprogramm	Herbst	Winter	Frühjahr	Herbst/ Winter	Winter/ Frühjahr	Schuljahr
Grundpreis (ab)	€ 7.590	€ 7.290		€ 7.990	€ 7.990	€ 8.590
Flug D – Großbritannien	€ 400/p	€ 400/p		€ 400/p	€ 400/p	€ 400/p
Flugbegleitung	nein	nein		nein	nein	nein
Vorbereitungstreffen	nein	nein		nein	nein	nein
Vorbereitungsseminar	ja	ja		ja	ja	ja
Einführungsseminar in GB	nein	nein		nein	nein	nein
Elterntreffen	ja	ja		ja	ja	ja
Nachbereitungstreffen	nein	nein		nein	nein	nein
Nachbereitungsseminar	ja	ja		ja	ja	ja
Gesamtpreis (ab circa)	**€ 7.990**	**€ 7.690**		**€ 8.390**	**€ 8390**	**€ 8.990**
Programmbeginn	Sept.	Januar		Sept.	Sept.	Sept.
Programmende	Dez.	März		Jan.	März	Juni
Bewerbungsschluss	15.05.	15.09.		15.05.	15.05.	15.05.
Spätbewerbung	möglich	möglich		möglich	möglich	möglich

Bewerbungsverlauf und Kriterien für die Annahme des Bewerbers
Anhand deiner unverbindlichen Voranmeldung prüfen wir, ob wir dich in unser Programm aufnehmen können. Danach melden wir uns und vereinbaren einen persönlichen Gesprächstermin. Die angegebenen Preise gelten für das Programm ab 16 Jahre. Es findet ein persönliches Interview mit einem Programmbetreuer über Skype statt.

Vorbereitung auf den GB-Aufenthalt in Deutschland
Jedes Jahr im Frühjahr und Herbst führen wir mehrere Vorbereitungsseminare durch, die jeweils ein Wochenende dauern. Neben den Jugendlichen sind am ersten Tag auch die Eltern eingeladen. Besondere Schwerpunkte der Vorbereitungsseminare sind neben einem intensiven interkulturellen Training das Verhalten in der Gastfamilie und Strategien zur Vermeidung oder Lösung möglicher Problemen.

Betreuung während des Auslandsaufenthalts und durch Nachbereitung
Die Colleges haben Mitarbeiter, die speziell für die ausländischen Schüler zuständig sind. Diese stehen dir bei allen Problemen zur Seite. Die Colleges bieten teilweise einen vorbereitenden sowie unterrichtsbegleitenden Englischkurs an.

Stipendien und Sonstiges
Wir bieten ein umfangreiches Schulwahlprogramm an – hier kannst du deine Schule selbst aussuchen (öffentliche und private Schulen). Bewerbungen für das Nordlicht-Stipendium sind möglich.

Kurz und bündig			
Gründungsjahr	1995	Schülerzahl im Großbritannien-Programm 2014/15	31
GB-Programm seit	1999	Gesamtschülerzahl im High School Programm 2014/15	194
Gemeinnützigkeit	ja	Partner in GB	verschied. Schulen, Interstudies, Whitehouse

Open Door International e.V.
Thürmchenswall 69
50668 Köln
info@opendoorinternational.de
Telefon: 0221 / 60 60 85 50
Telefax: 0221 / 60 60 85 519
www.opendoorinternational.de

Preis und Leistung						
*Schulwahlprogramm**	Herbst	Winter	Frühjahr	Herbst/ Winter	Winter/ Frühjahr	Schuljahr
Grundpreis (ab)						€ 7.990
Flug D – Großbritannien						€ 400/p
Flugbegleitung						nein
Vorbereitungstreffen						nein
Vorbereitungsseminar						ja
Einführungsseminar in GB						ja
Elterntreffen						ja
Nachbereitungstreffen						nein
Nachbereitungsseminar						ja
Gesamtpreis (ab circa)						**€ 8.390**
Programmbeginn						Sept.
Programmende						Juni
Bewerbungsschluss						flexibel
Spätbewerbung						möglich

Bewerbungsverlauf und Kriterien für die Annahme des Bewerbers
Bewerben können sich Jugendliche zwischen 16 und 18 Jahren (Schulwahlprogramm) bzw. zwischen 15 und 18 Jahren (Länderwahlprogramm); Notendurchschnitt und Englischnote mind. 3,0. Verschiedene Einstufungs-/Sprachtests sind teilweise obligatorisch.

Vorbereitung auf den GB-Aufenthalt in Deutschland
Die Teilnahme am Wochenend-Vorbereitungsseminar in Deutschland ist für den Bewerber obligatorisch. Hier erhalten Schüler und Eltern alle wichtigen Informationen sowie Tipps und Tricks. Der Bewerber erhält ein umfassendes Handbuch. Ein persönlicher, fester Ansprechpartner im Kölner ODI-Büro steht zudem telefonisch und per E-Mail immer zur Verfügung.

Betreuung während des Auslandsaufenthalts und durch Nachbereitung
Betreuung vor Ort durch lokale Mitarbeiter der Colleges bzw. der Partnerorganisation. 24-Stunden-Notrufnummer in England und Deutschland. Betreuung der Eltern durch das Kölner ODI-Büro sowie Elterntreffen während des Aufenthaltes. Mehrtägiges Nachbereitungsseminar für Returnees sowie die Möglichkeit der Mitarbeit im weltweiten Jugendaustausch.

Stipendien und Sonstiges
ODI vergibt für das Programmjahr 2015/2016 zwei Vollstipendien für die USA, ein Vollstipendium für die südamerikanischen Programmländer sowie insgesamt vier Teilstipendien für alle ODI-Programmländer. Schulwahlprogramm: Boston College, York College;
* Länderwahlprogramm: Schuljahr, Semester und Term-Aufenthalte möglich

Kurz und bündig			
Gründungsjahr	1983	Schülerzahl im Großbritannien-Programm 2014/15	14
GB-Programm seit	2005	Gesamtschülerzahl im High School Programm 2014/15	145
Gemeinnützigkeit	ja	Partner in GB	zweiSchulen (siehe oben); Interstudies

Partnership International e.V.
Hansaring 85
50670 Köln
office@partnership.de
Telefon: 0221 / 913 973 3
Telefax: 0221 / 913 973 4
www.partnership.de

Preis und Leistung

Länderwahlprogramm	Herbst	Winter	Frühjahr	Herbst/ Winter	Winter/ Frühjahr	Schuljahr
Grundpreis (circa)	€ 7.300	€ 6.500		€ 8.800	€ 9.500	€ 11.990
Flug D – Großbritannien	ja	ja		ja	ja	ja
Flugbegleitung	nein	nein		nein	nein	nein
Vorbereitungstreffen	nein	nein		nein	nein	nein
Vorbereitungsseminar	ja	ja		ja	ja	ja
Einführungsseminar in GB	ja	ja		ja	ja	ja
Elterntreffen	ja	ja		ja	ja	ja
Nachbereitungstreffen	nein	nein		nein	nein	nein
Nachbereitungsseminar	ja	ja		ja	ja	ja
Gesamtpreis (circa)	**€ 7.300**	**€ 6.500**		**€ 8.800**	**€ 9.500**	**€ 11.990**
Programmbeginn	Sep.	Jan.		Sep.	Jan.	Sep.
Programmende	Dez.	Apr.		Jan.	Juli	Juli
Bewerbungsschluss	31.03.	31.08.		31.03.	31.08.	31.03.
Spätbewerbung	möglich	möglich		möglich	möglich	möglich

Bewerbungsverlauf und Kriterien für die Annahme des Bewerbers

Bewerben können sich Schüler zwischen 14 und 18 Jahren mit zufriedenstellenden schulischen Leistungen. Wir laden jeden Bewerber zu einem Beratungsgespräch ein, sodass sich Schüler und Eltern mit unserem Verein und unserem Englandprogramm vertraut machen können. Wir haben gleichzeitig die Möglichkeit, den Bewerber persönlich kennenzulernen.

Vorbereitung auf den Großbritannien-Aufenthalt in Deutschland

Um optimal auf ihren Auslandsaufenthalt vorbereitet zu sein, nehmen unsere Teilnehmer vor Abreise an einem 3-tägigen Seminar teil. Organisiert und gestaltet wird dieses Seminar von geschulten, ehemaligen Austauschschülern. Das Seminar ist im Programmpreis enthalten. Für Eltern bieten wir zur Vorbereitung eine eintägige Informationsveranstaltung an.

Betreuung während des Auslandsaufenthalts und durch Nachbereitung

Der Aufenthalt beginnt mit einer 3-tägigen Einführungsveranstaltung in London. Jeder Schüler hat vor Ort einen lokalen Ansprechpartner, an den er sich bei Herausforderungen und Fragen wenden kann. Darüber hinaus steht eine 24/7 Notfall-Nummer zur Verfügung. Ebenfalls inklusive – die E-Mail-Betreuung durch geschulte Alumni und das Nachbereitungsseminar.

Stipendien und Sonstiges

Wir vergeben jedes Jahr aus Vereinsmitteln Teilstipendien, unter Berücksichtigung von sozialen Kriterien und gesellschaftlichem Engagement.

Kurz und bündig

Gründungsjahr	1961	Schülerzahl im Großbritannien-Programm 2014/15	7
GB-Programm seit	1989	Gesamtschülerzahl im High School Programm 2014/15	167
Gemeinnützigkeit	ja	Partner in GB	EEOP

Stepin GmbH – Student Travel and Education Programmes International
Beethovenallee 21 | Telefon: 0228 / 956 95 30
53173 Bonn | Telefax: 0228 / 956 95 39
school@stepin.de | www.stepin.de

Preis und Leistung

*Länderwahlprogramm**	Herbst	Winter	Frühjahr	Herbst/ Winter	Winter/ Frühjahr	Schuljahr
Grundpreis (ab)	€ 8.560	€ 9.990		€ 9.680	€ 9.150	€ 10.790
Flug D – Großbritannien	ja	ja		ja	ja	ja
Flugbegleitung	nein	nein		nein	nein	nein
Vorbereitungstreffen	ja	ja		ja	ja	ja
Vorbereitungsseminar	ja	ja		ja	ja	ja
Einführungsseminar in GB	ja	ja		ja	ja	ja
Elterntreffen	nein	nein		nein	nein	nein
Nachbereitungstreffen	nein	nein		nein	nein	nein
Nachbereitungsseminar	ja	ja		ja	ja	ja
Gesamtpreis (ab circa)	**€ 8.560**	**€ 9.990**		**€ 9.680**	**€ 9.150**	**€ 10.790**
Programmbeginn	Sept.	Januar		Sept.	Januar	Sept.
Programmende	Dez.	April		Januar	Juni	Juni
Bewerbungsschluss	01.05.	01.10.		01.05.	01.10.	01.05.
Spätbewerbung	möglich	möglich		möglich	möglich	möglich

Bewerbungsverlauf und Kriterien für die Annahme des Bewerbers
Step 1: Unverbindliche Anmeldung (schriftlich od. online). Step 2: persönliches Kennenlerngespräch in Wohnortnähe des Bewerbers. Step 3: Bei Eignung des Bewerbers unterbreitet Stepin ein Vertragsangebot. Teilnahmevoraussetzungen sind kulturelle Aufgeschlossenheit, Reife, Toleranz und mindestens befriedigende schulische Leistungen.

Vorbereitung auf den Großbritannien-Aufenthalt in Deutschland
Eltern- und Schülervorbereitungstreffen bzw. -seminar in mehreren deutschen Städten sowie Handbücher und regelmäßige Info-Rundbriefe für Teilnehmer und Eltern bis zur Ausreise. Fester Programm-Ansprechpartner im Stepin-Büro.

Betreuung während des Auslandsaufenthalts und durch Nachbereitung
Einführungstreffen von der Schule oder lokalen Betreuer. Betreuung durch unsere Partnerorganisation vor Ort. Ansprechpartner im Stepin-Büro. Returnee-Wochenende in Deutschland.

Stipendien und Sonstiges
Optional buchbar: 5-tägiges Vorbereitungsseminar in London (zzgl. € 480), o.g. Preise beziehen sich auf das Länderwahlprogramm in England (Wales und Schottland sind als Programmvariante ebenfalls wählbar).
* gesondertes Schul- und Regionalwahlprogramm möglich.

Kurz und bündig

Gründungsjahr	1997	Schülerzahl im Großbritannien-Programm 2014/15	8
GB-Programm seit	2013	Gesamtschülerzahl im High School Programm 2014/15	> 600
Gemeinnützigkeit	nein	Partner in GB	Interstudies, Selectstudies

STS Sprachreisen GmbH	
Mönckebergstraße 5	Telefon: 040 / 303 999-23
20095 Hamburg	Telefax: 040 / 303 999-08
highschool@sts-education.de	www.sts-education.de

Preis und Leistung						
Länderwahlprogramm	Herbst	Winter	Frühjahr	Herbst/ Winter	Winter/ Frühjahr	Schuljahr
Grundpreis				€ 8.100		€ 8.960
Flug D – Großbritannien				ja		ja
Flugbegleitung				nein		nein
Vorbereitungstreffen				ja		ja
Vorbereitungsseminar				nein		nein
Einführungsseminar in GB				€760/opt.		€760/opt.
Elterntreffen				nein		nein
Nachbereitungstreffen				möglich		möglich
Nachbereitungsseminar				ja		ja
Gesamtpreis (circa)				**€ 8.100**		**€ 8.960**
Programmbeginn				Sept.		Sept.
Programmende				März		Juni
Bewerbungsschluss				31.03.		31.03.
Spätbewerbung				möglich		möglich

Bewerbungsverlauf und Kriterien für die Annahme des Bewerbers
Nach Eingang der Bewerbung laden wir den Schüler und seine Eltern zu einem persönlichen Gespräch ein und schicken weitere Unterlagen zu. Das persönliche Interview, eine Selbstdarstellung, die Zeugnisse (Durchschnitt: 3,3 oder besser), die Angaben zur Person und die Beurteilung des Lehrers sind u.a. Bewertungskriterien für die Aufnahme ins Programm.

Vorbereitung auf den Großbritannien-Aufenthalt in Deutschland
Bereits beim Interview informiert der Interviewer umfassend über das Programm. Vor der Abreise führen wir ein Vorbereitungstreffen mit allen Teilnehmern und deren Eltern durch. Ehemalige STS-Schüler stehen für Informationen und als Kontaktschüler zur Verfügung.

Betreuung während des Auslandsaufenthalts und durch Nachbereitung
Die Betreuung erfolgt durch STS Deutschland, den Gebietsrepräsentanten und das STS Büro bzw. unsere Partnerorganisationen vor Ort. Die Betreuer vor Ort haben immer ein offenes Ohr für ihre Schüler und z.T. werden Zusammenkünfte mit anderen Austauschschülern organisiert. In der Regel Reiseangebote vor Ort sowie STS Europa-Tour im Sommer.

Stipendien und Sonstiges
STS vergibt Teilstipendien bis zu € 2.000 bei eingereichten Anträgen bis Dezember des Vorjahres. Schulische Leistungen, finanzielle Situation und die Referenzen sind entscheidend. Versicherungspaket (opt.) € 200 bis € 580 (je nach Aufenthaltsdauer).

Kurz und bündig			
Gründungsjahr	1987	Schülerzahl im Großbritannien-Programm 2014/15	k.A.
GB-Programm seit	1987	Gesamtschülerzahl im High School Programm 2014/15	k.A.
Gemeinnützigkeit	nein	Partner in Großbritannien	STS UK/LSC

team! Sprachen & Reisen GmbH
Bärbroich 35
51429 Bergisch Gladbach
info@team-sprachreisen.de
Telefon: 02207 / 911 390
Telefax: 02207 / 911 387
www.team-sprachreisen.de

Preis und Leistung						
Regionenwahlprogramm	Herbst	Winter	Herbst/ Winter	Herbst/ Winter	Winter/ Frühjahr	Schuljahr
Grundpreis (ab)	€ 7.590	€ 6.880	€ 8.830	€ 9.930	€ 9.090	€ 10.880
Flug D – Großbritannien	ja	ja	ja	ja	ja	ja
Flugbegleitung	nein	nein	nein	nein	nein	nein
Vorbereitungstreffen	ja	ja	ja	ja	ja	ja
Vorbereitungsseminar	nein	nein	nein	nein	nein	nein
Einführungsseminar in GB	nein	nein	nein	nein	nein	nein
Elterntreffen	nein	nein	nein	nein	nein	nein
Nachbereitungstreffen	€ 45/opt.	€ 45/opt.	€ 45/opt.	€ 45/opt.	€ 45/opt.	€ 45/opt.
Nachbereitungsseminar	nein	nein	nein	nein	nein	nein
Gesamtpreis (ab circa)	**€ 7.590**	**€ 6.880**	**€ 8.830**	**€ 9.930**	**€ 9.090**	**€ 10.880**
Programmbeginn	Sept.	Jan.	Sept.	Sept.	Jan.	Sept.
Programmende	Dez.	März	Jan.	März	Juli	Juli
Bewerbungsschluss	3	Monate	vor	Beginn	der	Schule
Spätbewerbung	auf Anfr.	auf Anfr.	auf Anfr.	auf Anfr.	auf Anfr.	auf Anfr.

Bewerbungsverlauf und Kriterien für die Annahme des Bewerbers
Nach Erhalt der Kurzbewerbung erfolgt die Einladung zum Interview. Danach findet ein ca. 2-stündiges Einzelinterview mit Bewerber/in und Eltern statt. Nach dem Interview teilen wir schriftlich mit, ob der Bewerber/die Bewerberin in das Programm aufgenommen wird. Kriterien für die Aufnahme sind gute Englischkenntnisse, Offenheit, Anpassungsbereitschaft sowie Motivation und Selbständigkeit.

Vorbereitung auf den Großbritannien-Aufenthalt in Deutschland
team! Informationsbriefe in regelmäßigen Abständen. Büchervorschläge zum Thema, Vorbereitungstreffen für Schüler/innen und Eltern und den Mitarbeitern von White House Guardianships

Betreuung während des Auslandsaufenthalts und durch Nachbereitung
Betreuung vor Ort erfolgt durch Vertreter/innen unserer Partnerorganisation, Ansprechpartner wird mit den Reiseunterlagen bekannt gegeben. Hin- und Rückflüge erfolgen nach Möglichkeit als Gruppenreise. Ständiger Kontakt, auch zu Eltern und Partnerorganisation. Nachbereitungstreffen.

Stipendien und Sonstiges
Staatliche und private Ganztagsschulen (Gastfamilienunterkunft oder Internat). Heimflug in den Weihnachtsferien im Programmpreis enthalten bei Abreise im September. Kurzaufenthalte 4 oder 6 Wochen möglich.

Kurz und bündig				
Gründungsjahr	1992	Schülerzahl im Großbritannien-Programm 2014/15		25
GB-Programm seit	1996	Gesamtschülerzahl im High School Programm 2014/15		179
Gemeinnützigkeit	nein	Partner in GB	White House Guardianships	

TravelWorks (Travelplus Group GmbH)	
Münsterstr. 111	Telefon: 02506 / 8303 600
48155 Münster	Telefax: 02506 / 8303 231
highschool@travelworks.de	www.schueleraustausch-international.de

Preis und Leistung						
Regionenwahlprogramm	Herbst	Winter	Frühjahr	Herbst/ Winter	Winter/ Frühjahr	Schuljahr
Grundpreis (ab)	€ 7.170	€ 6.490		€ 9.450	€ 9.490	€ 12.980
Flug D – Großbritannien	ja	ja		ja	ja	ja
Flugbegleitung	nein	nein		nein	nein	nein
Vorbereitungstreffen	ja	ja		ja	ja	ja
Vorbereitungsseminar	nein	nein		nein	nein	nein
Einführungsseminar in GB	nein	nein		nein	nein	nein
Elterntreffen	nein	nein		nein	nein	nein
Nachbereitungstreffen	ja	ja		ja	ja	ja
Nachbereitungsseminar	nein	nein		nein	nein	nein
Gesamtpreis (ab circa)	**€ 7.170**	**€ 6.490**		**€ 9.450**	**€ 9.490**	**€ 12.980**
Programmbeginn	Sept.	Januar		Sept.	Januar	Sept.
Programmende	Dez.	März		März	März	Juli
Bewerbungsschluss	15.04.	15.09.		15.04.	15.09.	15.04.
Spätbewerbung	ja	ja		ja	ja	ja

Bewerbungsverlauf und Kriterien für die Annahme des Bewerbers

Nach der unverbindlichen Bewerbung laden wir die SchülerInnen und deren Eltern zum persönlichen Auswahl- und Informationsgespräch ein. Anschließend senden wir den Bewerbern unsere Buchungsgrundlage sowie das verbindliche Anmeldeformular zu, das bei Interesse am Programm unterschrieben an uns zurückgesandt werden muss. Bewerber sollten motiviert, flexibel und weltoffen sein. Englischnote mind. befriedigend. Alter: 13-18 Jahre.

Vorbereitung auf den Großbritannienaufenthalt in Deutschland

Etwa drei Monate vor Abreise laden wir die TeilnehmerInnen und ihre Eltern zu einem eintägigen Vorbereitungsseminar in mehreren deutschen Städten bzw. Österreichs ein. Außerdem erhalten die TeilnehmerInnen ein Infohandbuch sowie regelmäßige Inforundbriefe.

Betreuung während des Auslandsaufenthalts und durch Nachbereitung

Während des Aufenthaltes werden die Schüler von einem Koordinator unserer Partnerorganisation vor Ort betreut. 24 Stunden Notfallnummer in England sowie in Deutschland.

Stipendien und Sonstiges

1 Sozialstipendium im Wert von 1.500 €, 1 Kreativstipendium im Wert von 2.500 €. Auch Aufenthalte von 1,5 Terms (5 Monate) möglich. Privatschulen und -Internate und Summer School möglich.

Kurz und bündig				
Gründungsjahr	1991	Schülerzahl im Großbritannien-Programm 2014/15		16
GB-Programm seit	2004	Gesamtschülerzahl im High School Programm 2014/15		536
Gemeinnützigkeit	nein	Partner in GB	WHG, direkte Schulkontakte, HSI	

World Wide Qualifications Sprach- und Studienreisen GmbH
Buschöhrchen 29 Telefon: 02247 / 969 0 480
53819 Neunkirchen-Seelscheid Telefax: 02247 / 969 0 482
info@schuelerweltweit.de www.schuelerweltweit.de

Preis und Leistung

Schulwahlprogramm	Herbst	Winter	Frühjahr	Herbst/ Winter	Winter/ Frühjahr	Schuljahr
Grundpreis	€ 7.884	€ 7.884	€ 7.884	€ 8.374	€ 8.374	€ 8.954
Flug D – Großbritannien	ja	ja	ja	ja	ja	ja
Flugbegleitung	nein	nein	nein	nein	nein	nein
Vorbereitungstreffen	nein	nein	nein	nein	nein	nein
Vorbereitungsseminar	ja	ja	ja	ja	ja	ja
Einführungsseminar in GB	optional	optional	optional	optional	optional	optional
Elterntreffen	nein	nein	nein	nein	nein	nein
Nachbereitungstreffen	ja	ja	ja	ja	ja	ja
Nachbereitungsseminar	nein	nein	nein	nein	nein	nein
Gesamtpreis (circa)	**€ 7.885**	**€ 7.885**	**€ 7.885**	**€ 8.375**	**€ 8.375**	**€ 8.955**
Programmbeginn	Sept.	Jan.	März	Sept.	Jan.	Sept.
Programmende	Dez.	März	Juni	März	Juni	Juni
Bewerbungsschluss	15.5.	15.10.	15.1.	15.5.	15.10.	15.5.
Spätbewerbung	möglich	möglich	möglich	möglich	möglich	möglich

Bewerbungsverlauf und Kriterien für die Annahme des Bewerbers
Nach Abfrage Deiner Wünsche wie z.B. Schulfächer, Sport oder Musik schlagen wir mehrere Schulen vor. Im Schulwahlprogramm kannst Du die Schule selber auswählen. Wir bieten auch staatliche Boardingsschools, Schulen in England, Schottland und Wales, sowie den Großstädten wie London. Notendurchschnitt 3,3, Alter ab 15 Jahre. Schulabschluss , IB Programm sowie Berufsschulkurse möglich.

Vorbereitung auf den Großbritannien-Aufenthalt in Deutschland
Laufender Informationsaustausch und 2 Tage Vorbereitung: 1. Tag – Schüler- und Elterntreffen: Hier erfahrt Ihr mehr über das „richtige“ Leben, das Schulsystem, den Reiseablauf, und Dinge die Du auf der Reise mitnehmen solltest. 2. Tag – Schüler-Seminar: Ein „außergewöhnliches“ Englisch-Intensiv Seminar mit Muttersprachlern und viel Spaß: Mit anderen Austauschschülern machst Du Rollenspiele auf Englisch. Optionen: 5 tägiges Vorbereitungscamp in London mit Workshops und Ausflügen vor Schulaufenthalt.

Betreuung während des Auslandsaufenthalts und durch Nachbereitung
Während des gesamten Schüleraustausches steht Dir einer unserer „Co-ordinatoren“ zur Seite. Er stellt Dich Deiner Gastfamilie und Schule vor. Es finden weitere Einführungsseminare in Irland statt. Einige Co-ordinatoren sprechen deutsch. Berichterstattung an die Eltern.

Stipendien und Sonstiges
High School Aufenthalt auch für 8 Wochen möglich. In Großbritannien und anderen Ländern bieten wir auch mehrere Summerschools in den Sommerferien.

Kurz und bündig

Gründungsjahr	2005	Schülerzahl im Großbritannien-Programm 2014/15		2
GB-Programm seit	2007	Gesamtschülerzahl im High School Programm 2014/15		71
Gemeinnützigkeit	nein	Partner in GB	Interstudies, Schulen direkt	

American Institute For Foreign Study (Deutschland) GmbH	
Friedensplatz 1	Telefon: 0228 / 957 30-0
53111 Bonn	Telefax: 0228 / 957 30-110
highschool@aifs.de	www.aifs.de

Preis und Leistung

Regionenwahlprogramm	Herbst	Winter	Frühjahr	Herbst/ Winter	Winter/ Frühjahr	Schuljahr
Grundpreis (ab)	€ 7.190	€ 5.100		€ 9.390	€ 7.200	€ 11.090
Flug D – Irland	ja	€ 400/p		ja	€ 400/p	ja
Flugbegleitung	ja	nein		ja	nein	ja
Vorbereitungstreffen	nein	nein		nein	nein	nein
Vorbereitungsseminar	ja	ja		ja	ja	ja
Einführungsseminar in IE	ja	nein		ja	nein	ja
Elterntreffen	nein	nein		nein	nein	nein
Nachbereitungstreffen	nein	nein		nein	nein	nein
Nachbereitungsseminar	ja	ja		ja	ja	ja
Gesamtpreis (ab circa)	**€ 7.190**	**€ 5.500**		**€ 9.390**	**€ 7.600**	**€ 11.090**
Programmbeginn	Sept.	Jan.		Sept.	Jan.	Sept.
Programmende	Dez./Jan.	Apr./Mai		März	Aug./Sep	Juni/Juli
Bewerbungsschluss	15.06.	15.10.		15.06.	15.10.	15.05.
Spätbewerbung	ja	ja		ja	ja	ja

Bewerbungsverlauf und Kriterien für die Annahme des Bewerbers

Bewerbung: Die Bewerbung erfolgt unverbindlich durch das Ausfüllen eines Formulars auf www.aifs.de oder aus der AIFS High School Broschüre. Sind die formellen Voraussetzungen erfüllt, lädt AIFS den Bewerber zu einem ausführlichen telefonischen Einzelgespräch mit einem unserer Irland-Spezialisten ein. Bei Eignung des Bewerbers unterbreitet AIFS anschließend ein Vertragsangebot, das erst durch die Annahme des Bewerbers verbindlich wird.
Voraussetzungen: 14 bis 18 Jahre; Schülerstatus; mind. drei Jahre Englisch als Unterrichtsfach; tolerant, anpassungsfähig, aufgeschlossen und motiviert

Vorbereitung auf den Irland-Aufenthalt in Deutschland

Die Vorbereitung erfolgt durch das AIFS Team in Bonn als Ansprechpartner, ein zweitägiges Seminar in Bonn oder Umgebung, die Zuteilung eines Paten, ausführliche Schüler- und Elternhandbücher sowie Inforundbriefe vor der Ausreise.

Betreuung während des Auslandsaufenthalts und durch Nachbereitung

Die Betreuung während des Aufenthaltes wird durch einen lokalen Betreuer, Partner vor Ort sowie AIFS in Bonn garantiert. Nachbereitung: im Rahmen einer großen Returnee Party

Stipendien und Sonstiges

Platzierungen nach Wunsch in den Regionen Dublin, Cork und Kerry; Geschwisterrabatt in Höhe von jeweils € 200; Rabatt bei Anmeldung gemeinsam mit einem Freund in Höhe von je € 100; Bei Sommerausreise: 3 Tage Orientation-Days in Dublin und begleiteter Hinflug inkl.

Kurz und bündig

Gründungsjahr (1964)	1983	Schülerzahl im Irland-Programm 2014/15		10
IE-Programm seit	2010	Gesamtschülerzahl im High School Programm 2014/15		550
Gemeinnützigkeit	nein	Partner in Irland	k.A.	

Ayusa-Intrax GmbH
Giesebrechtstr. 10
10629 Berlin
highschool@intrax.de
Telefon: 030 / 84 39 39 93
Telefax: 030 / 84 39 39-39
www.intrax.de

Preis und Leistung						
Schulwahlprogramm	Herbst	Winter	Frühjahr	Herbst/ Winter	Winter/ Frühjahr	Schuljahr
Grundpreis (ab)	€ 7.990			€ 11.990	€ 10.790	€ 12.990
Flug D – Irland	€ 400/p			€ 400/p	€ 400/p	€ 400/p
Flugbegleitung	nein			nein	nein	nein
Vorbereitungstreffen	ja			ja	ja	ja
Vorbereitungsseminar	ja			ja	ja	ja
Einführungsseminar in IE	nein			nein	nein	nein
Elterntreffen	nein			nein	nein	nein
Nachbereitungstreffen	nein			nein	nein	nein
Nachbereitungsseminar	ja			ja	ja	ja
Gesamtpreis (circa)	**€ 8.390**			**€ 12.390**	**€ 11.190**	**€ 13.390**
Programmbeginn	Sept.			Sept.	Januar	Sept.
Programmende	Dez.			März	Juni	Juni
Bewerbungsschluss	30.04.			30.04.	31.10.	30.04.
Spätbewerbung	möglich			möglich	möglich	möglich

Bewerbungsverlauf und Kriterien für die Annahme des Bewerbers
Neben dem schriftlichen Bewerbungsverlauf findet ein persönliches Einzelinterview in der Nähe des Wohnortes statt, gern auch mit den Eltern. Voraussetzungen für die Annahme sind Anpassungsvermögen, Lernbereitschaft, Toleranz und großes Interesse an der englischen Sprache und an der irischen Geschichte und Kultur. Bewerben können sich 13- bis 18-Jährige.

Vorbereitung auf den Irland-Aufenthalt in Deutschland
Es finden diverse Informationsveranstaltungen und Vorbereitungsseminare für Schüler in mehreren Städten in Deutschland statt. Für die Eltern gibt es halbtägige Vorbereitungstreffen. Wenn möglich kommen ehemalige Ayusa Schüler zu diesen Treffen. Ansonsten haben die Teilnehmer die Möglichkeit zum Telefonkontakt mit ehemaligen Teilnehmern. Jeder Schüler erhält ein Handbuch zum Schulbesuch in Irland.

Betreuung während des Auslandsaufenthalts und durch Nachbereitung
Die Teilnehmer werden von der irischen Partnerorganisation vor Ort betreut. Ayusa-Intrax steht während der gesamten Programmdauer mit den Eltern in Deutschland in Kontakt. Für die Rückkehrer bietet Ayusa-Intrax ein Wochenend-Nachbereitungsseminar an.

Stipendien und Sonstiges
Es werden Teilstipendien bis maximal € 3.000 vergeben. Teilnehmer fahren über die Weihnachtsferien nach Hause. Auf Wunsch ist eine Unterbringung in d. Zeit gegen Aufpreis möglich. Ab September ist auch ein Halbjahr bis Ende Januar möglich, ohne Rückkehr während der Weihnachtsferien. Schüler können die Region und ihre Wunschschule wählen.

Kurz und bündig			
Gründungsjahr	1991	Schülerzahl im Irland-Programm 2014/15	9
IE-Programm seit	1998	Gesamtschülerzahl im High School Programm 2014/15	347
Gemeinnützigkeit	nein	Partner in Irland	High School International

CAMPS International GmbH	
Poolstraße 36	Telefon: 040 / 822 90 27 0
20355 Hamburg	Telefax: 040 / 822 90 27 29
info@camps.de	www.camps.de

Preis und Leistung						
Regionenwahlprogramm	Herbst	Winter	Herbst/ Winter	Herbst/ Winter	Winter/ Frühjahr	Schuljahr
Grundpreis (ab)	€ 6.500	€ 5.900	€ 7.500	€ 9.000	€ 7.800	€ 10.650
Flug D – Irland	€ 400/p	€ 400/p	€ 400/p	€ 400/p	€ 400/p	€ 400/p
Flugbegleitung*	opt.	nein	opt.	opt.	nein	opt.
Vorbereitungstreffen	ja	ja	ja	ja	ja	ja
Vorbereitungsseminar	nein	nein	nein	nein	nein	nein
Einführungsseminar in IE	€650/opt.	nein	€650/opt.	€650/opt.	nein	€650/opt.
Elterntreffen	nein	nein	nein	nein	nein	nein
Nachbereitungstreffen	nein	nein	nein	nein	nein	nein
Nachbereitungsseminar	ja	ja	ja	ja	ja	ja
Gesamtpreis (ab circa)	**€ 6.900**	**€ 6.300**	**€ 7.900**	**€ 9.400**	**€ 8.200**	**€ 11.050**
Programmbeginn	Sept.	Jan.	Sept.	Sept.	Jan.	Sept.
Programmende	Dez.	Mrz/Apr.	Jan.	Mrz/Apr.	Mai/Juni	Juni
Bewerbungsschluss	15.06.	30.11.	15.06.	15.06.	30.11.	15.06.
Spätbewerbung	möglich	möglich	möglich	möglich	möglich	möglich

Bewerbungsverlauf und Kriterien für die Annahme des Bewerbers

Bewerber füllen das Anmeldeformular aus dem Katalog aus oder bewerben sich online unter www.camps.de/anmeldung. Danach folgt ein persönliches Auswahlgespräch, ggf. per Skype. Dieses Interview wird bei uns immer als Einzel-, nie als Gruppengespräch geführt! Wir wollen jeden Bewerber und dessen Eltern bestmöglich kennenlernen. Programm-Teilnehmer können bei Sommer-Ausreise außerdem optional an einem Workshop in Dublin teilnehmen.

Vorbereitung auf den Irland-Aufenthalt in Deutschland

Durch Besuche in Irland und Gesprächen mit unseren irischen Partnern können wir uns ein gutes Bild vom Leben in Irland und den Erwartungen an einen Gastschüler machen. Diese Erfahrungen versuchen wir bei verschiedenen Informationsveranstaltungen und im Rahmen eines eintägigen Workshops vor Reiseantritt neuen Gastschülern zu vermitteln.

Betreuung während des Auslandsaufenthalts und durch Nachbereitung

In Irland kooperieren wir mit zwei Partnern: Mary Waterman und ISI Dublin. Eine 24-Stunden-Notfallnummer macht die Verantwortlichen im Bedarfsfall für unsere Schüler jederzeit erreichbar. Wir veranstalten einmal im Jahr ein mehrtägiges Returnee Meeting.

Stipendien und Sonstiges

* Bei Buchung des Einführungsseminars in Dublin: Flugbegleitung auf Hinreise inklusive. Das Schuljahr hat 3 Terms, zudem gibt es ein Transition Year. Bitte nachfragen!

Kurz und bündig			
Gründungsjahr (1984)	2010	Schülerzahl im Irland-Programm 2014/15	19
IE-Programm seit	2008	Gesamtschülerzahl im High School Programm 2014/15	141
Gemeinnützigkeit	nein	Partner in Irland	ISI Dublin, Mary Waterman

CAP – Cultures and Perspectives – Inh. Geska Jäkel
Rosenäckerweg 14 Telefon: 07348 / 250 91 39
89160 Dornstadt Telefax. 07348 / 205 91 40
info@go-cap.de www.go-cap.de

Preis und Leistung						
Länderwahlprogramm	Herbst	Winter	Frühjahr	Herbst/ Winter	Winter/ Frühjahr	Schuljahr
Grundpreis	€ 6.350	€ 6.350		€ 7.545	€ 7.545	€ 8.545
Flug D – Irland	€ 400/p	€ 400/p		€ 400/p	€ 400/p	€ 400/p
Flugbegleitung	nein	nein		nein	nein	nein
Vorbereitungstreffen	nein	nein		nein	nein	nein
Vorbereitungsseminar	ja	ja		ja	ja	ja
Einführungsseminar in IE	nein	nein		nein	nein	nein
Elterntreffen	nein	nein		nein	nein	nein
Nachbereitungstreffen	ja	ja		ja	ja	ja
Nachbereitungsseminar	nein	nein		nein	nein	nein
Gesamtpreis (circa)	**€ 6.750**	**€ 6.750**		**€ 7.945**	**€ 7.945**	**€ 8.945**
Programmbeginn	Aug/Sep	Januar		August	Januar	Aug/Sep
Programmende	Dez.	April		Januar	Juni	Juni
Bewerbungsschluss	nach Verfügbarkeit freier Plätze					
Spätbewerbung	möglich	möglich	möglich	möglich	möglich	möglich

Bewerbungsverlauf und Kriterien für die Annahme des Bewerbers
Jeder Schüler von Real-, Gesamtschulen und Gymnasien, der sich in dieses Abenteuer stürzen möchte, muss ein paar Grundvoraussetzungen erfüllen. Neben dem Alter (14-18), mindestens ausreichenden Schulnoten und möglichst einer „Drei" in Englisch benötigen unsere Schüler auch noch das „persönliche Zeug" dazu. Das sind besonders Motivation, Anpassungsfähigkeit, Flexibilität und der nötige Biss. Für die unverbindliche Bewerbung benötigen wir die Online-Bewerbung auf unserer Homepage. Unser persönliches Bewerbungsgespräch wird bei jedem Schüler zu Hause durchgeführt.

Vorbereitung auf den Irland-Aufenthalt in Deutschland
Wir bieten im Frühjahr und Herbst ein 2-tägiges Vorbereitungsseminar an.

Betreuung während des Auslandsaufenthalts und durch Nachbereitung
Während ihres Aufenthaltes werden unsere Schüler durch CAP sowie durch die Partner und deren Koordinatoren betreut. Vor Ort wird bei Problemen kompetente Hilfestellung gegeben. Dies geschieht durch regelmäßigen Kontakt mit Eltern und Schülern.

Stipendien und Sonstiges
Auf Wunsch sind ist auch eine Schulwahl (öffentliche und private Schulen) gegen Aufpreis möglich.

Kurz und bündig				
Gründungsjahr	2007	Schülerzahl im Irland-Programm 2014/15		3
IE-Programm seit	2011	Gesamtschülerzahl im High School Programm 2014/15		35
Gemeinnützigkeit	nein	Partner in Irland	Interstudies und iStudy International	

Carl Duisberg Centren Intertraining & Consult GmbH
Hansaring 49 – 51
50670 Köln
highschool@cdc.de
Telefon: 0221 / 16 26 207
Telefax: 0221 / 16 26 217
www.cdc.de

Preis und Leistung						
Schulwahlprogramm	Herbst	Winter	Frühjahr	Herbst/ Winter	Winter/ Frühjahr	Schuljahr
Grundpreis	€ 7.210	€ 7.510		€ 10.390	€ 8.810	€ 11.450
Flug D – Irland	€ 400/p	€ 400/p		€ 400/p	€ 400/p	€ 400/p
Flugbegleitung	nein	nein		nein	nein	nein
Vorbereitungstreffen	nein	nein		nein	nein	nein
Vorbereitungsseminar	ja	ja		ja	ja	ja
Einführungsseminar in IE	nein	nein		nein	nein	nein
Elterntreffen	ja	ja		ja	ja	ja
Nachbereitungstreffen	ja	ja		ja	ja	ja
Nachbereitungsseminar	nein	nein		nein	nein	nein
Gesamtpreis (circa)	**€ 7.610**	**€ 7.910**		**€ 10.790**	**€ 9.210**	**€ 11.850**
Programmbeginn	Sept.	Jan.		Sept.	Jan.	Sept.
Programmende	Dez.	Mrz/Apr		Mrz/Apr	Mai/Juni	Mai/Juni
Bewerbungsschluss	flexibel	flexibel		flexibel	flexibel	flexibel
Spätbewerbung	möglich	ohne				Gebühr

Bewerbungsverlauf und Kriterien für die Annahme des Bewerbers
Zum Bewerbungsverfahren: 1.) Schriftliche Bewerbung (Formular) inkl. Zeugniskopie und Selbstbeschreibung. 2.) Einladung von Schüler und Eltern zu einem persönlichen Auswahlgespräch 3.) Schulvorschläge 4.) Bei Eignung Aufnahme in das Programm und schriftliche Bestätigung des Platzes - *Zu den Aufnahmekriterien:* Aufgeschlossenheit für andere Länder und Kulturen; Anpassungsbereitschaft an Gegebenheiten des Gastlandes; Selbstständigkeit im Rahmen der landesüblichen Möglichkeiten; zufriedenstellende Kenntnisse der Landessprache.

Vorbereitung auf den Irland-Aufenthalt in Deutschland
Das Auswahlgespräch und das Ausfüllen der Bewerbungsunterlagen sind bereits Teil der Vorbereitung. Wichtigster Teil unserer Vorbereitung sind unsere zweitägigen Seminare, bei denen wir alle wichtigen Aspekte in Diskussionen, Vorträgen und Rollenspielen behandeln. Man erhält ein landesspezifisches Handbuch.

Betreuung während des Auslandsaufenthalts und durch Nachbereitung
Die Betreuung erfolgt durch das Carl Duisberg High School Team in Deutschland und durch einen Betreuer der Partnerorganisation/-schule in Irland. Wir führen Elterntreffen durch. Nach Rückkehr laden wir alle Schüler zum Nachbereitungstreffen ein.

Stipendien und Sonstiges
Die CDC bieten auch für den Irlandaufenthalt ein umfassendes Versicherungspaket an. Mögliches Freizeitangebot: Rundreise im Herbst, Adventure Camp in den Osterferien.

Kurz und bündig			
Gründungsjahr	1962	Schülerzahl im Irland-Programm 2014/15	20
IE-Programm seit	2003	Gesamtschülerzahl im High School Programm 2014/15	408
Gemeinnützigkeit	nein	Partner in Irland	EDEX

Deutsches Youth For Understanding Komitee e.V. (YFU)
Oberaltenallee 6
22081 Hamburg
info@yfu.de
Telefon: 040 / 22 70 02-0
Telefax: 040 / 22 70 02-27
www.yfu.de

Preis und Leistung						
Länderwahlprogramm	Herbst	Winter	Frühjahr	Herbst/ Winter	Winter/ Frühjahr	Schuljahr
Grundpreis (ab)						€ 10.900
Flug D – Irland						ja
Flugbegleitung						ja
Vorbereitungstreffen						ja
Vorbereitungsseminar						ja
Einführungsseminar in IE						ja
Elterntreffen						ja
Nachbereitungstreffen						ja
Nachbereitungsseminar						ja
Gesamtpreis						**€ 10.900**
Programmbeginn						Aug/Sept
Programmende						Mai/Juni
Bewerbungsschluss						variabel
Spätbewerbung						nein

Bewerbungsverlauf und Kriterien für die Annahme des Bewerbers
Bei YFU können sich Schülerinnen und Schüler aller Schularten bewerben. Sie sollten aufgeschlossen, anpassungsfähig und verantwortungsbewusst sein und mindestens durchschnittliche Schulleistungen vorweisen. Für Irland sind vor allem in Englisch gute bis durchschnittliche Noten wichtig. Nach Durchsicht der schriftlichen Bewerbungsunterlagen führt YFU regional Auswahlgespräche in Form von Gruppen- und Einzelinterviews durch.

Vorbereitung auf den Irland-Aufenthalt in Deutschland
Alle YFU-Austauschschüler nehmen vor Abreise an einer einwöchigen Tagung teil, auf der sie intensiv auf das Leben in einer fremden Kultur vorbereitet werden und praktische Tipps für den Alltag in Irland erhalten. Auch für Eltern werden eigene Vorbereitungstreffen angeboten. YFU stellt außerdem umfangreiche schriftliche Unterlagen zur Verfügung.

Betreuung während des Auslandsaufenthalts und durch Nachbereitung
Jeder Austauschschüler hat im Ausland vor Ort einen persönlichen Betreuer. Darüber hinaus stehen die hauptamtlichen YFU-Mitarbeiter in Deutschland und Irland zur Verfügung – im Notfall rund um die Uhr. Während des Austauschjahres finden außerdem begleitende Seminare statt. Nach der Rückkehr gibt es ein zwei- bis dreitägiges Nachbereitungsseminar.

Stipendien und Sonstiges
YFU vergibt jährlich rund 300 Stipendien im Gesamtwert von etwa einer halben Million Euro. Die Vergabe und Höhe der Stipendien richtet sich nach der finanziellen Situation der Familie, nicht nach Schulnoten. Weitere Informationen gibt es unter www.yfu.de/stipendien.

Kurz und bündig			
Gründungsjahr	1957	Schülerzahl im Irland-Programm 2014/15	0
IE-Programm seit	2015	Gesamtschülerzahl im High School Programm 2014/15	1.092
Gemeinnützigkeit	ja	Partner in Irland	k. A.

DFSR – Dr. Frank Sprachen & Reisen GmbH	
Siegfriedstr. 5	Telefon: 06252 / 93 32 0
64646 Heppenheim	Telefax: 06252 / 93 32 60
info@dfsr.de	www.dfsr.de

Preis und Leistung						
Länderwahlprogramm	Herbst	Winter	Frühjahr	Herbst/ Winter	Winter/ Frühjahr	Schuljahr
Grundpreis	€ 8.500	€ 8.500		€ 8.990	€ 8.990	€ 10.990
Flug D – Irland	ja	ja		ja	ja	ja
Flugbegleitung	nein	nein		nein	nein	nein
Vorbereitungstreffen	nein	nein		nein	nein	nein
Vorbereitungsseminar	ja	ja		ja	ja	ja
Einführungsseminar in IE	€400/opt.	nein		€400/opt.	nein	€400/opt.
Elterntreffen	ja	ja		ja	ja	ja
Nachbereitungstreffen	ja	ja		ja	ja	ja
Nachbereitungsseminar	nein	nein		nein	nein	nein
Gesamtpreis (circa)	**€ 8.500**	**€ 8.500**		**€ 8.990**	**€ 8.990**	**€ 10.990**
Programmbeginn	August	Januar		August	Januar	August
Programmende	Dez.	April		April	Juni	Juni
Bewerbungsschluss	15.04.	15.09.		15.04.	15.09.	15.04.
Spätbewerbung	möglich	möglich		möglich	möglich	möglich

Bewerbungsverlauf und Kriterien für die Annahme des Bewerbers
Für alle Teilnehmer gilt: Es kommt nicht nur auf die Schulnoten an, wichtig sind auch ihre Motivation und ihr Interesse an dem Gastland und dem Kulturaustausch. Der zukünftige Austauschschüler sollte Flexibilität, Verständnis, Toleranz und Selbstständigkeit mitbringen. Bewerben können sich Schüler/innen, die über mindestens zufriedenstellende Englischkenntnisse und gute Schulnoten verfügen. Für Allergien, schlechtere Noten o. besondere Ernährungsgewohnheiten fällt eine zusätzliche Gebühr an Teilnahmealter: 15-19 Jahre (14 gegen Aufpreis). Bewerbungsverlauf: Ausfüllen des Bewerbungsformulars, persönliches Bewerbungsgespräch gemeinsam mit den Eltern, nach erfolgreichem Gespräch Aufnahme ins Programm.

Vorbereitung auf den Irland-Aufenthalt in Deutschland
Intensive Vorbereitungsseminare in mehreren Städten.

Betreuung während des Auslandsaufenthalts und durch Nachbereitung
Unsere Partnerorganisation stellt für die Schüler einen Betreuer vor Ort und auch DFSR ist für seine Partner über eine 24h-Notrufnummer immer erreichbar. Nach Rückkehr der Schüler nach Deutschland erhalten sie die Möglichkeit auf der Welcome-Back Party von ihren Erfahrungen zu berichten.

Stipendien und Sonstiges
Gegen Aufpreis besteht die Möglichkeit einer Regionenwahl, sowie eines 3-tägigen Soft Landing Camps in Dublin.

Kurz und bündig			
Gründungsjahr	1978	Schülerzahl im Irland-Programm 2014/15	10
IE-Programm seit	2002	Gesamtschülerzahl im High School Programm 2014/15	392
Gemeinnützigkeit	nein	Partner in Irland	EDUCATIUS

EF Education (Deutschland) GmbH
Königsallee 92 a
40212 Düsseldorf
highschoolyear.de@ef.com
Telefon: 0211 / 688 57 300
Telefax: 0211 / 688 57 301
www.ef.com/highschool

Preis und Leistung

Länderwahlprogramm	Herbst	Winter	Frühjahr	Herbst/ Winter	Winter/ Frühjahr	Schuljahr
Grundpreis				€ 8.490		€ 8.990
Flug D – Irland				ja		ja
Flugbegleitung				nein		nein
Vorbereitungstreffen				ja		ja
Vorbereitungsseminar				nein		nein
Einführungsseminar in IE				2 Tage inkl.		2 Tage inkl.
Elterntreffen				ja		ja
Nachbereitungstreffen				ja		ja
Nachbereitungsseminar				nein		nein
Gesamtpreis (circa)				**€ 8.490**		**€ 8.990**
Programmbeginn				August		August
Programmende				Dez. / Jan.		Juni
Bewerbungsschluss				31.03.		31.03.
Spätbewerbung				möglich		möglich

Bewerbungsverlauf und Kriterien für die Annahme des Bewerbers
Wir laden Dich und Deine Eltern nach Deiner Anmeldung zu einem persönlichen Auswahlgespräch mit EF-Mitarbeitern und ehemaligen Austauschschülern ein. Eine Elternberatung findet parallel statt. Kriterien für die Annahme sind Offenheit, Anpassungsfähigkeit, hohe Motivation, schulische Leistungen und Fremdsprachenkenntnisse.

Vorbereitung auf den Irland-Aufenthalt in Deutschland
Informationsveranstaltungen und Vorbereitungsseminare in mehreren Städten in Deutschland. Monatlich wird umfangreiches Informationsmaterial zugesandt und zu Beginn des Jahres finden Welcome Days (2 Tage Vorbereitung im Gastland) oder zusätzlich das 12-tägige EF High School Camp (optional für 1.195 €) auf dem Campus der Universität Maynooth statt.

Betreuung während des Auslandsaufenthalts und durch Nachbereitung
Regelmäßiger Kontakt mit dem Betreuer vor Ort / Besuch des Betreuers / Ausflüge bzw. Reiseangebote durch Betreuer vor Ort (optional) / telefonische Unterstützung für Schüler und Eltern während des Austauschjahres durch das EF-Büro in Deutschland und im Gastland. Den Schülern steht im Gastland eine 24h-Notrufnummer zur Verfügung.

Stipendien und Sonstiges
Stipendien: EF bietet mehrere Teilstipendien an (www.ef.com/stipendien). *Sonstiges:* EF Discovery Tours und Regionenwahl (nördliches, mittleres, südliches Irland).

Kurz und bündig

Gründungsjahr	1965	Schülerzahl im Irland-Programm 2014/15	75
IE-Programm seit	2004	Gesamtschülerzahl im High School Programm 2014/15	900
Gemeinnützigkeit	nein	Partner in Irland	eigene EF-Mitarbeiter/-Organsiation

Experiment e.V.
Gluckstraße 1
53115 Bonn
info@experiment-ev.de
Telefon: 0228 / 957 220
Telefax: 0228 / 358 282
www.experiment-ev.de

Preis und Leistung						
Länderwahlprogramm	Herbst	Winter	Frühjahr	Herbst/ Winter	Winter/ Frühjahr	Schuljahr
Grundpreis (circa)	€ 5.100	€ 5.100		€ 6.500	€ 6.500	€ 9.200
Flug D – Irland	€ 400/p	€ 400/p		€ 400/p	€ 400/p	€ 400/p
Flugbegleitung	nein	nein		nein	nein	nein
Vorbereitungstreffen	nein	nein		nein	nein	nein
Vorbereitungsseminar	ja	ja		ja	ja	ja
Einführungsseminar in IE	nein	nein		nein	nein	nein
Elterntreffen	nein	nein		nein	nein	nein
Nachbereitungstreffen	nein	nein		nein	nein	nein
Nachbereitungsseminar	ja	ja		ja	ja	ja
Gesamtpreis (circa)	**€ 5.500**	**€ 5.500**		**€ 6.900**	**€ 6.900**	**€ 9.600**
Programmbeginn	Aug.	Jan.		Aug.	Jan.	August
Programmende	Nov.	März		Jan.	Mai	Mai
Bewerbungsschluss	1.2./1.8.	01.02.		1.2/1.8.	01.02.	01.02.
Spätbewerbung	möglich	möglich		möglich	möglich	möglich

Bewerbungsverlauf und Kriterien für die Annahme des Bewerbers
Schülerinnen und Schüler im Alter zwischen 14 und 18 Jahren können an dem Programm teilnehmen. Voraussetzung ist, dass der Bewerber bis zur Ausreise eine weiterführende Schule besucht. Aufgeschlossenheit, Offenheit, Toleranz und ein gewisses Anpassungsvermögen sind dabei unentbehrliche Fähigkeiten. Gute Grundkenntnisse in Englisch setzen wir voraus. „College in Irland“ nach dem Abitur möglich (max. 19 Jahre)!

Vorbereitung auf den Irland-Aufenthalt in Deutschland
Alle Teilnehmer werden zu einem überregionalen, viertägigen Vorbereitungsseminar eingeladen, auf dem sie von Ehrenamtlichen umfassend auf ihren Auslandsaufenthalt vorbereitet werden. Diese intensive Vorbereitung findet bereits mehrere Wochen vor der Ausreise statt, ist verpflichtend für alle Teilnehmer und daher bereits im Preis enthalten.

Betreuung während des Auslandsaufenthalts und durch Nachbereitung
Ein persönlicher Betreuer unserer Partnerorganisation hat die Gastfamilie vor der Ankunft des Austauschschülers besucht und ist während des Aufenthaltes Ansprechpartner für Schüler und Gastfamilie. Für Eltern und Teilnehmer gibt es zusätzlich in Deutschland einen telefonischen Bereitschaftsdienst von Experiment e.V., der rund um die Uhr erreichbar ist.

Stipendien und Sonstiges
Aufenthalt für 4 und 7 Monate möglich. College mit Gastfamilienaufenthalt auch nach dem Abitur möglich. Experiment e.V. hat für den „Schulbesuch im Ausland“ einen eigenfinanzierten Stipendienfonds in Höhe von 60.000 Euro (2015-16): www.experiment-ev.de/stipendien.

Kurz und bündig			
Gründungsjahr	1932	Schülerzahl im Irland-Programm 2014/15	68
IE-Programm seit	2000	Gesamtschülerzahl im High School Programm 2014/15	490
Gemeinnützigkeit	ja	Partner in Irland	E.I.L. (Experiment in Intern.Living) Ireland

Global Youth Group e.V.
Eststr. 6
45149 Essen
info@global-youth-group.de
Telefon: 0201 / 6124529
Telefax: 0201 / 47619824
www.global-youth-group.de

Preis und Leistung						
Länderwahlprogramm	Herbst	Winter	Frühjahr	Herbst/ Winter	Winter/ Frühjahr	Schuljahr
Grundpreis	€ 5.850	€ 6.250	€ 7.200	€ 7.500	€ 7.100	€ 8.450
Flug D – Irland	€ 400/p	€ 400/p	€ 400/p	€ 400/p	€ 400/p	€ 400/p
Flugbegleitung	optional	optional	optional	optional	optional	optional
Vorbereitungstreffen	optional	optional	optional	optional	optional	optional
Vorbereitungsseminar	ja	ja	ja	ja	ja	ja
Einführungsseminar in IE	ja	ja	ja	ja	ja	ja
Elterntreffen	ja	ja	ja	ja	ja	ja
Nachbereitungstreffen	nein	nein	nein	nein	nein	nein
Nachbereitungsseminar	ja	ja	ja	ja	ja	ja
Gesamtpreis (circa)	**€ 6.250**	**€ 6.650**	**€ 7.600**	**€ 7.900**	**€ 7.500**	**€ 8.850**
Programmbeginn	August	Januar	April	August	Januar	August
Programmende	Dez.	April	Juli	März	Juli	Juli
Bewerbungsschluss	15.04.	15.10.	15.04.	15.04.	15.10.	15.04.
Spätbewerbung	möglich	möglich	möglich	möglich	möglich	möglich

Bewerbungsverlauf und Kriterien für die Annahme des Bewerbers
Bewirb dich online, per Telefon / Fax oder mit unserem Bewerbungsformular welches du in unserer Broschüre findest. Im Anschluss findet ein kostenloses und unverbindliches Bewerbungsinterview. Du solltest dich für das Leben in deinem Gastland interessieren und erste Sprachkenntnisse haben. Teilnahme ab 13 Jahren und auch nach dem Abitur möglich.

Vorbereitung auf den Irland-Aufenthalt in Deutschland
Wir bereiten dich und deine Eltern im Vorbereitungsseminar auf deinen Aufenthalt in Irland vor. Das Seminar findet in Nord-, Ost-, Süd- und Westdeutschland statt.

Betreuung während des Auslandsaufenthalts und durch Nachbereitung
In Irland wirst du durch unsere Partnerorganisation betreut. Diese stellt dir einen persönlichen Betreuer, sowie eine 24-Stunden Notrufnummer zur Verfügung. Exklusive bei uns hast du die Möglichkeit, zusätzlich durch einen GYG-Betreuer viertel- oder halbjährlich vor Ort betreut zu werden. Nach deiner Rückkehr findet ein Nachbereitungscamp statt.

Stipendien und Sonstiges
Preisnachlass:150 € bei Geschwisterkindern; 80 € bei Freunden; 300 € bei einer Bewerbung bis zum 30.12. (Sommer) und 31.5. (Winter); GYG Weltbürger-Teilstipendium: 2 x 2.000 € (2015/16); 2 x 1.000 € (2016/17); Optional: 3-Tage London Trip (300 €) oder Vorbereitungswoche in Südengland (750 €); Programme in Irland: Landesweit, Schulwahl, Ortswahl.

Kurz und bündig			
Gründungsjahr	2009	Schülerzahl im Irland-Programm 2014/15	5
IE-Programm seit	2010	Gesamtschülerzahl im High School Programm 2014/15	79
Gemeinnützigkeit	ja	Partner in Irland	LSC, IH Dublin, LLI, IS

GLS Sprachenzentrum – Inh. Barbara Jaeschke
Kastanienallee 82 Telefon: 030 / 780 089 80
10435 Berlin Telefax: 030 / 787 419 1
highschool@gls-sprachenzentrum.de www.gls-sprachenzentrum.de

Preis und Leistung						
*Länderwahlprogramm**	Herbst	Winter	Frühjahr	Herbst/ Winter	Winter/ Frühjahr	Schuljahr
Grundpreis	€ 5.990	€ 7.190		€ 7.990	€ 7.990	€ 10.890
Flug D – Irland	€ 400/p	€ 400/p		€ 400/p	€ 400/p	€ 400/p
Flugbegleitung	nein	nein		nein	nein	nein
Vorbereitungstreffen	ja	ja		ja	ja	ja
Vorbereitungsseminar	€ 110/opt	€ 110/opt		€ 110/opt	€ 110/opt	€ 110/opt
Einführungsseminar in IE	nein	nein		nein	nein	nein
Elterntreffen	nein	nein		nein	nein	nein
Nachbereitungstreffen	nein	nein		nein	nein	nein
Nachbereitungsseminar	ja	ja		ja	ja	ja
Gesamtpreis (circa)	**€ 6.390**	**€ 7.590**		**€ 8.390**	**€ 8.390**	**€ 11.290**
Programmbeginn	26.08.	05.01.		26.08.	05.01.	26.08.
Programmende	20.12	30.03.		30.03.	01.06.	01.06.
Bewerbungsschluss	flexibel	flexibel		flexibel	flexibel	flexibel
Spätbewerbung	möglich	möglich		möglich	möglich	möglich

Bewerbungsverlauf und Kriterien für die Annahme des Bewerbers
Nach Anmeldung laden wir zum Interview auf Englisch und auf Wunsch zu einer kostenlosen Beratung ein. Neben Motivation und Anpassungsbereitschaft sowie einem Notendurchschnitt von mind. 3,5 bildet das Interview die Voraussetzung für die Aufnahme ins Programm. Sobald uns die Bewerbungsmappe vorliegt, leiten wir diese nach Durchsicht unseren Partnern im Ausland weiter, die vor Ort Gastfamilie bzw. Internats- und Schulplatz sicherstellen.

Vorbereitung auf den Irland-Aufenthalt in Deutschland
Neben unseren Orientierungstreffen vor Abreise für Schüler und Eltern im Frühjahr und im Herbst (deutschlandweit sowie in Zürich und Wien) bieten wir regelmäßig optionale Workshops und Sprachkurse zur Vorbereitung auf unserem Campus in Berlin an.

Betreuung während des Auslandsaufenthalts und durch Nachbereitung
Jedem Teilnehmer wird ein Betreuer im Gastland zur Seite gestellt. Darüber hinaus unterstützen wir selbstverständlich auch nach Abreise Schüler wie Eltern und garantieren umgehende Reaktion und Hilfestellung. Unsere Rückkehrer laden wir im Herbst zum Returnee-Wochenende nach Berlin ein. Neben Workshops zur Nachbereitung des Auslandsaufenthalts und Austausch mit anderen GLSlern steht natürlich ein abwechslungsreiches Berlin-Programm auf der Agenda

Stipendien und Sonstiges
* Schulwahlprogramm buchbar (staatliche/private Tagesschulen/Internate)

Kurz und bündig				
Gründungsjahr	1983	Schülerzahl im Irland-Programm 2014/15		13
IE-Programm seit	1999	Gesamtschülerzahl im High School Programm 2014/15		576
Gemeinnützigkeit	nein	Partner in Irland	HSI, LSC	

HiCo Education – High School & College Consulting – Inh. Ilona Wondratschek
Darmstädter Str. 162 | Telefon: 06251 / 58 50 688
64625 Bensheim | Telefax: 06251 / 58 30 002
info@hico-education.de | www.hico-education.de

Preis und Leistung

*Länderwahlprogramm**	Herbst	Winter	Frühjahr	Herbst/ Winter	Winter/ Frühjahr	Schuljahr
Grundpreis (ab)	€ 6.900	€ 6.600		€ 8.800	€ 8.100	€ 10.500
Flug D – Irland	ja	ja		ja	ja	ja
Flugbegleitung	nein	nein		nein	nein	nein
Vorbereitungstreffen	ja	ja		ja	ja	ja
Vorbereitungsseminar	nein	nein		nein	nein	nein
Einführungsseminar in IE	nein	nein		nein	nein	nein
Elterntreffen	nein	nein		nein	nein	nein
Nachbereitungstreffen	a.Wunsch	a.Wunsch		a.Wunsch	a.Wunsch	a.Wunsch
Nachbereitungsseminar	nein	nein		nein	nein	nein
Gesamtpreis (circa)	**€ 6.900**	**€ 6.600**		**€ 8.800**	**€ 8.100**	**€ 10.500**
Programmbeginn	Sept.	Jan.		Sept.	Jan.	Sept.
Programmende	Dez.	April		April	Juni	Juni
Bewerbungsschluss	flexibel	flexibel		flexibel	flexibel	flexibel
Spätbewerbung	ja	ja		ja	ja	ja

Bewerbungsverlauf und Kriterien für die Annahme des Bewerbers
Nach Bewerbungseingang erfolgt ein unverbindliches Beratungs- und Bewerbungsgespräch. Danach kann der Schüler wählen zwischen dem Programm ohne Schulwahl oder einem öffentl. Programm mit Schulwahl, gerne schlagen wir auf Wunsch eine Schule vor. Nach dem Gespräch unterbreiten wir ein Beratungs- und Betreuungsangebot, das sich nach der Dauer des Aufenthaltes richtet.

Vorbereitung auf den Irland-Aufenthalt in Deutschland
Ca. 2 Monate vor Programmbeginn bieten wir für alle Schüler ein 1-tägiges Vorbereitungsseminar an, hier erfahren die Jugendlichen alles rund um das Auslandsjahr und haben die Gelegenheit sich mit "Ehemaligen" auszutauschen.

Betreuung während des Auslandsaufenthalts und durch Nachbereitung
Während der gesamten Zeit des Aufenthaltes werden unsere Schüler von unserer Partnerorganisation betreut, jeder Schüler hat an seinem Wohnort einen lokalen Betreuer als Ansprechpartner zur Verfügung. Auch unser Team in Deutschland steht das Jahr über in Kontakt mit den Jugendlichen und ist immer für Fragen verfügbar. Bei dem Programm mit Schulwahl werden die Schüler im Großraum Dublin platziert und haben ein garantiertes Einzelzimmer.

Stipendien und Sonstiges
* In Irland bieten wir Programme mit und ohne Schulwahl an sowie Privatschulen u. Internate. Wir vergeben für unser Irland Programm ein Teilstipendium in Höhe von € 1.000.

Kurz und bündig

Gründungsjahr	2009	Schülerzahl im Irland-Programm 2014/15		4
IE-Programm seit	2009	Gesamtschülerzahl im High School Programm 2014/15		141
Gemeinnützigkeit	nein	Partner in Irland	LLI, ISI	

ICXchange-Deutschland e.V.
Bahnhofstr. 16-18
26122 Oldenburg
info@icxchange.de
Telefon: 0441 / 923 98-0
Telefax: 0441 / 923 98-99
www.icxchange.de

Preis und Leistung

Regionenwahlprogramm	Herbst	Winter	Frühjahr	Herbst/ Winter	Winter/ Frühjahr	Schuljahr
Grundpreis (ab)	€ 6.050	€ 5.050		€ 8.600	€ 7.400	€ 11.150
Flug D – Irland	ja	ja		ja	ja	ja
Flugbegleitung	ja	nein		ja	nein	ja
Vorbereitungstreffen	nein	nein		nein	nein	nein
Vorbereitungsseminar	ja	ja		ja	ja	ja
Einführungsseminar in IE	nein	nein		nein	nein	nein
Elterntreffen	nein	nein		nein	nein	nein
Nachbereitungstreffen	nein	nein		nein	nein	nein
Nachbereitungsseminar	ja	ja		ja	ja	ja
Gesamtpreis (ab circa)	**€ 6.050**	**€ 5.050**		**€ 8.600**	**€ 7.400**	**€ 11.150**
Programmbeginn	27.08.	02.01.		27.08.	02.01.	27.08.
Programmende	19.12.	19.03.		19.03.	01.06.	01.06.
Bewerbungsschluss	31.03.	30.09.		31.03.	30.09.	31.03.
Spätbewerbung	möglich	möglich		möglich	möglich	möglich

Bewerbungsverlauf und Kriterien für die Annahme des Bewerbers
Nach Eingang der Kurzbewerbung laden wir den Bewerber zu einem persönlichen Gespräch ein. Danach folgen Akzeptierung, ausführliche Bewerbungsunterlagen und Vertragsofferte. Voraussetzungen: 14-18 Jahre, Besuch einer allgemeinbildenden Schule, 3 Jahre Englischunterricht, Notendurchschnitt von 3,5 für Gymnasiasten und 3,0 für Realschüler.

Vorbereitung auf den Irland-Aufenthalt in Deutschland
Die Teilnehmer werden mit ihren Eltern zu einem gemeinsamen Vorbereitungstreffen eingeladen und erhalten außerdem ausführliche schriftliche Informationen. Für Fragen stehen unsere Programmkoordinatoren jederzeit zur Verfügung.

Betreuung während des Auslandsaufenthalts und durch Nachbereitung
Im Gastland werden die Schüler von unserem jeweiligen irischen Partner, CELT (Dublin) bzw. Gordon (Cork), betreut. Jedem Schüler steht am Wohnort der Gastfamilie ein Mitarbeiter von CELT bzw. Gordon als Ansprechpartner zur Verfügung. Nach Beendigung des Programms findet ein Nachbereitungsseminar in Deutschland statt.

Stipendien und Sonstiges
ICX vergibt Teilstipendien bis € 1.000. Die Stipendienvergabe richtet sich nach der Höhe des Familieneinkommens und dem zur Verfügung stehenden Stipendienfonds.

Kurz und bündig

Gründungsjahr	1974	Schülerzahl im Irland-Programm 2014/15		31
IE-Programm seit	1996	Gesamtschülerzahl im High School Programm 2014/15		229
Gemeinnützigkeit	ja	Partner in Irland	CELT, Gordon	

into GmbH
Ostlandstraße 14
50858 Köln
kontakt@into.de

Telefon: 02234 / 946 36-0
Telefax: 02234 / 946 36-23
www.into.de

Preis und Leistung						
Länderwahlprogramm	Herbst	Winter	Frühjahr	Herbst/ Winter	Winter/ Frühjahr	Schuljahr
Grundpreis	€ 7.390			€ 9.200	€ 10.900	€ 11.500
Flug D – Irland	ja			ja	ja	ja
Flugbegleitung	nein			nein	nein	nein
Vorbereitungstreffen	nein			nein	nein	nein
Vorbereitungsseminar	ja			ja	ja	ja
Einführungsseminar in IE	ja			ja	nein	ja
Elterntreffen	nein			nein	nein	nein
Nachbereitungstreffen	nein			nein	nein	nein
Nachbereitungsseminar	ja			ja	ja	ja
Gesamtpreis (circa)	**€ 7.390**			**€ 9.200**	**€ 10.900**	**€ 11.500**
Programmbeginn	Sept.			Sept.	Januar	Sept.
Programmende	Nov.			Februar	Juni	Juni
Bewerbungsschluss	30.04.			30.04.	31.10.	30.04.
Spätbewerbung	auf Anfr.			auf Anfr.	auf Anfr.	auf Anfr.

Bewerbungsverlauf und Kriterien für die Annahme des Bewerbers
Dein Notendurchschnitt muss befriedigend oder besser sein, Dein Zeugnis darf keine mangelhafte Note in einem Hauptfach enthalten. Das Wichtigste ist, dass Du Motivation, Flexibilität, Toleranz und Anpassungsfähigkeit mitbringst.

Vorbereitung auf den Irland-Aufenthalt in Deutschland
Schüler- und Elternhandbuch, regelmäßig Infobriefe (Newslinks) mit Infos zum Ablauf, kulturellen Eigenheiten der Gastländer sowie Ratschlägen und Erfahrungsberichten. Zweitägiges Vorbereitungsseminar vor Abreise bei dem Du Infos und Tipps erhältst und etwas zu den Vorschriften und Regeln während Deines Austausches erfährst. Zudem wirst Du mit Rollenspielen, kreativer Arbeit und lustigen Sketchen auf Deinen Austausch vorbereitet. Es gibt eine Extra-Informationsveranstaltung zur Vorbereitung Deiner Eltern bei Sommer-Ausreise.

Betreuung während des Auslandsaufenthalts und durch Nachbereitung
In Irland wird in der Nähe Deines Wohnortes ein Ansprechpartner für Dich und Deine Gastfamilie sein. Auch in Deutschland sind wir immer erreichbar. Nach Deiner Rückkehr ist es noch nicht „vorbei": Unsere Returnees organisieren „get togethers", das traditionelle *into* BBQ und Ausflüge, bei denen sich viele Ehemalige immer wieder treffen.

Stipendien und Sonstiges
Bei Sommer-Ausreise ist im Preis ein viertägiges Orientation Camp in Dublin enthalten. Neben dem Classic-Programm bietet *into* in Irland auch ein Schulwahl-Programm an.

Kurz und bündig				
Gründungsjahr	1986	Schülerzahl im Irland-Programm 2014/15		15
IE-Programm seit	2005	Gesamtschülerzahl im High School Programm 2014/15		435
Gemeinnützigkeit	nein	Partner in Irland	Interstudies, *into* Ireland	

iSt Internationale Sprach- und Studienreisen GmbH
Stiftsmühle
69080 Heidelberg
iSt@sprachreisen.de
Telefon: 06221 / 89 00-0
Telefax: 06221 / 89 00-200
www.sprachreisen.de

Preis und Leistung

Schulwahlprogramm	Herbst	Winter	Frühjahr	Herbst/ Winter	Winter/ Frühjahr	Schuljahr
Grundpreis (ab)	€ 6.980	€ 7.360		€ 11.850	€ 9.980	€ 12.780
Flug D – Irland	ja	ja		ja	ja	ja
Flugbegleitung	nein	nein		nein	nein	nein
Vorbereitungstreffen	ja	ja		ja	ja	ja
Vorbereitungsseminar	nein	nein		nein	nein	nein
Einführungsseminar in IE	nein	nein		nein	nein	nein
Elterntreffen	nein	nein		nein	nein	nein
Nachbereitungstreffen	€ 45/opt.	€ 45/opt.		€ 45/opt.	€ 45/opt.	€ 45/opt.
Nachbereitungsseminar	nein	nein		nein	nein	nein
Gesamtpreis (circa)	**€ 6.980**	**€ 7.360**		**€ 11.850**	**€ 9.980**	**€ 12.780**
Programmbeginn	Sept.	Jan.		Sept.	Jan.	Sept.
Programmende	Dez.	März		März	Mai	Mai
Bewerbungsschluss	Mai	Oktober		Mai	Oktober	Mai
Spätbewerbung	möglich	möglich		möglich	möglich	möglich

Bewerbungsverlauf und Kriterien für die Annahme des Bewerbers
Die Bewerber füllen ein Bewerbungsformular aus und schicken dies zusammen mit einer kurzen Selbstbeschreibung und der letzten Zeugniskopie an unser Büro. Die Bewerber und ihre Eltern werden dann umgehend zu einem persönlichen Gespräch eingeladen. Kurze Zeit nach dem Interview teilen wir schriftlich mit, ob Sie in das Programm aufgenommen werden.

Vorbereitung auf den Irland-Aufenthalt in Deutschland
Schon beim Bewerbungsgespräch informieren wir umfassend über viele wichtige Aspekte der Programmteilnahme und erläutern kulturelle Besonderheiten des Gastlandes. Die Teilnehmer erhalten regelmäßig Informationsbriefe zum bevorstehenden Aufenthalt und können Kontakt zu ehemaligen Teilnehmern aufnehmen.

Betreuung während des Auslandsaufenthalts und durch Nachbereitung
Wir bleiben auch während des Aufenthaltes mit Ihnen in Kontakt und versorgen Sie mit aktuellen Informationen. Der örtliche Vertreter steht Ihnen mit Rat und Hilfe zur Seite. Auf einem Nachbereitungstreffen können Sie Ihre Eindrücke noch einmal Revue passieren lassen und mit anderen Teilnehmern Erfahrungen austauschen.

Stipendien und Sonstiges
Aus über 25 Schulen in ganz Irland können Sie die Einrichtung auswählen, die Ihren Neigungen und Fähigkeiten am besten entspricht. Stipendien können für das Irland-Programm leider nicht vergeben werden.

Kurz und bündig

Gründungsjahr	1981	Schülerzahl im Irland-Programm 2014/15	20
IE-Programm seit	1984	Gesamtschülerzahl im High School Programm 2014/15	1.090
Gemeinnützigkeit	nein	Partner in Irland	HSI

KulturLife gGmbH
Max-Giese-Str. 22
24116 Kiel
info@kultur-life.de
Telefon: 0431 / 888 14-10
Telefax: 0431 / 888 14-19
www.kultur-life.de

Preis und Leistung

Länderwahlprogramm	Herbst	Winter	Frühjahr	Herbst/ Winter	Winter/ Frühjahr	Schuljahr
Grundpreis (ab)	€ 6.290		€ 6.590	€ 7.590	€ 8.390	€ 8.990
Flug D – Irland	€ 400/p		€ 400/p	€ 400/p	€ 400/p	€ 400/p
Flugbegleitung	nein		nein	nein	nein	nein
Vorbereitungstreffen	nein		nein	nein	nein	nein
Vorbereitungsseminar	ja		ja	ja	ja	ja
Einführungsseminar in IE	ja		ja	ja	ja	ja
Elterntreffen	ja		ja	ja	ja	ja
Nachbereitungstreffen	nein		nein	nein	nein	nein
Nachbereitungsseminar	ja		ja	ja	ja	ja
Gesamtpreis (ab circa)	**€ 6.690**		**€ 6.990**	**€ 7.990**	**€ 8.790**	**€ 9.390**
Programmbeginn	Aug.		Jan.	Aug.	Aug.	Aug.
Programmende	Dez.		Mai	Feb.	Apr.	Mai
Bewerbungsschluss	30.04.		30.09.	30.04.	30.09.	30.04.
Spätbewerbung	möglich		möglich	möglich	möglich	möglich

Bewerbungsverlauf und Kriterien für die Annahme des Bewerbers
Anhand deiner unverbindlichen Voranmeldung prüfen wir, ob wir dich in unser Programm aufnehmen können. Danach melden wir uns und vereinbaren einen persönlichen Gesprächstermin. Es findet ein persönliches Interview mit einem Programmbetreuer über Skype statt.

Vorbereitung auf den Irland-Aufenthalt in Deutschland
Jedes Jahr im Frühjahr und Herbst führen wir mehrere Vorbereitungsseminare durch, die jeweils ein Wochenende dauern. Neben den Jugendlichen sind am ersten Tag auch die Eltern eingeladen. Besondere Schwerpunkte der Vorbereitungsseminare sind neben einem intensiven interkulturellen Training das Verhalten in der Gastfamilie und Strategien zur Vermeidung oder Lösung möglicher Problemen.

Betreuung während des Auslandsaufenthalts und durch Nachbereitung
Unsere Irland-Reisenden fliegen individuell von dem von ihnen gewünschten Abflugort direkt zur Gastfamilie oder nach Dublin, wo sie von unseren Kollegen vor Ort erwartet werden. Eine Einführungsveranstaltung erfolgt dann vor Ort durch die Partner oder direkt an den Schulen
.

Stipendien und Sonstiges
Im Schulwahlprogramm Dublin Select ist es möglich sich eine bestimmte Schule auszusuchen. Im Länderwahlprogramm werden die Schüler in ländlichen Regionen platziert. Bewerbung für das Nordlicht-Stipendium möglich.

Kurz und bündig

Gründungsjahr	1995	Schülerzahl im Irland-Programm 2014/15		15
IE-Programm seit	2007	Gesamtschülerzahl im High School Programm 2014/15		194
Gemeinnützigkeit	ja	Partner in Irland	iStudy International, Interstudies	

MAP SPRACHREISEN GmbH – MUNICH ACADEMIC PROGRAM	
Türkenstraße 104	Telefon: 089 / 35 73 79 77
80799 München	Telefax: 089 / 35 73 79 78
highschool@map-sprachreisen.com	www.map-sprachreisen.com

Preis und Leistung						
*Regionenwahlprogramm**	Herbst	Winter	Frühjahr	Herbst/ Winter	Winter/ Frühjahr	Schuljahr
Grundpreis (ab)	€ 7.150	€ 7.500		€ 11.750	€ 10.200	€ 13.000
Flug D – Irland	€ 400/p	€ 400/p		€ 400/p	€ 400/p	€ 400/p
Flugbegleitung	ab 15 TN	ab 15 TN		ab 15 TN	ab 15 TN	ab 15 TN
Vorbereitungstreffen	ja	ja		ja	ja	ja
Vorbereitungsseminar	nein	nein		nein	nein	nein
Einführungsseminar in IE	ja	ja		ja	ja	ja
Elterntreffen	nein	nein		nein	nein	nein
Nachbereitungstreffen	ja	ja		ja	ja	ja
Nachbereitungsseminar	nein	nein		nein	nein	nein
Gesamtpreis (ab circa)	**€ 7.550**	**€ 7.900**		**€ 12.150**	**€ 10.600**	**€ 13.400**
Programmbeginn	Sept.	Jan.		Sept.	Jan.	Sept.
Programmende	Dez.	April		April	Juni	Juni
Bewerbungsschluss	4 bis 6	Wochen	vor	Beginn	der	Schule
Spätbewerbung	möglich	möglich		möglich	möglich	möglich

Bewerbungsverlauf und Kriterien für die Annahme des Bewerbers

Keine besonderen Alters- und Notenvorgaben.

Nach Bewerbungseingang erhalten Schüler und Eltern eine Einladung zu einem persönlichen Bewerbungs- und Informationsgespräch, das in der nächstgelegenen Großstadt stattfindet. Nachdem sich MAP von der Eignung des Bewerbers überzeugt hat, erhält er nach wenigen Tagen ein Vertragsangebot und die MAP Akzeptierungsunterlagen.

Vorbereitung auf den Irland-Aufenthalt in Deutschland

Von Anfang an wird jeder Programmteilnehmer umfassend von MAP auf seinen Aufenthalt vorbereitet und über die erforderlichen (organisatorischen) Schritte unterrichtet und mit Infomaterial (Literaturhinweisen, Berichten ehemaliger Schüler, Wissenswertem über Land und Leute usw.) versorgt. Kurz vor Abreise findet ein Vorbereitungstreffen (Orientation) statt.

Betreuung während des Auslandsaufenthalts

In Irland steht jedem Gastschüler ein Repräsentant der Partnerorganisation als Ansprechpartner für Probleme aller Art zur Seite.

Nachbereitung

Nach der Rückkehr organisiert MAP ein "Returnee"-Treffen.

Stipendien und Sonstiges

* Es besteht auch die Möglichkeit eine Privatschule (Unterbringung in einer Gastfamilie oder im Internat) zu besuchen (höhere Schulgebühr).

Kurz und bündig			
Gründungsjahr	1996	Schülerzahl im Irland Programm 2014/15	7
IE-Programm seit	1999	Gesamtschülerzahl im High School Programm 2014/15	203
Gemeinnützigkeit	nein	Partner in Irland	HSI, Dublin

Open Door International e.V.
Thürmchenswall 69
50668 Köln
info@opendoorinternational.de
Telefon: 0221 / 60 60 85 50
Telefax: 0221 / 60 60 85 519
www.opendoorinternational.de

Preis und Leistung						
Länderwahlprogramm	Herbst	Winter	Frühjahr	Herbst/ Winter	Winter/ Frühjahr	Schuljahr
Grundpreis (ab)	€ 7.690	€ 7.690		€ 8.390	€ 8.390	€ 9.590
Flug D – Irland	€ 400/p	€ 400/p		€ 400/p	€ 400/p	€ 400/p
Flugbegleitung	nein	nein		nein	nein	nein
Vorbereitungstreffen	nein	nein		nein	nein	nein
Vorbereitungsseminar	ja	ja		ja	ja	ja
Einführungsseminar in IE	ja	ja		ja	ja	ja
Elterntreffen	ja	ja		ja	ja	ja
Nachbereitungstreffen	nein	nein		nein	nein	nein
Nachbereitungsseminar	ja	ja		ja	ja	ja
Gesamtpreis (ab circa)	**€ 8.090**	**€ 8.090**		**€ 8.790**	**€ 8.790**	**€ 9.990**
Programmbeginn	Sept.	Januar		Sept.	Januar	Sept.
Programmende	Dez.	April		Januar	Mai	Mai
Bewerbungsschluss	April	Oktober		April	Okt.	April
Spätbewerbung	möglich	möglich		möglich	möglich	möglich

Bewerbungsverlauf und Kriterien für die Annahme des Bewerbers
Bewerben können sich Jugendliche zwischen 14 und 18 Jahren; Notendurchschnitt und Englischnote möglichst nicht schlechter als 3,0; das Irlandprogramm ist jedoch auch für Schülerinnen und Schüler mit körperlichen/gesundheitlichen Einschränkungen und/oder nicht ganz so guten Noten geeignet.

Vorbereitung auf den Irland-Aufenthalt in Deutschland
Die Teilnahme am Wochenend-Vorbereitungsseminar in Deutschland ist für den Bewerber obligatorisch. Hier erhalten Schüler und Eltern alle wichtigen Informationen sowie Tipps und Tricks. Der Bewerber erhält ein umfassendes Handbuch. Ein persönlicher, fester Ansprechpartner im Kölner ODI-Büro steht zudem telefonisch und per E-Mail immer zur Verfügung.

Betreuung während des Auslandsaufenthalts und durch Nachbereitung
Betreuung vor Ort durch lokale Mitarbeiter der Partnerorganisation. 24-Stunden-Notrufnummer in Irland und Deutschland. Betreuung der Eltern durch das Kölner ODI-Büro sowie Elterntreffen während des Aufenthaltes. Mehrtägiges Nachbereitungsseminar für Returnees sowie die Möglichkeit der Mitarbeit im weltweiten Jugendaustausch.

Stipendien und Sonstiges
ODI vergibt für das Programmjahr 2015/2016 zwei Vollstipendien für die USA, ein Vollstipendium für die südamerikanischen Programmländer sowie insgesamt vier Teilstipendien für alle ODI-Programmländer.

Kurz und bündig				
Gründungsjahr	1983	Schülerzahl im Irland-Programm 2014/15		6
IE-Programm seit	2013	Gesamtschülerzahl im High School Programm 2014/15		145
Gemeinnützigkeit	ja	Partner in Irland	Interstudies	

Partnership International e.V.	
Hansaring 85	Telefon: 0221 / 913 973 3
50670 Köln	Telefax: 0221 / 913 973 4
office@partnership.de	www.partnership.de

Preis und Leistung						
Länderwahlprogramm	Herbst	Winter	Frühjahr	Herbst/ Frühjahr	Winter/ Frühjahr	Schuljahr
Grundpreis (circa)	€ 6.600			€ 7.990	€ 7.990	€ 10.500
Flug D – Irland	ja			ja	ja	ja
Flugbegleitung	nein			nein	nein	nein
Vorbereitungstreffen	nein			nein	nein	nein
Vorbereitungsseminar	ja			ja	ja	ja
Einführungsseminar in IE	nein			nein	nein	nein
Elterntreffen	ja			ja	ja	ja
Nachbereitungstreffen	nein			nein	nein	nein
Nachbereitungsseminar	ja			ja	ja	ja
Gesamtpreis (circa)	**€ 6.600**			**€ 7.990**	**€ 7.990**	**€ 10.500**
Programmbeginn	Sep.			Sep.	Jan.	Sep.
Programmende	Dez.			Feb.	Juni	Juni
Bewerbungsschluss	31.03.			31.03.	31.08.	31.03.
Spätbewerbung	möglich			möglich	möglich	möglich

Bewerbungsverlauf und Kriterien für die Annahme des Bewerbers

Bewerben können sich Schüler zwischen 14 und 18 Jahren mit zufriedenstellenden schulischen Leistungen. Wir laden jeden Bewerber zu einem Beratungsgespräch ein, sodass sich Schüler und Eltern mit unserem Verein und unserem Irlandprogramm vertraut machen können. Wir haben gleichzeitig die Möglichkeit, den Bewerber persönlich kennenzulernen.

Vorbereitung auf den Irland-Aufenthalt in Deutschland

Um optimal auf ihren Auslandsaufenthalt vorbereitet zu sein, nehmen unsere Teilnehmer vor Abreise an einem 3-tägigen Seminar teil. Organisiert und gestaltet wird dieses Seminar von geschulten, ehemaligen Austauschschülern. Das Seminar ist im Programmpreis enthalten. Für Eltern bieten wir zur Vorbereitung eine eintägige Informationsveranstaltung an.

Betreuung während des Auslandsaufenthalts und durch Nachbereitung

Die Schüler verbringen ihren Aufenthalt in der Region Wexford. Dort stehen sie in engem Kontakt zu unserer Partnerorganisation (deutschsprachige Ansprechpartnerin). Zudem gibt es regelmäßige Treffen und Veranstaltungen für die Austauschschüler. Ebenfalls inklusive – unsere E-Mail-Betreuung durch geschulte Alumni und das Nachbereitungsseminar.

Stipendien und Sonstiges

Wir vergeben jedes Jahr aus Vereinsmitteln Teilstipendien, unter Berücksichtigung von sozialen Kriterien und gesellschaftlichem Engagement.

Kurz und bündig			
Gründungsjahr	1961	Schülerzahl im Irland-Programm 2014/15	8
IE-Programm seit	1990	Gesamtschülerzahl im High School Programm 2014/15	167
Gemeinnützigkeit	ja	Partner in Irland	Partnership International Irland

Stepin GmbH – Student Travel and Education Programmes International
Beethovenallee 21 Telefon: 0228 / 956 95 30
53173 Bonn Telefax: 0228 / 956 95 39
school@stepin.de www.stepin.de

Preis und Leistung						
*Schulwahlprogramm**	Herbst	Winter	Frühjahr	Herbst/ Winter	Winter/ Frühjahr	Schuljahr
Grundpreis (ab)	€ 7.350	€ 8.390		€ 11.590	€ 9.290	€ 13.670
Flug D – Irland	ja	ja		ja	ja	ja
Flugbegleitung	nein	nein		nein	nein	nein
Vorbereitungstreffen	ja	ja		ja	ja	ja
Vorbereitungsseminar	ja	ja		ja	ja	ja
Einführungsseminar in IE	ja	ja		ja	ja	ja
Elterntreffen	nein	nein		nein	nein	nein
Nachbereitungstreffen	nein	nein		nein	nein	nein
Nachbereitungsseminar	ja	ja		ja	ja	ja
Gesamtpreis (ab circa)	**€ 7.350**	**€ 8.390**		**€ 11.590**	**€ 9.290**	**€ 13.670**
Programmbeginn	Aug/Sep	Jan.		Aug/Sep	Jan.	Aug/Sep
Programmende	Dez.	Mrz/Apr		Mrz/Apr	Mai/Juni	Mai/Juni
Bewerbungsschluss	15.06.	15.11.		15.06.	15.11.	15.06.
Spätbewerbung	möglich	möglich		möglich	möglich	möglich

Bewerbungsverlauf und Kriterien für die Annahme des Bewerbers
Step 1: Unverbindliche Anmeldung (schriftlich od. online). Step 2: persönliches Kennenlerngespräch in Wohnortnähe des Bewerbers. Step 3: Bei Eignung des Bewerbers unterbreitet Stepin ein Vertragsangebot. Teilnahmevoraussetzungen sind kulturelle Aufgeschlossenheit, Reife, Toleranz und mindestens befriedigende schulische Leistungen.

Vorbereitung auf den Irland-Aufenthalt in Deutschland
Eltern- und Schülervorbereitungstreffen bzw. -seminar in mehreren deutschen Städten sowie Handbücher und regelmäßige Info-Rundbriefe für Teilnehmer und Eltern bis zur Ausreise. Fester Programm-Ansprechpartner im Stepin-Büro.

Betreuung während des Auslandsaufenthalts und durch Nachbereitung
Betreuung vor Ort durch Partnerorganisation mit Sitz in Dublin. Partner ist für die Schüler eine wichtige Anlaufstelle. So findet dort beispielsweise jeden Mittwoch ein „English Club" statt. Ansprechpartner im Stepin-Büro. Returnee-Wochenende in Deutschland.

Stipendien und Sonstiges
Vorbereitungsseminar im Gastland in Dublin Sprachkurs in Dublin während der Sommerferien, Vermittlung einer privaten Tagesschule auf Anfrage. Handy und irische SIM-Karte werden für die Dauer des Aufenthaltes zur Verfügung gestellt. * Länderwahlprogramm möglich.

Kurz und bündig			
Gründungsjahr	1997	Schülerzahl im Irland-Programm 2014/15	20
IE-Programm seit	2001	Gesamtschülerzahl im High School Programm 2014/15	> 600
Gemeinnützigkeit	nein	Partner in Irland	ISI

STS Sprachreisen GmbH
Mönckebergstraße 5
20095 Hamburg
highschool@sts-education.de
Telefon: 040 / 303 999-23
Telefax: 040 / 303 999-08
www.sts-education.de

Preis und Leistung						
Länderwahlprogramm	Herbst	Winter	Frühjahr	Herbst/ Winter	Winter/ Frühjahr	Schuljahr
Grundpreis				€ 8.500	€ 8.250	€ 10.490
Flug D – Irland				ja	ja	ja
Flugbegleitung				nein	nein	nein
Vorbereitungstreffen				ja	ja	ja
Vorbereitungsseminar				nein	nein	nein
Einführungsseminar in IE				nein	nein	nein
Elterntreffen				nein	nein	nein
Nachbereitungstreffen				möglich	möglich	möglich
Nachbereitungsseminar				ja	ja	ja
Gesamtpreis (circa)				**€ 8.500**	**€ 8.250**	**€ 10.490**
Programmbeginn				Sept.	Jan.	Sept.
Programmende				Dez.	Mai/Juni	Mai/Juni
Bewerbungsschluss				31.03.	01.10.	31.03.
Spätbewerbung				möglich	möglich	möglich

Bewerbungsverlauf und Kriterien für die Annahme des Bewerbers
Nach Eingang der Bewerbung laden wir den Schüler und seine Eltern zu einem persönlichen Gespräch ein und schicken weitere Unterlagen zu. Das persönliche Interview, eine Selbstdarstellung, die Zeugnisse (Durchschnitt: ca. 3,3 oder besser), die Angaben zur Person und die Beurteilung des Lehrers sind u.a. Bewertungskriterien für die Aufnahme ins Programm.

Vorbereitung auf den Irland-Aufenthalt in Deutschland
Bereits beim Interview informiert der jeweilige Interviewer umfassend über das Programm. Vor der Abreise führen wir ein Vorbereitungstreffen mit allen Teilnehmern und deren Eltern durch. Ehemalige STS-Schüler informieren die Austauschschüler darüber hinaus und stehen als Kontaktschüler zur Verfügung.

Betreuung während des Auslandsaufenthalts und durch Nachbereitung
Die Betreuung erfolgt durch STS Deutschland, den Gebietsrepräsentanten und das STS Büro bzw. unsere Partnerorganisationen vor Ort. Die Betreuer vor Ort haben immer ein offenes Ohr für die Anliegen der Schüler und oft werden auch Zusammenkünfte mit anderen Jugendlichen organisiert. In der Regel Reiseangebote vor Ort und STS-Europa-Tour im Sommer.

Stipendien und Sonstiges
STS vergibt Teilstipendien bis zu € 2.000 bei eingereichten Anträgen bis Dezember des Vorjahres. Schulische Leistungen, finanzielle Situation und die Referenzen sind entscheidend. Versicherungspaket (opt.) € 200 bis € 580 (je nach Aufenthaltsdauer).

Kurz und bündig				
Gründungsjahr	1987	Schülerzahl im Irland-Programm 2014/15		k.A.
IE-Programm seit	1987	Gesamtschülerzahl im High School Programm 2014/15		k.A.
Gemeinnützigkeit	nein	Partner in Irland	STS UK/LSC	

TravelWorks (Travelplus Group GmbH)
Münsterstr. 111
48155 Münster
highschool@travelworks.de
Telefon: 02506 / 8303 600
Telefax: 02506 / 8303 231
www.schueleraustausch-international.de

Preis und Leistung

Regionenwahlprogramm	Herbst	Winter	Frühjahr	Herbst/ Winter	Winter/ Frühjahr	Schuljahr
Grundpreis	€ 7.980	€ 6.780	€ 5.750	€ 11.330	€ 9.120	€ 13.550
Flug D – Irland	ja	ja	ja	ja	ja	ja
Flugbegleitung	nein	nein	nein	nein	nein	nein
Vorbereitungstreffen	ja	ja	ja	ja	ja	ja
Vorbereitungsseminar	nein	nein	nein	nein	nein	nein
Einführungsseminar in IE	ja	ja	ja	ja	ja	ja
Elterntreffen	nein	nein	nein	nein	nein	nein
Nachbereitungstreffen	ja	ja	ja	ja	ja	ja
Nachbereitungsseminar	nein	nein	nein	nein	nein	nein
Gesamtpreis (circa)	**€ 7.980**	**€ 6.780**	**€ 5.750**	**€ 11.330**	**€ 9.120**	**€ 13.550**
Programmbeginn	Aug.	Jan.	Apr.	Sep.	Feb.	Sep.
Programmende	Dez.	Mrz.	Juni	Feb.	Juni	Juni
Bewerbungsschluss	15.4.	15.9.	15.2.	15.4.	15.9.	15.4.
Spätbewerbung	ja	ja	ja	ja	ja	ja

Bewerbungsverlauf und Kriterien für die Annahme des Bewerbers
Nach der unverbindlichen Bewerbung laden wir die SchülerInnen und deren Eltern zum persönlichen Auswahl- und Informationsgespräch ein. Anschließend senden wir den Bewerbern unsere Buchungsgrundlage sowie das verbindliche Anmeldeformular zu, das bei Interesse am Programm unterschrieben an uns zurückgesandt werden muss. Bewerber sollten motiviert, flexibel und weltoffen sein. Englischnote mind. befriedigend. Alter: 12-18 Jahre.

Vorbereitung auf den Irland-Aufenthalt in Deutschland
Etwa drei Monate vor Abreise laden wir die TeilnehmerInnen und ihre Eltern zu einem eintägigen Vorbereitungsseminar in mehreren deutschen Städten bzw. Österreichs ein. Außerdem erhalten die TeilnehmerInnen ein Infohandbuch sowie regelmäßige Inforundbriefe.

Betreuung während des Auslandsaufenthalts und durch Nachbereitung
Vor Ort werden die Schüler von einem Koordinator unserer Partnerorganisation betreut. Außerdem gibt es eine 24-Stunden-Notfallnummer in Irland und Deutschland.

Stipendien und Sonstiges
1 Sozialstipendium im Wert von 1.500 €, 1 Kreativstipendium im Wert von 2.500 € Im Programm inklusive sind verschiedene Ausflüge, Aktivitäten und wöchentlich 2 Stunden unterstützender Englischunterricht. Wir bieten auch 12-wöchige Aufenthalte und Privatschulplatzierungen an.

Kurz und bündig

Gründungsjahr	1991	Schülerzahl im Irland-Programm 2013/14		11
IE-Programm seit	2014	Gesamtschülerzahl im High School Programm 2013/14		536
Gemeinnützigkeit	nein	Partner in Irland	iStudy	

World Wide Qualifications Sprach- und Studienreisen GmbH
Buschöhrchen 29 — Telefon: 02247 / 969 0 480
53819 Neunkirchen-Seelscheid — Telefax: 02247 / 969 0 482
info@schuelerweltweit.de — www.schuelerweltweit.de

Preis und Leistung

*Regionenwahlprogramm**	Herbst	Winter	Frühjahr	Herbst/ Winter	Winter/ Frühjahr	Schuljahr
Grundpreis	€ 6.499	€ 6.299	€ 6.299	€ 9.940	€ 7.999	€ 9.795
Flug D – Irland	ja	ja	ja	ja	ja	ja
Flugbegleitung	nein	nein	nein	nein	nein	nein
Vorbereitungstreffen	nein	nein	nein	nein	nein	nein
Vorbereitungsseminar	ja	ja	ja	ja	ja	ja
Einführungsseminar in IE	ja	ja	ja	ja	ja	ja
Elterntreffen	nein	nein	nein	nein	nein	nein
Nachbereitungstreffen	ja	ja	ja	ja	ja	ja
Nachbereitungsseminar	nein	nein	nein	nein	nein	nein
Gesamtpreis (circa)	**€ 6.500**	**€ 6.300**	**€ 6.300**	**€ 9.940**	**€ 8.000**	**€ 9.795**
Programmbeginn	Aug.	Jan.	März	Aug.	Jan.	Aug.
Programmende	Dez.	März	Juni	März	Juni	Juni
Bewerbungsschluss	30.05.	15.11.	15.02.	30.05.	15.11.	30.05.
Spätbewerbung	möglich	möglich	möglich	möglich	möglich	möglich

Bewerbungsverlauf und Kriterien für die Annahme des Bewerbers
Beratung durch landeskundige Gründerin, welche selbst lange Jahre mit Ihrer Familie in Irland lebte. Bewerbung und Informationsgespräch sind unverbindlich. Nach Abfrage deiner Wünsche, z.B. Sport, Reiten, Schulfächer, schlagen wir mehrere Schulen vor. Du kannst die Schule und den Ort oder Region selber auswählen. Alter: 12 – 18,5. Notendurchschnitt 3,3. Leistungsschwächere Schüler möglich.. Schulabschluss möglich.

Vorbereitung auf den Irland-Aufenthalt in Deutschland
Laufender Informationsaustausch und 2 Tage Vorbereitung: 1. Tag – Schüler- und Elterntreffen: Hier erfahrt Ihr mehr über das „richtige" Leben, die Schulen und Schulsystem, den Reiseablauf, und Dinge die Du auf der Reise mitnehmen solltest. 2. Tag – Schüler-Seminar: Ein „außergewöhnliches" Englisch-Intensiv Seminar mit Muttersprachlern und viel Spaß: Mit anderen Austauschschülern machst Du Rollenspiele auf Englisch.

Betreuung während des Auslandsaufenthalts und durch Nachbereitung
Während des gesamten Schüleraustausches steht Dir einer unserer „Co-ordinatoren" zur Seite. Er stellt Dich Deiner Gastfamilie und Schule vor. Es finden weitere Einführungsseminare in Irland statt. Einige Co-ordinatoren sprechen deutsch. Berichterstattung an die Eltern.

Stipendien und Sonstiges
* Preise enthalten Schuluniform, Bücher, Schulbus. Direkte Schulwahl möglich. Summerschools sowie Privatschulen möglich. Wir bieten Teil-Stipendien für Irland.

Kurz und bündig

Gründungsjahr	2005	Schülerzahl im Irland-Programm 2014/15	17
IE-Programm seit	2005	Gesamtschülerzahl im High School Programm 2014/15	71
Gemeinnützigkeit	nein	Partner in Irland	HSI, WWQ Ireland, Schulen direkt

Xplore GmbH
Theodorstr. 48
22761 Hamburg
info@xplore.de
Telefon: 040 / 429 336 00
Telefax: 040 / 429 336 11
www.xploreschueleraustausch.de

Preis und Leistung						
Länderwahlprogramm	Herbst	Winter	Frühjahr	Herbst/ Winter	Winter/ Frühjahr	Schuljahr
Grundpreis (ab)	€ 8.950	€ 7.950		€ 11.950	€ 9.950	€ 13.950
Flug D – Irland	€ 400/p	€ 400/p		€ 400/p	€ 400/p	€ 400/p
Flugbegleitung	nein	nein		nein	nein	nein
Vorbereitungstreffen	ja	ja		ja	ja	ja
Vorbereitungsseminar	nein	nein		nein	nein	nein
Einführungsseminar in IE	nein	nein		nein	nein	nein
Elterntreffen	nein	nein		nein	nein	nein
Nachbereitungstreffen	nein	nein		nein	nein	nein
Nachbereitungsseminar	ja	ja		ja	ja	ja
Gesamtpreis (ab circa)	**€ 9.350**	**€ 8.350**		**€12.350**	**€ 10.350**	**€ 14.350**
Programmbeginn	Sept.	Januar		Sept.	Januar	Sept.
Programmende	Dez.	April		Januar	Juni	Juni
Bewerbungsschluss	01.06.	01.11.		01.06.	01.11.	01.06.
Spätbewerbung	möglich	möglich		möglich	möglich	möglich

Bewerbungsverlauf und Kriterien für die Annahme des Bewerbers
Zunächst kannst du dich online oder mit unserem Anmeldeformular aus dem Katalog bei uns bewerben. Es folgt ein Beratungsgespräch mit dir und deinen Eltern. Dieses Gespräch wird mit jedem einzelnen Teilnehmer, nie in einer Gruppe durchgeführt. Wir nehmen uns ca. 2-3 Stunden Zeit und wollen dich auch ein wenig kennenlernen!

Vorbereitung auf den Irland-Aufenthalt in Deutschland
Xplore kennt Irland und das Programm schon einige Jahre. Dieses Wissen geben wir während des Beratungsgespräches, aber auch bei unserem eintägigen Vorbereitungs-Workshop und allen Gesprächen bis zu deinem Aufenthalt an unsere Teilnehmer weiter. Bei allen auftretenden Sorgen und Problemen geben wir dir und deinen Eltern Hilfestellung.

Betreuung während des Auslandsaufenthalts und durch Nachbereitung
In Irland sind alle deine Betreuer in der Sprachschule von ISI mitten in Dublin anzutreffen. Dort hilft dir jeder gerne weiter. Zwischendurch werden Halloween Partys, Christmas Evenings etc. organisiert. Persönliches Feedback ist uns wichtig, dafür laden wir alle Xplore Schüler einmal pro Jahr zu einem mehrtägigen Treffen ein.

Stipendien und Sonstiges
Das Schuljahr ist in 3 Terms geteilt. Staatl. Schulen, Privatschulen oder Internate möglich. Die meisten Schulen befinden sich in Dublin, es gibt auch einige ländliche Möglichkeiten!

Kurz und bündig			
Gründungsjahr	2009	Schülerzahl im Irland-Programm 2014/15	6
IE-Programm seit	2010	Gesamtschülerzahl im High School Programm 2014/15	242
Gemeinnützigkeit	nein	Partner in Irland	iStudy International (ISI)

AFS Interkulturelle Begegnungen e.V.	
Friedensallee 48	Telefon: 040 / 399 222-0
22765 Hamburg	Telefax: 040 / 399 222-99
info@afs.de	www.afs.de

Preis und Leistung			
Länderwahlprogramm	1. Halbjahr	2. Halbjahr	Schuljahr
Grundpreis		€ 6.690	€ 7.190
Flug D – Italien		ja	ja
Flugbegleitung auf Hinreise		ab 30 Teiln.	ab 30 teiln.
Vorbereitungstreffen		teilweise	teilweise
Vorbereitungsseminar		ja	ja
Einführungsseminar in Italien		ja	ja
Elterntreffen		teilweise	teilweise
Nachbereitungstreffen		ja	ja
Nachbereitungsseminar		ja	ja
Gesamtpreis (circa)		**€ 6.690**	**€ 7.190**
Bewerbungsschluss		15.05.	15.10.
Spätbewerbung		möglich	möglich

Bewerbungsverlauf und Kriterien für die Annahme des Bewerbers
Alle Bewerber werden zu einem Auswahlwochenende in der Nähe ihres Wohnortes eingeladen. Die persönliche Eignung der Bewerber ist ausschlaggebend (Offenheit, Toleranz, Selbstständigkeit, Anpassungsbereitschaft, Kommunikationsfähigkeit, innere Stabilität usw.).

Vorbereitung auf den Italien-Aufenthalt in Deutschland
AFS legt großen Wert auf die Vorbereitung. Es finden drei Wochenendseminare statt: zwei zur Grundvorbereitung und ein weiteres zur länderspezifischen Vorbereitung. Im persönlichen Gespräch mit der ganzen Familie wird individuell auf alle Fragen eingegangen, für die Eltern organisieren die Ehrenamtlichen zusätzlich Treffen zum gegenseitigen Austausch.

Betreuung während des Auslandsaufenthalts und durch Nachbereitung
Das weltweite AFS-Netzwerk ermöglicht die persönliche Betreuung der Teilnehmer vor, während und nach dem Austauschjahr. AFS im Gastland organisiert ein Einführungsseminar zu Beginn des Programms und ein Orientierungs-/ Auswertungsseminar im weiteren Verlauf des Auslandsaufenthaltes. Jeder Teilnehmer hat einen persönlichen Ansprechpartner vor Ort, hauptamtliche Mitarbeiter in allen AFS-Büros sind für Notfälle jederzeit erreichbar. AFS bietet seinen Teilnehmern zwei Seminare zur Nachbereitung an: ein Grundseminar auf lokaler Ebene und eine überregionale Nachbereitung in verschiedenen Orten Deutschlands.

Stipendien und Sonstiges
AFS vergibt an über 30 Prozent seiner Teilnehmer Stipendien aus Vereinsmitteln und Spenden. Erstes Vergabekriterium ist in der Regel die finanzielle Situation der Familie.

Kurz und bündig			
Gründungsjahr (1947)	1992	Schülerzahl im Italien-Programm 2014/15	17
IT-Programm seit	1977	Gesamtschülerzahl im High School Programm 2014/15	1.044
Gemeinnützigkeit	ja	Partner in Italien	AFS

Ayusa-Intrax GmbH
Giesebrechtstr. 10
10629 Berlin
highschool@intrax.de
Telefon: 030 / 84 39 39 93
Telefax: 030 / 84 39 39-39
www.intrax.de

Preis und Leistung			
*Länderwahlprogramm**	1. Halbjahr	2. Halbjahr	Schuljahr
Grundpreis	€ 5.490	€ 5.490	€ 6.490
Flug D – Italien	€ 400/p	€ 400/p	€ 400/p
Flugbegleitung auf Hinreise	nein	nein	nein
Vorbereitungstreffen	ja	ja	ja
Vorbereitungsseminar	ja	ja	ja
Einführungsseminar in Italien	nein	nein	nein
Elterntreffen	nein	nein	nein
Nachbereitungstreffen	nein	nein	nein
Nachbereitungsseminar	ja	ja	ja
Gesamtpreis (circa)	**€ 5.890**	**€ 5.890**	**€ 6.890**
Bewerbungsschluss	15.03.	30.09.	15.03.
Spätbewerbung	möglich	möglich	möglich

Bewerbungsverlauf und Kriterien für die Annahme des Bewerbers
Neben dem schriftlichen Bewerbungsverlauf gibt es ein persönliches Einzelgespräch in der Nähe des Wohnortes, gern auch mit den Eltern. Kriterien sind: große Motivation, starkes Interesse an Italien, Anpassungsbereitschaft und Flexibilität, gute Englischkenntnisse und Grundkenntnisse in Italienisch bei Ausreise. Für Italien können sich 15- bis 18-Jährige bewerben.

Vorbereitung auf den Italien-Aufenthalt in Deutschland
Es finden diverse Informationsveranstaltungen und Vorbereitungsseminare für Schüler in mehreren Städten in Deutschland statt. Wenn möglich kommen ehemalige Ayusa Schüler zu diesen Treffen. Für die Eltern gibt es ein halbtägiges Vorbereitungstreffen. Zusätzlich erhalten alle Teilnehmer Handbücher, die erste Einblicke und praktische Hinweise geben.

Betreuung während des Auslandsaufenthalts und durch Nachbereitung
Der Teilnehmer wird von Mitarbeitern der Partnerorganisation betreut. Ayusa-Intrax steht während der gesamten Programmdauer mit den Eltern in Kontakt. Für die Rückkehrer bietet Ayusa-Intrax ein zweitägiges Nachbereitungsseminar (Returnee-Treffen) in Berlin an.

Stipendien und Sonstiges
Für einen Schulaufenthalt in Italien werden Teilstipendien bis maximal € 3.000 vergeben. Aufenthalte sind auch für 3 Monate möglich * Die Gastfamilien leben ausschließlich im Norden (vor allem in Emilia-Romagna).

Kurz und bündig			
Gründungsjahr	1991	Schülerzahl im Italien-Programm 2014/15	5
IT-Programm seit	2011	Gesamtschülerzahl im High School Programm 2014/15	347
Gemeinnützigkeit	nein	Partner in Italien	AICEE

CAP – Cultures and Perspectives – Inh. Geska Jäkel
Rosenäckerweg 14 Telefon: 07348 / 250 91 39
89160 Dornstadt Telefax. 07348 / 205 91 40
info@go-cap.de www.go-cap.de

Preis und Leistung

Länderwahlprogramm	3 Monate	Halbjahr	Schuljahr
Grundpreis	€ 4.350	€ 5.500	€ 6.500
Flug D – Italien	€ 400/p	€ 400/p	€ 400/p
Flugbegleitung auf Hinreise	nein	nein	nein
Vorbereitungstreffen	nein	nein	nein
Vorbereitungsseminar	ja	ja	ja
Einführungsseminar in Italien	nein	nein	nein
Elterntreffen	nein	nein	nein
Nachbereitungstreffen	ja	ja	ja
Nachbereitungsseminar	nein	nein	nein
Gesamtpreis (circa)	**€ 4.750**	**€ 5.900**	**€ 6.900**
Bewerbungsschluss	nach Verfügbarkeit freier Plätze		
Spätbewerbung	möglich	möglich	möglich

Bewerbungsverlauf und Kriterien für die Annahme des Bewerbers
Jeder Schüler von Real-, Gesamtschulen und Gymnasien, der sich in dieses Abenteuer stürzen möchte, muss ein paar Grundvoraussetzungen erfüllen. Neben dem Alter (15-18), mindestens ausreichenden Schulnoten und guten Italienischkenntnissen benötigen unsere Schüler auch noch das „persönliche Zeug" dazu. Das sind besonders Motivation, Anpassungsfähigkeit, Flexibilität und der nötige Biss. Für die unverbindliche Bewerbung benötigen wir die Online-Bewerbung auf unserer Homepage. Unser persönliches Bewerbungsgespräch wird bei jedem Schüler zu Hause durchgeführt. Während dieses Gespräches überzeugen wir und von dem Schüler und seiner persönlichen Eignung und klären offene Fragen.

Vorbereitung auf den Italien-Aufenthalt in Deutschland
Wir bieten im Frühjahr und Herbst ein 2-tägiges Vorbereitungsseminar an.

Betreuung während des Auslandsaufenthalts und durch Nachbereitung
Während ihres Aufenthaltes werden unsere Schüler durch CAP sowie durch die Partner und deren Koordinatoren betreut. Vor Ort wird bei Problemen kompetente Hilfestellung gegeben. Dies geschieht durch regelmäßigen Kontakt mit Eltern und Schülern. Außerhalb der Bürozeiten stellt CAP eine Notrufnummer zur Verfügung.

Stipendien und Sonstiges
Es gibt Teilstipendien für all unsere Programme (siehe auch „Public High School USA").

Kurz und bündig

Gründungsjahr	2007	Schülerzahl im Italien-Programm 2014/15	1
IT-Programm seit	2010	Gesamtschülerzahl im High School Programm 2014/15	35
Gemeinnützigkeit	nein	Partner in Italien	WEP

Deutsches Youth For Understanding Komitee e.V. (YFU)
Oberaltenallee 6 Telefon: 040 / 22 70 02-0
22081 Hamburg Telefax: 040 / 22 70 02-27
info@yfu.de www.yfu.de

Preis und Leistung			
Länderwahlprogramm			Schuljahr
Grundpreis			€ 7.200
Flug D – Italien			ja
Flugbegleitung auf Hinreise			ja
Vorbereitungstreffen			ja
Vorbereitungsseminar			ja
Einführungsseminar in Italien			ja
Elterntreffen			ja
Nachbereitungstreffen			ja
Nachbereitungsseminar			ja
Gesamtpreis			**€ 7.200**
Bewerbungsschluss			variabel
Spätbewerbung			nein

Bewerbungsverlauf und Kriterien für die Annahme des Bewerbers
Bei YFU können sich Schülerinnen und Schüler aller Schularten bewerben. Sie sollten aufgeschlossen, anpassungsfähig und verantwortungsbewusst sein und mindestens durchschnittliche Schulleistungen vorweisen. Nach Durchsicht der schriftlichen Bewerbungsunterlagen führt YFU regional Auswahlgespräche in Form von Gruppen- und Einzelinterviews durch.

Vorbereitung auf den Italien-Aufenthalt in Deutschland
Alle YFU-Austauschschüler nehmen vor Abreise an einer einwöchigen Tagung teil, auf der sie intensiv auf das Leben in einer fremden Kultur vorbereitet werden und praktische Tipps für den Alltag in Italien erhalten. Auch für Eltern werden eigene Vorbereitungstreffen angeboten. YFU stellt außerdem umfangreiche schriftliche Unterlagen zur Verfügung.

Betreuung während des Auslandsaufenthalts und durch Nachbereitung
Jeder Austauschschüler hat im Ausland vor Ort einen persönlichen Betreuer. Darüber hinaus stehen die hauptamtlichen YFU-Mitarbeiter in Deutschland und Italien zur Verfügung – im Notfall rund um die Uhr. Während des Austauschjahres finden außerdem begleitende Seminare statt. Nach der Rückkehr gibt es ein zwei- bis dreitägiges Nachbereitungsseminar.

Stipendien und Sonstiges
YFU vergibt jährlich rund 300 Stipendien im Gesamtwert von etwa einer halben Million Euro. Die Vergabe und Höhe der Stipendien richtet sich nach der finanziellen Situation der Familie, nicht nach Schulnoten. Weitere Informationen gibt es unter www.yfu.de/stipendien.

Kurz und bündig			
Gründungsjahr	1957	Schülerzahl im Italien-Programm 2014/15	11
IT-Programm seit	2013	Gesamtschülerzahl im High School Programm 2014/15	1.092
Gemeinnützigkeit	ja	Partner in Italien	k. A.

DFSR – Dr. Frank Sprachen & Reisen GmbH

Siegfriedstr. 5
64646 Heppenheim
info@dfsr.de
Telefon: 06252 / 93 32-0
Telefax: 06252 / 93 32-60
www.dfsr.de

Preis und Leistung			
Länderwahlprogramm	1. Halbjahr	2. Halbjahr	Schuljahr
Grundpreis	€ 6.690	€ 6.690	€ 7.490
Flug D – Italien	ja	ja	ja
Flugbegleitung auf Hinreise	nein	nein	nein
Vorbereitungstreffen	nein	nein	nein
Vorbereitungsseminar	ja	ja	ja
Einführungsseminar in Italien	ja	nein	ja
Elterntreffen	ja	ja	ja
Nachbereitungstreffen	ja	ja	ja
Nachbereitungsseminar	nein	nein	nein
Gesamtpreis (circa)	**€ 6.690**	**€ 6.690**	**€ 7.490**
Bewerbungsschluss	30.04.	01.09.	30.04.
Spätbewerbung	möglich	möglich	möglich

Bewerbungsverlauf und Kriterien für die Annahme des Bewerbers
Für alle Teilnehmer gilt: Es kommt nicht nur auf die Schulnoten an, wichtig sind auch ihre Motivation und ihr Interesse an dem Gastland und dem Kulturaustausch. Der zukünftige Austauschschüler sollte Flexibilität, Verständnis, Toleranz und Selbstständigkeit mitbringen. Bewerben können sich Schüler/innen, die über mindestens zufriedenstellende Englischkenntnisse verfügen. Italienischkenntnisse von Vorteil, aber kein Muss. Teilnahmealter: 14 – 18 Jahre. Bewerbungsverlauf: Ausfüllen des Bewerbungsformulars, persönliches Bewerbungsgespräch gemeinsam mit den Eltern, nach erfolgreichem Gespräch Aufnahme ins Programm.

Vorbereitung auf den Italien-Aufenthalt in Deutschland
Intensives Vorbereitungsseminar in mehreren Städten Deutschlands.

Betreuung während des Auslandsaufenthalts und durch Nachbereitung
Unsere Partnerorganisation vor Ort stellt für die Schüler einen Betreuer vor Ort und auch DFSR ist über eine 24h-Notrufnummer immer erreichbar. Nach Rückkehr der Schüler nach Deutschland erhalten sie die Möglichkeit, auf der Welcome-Back Party von ihren Erfahrungen zu berichten.

Stipendien und Sonstiges
Auch Kurzaufenthalt von 4 bis 12 Wochen möglich.
3 Tage Soft Landing Camp in Mailand inklusive, bei Programmbeginn ab 5 Monaten und Abreise im Sommer.

Kurz und bündig			
Gründungsjahr	1978	Schülerzahl im Italien-Programm 2014/15	0
IT-Programm seit	2014	Gesamtschülerzahl im High School Programm 2014/15	392
Gemeinnützigkeit	nein	Partner in Italien	Mondo Insieme

Experiment e.V.
Gluckstraße 1
53115 Bonn
info@experiment-ev.de
Telefon: 0228 / 95722-0
Telefax: 0228 / 35 82 82
www.experiment-ev.de

Preis und Leistung			
Länderwahlprogramm	3 Monate	Halbjahr	Schuljahr
Grundpreis	€ 4.360	€ 5.650	€ 7.480
Flug D – Italien	€ 400/p	€ 400/p	€ 400/p
Flugbegleitung auf Hinreise	nein	nein	nein
Vorbereitungstreffen	nein	nein	nein
Vorbereitungsseminar	ja	ja	ja
Einführungsseminar in Italien	nein	nein	nein
Elterntreffen	nein	nein	nein
Nachbereitungstreffen	nein	nein	nein
Nachbereitungsseminar	ja	ja	ja
Gesamtpreis (circa)	**€ 4.760**	**€ 6.050**	**€ 7.880**
Bewerbungsschluss	01.02. / 01.08.	01.02. / 01.08.	01.02.
Spätbewerbung	möglich	möglich	möglich

Bewerbungsverlauf und Kriterien für die Annahme des Bewerbers
Schülerinnen und Schüler zwischen 15 und 18 Jahren können an dem Programm teilnehmen. Voraussetzung ist, dass der Bewerber bis zur Ausreise eine weiterführende Schule besucht. Er sollte ein ernsthaftes Interesse am interkulturellen Austausch haben und bereit sein, der neuen Umgebung Informationen und Eindrücke von Deutschland zu vermitteln. Aufgeschlossenheit, Offenheit, Toleranz und ein gewisses Anpassungsvermögen sind dabei unentbehrliche Fähigkeiten. Grundkenntnisse in Italienisch sollten bis zur Ausreise erworben werden.

Vorbereitung auf den Italien-Aufenthalt in Deutschland
Alle Teilnehmer werden zu einem überregionalen, viertägigen Vorbereitungsseminar eingeladen, auf dem sie von Ehrenamtlichen umfassend auf ihren Auslandsaufenthalt vorbereitet werden. Diese intensive Vorbereitung findet bereits mehrere Wochen vor der Ausreise statt, ist verpflichtend für alle Teilnehmer und daher bereits im Preis enthalten.

Betreuung während des Auslandsaufenthalts und durch Nachbereitung
Ein persönlicher Betreuer unserer Partnerorganisation hat die Gastfamilie vor der Ankunft des Austauschschülers besucht und ist während des Aufenthaltes Ansprechpartner für Schüler und Gastfamilie. Für Eltern und Teilnehmer gibt es zusätzlich in Deutschland einen telefonischen Bereitschaftsdienst von Experiment e.V., der rund um die Uhr erreichbar ist.

Stipendien und Sonstiges
Experiment e.V. stellt für den „Schulbesuch im Ausland“ einen eigenfinanzierten Stipendienfonds in Höhe von € 60.000 (2015-16) zur Verfügung. Sprachpionierstipendien (€ 4.000) für nicht-englischsprachige Länder.
Aktuelle Stipendien stehen auf www.experiment-ev.de/stipendien.

Kurz und bündig				
Gründungsjahr	1932	Schülerzahl im Italien-Programm 2014/15		3
IT-Programm seit	2005	Gesamtschülerzahl im High School Programm 2014/15		490
Gemeinnützigkeit	ja	Partner in Italien	Experiment Italia	

GLS Sprachenzentrum – Inh. Barbara Jaeschke	
Kastanienallee 82	Telefon: 030 / 780 089 80
10435 Berlin	Telefax: 030 / 787 419 1
highschool@gls-sprachenzentrum.de	www.gls-sprachenzentrum.de

Preis und Leistung			
Länderwahlprogramm	3 Monate	Halbjahr	Schuljahr
Grundpreis	€ 4.890	€ 6.290	€ 6.990
Flug D – Italien	€ 400/p	€ 400/p	€ 400/p
Flugbegleitung auf Hinreise	nein	nein	nein
Vorbereitungstreffen	ja	ja	ja
Vorbereitungsseminar	€ 110/opt.	€ 110/opt.	€ 110/opt.
Einführungsseminar in Italien	ja	ja	ja
Elterntreffen	nein	nein	nein
Nachbereitungstreffen	nein	nein	nein
Nachbereitungsseminar	ja	ja	ja
Gesamtpreis (ab circa)	**€ 5.290**	**€ 6.690**	**€ 7.390**
Bewerbungsschluss	flexibel	15.08. / 15.02.	15.02.
Spätbewerbung	möglich	möglich	möglich

Bewerbungsverlauf und Kriterien für die Annahme des Bewerbers
Nach Anmeldung laden wir zum Interview auf Englisch und auf Wunsch zu einer kostenlosen Beratung ein. Neben Motivation und Anpassungsbereitschaft sowie einem Notendurchschnitt von mind. 3,0 bildet das Interview die Voraussetzung für die Aufnahme ins Programm. Sobald uns die Bewerbungsmappe vorliegt, leiten wir diese nach Durchsicht unseren Partnern im Ausland weiter, die vor Ort Gastfamilie und Schulplatz sicherstellen.

Vorbereitung auf den Italien-Aufenthalt in Deutschland
Neben unseren Orientierungstreffen vor Abreise für Schüler und Eltern im Frühjahr und im Herbst (deutschlandweit sowie in Zürich und Wien) bieten wir regelmäßig optionale Workshops und Sprachkurse zur Vorbereitung auf unserem Campus in Berlin an.

Betreuung während des Auslandsaufenthalts und durch Nachbereitung
Jedem Teilnehmer wird ein Betreuer im Gastland zur Seite gestellt. Darüber hinaus unterstützen wir selbstverständlich auch nach Abreise Schüler wie Eltern und garantieren umgehende Reaktion und Hilfestellung. Unsere Rückkehrer laden wir im Herbst zum Returnee-Wochenende nach Berlin ein. Neben Workshops zur Nachbereitung des Auslandsaufenthalts und Austausch mit anderen GLSlern steht natürlich ein abwechslungsreiches Berlin-Programm auf der Agenda.

Stipendien und Sonstiges
Weltbürger-Stipendien; Kombi-Programme; 5-tägige Orientierung in Rom inkl.

Kurz und bündig				
Gründungsjahr	1983	Schülerzahl im Italien-Programm 2014/15		3
IT-Programm seit	2001	Gesamtschülerzahl im High School Programm 2014/15		576
Gemeinnützigkeit	nein	Partner in Italien	WEP	

into GmbH
Ostlandstraße 14
50858 Köln
kontakt@into.de
Telefon: 02234 / 946 36-0
Telefax: 02234 / 946 36-23
www.into.de

Preis und Leistung			
Länderwahlprogramm	3 Monate	Halbjahr	Schuljahr
Grundpreis		€ 6.490	€ 7.190
Flug D – Italien		ja	ja
Flugbegleitung auf Hinreise		nein	nein
Vorbereitungstreffen		nein	nein
Vorbereitungsseminar		ja	ja
Einführungsseminar in Italien		ja	ja
Elterntreffen		nein	nein
Nachbereitungstreffen		nein	nein
Nachbereitungsseminar		ja	ja
Gesamtpreis (circa)		**€ 6.490**	**€ 7.190**
Bewerbungsschluss		01.04. / 31.08.	01.04.
Spätbewerbung		auf Anfrage	auf Anfrage

Bewerbungsverlauf und Kriterien für die Annahme des Bewerbers
Dein Notendurchschnitt muss befriedigend oder besser sein, Dein Zeugnis darf keine mangelhafte Note in einem Hauptfach enthalten. Das Wichtigste ist, dass Du Motivation, Flexibilität, Toleranz und Anpassungsfähigkeit mitbringst.

Vorbereitung auf den Italien-Aufenthalt in Deutschland
Schüler- und Elternhandbuch, regelmäßig Infobriefe (Newslinks) mit Infos zum Ablauf, kulturellen Eigenheiten der Gastländer sowie Ratschlägen und Erfahrungsberichten. Zweitägiges Vorbereitungsseminar vor Abreise bei dem Du Infos und Tipps erhältst und etwas zu den Vorschriften und Regeln während Deines Austausches erfährst. Zudem wirst Du mit Rollenspielen, kreativer Arbeit und lustigen Sketchen auf Deinen Austausch vorbereitet. Es gibt eine Extra-Informationsveranstaltung zur Vorbereitung Deiner Eltern bei Sommer-Ausreise.

Betreuung während des Auslandsaufenthalts und durch Nachbereitung
In Italien wird in der Nähe Deines Wohnortes ein Ansprechpartner für Dich und Deine Gastfamilie sein. Auch in Deutschland sind wir immer erreichbar. Nach Deiner Rückkehr ist es noch nicht „vorbei“: Unsere Returnees organisieren „get togethers“, das traditionelle *into* BBQ und Ausflüge, bei denen sich viele Ehemalige immer wieder treffen.

Stipendien und Sonstiges

Kurz und bündig				
Gründungsjahr	1986	Schülerzahl im Italien-Programm 2014/15		2
IT-Programm seit	2007	Gesamtschülerzahl im High School Programm 2014/15		435
Gemeinnützigkeit	nein	Partner in Italien	WEP Italy	

iSt Internationale Sprach- und Studienreisen GmbH
Stiftsmühle
69080 Heidelberg
iSt@sprachreisen.de
Telefon: 06221 / 89 00-0
Telefax: 06221 / 89 00-200
www.sprachreisen.de

Preis und Leistung			
Länderwahlprogramm	3 Monate*	Halbjahr	Schuljahr
Grundpreis	€ 4.060	€ 5.970	€ 6.790
Flug D – Italien	ja	ja	ja
Flugbegleitung auf Hinreise	nein	nein	nein
Vorbereitungstreffen	nein	nein	nein
Vorbereitungsseminar	nein	nein	nein
Einführungsseminar in Italien	€ 990/opt.	ja	ja
Elterntreffen	nein	nein	nein
Nachbereitungstreffen	€ 45/opt.	€ 45/opt.	€ 45/opt.
Nachbereitungsseminar	nein	nein	nein
Gesamtpreis (circa)	**€ 4.060**	**€ 5.970**	**€ 6.790**
Bewerbungsschluss	3 Mon. vorher	31.03. / 30.09.	31.03.
Spätbewerbung	auf Anfrage	auf Anfrage	auf Anfrage

Bewerbungsverlauf und Kriterien für die Annahme des Bewerbers
Die Bewerber füllen ein Bewerbungsformular aus und schicken dies zusammen mit einer kurzen Selbstbeschreibung und der letzten Zeugniskopie an unser Büro. Die Bewerber werden dann umgehend zu einem persönlichen Gespräch eingeladen. Kurze Zeit nach dem Interview teilen wir schriftlich mit, ob Sie in das Programm aufgenommen werden. Wenn Sie den Platz annehmen möchten, bestätigen Sie und dies schriftlich.

Vorbereitung auf den Italien-Aufenthalt in Deutschland
Schon beim Bewerbungsgespräch informieren wir umfassend über viele wichtige Aspekte der Programmteilnahme und erläutern kulturelle Besonderheiten des Gastlandes. Die Teilnehmer erhalten regelmäßig Informationsbriefe zum bevorstehenden Aufenthalt.

Betreuung während des Auslandsaufenthalts und durch Nachbereitung
Wir bleiben auch während des Aufenthaltes mit Ihnen in Kontakt und versorgen Sie mit aktuellen Informationen. Der örtliche Vertreter steht Ihnen mit Rat und Hilfe zur Seite. Für die Eltern sind wir hier im Büro stets ansprechbar. Auf einem Nachbereitungstreffen können Sie Ihre Eindrücke noch einmal Revue passieren lassen und mit anderen Teilnehmern Erfahrungen austauschen.

Stipendien und Sonstiges
Die Teilnehmer sollten über Grundkenntnisse der italienischen Sprache verfügen. 6-tägiges Sprach- und Vorbereitungscamp in Italien. * Auch ein- und zweimonatige Aufenthalte möglich. Bei bis zu 3-monatigen Aufenthalten: Programmbeginn flexibel wählbar.

Kurz und bündig			
Gründungsjahr	1981	Schülerzahl im Italien-Programm 2014/15	1
IT-Programm seit	2012	Gesamtschülerzahl im High School Programm 2014/15	1.090
Gemeinnützigkeit	nein	Partner in Italien	Mondoinsieme

AFS Interkulturelle Begegnungen e.V.	
Friedensallee 48	Telefon: 040 / 399 222-0
22765 Hamburg	Telefax: 040 / 399 222-99
info@afs.de	www.afs.de

Preis und Leistung			
Länderwahlprogramm	1. Halbjahr	2. Halbjahr	Schuljahr
Grundpreis			€ 8.490
Flug D – Japan			ja
Flugbegleitung auf Hinreise			ab 30 Teiln.
Vorbereitungstreffen			teilweise
Vorbereitungsseminar			ja
Einführungsseminar in Japan			ja
Elterntreffen			teilweise
Nachbereitungstreffen			ja
Nachbereitungsseminar			ja
Kranken-/Unfallversicherung			ja
Haftpflicht-/Gepäckversicherung			nein
Gesamtpreis (circa)			**€ 8.490**
Bewerbungsschluss			15.05. / 15.10.
Spätbewerbung			möglich

Bewerbungsverlauf und Kriterien für die Annahme des Bewerbers

Alle Bewerber werden zu einem Auswahlwochenende in der Nähe ihres Wohnortes eingeladen. Die persönliche Eignung der Bewerber ist ausschlaggebend (Offenheit, Toleranz, Selbstständigkeit, Anpassungsbereitschaft, Kommunikationsfähigkeit, innere Stabilität usw.).

Vorbereitung auf den Japan-Aufenthalt in Deutschland

AFS legt großen Wert auf die Vorbereitung. Es finden 2-3 Wochenendseminare statt: 1 oder 2 zur Grundvorbereitung (je nach Abreisetermin) und ein weiteres zur länderspezifischen Vorbereitung. Im persönlichen Gespräch mit der Familie wird individuell auf alle Fragen eingegangen, für die Eltern organisieren die Ehrenamtlichen Treffen zum gegenseitigen Austausch.

Betreuung während des Auslandsaufenthalts und durch Nachbereitung

Das weltweite AFS-Netzwerk ermöglicht die persönliche Betreuung der Teilnehmer vor, während und nach dem Austauschjahr. AFS im Gastland organisiert ein Einführungsseminar zu Beginn des Programms und ein Orientierungs-/ Auswertungsseminar im weiteren Verlauf des Auslandsaufenthaltes. Jeder Teilnehmer hat einen persönlichen Ansprechpartner vor Ort, hauptamtliche Mitarbeiter in allen AFS-Büros sind für Notfälle jederzeit erreichbar. AFS bietet seinen Teilnehmern zwei Seminare zur Nachbereitung an: ein Grundseminar auf lokaler Ebene und eine überregionale Nachbereitung in verschiedenen Orten Deutschlands.

Stipendien und Sonstiges

AFS vergibt an über 30 Prozent seiner Teilnehmer Stipendien aus Vereinsmitteln und Spenden. Erstes Vergabekriterium ist in der Regel die finanzielle Situation der Familie.

Kurz und bündig			
Gründungsjahr (1947)	1992	Schülerzahl im Japan-Programm 2014/15	21
Japan-Programm seit	1981	Gesamtschülerzahl im High School Programm 2014/15	1.044
Gemeinnützigkeit	ja	Partner in Japan	AFS

Ayusa-Intrax GmbH	
Giesebrechtstr. 10	Telefon: 030 / 84 39 39 93
10629 Berlin	Telefax: 030 / 84 39 39-39
highschool@intrax.de	www.intrax.de

Preis und Leistung			
Länderwahlprogramm	3 Monate	Halbjahr	Schuljahr
Grundpreis	€ 6.990	€ 8.290	€ 10.790
Flug D – Japan	ja	ja	ja
Flugbegleitung auf Hinreise	nein	nein	nein
Vorbereitungstreffen	ja	ja	ja
Vorbereitungsseminar	ja	ja	ja
Einführungsseminar in Japan	ja	ja	ja
Elterntreffen	nein	nein	nein
Nachbereitungstreffen	nein	nein	nein
Nachbereitungsseminar	ja	ja	ja
Kranken-/Unfallversicherung	ja	ja	ja
Haftpflicht-/Gepäckversicherung	ja	ja	ja
Gesamtpreis (circa)	**€ 6.990**	**€ 8.290**	**€ 10.790**
Bewerbungsschluss	30.11.	28.02.	28.02.
Spätbewerbung	Plätze	sind	limitiert

Bewerbungsverlauf und Kriterien für die Annahme des Bewerbers

Neben dem schriftlichen Bewerbungsverlauf findet ein persönliches Einzelinterview in der Nähe des Wohnortes statt, gern auch mit den Eltern. Voraussetzungen sind hohe Anpassungsbereitschaft, viel Einfühlungsvermögen, Toleranz und großes Interesse an der japanischen Sprache, Geschichte und Kultur. Teilnehmer sollten zwischen 16-18 Jahre alt sein und über solide Grundkenntnisse der japanischen Sprache verfügen. Notendurchschnitt und Englischnote von 3,0 sind Bedingung. Vegetarier können leider nicht aufgenommen werden.

Vorbereitung auf den Japan-Aufenthalt in Deutschland

Es finden Informationsveranstaltungen und Vorbereitungsseminare für Schüler in mehreren Städten in Deutschland statt. Wenn möglich kommen ehemalige Ayusa Schüler zu diesen Treffen. Ansonsten gibt es Möglichkeit zum Telefonkontakt mit ehemaligen Teilnehmern. Zusätzlich erhalten alle Teilnehmer Handbücher.

Betreuung während des Auslandsaufenthalts und durch Nachbereitung

Bei allen Programmen ab 3 Monaten findet in Tokio ein 2-tägiges Orientierungstreffen statt. Die Teilnehmer werden durch Intrax Japan vor Ort betreut. Ayusa-Intrax steht während der gesamten Programmdauer mit den Eltern in Deutschland in Kontakt. Wochenend-Nachbereitungsseminar für Rückkehrer.

Stipendien und Sonstiges

Für einen Schulaufenthalt in Japan werden Teilstipendien bis maximal € 3.000 vergeben. Wir bieten auch 4-Wochen-Schnupperprogramme mit flexiblen Startdaten an: € 4.990. Für 4-Wochen und 3-Monatsprogramme können sich auch 15-Jährige bewerben.

Kurz und bündig			
Gründungsjahr	1991	Schülerzahl im Japan-Programm 2014/15	14
Japan-Programm seit	1991	Gesamtschülerzahl im High School Programm 2014/15	347
Gemeinnützigkeit	nein	Partner in Japan	Intrax Japan

Deutsches Youth For Understanding Komitee e.V. (YFU)	
Oberaltenallee 6	Telefon: 040 / 22 70 02-0
22081 Hamburg	Telefax: 040 / 22 70 02-27
info@yfu.de	www.yfu.de

Preis und Leistung			
Länderwahlprogramm			Schuljahr
Grundpreis			€ 8.500
Flug D – Japan			ja
Flugbegleitung auf Hinreise			ja
Vorbereitungstreffen			ja
Vorbereitungsseminar			ja
Einführungsseminar in Japan			ja
Elterntreffen			ja
Nachbereitungstreffen			ja
Nachbereitungsseminar			ja
Kranken-/Unfallversicherung			ja
Haftpflicht-/Gepäckversicherung			ja
Gesamtpreis			**€ 8.500**
Bewerbungsschluss			variabel
Spätbewerbung			nein

Bewerbungsverlauf und Kriterien für die Annahme des Bewerbers

Bei YFU können sich Schülerinnen und Schüler aller Schularten bewerben. Sie sollten aufgeschlossen, anpassungsfähig und verantwortungsbewusst sein und mindestens durchschnittliche Schulleistungen vorweisen. Nach Durchsicht der schriftlichen Bewerbungsunterlagen führt YFU regional Auswahlgespräche in Form von Gruppen- und Einzelinterviews durch.

Vorbereitung auf den Japan-Aufenthalt in Deutschland

Alle YFU-Austauschschüler nehmen vor Abreise an einer einwöchigen Tagung teil, auf der sie intensiv auf das Leben in einer fremden Kultur vorbereitet werden und praktische Tipps für den Alltag in Japan erhalten. Auch für Eltern werden eigene Vorbereitungstreffen angeboten. YFU stellt außerdem umfangreiche schriftliche Unterlagen zur Verfügung.

Betreuung während des Auslandsaufenthalts und durch Nachbereitung

Jeder Austauschschüler hat im Ausland vor Ort einen persönlichen Betreuer. Darüber hinaus stehen die hauptamtlichen YFU-Mitarbeiter in Deutschland und Japan zur Verfügung – im Notfall rund um die Uhr. Während des Austauschjahres finden außerdem begleitende Seminare statt. Nach der Rückkehr gibt es ein zwei- bis dreitägiges Nachbereitungsseminar.

Stipendien und Sonstiges

YFU vergibt jährlich rund 300 Stipendien im Gesamtwert von etwa einer halben Million Euro. Die Vergabe und Höhe der Stipendien richtet sich nach der finanziellen Situation der Familie, nicht nach Schulnoten. Weitere Informationen gibt es unter www.yfu.de/stipendien.

Kurz und bündig			
Gründungsjahr	1957	Schülerzahl im Japan-Programm 2014/15	29
Japan-Programm seit	1982	Gesamtschülerzahl im High School Programm 2014/15	1.092
Gemeinnützigkeit	ja	Partner in Japan	YFU Japan

DFSR – Dr. Frank Sprachen & Reisen GmbH
Siegfriedstr. 5 | Telefon: 06252 / 93 32-0
64646 Heppenheim | Telefax: 06252 / 93 32-60
info@dfsr.de | www.dfsr.de

Preis und Leistung			
Länderwahlprogramm	1. Halbjahr	2. Halbjahr	Schuljahr
Grundpreis	€ 8.990	€ 8.990	€ 9.990
Flug D – Japan	ja	ja	ja
Flugbegleitung auf Hinreise	teilweise	teilweise	teilweise
Vorbereitungstreffen	nein	nein	nein
Vorbereitungsseminar	ja	ja	ja
Einführungsseminar in Japan	ja	ja	ja
Elterntreffen	ja	ja	ja
Nachbereitungstreffen	ja	ja	ja
Nachbereitungsseminar	nein	nein	nein
Kranken-/Unfallversicherung	€ 325	€ 325	€ 650
Haftpflicht-/Gepäckversicherung	ja	ja	ja
Gesamtpreis (circa)	**€ 9.315**	**€ 9.315**	**€ 10.640**
Bewerbungsschluss	15.12.	01.04.	15.12./01.04.
Spätbewerbung	möglich	möglich	möglich

Bewerbungsverlauf und Kriterien für die Annahme des Bewerbers

Für alle Teilnehmer gilt: Es kommt nicht nur auf die Schulnoten an. Wichtig sind auch ihre Motivation und ihr Interesse an dem Gastland und dem Kulturaustausch. Der zukünftige Austauschschüler sollte Flexibilität, Verständnis, Toleranz und Selbstständigkeit mitbringen. Bewerben können sich Schüler/innen, die mindestens über zufriedenstellende Englischkenntnisse und Grundkenntnisse in Japanisch verfügen. Teilnahmealter: 15 – 19 Jahre.
Bewerbungsverlauf: Ausfüllen des Bewerbungsformulars, persönliches Bewerbungsgespräch gemeinsam mit den Eltern, nach erfolgreichem Gespräch Aufnahme ins Programm.

Vorbereitung auf den Japan-Aufenthalt in Deutschland

Intensives Vorbereitungsseminar in mehreren Städten.

Betreuung während des Auslandsaufenthalts und durch Nachbereitung

Unsere Partnerorganisation vor Ort stellt für die Schüler einen Betreuer vor Ort und auch DFSR ist für seine Partner über eine 24h-Notrufnummer immer erreichbar. Nach Rückkehr der Schüler nach Deutschland erhalten sie die Möglichkeit, auf der Welcome Back Party von ihren Erfahrungen zu berichten.

Stipendien und Sonstiges

1-4 Tage Soft Landing Camp in Tokio inklusive, bei Programmbeginn im August oder März.

Kurz und bündig				
Gründungsjahr	1978	Schülerzahl im Japan-Programm 2014/15		10
Japan-Programm seit	1998	Gesamtschülerzahl im High School Programm 2014/15		392
Gemeinnützigkeit	nein	Partner in Japan	WYS, Lex Institute	

Experiment e.V.
Gluckstraße 1
53115 Bonn
info@experiment-ev.de
Telefon: : 0228 / 95722-0
Telefax: 0228 / 35 82 82
www.experiment-ev.de

Preis und Leistung			
Länderwahlprogramm	1. Halbjahr	2. Halbjahr	Schuljahr
Grundpreis	€ 9.190	€ 9.190	€ 9.760
Flug D – Japan	ja	ja	ja
Flugbegleitung auf Hinreise	nein	nein	nein
Vorbereitungstreffen	nein	nein	nein
Vorbereitungsseminar	ja	ja	ja
Einführungsseminar in Japan	ja	ja	ja
Elterntreffen	nein	nein	nein
Nachbereitungstreffen	nein	nein	nein
Nachbereitungsseminar	ja	ja	ja
Kranken-/Unfallversicherung	ja	ja	ja
Haftpflicht-/Gepäckversicherung	ja/nein	ja/nein	ja/nein
Gesamtpreis (circa)	**€ 9.190**	**€ 9.190**	**€ 9.760**
Bewerbungsschluss	01.02. / 01.08.	01.02. / 01.08.	01.02. / 01.08.
Spätbewerbung	möglich	möglich	möglich

Bewerbungsverlauf und Kriterien für die Annahme des Bewerbers
Schüler/innen (15-18 Jahre) können an dem Programm teilnehmen. Voraussetzung ist, dass der Bewerber bis zur Ausreise eine weiterführende Schule besucht. Er sollte ein ernsthaftes Interesse am interkulturellen Austausch haben u. bereit sein, der neuen Umgebung Informationen und Eindrücke von Deutschl. zu vermitteln. Aufgeschlossenheit, Offenheit, Toleranz u. ein gewisses Anpassungsvermögen sind dabei unentbehrliche Fähigkeiten. Bewerber sollten bis zur Ausreise beide Alphabete gut beherrschen u. mind. 1 Jahr Japanisch gelernt haben.

Vorbereitung auf den Japan-Aufenthalt in Deutschland
Alle Teilnehmer werden zu einem überregionalen, viertägigen Vorbereitungsseminar eingeladen, auf dem sie von Ehrenamtlichen umfassend auf ihren Auslandsaufenthalt vorbereitet werden. Diese intensive Vorbereitung findet bereits mehrere Wochen vor der Ausreise statt, ist verpflichtend für alle Teilnehmer und daher bereits im Preis enthalten.

Betreuung während des Auslandsaufenthalts und durch Nachbereitung
Ein persönlicher Betreuer unserer Partnerorganisation hat die Gastfamilie vor der Ankunft des Austauschschülers besucht und ist während des Aufenthaltes Ansprechpartner für Schüler und Gastfamilie. Telefonischer Bereitschaftsdienst von Experiment e.V., der rund um die Uhr erreichbar ist. 2-wöchiger Sprachkurs in Tokio nach Ankunft inklusive

Stipendien und Sonstiges
Experiment e.V. stellt einen eigenfinanzierten Stipendienfonds in Höhe von € 60.000 (2015-16) zur Verfügung. Sprachpionierstipendien (€ 4.000) für Ausreise in nicht englischsprachige Länder. www.experiment-ev.de/stipendien.

Kurz und bündig			
Gründungsjahr	1932	Schülerzahl im Japan-Programm 2014/15	0
Japan-Programm seit	2014	Gesamtschülerzahl im High School Programm 2014/15	490
Gemeinnützigkeit	ja	Partner in Japan	dibec

GLS Sprachenzentrum – Inh. Barbara Jaeschke
Kastanienallee 82 Telefon: 030 / 780 089 80
10435 Berlin Telefax: 030 / 787 419 1
highschool@gls-sprachenzentrum.de www.gls-sprachenzentrum.de

Preis und Leistung			
Länderwahlprogramm	4 Monate	Halbjahr	Schuljahr
Grundpreis (ab)	€ 6.740	€ 7.140	€ 7.740
Flug D – Japan	€ 1.000/p	€ 1.000/p	€ 1.000/p
Flugbegleitung auf Hinreise	nein	nein	nein
Vorbereitungstreffen	ja	ja	ja
Vorbereitungsseminar	€ 110/opt.	€ 110/opt.	€ 110/opt.
Einführungsseminar in Japan	ja	ja	ja
Elterntreffen	nein	nein	nein
Nachbereitungstreffen	nein	nein	nein
Nachbereitungsseminar	ja	ja	ja
Kranken-/Unfallversicherung	€ 220	€ 275	€ 550
Haftpflicht-/Gepäckversicherung	ja	ja	ja
Gesamtpreis (ab circa)	**€ 7.960**	**€ 8.415**	**€ 9.290**
Bewerbungsschluss	30.11.	31.03.	31.03. / 30.11.
Spätbewerbung	möglich	möglich	möglich

Bewerbungsverlauf und Kriterien für die Annahme des Bewerbers
Nach Anmeldung laden wir zum Interview auf Englisch und auf Wunsch zu einer kostenlosen Beratung ein. Neben Motivation und Anpassungsbereitschaft sowie einem Notendurchschnitt von mind. 3,5 bildet das Interview die Voraussetzung für die Aufnahme ins Programm. Sobald uns die Bewerbungsmappe vorliegt, leiten wir diese nach Durchsicht unseren Partnern im Ausland weiter, die vor Ort Gastfamilie und Schulplatz sicherstellen.

Vorbereitung auf den Japan-Aufenthalt in Deutschland
Neben unseren Orientierungstreffen vor Abreise für Schüler und Eltern im Frühjahr und im Herbst (deutschlandweit sowie in Zürich und Wien) bieten wir regelmäßig optionale Workshops und Sprachkurse zur Vorbereitung auf unserem Campus in Berlin an.

Betreuung während des Auslandsaufenthalts und durch Nachbereitung
Jedem Teilnehmer wird ein Betreuer im Gastland zur Seite gestellt. Darüber hinaus unterstützen wir selbstverständlich auch nach Abreise Schüler wie Eltern und garantieren umgehende Reaktion und Hilfestellung Unsere Rückkehrer laden wir im Herbst zum Returnee-Treffen nach Berlin ein. Neben Workshops zur Nachbereitung des Auslandsaufenthalts und Austausch mit anderen GLSlern steht natürlich ein abwechslungsreiches Berlin-Programm auf der Agenda.

Stipendien und Sonstiges
inkl. 20 Std. Japanischkurs und Freizeitprogramm in Berlin vor Abreise

Kurz und bündig			
Gründungsjahr	1983	Schülerzahl im Japan-Programm 2014/15	18
Japan-Programm seit	2001	Gesamtschülerzahl im High School Programm 2014/15	576
Gemeinnützigkeit	nein	Partner in Japan	WYS, JEAA

Global Youth Group e.V.
Eststr. 6
45149 Essen
info@global-youth-group.de

Telefon: 0201 / 6124529
Telefax: 0201 / 47619824
www.global-youth-group.de

Preis und Leistung			
Länderwahlprogramm	1. Halbjahr	2. Halbjahr	Schuljahr
Grundpreis	€ 6.200	€ 6.200	€ 6.800
Flug D – Japan	€ 1.000/p	€ 1.000/p	€ 1.000/p
Flugbegleitung auf Hinreise	optional	optional	optional
Vorbereitungstreffen	optional	optional	optional
Vorbereitungsseminar	Ja	ja	ja
Einführungsseminar in Japan	ja	ja	ja
Elterntreffen	ja	ja	ja
Nachbereitungstreffen	nein	nein	nein
Nachbereitungsseminar	ja	ja	ja
Kranken-/Unfallversicherung	ja	ja	ja
Haftpflicht-/Gepäckversicherung	ja	ja	ja
Gesamtpreis (circa)	**€ 7.200**	**€ 7.200**	**€ 7.800**
Bewerbungsschluss	28.02.	31.10.	28.02. / 31.10.
Spätbewerbung	auf Anfrage	auf Anfrage	auf Anfrage

Bewerbungsverlauf und Kriterien für die Annahme des Bewerbers
Bewerben kannst du dich online, per Telefon / Fax oder mit unserem Bewerbungsformular welches du in unserer Broschüre findest. Anschließend verabreden wir mit dir und deinen Eltern ein kostenloses und unverbindliches Bewerbungsinterview.
Du solltest dich für die Kultur, das Leben und die Sprache in Japan interessieren. Erste Sprachkenntnisse sollten vorhanden sein.

Vorbereitung auf den Japan-Aufenthalt in Deutschland
Wir bereiten dich und deine Eltern im Vorbereitungsseminar auf deinen Aufenthalt in Japan vor. Das Seminar findet in Nord-, Ost-, Süd- und Westdeutschland statt.
Alternativ kannst du am Vorbereitungstreffen in Essen teilnehmen.

Betreuung während des Auslandsaufenthalts und durch Nachbereitung
Betreut wirst du durch deinen lokalen Betreuer, der immer in deinem Umkreis wohnt. Zusätzlich hast du eine 24-Stunden Notrufnummer. Während der gesamten Zeit stehen wir für dich und deine Eltern als Ansprechpartner zur Verfügung.
Nach deiner Rückkehr findet ein Nachbereitungscamp statt.

Stipendien und Sonstiges
Preisnachlass: - 150 € bei Geschwisterkindern; - 80 € bei Freunden;
GYG Weltbürger-Teilstipendium: 2 x 2.000 € (2015/16); 2 x 1.000 € (2016/17)
Einführungswoche in Tokio. – Nur sehr begrenzte Anzahl an Plätzen verfügbar!

Kurz und bündig			
Gründungsjahr	2009	Schülerzahl im Japan-Programm 2014/15	4
Japan-Programm seit	2012	Gesamtschülerzahl im High School Programm 2014/15	79
Gemeinnützigkeit	ja	Partner in Japan	WYS

iSt Internationale Sprach- und Studienreisen GmbH
Stiftsmühle
69080 Heidelberg
iSt@sprachreisen.de
Telefon: 06221 / 89 00-0
Telefax: 06221 / 89 00-200
www.sprachreisen.de

Preis und Leistung			
Länderwahlprogramm	4 Monate	Halbjahr	Schuljahr
Grundpreis (ab)	€ 8.130	€ 8.350	€ 9.150
Flug D – Japan	ja	ja	ja
Flugbegleitung auf Hinreise	nein	nein	nein
Vorbereitungstreffen	nein	nein	nein
Vorbereitungsseminar	nein	nein	nein
Einführungsseminar in Japan	ja	ja	ja
Elterntreffen	nein	nein	nein
Nachbereitungstreffen	€ 45/opt.	€ 45/opt.	€ 45/opt.
Nachbereitungsseminar	nein	nein	nein
Kranken-/Unfallversicherung	€ 200/p	€ 250/p	€ 500/p
Haftpflicht-/Gepäckversicherung	ja	ja	ja
Gesamtpreis (ab circa)	**€ 8.330**	**€ 8.600**	**€ 9.650**
Bewerbungsschluss	30.09.	31.03.	31.03. / 30.09.
Spätbewerbung	auf Anfrage	auf Anfrage	auf Anfrage

Bewerbungsverlauf und Kriterien für die Annahme des Bewerbers
Die Bewerber füllen ein Bewerbungsformular aus und schicken dies zusammen mit einer kurzen Selbstbeschreibung und der letzten Zeugniskopie an unser Büro. Die Bewerber werden dann umgehend zu einem persönlichen Gespräch eingeladen. Kurze Zeit nach dem Interview teilen wir schriftlich mit, ob Sie in das Programm aufgenommen werden. Wenn Sie den Platz annehmen möchten, bestätigen Sie und dies schriftlich.

Vorbereitung auf den Japan-Aufenthalt in Deutschland
Schon beim Bewerbungsgespräch informieren wir umfassend über viele wichtige Aspekte der Programmteilnahme und erläutern kulturelle Besonderheiten des Gastlandes. Die Teilnehmer erhalten regelmäßig Informationsbriefe zum bevorstehenden Aufenthalt.

Betreuung während des Auslandsaufenthalts und durch Nachbereitung
Am Anfang steht ein 3-tägiges Orientierungsseminar in Tokyo. Wir bleiben auch während des Aufenthaltes mit Ihnen in Kontakt und versorgen Sie mit aktuellen Informationen. Der örtliche Vertreter steht Ihnen mit Rat und Hilfe zur Seite. Für die Eltern sind wir hier im Büro stets ansprechbar. Auf einem Nachbereitungstreffen können Sie Ihre Eindrücke noch einmal Revue passieren lassen und mit anderen Teilnehmern Erfahrungen austauschen.

Stipendien und Sonstiges
Die Bewerber müssen über solide Grundkenntnisse der japanischen Sprache verfügen. Programmbeginn im März (4 Monate oder Schuljahr) oder August (Halbjahr oder Schuljahr).

Kurz und bündig			
Gründungsjahr	1981	Schülerzahl im Japan-Programm 2014/15	3
Japan-Programm seit	2011	Gesamtschülerzahl im High School Programm 2014/15	1.090
Gemeinnützigkeit	nein	Partner in Japan	WYS

AFS Interkulturelle Begegnungen e.V.
Friedensallee 48
22765 Hamburg
info@afs.de
Telefon: 040 / 399 222-0
Telefax: 040 / 399 222-99
www.afs.de

Preis und Leistung			
Länderwahlprogramm	3 Monate	Halbjahr	Schuljahr
Grundpreis		€ 15.190	€ 15.690
Flug D – Kanada		ja	ja
Flugbegleitung auf Hinreise		ab 30 Teiln.	ab 30 Teiln.
Vorbereitungstreffen		teilweise	teilweise
Vorbereitungsseminar		ja	ja
Einführungsseminar in Kanada		ja	ja
Elterntreffen		teilweise	teilweise
Nachbereitungstreffen		ja	ja
Nachbereitungsseminar		ja	ja
Kranken-/Unfallversicherung		ja	ja
Haftpflicht-/Gepäckversicherung		nein	nein
Gesamtpreis (circa)		**€ 15.190**	**€ 15.690**
Bewerbungsschluss		15.10.	15.10.
Spätbewerbung		möglich	möglich

Bewerbungsverlauf und Kriterien für die Annahme des Bewerbers
Alle Bewerber werden zu einem Auswahlwochenende in der Nähe ihres Wohnortes eingeladen. Die persönliche Eignung der Bewerber ist ausschlaggebend (Offenheit, Toleranz, Selbstständigkeit, Anpassungsbereitschaft, Kommunikationsfähigkeit, innere Stabilität usw.).

Vorbereitung auf den Kanada-Aufenthalt in Deutschland
AFS legt großen Wert auf die Vorbereitung. Es finden drei Wochenendseminare statt: zwei zur Grundvorbereitung und ein weiteres zur länderspezifischen Vorbereitung. Im persönlichen Gespräch mit der ganzen Familie wird individuell auf alle Fragen eingegangen, für die Eltern organisieren die Ehrenamtlichen zusätzlich Treffen zum gegenseitigen Austausch.

Betreuung während des Auslandsaufenthalts und durch Nachbereitung
Das weltweite AFS-Netzwerk ermöglicht die persönliche Betreuung der Teilnehmer vor, während und nach dem Austauschjahr. AFS im Gastland organisiert ein Einführungsseminar zu Beginn des Programms und ein Orientierungs-/ Auswertungsseminar im weiteren Verlauf des Auslandsaufenthaltes. Jeder Teilnehmer hat einen persönlichen Ansprechpartner vor Ort, hauptamtliche Mitarbeiter in allen AFS-Büros sind für Notfälle jederzeit erreichbar. AFS bietet seinen Teilnehmern zwei Seminare zur Nachbereitung an: ein Grundseminar auf lokaler Ebene und eine überregionale Nachbereitung in verschiedenen Orten Deutschlands.

Stipendien und Sonstiges
AFS vergibt an über 30 Prozent seiner Teilnehmer Stipendien aus Vereinsmitteln und Spenden. Das Schulhalbjahr ist nur im englischen, das Schuljahr nur im frz. Teil Kanadas möglich.

Kurz und bündig			
Gründungsjahr (1947)	1992	Schülerzahl im Kanada-Programm 2014/15	10
CAN-Programm seit	1980	Gesamtschülerzahl im High School Programm 2014/15	1.044
Gemeinnützigkeit	ja	Partner in Kanada	AFS

American Institute For Foreign Study (Deutschland) GmbH
Friedensplatz 1 Telefon: 0228 / 957 30-0
53111 Bonn Telefax: 0228 / 957 30-110
highschool@aifs.de www.aifs.de

Preis und Leistung			
Regionenwahlprogramm	3 Monate	Halbjahr	Schuljahr
Grundpreis (ab) *engl. / franz. Teil*	€ 6.100 / -	€ 7.500 / -	€ 12.500 /€ 17.800
Flug D – Kanada	€ 1.200/p	€ 1.200/p	€ 1.200/p
Flugbegleitung auf Hinreise*	optional	optional	optional
Vorbereitungstreffen	ja	ja	ja
Vorbereitungsseminar	ja	ja	ja
Einführungsseminar in Kanada*	optional/€ 495	optional/€ 495	optional/€ 495
Elterntreffen	nein	nein	nein
Nachbereitungstreffen	ja	ja	ja
Nachbereitungsseminar	ja	ja	ja
Kranken-/Unfallversicherung	ja	ja	ja
Haftpflicht-/Gepäckversicherung	ja	ja	ja
Gesamtpreis (ab circa)	**€ 7.300 / -**	**€ 8.700 / -**	**€ 13.700 /€ 19.000**
Bewerbungsschluss	offen	offen	offen
Spätbewerbung	ja	ja	ja

Bewerbungsverlauf und Kriterien für die Annahme des Bewerbers
Bewerbung: Die Bewerbung erfolgt unverbindlich durch das Ausfüllen eines Formulars auf www.aifs.de oder aus der AIFS High School Broschüre. Sind die formellen Voraussetzungen erfüllt, lädt AIFS den Bewerber zu einem ausführlichen telefonischen Einzelgespräch mit einem unserer Kanada-Experten ein. Bei Eignung des Bewerbers unterbreitet AIFS anschließend ein Vertragsangebot. Dieses wird erst durch die Annahme des Bewerbers verbindlich.
Voraussetzungen: 14 bis 18 Jahre; Schülerstatus; mind. drei Jahre Englisch (ggf. zwei Jahre Französisch) als Unterrichtsfach; tolerant, anpassungsfähig, aufgeschlossen und motiviert

Vorbereitung auf den Kanada-Aufenthalt in Deutschland
Vorbereitung durch das AIFS Team in Bonn als Ansprechpartner, zweitägiges Seminar in Bonn oder Umgebung, Zuteilung eines Paten, ausführliche Schüler-/Elternhandbücher sowie Inforundbriefe vor der Ausreise.

Betreuung während des Auslandsaufenthalts und durch Nachbereitung
Die Betreuung während des Aufenthaltes wird durch einen lokalen Betreuer, Partner vor Ort sowie AIFS in Bonn garantiert. Nachbereitung: im Rahmen einer große Returnee Party.

Stipendien und Sonstiges
* bei Sommerausreise: 4 Tage Orientation-Days in Toronto inkl. begleitetem Hinflug gegen Aufpreis; 1) Geschwisterrabatt in Höhe von jeweils € 200
2) Rabatt bei Anmeldung gemeinsam mit einem Freund in Höhe von je € 100

Kurz und bündig			
Gründungsjahr (1964)	1983	Schülerzahl im Kanada-Programm 2014/15	30
CAN-Programm seit	2004	Gesamtschülerzahl im High School Programm 2014/15	550
Gemeinnützigkeit	nein	Partner in Kanada	Schuldistrikte

Ayusa-Intrax GmbH
Giesebrechtstr. 10
10629 Berlin
highschool@intrax.de
Telefon: 030 / 84 39 39 93
Telefax: 030 / 84 39 39-39
www.intrax.de

Preis und Leistung			
Schulwahlprogramm	3 Monate	Halbjahr	Schuljahr
Grundpreis (ab)	€ 8.690	€ 10.790	€ 17.690
Flug D – Kanada	ja	ja	ja
Flugbegleitung auf Hinreise	nein	nein	nein
Vorbereitungstreffen	ja	ja	ja
Vorbereitungsseminar	ja	ja	ja
Einführungsseminar in Kanada	teilweise	teilweise	teilweise
Elterntreffen	nein	nein	nein
Nachbereitungstreffen	nein	nein	nein
Nachbereitungsseminar	ja	ja	ja
Kranken-/Unfallversicherung	ja	ja	ja
Haftpflicht-/Gepäckversicherung	ja	ja	ja
Gesamtpreis (ab circa)	**€ 8.690**	**€ 10.790**	**€ 17.690**
Bewerbungsschluss	15.10./30.4.	15.10. / 30.04.	15.10.
Spätbewerbung	möglich	möglich	möglich

Bewerbungsverlauf und Kriterien für die Annahme des Bewerbers
Neben dem schriftlichen Bewerbungsverlauf findet ein persönliches Einzelgespräch in der Nähe des Wohnortes statt, gern auch mit den Eltern. Für Kanada können sich 14- bis 18-Jährige bewerben.

Vorbereitung auf den Kanada-Aufenthalt in Deutschland
Bundesweit finden Informationsveranstaltungen und Vorbereitungsseminare statt. Wenn möglich kommen ehemalige Ayusa Schüler zu diesen Treffen. Ansonsten haben die Teilnehmer die Möglichkeit zum Telefonkontakt mit ehemaligen Teilnehmern. Alle Teilnehmer erhalten Handbücher.

Betreuung während des Auslandsaufenthalts und durch Nachbereitung
Betreuung durch einen lokalen Betreuer vor Ort. Für Eltern sind Ayusa-Intrax Mitarbeiter in Berlin Ansprechpartner während des gesamten Jahres. Anfang September findet ein Returnee Wochenende in Berlin statt.

Stipendien und Sonstiges
Für einen Schulaufenthalt in Kanada werden Teilstipendien bis maximal € 3.000 vergeben. Unsere Schulen liegen in British Columbia, New Brunswick, Ontario. In New Brunswick kann man auf Wunsch auch eine frz.-sprachige Schule besuchen. Für die Sommerausreise bieten wir optional das New York Paket für einen Aufpreis von € 490. Kurz-Programme von 4, 8 und 12 Wochen sind in einigen der Regionen möglich. Der Programmbeginn für Kurz-Programme ist flexibel wählbar, jedoch nicht während der kanadischen Schulferien möglich.

Kurz und bündig			
Gründungsjahr	1991	Schülerzahl im Kanada-Programm 2014/15	23
CAN-Programm seit	2004	Gesamtschülerzahl im High School Programm 2014/15	347
Gemeinnützigkeit	nein	Partner in Kanada	Red Leaf, ISR, Burnaby School District

Breidenbach Educational Consulting GmbH
Birkenweg 7 — Telefon: 02254 / 969 03 15
53919 Weilerswist — Telefax: (keine Nummer)
mb@high-school-kanada.com — www.high-school-kanada.com

Preis und Leistung			
Schulwahlprogramm	3 Monate	Halbjahr	Schuljahr
Grundpreis (ab)	CA$ 5,639	CA$ 9,082	CA$ 17,600
Flug D – Kanada	€ 1.200/p	€ 1.200/p	€ 1.200/p
Flugbegleitung auf Hinreise	nein	nein	nein
Vorbereitungstreffen	je nach Zeitpunkt	individuelle VB	ja
Vorbereitungsseminar	nein	nein	nein
Einführungsseminar in Kanada	je nach Zeitpunkt	1-10 Tage	1-10 Tage
Elterntreffen	auf Wunsch ja	auf Wunsch ja	auf Wunsch ja
Nachbereitungstreffen	bei Interesse	bei Interesse	bei Interesse
Nachbereitungsseminar	nein	nein	nein
Kranken-/Unfallversicherung	€ 150/p	€ 250/p	€ 500/p
Haftpflicht-/Gepäckversicherung	nein	nein	nein
Gesamtpreis (ab circa)*	**€ 6.305**	**€ 9.090**	**€ 15.685**
Bewerbungsschluss	Mai / November	Mai / November	Mai
Spätbewerbung	immer möglich	immer möglich	immer möglich

Bewerbungsverlauf und Kriterien für die Annahme des Bewerbers
Kurzbewerbung + persönliches Beratungsgespr. mit Schüler und Eltern (2-3 Std.). Kriterien: mindestens durchschnittliche Noten, ausreichende Englischkenntnisse, hohe Eigenmotivation, stabile Persönlichkeit, selbstständig, aufgeschlossen, anpassungsfähig und -bereit, Toleranz für die neue Kultur - Bereitschaft zu Engagement in der High School und in der Gastfamilie.

Vorbereitung auf den Kanada-Aufenthalt in Deutschland
Individ. Beratung, ausführl. InfoMaterial, intensives 1-tägiges Vorbereitungstreffen mit Eltern

Betreuung während des Auslandsaufenthalts und durch Nachbereitung
Vor Ort sind kompetente persönliche Ansprechpartner: Betreuung durch unsere kanadischen Partner. Gastfamilienplatzierung/Betreuung durch Schule/Schuldistrikt od. HomeStayComp. Deutschland: Kontakt und bei Problemen Beratung/Hilfestellung. Persönliche Nachgespräche

Stipendien und Sonstiges
Ab Kl. 8/ Auch für engagierte Schüler mit Realschul-Abschluss/ Freie Schulbezirks-Schulauswahl nach akademischen und individuellen Interessenschwerpunkten/ Vermittlung an englisch-+französischsprachige Schulen/ Spezielle Programme z.B.: IB, Spanish Bilingual, Self Directed Learning PSDL, Ice-Hockey, Tennis, Soccer, Baseball, Golf, Equestrian-Training, Aviation / Bilinguale Gastfamilien/ SummerCamps geeignet zur Vorbereitung auf High-School-Zeit/ Individuelle FlugPlanung +-Buchung möglich. Zusätzlicher Abschluss von Krankenversicherung ist optional. *inklusive Service-Gebühren für Breidenbach Educ. Cons.

Kurz und bündig			
Gründungsjahr	2003	Schülerzahl im Kanada-Programm 2014/15	20
CAN-Programm seit	2003	Gesamtschülerzahl im High School Programm 2014/15	20
Gemeinnützigkeit	nein	Partner in Kanada	BC, AB, SK, ON, NL, NB

CAMPS International GmbH
Poolstraße 36
20355 Hamburg
info@camps.de
Telefon: 040 / 822 90 27 0
Telefax: 040 / 822 90 27 29
www.camps.de

Preis und Leistung			
Regionenwahlprogramm	3 Monate	Halbjahr	Schuljahr
Grundpreis (ab circa)	€ 6.000	€ 7.800	€ 13.500
Flug D – Kanada	€ 1.200/p	€ 1.200/p	€ 1.200/p
Flugbegleitung auf Hinreise*	opt.	opt.	opt.
Vorbereitungstreffen	ja	ja	ja
Vorbereitungsseminar	nein	nein	nein
Einführungsseminar in Kanada	€ 550/opt.	€ 550/opt.	€ 550/opt.
Elterntreffen	nein	nein	nein
Nachbereitungstreffen	nein	nein	nein
Nachbereitungsseminar	ja	ja	ja
Kranken-/Unfallversicherung	ja	ja	ja
Haftpflicht-/Gepäckversicherung	€ 80/opt.	€ 130/opt.	€ 260/opt.
Gesamtpreis (ab circa)	**€ 7.200**	**€ 9.000**	**€ 14.700**
Bewerbungsschluss	15.05.	15.10.	15.05.
Spätbewerbung	möglich	möglich	möglich

Bewerbungsverlauf und Kriterien für die Annahme des Bewerbers
Nach seiner Bewerbung durchläuft der Schüler ein Interview mit einem CAMPS-Mitarbeiter, wobei auch die indiv. Bedürfnisse ermittelt werden. Der Schüler erhält dann gezielte Regionen- und Schulvorschläge, aus denen er wählen kann. Weiteres: s.„Public High School USA".

Vorbereitung auf den Kanada-Aufenthalt in Deutschland
Durch viele Kanadabesuche und Gespräche mit unseren kanadischen Partnern können wir uns ein gutes Bild vom Leben in den einzelnen Regionen des Landes und den Erwartungen an einen Gastschüler machen. Diese Erfahrungen versuchen wir bei verschiedenen Informationsveranstaltungen und im Rahmen eines eintägigen Workshops pragmatisch zu vermitteln. Speziell für Kanada-Teilnehmer veranstalten wir einen viertägigen, optionalen Workshop in Toronto zur vertiefenden Vorbereitung. Vor Ort gibt es an der Schule eine Einführung.

Betreuung während des Auslandsaufenthalts und durch Nachbereitung
Unsere Teilnehmer zahlen Schul- und Gastfamiliengebühren direkt an die kanadischen Schulbezirke, mit denen CAMPS seit Jahren eng zusammenarbeitet und die das Programm vor Ort überwachen. CAMPS erhält eine Service- und Betreuungspauschale (€ 1.750) für die Betreuung während des gesamten Aufenthalts.
Zur Nachbereitung dient ein mehrtägiges Returnee Meeting.

Stipendien und Sonstiges
* Bei Buchung des Einführungsseminars in Toronto: Flugbegleitung auf Hinreise inklusive.

Kurz und bündig			
Gründungsjahr (1984)	2010	Schülerzahl im Kanada-Programm 2014/15	14
CAN-Programm seit	2004	Gesamtschülerzahl im High School Programm 2014/15	141
Gemeinnützigkeit	nein	Partner in Kanada	Schulbezirke

CAP – Cultures and Perspectives – Inh. Geska Jäkel
Rosenäckerweg 14 Telefon: 07348 / 250 91 39
89160 Dornstadt Telefax. 07348 / 205 91 40
info@go-cap.de www.go-cap.de

Preis und Leistung			
Regionenwahlprogramm	3 Monate	Halbjahr	Schuljahr
Grundpreis (ab)	€ 5.315	€ 7.700	€ 13.665
Flug D – Kanada	€ 1.200/p	€ 1.200/p	€ 1.200/p
Flugbegleitung auf Hinreise	nein	nein	nein
Vorbereitungstreffen	nein	nein	nein
Vorbereitungsseminar	ja	ja	ja
Einführungsseminar in Kanada	ja	ja	ja
Elterntreffen	nein	nein	nein
Nachbereitungstreffen	ja	ja	ja
Nachbereitungsseminar	nein	nein	nein
Kranken-/Unfallversicherung	ja	ja	ja
Haftpflicht-/Gepäckversicherung	ja	ja	ja
Gesamtpreis (ab circa)	**€ 6.515**	**€ 8.900**	**€ 14.865**
Bewerbungsschluss	nach Verfügbarkeit freier Plätze		
Spätbewerbung	möglich	möglich	möglich

Bewerbungsverlauf und Kriterien für die Annahme des Bewerbers

Jeder Schüler von Real-, Gesamtschulen und Gymnasien muss Grundvoraussetzungen erfüllen. Neben dem Alter (14-18), mindestens ausreichenden Schulnoten und möglichst einer „Drei" in Englisch brauchen unsere Schüler auch noch das „persönliche Zeug" dazu. Das sind besonders Motivation, Anpassungsfähigkeit, Flexibilität und der nötige Biss.

Für die unverbindliche Bewerbung benötigen wir die Online-Bewerbung auf unserer Homepage. Unser persönliches Interview wird bei jedem Schüler zu Hause durchgeführt. Während dieses Gespräches überzeugen wir uns von dem Schüler und seiner persönlichen Eignung und klären offene Fragen.

Vorbereitung auf den Kanada-Aufenthalt in Deutschland

Wir bieten jeweils im Frühjahr und Herbst ein 2-tägiges Vorbereitungsseminar an.

Betreuung während des Auslandsaufenthalts und Nachbereitung

Während ihres Aufenthaltes werden unsere Schüler durch CAP sowie durch die Partner und deren Koordinatoren betreut. Vor Ort wird bei Problemen kompetente Hilfestellung gegeben. Dies geschieht durch regelmäßigen Kontakt mit Eltern und Schülern. Außerhalb der Bürozeiten stellt CAP eine Notrufnummer zu Verfügung.

Stipendien und Sonstiges

Es gibt Teilstipendien für all unsere Programme (siehe auch „Public High School USA").

Kurz und bündig			
Gründungsjahr	2007	Schülerzahl im Kanada Programm 2014/15	4
CAN-Programm seit	2007	Gesamtschülerzahl im High School Programm 2014/15	35
Gemeinnützigkeit	nein	Partner in Kanada	verschiedene

Carl Duisberg Centren Intertraining & Consult GmbH
Hansaring 49-51 Telefon: 0221 / 16 26 207
50670 Köln Telefax: 0221 / 16 26 217
highschool@cdc.de www.cdc.de

Preis und Leistung

Schulwahlprogramm	3 Monate	Halbjahr	Schuljahr
Grundpreis (ab)	€ 7.890	€ 10.390	€ 16.690
Flug D – Kanada	ja	ja	ja
Flugbegleitung auf Hinreise	nein	nein	nein
Vorbereitungstreffen	nein	nein	nein
Vorbereitungsseminar	ja	ja	ja
Einführungsseminar in Kanada	teilweise	teilweise	teilweise
Elterntreffen	ja	ja	ja
Nachbereitungstreffen	ja	ja	ja
Nachbereitungsseminar	nein	nein	nein
Kranken-/Unfallversicherung	€ 180	€ 300	€ 600
Haftpflicht-/Gepäckversicherung	ja/nein	ja/nein	ja/nein
Gesamtpreis (ab circa)*	**€ 8.070**	**€ 10.690**	**€ 17.290**
Bewerbungsschluss	30.04. / 30.09.	30.4. / 30.09.	30.04.
Spätbewerbung	möglich	gegen	Gebühren

Bewerbungsverlauf und Kriterien für die Annahme des Bewerbers
Zum Bewerbungsverfahren: 1.) Schriftliche Bewerbung (Formular) inkl. Zeugniskopie und Selbstbeschreibung. 2.) Einladung von Schüler und Eltern zu einem persönlichen Auswahlgespräch 3.) Schulvorschläge 4.) Bei Eignung Aufnahme in das Programm und schriftliche Bestätigung des Platzes - *Zu den Aufnahmekriterien:* Aufgeschlossenheit für andere Länder und Kulturen; Anpassungsbereitschaft an Gegebenheiten des Gastlandes; Selbstständigkeit im Rahmen der landesüblichen Möglichkeiten; zufriedenstellende Kenntnisse der Landessprache; Notendurchschnitt 3,0 und besser.

Vorbereitung auf den Kanada-Aufenthalt in Deutschland
Das Auswahlgespräch und das Ausfüllen der Bewerbungsunterlagen sind bereits Teil der Vorbereitung. Wichtigster Teil unserer Vorbereitung sind unsere zweitägigen Seminare, bei denen wir alle wichtigen Aspekte in Diskussionen, Vorträgen und Rollenspielen behandeln. Man erhält ein landesspezifisches Handbuch.

Betreuung während des Auslandsaufenthalts und durch Nachbereitung
Die Betreuung erfolgt durch das Carl Duisberg High School Team in Deutschland und durch einen Betreuer der Partnerorganisation, -schule oder des -distrikts in Kanada. Wir führen Elterntreffen durch. Nach Rückkehr laden wir alle Schüler zum Nachbereitungstreffen ein.

Stipendien und Sonstiges
* Kooperation mit zahlreichen Schulbezirken.

Kurz und bündig

Gründungsjahr	1962	Schülerzahl im Kanada-Programm 2014/15		74
CAN-Programm seit	1998	Gesamtschülerzahl im High School Programm 2014/15		408
Gemeinnützigkeit	nein	Partner in Kanada	EDUTOUR, Schulbezirke, CISS	

Dallaire Schüler- und Kulturaustausch – Inh. Claus Theil-Dallaire
Milanweg 31 | Telefon: 0441 / 96978421
26127 Oldenburg | Telefax: keine Faxnummer
info@dallaire.de | www.dallaire.de

Preis und Leistung			
Regionenwahlprogramm	3 Monate	Halbjahr	Schuljahr
Grundpreis (ab)	€ 7.390	€ 9.190	€ 12.290
Flug D – Kanada	ja	ja	ja
Flugbegleitung auf Hinreise	nein	nein	nein
Vorbereitungstreffen	nein	nein	nein
Vorbereitungsseminar	ja	ja	ja
Einführungsseminar in Kanada	teilweise	teilweise	teilweise
Elterntreffen	nein	nein	nein
Nachbereitungstreffen	nein	nein	nein
Nachbereitungsseminar	ja	ja	ja
Kranken-/Unfallversicherung	ja	ja	ja
Haftpflicht-/Gepäckversicherung	nein	nein	nein
Gesamtpreis (ab circa)	**€ 7.390**	**€ 9.190**	**€ 12.290**
Bewerbungsschluss	30.05. / 30.11.	30.05. / 30.11	30.05.
Spätbewerbung	möglich	möglich	möglich

Bewerbungsverlauf und Kriterien für die Annahme des Bewerbers
Sobald Deine Kurz-Bewerbung uns schriftlich vorliegt, erfolgt ein unverbindliches, persönliches Beratungsgespräch und Interview mit Dir und Deinen Eltern. Wir wollen euch kennenlernen und werden dann ein Profil von Dir erstellen. Aufgrund deiner Bewerbung und deinem Profil werden wir Dir einige unserer Schulen vorstellen können. Das Wichtigste für uns ist Deine Motivation, Offenheit, Toleranz und Anpassungsbereitschaft für die fremde Kultur.

Vorbereitung auf den Kanada-Aufenthalt in Deutschland
Dallaire bereitet Dich und Deine Eltern vor. Vor Deiner Abreise findet ein intensives zweitägiges Vorbereitungsseminar statt. Durch Rollenspiele, Workshops und Übungen wirst Du optimal vorbereitet und erhältst damit ein gutes Handwerkzeug für Deine Zeit in Kanada. Regelmäßige Info-Rundbriefe und ein ausführliches Handbuch mit allen wesentlichen Informationen für Deinen Aufenthalt in Kanada bis zur Ausreise gehört zum Programm.

Betreuung während des Auslandsaufenthalts und durch Nachbereitung
Du hast vor Ort persönliche Ansprechpartner durch unsere Schule/Schuldistrikt oder Home Stay während der gesamten Zeit. Dallaire ist für seine Partner über eine 24h-Notrufnummer immer erreichbar. Wir stehen Dir und Deinen Eltern als zuverlässige Ansprechpartner für die gesamte Zeit zur Verfügung.

Stipendien und Sonstiges
Wir bieten englisch-, französisch und bilinguale Programme an. Dabei kooperieren wir mit ausgewählten Schulbezirken von Ost- bis Westkanada. Darüber hinaus arbeiten wir mit vielen Privatschulen und einigen exquisiten Internaten in ganz Kanada zusammen.

Kurz und bündig			
Gründungsjahr	2013	Schülerzahl im Kanada-Programm 2014/15	5
CAN-Programm seit	2013	Gesamtschülerzahl im High School Programm 2014/15	5
Gemeinnützigkeit	nein	Partner in Kanada	School Boards und private Schulen

Deutsches Youth For Understanding Komitee e.V. (YFU)	
Oberaltenallee 6	Telefon: 040 / 22 70 02-0
22081 Hamburg	Telefax: 040 / 22 70 02-27
info@yfu.de	www.yfu.de

Preis und Leistung			
Länderwahlprogramm	3 Monate	Halbjahr	Schuljahr
Grundpreis			€ 10.900
Flug D – Kanada			ja
Flugbegleitung auf Hinreise			ja
Vorbereitungstreffen			ja
Vorbereitungsseminar			ja
Einführungsseminar in Kanada			ja
Elterntreffen			ja
Nachbereitungstreffen			ja
Nachbereitungsseminar			ja
Kranken-/Unfallversicherung			ja
Haftpflicht-/Gepäckversicherung			ja
Gesamtpreis			**€ 10.900**
Bewerbungsschluss			variabel
Spätbewerbung			nein

Bewerbungsverlauf und Kriterien für die Annahme des Bewerbers

Bei YFU können sich Schülerinnen und Schüler aller Schularten bewerben. Sie sollten aufgeschlossen, anpassungsfähig und verantwortungsbewusst sein und mindestens durchschnittliche Schulleistungen vorweisen. Nach Durchsicht der schriftlichen Bewerbungsunterlagen führt YFU regional Auswahlgespräche in Form von Gruppen- und Einzelinterviews durch.

Vorbereitung auf den Kanada-Aufenthalt in Deutschland

Alle YFU-Austauschschüler nehmen vor Abreise an einer einwöchigen Tagung teil, auf der sie intensiv auf das Leben in einer fremden Kultur vorbereitet werden und praktische Tipps für den Alltag in Kanada erhalten. Auch für Eltern werden eigene Vorbereitungstreffen angeboten. YFU stellt außerdem umfangreiche schriftliche Unterlagen zur Verfügung.

Betreuung während des Auslandsaufenthalts und durch Nachbereitung

Jeder Austauschschüler hat im Ausland vor Ort einen persönlichen Betreuer. Darüber hinaus stehen die hauptamtlichen YFU-Mitarbeiter in Deutschland und Kanada zur Verfügung – im Notfall rund um die Uhr. Während des Austauschjahres finden außerdem begleitende Seminare statt. Nach der Rückkehr gibt es ein zwei- bis dreitägiges Nachbereitungsseminar.

Stipendien und Sonstiges

YFU vergibt jährlich rund 300 Stipendien im Gesamtwert von etwa einer halben Million Euro. Die Vergabe und Höhe der Stipendien richtet sich nach der finanziellen Situation der Familie, nicht nach Schulnoten. Weitere Informationen gibt es unter www.yfu.de/stipendien.

Kurz und bündig				
Gründungsjahr	1957	Schülerzahl im Kanada-Programm 2014/15		3
CAN-Programm seit	1994	Gesamtschülerzahl im High School Programm 2014/15		1.092
Gemeinnützigkeit	ja	Partner in Kanada	YFU Kanada	

DFSR – Dr. Frank Sprachen & Reisen GmbH
Siegfriedstr. 5 Telefon: 06252 / 93 32-0
64646 Heppenheim Telefax: 06252 /93 32-60
info@dfsr.de www.dfsr.de

Preis und Leistung			
*Länderwahlprogramm**	3 Monate	Halbjahr	Schuljahr
Grundpreis *engl. Teil*			€ 12.990
Flug D – Kanada			ja
Flugbegleitung auf Hinreise			nein
Vorbereitungstreffen			nein
Vorbereitungsseminar			ja
Einführungsseminar in Kanada			ja
Elterntreffen			ja
Nachbereitungstreffen			ja
Nachbereitungsseminar			nein
Kranken-/Unfallversicherung			€ 650
Haftpflicht-/Gepäckversicherung			nein
Gesamtpreis (ab circa)			**€ 13.640**
Bewerbungsschluss			30.04.
Spätbewerbung			möglich

Bewerbungsverlauf und Kriterien für die Annahme des Bewerbers
Für alle Teilnehmer gilt: Es kommt nicht nur auf die Schulnoten an. Wichtig sind auch ihre Motivation und ihr Interesse an dem Gastland und dem Kulturaustausch. Der zukünftige Austauschschüler sollte Flexibilität, Verständnis, Toleranz und Selbstständigkeit mitbringen.
Bewerben können sich Schüler/innen, die über mindestens zufriedenstellende Englischkenntnisseverfügen. Teilnahmealter: 15 – 18 Jahre Bewerbungsverlauf: Ausfüllen des Bewerbungsformulars, persönliches Bewerbungsgespräch gemeinsam mit den Eltern, nach erfolgreichen Gespräch Aufnahme ins Programm.

Vorbereitung auf den Kanada-Aufenthalt in Deutschland
Intensives Vorbereitungsseminar in mehreren Städten Deutschlands.

Betreuung während des Auslandsaufenthalts und durch Nachbereitung
Unsere Partnerorganisation vor Ort stellt für die Schüler einen Betreuer vor Ort und auch DFSR ist für seine Partner über eine 24h-Notrufnummer immer erreichbar. Nach Rückkehr der Schüler nach Deutschland erhalten sie die Möglichkeit, auf der Welcome-Back Party von ihren Erfahrungen zu berichten.

Stipendien und Sonstiges
5 Tage Soft Landing Camp in New York City bei Programmstart im Sommer inklusive.
* Neben dem landesweiten Programm gibt es ein Regionen- bzw. Schulwahlprogramm in British Columbia, Ontario & Nova Scotia für eine Aufenthaltsdauer von 3, 5 od. 10 Monaten.

Kurz und bündig			
Gründungsjahr	1978	Schülerzahl im Kanada-Programm 2014/15	55
CAN-Programm seit	1980	Gesamtschülerzahl im High School Programm 2014/15	392
Gemeinnützigkeit	nein	Partner in Kanada	Shecana, div. Schuldistrikte

ec.se – educational consulting & student exchange GmbH
Adenauerallee 12-14 Telefon: 0228 / 259084-0
53113 Bonn Telefax: 0228 / 259084-20
info@highschoolberater.de www.highschoolberater.de

Preis und Leistung			
Regionenwahlprogramm	3 Monate	Halbjahr	Schuljahr
Grundpreis (ab)	€ 7.390	€ 9.490	€ 14.790
Flug D – Kanada	ja	ja	ja
Flugbegleitung auf Hinreise	nein	nein	nein
Vorbereitungstreffen	ja	ja	ja
Vorbereitungsseminar	nein	nein	nein
Einführungsseminar in Kanada	ja	ja	ja
Elterntreffen	ja	ja	ja
Nachbereitungstreffen	ja	ja	ja
Nachbereitungsseminar	nein	nein	nein
Kranken-/Unfallversicherung	ja	ja	ja
Haftpflicht-/Gepäckversicherung	ja	ja	ja
Gesamtpreis (ab circa)	**€ 7.390**	**€ 9.490**	**€ 14.790**
Bewerbungsschluss	30.05.	30. 05. / 30.11.	30.05.
Spätbewerbung	möglich	möglich	möglich

Bewerbungsverlauf und Kriterien für die Annahme des Bewerbers

Auf Grundlage der kompletten Kurzbewerbung erfolgt ein ausführliches Beratungsgespräch mit der Familie. Alle weiteren Schritte sowie im Einzelfall notwendige zusätzliche Gespräche resultieren daraus.

Kriterien:

Hohes Maß an Aufgeschlossenheit, Anpassungsfähigkeit, Lernbereitschaft, Selbstständigkeit Zufriedenstellende Englischkenntnisse, positiver Gesamteindruck.

Vorbereitung auf den Kanada-Aufenthalt in Deutschland

ec.se Vorbereitungstreffen für Schüler und Eltern
ec.se Vorbereitungsmaterial

Betreuung während des Auslandsaufenthalts und durch Nachbereitung

In Kanada durch Partnerorganisation und lokale Betreuer; in Deutschland durch ec.se vor, während und nach dem Aufenthalt inklusive Nachbereitungstreffen

Stipendien und Sonstiges

Beratung zum Schulbesuch in ausgewählten Schulbezirken von Ost- bis Westkanada, auch für 3 Monate z.B. in British Columbia/Vancouver, Vancouver Island, Rocky Mountains, Alberta, Manitoba, Ontario, Nova Scotia. Beratung zu Privatschulaufenthalt an renommierten kanadischen Boarding Schools/Internaten

Kurz und bündig			
Gründungsjahr	2002	Schülerzahl im Kanada-Programm 2014/15	55
CAN-Programm seit	2002	Gesamtschülerzahl im High School Programm 2014/15	196
Gemeinnützigkeit	nein	Partner in Kanada	NSISP, Schulbezirke, Privatschulen

ehighschool – Inh. Christian Prelle
Am Sportplatz 3
39576 Stendal
info@ehighschool.de
Telefon: 03931 / 531 831-0
Telefax: 03931 / 531 831-2
www.ehighschool.de

Preis und Leistung			
Regionenwahlprogramm	3 Monate	Halbjahr	Schuljahr
Grundpreis (ab)	€ 5.599	€ 6.999	€ 12.999
Flug D – Kanada	€ 1.200/p	€ 1.200/p	€ 1.200/p
Flugbegleitung auf Hinreise	nein	nein	nein
Vorbereitungstreffen	nein	nein	nein
Vorbereitungsseminar	ja	ja	ja
Einführungsseminar in Kanada	nein	nein	nein
Elterntreffen	ja	ja	ja
Nachbereitungstreffen	ja	ja	ja
Nachbereitungsseminar	nein	nein	nein
Kranken-/Unfallversicherung	ja/€ 60	ja/€ 100	ja/€ 200
Haftpflicht-/Gepäckversicherung	ja/nein	ja/nein	ja/nein
Gesamtpreis (circa)	**€ 6.860**	**€ 8.300**	**€ 14.400**
Bewerbungsschluss	09.04. / 09.09.	09.04. / 09.09.	09.04.
Spätbewerbung	nein	möglich	möglich

Bewerbungsverlauf und Kriterien für die Annahme des Bewerbers
Bewerbungsverlauf:
1. unverbindliche Bewerbung des Schülers/der Schülerin (Bewerbungsformular oder online)
2. unverbindliches persönliches Bewerbungsgespräch mit dem Schüler und den Eltern
3. Angebot der Teilnahme am High School-Programm und Vorlage eines Buchungsformulars
Aufnahmekriterien: - Zeugnisnoten: 4 oder besser - Englischnoten: 4 oder besser
- mindestens ordentliche Englischkenntnisse

Vorbereitung auf den Kanada-Aufenthalt in Deutschland
Zur Vorbereitung werden angeboten:
1. Vorbereitungstreffen (Vorbereitungsseminar)
2. Schüler-Handbuch
3. individuelle Gespräche (auf Wunsch).
Auf dem Vorbereitungstreffen soll der Teilnehmer fit gemacht werden für das Leben in einem fremden Land, in einer Gastfamilie und für den Besuch der Gastschule.

Betreuung während des Auslandsaufenthalts und durch Nachbereitung
Der Schüler hat 3 Ansprechpartner: Den lokalen Betreuer in der Nähe der Gastfamilie, die Zentrale der Partner in Kanada und ehighschool in Deutschland.

Stipendien und Sonstiges
Die kanadischen Gastfamilien und Gastschulen werden bezahlt.
Info-Telefon: 0700 HIGHSCHOOL (0700-44 44 72 46)

Kurz und bündig				
Gründungsjahr	2002	Schülerzahl im Kanada-Programm 2014/15		5
CAN-Programm seit	2008	Gesamtschülerzahl im High School Programm 2014/15		101
Gemeinnützigkeit	nein	Partner in Kanada	Schulbezirke	

Experiment e.V.
Gluckstraße 1
53115 Bonn
info@experiment-ev.de
Telefon: 0228 / 95722-0
Telefax: 0228 / 35 82 82
www.experiment-ev.de

Preis und Leistung			
Schulwahlprogramm	3 Monate	Halbjahr	Schuljahr
Grundpreis (ab)	€ 7.900	€ 10.400	€ 16.400
Flug D – Kanada	ja	ja	ja
Flugbegleitung auf Hinreise	nein	nein	nein
Vorbereitungstreffen	nein	nein	nein
Vorbereitungsseminar	ja	ja	ja
Einführungsseminar in Kanada	nein	nein	nein
Elterntreffen	nein	nein	nein
Nachbereitungstreffen	nein	nein	nein
Nachbereitungsseminar	ja	ja	ja
Kranken-/Unfallversicherung	ja	ja	ja
Haftpflicht-/Gepäckversicherung	ja/nein	ja/nein	ja/nein
Gesamtpreis (ab circa)	**€ 7.900**	**€ 10.400**	**€ 16.400**
Bewerbungsschluss	01.02. / 01.08.	01.02 / 01.08.	01.02.
Spätbewerbung	möglich	möglich	möglich

Bewerbungsverlauf und Kriterien für die Annahme des Bewerbers
Schülerinnen und Schüler zwischen 14 und 18 Jahren können am Programm teilnehmen. Voraussetzung ist, dass der Bewerber bis zur Ausreise eine weiterführende Schule besucht. Er sollte ein ernsthaftes Interesse am interkulturellen Austausch haben und bereit sein, der neuen Umgebung Informationen und Eindrücke von Deutschland zu vermitteln. Aufgeschlossenheit, Offenheit, Toleranz und ein gewisses Anpassungsvermögen sind dabei unentbehrliche Fähigkeiten.

Vorbereitung auf den Kanada-Aufenthalt in Deutschland
Alle Teilnehmer werden zu einem überregionalen, viertägigen Vorbereitungsseminar eingeladen, auf dem sie von Ehrenamtlichen umfassend auf ihren Auslandsaufenthalt vorbereitet werden. Diese intensive Vorbereitung findet bereits mehrere Wochen vor der Ausreise statt, ist verpflichtend für alle Teilnehmer und daher bereits im Preis enthalten.

Betreuung während des Auslandsaufenthalts und durch Nachbereitung
Ein persönlicher Betreuer unserer Partnerorganisation hat die Gastfamilie vor der Ankunft des Austauschschülers besucht und ist während des Aufenthaltes Ansprechpartner für Schüler und Gastfamilie. Für Eltern und Teilnehmer gibt es zusätzlich in Deutschland einen telefonischen Bereitschaftsdienst von Experiment e.V., der rund um die Uhr erreichbar ist.

Stipendien und Sonstiges
Ab 3 Monaten möglich. Familien und Schulen vermittelt unser Partner überwiegend in B.C. und Alberta. Vermittlung in den englischen und französischen Teil möglich.

Kurz und bündig			
Gründungsjahr	1932	Schülerzahl im Kanada-Programm 2014/15	16
CAN-Programm seit	2007	Gesamtschülerzahl im High School Programm 2014/15	490
Gemeinnützigkeit	ja	Partner in Kanada	F.R.I.E.N.D.S.(Mitglied Exp. Federation)

GIVE – Gesellschaft für internationale Verständigung mbH
In der Neckarhalle 127 a — Telefon: 06221 / 38 935-0
69118 Heidelberg — Telefax: 06221 / 38 935-20
info@give-highschool.de — www.give-highschool.de

Preis und Leistung

*Schulwahlprogramm**	3 Monate	Halbjahr	Schuljahr
Grundpreis (ab) *engl. / franz. Teil*	€ 6.450	€ 8.970 /€ 10.980	€ 15.630/€ 11.260
Flug D – Kanada (ab)	ja	ja	ja
Flugbegleitung auf Hinreise	ja	ja	ja
Vorbereitungstreffen	ja	ja	ja
Vorbereitungsseminar	ja	ja	ja
Einführungsseminar in Kanada	nein	nein	nein
Elterntreffen	nein	nein	nein
Nachbereitungstreffen	€ 45/opt.	€ 45/opt.	€ 45/opt.
Nachbereitungsseminar	nein	nein	nein
Kranken-/Unfallversicherung	€ 150	€ 250 / € 320	€ 500 / € 590
Haftpflicht-/Gepäckversicherung	ja	ja	ja
Gesamtpreis (ab circa)	**€ 6.600**	**€ 9.220/ € 11.300**	**€ 16.130/ € 11.850**
Bewerbungsschluss	bis 8 Wochen	vor	Abreise
Spätbewerbung	möglich	möglich	möglich

Bewerbungsverlauf und Kriterien für die Annahme des Bewerbers
Nach Deiner Bewerbung wirst Du zu einem Auswahlgespräch eingeladen, bei dem wir einander kennen lernen. Dieses Gespräch dient der Entscheidung über Deine Aufnahme in das Programm. Teilnehmen können Schüler an allgemeinbildenden Schulen, die mindestens drei Jahre Englischunterricht nachweisen können, die in den letzten drei Jahren keine Klasse wiederholt haben und mindestens durchschnittliche Leistungen erbracht haben.

Vorbereitung auf den Kanada-Aufenthalt in Deutschland
Während der Vorbereitungszeit bekommst Du von GIVE regelmäßig Infobriefe zugestellt, die Dich mit allen wichtigen Informationen über Deinen Gastaufenthalt und Dein Gastland vertraut machen. Darüber hinaus veranstaltet GIVE Vorbereitungsseminare in verschiedenen deutschen Städten, auf denen Du die anderen Teilnehmer kennen lernen kannst und alle organisatorischen und praktischen Dinge erfährst.

Betreuung während des Auslandsaufenthalts und durch Nachbereitung
GIVE arbeitet in Kanada mit einer Vielzahl an Schulbezirken direkt zusammen. Unsere Teilnehmer können die Schule und den Schulbezirk gemäß ihren Interessen auswählen.
* Im französischsprachigen Teil arbeiten wir mit einer der größten kanadischen Schüleraustauschorganisationen zusammen, Schul- oder Ortswahl sind hier nicht vorgesehen.

Stipendien und Sonstiges
Im englischsprachigen Teil Kanadas sind Aufenthalte ab 1 Monat möglich. Québec-Teilnehmer nehmen an einem einwöchigen Einführungscamp teil.

Kurz und bündig

Gründungsjahr	1987	Schülerzahl im Kanada-Programm 2014/15	135
CAN-Programm seit	1992	Gesamtschülerzahl im High School Programm 2014/15	445
Gemeinnützigkeit	nein	Partner in Kanada	Schulbezirke direkt, ASSE

Global Youth Group e.V.
Eststr. 6
45149 Essen
info@global-youth-group.de
Telefon: 0201 / 6124529
Telefax: 0201 / 47619824
www.global-youth-group.de

Preis und Leistung			
*Schulwahlprogramm**	3 Monate	Halbjahr	Schuljahr
Grundpreis (ab)	€ 5.000	€ 7.100	€ 13.300
Flug D – Kanada	€ 1.200/p	€ 1.200/p	€ 1.200/p
Flugbegleitung auf Hinreise	optional	optional	optional
Vorbereitungstreffen	optional	optional	optional
Vorbereitungsseminar	ja	ja	ja
Einführungsseminar in Kanada	ja	ja	ja
Elterntreffen	ja	ja	ja
Nachbereitungstreffen	nein	nein	nein
Nachbereitungsseminar	ja	ja	ja
Kranken-/Unfallversicherung	ja	ja	ja
Haftpflicht-/Gepäckversicherung	nein	nein	nein
Gesamtpreis (ab circa)	**€ 6.200**	**€ 8.300**	**€ 14.500**
Bewerbungsschluss	31.03. / 31.10.	31.03. / 31.10.	31.03.
Spätbewerbung	möglich	möglich	möglich

Bewerbungsverlauf und Kriterien für die Annahme des Bewerbers
Bewerben kannst du dich online, per Telefon / Fax oder mit unserem Bewerbungsformular welches du in unserer Broschüre findest. Anschließend verabreden wir mit dir und deinen Eltern ein kostenloses und unverbindliches Bewerbungsinterview. Du solltest dich für die Kultur, das Leben und die Sprache in Kanada interessieren und schon mittlere Sprachkenntnisse haben.
Teilnahme ab 13 Jahren und auch nach dem Abitur möglich.

Vorbereitung auf den Kanada-Aufenthalt in Deutschland
Wir bereiten dich und deine Eltern im Vorbereitungsseminar auf deinen Aufenthalt in Kanada vor. Das Seminar findet in Nord-, Ost-, Süd- und Westdeutschland statt.

Betreuung während des Auslandsaufenthalts und durch Nachbereitung
In Kanada wirst du durch unsere Partnerorganisation betreut. Diese stellt dir einen persönlichen Betreuer, sowie eine 24-Stunden Notrufnummer zur Verfügung. Zusätzlich steht dir und deinen Eltern stets dein persönlicher GYG Ansprechpartner zur Seite.
Nach deiner Rückkehr findet ein Nachbereitungscamp statt.

Stipendien und Sonstiges
Preisnachlass: - 150 € bei Geschwisterkindern; - 80 € bei Freunden;
GYG Weltbürger-Teilstipendium: 2 x 2.000 € (2015/16); 2 x 1.000 € (2016/17)
Optional: 5-Tage New York Trip (+ 400 €); * Programme in Kanada: Regionen -, Schul- und Distriktauswahl, Kurzprogramme ab 1 Monat

Kurz und bündig				
Gründungsjahr	2009	Schülerzahl im Kanada-Programm 2014/15		1
CAN-Programm seit	2011	Gesamtschülerzahl im High School Programm 2014/15		79
Gemeinnützigkeit	ja	Partner in Kanada	verschiedene Partner (Distrikte und Org.)	

GLS Sprachenzentrum – Inh . Barbara Jaeschke
Kastanienallee 82
10435 Berlin
highschool@gls-sprachenzentrum.de
Telefon: 030 / 780 089 80
Telefax: 030 / 787 419 1
www.gls-sprachenzentrum.de

Preis und Leistung			
*Schulwahlprogramm**	3 Monate	Halbjahr	Schuljahr
Grundpreis (ab)	€ 5.190	€ 7.190	€ 14.140
Flug D – Kanada	€ 1.200/p	€ 1.200/p	€ 1.200/p
Flugbegleitung auf Hinreise	ja	ja	ja
Vorbereitungstreffen	ja	ja	ja
Vorbereitungsseminar	€ 110/opt.	€ 110/opt.	€ 110/opt.
Einführungsseminar in Kanada	nein	nein	nein
Elterntreffen	nein	nein	nein
Nachbereitungstreffen	nein	nein	nein
Nachbereitungsseminar	ja	ja	ja
Kranken-/Unfallversicherung	€ 113	€ 187	€ 375
Haftpflicht-/Gepäckversicherung	ja	ja	ja
Gesamtpreis (ab circa)	**€ 6.505**	**€ 8.580**	**€ 15.715**
Bewerbungsschluss	flexibel	flexibel	flexibel
Spätbewerbung	möglich	möglich	möglich

Bewerbungsverlauf und Kriterien für die Annahme des Bewerbers
Nach Anmeldung laden wir zum Interview auf Englisch und auf Wunsch zu einer kostenlosen Beratung ein. Neben Motivation und Anpassungsbereitschaft sowie einem Notendurchschnitt von mind. 3,5 bildet das Interview die Voraussetzung für die Aufnahme ins Programm. Sobald uns die Bewerbungsmappe vorliegt, leiten wir diese nach Durchsicht unseren Partnern im Ausland weiter, die vor Ort Gastfamilie bzw./und Internats- oder Schulplatz sicherstellen.

Vorbereitung auf den Kanada-Aufenthalt in Deutschland
Neben unseren Orientierungstreffen vor Abreise für Schüler und Eltern im Frühjahr und im Herbst (deutschlandweit sowie in Zürich und Wien) bieten wir regelmäßig optionale Workshops und Sprachkurse zur Vorbereitung auf unserem Campus in Berlin an.

Betreuung während des Auslandsaufenthalts und durch Nachbereitung
Jedem Teilnehmer wird ein Betreuer im Gastland zur Seite gestellt. Darüber hinaus unterstützen wir selbstverständlich auch nach Abreise Schüler wie Eltern und garantieren umgehende Reaktion und Hilfestellung. Unsere Rückkehrer laden wir im Herbst zum Returnee-Wochenende nach Berlin ein. Neben Workshops zur Nachbereitung des Auslandsaufenthalts und Austausch mit anderen GLSlern steht natürlich ein abwechslungsreiches Berlin-Programm auf der Agenda.

Stipendien und Sonstiges
* Schulwahl; bilinguale Optionen; begleiteter Gruppenflug, optional mit Orientierungstagen in New York; Kombi-Programme; Stipendien

Kurz und bündig				
Gründungsjahr	1983	Schülerzahl im Kanada-Programm 2014/15		107
CAN-Programm seit	1995	Gesamtschülerzahl im High School Programm 2014/15		576
Gemeinnützigkeit	nein	Partner in Kanada	Schulen + Schulbezirke direkt	

HiCo Education – High School & College Consulting – Inh. Ilona Wondratschek
Darmstädter Str. 162 Telefon: 06251 / 58 50 688
64625 Bensheim Telefax: 06251 / 58 30 002
info@hico-education.de www.hico-education.de

Preis und Leistung

Regionenwahlprogramm	3 Monate	Halbjahr	Schuljahr
Grundpreis (ab)	€ 6.780	€ 9.200	€ 13.900
Flug D – Kanada	ja	ja	ja
Flugbegleitung auf Hinreise	nein	nein	nein
Vorbereitungstreffen	ja	ja	ja
Vorbereitungsseminar	nein	nein	nein
Einführungsseminar in Kanada	ja - nach Distrikt	ja - nach Distrikt	ja - nach Distrikt
Elterntreffen	nein	nein	nein
Nachbereitungstreffen	auf Wunsch	auf Wunsch	auf Wunsch
Nachbereitungsseminar	nein	nein	nein
Kranken-/Unfallversicherung	ja	ja	ja
Haftpflicht-/Gepäckversicherung	ja	ja	ja
Gesamtpreis (circa)*	**€ 6.780**	**€ 9.200**	**€ 13.900**
Bewerbungsschluss	30.05.	30.03. / 01.12.	30.05.
Spätbewerbung	möglich	möglich	möglich

Bewerbungsverlauf und Kriterien für die Annahme des Bewerbers
Sobald die Kurz-Bewerbung vorliegt, setzen wir uns zwecks eines unverbindlichen Beratungsgespräches mit den Familien in Verbindung. Dabei wird ein ausführliches Schülerprofil erstellt. Es werden Wünsche, Stärken und Schwächen besprochen. Dieses Profil dient als Grundlage für unser Angebot. Nachdem sich der Schüler entschieden hat, prüfen wir die Platzsituation. Nach Zusage der Schule, begleiten wir die Familie bei dem gesamten Bewerbungsauflauf, der Fächerauswahl und der Studypermit-Beantragung, Versicherung und Flug.

Vorbereitung auf den Kanada-Aufenthalt in Deutschland
Wir stellen wichtige Unterlagen zum Auslandsaufenthalt, Land und der Schule bereit, stehen vor und während des gesamten Aufenthaltes für alle Fragen zur Verfügung.

Betreuung während des Auslandsaufenthalts und durch Nachbereitung
In der Regel führen alle kanadischen Schuldistrikte nach Ankunft ein mehrtägiges Vorbereitungstreffen durch. Die Betreuung vor Ort erfolgt über die Mitarbeiter/Betreuer des Schuldistriktes, die extra nur für die Internationalen Schüler zuständig sind, veranstalten Ausflüge, Aktivitäten und vieles mehr. Das HiCo Team steht Eltern wie auch Schülern während des gesamten Aufenthaltes als Ansprechpartner zur Verfügung.

Stipendien und Sonstiges
In Verbindung mit Weltbürger-Stipendien vergeben wir für das Schuljahr 2015/2016 jeweils zwei Teilstipendien für kanadische Schuldistrikte im Wert von € 1.000 pro Schuldistrikt.
* *Beratungs- und Betreuungsangebot im Gesamtpreis enthalten.*

Kurz und bündig

Gründungsjahr	2009	Schülerzahl im Kanada-Programm 2014/15	20
CAN-Programm seit	2009	Gesamtschülerzahl im High School Programm 2014/15	141
Gemeinnützigkeit	nein	Partner in Kanada	verschiedene Schuldistrikte

ICXchange-Deutschland e.V.
Bahnhofstr. 16-18
26122 Oldenburg
info@icxchange.de
Telefon: 0441 / 923 98-0
Telefax: 0441 / 923 98-99
www.icxchange.de

Preis und Leistung			
Regionenwahlprogramm	3 Monate	Halbjahr	Schuljahr
Grundpreis (ab) *engl. / franz. Teil*	€ 6.400 / € 6.050	€ 9.100 / € 8.050	€ 15.150 /€ 11.200
Flug D – Kanada	ja	ja	ja
Flugbegleitung auf Hinreise	ab 15 Teiln.	ab 15 Teiln.	ab 15 Teiln.
Vorbereitungstreffen	nein	nein	nein
Vorbereitungsseminar	ja	ja	ja
Einführungsseminar in Kanada	nein	nein	nein
Elterntreffen	nein	nein	nein
Nachbereitungstreffen	nein	nein	nein
Nachbereitungsseminar	ja	ja	ja
Kranken-/Unfallversicherung	ja	ja	ja
Haftpflicht-/Gepäckversicherung	€ 75/60/opt.	€ 75/60/opt.	€ 75/60/opt.
Gesamtpreis (ab circa)	**€ 6.400 / € 6.050**	**€ 9.100 / € 8.050**	**€ 15.150 /€ 11.200**
Bewerbungsschluss	15.04. / 30.09.	15.04. / 28.02.	15.04. / 28.02.
Spätbewerbung	möglich	möglich	möglich

Bewerbungsverlauf und Kriterien für die Annahme des Bewerbers

Nach Eingang der Kurzbewerbung laden wir den Bewerber zu einem persönlichen Gespräch ein. Danach folgen Akzeptierung, ausführliche Bewerbungsunterlagen und Vertragsofferte. Voraussetzungen: 14-18 Jahre, Besuch einer allgemeinbildenden Schule, 3 Jahre Englischunterricht (bzw. 3 Jahre Französischunterricht für die Provinz Québec), Notendurchschnitt von 3,5 für Gymnasiasten und 3,0 für Realschüler.

Vorbereitung auf den Kanada-Aufenthalt in Deutschland

2-tägiges Vorbereitungsseminar, die Eltern kommen einen Nachmittag dazu; ausführliche schriftliche Informationsmappe.

Betreuung während des Auslandsaufenthalts und durch Nachbereitung

Während des Programms werden die Schüler von unserer jeweiligen kanadischen Partnerorganisation betreut. Jedem Schüler steht am Wohnort der Gastfamilie ein Mitarbeiter unserer Partner als Ansprechpartner zur Verfügung. Nach Beendigung des Programms findet ein Nachbereitungsseminar in Deutschland statt.

Stipendien und Sonstiges

ICX vergibt Teilstipendien bis € 1.000. Die Stipendienvergabe richtet sich nach der Höhe des Familieneinkommens und dem zur Verfügung stehenden Stipendienfonds.

Kurz und bündig				
Gründungsjahr	1974	Schülerzahl im Kanada-Programm 2014/15		14
CAN-Programm seit	2003	Gesamtschülerzahl im High School Programm 2014/15		229
Gemeinnützigkeit	ja	Partner in Kanada	CBE, NLSD, OCDSB, RETSD, SLI	

iE – international Experience e.V.
Amselweg 20
53797 Lohmar
info@international-experience.net
Telefon: 02246 / 915 49 0
Telefax: 02246 / 915 49 12
www.international-experience.net

Preis und Leistung			
Regionenwahlprogramm	3 Monate	Halbjahr	Schuljahr
Grundpreis (ab)	€ 6.820	€ 9.400	€ 16.150
Flug D – Kanada	€ 1.200/p	€ 1.200/p	€ 1.200/p
Flugbegleitung auf Hinreise	nein	nein	nein
Vorbereitungstreffen	nein	nein	nein
Vorbereitungsseminar	ja	ja	ja
Einführungsseminar in Kanada	nein	nein	nein
Elterntreffen	nein	nein	nein
Nachbereitungstreffen	ja	ja	ja
Nachbereitungsseminar	nein	nein	nein
Kranken-/Unfallversicherung	€ 150/p	€ 250/p	€ 500/p
Haftpflicht-/Gepäckversicherung	ja	ja	ja
Gesamtpreis (circa)	**€ 8.170**	**€ 10.850**	**€ 17.850**
Bewerbungsschluss	31.03. / 30.09.	31.03. / 30.09.	31.03. / 30.09.
Spätbewerbung	möglich	möglich	möglich

Bewerbungsverlauf und Kriterien für die Annahme des Bewerbers
Kriterien für die Aufnahme in unser Programm sind neben den Schulnoten besonders persönliche Eigenschaften wie Motivation, Flexibilität und Anpassungsfähigkeit.
Wir suchen "great kids" mit positiver Einstellung, die auch ihrer Gastfamilie etwas zu bieten haben, die freundlich, aufgeschlossen, aktiv in Schule und Freizeit sind.

Vorbereitung auf den Kanada-Aufenthalt in Deutschland
Die iE - Vorbereitungen beinhalten persönliche Gespräche, Materialien in Schriftform und ein mehrtägiges Vorbereitungsseminar. Das Vorbereitungsseminar ist für iE-Schüler/Innen Pflicht. Immer nehmen Ehemalige an den Seminaren teil und geben ihre Erfahrungen weiter.

Betreuung während des Auslandsaufenthalts und durch Nachbereitung
International student counselors an den Schulen betreuen die Schüler und deren Gastfamilien vor Ort. Sie helfen bei der Eingliederung in die Schule und in die neue Familie. iE unterhält einen persönlichen 24-Stunden-Notfall Dienst für Schüler/Innen, Eltern hier in Deutschland (kein Call-Center). Eventuelle Probleme werden zunächst mit dem iE Büro in Deutschland besprochen.

Stipendien und Sonstiges
Der o.g. Gesamtpreis kann je nach Schulbezirk und Auswahl der Schule variieren. iE arbeitet auch mit ausgewählten Privatschulen und Internaten zusammen. Kurzzeitprogramme sind möglich. Im Programmpreis ist eine Basis-Krankenversicherung vor Ort enthalten. Zusätzlich kann ein Versicherungspaket (inkl. Haftpflicht- und Gepäckversicherung) abgeschl. werden.

Kurz und bündig			
Gründungsjahr	2000	Schülerzahl im Kanada-Programm 2014/15	19
CAN-Programm seit	2002	Gesamtschülerzahl im High School Programm 2014/15	335
Gemeinnützigkeit	ja	Partner in Kanada	Schulbezirke

into GmbH
Ostlandstraße 14
50858 Köln
kontakt@into.de
Telefon: 02234 / 946 36-0
Telefax: 02234 / 946 36-23
www.into.de

Preis und Leistung			
Schulwahlprogramm	3 Monate	Halbjahr	Schuljahr
Grundpreis (ab)	€ 7.525	€ 9.700	€ 15.220
Flug D – Kanada	ja	ja	ja
Flugbegleitung auf Hinreise	ja	ja	ja
Vorbereitungstreffen	nein	nein	nein
Vorbereitungsseminar	ja	ja	ja
Einführungsseminar in Kanada	ja	ja	ja
Elterntreffen	nein	nein	nein
Nachbereitungstreffen	nein	nein	nein
Nachbereitungsseminar	ja	ja	ja
Kranken-/Unfallversicherung	ja	ja	ja
Haftpflicht-/Gepäckversicherung	€ 30/nein	€ 50/nein	€ 100/nein
Gesamtpreis (ab circa)	**€ 7.555**	**€ 9.750**	**€ 15.320**
Bewerbungsschluss	flexibel	flexibel	flexibel
Spätbewerbung	auf Anfrage	auf Anfrage	auf Anfrage

Bewerbungsverlauf und Kriterien für die Annahme des Bewerbers
Dein Notendurchschnitt muss befriedigend oder besser sein. Das Wichtigste ist, dass Du Motivation, Flexibilität, Toleranz und Anpassungsfähigkeit mitbringst.

Vorbereitung auf den Kanada-Aufenthalt in Deutschland
Schüler- und Elternhandbuch, regelmäßig Infobriefe (Newslinks) mit Infos zum Ablauf, kulturellen Eigenheiten der Gastländer sowie Ratschlägen und Erfahrungsberichten. Zweitägiges Vorbereitungsseminar vor Abreise bei dem Du Infos und Tipps erhältst und etwas zu den Vorschriften und Regeln während Deines Austausches erfährst. Zudem wirst Du mit Rollenspielen, kreativer Arbeit und lustigen Sketchen auf Deinen Austausch vorbereitet. Es gibt eine Extra-Informationsveranstaltung zur Vorbereitung Deiner Eltern bei Sommer-Ausreise.

Betreuung während des Auslandsaufenthalts und durch Nachbereitung
In Kanada wird in der Nähe Deines Wohnortes ein Ansprechpartner für Dich und Deine Gastfamilie sein. Auch in Deutschland sind wir immer erreichbar. Nach Deiner Rückkehr ist es noch nicht „vorbei“: Unsere Returnees organisieren „get togethers“, das traditionelle *into* BBQ und Ausflüge, bei denen sich viele Ehemalige immer wieder treffen.

Stipendien und Sonstiges
Bei Sommer-Ausreise ist im Preis ein viertägiges Orientation Camp in Toronto enthalten.

Kurz und bündig				
Gründungsjahr	1986	Schülerzahl im Kanada-Programm 2014/15		38
CAN-Programm seit	1994	Gesamtschülerzahl im High School Programm 2014/15		435
Gemeinnützigkeit	nein	Partner in Kanada	Schulen in Alberta, British Columbia und Ontario	

iSt Internationale Sprach- und Studienreisen GmbH	
Stiftsmühle	Telefon: 06221 / 89 00-0
69080 Heidelberg	Telefax: 06221 / 89 00-200
iSt@sprachreisen.de	www.sprachreisen.de

Preis und Leistung			
*Schulwahlprogramm**	3 Monate	Halbjahr	Schuljahr
Grundpreis (ab) *engl. / franz. Teil*	€ 6.460	€ 8.980 / € 10.980	€ 15.640 /€ 11.260
Flug D – Kanada	ja	ja	ja
Flugbegleitung auf Hinreise	ja	ja	ja
Vorbereitungstreffen	ja	ja	ja
Vorbereitungsseminar	ja	ja	ja
Einführungsseminar in Kanada	nein	nein	nein
Elterntreffen	nein	nein	nein
Nachbereitungstreffen	€ 45/opt.	€ 45/opt.	€ 45/opt.
Nachbereitungsseminar	nein	nein	nein
Kranken-/Unfallversicherung**	€ 150	€ 250 / € 320	€ 500 / € 590
Haftpflicht-/Gepäckversicherung	ja/nein	ja/nein	ja/nein
Gesamtpreis (ab circa)	**€ 6.600**	**€ 9.230 / € 11.300**	**€ 16.140 /€ 11.850**
Bewerbungsschluss	zwei	Monate	vor Abreise
Spätbewerbung	auf Anfrage	auf Anfrage	auf Anfrage

Bewerbungsverlauf und Kriterien für die Annahme des Bewerbers

Die Bewerber füllen ein Bewerbungsformular aus und schicken dies zusammen mit einer kurzen Selbstbeschreibung und der letzten Zeugniskopie an unser Büro. Die Bewerber werden dann umgehend zu einem persönlichen Gespräch eingeladen. Kurze Zeit nach dem Interview teilen wir schriftlich mit, ob Sie in das Programm aufgenommen werden.

Vorbereitung auf den Kanada-Aufenthalt in Deutschland

Schon beim Bewerbungsgespräch informieren wir umfassend über viele wichtige Aspekte der Programmteilnahme und erläutern kulturelle Besonderheiten des Gastlandes. Die Teilnehmer erhalten regelmäßig Informationsbriefe zum bevorstehenden Aufenthalt und können Kontakt zu ehemaligen Teilnehmern aufnehmen. Auf einem zweitägigen Seminar bereiten sich die neuen Teilnehmer intensiv auf ihren Aufenthalt vor. (siehe auch USA-Programm)

Betreuung während des Auslandsaufenthalts und durch Nachbereitung

Wir bleiben auch während des Aufenthaltes mit Ihnen in Kontakt und versorgen Sie mit aktuellen Informationen. Der örtliche Vertreter steht Ihnen mit Rat und Hilfe zur Seite. Für die Eltern sind wir hier im Büro stets ansprechbar. Auf einem Nachbereitungstreffen können Sie mit anderen Teilnehmern Erfahrungen austauschen.

Stipendien und Sonstiges

Im englischsprachigen Teil Kanadas sind Aufenthalte ab 1 Monat möglich. Québec-Teilnehmer nehmen an einem einwöchigen Einführungscamp teil.

*Bei Aufenthalten in der französischsprachigen Provinz Québec ist keine Schulwahl möglich.

**Basiskrankenversicherung in BC u. Manitoba inkl.

Kurz und bündig			
Gründungsjahr	1981	Schülerzahl im Kanada-Programm 2014/15	335
CAN-Programm seit	1983	Gesamtschülerzahl im High School Programm 2014/15	1.090
Gemeinnützigkeit	nein	Partner in Kanada	ASSE, CISS, diverse School Districts

KAPLAN – ASPECT Internationale Sprachschule GmbH	
Zeil 65-69	Telefon: 069 / 244 5005 20
60313 Frankfurt am Main	Telefax: 069 / 244 5005 09
highschool.weltweit@kaplaninternational.com	www.kaplaninternational.com/de

Preis und Leistung			
Regionenwahlprogramm	3 Monate	Halbjahr	Schuljahr
Grundpreis (ab)	€ 6.790	€ 9.490	€ 15.290
Flug D – Kanada	€ 1.200/p	€ 1.200/p	€ 1.200/p
Flugbegleitung auf Hinreise	nein	nein	nein
Vorbereitungstreffen	nein	nein	nein
Vorbereitungsseminar	ja	ja	ja
Einführungsseminar in Kanada	nein	nein	nein
Elterntreffen	nein	nein	nein
Nachbereitungstreffen	ja	ja	ja
Nachbereitungsseminar	nein	nein	nein
Kranken-/Unfallversicherung	€ 180	€ 300	€ 600
Haftpflicht-/Gepäckversicherung	ja/nein	ja/nein	ja/nein
Gesamtpreis (ab circa)	**€ 8.170**	**€ 10.990**	**€ 17.090**
Bewerbungsschluss	01.06. / 01.11.	01.06. / 01.11.	01.06.
Spätbewerbung	möglich	möglich	möglich

Bewerbungsverlauf und Kriterien für die Annahme des Bewerbers

Nach der Bewerbung (schriftlich oder online) findet ein persönliches Beratungsgespräch (mit mind. einem Elternteil) in der Nähe des Wohnortes statt. Unmittelbar nach dem Gespräch entscheidet KAPLAN über die Aufnahme des Schülers. Dabei spielt neben den schulischen Leistungen und gesundheitlichen Voraussetzungen auch der persönliche Eindruck eine große Rolle. Alter: 13-19

Vorbereitung auf den Kanada-Aufenthalt in Deutschland

Neben dem Elterntreffen und dem zweitägigen Vorbereitungsseminar, das für alle Schüler obligatorisch ist, bekommen Schüler schon beim Gespräch und nach der Aufnahme ins Programm viele Informationen zu Land und Leuten und zum Leben im Ausland sowie ein ausführliches Handbuch.

Betreuung während des Auslandsaufenthalts und durch Nachbereitung

Jeder Schüler hat persönliche Betreuer, außerdem gibt es eine 24 Stunden Notfall-Nummer. Das KAPLAN-Büro in Deutschland ist Ansprechpartner für Fragen der Eltern.

Stipendien und Sonstiges

Regionenwahl und Schulwunsch möglich.

Aufenthaltsdauer flexibel wählbar, sogar ab vier Wochen möglich. Schüler können zwei komplette Schuljahre in Kanada verbringen und den internationalen IB erhalten.

Zu Programmbeginn 3 tägiger Vorbereitungskurs in New York möglich.

Kurz und bündig			
Gründungsjahr	1985	Schülerzahl im Kanada-Programm 2014/15	16
CAN-Programm seit	2006	Gesamtschülerzahl im High School Programm 2014/15	152
Gemeinnützigkeit	nein	Partner in Kanada	CISS, Schulbezirke direkt

KulturLife gGmbH
Max-Giese-Str. 22 | Telefon: 0431 / 888 14 10
24116 Kiel | Telefax: 0431 / 888 14 19
info@kultur-life.de | www.kultur-life.de

Preis und Leistung			
Schulwahlprogramm	3 Monate	Halbjahr	Schuljahr
Grundpreis (ab)	€ 7.290	€ 8.490	€ 13.990
Flug D – Kanada	ja	ja	ja
Flugbegleitung auf Hinreise	nein	nein	nein
Vorbereitungstreffen	nein	nein	nein
Vorbereitungsseminar	ja	ja	ja
Einführungsseminar in Kanada	ja	ja	ja
Elterntreffen	ja	ja	ja
Nachbereitungstreffen	nein	nein	nein
Nachbereitungsseminar	ja	ja	ja
Kranken-/Unfallversicherung	ja	ja	ja
Haftpflicht-/Gepäckversicherung	€ 40 opt./nein	€ 40 opt./nein	€ 90 opt./nein
Gesamtpreis (ab circa)	**€ 7.290**	**€ 8.490**	**€ 13.990**
Bewerbungsschluss	so lange Plätze vorhanden sind		
Spätbewerbung	möglich	möglich	möglich

Bewerbungsverlauf und Kriterien für die Annahme des Bewerbers
Anhand deiner unverbindlichen Voranmeldung prüfen wir, ob wir dich in unser Programm aufnehmen können. Danach melden wir uns und vereinbaren einen persönlichen Gesprächstermin. Es findet ein persönliches Interview mit einem Programmbetreuer über Skype statt.

Vorbereitung auf den Kanada-Aufenthalt in Deutschland
Jedes Jahr im Frühjahr und Herbst führen wir mehrere Vorbereitungsseminare durch, die jeweils ein Wochenende dauern. Neben den Jugendlichen sind am ersten Tag auch die Eltern eingeladen. Besondere Schwerpunkte der Vorbereitungsseminare sind neben einem intensiven interkulturellen Training das Verhalten in der Gastfamilie und Strategien zur Vermeidung oder Lösung möglicher Problemen.

Betreuung während des Auslandsaufenthalts und durch Nachbereitung
Bei der Ankunft am Zielflughafen wirst du von der Gastfamilie und/oder von deinem Betreuer abgeholt. Ein Koordinator wird dir als fester Ansprechpartner mit Rat und Tat zur Seite stehen.

Stipendien und Sonstiges
Da wir mit vielen Schulen und Schuldistrikten direkt zusammenarbeiten, können wir auf konkrete Stadt- und Gebietswünsche eingehen. Bewerbungen für das Nordlicht-Stipendium sind möglich. Wir bieten auch Programme in den USA an.

Kurz und bündig			
Gründungsjahr	1995	Schülerzahl im Kanada-Programm 2014/15	24
CAN-Programm seit	1995	Gesamtschülerzahl im High School Programm 2014/15	194
Gemeinnützigkeit	ja	Partner in Kanada	Schuldistrikte, Provinz Nova Scotia

MAP SPRACHREISEN GmbH – MUNICH ACADEMIC PROGRAM	
Türkenstraße 104	Telefon: 089 / 35 73 79 77
80799 München	Telefax: 089 / 35 73 79 78
highschool@map-sprachreisen.com	www.map-sprachreisen.com

Preis und Leistung			
*Schulwahlprogramm**	3 Monate	Halbjahr	Schuljahr
Grundpreis (ab)	€ 4.950	7.400	€ 13.200
Flug D – Kanada	€ 1.200/p	€ 1.200/p	€ 1.200/p
Flugbegleitung auf Hinreise	ab 15 Teiln.	ab 15 Teiln.	ab 15 Teiln.
Vorbereitungstreffen	ja	ja	ja
Vorbereitungsseminar	nein	nein	nein
Einführungsseminar in Kanada	ja (nach Schule)	ja (nach Schule)	ja (nach Schule)
Elterntreffen	nein	nein	nein
Nachbereitungstreffen	ja	ja	ja
Nachbereitungsseminar	nein	nein	nein
Kranken-/Unfallversicherung	€ 185	€ 290	€ 580
Haftpflicht-/Gepäckversicherung	nein	nein	nein
Gesamtpreis (ab circa)	**€ 6.335**	**€ 8.890**	**€ 14.980**
Bewerbungsschluss	4 bis 6 Wochen	vor	Schulbeginn
Spätbewerbung	möglich	möglich	möglich

Bewerbungsverlauf und Kriterien für die Annahme des Bewerbers

Keine besonderen Alters- und Notenvorgaben. Nach Bewerbungseingang erhalten Schüler und Eltern eine Einladung zu einem persönlichen Bewerbungs- und Informationsgespräch, das in der nächstgelegenen Großstadt stattfindet. Nachdem sich MAP von der Eignung des Bewerbers überzeugt hat, erhält er nach wenigen Tagen ein Vertragsangebot und die MAP Akzeptierungsunterlagen.

Vorbereitung auf den Kanada-Aufenthalt in Deutschland

Von Anfang an wird jeder Programmteilnehmer umfassend von MAP auf seinen Aufenthalt vorbereitet und über die erforderlichen (organisatorischen) Schritte unterrichtet und mit Infomaterial versorgt. Kurz vor Abreise findet ein Vorbereitungstreffen (Orientation) zusammen mit einem kanadischen Partner statt.

Betreuung während des Auslandsaufenthalts und durch Nachbereitung

In Kanada steht jedem Gastschüler der sog. Homestay Coordinator als Ansprechpartner für Probleme aller Art zur Seite. Nach der Rückkehr organisiert MAP ein "Returnee"-Treffen.

Stipendien und Sonstiges

* Die oben genannten Preise beziehen sich auf die Provinz Manitoba, MAP bietet viele weitere Provinzen, u.a. auch ein günstigeres Wahlprogram in Nova Scotia, New Brunswick und Neufundland an. Die Krankenversicherung wird über den jeweiligen kanadischen Schuldistrikt abgeschlossen. Der Betrag ist kurs- und schulabhängig.

Kurz und bündig			
Gründungsjahr	1996	Schülerzahl im Kanada-Programm 2014/15	50
CAN-Programm seit	1996	Gesamtschülerzahl im High School Programm 2014/15	203
Gemeinnützigkeit	nein	Partner in Kanada	diverse Schulen

Open Door International e.V.
Thürmchenswall 69
50668 Köln
info@opendoorinternational.de
Telefon: 0221 / 60 60 85 50
Telefax: 0221 / 60 60 85 519
www.opendoorinternational.de

Preis und Leistung

Schulwahlprogramm	3 Monate	Halbjahr	Schuljahr
Grundpreis (ab)	€ 6.490	€ 8.590	€ 14.390
Flug D – Kanada	€ 1.200	€ 1.200	€ 1.200
Flugbegleitung auf Hinreise	nein	nein	nein
Vorbereitungstreffen	nein	nein	nein
Vorbereitungsseminar	ja	ja	ja
Einführungsseminar in Kanada	teilweise	teilweise	teilweise
Elterntreffen	ja	ja	ja
Nachbereitungstreffen	nein	nein	nein
Nachbereitungsseminar	ja	ja	ja
Kranken-/Unfallversicherung	ja	ja	ja
Haftpflicht-/Gepäckversicherung	€ 80	€ 200	€ 390
Gesamtpreis (ab circa)	**€ 7.770**	**€ 9.990**	**€ 15.980**
Bewerbungsschluss	nein	nein	nein
Spätbewerbung	möglich	möglich	möglich

Bewerbungsverlauf und Kriterien für die Annahme des Bewerbers

Der Bewerber erhält eine Kurzbewerbung, anhand derer bereits über die Annahme vorbehaltlich eines folgenden persönlichen Interviews entschieden wird. Ein ehrenamtlicher Betreuer oder Returnee aus dem Einzugsgebiet des Bewerbers führt bei Ihnen zu Hause das Interview durch. Auswahlkriterien sind primär die persönliche Eignung und Motivation des Bewerbers.

Vorbereitung auf den Kanada-Aufenthalt in Deutschland

Mehrmals jährlich bieten wir dreitägige Vorbereitungsseminare an. Neben den Jugendlichen sind am letzten Tag auch deren Eltern eingeladen. Es werden neben allgemeinen Tipps u.a. die Visumsbeschaffung, die Reise, der Aufenthalt sowie die Finanzen besprochen. Ein besonderer Schwerpunkt ist das Verhalten in der Gastfamilie und Strategien zur Vermeidung oder Lösung von Problemen. Der Bewerber erhält zudem ein umfassendes Handbuch.

Betreuung während des Auslandsaufenthalts und durch Nachbereitung

Die Jugendlichen haben vor Ort Ansprechpartner und werden von Koordinatoren der jeweiligen Schuldistrikte betreut. 24-Stunden-Notrufnummer in Deutschland und Kanada. Wir bieten Elterntreffen sowie ein mehrtägiges Nachbereitungsseminar für Rückkehrer an.

Stipendien und Sonstiges

ODI vergibt für das Programmjahr 2015/2016 zwei Vollstipendien für die USA, ein Vollstipendium für die südamerikanischen Programmländer sowie insgesamt vier Teilstipendien für alle ODI-Programmländer. Die kanadische Krankenversicherung ist obligatorisch für alle Teilnehmer. Wir bieten Kanada-Infoveranstaltungen mit verschiedenen Schulvertretern in den ODI-Räumen an.

Kurz und bündig

Gründungsjahr	1983	Schülerzahl im Kanada-Programm 2014/15	8
CAN-Programm seit	2006	Gesamtschülerzahl im High School Programm 2014/15	145
Gemeinnützigkeit	ja	Partner in Kanada	ausgewählte Schulen, div. Schuldistrikte

Southern Cross (SouthernCross.eu GmbH)
Dachauer Str. 173 Telefon: 089 / 379 45 851
80636 München Telefax: 089 / 379 45 850
info@southerncross.eu www.southerncross.eu

Preis und Leistung			
Schulwahlprogramm	3 Monate	Halbjahr	Schuljahr
Grundpreis (ab)	€ 5.200	€ 6.950	€ 12.700
Flug D – Kanada	€ 1.200/p	€ 1.200/p	€ 1.200/p
Flugbegleitung auf Hinreise	€ 99/opt.	€ 99/opt.	€ 99/opt.
Vorbereitungstreffen	ja	ja	ja
Vorbereitungsseminar	nein	nein	nein
Einführungsseminar in Kanada	nein	nein	nein
Elterntreffen	nein	nein	nein
Nachbereitungstreffen	auf Anfrage	auf Anfrage	auf Anfrage
Nachbereitungsseminar	nein	nein	nein
Kranken-/Unfallversicherung	ja	ja	ja
Haftpflicht-/Gepäckversicherung	ja	ja	ja
Gesamtpreis (circa)	**€ 6.400**	**€ 8.150**	**€ 13.900**
Bewerbungsschluss	flexibel	flexibel	flexibel
Spätbewerbung	ja	ja	ja

Bewerbungsverlauf und Kriterien für die Annahme des Bewerbers
Persönliches und individuelles Bewerbungsgespräch bei Ihnen zu Hause oder in einem unserer Büros in Deutschland, Österreich und der Schweiz. Schüler können Aufenthaltsort und Gastschule selbst auswählen.
Regionen: Alberta, British Columbia, Ontario, Manitoba, Toronto, Ottawa, Quebec, Einstiegsmöglichkeit jederzeit. Aufenthaltsverlängerung möglich.

Vorbereitung auf den Kanada-Aufenthalt in Deutschland
- Persönliche Beratung und Information durch landeskundigen Mitarbeiter.
- Individuelle Betreuung und Planung des Aufenthalts.
- Vorbereitungsseminar in verschiedenen Städten Deutschlands, ca. 2 Monate vor Abreise.

Betreuung während des Auslandsaufenthalts und durch Nachbereitung
Auswahl der Gastfamilie und Betreuung vor Ort durch Mitarbeiter des jeweiligen Districts. Ansprechpartner an jeder Schule ist ein Int. Student Counsellor oder durch unsere Büros Fragebogen nach der Rückkehr, Berichterstattung im Internet.
Auf Wunsch Nachbereitungstreffen für interessierte Schüler.

Stipendien und Sonstiges
4 Stipendien je Schuljahr
Staatliche Schulen im Rahmen des International Student Program der Ministerien und Privatschulen. Sicherungsschein nach deutschem Reiserecht.
Garantierte Platzierung / freie Schulwahl / Hilfe bei der Visumbeantragung
NEU: Kurzzeitprogramme ! (z.B auch in den Sommerferien)

Kurz und bündig			
Gründungsjahr	1998	Schülerzahl im Kanada-Programm 2014/15	48
CAN-Programm seit	2005	Gesamtschülerzahl im High School Programm 2014/15	250
Gemeinnützigkeit	nein	Partner in Kanada	Schulen und Privatschulen

Stepin GmbH (Student Travel and Education Programmes International)	
Beethovenallee 21	Telefon: 0228 / 956 95 30
53173 Bonn	Telefax: 0228 / 956 95 39
school@stepin.de	www.stepin.de

Preis und Leistung			
Regionenwahlprogramm	3 Monate	Halbjahr	Schuljahr
Grundpreis (ab)	€ 7.230	€ 9.240	€ 14.990
Flug D – Kanada	ja	ja	ja
Flugbegleitung auf Hinreise	nein	nein	nein
Vorbereitungstreffen	ja	ja	ja
Vorbereitungsseminar	ja	ja	ja
Einführungsseminar in Kanada	ja	ja	ja
Elterntreffen	nein	nein	nein
Nachbereitungstreffen	nein	nein	nein
Nachbereitungsseminar	ja	ja	ja
Kranken-/Unfallversicherung	ja	ja	ja
Haftpflicht-/Gepäckversicherung	nein	nein	nein
Gesamtpreis (ab circa)	**€ 7.230**	**€ 9.240**	**€ 14.990**
Bewerbungsschluss	30.06. / 30.11.	30.05. / 30.11.	30.06.
Spätbewerbung	möglich	möglich	möglich

Bewerbungsverlauf und Kriterien für die Annahme des Bewerbers

Step 1: Unverbindliche Anmeldung (schriftlich od. online). Step 2: persönliches Kennenlerngespräch in Wohnortnähe des Bewerbers. Step 3: Bei Eignung des Bewerbers unterbreitet Stepin ein Vertragsangebot. Teilnahmevoraussetzungen sind kulturelle Aufgeschlossenheit, Reife, Toleranz und mindestens befriedigende schulische Leistungen.

Vorbereitung auf den Kanada-Aufenthalt in Deutschland

Eltern- und Schülervorbereitungstreffen bzw. -seminar in mehreren deutschen Städten sowie Handbücher und regelmäßige Info-Rundbriefe für Teilnehmer und Eltern bis zur Ausreise. Fester Programm-Ansprechpartner im Stepin-Büro.

Betreuung während des Auslandsaufenthalts und durch Nachbereitung

Einführungstreffen im Gastland. Betreuung durch unsere Partnerorganisation vor Ort. Ansprechpartner im Stepin-Büro. Returnee-Wochenende in Deutschland.

Stipendien und Sonstiges

Stepin vergibt Voll- und Teilstipendien für unterschiedliche Programme.
4-wöchiges Sprach-Camp in Nova Scotia vor Beginn des Schuljahres für € 2.990 buchbar (einzeln oder in Kombination mit Schulaufenthalt in Nova Scotia).
Stepin organisiert Gruppenausreisen (je nach Provinz).

Kurz und bündig			
Gründungsjahr	1997	Schülerzahl im Kanada-Programm 2014/15	123
CAN-Programm seit	2000	Gesamtschülerzahl im High School Programm 2014/15	> 600
Gemeinnützigkeit	nein	Partner in Kanada	18 Schuldistrikte in 7 Provinzen

STS Sprachreisen GmbH
Mönckebergstraße 5
20095 Hamburg
highschool@sts-education.de
Telefon: 040 / 303 999-23
Telefax: 040 / 303 999-08
www.sts-education.de

Preis und Leistung

Länderwahlprogramm	3 Monate	Halbjahr	Schuljahr
Grundpreis		€ 11.550	€ 12.950
Flug D – Kanada		ja	ja
Flugbegleitung auf Hinreise		in der Regel	in der Regel
Vorbereitungstreffen		ja	ja
Vorbereitungsseminar		nein	nein
Einführungsseminar in Kanada		€ 750/opt.	€ 750/opt.
Elterntreffen		nein	nein
Nachbereitungstreffen		bei Interesse	bei Interesse
Nachbereitungsseminar		ja	ja
Kranken-/Unfallversicherung		€ 495	€ 795
Haftpflicht-/Gepäckversicherung		ja	ja
Gesamtpreis (circa)		**€ 12.045**	**€ 13.745**
Bewerbungsschluss		15.03. / 31.08.	15.03.
Spätbewerbung		möglich	möglich

Bewerbungsverlauf und Kriterien für die Annahme des Bewerbers

Nach Eingang der Bewerbung laden wir den Schüler und seine Eltern zu einem persönlichen Gespräch ein und schicken weitere Unterlagen zu. Das persönliche Interview, eine Selbstdarstellung, die Zeugnisse (Durchschnitt: 3,3 oder besser), die Angaben zur Person und die Beurteilung des Lehrers sind u.a. Bewertungskriterien für die Aufnahme ins Programm.

Vorbereitung auf den Kanada-Aufenthalt in Deutschland

Bereits beim Interview informiert der jeweilige Interviewer umfassend über das Programm. Vor der Abreise führen wir ein Vorbereitungstreffen mit allen Teilnehmern und deren Eltern durch. Ehemalige STS-Schüler informieren die Austauschschüler darüber hinaus und stehen als Kontaktschüler zur Verfügung.

Betreuung während des Auslandsaufenthalts und durch Nachbereitung

Die Betreuung erfolgt durch STS Deutschland sowie durch den Gebietsrepräsentanten und das STS Büro bzw. unsere Partnerorganisationen vor Ort. Die Betreuer vor Ort haben immer ein offenes Ohr für die Anliegen der Schüler und oft werden auch Zusammenkünfte mit anderen Jugendlichen organisiert. In der Regel gibt es Reiseangebote vor Ort.

Stipendien und Sonstiges

STS vergibt Teilstipendien bis zu € 2.000 bei eingereichten Anträgen bis Dezember des Vorjahres. Schulische Leistungen, finanzielle Situation und die Referenzen sind entscheidend. Private High School Programm, Schul- und Gebietswahl sowie Kurzprogramm (ein Monat) möglich. Bilinguales Programm (Französisch und Englisch) oder Aufenthalte über ein Schuljahr hinaus möglich!

Kurz und bündig

Gründungsjahr	1987	Schülerzahl im Kanada-Programm 2014/15	k.A.
CAN-Programm seit	1987	Gesamtschülerzahl im High School Programm 2014/15	k.A.
Gemeinnützigkeit	nein	Partner in Kanada	STS Canada, Shecana

team! – Sprachen & Reisen GmbH
Bärbroich 35
51429 Bergisch Gladbach
info@team-sprachreisen.de
Telefon: 02207 / 911 390
Telefax: 02207 / 911 387
www.team-sprachreisen.de

Preis und Leistung			
*Schulwahlprogramm**	3 Monate	Halbjahr	Schuljahr
Grundpreis (ab) *engl. / franz. Teil*	€ 6.440	€ 10.550 /€ 10.980	€ 15.620 /€ 11.260
Flug D – Kanada	ja	ja	ja
Flugbegleitung auf Hinreise	ja	ja	ja
Vorbereitungstreffen	ja	ja	ja
Vorbereitungsseminar	ja	ja	ja
Einführungsseminar in Kanada	nur bei franz.	Kanada	ohne Gebietswahl
Elterntreffen	nein	nein	nein
Nachbereitungstreffen	€ 45/opt.	€ 45/opt.	€ 45/opt.
Nachbereitungsseminar	nein	nein	nein
Kranken-/Unfallversicherung	€ 150	€ 300 / € 320	€ 500 / € 590
Haftpflicht-/Gepäckversicherung	ja	ja	ja
Gesamtpreis (ab circa)	**€ 6.440**	**€ 13.850 /€ 11.300**	**€ 16.120 /€ 11.850**
Bewerbungsschluss	zwei	Monate	vor Abreise
Spätbewerbung	auf Anfrage	auf Anfrage	auf Anfrage

Bewerbungsverlauf und Kriterien für die Annahme des Bewerbers
Nach Erhalt der Kurzbewerbung und Überprüfung der formalen Kriterien erfolgt die Einladung zum Interview. Danach findet ein ca. 3-stündiges Einzelinterview mit Bewerber/in und Eltern statt. Kriterien für die Aufnahme: Gute Englischkenntnisse, Offenheit, Anpassungsbereitschaft sowie Motivation und Selbstständigkeit,Französischkenntnisse (für Québec)

Vorbereitung auf den Kanada-Aufenthalt in Deutschland
team! Informationsbriefe in regelmäßigen Abständen, Büchervorschläge zum Thema, Vermittlung von "Patenschaften" (ehemalige Teilnehmer, die für Fragen, Tipps etc. den neuen Bewerber/innen zur Verfügung stehen), Vorbereitungstreffen für Schüler/innen und Eltern sowie (optional) 2-tägiges Seminar nur für Teilnehmer/innen.

Betreuung während des Auslandsaufenthalts und durch Nachbereitung
I.d.R. begleiteter Gruppenflug ab Frankfurt (Zubringerflüge von fast allen deutschen Flughäfen). Für Québec ohne Gebietswahl 12-tägiger Vorbereitungskurs bei Montréal oder Québec (bereits im Preis enthalten). Betreuung vor Ort durch unsere Partner, Liste der Ansprechpartner mit den Reiseunterlagen, Rückflüge erfolgen i.d.R. in Gruppen zu bestimmten Terminen.

Stipendien und Sonstiges
Öffentliches Schulprogramm in Englisch- und Französisch-Kanada. Zahlreiche Möglichkeiten privater Schulen von unterschiedlicher Dauer (Gastfamilienaufenthalt und Internatsunterbringung). Öff. Schulen mit Auswahlmöglichkeit in 4 Regionen. Krankenversicherung in BC und Manitoba inklusive.* In Französisch-Kanada handelt es sich um ein Regionenwahlprogramm. Platzierungen ausschließlich in der Provinz Québec.

Kurz und bündig			
Gründungsjahr	1992	Schülerzahl im Kanada-Programm 2014/15	35
CAN-Programm seit	1996	Gesamtschülerzahl im High School Programm 2014/15	179
Gemeinnützigkeit	nein	Partner in Kanada	ASSE, Schulen, CISS

TravelWorks (Travelplus Group GmbH)
Münsterstr. 111
48155 Münster
highschool@travelworks.de
Telefon: 02506 / 8303-600
Telefax: 02506 / 8303-231
www.schueleraustausch-international.de

Preis und Leistung			
Schulwahlprogramm	3 Monate	Halbjahr	Schuljahr
Grundpreis (ab)	€ 6.980	€ 7.890	€ 13.790
Flug D – Kanada	ja	ja	ja
Flugbegleitung auf Hinreise	nein	nein	nein
Vorbereitungstreffen	ja	ja	ja
Vorbereitungsseminar	nein	nein	nein
Einführungsseminar in Kanada	teilweise	teilweise	teilweise
Elterntreffen	nein	nein	nein
Nachbereitungstreffen	ja	ja	ja
Nachbereitungsseminar	nein	nein	nein
Kranken-/Unfallversicherung	ja / € 171	ja / € 285	ja / € 570
Haftpflicht-/Gepäckversicherung	ja	ja	ja
Gesamtpreis (ab circa)	**€ 7.150**	**€ 8.175**	**€ 14.360**
Bewerbungsschluss	15.04. / 15.09.	15.04. / 15.09.	15.04. / 15.09.
Spätbewerbung	ja	ja	ja

Bewerbungsverlauf und Kriterien für die Annahme des Bewerbers
Nach der unverbindlichen Bewerbung laden wir die SchülerInnen und deren Eltern zum persönlichen Auswahl- und Informationsgespräch ein. Anschließend senden wir den Bewerbern unsere Buchungsgrundlage sowie das verbindliche Anmeldeformular zu, das bei Interesse am Programm unterschrieben an uns zurückgesandt werden muss. Bewerber sollten motiviert, flexibel und weltoffen sein. Englisch- bzw. Französischnote mind. 4. Alter: 14-18 Jahre.

Vorbereitung auf den Kanada-Aufenthalt in Deutschland
Etwa drei Monate vor Abreise laden wir die TeilnehmerInnen und ihre Eltern zu einem eintägigen Vorbereitungsseminar in mehreren deutschen Städten bzw. in Österreich ein. Außerdem erhalten die TeilnehmerInnen ein Infohandbuch sowie regelmäßige Inforundbriefe.

Betreuung während des Auslandsaufenthalts und durch Nachbereitung
Fast alle Partnerschulen führen nach der Ankunft der Schüler z.T. mehrtägige Orientierungsveranstaltungen durch. Während des Aufenthaltes werden die Schüler von einem Koordinator unserer Partnerschule vor Ort betreut. 24 Stunden Notfallnummer in Kanada sowie in Deutschland.

Stipendien und Sonstiges
1 Sozialstipendium im Wert von 1.500 €, 1 Kreativstipendium im Wert von 2.500 € Auch Platzierungen an Privatschulen sowie Summer School (2/3/4 Wo.) möglich.

Kurz und bündig			
Gründungsjahr	1991	Schülerzahl im Kanada-Programm 2014/15	58
CAN-Programm seit	2004	Gesamtschülerzahl im High School Programm 2014/15	536
Gemeinnützigkeit	nein	Partner in Kanada	CISS / Schulen bzw. Schulbezirke direkt

TREFF – International Education e.V.
Wörthstraße 155 | Telefon: 07121 / 696 696-0
72793 Pfullingen (bei Reutlingen) | Telefax: 07121 / 696 696-9
info@treff-sprachreisen.de | www.treff-sprachreisen.de

Preis und Leistung

Schulwahlprogramm	3 Monate	Halbjahr	Schuljahr
Grundpreis (ab)	€ 6.880	€ 8.980	€ 14.280
Flug D – Kanada	ja	ja	ja
Flugbegleitung auf Hinreise	teilweise	teilweise	teilweise
Vorbereitungstreffen	ja	ja	ja
Vorbereitungsseminar	nein	nein	nein
Einführungsseminar in Kanada	ja	ja	ja
Elterntreffen	nein	nein	nein
Nachbereitungstreffen	ja	ja	ja
Nachbereitungsseminar	nein	nein	nein
Kranken-/Unfallversicherung	€ 57	€ 95	€ 190
Haftpflicht-/Gepäckversicherung	ja	ja	ja
Gesamtpreis (ab circa)	**€ 6.935**	**€ 9.075**	**€ 14.470**
Bewerbungsschluss	31.05. / 31.10	31. 05. / 31.10.	31.05.
Spätbewerbung	möglich	möglich	möglich

Bewerbungsverlauf und Kriterien für die Annahme des Bewerbers
- Kriterien: Persönlichkeit, Offenheit, Toleranz, Reife, Schulnoten
- Anmeldung mittels Anmeldeformular aus dem Prospekt
- Bewerbungsunterlagen werden zugesandt
- persönliches Interview
- Erhalt von Anmeldebestätigung, Angebot, Rechnung, Reisevertrag und Sicherungsschein nach Eingang der Bewerbungsunterlagen

Vorbereitung auf den Kanada-Aufenthalt in Deutschland
- persönliches Gespräch, ganztägiges Vorbereitungstreffen, Handbücher für Teilnehmer und Eltern, Info-Briefe, Buddy Club

Betreuung während des Auslandsaufenthalts und durch Nachbereitung
- West Vancouver School District bei Start im Sommer: 2 ½-wöchiges Orientation Programm
- New Brunswick (französischsprachig) bei Start im Sommer: 1 Woche Summer Camp
- Betreuung durch die Schule und das jeweilige kanadische Schulamt
- Wir stehen selbstverständlich telefonisch und persönlich jederzeit zur Verfügung.
- Erfahrungsaustausch bei einem Nachtreffen mit Workshops und Freizeitprogramm.

Stipendien und Sonstiges
Teilstipendien bis € 1.500 (formloser schriftlicher Antrag, Bescheid innerhalb einer Woche). Wir orientieren uns an den Noten, an besonderem Engagement und den wirtschaftlichen Verhältnissen der Familien: Einkommensnachweis, Kinderzahl, letztes Jahreszeugnis

Kurz und bündig

Gründungsjahr	1994	Schülerzahl im Kanada-Programm 2014/15	23
CAN-Programm seit	1998	Gesamtschülerzahl im High School Programm 2014/15	194
Gemeinnützigkeit	ja	Partner in Kanada	div. Schulämter in versch. Provinzen

weltgewandt – Internationale Schulberatung GmbH	
Rochusstraße 65	Telefon: 0228 / 748 709 92
53123 Bonn	Telefax: 0228 / 748 709 94
info@weltgewandt.de	www.weltgewandt.de

Preis und Leistung			
Regionenwahlprogramm	3 Monate	Halbjahr	Schuljahr
Grundpreis (ab)	€ 6.950	€ 9.300	€ 15.300
Flug D – Kanada	ja	ja	ja
Flugbegleitung auf Hinreise	nein	nein	nein
Vorbereitungstreffen	ja	ja	ja
Vorbereitungsseminar	nein	nein	nein
Einführungsseminar in Kanada	je nach Distrikt	je nach Distrikt	je nach Distrikt
Elterntreffen	nein	nein	nein
Nachbereitungstreffen	ja	ja	ja
Nachbereitungsseminar	nein	nein	nein
Kranken-/Unfallversicherung	€ 150/p	€ 250/p	€ 500/p
Haftpflicht-/Gepäckversicherung	ja	ja	ja
Gesamtpreis (ab circa)	**€ 7.100**	**€ 9.550**	**€ 15.800**
Bewerbungsschluss	30.05. / 30.11.	30.05. / 30.11.	30.05.
Spätbewerbung	möglich	möglich	möglich

Bewerbungsverlauf und Kriterien für die Annahme des Bewerbers
Unverbindliche, persönliche Beratung der Bewerber und Eltern, Interview mit dem Bewerber und schriftliche Bewerbungsunterlagen. Teilnahmevoraussetzungen sind kulturelle Aufgeschlossenheit, eigene Motivation, Toleranz und befriedigende schulische Leistungen.

Vorbereitung auf den Kanada-Aufenthalt in Deutschland
Vor der Ausreise finden Eltern- und Schülervorbereitungstreffen in Deutschland statt. Regelmäßige Info-Rundbriefe für Teilnehmer und Eltern bis zur Ausreise. Optional ist ein 2-4-wöchiges Sprachcamp während der Sommer- oder Winterferien buchbar.

Betreuung während des Auslandsaufenthalts und durch Nachbereitung
Die Kanada-Teilnehmer werden am Zielflughafen von der Gastfamilie bzw. ihrem Betreuer abgeholt. Gleich in den ersten Tagen nach Ankunft findet in den meisten Schuldistrikten ein Vorbereitungstreffen statt. Die Betreuung erfolgt durch unsere Partner und den lokalen Betreuer vor Ort. Das weltgewandt-Team steht Ihnen jederzeit als Ansprechpartner zur Verfügung. Ein Nachbereitungstreffen findet nach der Rückkehr in Deutschland statt.

Stipendien und Sonstiges
Für Jugendliche zwischen 13 und 18 Jahren. Für Schulabgänger, die noch keine 19 Jahre sind als sog. *Gap Year* buchbar. Der o. g. Gesamtpreis kann je nach Schulbezirk und Auswahl der Schule variieren. Freie Auswahl des Schulbezirks (NB, PEI, NL, ON, AB, MB, SK, BC); teilweise auch freie Schulwahl. weltgewandt vergibt für das Schuljahr 2015/16 ein Teilstipendium in Höhe von € 2.000.

Kurz und bündig			
Gründungsjahr	2010	Schülerzahl im Kanada-Programm 2014/15	36
CAN-Programm seit	2010	Gesamtschülerzahl im High School Programm 2014/15	51
Gemeinnützigkeit	nein	Partner in Kanada	Ausgewählte Schulen u. Schulbezirke

World Wide Qualifications Sprach- und Studienreisen GmbH
Buschöhrchen 29 Telefon: 02247 / 969 0 480
53819 Neunkirchen-Seelscheid Telefax: 02247 / 969 0 482
info@schuelerweltweit.de www.schuelerweltweit.de

Preis und Leistung			
Regionenwahlprogramm	3 Monate	Halbjahr	Schuljahr
Grundpreis (ab)	€ 7.616	€ 9.954	€ 15.889
Flug D – Kanada	€ 1.200/p	€ 1.200/p	€ 1.200/p
Flugbegleitung auf Hinreise	nein	nein	nein
Vorbereitungstreffen	ja	ja	ja
Vorbereitungsseminar	ja	ja	ja
Einführungsseminar in Kanada	teilweise	teilweise	teilweise
Elterntreffen	nein	nein	nein
Nachbereitungstreffen	ja	ja	ja
Nachbereitungsseminar	nein	nein	nein
Kranken-/Unfallversicherung	€ 147	€ 245	€ 490
Haftpflicht-/Gepäckversicherung	ja	ja	ja
Gesamtpreis (ab circa)	**€ 8.965**	**€ 11.340**	**€ 17.580**
Bewerbungsschluss	2	Monate	vorher
Spätbewerbung	möglich	möglich	möglich

Bewerbungsverlauf und Kriterien für die Annahme des Bewerbers
Individuelles Gespräch für Dich und Deine Eltern. Vorstellung der einzelnen Schulen und Orte. Regionen können frei gewählt werden. In einem Einzelinterview mit Dir stellen wir Deine Eignung fest. Kriterien: 12-18 Jahre, Notendurchschnitt 3

Vorbereitung auf den Kanada-Aufenthalt in Deutschland
Persönliche Beratung durch landes- und ortskundige Mitarbeiter. Englisch-Fernlehrgang zur Vorbereitung auf Englisch und einzelne Schulfächer. Weitere Treffen:
1. Tag: Schüler- und Elterntreffen: Über Schulen, das Leben in Kanada. u. Organisatorisches
2.Tag: Ein „außergewöhnliches" Englisch-Intensiv-Seminar. Mit anderen Austauschschülern machst Du Rollenspiele auf Englisch, so dass Du Dich in den ersten Tagen in Kanada schon sicher verständigen kannst und keine Angst mehr vor der Sprache haben brauchst!

Betreuung während des Auslandsaufenthalts und durch Nachbereitung
Student Koordinator unserer Partnerorganisation sowie zusätzlicher Ansprechpartner an der Schule selbst. Vor Ort findet ein Einführungsseminar statt. Berichterstattung für die Eltern in Deutschland.

Stipendien und Sonstiges
Bei frühzeitiger Anmeldung Schulwahl in einigen Regionen möglich.
In Kanada bieten wir auch Sommerschools in den Ferien an.

Kurz und bündig			
Gründungsjahr	2005	Schülerzahl im Kanada-Programm 2014/15	2
CAN-Programm seit	2005	Gesamtschülerzahl im High School Programm 2014/15	71
Gemeinnützigkeit	nein	Partner in Kanada	CISS, UPI (ISE)

Xplore GmbH
Theodorstr. 48
22761 Hamburg
info@xplore.de

Telefon: 040 / 429 336 00
Telefax: 040 / 429 336 11
www.xploreschueleraustausch.de

Preis und Leistung			
Regionenwahlprogramm	3 Monate	Halbjahr	Schuljahr
Grundpreis (ab)	€ 5.950	€ 7.950	€ 12.950
Flug D – Kanada	€ 1.200/p	€ 1.200/p	€ 1.200/p
Flugbegleitung auf Hinreise	im Sommer bis Toronto		
Vorbereitungstreffen	ja	ja	ja
Vorbereitungsseminar	nein	nein	nein
Einführungsseminar in Kanada	€ 400/opt.	€ 400/opt.	€ 400/opt.
Elterntreffen	nein	nein	nein
Nachbereitungstreffen	nein	nein	nein
Nachbereitungsseminar	ja	ja	ja
Kranken-/Unfallversicherung	ja	ja	ja
Haftpflicht-/Gepäckversicherung	ja	ja	ja
Gesamtpreis (ab circa)	**€ 7.150**	**€ 9.150**	**€ 14.150**
Bewerbungsschluss	15.05.	15.05. / 01.11.	15.05.
Spätbewerbung	möglich	möglich	möglich

Bewerbungsverlauf und Kriterien für die Annahme des Bewerbers
Zunächst kannst du dich online oder mit unserem Anmeldeformular aus dem Katalog bei uns bewerben. Es folgt ein persönliches Beratungsgespräch mit dir und deinen Eltern. Wir unterhalten uns über die Besonderheiten Kanadas, Anforderungen, Schule, Charaktereigenschaften der Bewohner, Essen etc. und auch über typische Probleme. Dieses Gespräch (2-3 Stunden) wird mit jedem einzelnen Teilnehmer, nie in einer Gruppe durchgeführt. Danach machen wir dir individuelle Vorschläge zu verschiedenen Schulbezirken in Kanada.

Vorbereitung auf den Kanada-Aufenthalt in Deutschland
Bei Xplore kannst du dir individuell einen Schulbezirk in verschiedenen Provinzen Kanadas aussuchen! Selbstverständlich beraten wir dich und helfen dir dabei. Wir kennen Kanada und die Schulen durch viele Besuche vor Ort. Dieses Wissen geben wir an dich und deine Eltern während des Beratungsgespräches, aber auch bei unserem eintägigen Vorbereitungs-Workshop und allen Gesprächen bis zu deinem Aufenthalt weiter.

Betreuung während des Auslandsaufenthalts und Nachbereitung
Das Programm beginnt im Sommer mit einem dreitägigen Orientation-Meeting in Toronto mit Seminaren und vielen Freizeitaktivitäten inkl. Ausflug nach Niagara Falls (bereits im Preis enthalten)! Deine Betreuer vor Ort sind direkt an deiner Schule. Bei auftretenden Problemen geben wir dir und deinen Eltern auch weiterhin Hilfestellung. Persönliches Feedback ist uns wichtig, dafür laden wir alle Schüler einmal pro Jahr zu einem mehrtägigen Treffen ein.

Stipendien und Sonstiges
Ein Kanada-Aufenthalt ist schon ab drei Monaten möglich.

Kurz und bündig				
Gründungsjahr	2009	Schülerzahl im Kanada-Programm 2014/15		55
CAN-Programm seit	2010	Gesamtschülerzahl im High School Programm 2014/15		242
Gemeinnützigkeit	nein	Partner in Kanada	Schulbezirke	

Abroad Study Down Under – Inh. Margit Fahrländer
Carl-Orff-Weg 4 Telefon: 07641 / 9599410
79312 Emmendingen Telefax: 07641 / 9599411
info@abroad-study.eu www.abroad-study.eu

Preis und Leistung				
Schulwahlprogramm	1 Term	2 Terms	3 Terms	4 Terms
Grundpreis (ab)	€ 5.800	€ 9.200	€ 12.600	€ 15.900
Flug D – Neuseeland	€ 2.000/p	€ 2.000/p	€ 2.000/p	€ 2.000/p
Flugbegleitung auf Hinreise*	ja	ja	ja	ja
Vorbereitungstreffen	ja	ja	ja	ja
Vorbereitungsseminar	nein	nein	nein	nein
Einführungsseminar in Neuseeland	nein	nein	nein	nein
Elterntreffen	nein	nein	nein	nein
Nachbereitungstreffen	ja	ja	ja	ja
Nachbereitungsseminar	nein	nein	nein	nein
Kranken-/Unfallversicherung	ja	ja	ja	ja
Haftpflicht-/Gepäckversicherung	optional	optional	optional	optional
Gesamtpreis (ab circa)	**€ 7.800**	**€ 11.200**	**€ 14.600**	**€ 17.900**
Bewerbungsschluss	flexibel	flexibel	flexibel	flexibel
Spätbewerbung	ohne Aufpr.	ohne Aufpr.	ohne Aufpr.	ohne Aufpr.

Bewerbungsverlauf und Kriterien für die Annahme des Bewerbers
Persönliche, individuelle und unverbindliche Beratung beim Schüler zuhause.
Rechnungsstellung erst nach Zusage der Schule in Neuseeland.
Kriterien: Motivation, Interesse, Anpassungsfähigkeit, Offenheit und Toleranz gegenüber dem Gastland und der Schule. Stabile häusliche und gesundheitliche Verhältnisse.

Vorbereitung auf den Neuseeland-Aufenthalt in Deutschland
Persönliche und individuelle Informationen und Beratung. Ständiger E-Mail Kontakt.
Intensives Vorbereitungstreffen für Schüler und Eltern ca. 2-3 Monate vor Abreise mit allumfassenden Informationen und ausführlicher Info-Mappe. Orientation Day an der NZ-Schule.

Betreuung während des Auslandsaufenthalts und Nachbereitung
Individuelle ständige Betreuung durch KoordinatorIn an der Schule, durch E-Mail- und teilweise persönlichen Kontakt mit Abroad Study Down Under. Intensiver Kontakt mit den Eltern zuhause und der Schule in NZ. Nachtreffen 1x jährlich.

Stipendien und Sonstiges
Stipendien ggf. in Kooperation mit der jeweiligen Schule. Geschwisterrabatt € 200. Der Aufenthalt ist für alle Schüler geeignet: Haupt-, Realschule und Gymnasium. Kurzaufenthalte (ab 4 Wochen) möglich. Schulabschluss (in 1-2 Jahren) möglich. Margit Fahrländer ist *Education New Zealand Recognised Agent* und *100% Pure New Zealand Specialist.*
* bei Flug mit der Gruppe im Januar und Juli bei mind. 10 Schülern
Verlängerungen vor Ort möglich ohne Verwaltungsgebühren von Abroad Study

Kurz und bündig			
Gründungsjahr	2012	Schülerzahl im Neuseeland-Programm 2014/15	4
NZ-Programm seit	2012	Gesamtschülerzahl im High School Programm 2014/15	12
Gemeinnützigkeit	nein	Partner in Neuseeland	Kontaktperson an der Schulen direkt

AFS Interkulturelle Begegnungen e.V.
Friedensallee 48
22765 Hamburg
info@afs.de
Telefon: 040 / 399 222-0
Telefax: 040 / 399 222-99
www.afs.de

Preis und Leistung				
Länderwahlprogramm	1 Term	2 Terms	3 Terms	4 Terms
Grundpreis (ab)		€ 10.990		€ 11.490
Flug D – Neuseeland		ja		ja
Flugbegleitung auf Hinreise		ab 30 Teiln.		ab 30 Teiln.
Vorbereitungstreffen		teilweise		teilweise
Vorbereitungsseminar		ja		ja
Einführungsseminar in Neuseeland		ja		ja
Elterntreffen		teilweise		teilweise
Nachbereitungstreffen		ja		ja
Nachbereitungsseminar		ja		ja
Kranken-/Unfallversicherung		ja		ja
Haftpflicht-/Gepäckversicherung		nein		nein
Gesamtpreis (ab circa)		**€ 10.990**		**€ 11.490**
Bewerbungsschluss		15.05.		15.05.
Spätbewerbung		möglich		möglich

Bewerbungsverlauf und Kriterien für die Annahme des Bewerbers
Alle Bewerber werden zu einem Auswahlwochenende in der Nähe ihres Wohnortes eingeladen. Die persönliche Eignung der Bewerber ist ausschlaggebend (Offenheit, Toleranz, Selbstständigkeit, Anpassungsbereitschaft, Kommunikationsfähigkeit, innere Stabilität usw.).

Vorbereitung auf den Neuseeland-Aufenthalt in Deutschland
AFS legt großen Wert auf die Vorbereitung. Es finden zwei Wochenendseminare statt: eins zur Grundvorbereitung und ein weiteres zur länderspezifischen Vorbereitung. Im persönlichen Gespräch mit der Familie wird individuell auf alle Fragen eingegangen, für die Eltern organisieren die Ehrenamtlichen Treffen zum gegenseitigen Austausch.

Betreuung während des Auslandsaufenthalts und Nachbereitung
Das weltweite AFS-Netzwerk ermöglicht die persönliche Betreuung der Teilnehmer vor, während und nach dem Austauschjahr. AFS im Gastland organisiert ein Einführungsseminar zu Beginn des Programms und ein Orientierungs-/ Auswertungsseminar im weiteren Verlauf des Auslandsaufenthaltes. Jeder Teilnehmer hat einen persönlichen Ansprechpartner vor Ort, hauptamtliche Mitarbeiter in allen AFS-Büros sind für Notfälle jederzeit erreichbar. AFS bietet seinen Teilnehmern zwei Seminare zur Nachbereitung an: ein Grundseminar auf lokaler Ebene und eine überregionale Nachbereitung in verschiedenen Orten Deutschlands.

Stipendien und Sonstiges
AFS vergibt an über 30 Prozent seiner Teilnehmer Stipendien aus Vereinsmitteln und Spenden. Erstes Vergabekriterium ist in der Regel die finanzielle Situation der Familie.

Kurz und bündig				
Gründungsjahr (1947)	1992	Schülerzahl im Neuseeland Programm 2014/15		10
NZ-Programm seit	1973	Gesamtschülerzahl im High School Programm 2014/15		1.044
Gemeinnützigkeit	ja	Partner in Neuseeland	AFS	

American Institute For Foreign Study (Deutschland) GmbH
Baunscheidtstraße 11 Telefon: 0228 / 957 30-0
53113 Bonn Telefax: 0228 / 957 30-10
highschool@aifs.de www.aifs.de

Preis und Leistung				
Schulwahlprogramm	1 Term	2 Terms	3 Terms	4 Terms
Grundpreis (ab)	€ 7.800	€ 12.000		€ 18.000
Flug D – Neuseeland	ja	ja		ja
Flugbegleitung auf Hinreise*	ja	ja		ja
Vorbereitungstreffen	nein	nein		nein
Vorbereitungsseminar	ja	ja		ja
Einführungsseminar in Neuseeland*	ja	ja		ja
Elterntreffen	nein	nein		nein
Nachbereitungstreffen	nein	nein		nein
Nachbereitungsseminar	ja	ja		ja
Kranken-/Unfallversicherung	ja	ja		ja
Haftpflicht-/Gepäckversicherung	ja	ja		ja
Gesamtpreis (ab circa)	**€ 7.800**	**€ 12.000**		**€ 18.000**
Bewerbungsschluss	offen	offen		offen
Spätbewerbung	ja	ja		ja

Bewerbungsverlauf und Kriterien für die Annahme des Bewerbers
Bewerbung: Die Bewerbung erfolgt unverbindlich durch das Ausfüllen eines Formulars auf www.aifs.de oder aus der AIFS High School Broschüre. Sind die formellen Voraussetzungen erfüllt, lädt AIFS den Bewerber zu einem ausführlichen telefonischen Einzelgespräch mit einem unserer Neuseeland-Experten ein. Bei Eignung des Bewerbers unterbreitet AIFS anschließend ein Vertragsangebot, das erst durch die Annahme des Bewerbers verbindlich wird.
Voraussetzungen: 14 bis 18 Jahre; Schülerstatus; mind. drei Jahre Englisch als Unterrichtsfach; tolerant, anpassungsfähig, aufgeschlossen und motiviert

Vorbereitung auf den Neuseeland-Aufenthalt in Deutschland
Die Vorbereitung erfolgt durch das AIFS Team in Bonn als Ansprechpartner, ein zweitägiges Seminar in Bonn oder Umgebung, die Zuteilung eines Paten, ausführliche Schüler- und Elternhandbücher sowie Inforundbriefe vor der Ausreise.

Betreuung während des Auslandsaufenthalts und Nachbereitung
Die Betreuung während des Aufenthaltes wird durch einen lokalen Betreuer, Partner vor Ort sowie AIFS in Bonn garantiert. Nachbereitung: im Rahmen einer großen Returnee Party.

Stipendien und Sonstiges
* Das Einführungsseminar (4 Tage Orientation Days) findet – zusammen mit den Australien-Schülern – in Sydney statt.
1) Geschwisterrabatt in Höhe von jeweils € 200
2) Rabatt bei Anmeldung gemeinsam mit einem Freund in Höhe von je € 100

Kurz und bündig			
Gründungsjahr (1964)	1983	Schülerzahl im Neuseeland Programm 2014/15	16
NZ-Programm seit	2004	Gesamtschülerzahl im High School Programm 2014/15	550
Gemeinnützigkeit	nein	Partner in Neuseeland	Schulen vor Ort

Ayusa-Intrax GmbH	
Giesebrechtstr. 10	Telefon: 030 / 84 39 39 93
10629 Berlin	Telefax: 030 / 84 39 39-39
highschool@intrax.de	www.intrax.de

Preis und Leistung				
*Länderwahlprogramm**	1 Term	2 Terms	3 Terms	4 Terms
Grundpreis (ab)		€ 10.690		€ 12.990
Flug D – Neuseeland		ja		ja
Flugbegleitung auf Hinreise		nein		nein
Vorbereitungstreffen		ja		ja
Vorbereitungsseminar		ja		ja
Einführungsseminar in Neuseeland		ja		ja
Elterntreffen		nein		nein
Nachbereitungstreffen		nein		nein
Nachbereitungsseminar		ja		ja
Kranken-/Unfallversicherung		ja		ja
Haftpflicht-/Gepäckversicherung		ja		ja
Gesamtpreis (ab circa)		**€ 10.690**		**€ 12.990**
Bewerbungsschluss		31.07./31.01		31.07./31.01.
Spätbewerbung		möglich		möglich

Bewerbungsverlauf und Kriterien für die Annahme des Bewerbers
Neben dem schriftlichen Bewerbungsverlauf findet ein persönliches Einzelinterview in der Nähe des Wohnortes statt, gern auch mit den Eltern. Bewerben können sich Schüler zwischen 14 und 18 Jahren.

Vorbereitung auf den Neuseeland-Aufenthalt in Deutschland
Bundesweit finden Informationsveranstaltungen und Vorbereitungsseminare für Schüler statt. Wenn möglich kommen ehemalige Ayusa Schüler zu diesen Treffen. Ansonsten haben die Teilnehmer die Möglichkeit zum Telefonkontakt mit ehemaligen Teilnehmern. Zusätzlich erhalten sie Handbücher, die erste Einblicke und praktische Hinweise geben.

Betreuung während des Auslandsaufenthalts und durch Nachbereitung
Beim landesweiten Programm findet nach der Ankunft in Auckland ein zweitägiges Orientierungstreffen statt. Die Teilnehmer werden von der neuseeländischen Partnerorganisation oder beim Schulwahlprogramm vom International Department der jeweiligen Schule betreut. Ayusa-Intrax steht während der gesamten Programmdauer mit den Eltern in Kontakt. Für die Rückkehrer bietet Ayusa-Intrax ein Wochenend-Nachbereitungsseminar an.

Stipendien und Sonstiges
Es werden Teilstipendien bis maximal € 3.000 vergeben. Organisierte Reisen in Neuseeland während der Schulferien gegen Bezahlung möglich.
* Beim Schulwahl-Programm sind auch 1 und 3 Terms möglich. Die Fristen für eine Ausreise ab Januar: 30.10., für eine Ausreise ab Juli: 30.04.

Kurz und bündig			
Gründungsjahr	1991	Schülerzahl im Neuseeland Programm 2014/15	9
NZ-Programm seit	1997	Gesamtschülerzahl im High School Programm 2014/15	347
Gemeinnützigkeit	nein	Partner in Neuseeland	SEANZ, Schulen

CAMPS International GmbH
Poolstraße 36 | Telefon: 040 / 822 90 27 0
20355 Hamburg | Telefax: 040 / 822 90 27 29
info@camps.de | www.camps.de

Preis und Leistung				
Schulwahlprogramm	1 Term	2 Terms	3 Terms	4 Terms
Grundpreis (ab circa)	€ 6.000	€ 9.700	€ 14.600	€ 17.700
Flug D – Neuseeland	€ 2.000/p	€ 2.000/p	€ 2.000/p	€ 2.000/p
Flugbegleitung auf Hinreise*	opt.	opt.	opt.	opt.
Vorbereitungstreffen	ja	ja	ja	ja
Vorbereitungsseminar	nein	nein	nein	nein
Einführungsseminar in Sydney	€ 2.350/opt.	€ 2.350/opt.	€ 2.350/opt.	€ 2.350/opt.
Elterntreffen	nein	nein	nein	nein
Nachbereitungstreffen	nein	nein	nein	nein
Nachbereitungsseminar	ja	ja	ja	ja
Kranken-/Unfallversicherung	€ 150/p	€ 300/p	€ 450/p	€ 600/p
Haftpflicht-/Gepäckversicherung	ja	ja	ja	ja
Gesamtpreis (ab circa)	**€ 8.150**	**€ 12.000**	**€ 17.050**	**€ 20.300**
Bewerbungsschluss	3	Monate	vor	Ausreise
Spätbewerbung	möglich	möglich	möglich	möglich

Bewerbungsverlauf und Kriterien für die Annahme des Bewerbers
Nach seiner Bewerbung durchläuft der Schüler ein Interview mit einem CAMPS-Mitarbeiter, wobei auch die individuellen Bedürfnisse ermittelt werden. Der Schüler erhält dann gezielte Schulvorschläge, zwischen denen er wählen kann. Weiteres: s. „Public High School USA“.

Vorbereitung auf den Neuseeland-Aufenthalt in Deutschland
Durch persönliche Besuche kennen wir unsere Ziele und können einschätzen, was den Gastschüler vor Ort erwartet. Diese Erfahrungen vermitteln wir unter anderem während eines eintägigen Vorbereitungsworkshops in Deutschland. Neuseeland-Teilnehmer können optional an einem viertägigen Vorbereitungsworkshop in Sydney teilnehmen. Vor Ort wird an jeder Schule ein weiterer Einführungsworkshop durchgeführt.

Betreuung während des Auslandsaufenthalts und Nachbereitung
Unsere Teilnehmer zahlen Schul- und Gastfamiliengebühren direkt an die neuseeländische Schule, die das Programm vor Ort betreut und überwacht. CAMPS erhält eine Service- und Betreuungspauschale (€ 1.750) für die Betreuung von Schüler und Eltern während des gesamten Aufenthaltes. In der Partnerschule kümmert sich das Team des International Office um das Wohl des Schülers. Eine kostenfreie 24-Stunden-Notfallnummer macht die Verantwortlichen im Bedarfsfall für unsere Schüler jederzeit erreichbar. Zur Nachbereitung dient ein mehrtägiges Returnee Meeting in Deutschland.

Stipendien und Sonstiges
* Bei Buchung des Vorbereitungsseminars in Sydney: Flug und Flugbegleitung auf Hinreise inklusive. Kürzere Aufenthalte sind möglich (1 – 3 Monate).

Kurz und bündig			
Gründungsjahr (1984)	2010	Schülerzahl im Neuseeland Programm 2014/15	5
NZ-Programm seit	2006	Gesamtschülerzahl im High School Programm 2014/15	141
Gemeinnützigkeit	nein	Partner in Neuseeland	ausgesuchte Partnerschulen

CAP – Cultures and Perspectives – Inh. Geska Jäkel	
Rosenäckerweg 14	Telefon: 07348 / 250 91 39
89160 Dornstadt	Telefax. 07348 / 205 91 40
info@go-cap.de	www.go-cap.de

Preis und Leistung				
Schulwahlprogramm	1 Term	2 Terms	3 Terms	4 Terms
Grundpreis (ab)	€ 3.950	€ 7.345	€ 11.105	€ 14.490
Flug D – Neuseeland	€ 2.000/p	€ 2.000/p	€ 2.000/p	€ 2.000/p
Flugbegleitung auf Hinreise	nein	nein	nein.	nein
Vorbereitungstreffen	nein	nein	nein	nein
Vorbereitungsseminar	ja	ja	ja	ja
Einführungsseminar in Neuseeland	ja	ja	ja	ja
Elterntreffen	nein	nein	nein	nein
Nachbereitungstreffen	ja	ja	ja	ja
Nachbereitungsseminar	nein	nein	nein	nein
Kranken-/Unfallversicherung	ja	ja	ja	ja
Haftpflicht-/Gepäckversicherung	nein	nein	nein	nein
Gesamtpreis (ab circa)	**€ 5.950**	**€ 9.345**	**€ 13.105**	**€ 16.490**
Bewerbungsschluss	flexibel	flexibel	flexibel	flexibel
Spätbewerbung	möglich	möglich	möglich	möglich

Bewerbungsverlauf und Kriterien für die Annahme des Bewerbers

Jeder Schüler von Real-, Gesamtschulen und Gymnasien muss Grundvoraussetzungen erfüllen. Neben dem Alter (14-19), mindestens ausreichenden Schulnoten und möglichst einer „Drei“ in Englisch brauchen unsere Schüler auch noch das „persönliche Zeug“ dazu. Das sind besonders Motivation, Anpassungsfähigkeit, Flexibilität und der nötige Biss.

Für die unverbindliche Bewerbung benötigen wir die Online-Bewerbung auf unserer Homepage. Unser persönliches Interview wird bei jedem Schüler zu Hause durchgeführt. Während dieses Gespräches überzeugen wir uns von dem Schüler und seiner persönlichen Eignung und klären offene Fragen.

Vorbereitung auf den Neuseeland-Aufenthalt in Deutschland

Wir bieten jeweils im Frühjahr und Herbst ein 2-tägiges Vorbereitungsseminar an.

Betreuung während des Auslandsaufenthalts und Nachbereitung

Während ihres Aufenthaltes werden unsere Schüler durch CAP sowie durch die Partner und deren Koordinatoren betreut. Vor Ort wird bei Problemen kompetente Hilfestellung gegeben. Dies geschieht durch regelmäßigen Kontakt mit Eltern und Schülern. Außerhalb der Bürozeiten stellt CAP eine Notrufnummer zu Verfügung.

Stipendien und Sonstiges

Es gibt Teilstipendien für all unsere Programme (siehe auch „Public High School USA“).

Kurz und bündig			
Gründungsjahr	2007	Schülerzahl im Neuseeland Programm 2014/15	2
NZ-Programm seit	2007	Gesamtschülerzahl im High School Programm 2014/15	35
Gemeinnützigkeit	nein	Partner in Neuseeland	verschiedene

Carl Duisberg Centren Intertraining & Consult GmbH	
Hansaring 49 – 51	Telefon: 0221 / 16 26 207
50670 Köln	Telefax: 0221 / 16 26 217
highschool@cdc.de	www.cdc.de

Preis und Leistung				
Schulwahlprogramm	1 Term	2 Terms	3 Terms	4 Terms
Grundpreis (ab)	€ 7.290	€ 10.490	€ 14.190	€ 16.850
Flug D – Neuseeland	ja	ja	ja	ja
Flugbegleitung auf Hinreise	nein	nein	nein	nein
Vorbereitungstreffen	nein	nein	nein	nein
Vorbereitungsseminar	ja	ja	ja	ja
Einführungsseminar in Neuseeland	teilweise	teilweise	teilweise	teilweise
Elterntreffen	ja	ja	ja	ja
Nachbereitungstreffen	ja	ja	ja	ja
Nachbereitungsseminar	nein	nein	nein	nein
Kranken-/Unfallversicherung	€ 180	€ 300	€ 540	€ 720
Haftpflicht-/Gepäckversicherung	ja/nein	ja/nein	ja/nein	ja/nein
Gesamtpreis (ab circa)	**€ 7.470**	**€ 10.790**	**€ 14.730**	**€ 17.570**
Bewerbungsschluss	flexibel	flexibel	flexibel	flexibel
Spätbewerbung	möglich	ohne	zusätzliche	Gebühren

Bewerbungsverlauf und Kriterien für die Annahme des Bewerbers

Zum Bewerbungsverfahren: 1.) Schriftliche Bewerbung (Formular) inkl. Zeugniskopie und Selbstbeschreibung. 2.) Einladung von Schüler und Eltern zu einem persönlichen Auswahlgespräch 3.) Schulvorschläge 4.) Bei Eignung Aufnahme in das Programm und schriftliche Bestätigung des Platzes - *Zu den Aufnahmekriterien:* Aufgeschlossenheit für andere Länder und Kulturen; Anpassungsbereitschaft an Gegebenheiten des Gastlandes; Selbstständigkeit im Rahmen der landesüblichen Möglichkeiten; zufriedenstellende Kenntnisse der Landessprache.

Vorbereitung auf den Neuseeland-Aufenthalt in Deutschland

Das Auswahlgespräch und das Ausfüllen der Bewerbungsunterlagen sind bereits Teil der Vorbereitung. Wichtigster Teil unserer Vorbereitung sind unsere zweitägigen Seminare, bei denen wir alle wichtigen Aspekte in Diskussionen, Vorträgen und Rollenspielen behandeln. Man erhält ein landesspezifisches Handbuch.

Betreuung während des Auslandsaufenthalts und Nachbereitung

Die Betreuung erfolgt durch die Carl Duisberg Centren und durch einen Betreuer in Neuseeland. Wir führen Elterntreffen durch. Nach Rückkehr laden wir alle Schüler zum Nachbereitungstreffen ein.

Stipendien und Sonstiges

Partnerschulen in Neuseeland sind u.a. Rangitoto, Macleans, Kamo, Burnside, Mount Maunganui, Tepuke u.v.m.; Stop-Over-Programm in Singapur buchbar. Kurzprogramm (6 Wochen) an ausgewählten Schulen möglich.

Kurz und bündig			
Gründungsjahr	1962	Schülerzahl im Neuseeland Programm 2014/15	39
NZ-Programm seit	1998	Gesamtschülerzahl im High School Programm 2014/15	408
Gemeinnützigkeit	nein	Partner in Neuseeland	Partnerschulen

DFSR – Dr. Frank Sprachen & Reisen GmbH
Siegfriedstr. 5 Telefon: 06252 / 93 32-0
64646 Heppenheim Telefax: 06252 / 93 32-60
info@dfsr.de www.dfsr.de

Preis und Leistung				
*Länderwahlprogramm**	1 Term	2 Terms	3 Terms	4 Terms
Grundpreis		€ 11.490		€ 12.990
Flug D – Neuseeland		ja		ja
Flugbegleitung auf Hinreise		nein		nein
Vorbereitungstreffen		nein		nein
Vorbereitungsseminar		ja		ja
Einführungsseminar in Neuseeland		ja		ja
Elterntreffen		ja		ja
Nachbereitungstreffen		ja		ja
Nachbereitungsseminar		nein		nein
Kranken-/Unfallversicherung		ja		ja
Haftpflicht-/Gepäckversicherung		nein		nein
Gesamtpreis (ab circa)		**€ 11.490**		**€ 12.990**
Bewerbungsschluss		15.02./15.09.		15.01./15.08.
Spätbewerbung		möglich		möglich

Bewerbungsverlauf und Kriterien für die Annahme des Bewerbers
Für alle Teilnehmer gilt: Es kommt nicht nur auf die Schulnoten an. Wichtig sind auch ihre Motivation und ihr Interesse an dem Gastland und dem Kulturaustausch. Der zukünftige Austauschschüler sollte Flexibilität, Verständnis, Toleranz und Selbstständigkeit mitbringen. Bewerben können sich Schüler/innen, die über mindestens zufriedenstellende Englischkenntnisse verfügen. Teilnahmealter: 15 – 18 Jahre (14 Jahre auf Anfrage).
Bewerbungsverlauf: Ausfüllen des Bewerbungsformulars, persönliches Bewerbungsgespräch gemeinsam mit den Eltern, nach erfolgreichem Gespräch Aufnahme ins Programm.

Vorbereitung auf den Neuseeland-Aufenthalt in Deutschland
Intensives Vorbereitungsseminar in Frankfurt.

Betreuung während des Auslandsaufenthalts und durch Nachbereitung
Unsere Partnerorganisation vor Ort stellt für die Schüler einen Betreuer vor Ort und auch DFSR ist für seine Partner über eine 24h-Notrufnummer immer erreichbar. Nach Rückkehr der Schüler nach Deutschland erhalten sie die Möglichkeit, auf der Welcome-Back Party von ihren Erfahrungen zu berichten.

Stipendien und Sonstiges
2 Tage Soft Landing Camp in Auckland oder Pahiatua inklusive, bei Start im Januar oder Juli.
* Neben dem landesweiten Programm gibt es auch ein Schulwahlprogramm in verschiedenen Regionen auf der Nord- und Südinsel. Mögliche Aufenthaltsdauer zwischen 3 & 12 Monaten.

Kurz und bündig			
Gründungsjahr	1978	Schülerzahl im Neuseeland Programm 2014/15	27
NZ-Programm seit	1995	Gesamtschülerzahl im High School Programm 2014/15	392
Gemeinnützigkeit	nein	Partner in Neuseeland	SEANZ,YFU, direkt mit Schulen

ec.se – educational consulting & student exchange GmbH
Adenauerallee 12-14 Telefon: 0228 / 259084-0
53113 Bonn Telefax: 0228 / 259084-20
info@highschoolberater.de www.highschoolberater.de

Preis und Leistung				
Schulwahlprogramm	1 Term	2 Terms	3 Terms	4 Terms
Grundpreis (ab)	NZ$ 5.225	NZ$ 10.450	NZ$ 15.675	NZ$ 20.900
Flug D – Neuseeland	€ 2.000/p	€ 2.000/p	€ 2.000/p	€ 2.000/p
Flugbegleitung auf Hinreise	nein	nein	nein	nein
Vorbereitungstreffen	ja	ja	ja	ja
Vorbereitungsseminar	nein	nein	nein	nein
Einführungsseminar in Neuseeland	nein	nein	nein	nein
Elterntreffen	ja	ja	ja	ja
Nachbereitungstreffen	ja	ja	ja	ja
Nachbereitungsseminar	nein	nein	nein	nein
Kranken-/Unfallversicherung	€ 165	€ 378	€ 567	€ 756
Haftpflicht-/Gepäckversicherung	ja	ja	ja	ja
Gesamtpreis (ab circa)*	**€ 7.295**	**€ 10.745**	**€ 14.175**	**€ 17.605**
Bewerbungsschluss	flexibel	flexibel	flexibel	flexibel
Spätbewerbung	möglich	möglich	möglich	möglich

Bewerbungsverlauf und Kriterien für die Annahme des Bewerbers
Das ausführliche Beratungsgespräch und die kompletten Bewerbungsunterlagen sind die Grundlage für individuelle Schulvorschläge unter Berücksichtigung akademischer Aspekte, persönlicher Präferenzen und des individuellen finanziellen Rahmens.

Vorbereitung auf den Neuseeland-Aufenthalt in Deutschland
ec.se Vorbereitungstreffen für Schüler und Eltern
ec.se Vorbereitungsmaterial

Betreuung während des Auslandsaufenthalts und Nachbereitung
In Neuseeland durch die besuchte Schule.
ec.se ist Ansprechpartner in Deutschland.
Nachbereitungstreffen

Stipendien und Sonstiges
Die Schulen in NZL unterscheiden sich in ihrem Kursangebot und den akademischen Zielsetzungen, was eine individuelle Beratung notwendig macht. Outdoor Education ist ein zusätzlicher attraktiver Aspekt. Zu den von ec.se empfohlenen Schulen gehören renommierte öffentliche wie private, gemischte oder reine Jungen- bzw. Mädchen-Schulen auf der Nord- und Südinsel. Es besteht die Wahl zwischen einer Tagesschule und einem Internatsaufenthalt (Boarding School). Das Schulgeld inkl. Unterkunft bewegt sich zwischen ca. NZ$ 21.000 und NZ$ 40.000. * Gesamtpreis inklusive Beratungspauschale von € 1.890.

Kurz und bündig			
Gründungsjahr	2002	Schülerzahl im Neuseeland Programm 2014/15	14
NZ-Programm seit	2002	Gesamtschülerzahl im High School Programm 2014/15	196
Gemeinnützigkeit	nein	Partner in Neuseeland	ausgewählte High Schools/Colleges

Experiment e.V.
Gluckstraße 1
53115 Bonn
info@experiment-ev.de
Telefon: 0228 / 95722-0
Telefax: 0228 / 35 82 82
www.experiment-ev.de

Preis und Leistung				
Schulwahlprogramm	1 Term	2 Terms	3 Terms	4 Terms
Grundpreis (ab)	€ 7.780	€ 11.890	€ 17.150	€ 21.580
Flug D – Neuseeland	ja	ja	ja	ja
Flugbegleitung auf Hinreise	nein	nein	nein	nein
Vorbereitungstreffen	nein	nein	nein	nein
Vorbereitungsseminar	ja	ja	ja	ja
Einführungsseminar in Neuseeland	ja	ja	ja	ja
Elterntreffen	nein	nein	nein	nein
Nachbereitungstreffen	nein	nein	nein	nein
Nachbereitungsseminar	ja	ja	ja	ja
Kranken-/Unfallversicherung	ja	ja	ja	ja
Haftpflicht-/Gepäckversicherung	ja/nein	ja/nein	ja/nein	ja/nein
Gesamtpreis (ab circa)	**€ 7.780**	**€ 11.890**	**€ 17.150**	**€ 21.580**
Bewerbungsschluss	1.2./1.8.	1.2./1.8.	1.2./1.8.	1.2./1.8.
Spätbewerbung	möglich	möglich	möglich	möglich

Bewerbungsverlauf und Kriterien für die Annahme des Bewerbers
Schülerinnen und Schüler zwischen 15 und 18 Jahren können am Programm teilnehmen. Voraussetzung ist, dass der Bewerber bis zur Ausreise eine weiterführende Schule besucht. Er sollte ein ernsthaftes Interesse am interkulturellen Austausch haben und bereit sein, der neuen Umgebung Informationen und Eindrücke von Deutschland zu vermitteln. Aufgeschlossenheit, Offenheit, Toleranz und ein gewisses Anpassungsvermögen sind dabei unentbehrliche Fähigkeiten.

Vorbereitung auf den Neuseeland-Aufenthalt in Deutschland
Alle Teilnehmer werden zu einem überregionalen, viertägigen Vorbereitungsseminar eingeladen, auf dem sie von Ehrenamtlichen umfassend auf ihren Auslandsaufenthalt vorbereitet werden. Diese intensive Vorbereitung findet bereits mehrere Wochen vor der Ausreise statt, ist verpflichtend für alle Teilnehmer und daher bereits im Preis enthalten.

Betreuung während des Auslandsaufenthalts und durch Nachbereitung
Ein persönlicher Betreuer unserer Partnerorganisation hat die Gastfamilie vor der Ankunft des Austauschschülers besucht und ist während des Aufenthaltes Ansprechpartner für Schüler und Gastfamilie. Für Eltern und Teilnehmer gibt es zusätzlich in Deutschland einen telefonischen Bereitschaftsdienst von Experiment e.V., der rund um die Uhr erreichbar ist.

Stipendien und Sonstiges
Einführungsseminar in Wellington bzw. Zwischenseminar durch den Partner. Aktuelle Stipendien unter www.experiment-ev.de/stipendien.

Kurz und bündig			
Gründungsjahr	1932	Schülerzahl im Neuseeland Programm 2014/15	18
NZ-Programm seit	2005	Gesamtschülerzahl im High School Programm 2014/15	490
Gemeinnützigkeit	ja	Partner in Neuseeland	Campbell Institute

GIVE – Gesellschaft für internationale Verständigung mbH
In der Neckarhalle 127 a
69118 Heidelberg
info@give-highschool.de
Telefon: 06221 / 389 35-0
Telefax: 06221 / 389 35-20
www.give-highschool.de

Preis und Leistung				
Schulwahlprogramm	1 Term	2 Terms	3 Terms	4 Terms
Grundpreis (ab)	€ 6.580	€ 10.380	€ 13.970	€ 17.480
Flug D – Neuseeland	ja	ja	ja	ja
Flugbegleitung auf Hinreise	ja	ja	ja	ja
Vorbereitungstreffen	ja	ja	ja	ja
Vorbereitungsseminar	ja	ja	ja	ja
Einführungsseminar in Neuseeland	ja	ja	ja	ja
Elterntreffen	nein	nein	nein	nein
Nachbereitungstreffen	€ 45/opt.	€ 45/opt.	€ 45/opt.	€ 45/opt.
Nachbereitungsseminar	nein	nein	nein	nein
Kranken-/Unfallversicherung	€ 140	€ 225	€ 320	€ 400
Haftpflicht-/Gepäckversicherung	ja	ja	ja	ja
Gesamtpreis (ab circa)	**€ 6.720**	**€ 10.605**	**€ 14.290**	**€ 17.880**
Bewerbungsschluss	2	Monate	vor	Ausreise
Spätbewerbung	Auf	Anfrage	auf	Anfrage

Bewerbungsverlauf und Kriterien für die Annahme des Bewerbers
Nach dem Eingang der Bewerbung wirst du zu einem Auswahlgespräch eingeladen, bei dem wir einander kennen lernen. Dieses Gespräch dient der Entscheidung über deine Aufnahme in das Programm. Kurze Zeit nach dem Gespräch erhältst du dann Bescheid, ob du in das Programm aufgenommen wirst. Wir nehmen Bewerber mit mindestens durchschnittlichen Leistungen entgegen.

Vorbereitung auf den Neuseeland-Aufenthalt in Deutschland
Während der Vorbereitungszeit bekommt ihr von GIVE regelmäßig Infobriefe zugestellt, die euch mit allen wichtigen Informationen über deinen Gastaufenthalt und dein Gastland vertraut machen. Darüber hinaus veranstaltet GIVE Vorbereitungsseminare, auf denen du die anderen Teilnehmer kennen lernen kannst und alle organisatorischen und praktischen Dinge über den bevorstehenden Gastaufenthalt erfährst.

Betreuung während des Auslandsaufenthalts und durch Nachbereitung
GIVE arbeitet in Neuseeland mit N to Z International zusammen. Für alle Teilnehmer findet in Wellington bzw. Auckland ein 1-wöchiges Einführungscamp statt. Während des Aufenthaltes werden die Teilnehmer von unserer Partnerorganisation betreut.

Stipendien und Sonstiges
Ca. 80 Schulen in verschiedenen Städten Neuseelands wählbar. Wir vergeben mehrere Teilstipendien.

Kurz und bündig			
Gründungsjahr	1987	Schülerzahl im Neuseeland Programm 2014/15	55
NZ-Programm seit	2002	Gesamtschülerzahl im High School Programm 2014/15	445
Gemeinnützigkeit	nein	Partner in Neuseeland	N to Z International

Global Youth Group e.V.	
Eststr. 6	Telefon: 0201 / 6124529
45149 Essen	Telefax: 0201 / 47619824
info@global-youth-group.de	www.global-youth-group.de

Preis und Leistung				
*Länderwahlprogramm**	1 Term	2 Terms	3 Terms	4 Terms
Grundpreis (ab)	€ 4.800	€ 8.200	€ 11.500	€ 14.600
Flug D – Neuseeland	€ 2.000/p	€ 2.000/p	€ 2.000/p	€ 2.000/p
Flugbegleitung auf Hinreise	optional	optional	optional	optional
Vorbereitungstreffen	optional	optional	optional	optional
Vorbereitungsseminar	ja	ja	ja	ja
Einführungsseminar in Neuseeland	ja	ja	ja	ja
Elterntreffen	ja	ja	ja	ja
Nachbereitungstreffen	nein	nein	nein	nein
Nachbereitungsseminar	ja	ja	ja	ja
Kranken-/ Unfallversicherung	ja	ja	ja	ja
Haftpflicht-/Gepäckversicherung	ja	ja	ja	ja
Gesamtpreis (ab circa)	**€ 6.800**	**€ 10.200**	**€ 13.500**	**€ 16.600**
Bewerbungsschluss	flexibel	flexibel	flexibel	flexibel
Spätbewerbung	flexibel	flexibel	flexibel	flexibel

Bewerbungsverlauf und Kriterien für die Annahme des Bewerbers

Bewerben kannst du dich online, per Telefon / Fax oder mit unserem Bewerbungsformular welches du in unserer Broschüre findest. Anschließend verabreden wir mit dir und deinen Eltern ein kostenloses und unverbindliches Bewerbungsinterview.

Du solltest dich für die Kultur, das Leben und die Sprache in Neuseeland interessieren und schon mittlere Sprachkenntnisse haben. Teilnahme ab 15 Jahren möglich.

Vorbereitung auf den Neuseeland-Aufenthalt in Deutschland

Wir bereiten dich und deine Eltern im Vorbereitungsseminar auf deinen Aufenthalt in Neuseeland vor. Das Seminar findet in Nord-, Ost-, Süd- und Westdeutschland statt.

Betreuung während des Auslandsaufenthalts und Nachbereitung

In Neuseeland wirst du durch unsere Partnerschulen betreut. Diese stellt dir einen persönlichen Betreuer, sowie eine 24-Stunden Notrufnummer zur Verfügung. Zusätzlich steht dir und deinen Eltern stets dein persönlicher GYG Ansprechpartner zur Seite.

Nach deiner Rückkehr findet ein Nachbereitungscamp statt.

Stipendien und Sonstiges

Preisnachlass: - 150 € bei Geschwisterkindern; - 80 € bei Freunden;
GYG Weltbürger-Teilstipendium: 2 x 2.000 € (2015/16); 2 x 1.000 € (2016/17)
Optional: 3-Tage Sydney Trip (+ 500 €)
* Programme in Neuseeland: Schulauswahl und Kurzprogramme ab 4 Wochen.

Kurz und bündig				
Gründungsjahr	2009	Schülerzahl im Neuseeland Programm 2014/15		1
NZ-Programm seit	2010	Gesamtschülerzahl im High School Programm 2014/15		79
Gemeinnützigkeit	ja	Partner in Neuseeland	verschiedene	

GLS Sprachenzentrum – Inh. Barbara Jaeschke
Kastanienallee 82 Telefon: 030 / 780 089 80
10435 Berlin Telefax: 030 / 787 419 1
highschool@gls-sprachenzentrum.de www.gls-sprachenzentrum.de

Preis und Leistung				
*Schulwahlprogramm**	1 Term	2 Terms	3 Terms	4 Terms
Grundpreis (ab)	€ 4.980	€ 8.580	€ 11.680	€ 14.480
Flug D – Neuseeland	€ 2.000/p	€ 2.000/p	€ 2.000/p	€ 2.000/p
Flugbegleitung auf Hinreise	opt.	opt.	opt.	opt.
Vorbereitungstreffen	ja	ja	ja	ja
Vorbereitungsseminar	€ 110/opt.	€ 110/opt.	€ 110/opt.	€ 110/opt.
Einführungsseminar in Neuseeland	opt.	opt.	opt.	opt.
Elterntreffen	nein	nein	nein	nein
Nachbereitungstreffen	ja	ja	ja	ja
Nachbereitungsseminar	ja	ja	ja	ja
Kranken-/Unfallversicherung	ja	ja	ja	ja
Haftpflicht-/Gepäckversicherung	ja	ja	ja	ja
Gesamtpreis (ab circa)	**€ 6.980**	**€ 10.580**	**€ 13.680**	**€ 16.480**
Bewerbungsschluss	solange	Plätze	vorhanden	sind
Spätbewerbung	ja	ja	ja	ja

Bewerbungsverlauf und Kriterien für die Annahme des Bewerbers
Nach Anmeldung laden wir zum Interview auf Englisch und auf Wunsch zu einer kostenlosen Beratung ein. Neben Motivation und Anpassungsbereitschaft sowie einem Notendurchschnitt von mind. 3,5 bildet das Interview die Voraussetzung für die Aufnahme ins Programm. Sobald uns die Bewerbungsmappe vorliegt, leiten wir diese nach Durchsicht unseren Partnern im Ausland weiter, die vor Ort Gastfamilie und Schulplatz sicherstellen.

Vorbereitung auf den Neuseeland-Aufenthalt in Deutschland
Neben unseren Orientierungstreffen vor Abreise für Schüler und Eltern im Frühjahr und im Herbst (deutschlandweit sowie in Zürich und Wien) bieten wir regelmäßig optionale Workshops und Sprachkurse zur Vorbereitung auf unserem Campus in Berlin an.

Betreuung während des Auslandsaufenthalts und durch Nachbereitung
Jedem Teilnehmer wird ein Betreuer im Gastland zur Seite gestellt. Darüber hinaus unterstützen wir selbstverständlich auch nach Abreise Schüler wie Eltern und garantieren umgehende Reaktion und Hilfestellung.. Unsere Rückkehrer laden wir im Herbst zum Returnee-Wochenende nach Berlin ein. Neben Workshops zur Nachbereitung des Auslandsaufenthalts und Austausch mit anderen GLSlern steht natürlich ein abwechslungsreiches Berlin-Programm auf der Agenda.

Stipendien und Sonstiges
* regelmäßige Specials (siehe Website); Verlängerung möglich; GLS übernimmt Visumsbeantragung und vermittelt Reiseangebote; Weltbürger-Stipendien; Kombi-Programme
INKLUSIVE bei Buchung mit Flug: Orientierungstage in Sydney

Kurz und bündig			
Gründungsjahr	1983	Schülerzahl im Neuseeland Programm 2014/15	65
NZ-Programm seit	1995	Gesamtschülerzahl im High School Programm 2014/15	576
Gemeinnützigkeit	nein	Partner in Neuseeland	Direktkontakt zu Schulen

Hausch & Partner GmbH – High Schools Down Under	
Gasstr. 16	Telefon: 040 / 4147580
22761 Hamburg	Telefax: 040 / 41475815
info@hauschundpartner.de	www.hauschundpartner.de

Preis und Leistung				
Schulwahlprogramm	1 Term	2 Terms	3 Terms	4 Terms
Grundpreis (ab)	€ 6.368	€ 9.559	€ 12.750	€ 15.692
Flug D – Neuseeland	€ 2.000/p	€ 2.000/p	€ 2.000/p	€ 2.000/p
Flugbegleitung auf Hinreise*	€ 180/opt.	€ 180/opt.	€ 180/opt.	€ 180/opt.
Vorbereitungstreffen	ja	ja	ja	ja
Vorbereitungsseminar	nein	nein	nein	nein
Einführungsseminar in Neuseeland	ja	ja	ja	ja
Elterntreffen	nein	nein	nein	nein
Nachbereitungstreffen	ja	ja	ja	ja
Nachbereitungsseminar	nein	nein	nein	nein
Kranken-/Unfallversicherung	€ 82	€ 164	€ 246	€ 328
Haftpflicht-/Gepäckversicherung	ja	ja	ja	ja
Gesamtpreis (ab circa)	**€ 8.450**	**€ 11.725**	**€ 14.995**	**€ 18.020**
Bewerbungsschluss	jederzeit	möglich	jederzeit	möglich
Spätbewerbung	jederzeit	möglich	jederzeit	möglich

Bewerbungsverlauf und Kriterien für die Annahme des Bewerbers
1. Kurzbewerbung (Formular) mit persönlichen Angaben
2. Persönliches Einzelgespräch (ca. 2 Std.), teilweise zunächst telefonisch

Kriterien:
- Schüler zeigt sich offen, motiviert und interessiert
- relativ stabile häusliche Verhältnisse

Vorbereitung auf den Neuseeland-Aufenthalt in Deutschland
Persönliches Gespräch, Info-Mappe; Vorbereitungstreffen für Schüler und Eltern (1 Tag); ständige Betreuung per E-Mail vor dem Aufenthalt; Kommunikation mit den Eltern

Betreuung während des Auslandsaufenthalts und Nachbereitung
1 ½ -tägiges Orientierungs-Seminar in Auckland direkt nach der Anreise, ständige Betreuung durch die Koordinatoren der Schulen und durch uns per E-Mail während des Aufenthaltes; Kommunikation mit den Eltern; Nachtreffen (1 Tag)

Stipendien und Sonstiges
Stipendien nur gelegentlich (auf Anfrage) in Zusammenarbeit mit Schulen;
Kurzaufenthalt möglich (ab 4 Wochen); Beratung bei Schulabschluss in Neuseeland
Auch für Schüler mit Haupt- und Realschulabschluss;
Für Jugendliche ab 12 Jahren;
* nur bei Flug mit der Gruppe Januar und Juli

Kurz und bündig			
Gründungsjahr	1988	Schülerzahl im Neuseeland Programm 2014/15	262
NZ-Programm seit	2001	Gesamtschülerzahl im High School Programm 2014/15	345
Gemeinnützigkeit	nein	Partner in Neuseeland	Schulen direkt

iE – international Experience e.V.
Amselweg 20
53797 Lohmar
info@international-experience.net
Telefon: 02246 / 915 49 0
Telefax: 02246 / 915 49 12
www.international-experience.net

Preis und Leistung				
Schulwahlprogramm	1 Term	2 Terms	3 Terms	4 Terms
Grundpreis (ab)	€ 6.640	€ 10.950	€ 15.140	€ 19.570
Flug D – Neuseeland	€ 2.000/p	€ 2.000/p	€ 2.000/p	€ 2.000/p
Flugbegleitung auf Hinreise	nein	nein	nein	nein
Vorbereitungstreffen	nein	nein	nein	nein
Vorbereitungsseminar	ja	ja	ja	ja
Einführungsseminar in Neuseeland	nein	nein	nein	nein
Elterntreffen	nein	nein	nein	nein
Nachbereitungstreffen	ja	ja	ja	ja
Nachbereitungsseminar	nein	nein	nein	nein
Kranken-/Unfallversicherung	€ 150/p	€ 300/p	€ 450/p	€ 600/p
Haftpflicht-/Gepäckversicherung	nein	nein	nein	nein
Gesamtpreis (ab circa)	**€ 8.790**	**€ 13.250**	**€ 17.590**	**€ 22.170**
Bewerbungsschluss	31.03./30.09.	31.03./30.09.	31.03./30.09.	31.03./30.09.
Spätbewerbung	möglich	möglich	möglich	möglich

Bewerbungsverlauf und Kriterien für die Annahme des Bewerbers
Kriterien für die Aufnahme in unser Programm sind neben den Schulnoten besonders persönliche Eigenschaften wie Motivation, Flexibilität und Anpassungsfähigkeit.
Wir suchen "great kids" mit positiver Einstellung, die auch ihrer Gastfamilie etwas zu bieten haben, die freundlich, aufgeschlossen, aktiv in Schule und Freizeit sind.

Vorbereitung auf den Neuseeland-Aufenthalt in Deutschland
Die iE - Vorbereitungen beinhalten persönliche Gespräche, Materialien in Schriftform und ein mehrtägiges Vorbereitungsseminar. Das Vorbereitungsseminar ist für iE-Schüler/Innen Pflicht. Immer nehmen auch Ehemalige an den Seminaren teil.

Betreuung während des Auslandsaufenthalts
International student counselors an den Schulen betreuen die Schüler und deren Gastfamilien vor Ort. Sie helfen bei der Eingliederung in die Schule und in die neue Familie. iE unterhält einen persönlichen 24-Stunden-Notfall Dienst für Schüler/Innen und Eltern (kein Call-Center). Eventuelle Probleme werden zunächst mit dem iE Büro in Deutschland besprochen.

Nachbereitung
Nach der Rückkehr veranstalten wir ein Returnee-Treffen mit anschließender Party.

Stipendien und Sonstiges
Der o.g. Gesamtpreis kann je nach Schule variieren. iE arbeitet auch mit ausgewählten Privatschulen und Internaten zusammen. Im Programmpreis ist eine Basis-Krankenversicherung vor Ort enthalten. Zusätzlich dazu kann ein Versicherungspaket (inkl. Haftpflicht- und Gepäckversicherung) abgeschlossen werden.

Kurz und bündig			
Gründungsjahr	2000	Schülerzahl im Neuseeland Programm 2014/15	2
NZ-Programm seit	2002	Gesamtschülerzahl im High School Programm 2014/15	335
Gemeinnützigkeit	ja	Partner in Neuseeland	Schulen

into GmbH
Ostlandstraße 14
50858 Köln
kontakt@into.de
Telefon: 02234 / 946 36-0
Telefax: 02234 / 946 36-23
www.into.de

Preis und Leistung				
*Schulwahlprogramm**	1 Term	2 Terms	3 Terms	4 Terms
Grundpreis (ab)	€ 7.590	€ 11.311	€ 13.390	€ 15.490
Flug D – Neuseeland	ja	ja	ja	ja
Flugbegleitung auf Hinreise	ja	ja	ja	ja
Vorbereitungstreffen	nein	nein	nein	nein
Vorbereitungsseminar	ja	ja	ja	ja
Einführungsseminar in Neuseeland	ja	ja	ja	ja
Elterntreffen	nein	nein	nein	nein
Nachbereitungstreffen	nein	nein	nein	nein
Nachbereitungsseminar	ja	ja	ja	ja
Kranken-/Unfallversicherung	€ 170	€ 250	€ 270	€ 300
Haftpflicht-/Gepäckversicherung	ja	ja	ja	ja
Gesamtpreis (ab circa)	**€ 7.760**	**€ 11.560**	**€ 13.660**	**€ 15.790**
Bewerbungsschluss	flexibel	flexibel	flexibel	flexibel
Spätbewerbung	auf Anfrage	auf Anfrage	auf Anfrage	auf Anfrage

Bewerbungsverlauf und Kriterien für die Annahme des Bewerbers
Dein Notendurchschnitt sollte befriedigend oder besser sein. Das Wichtigste ist, dass Du Motivation, Flexibilität, Toleranz und Anpassungsfähigkeit mitbringst.

Vorbereitung auf den Neuseeland-Aufenthalt in Deutschland
Schüler- und Elternhandbuch, regelmäßig Infobriefe (Newslinks) mit Infos zum Ablauf, kulturellen Eigenheiten der Gastländer sowie Ratschlägen und Erfahrungsberichten. Zweitägiges Vorbereitungsseminar vor Abreise bei dem Du Infos und Tipps erhältst und etwas zu den Vorschriften und Regeln während Deines Austausches erfährst. Zudem wirst Du mit Rollenspielen, kreativer Arbeit und lustigen Sketchen auf Deinen Austausch vorbereitet. Es gibt eine Extra-Informationsveranstaltung zur Vorbereitung Deiner Eltern bei Sommer-Ausreise.

Betreuung während des Auslandsaufenthalts und durch Nachbereitung
In Neuseeland wird in der Nähe Deines Wohnortes ein Ansprechpartner für Dich und Deine Gastfamilie sein. Auch in Deutschland sind wir immer erreichbar. Nach Deiner Rückkehr ist es noch nicht „vorbei“: Unsere Returnees organisieren „get togethers“, das traditionelle *into* BBQ und Ausflüge, bei denen sich viele Ehemalige immer wieder treffen.

Stipendien und Sonstiges
* Neben dem Schulwahl-Programm bietet *into* auch ein Classic-Programm an. Bei Sommer-Ausreise ist im Preis ein fünftägiges Orientation Camp in Auckland enthalten.

Kurz und bündig			
Gründungsjahr	1986	Schülerzahl im Neuseeland Programm 2014/15	15
NZ-Programm seit	2001	Gesamtschülerzahl im High School Programm 2014/15	435
Gemeinnützigkeit	nein	Partner in Neuseeland	Schulen, SEANZ

iSt Internationale Sprach- und Studienreisen GmbH
Stiftsmühle
69080 Heidelberg
iSt@sprachreisen.de
Telefon: 06221 / 89 00-0
Telefax: 06221 / 89 00-200
www.sprachreisen.de

Preis und Leistung				
Schulwahlprogramm	1 Term	2 Terms	3 Terms	4 Terms
Grundpreis (ab)	€ 6.590	€ 10.390	€ 13.980	€ 17.490
Flug D – Neuseeland	ja	ja	ja	ja
Flugbegleitung auf Hinreise	ja	ja	ja	ja
Vorbereitungstreffen	nein	nein	nein	nein
Vorbereitungsseminar	ja	ja	ja	ja
Einführungsseminar in Neuseeland	ja	ja	ja	ja
Elterntreffen	nein	nein	nein	nein
Nachbereitungstreffen	€ 45/opt.	€ 45/opt.	€ 45/opt.	€ 45/opt.
Nachbereitungsseminar	nein	nein	nein	nein
Kranken-/Unfallversicherung	€ 140	€ 225	€ 320	€ 400
Haftpflicht-/Gepäckversicherung	ja	ja	ja	ja
Gesamtpreis (ab circa)	**€ 6.730**	**€ 10.615**	**€ 14.300**	**€ 17.890**
Bewerbungsschluss	zwei	Monate	vor	Abreise
Spätbewerbung	auf	Anfrage	auf	Anfrage

Bewerbungsverlauf und Kriterien für die Annahme des Bewerbers
Die Bewerber füllen ein Bewerbungsformular aus und schicken dies zusammen mit einer kurzen Selbstbeschreibung und der letzten Zeugniskopie an unser Büro. Die Bewerber werden dann umgehend zu einem persönlichen Gespräch eingeladen. Kurze Zeit nach dem Interview teilen wir schriftlich mit, ob Sie in das Programm aufgenommen werden.

Vorbereitung auf den Neuseeland-Aufenthalt in Deutschland
Schon beim Bewerbungsgespräch informieren wir umfassend über viele wichtige Aspekte der Programmteilnahme und erläutern kulturelle Besonderheiten des Gastlandes. Die Teilnehmer erhalten regelmäßig Informationsbriefe zum bevorstehenden Aufenthalt und können Kontakt zu ehemaligen Teilnehmern aufnehmen. Auf einem zweitägigen Seminar bereiten sich die neuen Teilnehmer intensiv auf ihren Aufenthalt vor. (siehe auch USA-Programm)

Betreuung während des Auslandsaufenthalts und Nachbereitung
Am Anfang steht ein einwöchiges Vorbereitungsseminar im Gastland. Wir bleiben auch während des Aufenthaltes mit Ihnen in Kontakt und versorgen Sie mit aktuellen Informationen. Deutschsprachige Ansprechpartner stehen in Neuseeland mit Rat und Hilfe zur Seite. Auf einem Nachbereitungstreffen können Sie mit anderen Teilnehmern Erfahrungen austauschen.

Stipendien und Sonstiges
Aus über 90 Schulen in ganz Neuseeland können Sie die auswählen, die Ihren Neigungen und Fähigkeiten am besten entspricht. Der Einstieg ist zu jedem Termbeginn möglich, die Dauer ist dabei frei bestimmbar (1-6 Terms). Wir vergeben zahlreiche Teilstipendien.

Kurz und bündig			
Gründungsjahr	1981	Schülerzahl im Neuseeland Programm 2014/15	240
NZ-Programm seit	1993	Gesamtschülerzahl im High School Programm 2014/15	1.090
Gemeinnützigkeit	nein	Partner in Neuseeland	N to Z Intern. Student Programme

JUMP-OVERSEAS – Inh. Birgit Lotz
Martinsstraße 17
55116 Mainz
info@jump-overseas.com
Telefon: 06131 / 212 2130
Telefax: 06131 / 212 2131
www.jump-overseas.com

Preis und Leistung				
Schulwahlprogramm	1 Term	2 Terms	3 Terms	4 Terms
Grundpreis (ab)	€ 5.300	€ 8.600	€ 12.400	€ 15.300
Flug D – Neuseeland	€ 2.000/p	€ 2.000/p	€ 2.000/p	€ 2.000/p
Flugbegleitung auf Hinreise	teilweise	teilweise	teilweise	teilweise
Vorbereitungstreffen	ja	ja	ja	ja
Vorbereitungsseminar	nein	nein	nein	nein
Einführungsseminar in Neuseeland	auf Wunsch	auf Wunsch	auf Wunsch	auf Wunsch
Elterntreffen	nein	nein	nein	nein
Nachbereitungstreffen	ja	ja	ja	ja
Nachbereitungsseminar	nein	nein	nein	nein
Kranken-/Unfallversicherung	€ 120	€ 200	€ 300	€ 400
Haftpflicht-/Gepäckversicherung	nein/ja	nein/ja	nein/ja	nein/ja
Gesamtpreis (ab circa)	**€ 7.420**	**€ 10.800**	**€ 14.700**	**€ 17.700**
Bewerbungsschluss	flexibel	flexibel	flexibel	flexibel
Spätbewerbung	möglich	möglich	möglich	möglich

Bewerbungsverlauf und Kriterien für die Annahme des Bewerbers

1. Bewerbung: Bewerbungsformular und Zeugnisse
2. Beratungs- und Auswahlgespräch: Schüler und Eltern werden über Neuseeland (Lebensgewohnheiten) und das neuseeländische Schulsystem informiert. Geeignete Schulen werden vorgestellt. Dabei werden Wünsche bzgl. Fächerangebot und Freizeitaktivitäten berücksichtigt. Oberste Priorität hat die Wiedereingliederung an der dt. Schule.
3. Aufnahme: Erfolgt nach dem Gespräch und Erfüllung best. Voraussetzungen wie z.B. Offenheit, Anpassungsfähigkeit, Selbstständigkeit, Lernbereitschaft

Vorbereitung auf den Neuseeland-Aufenthalt in Deutschland

Intensive und individuelle Beratung; Informationsmaterial; Vorbereitungstreffen

Betreuung während des Auslandsaufenthalts und Nachbereitung

Ständige Betreuung durch ausgewählte Betreuer der Schulen ab Ankunft Zielflughafen NZ. Regelmäßige Kontaktaufnahme mit Schülern und Schule per E-Mail auch von Deutschland und Österreich aus. Nachtreffen

Stipendien und Sonstiges

Spezialisiert auf NZ; 13-18-Jährige; staatliche und private High Schools; Internate und Gastfamilien; Aufenthalte ab 3 Wochen; mehr als 70 Schulen persönlich besucht;
Geschäftsinhaberin hat langjährige Berufserfahrung als Lehrerin.
Gemeinschaftsflüge werden organisiert, teilweise auch begleitet.
Einführungsseminar kann auf Wunsch in Wellington oder Auckland organisiert werden.

Kurz und bündig			
Gründungsjahr	2007	Schülerzahl im Neuseeland Programm 2014/15	21
NZ-Programm seit	2008	Gesamtschülerzahl im High School Programm 2014/15	23
Gemeinnützigkeit	nein	Partner in Neuseeland	Schulen

KAPLAN – ASPECT Internationale Sprachschule GmbH
Zeil 65 Telefon: 069 / 244 5005 20
60313 Frankfurt am Main Telefax: 069 / 244 5005 09
highschool.weltweit@kaplaninternational.com www.kaplaninternational.com/de

Preis und Leistung				
Schulwahlprogramm	1 Term	2 Terms	3 Terms	4 Terms
Grundpreis (ab)	€ 6.990	€ 10.290		€ 16.890
Flug D – Neuseeland	€ 2.000/p	€ 2.000/p		€ 2.000/p
Flugbegleitung auf Hinreise	nein	nein		nein
Vorbereitungstreffen	nein	nein		nein
Vorbereitungsseminar	ja	ja		ja
Einführungsseminar in Neuseeland	nein	nein		nein
Elterntreffen	nein	nein		nein
Nachbereitungstreffen	ja	ja		ja
Nachbereitungsseminar	nein	nein		nein
Kranken-/Unfallversicherung	€ 180	€ 300		€ 600
Haftpflicht-/Gepäckversicherung	ja/nein	ja/nein		ja/nein
Gesamtpreis (ab circa)	**€ 9.170**	**€ 12.590**		**€ 19.490**
Bewerbungsschluss	01.05./15.10.	01.05./15.10.		01.05./15.10.
Spätbewerbung	möglich	möglich		möglich

Bewerbungsverlauf und Kriterien für die Annahme des Bewerbers
Nach der Bewerbung (schriftlich oder online) findet ein persönliches Beratungsgespräch (mit mind. einem Elternteil) in der Nähe des Wohnortes statt. Unmittelbar nach dem Gespräch entscheidet KAPLAN über die Aufnahme des Schülers. Dabei spielt neben den schulischen Leistungen und gesundheitlichen Voraussetzungen auch der persönliche Eindruck eine große Rolle (Motivation, Offenheit, Anpassungsfähigkeit und kulturelles Interesse). Alter: 14-19

Vorbereitung auf den Neuseeland-Aufenthalt in Deutschland
Neben dem Elterntreffen und dem zweitägigen Vorbereitungssminar, das für alle Schüler obligatorisch ist, bekommen Schüler schon beim Gespräch und nach der Aufnahme ins Programm viele Informationen zu Land und Leuten und zum Leben im Ausland sowie ein ausführliches Handbuch.

Betreuung während des Auslandsaufenthalts und Nachbereitung
Jeder Schüler hat persönliche Betreuer, es gibt außerdem eine 24 Stunden Notfall-Nummer. Das KAPLAN-Büro in Deutschland ist Ansprechpartner für Fragen der Eltern..

Stipendien und Sonstiges
Schüler können sich die Schule selbst aussuchen. Zusätzlich zu den in der Broschüre bzw. auf der Webseite genannten Schulen arbeiten wir auch mit vielen anderen Schulen in Neuseeland zusammen. Schüler können zwei komplette Schuljahre in Neuseeland verbringen und den internationalen IB erhalten.

Kurz und bündig			
Gründungsjahr	1985	Schülerzahl im Neuseeland Programm 2014/15	6
NZ-Programm seit	2001	Gesamtschülerzahl im High School Programm 2014/15	152
Gemeinnützigkeit	nein	Partner in Neuseeland	Schulen direkt

KulturLife gGmbH
Max-Giese-Str. 22
24116 Kiel
info@kultur-life.de
Telefon: 0431 / 888 14-10
Telefax: 0431 / 888 14-19
www.kultur-life.de

Preis und Leistung				
Schulwahlprogramm	1 Term	2 Terms	3 Terms	4 Terms
Grundpreis (ab)	€ 6.490	€ 9.590	€ 14.990	€ 15.790
Flug D – Neuseeland	ja	ja	ja	ja
Flugbegleitung auf Hinreise	teilweise	teilweise	teilweise	teilweise
Vorbereitungstreffen	nein	nein	nein	nein
Vorbereitungsseminar	ja	ja	ja	ja
Einführungsseminar in Neuseeland	ja	ja	ja	ja
Elterntreffen	ja	ja	ja	ja
Nachbereitungstreffen	nein	nein	nein	nein
Nachbereitungsseminar	ja	ja	ja	ja
Kranken-/Unfallversicherung	ja	ja	ja	ja
Haftpflicht-/Gepäckversicherung	€ 40 opt/nein	€ 40 opt/nein	€ 90 opt/nein	€ 90 opt/nein
Gesamtpreis (ab circa)	**€ 6.490**	**€ 9.590**	**€ 14.990**	**€ 15.790**
Bewerbungsschluss	bis 2 Monate vor Abreise			
Spätbewerbung	möglich	möglich	möglich	möglich

Bewerbungsverlauf und Kriterien für die Annahme des Bewerbers
Anhand deiner unverbindlichen Voranmeldung prüfen wir, ob wir dich in unser Programm aufnehmen können. Danach melden wir uns und vereinbaren einen persönlichen Gesprächstermin. Es findet ein persönliches Interview mit einem Programmbetreuer über Skype statt.

Vorbereitung auf den Neuseeland-Aufenthalt in Deutschland
Jedes Jahr im Frühjahr und Herbst führen wir mehrere Vorbereitungsseminare durch, die jeweils ein Wochenende dauern. Neben den Jugendlichen sind am ersten Tag auch die Eltern eingeladen. Besondere Schwerpunkte der Vorbereitungsseminare sind neben einem intensiven interkulturellen Training das Verhalten in der Gastfamilie und Strategien zur Vermeidung oder Lösung möglicher Problemen.

Betreuung während des Auslandsaufenthalts und durch Nachbereitung
Bei der Ankunft in Neuseeland wirst du am Zielflughafen von Mitarbeitern unserer Partnerschulen und/oder der Gastfamilie abgeholt. Immer gibt es an den Schulen eine Einführungsveranstaltung.

Stipendien und Sonstiges
KulturLife arbeitet in Neuseeland mit einer Vielzahl von Schulen direkt zusammen. Dadurch können wir individuell auf deine Wünsche und Vorstellungen eingehen. Der Preis und die Dauer des Aufenthaltes sind entsprechend variabel.
Bewerbungen für das Nordlicht-Stipendium sind möglich.

Kurz und bündig			
Gründungsjahr	1995	Schülerzahl im Neuseeland Programm 2014/15	12
NZ-Programm seit	2000	Gesamtschülerzahl im High School Programm 2014/15	194
Gemeinnützigkeit	ja	Partner in Neuseeland	verschiedene Schulen

MAP SPRACHREISEN GmbH – MUNICH ACADEMIC PROGRAM
Türkenstraße 104
80799 München
highschool@map-sprachreisen.com
Telefon: 089 / 35 73 79 77
Telefax: 089 / 35 73 79 78
www.map-sprachreisen.com

Preis und Leistung				
Schulwahlprogramm	1 Term	2 Terms	3 Terms	4 Terms
Grundpreis (ab)	€ 5.800	€ 9.700		€ 17.900
Flug D – Neuseeland	€ 2.000/p	€ 2.000/p		€ 2.000/p
Flugbegleitung auf Hinreise	ab 15 Teiln.	ab 15 Teiln.		ab 15 Teiln.
Vorbereitungstreffen	ja	ja		ja
Vorbereitungsseminar	nein	nein		nein
Einführungsseminar in Neuseeland	nein	nein		nein
Elterntreffen	nein	nein		nein
Nachbereitungstreffen	ja	ja		ja
Nachbereitungsseminar	nein	nein		nein
Kranken-/Unfallversicherung	€ 110	€ 200		€ 350
Haftpflicht-/Gepäckversicherung	ja	ja		ja
Gesamtpreis (ab circa)	**€ 7.910**	**€ 11.900**		**€ 20.250**
Bewerbungsschluss	6 bis 8	Wochen	vor	Schulbeginn
Spätbewerbung	möglich	möglich		möglich

Bewerbungsverlauf und Kriterien für die Annahme des Bewerbers
Keine besonderen Alters- und Notenvorgaben.
Nach Bewerbungseingang erhalten Schüler und Eltern eine Einladung zu einem persönlichen Bewerbungs- und Informationsgespräch, das in der nächstgelegenen Großstadt stattfindet. Nachdem sich MAP von der Eignung des Bewerbers überzeugt hat, erhält er nach wenigen Tagen ein Vertragsangebot und die MAP Akzeptierungsunterlagen.

Vorbereitung auf den Neuseeland-Aufenthalt in Deutschland
Von Anfang an wird jeder Programmteilnehmer umfassend von MAP auf seinen Aufenthalt vorbereitet und über die erforderlichen (organisatorischen) Schritte unterrichtet und mit Infomaterial versorgt. Kurz vor Abreise findet ein Vorbereitungstreffen (Orientation) statt.

Betreuung während des Auslandsaufenthalts und durch Nachbereitung
In Neuseeland steht jedem Gastschüler ein Repräsentant der Schule als Ansprechpartner für Probleme aller Art zur Seite. Nach der Rückkehr organisiert MAP ein "Returnee"-Treffen.

Stipendien und Sonstiges
Das oben erwähnte Versicherungspaket wird über die jeweilige neuseeländische Schule abgeschlossen. In dem genannten Preis ist die Haftpflicht- und Gepäckversicherung enthalten. Der Betrag ist kurs- und schulabhängig.

Kurz und bündig			
Gründungsjahr	1996	Schülerzahl im Neuseeland Programm 2014/15	8
NZ-Programm seit	1996	Gesamtschülerzahl im High School Programm 2014/15	203
Gemeinnützigkeit	nein	Partner in Neuseeland	diverse Schulen

Neuseeland Educational Experience NZEE GmbH
Dorothea-Erxleben-Straße 8a
23843 Bad Oldesloe
info@nzee.de
Telefon: 04531 / 80 12 27
Telefax: 04531 / 67 98 24
www.nzee.de

Preis und Leistung				
Schulwahlprogramm	1 Term	2 Terms	3 Terms	4 Terms
Grundpreis (ab)	€ 7.200	€ 11.400	€ 15.100	€ 18.500
Flug D – Neuseeland	ja	ja	ja	ja
Flugbegleitung auf Hinreise	ab 10 TN	ab 10 TN	ab 10 TN	ab 10 TN
Vorbereitungstreffen	ja	ja	ja	ja
Vorbereitungsseminar	nein	nein	nein	nein
Einführungsseminar in Neuseeland	ja	ja	ja	ja
Elterntreffen	nein	nein	nein	nein
Nachbereitungstreffen	auf Anfrage	auf Anfrage	auf Anfrage	auf Anfrage
Nachbereitungsseminar	nein	nein	nein	nein
Kranken-/Unfallversicherung*	€ 105	. € 210	€ 315	€ 420
Haftpflicht-/Gepäckversicherung	ja	ja	ja	ja
Gesamtpreis (ab)	**€ 7.305**	**€ 11.610**	**€ 15.415**	**€ 18.920**
Bewerbungsschluss	auf Anfrage	auf Anfrage	auf Anfrage	auf Anfrage
Spätbewerbung	möglich	möglich	möglich	möglich

Bewerbungsverlauf und Kriterien für die Annahme des Bewerbers
Bewerbung schriftlich oder per E-Mail.
Telefonische Kontaktaufnahme und Terminvereinbarung für das persönliche Gespräch.
Das Interview kann in Ausnahmefällen per Telefon oder via Skype geführt werden.
Der Schüler sollte zielorientiert und motiviert sowie offen sein für neue Erfahrungen.

Vorbereitung auf den Neuseeland-Aufenthalt in Deutschland
Persönliches und ausführliches Gespräch mit dem Schüler und den Eltern, Ausfüll- und Übersetzungshilfen, Handbuch, Infomaterial und Hilfe bei allen Fragen (rund um die Uhr).
Verabschiedung der Schüler am Flughafen in Frankfurt und Hamburg.

Betreuung während des Auslandsaufenthalts und Nachbereitung
Flughafentransfer, 3-tägiges Einführungsseminar mit NZEE New Zealand in Auckland mit Tipps und Sightseeing, ständige persönliche Ansprechpartnerin zusätzlich zu den Betreuern an den Schulen, 24-Stunden-Notrufnummer hier und vor Ort, Reports zu Schule, Gastfamilie, Freizeit, etc. Diese werden an die Eltern weitergeleitet.

Stipendien und Sonstiges
NZEE vergibt keine Stipendien. Wir haben praktische Erfahrungen mit dem Abitur in Neuseeland und der Anerkennung in Deutschland. 6-wöchige Schnupperkurse sind möglich.
* Sämtliche Versicherungen sind unkompliziert über NZEE buchbar, sofern gewünscht (z.B. Kranken-, Unfall-, Haftpflicht- und Reisenotfallversicherung ab 35 € p.m.)

Kurz und bündig			
Gründungsjahr	2009	Schülerzahl im Neuseeland Programm 2014/15	35
NZ-Programm seit	2010	Gesamtschülerzahl im High School Programm 2014/15	35
Gemeinnützigkeit	nein	Partner in Neuseeland	NZEE New Zealand + die Schulen

Open Door International e.V.
Thürmchenswall 69
50668 Köln
info@opendoorinternational.de
Telefon: 0221 / 60 60 85 50
Telefax: 0221 / 60 60 85 519
www.opendoorinternational.de

Preis und Leistung				
Schulwahlprogramm	1 Term	2 Terms	3 Terms	4 Terms
Grundpreis (ab)	€ 6.290	€ 9.590		€ 15.990
Flug D – Neuseeland	€ 2.000/p	€ 2.000/p		€ 2.000/p
Flugbegleitung auf Hinreise	nein	nein		nein
Vorbereitungstreffen	nein	nein		nein
Vorbereitungsseminar	ja	ja		ja
Einführungsseminar in Neuseeland	optional	optional		optional
Elterntreffen	ja	ja		ja
Nachbereitungstreffen	nein	nein		nein
Nachbereitungsseminar	ja	ja		ja
Kranken-/Unfallversicherung	ja	ja		ja
Haftpflicht-/Gepäckversicherung	ja	ja		ja
Gesamtpreis (ab circa)	**€ 8.290**	**€ 11.590**		**€ 17.990**
Bewerbungsschluss	drei	Monate	vor	Abreise
Spätbewerbung	möglich	möglich		möglich

Bewerbungsverlauf und Kriterien für die Annahme des Bewerbers
Der Bewerber erhält eine Kurzbewerbung, anhand derer bereits über die Annahme vorbehaltlich eines folgenden persönlichen Interviews entschieden wird. Ein ehrenamtlicher Betreuer oder Returnee aus dem Einzugsgebiet des Bewerbers führt bei Ihnen zu Hause das Interview durch. Auswahlkriterien sind primär die persönliche Eignung und Motivation des Bewerbers.

Vorbereitung auf den Neuseeland-Aufenthalt in Deutschland
Der Bewerber erhält ein umfassendes Handbuch. Auf dem dreitägigen Vorbereitungsseminar mit Schülern und den Eltern werden alle wichtigen Informationen und Tipps gegeben.

Betreuung während des Auslandsaufenthalts und durch Nachbereitung
Die Betreuung in Neuseeland findet durch die Ansprechpartner der jeweiligen Schulen statt. Bei Programmbeginn im Januar oder Juli bieten die Schulen Einführungsveranstaltungen vor Ort an. Jederzeit steht Open Door International den deutschen Eltern als Ansprechpartner zur Verfügung. Mehrtägiges Nachbereitungsseminar für Returnees wird angeboten.

Stipendien und Sonstiges
ODI vergibt für das Programmjahr 2015/2016 zwei Vollstipendien für die USA, ein Vollstipendium für die südamerikanischen Programmländer sowie insgesamt vier Teilstipendien für alle ODI-Programmländer. Neuseeländische Schulen haben i.d.R. ein vielseitiges Fächer- und Freizeitangebot. ODI vermittelt aufgrund der Bewerbungsunterlagen, persönlichen Interessen und Wünsche an eine entsprechende Schule. Bei Bedarf organisieren wir einen unbegleiteten Mini-Gruppenflug. Optionale, zweitägige Orientierungsveranstaltung mit Sightseeing vor Schulbeginn in Auckland möglich.

Kurz und bündig			
Gründungsjahr	1983	Schülerzahl im Neuseeland-Programm 2014/15	14
NZ-Programm seit	1995	Gesamtschülerzahl im High School Programm 2014/15	145
Gemeinnützigkeit	ja	Partner in Neuseeland	verschiedene Schulen

Southern Cross (SouthernCross.eu GmbH)	
Dettenhauser Str. 53	Telefon: 07127 / 925680
72141 Walddorf	Telefax: 07127 / 9256815
info@southerncross.eu	www.southerncross.eu

Preis und Leistung				
Schulwahlprogramm	1 Term	2 Terms	3 Terms	4 Terms
Grundpreis (ab)	€ 4.500	€ 7.980	€ 11.800	€ 14.700
Flug D – Neuseeland	€ 2.000/p	€ 2.000/p	€ 2.000/p	€ 2.000/p
Flugbegleitung auf Hinreise	€ 99/opt.	€ 99/opt.	€ 99/opt.	€ 99/opt.
Vorbereitungstreffen	ja	ja	ja	ja
Vorbereitungsseminar	nein	nein	nein	nein
Einführungsseminar in Neuseeland	€ 495/opt.	€ 495/opt.	€ 495/opt.	€ 495/opt.
Elterntreffen	nein	nein	nein	nein
Nachbereitungstreffen	auf	Anfrage	auf	Anfrage
Nachbereitungsseminar	nein	nein	nein	nein
Kranken-/Unfallversicherung	€ 180	€ 360	€ 540	€ 720
Haftpflicht-/Gepäckversicherung	ja	ja	ja	ja
Gesamtpreis (ab circa)	**€ 6.680**	**€ 10.340**	**€ 14.340**	**€ 17.420**
Bewerbungsschluss	flexibel	flexibel	flexibel	flexibel
Spätbewerbung	ja	ja	ja	ja

Bewerbungsverlauf und Kriterien für die Annahme des Bewerbers

Persönliches und individuelles Interview/Bewerbungsgespräch bei Ihnen zu Hause oder in unseren Büros in Deutschland, Österreich und der Schweiz. Schüler können Aufenthaltsort und Gastschule selbst wählen.
Große Auswahl an Schulen in ganz Neuseeland. Platzierungen an nicht von uns gelisteten Schulen sind ebenfalls möglich.
Einstiegsmöglichkeit vierteljährlich (Term) z.T auch flexibel. Verlängerung möglich.

Vorbereitung auf den Neuseeland-Aufenthalt in Deutschland

Persönliche Beratung und Information durch landeskundigen Mitarbeiter.
Individuelle Planung und Betreuung des Aufenthalts.
Alle angebotenen Schulen sind uns persönlich bekannt. Vorbereitungstreffen in verschiedenen Städten Deutschlands und in Österreich ca. 2 Monate vor Abreise.

Betreuung während des Auslandsaufenthalts und durch Nachbereitung

Individuelle Betreuung durch einen Tutor an der ausgewählten Schule und unsere deutschsprachige Southern Cross Mitarbeiterin in Neuseeland, sowie unsere Büros in D, A und CH.
Standards nach NZ International Student Programm. Fragebogen nach Rückkehr, Berichterstattung im Internet. Auswahl und Kontakt zur Gastfamilie durch die Schule.

Stipendien und Sonstiges

Vertrag nach deutschem Reiserecht (Veranstalter), 4 Stipendien je Schuljahr.
Begleitete Gruppenflüge / garantierte Platzierung / freie Schulwahl / Visumbeantragung
NEU: Kurzzeitaufenthalte (4-10 Wochen) z.B. in den Sommerferien! Flexible Starttermine!

Kurz und bündig			
Gründungsjahr	1998	Schülerzahl im Neuseeland Programm 2014/15	100
NZ-Programm seit	2001	Gesamtschülerzahl im High School Programm 2014/15	250
Gemeinnützigkeit	nein	Partner in Neuseeland	Schulen und Privatschulen

Stepin GmbH - Student Travel and Education Programmes International
Beethovenallee 21 Telefon: 0228 / 956 95 30
53173 Bonn Telefax: 0228 / 956 95 39
school@stepin.de www.stepin.de

Preis und Leistung				
*Länderwahlprogramm**	1 Term	2 Terms	3 Terms	4 Terms
Grundpreis (ab)	€ 7.290	€ 9.990	€ 12.990	€ 13.990
Flug D – Neuseeland	ja	ja	ja	ja
Flugbegleitung auf Hinreise	ja	ja	ja	ja
Vorbereitungstreffen	ja	ja	ja	ja
Vorbereitungsseminar	ja	ja	ja	ja
Einführungsseminar in Neuseeland	ja	ja	ja	ja
Elterntreffen	nein	nein	nein	nein
Nachbereitungstreffen	nein	nein	nein	nein
Nachbereitungsseminar	ja	ja	ja	ja
Kranken-/Unfallversicherung	ja	ja	ja	ja
Haftpflicht-/Gepäckversicherung	ja	ja	ja	ja
Gesamtpreis (ab circa)	**€ 7.290**	**€ 9.990**	**€ 12.990**	**€ 13.990**
Bewerbungsschluss	15.03./15.10.	15.03./15.10.	15.03./15.10.	15.03. /15.10.
Spätbewerbung	möglich	möglich	möglich	möglich

Bewerbungsverlauf und Kriterien für die Annahme des Bewerbers
Step 1: Unverbindliche Anmeldung (schriftlich od. online). Step 2: persönliches Kennenlerngespräch in Wohnortnähe des Bewerbers. Step 3: Bei Eignung des Bewerbers unterbreitet Stepin ein Vertragsangebot. Teilnahmevoraussetzungen sind kulturelle Aufgeschlossenheit, Reife, Toleranz und mindestens befriedigende schulische Leistungen.

Vorbereitung auf den Neuseeland-Aufenthalt in Deutschland
Persönliche Beratung und Betreuung durch Stepin und unsere Partner vor Ort; Eltern- und Schülervorbereitungstreffen in Deutschland sowie Handbücher und regelmäßige Info-Rundbriefe für Teilnehmer und Eltern bis zur Ausreise.

Betreuung während des Auslandsaufenthalts und durch Nachbereitung
2-tägiges Einführungsseminar nach Ankunft in Auckland. Betreuung durch unsere Partnerorganisation vor Ort. Unser Stepin Team steht jederzeit als Ansprechpartner zur Verfügung. Returnee-Wochenende in Deutschland.

Stipendien und Sonstiges
Stepin vergibt Voll- und Teilstipendien für unterschiedliche Programme. Individuelle Beratung und Vermittlung an eine öffentliche Schule, Ausreise jeweils im Januar und Juli, Verlängerung möglich. Stepin organisiert begleitete Gruppenausreisen. Teilnahme an organisierten Reisen durch unsere Partner vor Ort möglich (optional). * Schulwahlprogramm möglich.

Kurz und bündig				
Gründungsjahr	1997	Schülerzahl im Neuseeland Programm 2014/15		73
NZ-Programm seit	2000	Gesamtschülerzahl im High School Programm 2014/15		> 600
Gemeinnützigkeit	nein	Partner in Neuseeland	Your Education, High School New Zealand	

STS Sprachreisen GmbH	
Mönckebergstraße 5	Telefon: 040 / 303 999-23
20095 Hamburg	Telefax: 040 / 303 999-08
highschool@sts-education.de	www.sts-education.de

Preis und Leistung				
Länderwahlprogramm	1 Term	2 Terms	3 Terms	4 Terms
Grundpreis		€ 11.490		€ 16.150
Flug D – Neuseeland		ja		ja
Flugbegleitung auf Hinreise		ja		ja
Vorbereitungstreffen		ja		ja
Vorbereitungsseminar		nein		nein
Einführungsseminar in Neuseeland		ja		ja
Elterntreffen		nein		nein
Nachbereitungstreffen		ja		ja
Nachbereitungsseminar		ja		ja
Kranken-/Unfallversicherung		€ 495		€ 795
Haftpflicht-/Gepäckversicherung		ja		ja
Gesamtpreis (circa)		**€ 11.985**		**€ 16.945**
Bewerbungsschluss		15.03./31.08		15.03./31.08.
Spätbewerbung		möglich		möglich

Bewerbungsverlauf und Kriterien für die Annahme des Bewerbers
Nach Eingang der Bewerbung laden wir den Schüler und seine Eltern zu einem persönlichen Gespräch ein und schicken weitere Unterlagen zu. Das persönliche Interview, eine Selbstdarstellung, die Zeugnisse (Durchschnitt: 3,3 oder besser), die Angaben zur Person und die Beurteilung des Lehrers sind u.a. Bewertungskriterien für die Aufnahme ins Programm.

Vorbereitung auf den Neuseeland-Aufenthalt in Deutschland
Bereits beim Interview informiert der jeweilige Interviewer umfassend über das Programm. Vor der Abreise führen wir ein Vorbereitungstreffen mit allen Teilnehmern und deren Eltern durch. Ehemalige STS-Schüler informieren die Austauschschüler darüber hinaus und stehen als Kontaktschüler zur Verfügung.

Betreuung während des Auslandsaufenthalts und durch Nachbereitung
Die Betreuung erfolgt durch STS Deutschland sowie durch den Gebietsrepräsentanten und das STS Büro bzw. unsere Partnerorganisationen vor Ort. Die Betreuer vor Ort haben immer ein offenes Ohr für die Anliegen der Schüler und oft werden auch Zusammenkünfte mit anderen Austauschschülern organisiert. In der Regel Reiseangebote vor Ort.

Stipendien und Sonstiges
Im Rahmen unseres Select-Programmes ist eine Wahl der Schule und der Aufenthaltsregion möglich. Auch Aufenthalte von ein, 2 oder 3 Terms oder über ein Schuljahr hinaus sind im Rahmen dieses Programmes möglich. STS vergibt Teilstipendien bis zu € 2.000 bei eingereichten Anträgen bis Dezember des Vorjahres. Schulische Leistungen, finanzielle Situation und die Referenzen sind entscheidend.

Kurz und bündig			
Gründungsjahr	1987	Schülerzahl im Neuseeland Programm 2014/15	k.A.
NZ-Programm seit	1987	Gesamtschülerzahl im High School Programm 2014/15	k.A.
Gemeinnützigkeit	nein	Partner in Neuseeland	STS New Zealand

Study Nelson Ltd. – Deutsches Kontaktbüro
Kurfürstendamm 132 – c/o Blue Sky
10711 Berlin
info@studynelson.com
Handy Tessa Bösche: 0151 / 15 33 99 70
Telefax: 030 / 89 00 95 24
www.studynelson.com

Preis und Leistung				
Schulwahlprogramm	1 Term	2 Terms	3 Terms	4 Terms
Grundpreis (ab)	€ 8.262	€ 12.012	€ 15.907	€ 19.489
Flug D – Neuseeland	ja	ja	ja	ja
Flugbegleitung auf Hinreise	ja	ja	ja	ja
Vorbereitungstreffen	ja	ja	ja	ja
Vorbereitungsseminar	nein	nein	nein	nein
Einführungsseminar in Neuseeland	ja	ja	ja	ja
Elterntreffen	teilweise	teilweise	teilweise	teilweise
Nachbereitungstreffen	ja	ja	ja	ja
Nachbereitungsseminar	ja	ja	ja	ja
Kranken-/Unfallversicherung	ja	ja	ja	ja
Haftpflicht-/Gepäckversicherung	ja	ja	ja	ja
Gesamtpreis (ab circa)	**€ 8.260**	**€ 12.010**	**€ 15.905**	**€ 19.490**
Bewerbungsschluss	jederzeit	jederzeit	jederzeit	jederzeit
Spätbewerbung	ja	ja	ja	ja

Bewerbungsverlauf und Kriterien für die Annahme des Bewerbers
Persönliche Bewerbungsgespräche in Deutschland. Vermittlung an Wunsch-Schule. Teilnehmer sind 14-18 Jahre (jünger/älter mögl.) mit gefestigter Persönlichkeit. Gymnasiasten, Real- und Gesamtschüler sowie Schüler, die bereits eine Schule abgeschlossen haben. Aufenthaltslänge nach Wunsch, Verlängerung jederzeit mögl., auch anerkannter Schulabschluss.

Vorbereitung auf den Neuseeland-Aufenthalt in Deutschland
Vor Abreise Vorbereitungstreffen u. ausführliche Beratungsgespräche mit Schülern u. Eltern. Unsere „Buddys" (ehemalige Teilnehmer) stehen zusätzlich ganz ehrlich u. mit Informationen aus erster Hand zur Seite. Eltern erhalten ein umfassendes Neuseeland-Handbuch. Dreimonatiges Online Vorbereitungsseminar mit Englischkurs für Schüler.

Betreuung während des Auslandsaufenthalts und durch Nachbereitung
Wir sind mit Hauptsitz vor Ort u. leisten eine persönliche Rund-um-die-Uhr Betreuung durch unser deutschsprachiges Team + schulische Betreuung durch Diplompädagogen mit Berufserfahrung an neuseeländischen u. deutschen Schulen + Einführungskurs in Neuseeland + Berichte an Eltern + Teilnahmezertifikat + organisierte Ferienreisen + Nachbereitungstreffen.

Stipendien und Sonstiges
Agentur selbst m. Hauptsitz vor Ort, seit über 15 Jahren auf Schulaufenthalte in Neuseeland spezialisiert. Ausgezeichnet als „New Zealand Education Recognised Agency. Angebotene Programme: High School Select Programm, High School Basis Programm, Gap Year, Familien Auszeiten . Infos zu Stipendien u. Ermäßigungen: www.studynelson.com

Kurz und bündig			
Gründungsjahr	1999	Schülerzahl im Neuseeland Programm 2014/15	70
NZ-Programm seit	1999	Gesamtschülerzahl im High School Programm 2014/15	70
Gemeinnützigkeit	nein	Partner in Neuseeland	selbst mit Hauptsitz vor Ort

StudyNZ Ltd
Lessingstraße 2
40667 Meerbusch
isabel.schrader@studynz.de
Telefon: 02132 / 80 430
Telefax: (keine Nummer)
www.studynz.de

Preis und Leistung				
Schulwahlprogramm	1 Term	2 Terms	3 Terms	4 Terms
Grundpreis (ab)	€ 5.276	€ 8.928	€ 13.500	€ 17.056
Flug D – Neuseeland	€ 2000/p	€ 2000/p	€ 2000/p	€ 2000/p
Flugbegleitung auf Hinreise*	nein	nein	nein	nein
Vorbereitungstreffen	ja	ja	ja	ja
Vorbereitungsseminar	nein	nein	nein	nein
Einführungsseminar in NZ	€ 425/opt.	€ 425/opt.	€ 425/opt.	€ 425/opt.
Elterntreffen	ja	ja	ja	ja
Nachbereitungstreffen	nein	nein	nein	nein
Nachbereitungsseminar in NZ	€ 425/opt.	€ 425/opt.	€ 425/opt.	€ 425/opt.
Kranken-/Unfallversicherung	€ 113	€ 184	€ 261	€ 303
Haftpflicht-/Gepäckversicherung	/opt.	/opt.	/opt.	/opt.
Gesamtpreis (ab circa)	**€ 7.390**	**€ 11.110**	**€ 15.760**	**€ 19.360**
Bewerbungsschluss	flexibel	flexibel	flexibel	flexibel
Spätbewerbung	möglich	ohne	zusätzliche	Gebühr

Bewerbungsverlauf und Kriterien für die Annahme des Bewerbers
Nachdem Du zu uns Kontakt aufgenommen hast, führen wir ein persönliches Gespräch mit Dir und Deinen Eltern, möglichst bei Dir zu Hause. Gemeinsam finden wir die optimale Schule für Dich. Neugier, Anpassungsfähigkeit, Eigeninitiative, Zuverlässigkeit und Toleranz erwarten wir von Dir.

Vorbereitung auf den Neuseeland-Aufenthalt in Deutschland
Persönlich durch Isabel Schrader, „Specialist Agent“, geprüft durch „New Zealand Educated“. Susanne Dörner, die in Neuseeland lebt und Euch dort betreut, kommt einmal im Jahr zum Kennenlerntreffen nach Deutschland. Ihr und Eure Eltern kennt sie also schon vor Eurer Abreise.

Betreuung während des Auslandsaufenthalts und Nachbereitung
Bei Ankunft im Juli habt Ihr ein viertägiges Coaching mit Susanne Dörner und ihrem Team nach Eurer Ankunft und vor Eurem Abflug. Sie betreuen Euch während Eures Aufenthaltes.

Stipendien und Sonstiges
Wir sind eine neuseeländische Firma mit deutschem Büro. Als deutsche und neuseeländische Staatsbürgerin kann Susanne Dörner mit ihrem StudyNZ Team in Neuseeland eine optimale Betreuung vor Ort garantieren. Wir bilden das Netz und den doppelten Boden für Dich und Deine Eltern. Unser Ziel: auch Dich für Neuseeland zu begeistern! Öffentliche und private Schulen, Unterbringung in Gastfamilien oder Internat. Teilstipendium für Feldhockey. Kooperation mit der Kinderaugenkrebsstiftung: KAKS
* Die Schüler im Juli fliegen gemeinsam.

Kurz und bündig			
Gründungsjahr	2009	Schülerzahl im Neuseeland Programm 2014/15	25
NZ-Programm seit	2009	Gesamtschülerzahl im High School Programm 2014/15	25
Gemeinnützigkeit	nein	Partner in Neuseeland	StudyNZ Ltd

team! Sprachen & Reisen GmbH
Bärbroich 35
51429 Bergisch Gladbach
info@team-sprachreisen.de
Telefon: 02207 / 911 390
Telefax: 02207 / 911 387
www.team-sprachreisen.de

Preis und Leistung				
Schulwahlprogramm	1 Term	2 Terms	3 Terms	4 Terms
Grundpreis (ab)	€ 6.930	€ 10.960	€ 14.960	€ 18.370
Flug D – Neuseeland	ja	ja	ja	ja
Flugbegleitung auf Hinreise	ja	ja	ja	ja
Vorbereitungstreffen	nein	nein	nein	nein
Vorbereitungsseminar	ja	ja	ja	ja
Einführungsseminar in Neuseeland	ja	ja	ja	ja
Elterntreffen	nein	nein	nein	nein
Nachbereitungstreffen	€ 45/opt.	€ 45/opt.	€ 45/opt.	€ 45/opt.
Nachbereitungsseminar	nein	nein	nein	nein
Kranken-/Unfallversicherung	€ 140	€ 225	€ 320	€ 400
Haftpflicht-/Gepäckversicherung	ja	ja	ja	ja
Gesamtpreis (ab circa)	**€ 7.070**	**€ 11.175**	**€ 15.280**	**€ 18.770**
Bewerbungsschluss	2	Monate	vor	Schulbeginn
Spätbewerbung	auf Anfrage	auf Anfrage	auf Anfrage	auf Anfrage

Bewerbungsverlauf und Kriterien für die Annahme des Bewerbers
Nach Erhalt der Kurzbewerbung erfolgt Einladung zum Interview. Danach findet ein ca. 2-stündiges Einzelinterview mit Bewerber/in und Eltern statt. Nach dem Interview teilen wir schriftlich mit, ob der Bewerber/die Bewerberin in das Programm aufgenommen wird. Kriterien für die Aufnahme sind gute Englischkenntnisse, Offenheit, Anpassungsbereitschaft sowie Motivation und Selbstständigkeit.

Vorbereitung auf den Neuseeland-Aufenthalt in Deutschland
team! Informationsbriefe in regelmäßigen Abständen zu unterschiedlichen Aspekten des Aufenthalts sowie kulturellen Gegebenheiten Neuseelands. Büchervorschläge zum Thema, Vorbereitungsseminar, Treffen mit Schüler/innen und Eltern.

Betreuung während des Auslandsaufenthalts und Nachbereitung
Betreuung vor Ort erfolgt durch Vertreter/innen unserer Partnerorganisation, Ansprechpartner wird mit den Reiseunterlagen bekannt gegeben. Hin- und Rückflüge erfolgen nach Möglichkeit als begleitete Gruppenreise. Ständiger Kontakt, auch zu Eltern und Partnerorganisation. Nachbereitungstreffen. 1-wöchiger Vorbereitungskurs im Gastland.

Stipendien und Sonstiges
Aufenthalte ab 4 Wochen, Einstieg zu jedem Term möglich, zahlreiche öffentliche Tagesschulen im Programm. 1-wöchiger Vorbereitungskurs in Wellington oder Auckland. Abitur an einer neuseeländischen High School möglich ab einem Aufenthalt von 6 Terms

Kurz und bündig			
Gründungsjahr	1992	Schülerzahl im Neuseeland Programm 2014/15	26
NZ-Programm seit	1996	Gesamtschülerzahl im High School Programm 2014/15	179
Gemeinnützigkeit	nein	Partner in Neuseeland	NtoZ International + Schulen

TravelWorks (Travelplus Group GmbH)
Münsterstr. 111
48155 Münster
highschool@travelworks.de
Telefon: 02506 / 8303 600
Telefax: 02506 / 8303 231
www.schueleraustausch-international.de

Preis und Leistung				
Schulwahlprogramm	1 Term	2 Terms	3 Terms	4 Terms
Grundpreis (ab)	€ 6.630	€ 9.980	€ 13.490	€ 16.860
Flug D – Neuseeland	ja	ja	ja	ja
Flugbegleitung auf Hinreise	ja	ja	ja	ja
Vorbereitungstreffen	ja	ja	ja	ja
Vorbereitungsseminar	nein	nein	nein	nein
Einführungsseminar in Neuseeland	ja	ja	ja	ja
Elterntreffen	nein	nein	nein	nein
Nachbereitungstreffen	ja	ja	ja	ja
Nachbereitungsseminar	nein	nein	nein	nein
Kranken-/Unfallversicherung	€ 171	€ 342	€ 513	€ 684
Haftpflicht-/Gepäckversicherung	ja	ja	ja	ja
Gesamtpreis (ab circa)	**€ 6.800**	**€ 10.320**	**€ 14.005**	**€ 17.545**
Bewerbungsschluss	31.1./15.4./ 15.9.	31.1./15.4./ 15.9.	31.1./15.4./ 15.9.	31.1./15.4./ 15.9.
Spätbewerbung	ja	ja	ja	ja

Bewerbungsverlauf und Kriterien für die Annahme des Bewerbers

Nach der unverbindlichen Bewerbung laden wir die SchülerInnen und Eltern zum persönlichen Auswahl- und Informationsgespräch ein. Anschließend senden wir den Bewerbern unsere Buchungsgrundlage sowie das verbindliche Anmeldeformular zu, das bei Interesse am Programm unterschrieben an uns zurückgesandt werden muss. Bewerber sollten motiviert, flexibel und weltoffen sein. Alter: 14-18 Jahre.

Vorbereitung auf den Neuseelandaufenthalt in Deutschland

Etwa drei Monate vor Abreise laden wir die TeilnehmerInnen und ihre Eltern zu einem eintägigen Vorbereitungsseminar in mehreren deutschen Städten bzw. in Österreich ein. Außerdem erhalten die TeilnehmerInnen ein Infohandbuch sowie regelmäßige Inforundbriefe.

Betreuung während des Auslandsaufenthalts und Nachbereitung

Alle Schüler nehmen nach der Ankunft an einer dreitägigen Orientierungsveranstaltung in Auckland teil. Während des Aufenthaltes werden die Schüler von unseren Partnern an den Schulen in Neuseeland betreut. Für die Eltern stehen auch die Kollegen in unserem deutschen Büro als Ansprechpartner zur Verfügung – im Notfall 24 Stunden am Tag.

Stipendien und Sonstiges

1 Sozialstipendium im Wert von 1.500 €, 1 Kreativstipendium im Wert von 2.500 €, 1 Fußball & 1 Musikstipendium. Privatschulen, IB World Schools , ODENZ-Schulen (Outdoor Education New Zealend) oder 18-monatiges Programm, das zum neuseeländischen Abituräquivalent führt.

Kurz und bündig			
Gründungsjahr	1991	Schülerzahl im Neuseeland Programm 2014/15	46
NZ-Programm seit	2004	Gesamtschülerzahl im High School Programm 2014/15	536
Gemeinnützigkeit	nein	Partner in Neuseeland	Schulen direkt

TREFF – International Education e.V.	
Wörthstraße 155	Telefon: 07121 / 696 696-0
72793 Pfullingen (bei Reutlingen)	Telefax: 07121 / 696 696-9
info@treff-sprachreisen.de	www.treff-sprachreisen.de

Preis und Leistung				
Schulwahlprogramm	1 Term	2 Terms	3 Terms	4 Terms
Grundpreis (ab)	€ 7.980	€ 11.580	€ 14.780	€ 17.780
Flug D – Neuseeland	ja	ja	ja	ja
Flugbegleitung auf Hinreise	ja	ja	ja	ja
Vorbereitungstreffen	ja	ja	ja	ja
Vorbereitungsseminar	nein	nein	nein	nein
Einführungsseminar in Neuseeland	nein	nein	nein	nein
Elterntreffen	nein	nein	nein	nein
Nachbereitungstreffen	ja	ja	ja	ja
Nachbereitungsseminar	nein	nein	nein	nein
Kranken-/Unfallversicherung	ja	ja	ja	ja
Haftpflicht-/Gepäckversicherung	ja/nein	ja/nein	ja/nein	ja/nein
Gesamtpreis (circa)	**€ 7.980**	**€ 11.580**	**€ 14.780**	**€ 17.780**
Bewerbungsschluss	2	Monate	vor	Schulbeginn
Spätbewerbung	möglich	möglich	möglich	möglich

Bewerbungsverlauf und Kriterien für die Annahme des Bewerbers

- Kriterien: Persönlichkeit, Offenheit, Toleranz, Reife, Schulnoten
- Anmeldung mittels Anmeldeformular aus dem Prospekt
- Bewerbungsunterlagen werden zugesandt
- persönliches oder telefonisches Interview
- Erhalt von Anmeldebestätigung, Angebot, Rechnung, Reisevertrag und Sicherungsschein nach Eingang der Bewerbungsunterlagen.

Vorbereitung auf den Neuseeland-Aufenthalt in Deutschland

- persönliches Gespräch, ganztätiges Vorbereitungstreffen, Handbücher für Teilnehmer und Eltern, Info-Briefe, Buddy Club

Betreuung während des Auslandsaufenthalts und durch Nachbereitung

- 2-wöchiger Vorbereitungskurs in Neuseeland (teilweise)
- Wir stehen selbstverständlich telefonisch und persönlich jederzeit zur Verfügung.
- Erfahrungsaustausch bei einem Nachtreffen mit Workshops und Freizeitprogramm.

Stipendien und Sonstiges

Teilstipendien bis € 1.500 (formloser schriftlicher Antrag, Bescheid innerhalb einer Woche). Wir orientieren uns an den Noten, an besonderem Engagement und den wirtschaftlichen Verhältnissen der Familien: Einkommensnachweis, Kinderzahl, letztes Jahreszeugnis

Kurz und bündig			
Gründungsjahr	1994	Schülerzahl im Neuseeland Programm 2014/15	29
NZ-Programm seit	1998	Gesamtschülerzahl im High School Programm 2014/15	194
Gemeinnützigkeit	ja	Partner in Neuseeland	div. Schulen a. der Nord- und Südinsel

weltgewandt – Internationale Schulberatung GmbH
Rochusstraße 65 | Telefon: 0228 / 748 709 92
53123 Bonn | Telefax: 0228 / 748 709 94
info@weltgewandt.de | www.weltgewandt.de

Preis und Leistung				
Schulwahlprogramm	1 Term	2 Terms	3 Terms	4 Terms
Grundpreis (ab)	€ 7.550	€ 11.350	€ 14.590	€ 17.650
Flug D – Neuseeland	ja	ja	ja	ja
Flugbegleitung auf Hinreise	nein	nein	nein	nein
Vorbereitungstreffen	ja	ja	ja	ja
Vorbereitungsseminar	nein	nein	nein	nein
Einführungsseminar in Neuseeland	nein	nein	nein	nein
Elterntreffen	nein	nein	nein	nein
Nachbereitungstreffen	ja	ja	ja	ja
Nachbereitungsseminar	nein	nein	nein	nein
Kranken-/Unfallversicherung	€ 150/p	€ 300/p	€ 450/p	€ 600/p
Haftpflicht-/Gepäckversicherung	ja	ja	ja	ja
Gesamtpreis (ab circa)	**€ 7.700**	**€ 11.650**	**€ 15.040**	**€ 18.250**
Bewerbungsschluss	flexibel	flexibel	flexibel	flexibel
Spätbewerbung	möglich	möglich	möglich	möglich

Bewerbungsverlauf und Kriterien für die Annahme des Bewerbers
Unverbindliche, persönliche Beratung der Bewerber und Eltern, Interview mit dem Bewerber und schriftliche Bewerbungsunterlagen. Teilnahmevoraussetzungen sind kulturelle Aufgeschlossenheit, eigene Motivation und Toleranz.

Vorbereitung auf den Neuseeland-Aufenthalt in Deutschland
Vor der Ausreise finden Eltern- und Schülervorbereitungstreffen in Deutschland statt.
2-tägiges Vorbereitungsseminar nach Ankunft in Auckland. Regelmäßige Info-Rundbriefe für Teilnehmer und Eltern bis zur Ausreise.

Betreuung während des Auslandsaufenthalts und durch Nachbereitung
Die Teilnehmer werden am Zielflughafen von der Gastfamilie bzw. ihrem Betreuer abgeholt. In den ersten Tagen findet in den meisten Schulen ein Vorbereitungstreffen für die Internationalen Schüler statt. Jedem Teilnehmer steht mind. eine Betreuungsperson der Schule mit Rat und Tat zur Seite. Das weltgewandt-Team steht Ihnen jederzeit als Ansprechpartner zur Verfügung. Außerdem haben die Teilnehmer einen weltgewandt-Repräsentanten als zusätzlichen Kontakt vor Ort. Ein Nachbereitungstreffen findet nach Rückkehr in Deutschland statt.

Stipendien und Sonstiges
Für Jugendliche zwischen 13 und 18 Jahren. Für Schulabgänger, die noch keine 19 Jahre sind als sog. Gap Year buchbar. Der o. g. Gesamtpreis variiert von Schule zu Schule. Freie Schulwahl. weltgewandt-Ansprechpartner vor Ort. weltgewandt vergibt für das Schuljahr 2015/16 ein Teilstipendium in Höhe von € 2.000.

Kurz und bündig				
Gründungsjahr	2010	Schülerzahl im Neuseeland Programm 2014/15		15
NZ-Programm seit	2010	Gesamtschülerzahl im High School Programm 2014/15		51
Gemeinnützigkeit	nein	Partner in Neuseeland	ausgewählte Schulen	

World Wide Qualifications Sprach- und Studienreisen GmbH
Buschöhrchen 29 Telefon: 02247 / 969 0 480
53819 Neunkirchen-Seelscheid Telefax: 02247 / 969 0 482
info@schuelerweltweit.de www.schuelerweltweit.de

Preis und Leistung				
Schulwahlprogramm	1 Term	2 Terms	3 Terms	4 Terms
Grundpreis (ab)	€ 6.549	€ 9.980	€ 13.865	€ 17.238
Flug D – Neuseeland	€ 2.000/p	€ 2.000/p	€ 2.000/p	€ 2.000/p
Flugbegleitung auf Hinreise	nein	nein	nein	nein
Vorbereitungstreffen	ja	ja	ja	ja
Vorbereitungsseminar	ja	ja	ja	ja
Einführungsseminar in Neuseeland	ja	ja	ja	ja
Elterntreffen	nein	nein	nein	nein
Nachbereitungstreffen	ja	ja	ja	ja
Nachbereitungsseminar	nein	nein	nein	nein
Kranken-/Unfallversicherung	€ 120	€ 240	€ 360	€ 440
Haftpflicht-/Gepäckversicherung	ja	ja	ja	ja
Gesamtpreis (ab circa)	**€ 8.670**	**€ 12.220**	**€ 15.725**	**€ 19.680**
Bewerbungsschluss	2	Monate	vor	Ausreise
Spätbewerbung	auf	Anfrage	auf	Anfrage

Bewerbungsverlauf und Kriterien für die Annahme des Bewerbers
Individuelles Gespräch für Dich und Deine Eltern. Vorstellung der einzelnen Schulen und Orte, welche Du frei wählen kannst. In einem Einzelinterview mit Dir stellen wir Deine Eignung fest. Kriterien: 14-18 Jahre, Notendurchschnitt 3,2

Vorbereitung auf den Neuseeland-Aufenthalt in Deutschland
Persönliche Beratung durch landes- und ortskundige Mitarbeiterin. Englisch-Fernlehrgang zur Vorbereitung auf Englisch und einzelne Schulfächer. Weitere Treffen:
1. Tag: Schüler- und Elterntreffen: Über Schulen, das Leben in NZ. u. Organisatorisches
2. Tag: Ein „außergewöhnliches" Englisch-Intensiv-Seminar. Mit anderen Austauschschülern machst Du Rollenspiele auf Englisch, so dass Du Dich in den ersten Tagen in Neuseeland schon sicher zu verständigen weißt und keine Angst mehr vor der Sprache haben brauchst!

Betreuung während des Auslandsaufenthalts und Nachbereitung
Student Counsellor der Schule sowie auch speziell dafür ausgebildete Mitarbeiter der regionalen Schulbehörden. Berichterstattung für die Eltern in Deutschland.

Stipendien und Sonstiges
Schuluniform teilweise im Preis enthalten. Garantierte Platzierung an ausgewählten Schulen bei frühzeitiger Anmeldung. Neuseeland Reiseberatung für Eltern.

Kurz und bündig				
Gründungsjahr	2005	Schülerzahl im Neuseeland Programm 2014/15		5
NZ-Programm seit	2005	Gesamtschülerzahl im High School Programm 2014/15		71
Gemeinnützigkeit	nein	Partner in Neuseeland	Schulen direkt	

Xplore GmbH
Theodorstr. 48
22761 Hamburg
info@xplore.de
Telefon: 040 / 429 336 00
Telefax: 040 / 429 336 11
www.xploreschueleraustausch.de

Preis und Leistung				
Schulwahlprogramm	1 Term	2 Terms	3 Terms	4 Terms
Grundpreis (ab)	€ 6.800	€ 9.750	€ 13.850	€ 16.550
Flug D – Neuseeland	€ 2.000/p	€ 2.000/p	€ 2.000/p	€ 2.000/p
Flugbegleitung auf Hinreise	ja	ja	ja	ja
Vorbereitungstreffen	ja	ja	ja	ja
Vorbereitungsseminar	nein	nein	nein	nein
Einführungsseminar in Neuseeland	ja	ja	ja	ja
Elterntreffen	nein	nein	nein	nein
Nachbereitungstreffen	nein	nein	nein	nein
Nachbereitungsseminar	ja	ja	ja	ja
Krankenversicherung	€ 180	€ 300	€ 540	€ 660
Haftpflicht-/Gepäckversicherung	nein	nein	nein	nein
Gesamtpreis (ab circa)	**€ 8.980**	**€ 12.050**	**€ 16.390**	**€ 19.210**
Bewerbungsschluss	2	Monate	vor	Ausreise
Spätbewerbung	möglich	möglich	möglich	möglich

Bewerbungsverlauf und Kriterien für die Annahme des Bewerbers
Zunächst kannst du dich online oder mit unserem Anmeldeformular aus dem Katalog bei uns bewerben. Es folgt ein persönliches Beratungsgespräch mit dir und deinen Eltern. Wir unterhalten uns über die Besonderheiten Neuseelands, Anforderungen, Schule, Charaktereigenschaften der Bewohner, Essen etc. und auch über typische Probleme. Dieses Gespräch wird mit jedem einzelnen Teilnehmer, nie in einer Gruppe durchgeführt. Wir nehmen uns ca. 2-3 Stunden Zeit und wollen dich auch ein wenig kennenlernen! Danach machen wir dir individuelle Vorschläge zu verschiedenen Schulen in Neuseeland.

Vorbereitung auf den Neuseeland-Aufenthalt in Deutschland
Wir haben alle von uns angebotenen Schulen persönlich in Neuseeland besucht. Dieses Wissen hilft bei der Auswahl der richtigen Schule und der optimalen Vorbereitung auf das Programm. Xplore veranstaltet einen eintägigen Vorbereitungs-Workshop für Schüler und Eltern in Deutschland. Zusätzlich ist eine mehrtägige Orientation in Auckland bereits im Programmpreis enthalten. Diese Orientation umfasst einen Stadtrundgang, Sightseeing, alle Mahlzeiten und die Unterbringung und noch einiges mehr.

Betreuung während des Auslandsaufenthalts und Nachbereitung
In Neuseeland befindet sich dein Betreuer direkt an deiner von dir ausgesuchten Schule. Hier triffst du immer einen Ansprechpartner, der dir weiterhilft. Persönliches Feedback ist uns wichtig, dafür laden wir alle Schüler einmal pro Jahr zu einem mehrtägigen Treffen ein.

Stipendien und Sonstiges

Kurz und bündig				
Gründungsjahr	2009	Schülerzahl im Neuseeland Programm 2014/15		13
NZ-Programm seit	2010	Gesamtschülerzahl im High School Programm 2014/15		242
Gemeinnützigkeit	nein	Partner in Neuseeland	ausgesuchte Partnerschulen	

AFS Interkulturelle Begegnungen e.V.
Friedensallee 48
22765 Hamburg
info@afs.de
Telefon: 040 / 399 222-0
Telefax: 040 / 399 222-99
www.afs.de

Preis und Leistung			
Länderwahlprogramm	1. Halbjahr	2. Halbjahr	Schuljahr
Grundpreis			€ 7.290
Flug D – Schweden			ja
Flugbegleitung auf Hinreise			ab 30 Teiln.
Vorbereitungstreffen			teilweise
Vorbereitungsseminar			ja
Einführungsseminar in Schweden			ja
Elterntreffen			teilweise
Nachbereitungstreffen			ja
Nachbereitungsseminar			ja
Gesamtpreis (circa)			**€ 7.290**
Bewerbungsschluss			15.10.
Spätbewerbung			möglich

Bewerbungsverlauf und Kriterien für die Annahme des Bewerbers
Alle Bewerber werden zu einem Auswahlwochenende in der Nähe ihres Wohnortes eingeladen. Die persönliche Eignung der Bewerber ist ausschlaggebend (Offenheit, Toleranz, Selbstständigkeit, Anpassungsbereitschaft, Kommunikationsfähigkeit, innere Stabilität usw.).

Vorbereitung auf den Schweden-Aufenthalt in Deutschland
AFS legt großen Wert auf die Vorbereitung. Es finden drei Wochenendseminare statt: zwei zur Grundvorbereitung und ein weiteres zur länderspezifischen Vorbereitung. Im persönlichen Gespräch mit der ganzen Familie wird individuell auf alle Fragen eingegangen, für die Eltern organisieren die Ehrenamtlichen Treffen zum gegenseitigen Austausch.

Betreuung während des Auslandsaufenthalts und durch Nachbereitung
Das weltweite AFS-Netzwerk ermöglicht die persönliche Betreuung der Teilnehmer vor, während und nach dem Austauschjahr. AFS im Gastland organisiert ein Einführungsseminar zu Beginn des Programms und ein Orientierungs-/ Auswertungsseminar im weiteren Verlauf des Auslandsaufenthaltes. Jeder Teilnehmer hat einen persönlichen Ansprechpartner vor Ort, hauptamtliche Mitarbeiter in allen AFS-Büros sind für Notfälle jederzeit erreichbar. AFS bietet seinen Teilnehmern zwei Seminare zur Nachbereitung an: ein Grundseminar auf lokaler Ebene und eine überregionale Nachbereitung in verschiedenen Orten Deutschlands.

Stipendien und Sonstiges
AFS vergibt an über 30 Prozent seiner Teilnehmer Stipendien aus Vereinsmitteln und Spenden. Erstes Vergabekriterium ist in der Regel die finanzielle Situation der Familie.

Kurz und bündig			
Gründungsjahr (1947)	1992	Schülerzahl im Schweden-Programm 2014/15	4
SWE-Programm seit	1978	Gesamtschülerzahl im High School Programm 2014/15	1.044
Gemeinnützigkeit	ja	Partner in Schweden	AFS

Ayusa-Intrax GmbH
Giesebrechtstr. 10
10629 Berlin
highschool@intrax.de
Telefon: 030 / 84 39 39 93
Telefax: 030 / 84 39 39-39
www.intrax.de

Preis und Leistung			
Länderwahlprogramm	1. Halbjahr	2. Halbjahr	Schuljahr
Grundpreis	€ 6.990	€ 6.990	€ 7.690
Flug D – Schweden	€ 400/p	€ 400/p	€ 400/p
Flugbegleitung auf Hinreise	nein	nein	nein
Vorbereitungstreffen	ja	ja	ja
Vorbereitungsseminar	ja	ja	ja
Einführungsseminar in Schweden	optional	optional	optional
Elterntreffen	nein	nein	nein
Nachbereitungstreffen	nein	nein	nein
Nachbereitungsseminar	ja	ja	ja
Gesamtpreis (circa)	**€ 7.390**	**€ 7.390**	**€ 8.090**
Bewerbungsschluss	31.03.	30.09.	31.03.
Spätbewerbung	möglich	möglich	möglich

Bewerbungsverlauf und Kriterien für die Annahme des Bewerbers
Neben dem schriftlichen Bewerbungsverlauf gibt es ein persönliches Einzelgespräch in der Nähe des Wohnortes, gern auch mit den Eltern. Kriterien sind: große Motivation, starkes Interesse an Schweden, Anpassungsbereitschaft und Flexibilität, gute Englischkenntnisse, realistische Erwartungen und Grundkenntnisse in Schwedisch sind empfehlenswert. Für Schweden können sich 15- bis 18-Jährige bewerben..

Vorbereitung auf den Schweden-Aufenthalt in Deutschland
Es finden diverse Informationsveranstaltungen und Vorbereitungsseminare für Schüler in mehreren Städten in Deutschland statt. Wenn möglich kommen ehemalige Ayusa Schüler zu diesen Treffen. Ansonsten haben die Teilnehmer die Möglichkeit zum Telefonkontakt mit ehemaligen Teilnehmern. Zusätzlich erhalten die Teilnehmer Handbücher, die erste Einblicke und praktische Hinweise geben.

Betreuung während des Auslandsaufenthalts und durch Nachbereitung
Der Teilnehmer wird von Mitarbeitern der Partnerorganisation betreut. Für alle Schweden Teilnehmer, die im Sommer einreisen, gibt es ein optionales Einführungsseminar in Skandinavien (ca. 390 €). Ayusa-Intrax steht während der gesamten Programmdauer mit den Eltern in Kontakt. Für die Rückkehrer bietet Ayusa-Intrax ein 2-tägiges Nachbereitungsseminar an.

Stipendien und Sonstiges
Für einen Schulaufenthalt in Schweden werden Teilstipendien bis maximal € 3.000 vergeben.

Kurz und bündig			
Gründungsjahr	1991	Schülerzahl im Schweden-Programm 2014/15	3
SWE-Programm seit	2011	Gesamtschülerzahl im High School Programm 2014/15	347
Gemeinnützigkeit	nein	Partner in Schweden	Explorius

Deutsches Youth For Understanding Komitee e.V. (YFU)
Oberaltenallee 6 Telefon: 040 / 22 70 02-0
22081 Hamburg Telefax: 040 / 22 70 02-27
info@yfu.de www.yfu.de

Preis und Leistung			
Länderwahlprogramm			Schuljahr
Grundpreis			€ 7.200
Flug D – Schweden			ja
Flugbegleitung auf Hinreise			ja
Vorbereitungstreffen			ja
Vorbereitungsseminar			ja
Einführungsseminar in Schweden			ja
Elterntreffen			ja
Nachbereitungstreffen			ja
Nachbereitungsseminar			ja
Gesamtpreis			**€ 7.200**
Bewerbungsschluss			variabel
Spätbewerbung			nein

Bewerbungsverlauf und Kriterien für die Annahme des Bewerbers
Bei YFU können sich Schülerinnen und Schüler aller Schularten bewerben. Sie sollten aufgeschlossen, anpassungsfähig und verantwortungsbewusst sein und mindestens durchschnittliche Schulleistungen vorweisen. Nach Durchsicht der schriftlichen Bewerbungsunterlagen führt YFU regional Auswahlgespräche in Form von Gruppen- und Einzelinterviews durch.

Vorbereitung auf den Schweden-Aufenthalt in Deutschland
Alle YFU-Austauschschüler nehmen vor Abreise an einer einwöchigen Tagung teil, auf der sie intensiv auf das Leben in einer fremden Kultur vorbereitet werden und praktische Tipps für den Alltag in Schweden erhalten. Auch für Eltern werden eigene Vorbereitungstreffen angeboten. YFU stellt außerdem umfangreiche schriftliche Unterlagen zur Verfügung.

Betreuung während des Auslandsaufenthalts und durch Nachbereitung
Jeder Austauschschüler hat im Ausland vor Ort einen persönlichen Betreuer. Darüber hinaus stehen die hauptamtlichen YFU-Mitarbeiter in Deutschland und Schweden zur Verfügung – im Notfall rund um die Uhr. Während des Austauschjahres finden außerdem begleitende Seminare statt. Nach der Rückkehr gibt es ein zwei- bis dreitägiges Nachbereitungsseminar.

Stipendien und Sonstiges
YFU vergibt jährlich rund 300 Stipendien im Gesamtwert von etwa einer halben Million Euro. Die Vergabe und Höhe der Stipendien richtet sich nach der finanziellen Situation der Familie, nicht nach Schulnoten. Weitere Informationen gibt es unter www.yfu.de/stipendien.

Kurz und bündig			
Gründungsjahr	1957	Schülerzahl im Schweden-Programm 2014/15	15
SWE-Programm seit	1984	Gesamtschülerzahl im High School Programm 2014/15	1.092
Gemeinnützigkeit	ja	Partner in Schweden	YFU Schweden

DFSR – Dr. Frank Sprachen & Reisen GmbH
Siegfriedstr. 5 Telefon: 06252 / 93 32-0
64646 Heppenheim Telefax: 06252 / 93 32-60
info@dfsr.de www.dfsr.de

Preis und Leistung

Länderwahlprogramm	3 Monate	Halbjahr	Schuljahr
Grundpreis		€ 6.290	€ 6.990
Flug D – Schweden		ja	ja
Flugbegleitung auf Hinreise		nein	nein
Vorbereitungstreffen		nein	nein
Vorbereitungsseminar		ja	ja
Einführungsseminar in Schweden		ja	ja
Elterntreffen		ja	ja
Nachbereitungstreffen		ja	ja
Nachbereitungsseminar		nein	nein
Gesamtpreis (circa)		**€ 6.290**	**€ 6.990**
Bewerbungsschluss		31.05 / 31.10.	31.05.
Spätbewerbung		möglich	möglich

Bewerbungsverlauf und Kriterien für die Annahme des Bewerbers
Für alle Teilnehmer gilt: Es kommt nicht nur auf die Schulnoten an, wichtig sind auch ihre Motivation und ihr Interesse an dem Gastland und dem Kulturaustausch. Der zukünftige Austauschschüler sollte Flexibilität, Verständnis, Toleranz und Selbstständigkeit mitbringen. Bewerben können sich Schüler/innen, die über mindestens zufriedenstellende Englischkenntnisse verfügen. Teilnahmealter: 15 – 18 Jahre.
Bewerbungsverlauf: Ausfüllen des Bewerbungsformulars, persönliches Bewerbungsgespräch gemeinsam mit den Eltern, nach erfolgreichem Gespräch Aufnahme ins Programm.

Vorbereitung auf den Schweden-Aufenthalt in Deutschland
Intensives Vorbereitungsseminar in mehreren Städten Deutschlands.

Betreuung während des Auslandsaufenthalts und durch Nachbereitung
Unsere Partnerorganisation vor Ort stellt für die Schüler einen Betreuer vor Ort und auch DFSR ist über eine 24h-Notrufnummer immer erreichbar. Nach Rückkehr der Schüler nach Deutschland erhalten sie die Möglichkeit, auf der Welcome-Back Party von ihren Erfahrungen zu berichten.

Stipendien und Sonstiges
3 Tage Soft Landing Camp in nordischer Metropole inklusive, bei Programmbeginn im Sommer.

Kurz und bündig

Gründungsjahr	1978	Schülerzahl im Schweden-Programm 2014/15	2
SWE-Programm seit	2014	Gesamtschülerzahl im High School Programm 2014/15	392
Gemeinnützigkeit	nein	Partner in Schweden	Explorius

Experiment e.V.
Gluckstraße 1
53115 Bonn
info@experiment-ev.de
Telefon: 0228 / 95722-0
Telefax: 0228 / 35 82 82
www.experiment-ev.de

Preis und Leistung			
Länderwahlprogramm	3 Monate	Halbjahr	Schuljahr
Grundpreis	€ 5.700	€ 6.300	€ 6.950
Flug D – Schweden	€ 400	€ 400	€ 400
Flugbegleitung auf Hinreise	nein	nein	nein
Vorbereitungstreffen	nein	nein	nein
Vorbereitungsseminar	ja	ja	ja
Einführungsseminar in Schweden	nein	nein	nein
Elterntreffen	nein	nein	nein
Nachbereitungstreffen	nein	nein	nein
Nachbereitungsseminar	ja	ja	ja
Gesamtpreis (circa)	**€ 6.100**	**€ 6.700**	**€ 7.350**
Bewerbungsschluss	01.02. / 01.08.	01.02. / 01.08.	01.02.
Spätbewerbung	ja	ja	ja

Bewerbungsverlauf und Kriterien für die Annahme des Bewerbers

Schülerinnen und Schüler zwischen 15 und 18 Jahren können an dem Programm teilnehmen. Voraussetzung ist, dass der Bewerber bis zur Ausreise eine weiterführende Schule besucht. Er sollte ein ernsthaftes Interesse am interkulturellen Austausch haben und bereit sein, der neuen Umgebung Informationen und Eindrücke von Deutschland zu vermitteln. Aufgeschlossenheit, Offenheit, Toleranz und ein gewisses Anpassungsvermögen sind unentbehrliche Fähigkeiten. Wir erwarten, dass Grundkenntnisse in Schwedisch bis zur Ausreise erlernt werden.

Vorbereitung auf den Schweden-Aufenthalt in Deutschland

Alle Teilnehmer werden zu einem überregionalen, viertägigen Vorbereitungsseminar eingeladen, auf dem sie von Ehrenamtlichen umfassend auf ihren Auslandsaufenthalt vorbereitet werden. Diese intensive Vorbereitung findet bereits mehrere Wochen vor der Ausreise statt, ist verpflichtend für alle Teilnehmer und daher bereits im Preis enthalten.

Betreuung während des Auslandsaufenthalts und durch Nachbereitung

Ein persönlicher Betreuer unserer Partnerorganisation hat die Gastfamilie vor der Ankunft des Austauschschülers besucht und ist während des Aufenthaltes Ansprechpartner für Schüler und Gastfamilie. Für Eltern und Teilnehmer gibt es zusätzlich in Deutschland einen telefonischen Bereitschaftsdienst von Experiment e.V., der rund um die Uhr erreichbar ist.

Stipendien und Sonstiges

Experiment e.V. stellt für den „Schulbesuch im Ausland" einen eigenfinanzierten Stipendienfonds in Höhe von € 60.000 (2015-16) zur Verfügung. Sprachpionierstipendien (€ 4.000) für nicht-englischsprachige Länder.
Aktuelle Stipendien unter www.experiment-ev.de/stipendien.

Kurz und bündig			
Gründungsjahr	1932	Schülerzahl im Schweden-Programm 2014/15	5
SWE-Programm seit	2011	Gesamtschülerzahl im High School Programm 2014/15	490
Gemeinnützigkeit	1952	Partner in Schweden	EXPLORIUS

Global Youth Group e.V.
Eststr. 6
45149 Essen
info@global-youth-group.de
Telefon: 0201 / 6124529
Telefax: 0201 / 47619824
www.global-youth-group.de

Preis und Leistung			
Länderwahlprogramm	3 Monate	Halbjahr	Schuljahr
Grundpreis	€ 5.650	€ 6.250	€ 6.775
Flug D – Schweden	€ 400/p	€ 400/p	€ 400/p
Flugbegleitung auf Hinreise	optional	optional	optional
Vorbereitungstreffen	optional	optional	optional
Vorbereitungsseminar	ja	ja	ja
Einführungsseminar in Schweden	ja	ja	ja
Elterntreffen	ja	ja	ja
Nachbereitungstreffen	nein	nein	nein
Nachbereitungsseminar	ja	ja	ja
Gesamtpreis (circa)	**€ 6.050**	**€ 6.650**	**€ 7.175**
Bewerbungsschluss	30.09. / 31.3.	30.09. / 31.3.	30.09. / 31.3.
Spätbewerbung	auf Anfrage	auf Anfrage	auf Anfrage

Bewerbungsverlauf und Kriterien für die Annahme des Bewerbers

Bewerben kannst du dich online, per Telefon / Fax oder mit unserem Bewerbungsformular welches du in unserer Broschüre findest. Anschließend verabreden wir mit dir und deinen Eltern ein kostenloses und unverbindliches Bewerbungsinterview.

Du solltest dich für die Kultur, das Leben und die Sprache in Schweden interessieren. Gute Englischkenntnisse müssen vorhanden sein. Teilnahme ab 15 Jahren möglich.

Vorbereitung auf den Schweden-Aufenthalt in Deutschland

Wir bereiten dich und deine Eltern im Vorbereitungsseminar auf deinen Aufenthalt in Schweden vor.

Das Seminar findet in Nord-, Ost-, Süd- und Westdeutschland statt.

Betreuung während des Auslandsaufenthalts und durch Nachbereitung

In Schweden wirst du durch unsere Partnerorganisation betreut. Diese stellt dir einen persönlichen Betreuer, sowie eine 24-Stunden Notrufnummer zur Verfügung. Exklusive bei uns hast du die Möglichkeit, zusätzlich durch einen GYG-Betreuer viertel- oder halbjährlich vor Ort betreut zu werden. Nach deiner Rückkehr findet ein Nachbereitungscamp statt.

Stipendien und Sonstiges

Preisnachlass: - 150 € bei Geschwisterkindern; - 80 € bei Freunden;
GYG Weltbürger-Teilstipendium: 2 x 2.000 € (2015/16); 2 x 1.000 € (2016/17)
Optional: Vorbereitungscamp in Kopenhagen (+ 450 €)
Programmname Skandinavien: Neben Schweden, Norwegen, Finnland, Dänemark

Kurz und bündig			
Gründungsjahr	2009	Schülerzahl im Schweden-Programm 2014/15	0
SWE-Programm seit	2014	Gesamtschülerzahl im High School Programm 2014/15	79
Gemeinnützigkeit	ja	Partner in Schweden	Educations

into GmbH
Ostlandstraße 14
50858 Köln
kontakt@into.de
Telefon: 02234 / 946 36-0
Telefax: 02234 / 946 36-23
www.into.de

Preis und Leistung			
Länderwahlprogramm	3 Monate	Halbjahr	Schuljahr
Grundpreis		€ 6.890	€ 7.390
Flug D – Schweden		ja	ja
Flugbegleitung auf Hinreise		nein	nein
Vorbereitungstreffen		nein	nein
Vorbereitungsseminar		ja	ja
Einführungsseminar in Schweden		nein	nein
Elterntreffen		nein	nein
Nachbereitungstreffen		nein	nein
Nachbereitungsseminar		ja	ja
Gesamtpreis (circa)		**€ 6.890**	**€ 7.390**
Bewerbungsschluss		31.03. / 30.09.	31.03.
Spätbewerbung		auf Anfrage	auf Anfrage

Bewerbungsverlauf und Kriterien für die Annahme des Bewerbers
Dein Notendurchschnitt muss befriedigend oder besser sein, Dein Zeugnis darf keine mangelhafte Note in einem Hauptfach enthalten. Das Wichtigste ist, dass Du Motivation, Flexibilität, Toleranz und Anpassungsfähigkeit mitbringst.

Vorbereitung auf den Schweden-Aufenthalt in Deutschland
Schüler- und Elternhandbuch, regelmäßig Infobriefe (Newslinks) mit Infos zum Ablauf, kulturellen Eigenheiten der Gastländer sowie Ratschlägen und Erfahrungsberichten. Zweitägiges Vorbereitungsseminar vor Abreise bei dem Du Infos und Tipps erhältst und etwas zu den Vorschriften und Regeln während Deines Austausches erfährst. Zudem wirst Du mit Rollenspielen, kreativer Arbeit und lustigen Sketchen auf Deinen Austausch vorbereitet. Es gibt eine Extra-Informationsveranstaltung zur Vorbereitung Deiner Eltern bei Sommer-Ausreise.

Betreuung während des Auslandsaufenthalts und durch Nachbereitung
In Schweden wird in der Nähe Deines Wohnortes ein Ansprechpartner für Dich und Deine Gastfamilie sein. Auch in Deutschland sind wir immer erreichbar. Nach Deiner Rückkehr ist es noch nicht „vorbei“: Unsere Returnees organisieren „get togethers“, das traditionelle *into* BBQ und Ausflüge, bei denen sich viele Ehemalige immer wieder treffen.

Stipendien und Sonstiges:
into bietet auch die Zielländer Norwegen, Finnland und Dänemark an.

Kurz und bündig			
Gründungsjahr	1986	Schülerzahl im Schweden-Programm 2014/15	6
SWE-Programm seit	2009	Gesamtschülerzahl im High School Programm 2014/15	435
Gemeinnützigkeit	nein	Partner in Schweden	Explorius, *into* Sweden

iSt Internationale Sprach- und Studienreisen GmbH	
Stiftsmühle	Telefon: 06221 / 89 00-0
69080 Heidelberg	Telefax: 06221 / 89 00-200
iSt@sprachreisen.de	www.sprachreisen.de

Preis und Leistung			
Länderwahlprogramm	3 Monate	Halbjahr	Schuljahr
Grundpreis	€ 6.150	€ 6.690	€ 7.730
Flug D – Schweden	ja	ja	ja
Flugbegleitung auf Hinreise	nein	nein	nein
Vorbereitungstreffen	nein	nein	nein
Vorbereitungsseminar	nein	nein	nein
Einführungsseminar in Schweden	ja	ja	ja
Elterntreffen	nein	nein	nein
Nachbereitungstreffen	€ 45/opt.	€ 45/opt.	€ 45/opt.
Nachbereitungsseminar	nein	nein	nein
Gesamtpreis (circa)	**€ 6.150**	**€ 6.690**	**€ 7.730**
Bewerbungsschluss	14 Wochen	vor	Abreise
Spätbewerbung	auf Anfrage	auf Anfrage	auf Anfrage

Bewerbungsverlauf und Kriterien für die Annahme des Bewerbers

Die Bewerber füllen ein Bewerbungsformular aus und schicken dies zusammen mit einer kurzen Selbstbeschreibung und der letzten Zeugniskopie an unser Büro. Die Bewerber werden dann umgehend zu einem persönlichen Gespräch eingeladen. Kurze Zeit nach dem Interview teilen wir schriftlich mit, ob Sie in das Programm aufgenommen werden. Wenn Sie den Platz annehmen möchten, bestätigen Sie und dies schriftlich.

Vorbereitung auf den Schweden-Aufenthalt in Deutschland

Schon beim Bewerbungsgespräch informieren wir umfassend über viele wichtige Aspekte der Programmteilnahme und erläutern kulturelle Besonderheiten des Gastlandes. Die Teilnehmer erhalten regelmäßig Informationsbriefe zum bevorstehenden Aufenthalt.

Betreuung während des Auslandsaufenthalts und durch Nachbereitung

Wir bleiben auch während des Aufenthaltes mit Ihnen in Kontakt und versorgen Sie mit aktuellen Informationen. Der örtliche Vertreter steht Ihnen mit Rat und Hilfe zur Seite. Für die Eltern sind wir hier im Büro stets ansprechbar. Auf einem Nachbereitungstreffen können Sie Ihre Eindrücke noch einmal Revue passieren lassen und mit anderen Teilnehmern Erfahrungen austauschen.

Stipendien und Sonstiges

Grundkenntnisse der schwedischen Sprache sind empfehlenswert. Gute Englischkenntnisse werden vorausgesetzt. Das 4-tägige Vorbereitungstreffen findet in Kopenhagen statt. Dreimonatige und halbjährige Aufenthalte sind ab August und ab Januar möglich.

Kurz und bündig			
Gründungsjahr	1981	Schülerzahl im Schweden-Programm 2014/15	2
SWE-Programm seit	2011	Gesamtschülerzahl im High School Programm 2014/15	1.090
Gemeinnützigkeit	nein	Partner in Schweden	Educatius

AFS Interkulturelle Begegnungen e.V.
Friedensallee 48 Telefon: 040 / 399 222-0
22765 Hamburg Telefax: 040 / 399 222-99
info@afs.de www.afs.de

Preis und Leistung			
Länderwahlprogramm	1. Halbjahr	2. Halbjahr	Schuljahr
Grundpreis	€ 6.890		€ 7.390
Flug D – Spanien	ja		ja
Flugbegleitung auf Hinreise	ab 30 Teiln.		ab 30 Teiln.
Vorbereitungstreffen	teilweise		teilweise
Vorbereitungsseminar	ja		ja
Einführungsseminar in Spanien	ja		ja
Elterntreffen	teilweise		teilweise
Nachbereitungstreffen	ja		ja
Nachbereitungsseminar	ja		ja
Gesamtpreis (circa)	**€ 6.890**		**€ 7.390**
Bewerbungsschluss	15.05.		15.10.
Spätbewerbung	möglich		möglich

Bewerbungsverlauf und Kriterien für die Annahme des Bewerbers
Alle Bewerber werden zu einem Auswahlwochenende in der Nähe ihres Wohnortes eingeladen. Die persönliche Eignung der Bewerber ist ausschlaggebend (Offenheit, Toleranz, Selbstständigkeit, Anpassungsbereitschaft, Kommunikationsfähigkeit, innere Stabilität usw.).

Vorbereitung auf den Spanien-Aufenthalt in Deutschland
AFS legt großen Wert auf die Vorbereitung. Es finden drei Wochenendseminare statt: zwei zur Grundvorbereitung und ein weiteres zur länderspezifischen Vorbereitung. Im persönlichen Gespräch mit der ganzen Familie wird individuell auf alle Fragen eingegangen, für die Eltern organisieren die Ehrenamtlichen zusätzlich Treffen zum gegenseitigen Austausch.

Betreuung während des Auslandsaufenthalts und durch Nachbereitung
Das weltweite AFS-Netzwerk ermöglicht die persönliche Betreuung der Teilnehmer vor, während und nach dem Austauschjahr. AFS im Gastland organisiert ein Einführungsseminar zu Beginn des Programms und ein Orientierungs-/ Auswertungsseminar im weiteren Verlauf des Auslandsaufenthaltes. Jeder Teilnehmer hat einen persönlichen Ansprechpartner vor Ort, hauptamtliche Mitarbeiter in allen AFS-Büros sind für Notfälle jederzeit erreichbar. AFS bietet seinen Teilnehmern zwei Seminare zur Nachbereitung an: ein Grundseminar auf lokaler Ebene und eine überregionale Nachbereitung in verschiedenen Orten Deutschlands.

Stipendien und Sonstiges
AFS vergibt an über 30 Prozent seiner Teilnehmer Stipendien aus Vereinsmitteln und Spenden. Erstes Vergabekriterium ist in der Regel die finanzielle Situation der Familie.

Kurz und bündig			
Gründungsjahr (1947)	1992	Schülerzahl im Spanien-Programm 2014/15	15
ESP-Programm seit	1978	Gesamtschülerzahl im High School Programm 2014/15	1.044
Gemeinnützigkeit	ja	Partner in Spanien	AFS

Ayusa-Intrax GmbH
Giesebrechtstr. 10
10629 Berlin
highschool@intrax.de
Telefon: 030 / 84 39 39 93
Telefax: 030 / 84 39 39 39
www.intrax.de

Preis und Leistung			
*Länderwahlprogramm**	3 Monate	Halbjahr	Schuljahr
Grundpreis (ab)	€ 4.490	€ 5.490	€ 6.490
Flug D – Spanien	€ 400/p	€ 400/p	€ 400/p
Flugbegleitung auf Hinreise	nein	nein	nein
Vorbereitungstreffen	ja	ja	ja
Vorbereitungsseminar	ja	ja	ja
Einführungsseminar in Spanien	nein	nein	nein
Elterntreffen	nein	nein	nein
Nachbereitungstreffen	nein	nein	nein
Nachbereitungsseminar	ja	ja	ja
Gesamtpreis (circa)	**€ 4.890**	**€ 5.890**	**€ 6.890**
Bewerbungsschluss	30.04. / 31.10.	30.04. / 31.10.	30.04.
Spätbewerbung	möglich	möglich	möglich

Bewerbungsverlauf und Kriterien für die Annahme des Bewerbers
Neben dem schriftlichen Bewerbungsverlauf findet ein persönliches Einzelgespräch in der Nähe des Wohnortes statt, gern auch mit den Eltern. Grundkenntnisse in der spanischen Sprache erleichtern den Programmeinstieg enorm, sind jedoch keine Grundvoraussetzung. Bewerben können sich 15- bis 17-Jährige. Es gibt auch ein Regionenwahlprogramm in Andalusien.

Vorbereitung auf den Spanien-Aufenthalt in Deutschland
Es finden diverse Informationsveranstaltungen und Vorbereitungsseminare für Schüler in mehreren Städten in Deutschland statt. Wenn möglich kommen ehemalige Ayusa Schüler zu diesen Treffen. Ansonsten haben die Teilnehmer die Möglichkeit zum Telefonkontakt mit ehemaligen Teilnehmern. Zusätzlich erhalten die Teilnehmer Handbücher, die erste Einblicke und praktische Hinweise geben.

Betreuung während des Auslandsaufenthalts und durch Nachbereitung
In Spanien steht der örtliche Betreuer bei allen Fragen und Problemen hilfreich zur Seite. In Deutschland bleiben die Ayusa-Intrax Mitarbeiter während des ganzen Jahres mit den Eltern in Kontakt. Für die Rückkehrer bietet Ayusa-Intrax ein Wochenend-Nachbereitungsseminar an.

Stipendien und Sonstiges
Für einen Schulaufenthalt in Spanien werden Teilstipendien bis maximal € 3.000 vergeben.

Kurz und bündig			
Gründungsjahr	1991	Schülerzahl im Spanien-Programm 2014/15	10
ESP-Programm seit	2004	Gesamtschülerzahl im High School Programm 2014/15	347
Gemeinnützigkeit	nein	Partner in Spanien	Moguer Academy, Juventud

CAMPS International GmbH
Poolstraße 36
20355 Hamburg
info@camps.de
Telefon: 040 / 822 90 27 0
Telefax: 040 / 822 90 27 29
www.camps.de

Preis und Leistung			
*Länderwahlprogramm**	3 Monate	Halbjahr	Schuljahr
Grundpreis (ab)	€ 5.900	€ 6.700	€ 8.400
Flug D – Spanien	€ 400/p	€ 400/p	€ 400/p
Flugbegleitung auf Hinreise	nein	nein	nein
Vorbereitungstreffen	ja	ja	ja
Vorbereitungsseminar	nein	nein	nein
Einführungsseminar in Spanien	ja	ja	ja
Elterntreffen	nein	nein	nein
Nachbereitungstreffen	nein	nein	nein
Nachbereitungsseminar	ja	ja	ja
Gesamtpreis (circa)	**€ 6.300**	**€ 7.100**	**€ 8.800**
Bewerbungsschluss	31.05. / 15.10.	31.05. / 15.10.	31.05.
Spätbewerbung	möglich	möglich	möglich

Bewerbungsverlauf und Kriterien für die Annahme des Bewerbers
Bewerber füllen das Anmeldeformular aus dem Katalog aus oder bewerben sich online unter www.camps.de/anmeldung. Danach folgt ein persönliches Auswahlgespräch, ggf. per Skype. Dieses Interview wird bei uns immer als Einzel-, nie als Gruppengespräch geführt! Wir wollen jeden Bewerber und dessen Eltern bestmöglich kennenlernen. Wir teilen dem Schüler noch während des Gespräches mit, ob wir ihn in das Programm aufnehmen.

Vorbereitung auf den Spanien-Aufenthalt in Deutschland
Durch Besuche in Spanien und Gespräche mit den Vertretern unseres Partners können wir uns ein gutes Bild vom Leben in Spanien und den Erwartungen an einen Gastschüler machen. Diese Erfahrungen versuchen wir bei verschiedenen Informationsveranstaltungen und im Rahmen eines eintägigen Workshops vor Reiseantritt neuen Gastschülern zu vermitteln.

Betreuung während des Auslandsaufenthalts und durch Nachbereitung
In Spanien kooperieren wir mit interHispania. Eine 24-Stunden-Notfallnummer macht die Verantwortlichen im Bedarfsfall für unsere Schüler jederzeit erreichbar.
Wir veranstalten einmal pro Jahr ein mehrtägiges Returnee Meeting. Dort treffen sich ehemalige CAMPS-Schüler zum Erfahrungsaustausch.

Stipendien und Sonstiges
* Städtewahl gegen Aufpreis möglich (€ 500)
Optionaler fünftägiger Spanischkurs vor Programmbeginn (€ 700)

Kurz und bündig			
Gründungsjahr (1984)	2010	Schülerzahl im Spanien-Programm 2014/15	2
ESP-Programm seit	2013	Gesamtschülerzahl im High School Programm 2014/15	141
Gemeinnützigkeit	nein	Partner in Spanien	interHispania

Deutsches Youth For Understanding Komitee e.V. (YFU)	
Oberaltenallee 6	Telefon: 040 / 22 70 02-0
22081 Hamburg	Telefax: 040 / 22 70 02-27
info@yfu.de	www.yfu.de

Preis und Leistung			
Länderwahlprogramm			Schuljahr
Grundpreis			€ 7.200
Flug D – Spanien			ja
Flugbegleitung auf Hinreise			ja
Vorbereitungstreffen			ja
Vorbereitungsseminar			ja
Einführungsseminar in Spanien			ja
Elterntreffen			ja
Nachbereitungstreffen			ja
Nachbereitungsseminar			ja
Gesamtpreis			**€ 7.200**
Bewerbungsschluss			variabel
Spätbewerbung			nein

Bewerbungsverlauf und Kriterien für die Annahme des Bewerbers

Bei YFU können sich Schülerinnen und Schüler aller Schularten bewerben. Sie sollten aufgeschlossen, anpassungsfähig und verantwortungsbewusst sein und mindestens durchschnittliche Schulleistungen vorweisen. Nach Durchsicht der schriftlichen Bewerbungsunterlagen führt YFU regional Auswahlgespräche in Form von Gruppen- und Einzelinterviews durch.

Vorbereitung auf den Spanien-Aufenthalt in Deutschland

Alle YFU-Austauschschüler nehmen vor Abreise an einer einwöchigen Tagung teil, auf der sie intensiv auf das Leben in einer fremden Kultur vorbereitet werden und praktische Tipps für den Alltag in Spanien erhalten. Auch für Eltern werden eigene Vorbereitungstreffen angeboten. YFU stellt außerdem umfangreiche schriftliche Unterlagen zur Verfügung.

Betreuung während des Auslandsaufenthalts und durch Nachbereitung

Jeder Austauschschüler hat im Ausland vor Ort einen persönlichen Betreuer. Darüber hinaus stehen die hauptamtlichen YFU-Mitarbeiter in Deutschland und Spanien zur Verfügung – im Notfall rund um die Uhr. Während des Austauschjahres finden außerdem begleitende Seminare statt. Nach der Rückkehr gibt es ein zwei- bis dreitägiges Nachbereitungsseminar.

Stipendien und Sonstiges

YFU vergibt jährlich rund 300 Stipendien im Gesamtwert von etwa einer halben Million Euro. Die Vergabe und Höhe der Stipendien richtet sich nach der finanziellen Situation der Familie, nicht nach Schulnoten. Weitere Informationen gibt es unter www.yfu.de/stipendien.

Kurz und bündig				
Gründungsjahr	1957	Schülerzahl im Spanien-Programm 2014/15		2
ESP-Programm seit	2014	Gesamtschülerzahl im High School Programm 2014/15		1.092
Gemeinnützigkeit	ja	Partner in Spanien	YFU Spanien	

DFSR – Dr. Frank Sprachen & Reisen GmbH
Siegfriedstr. 5 — Telefon: 06252 / 93 32-0
64646 Heppenheim — Telefax: 06252 / 93 32-60
info@dfsr.de — www.dfsr.de

Preis und Leistung			
Länderwahlprogramm	3 Monate	Halbjahr	Schuljahr
Grundpreis	€ 6.990	€ 7.990	€ 9.990
Flug D – Spanien	ja	ja	ja
Flugbegleitung auf Hinreise	nein	nein	nein
Vorbereitungstreffen	nein	nein	nein
Vorbereitungsseminar	ja	ja	ja
Einführungsseminar in Spanien	ja	ja	ja
Elterntreffen	ja	ja	ja
Nachbereitungstreffen	ja	ja	ja
Nachbereitungsseminar	nein	nein	nein
Gesamtpreis (circa)	**€ 6.990**	**€ 7.990**	**€ 9.990**
Bewerbungsschluss	15.5. / 15.11.	15.05. / 15.11.	15.05.
Spätbewerbung	möglich	möglich	möglich

Bewerbungsverlauf und Kriterien für die Annahme des Bewerbers
Für alle Teilnehmer gilt: Es kommt nicht nur auf die Schulnoten an. Wichtig sind auch ihre Motivation und ihr Interesse an dem Gastland und dem Kulturaustausch. Der zukünftige Austauschschüler sollte Flexibilität, Verständnis, Toleranz und Selbstständigkeit mitbringen. Bewerben können sich Schüler/innen, die über mindestens zufriedenstellende Spanischkenntnisse verfügen. Teilnahmealter: 14 – 18 Jahre.
Bewerbungsverlauf: Ausfüllen des Bewerbungsformulars, persönliches Bewerbungsgespräch gemeinsam mit den Eltern, nach erfolgreichem Gespräch Aufnahme ins Programm.

Vorbereitung auf den Spanien-Aufenthalt in Deutschland
Intensives Vorbereitungsseminar in Frankfurt.

Betreuung während des Auslandsaufenthalts und durch Nachbereitung
Unsere Partnerorganisation vor Ort stellt für die Schüler einen Betreuer vor Ort und auch DFSR ist für seine Partner über eine 24h-Notrufnummer immer erreichbar. Nach Rückkehr der Schüler nach Deutschland erhalten sie die Möglichkeit, auf der Welcome-Back Party von ihren Erfahrungen zu berichten.

Stipendien und Sonstiges
City-Garantie: Großraum Barcelona, Sevilla, Valencia, Saragossa, Alicante oder Cádiz gegen Aufpreis
3 Tage Soft Landing Camp in Barcelona inklusive, bei Programmbeginn im Sommer.

Kurz und bündig			
Gründungsjahr	1978	Schülerzahl im Spanien-Programm 2014/15	2
ESP-Programm seit	2004	Gesamtschülerzahl im High School Programm 2014/15	392
Gemeinnützigkeit	nein	Partner in Spanien	interHispania

expain – Schüleraustausch in Spanien GmbH
Reisstraße 10 — Telefon: 0221 / 65028 264
50823 Köln — Telefax: 0221 / 65028 265
info@expain.de — www.expain.de

Preis und Leistung			
Regionenwahlprogramm	3 Monate	Halbjahr	Schuljahr
Grundpreis	€ 5.300	€ 6.400	€ 8.500
Flug D – Spanien	ja	ja	ja
Flugbegleitung auf Hinreise	ja	ja	ja
Vorbereitungstreffen	ja	ja	ja
Vorbereitungsseminar	ja	ja	ja
Einführungsseminar in Spanien	ja	ja	ja
Elterntreffen	nein	nein	nein
Nachbereitungstreffen	nein	nein	nein
Nachbereitungsseminar	nein	nein	nein
Gesamtpreis	**€ 5.300**	**€ 6.400**	**€ 8.500**
Bewerbungsschluss	30.06. / 30.11.	30.06. / 30.11.	30.06.
Spätbewerbung	möglich	möglich	möglich

Bewerbungsverlauf und Kriterien für die Annahme des Bewerbers
Nach unverbindlicher Online-Bewerbung führt expain ein ausführliches Telefoninterview durch. Flexibilität, Anpassungsfähigkeit, Interesse am Erlernen der Sprache, Neugier auf die spanische Kultur und Bereitschaft zur Befolgung von Familienregeln sind Voraussetzung für die Annahme des Bewerbers. Keine Sprachkenntnisse erforderlich; für Schüler ohne jegliche Spanischkenntnisse wird jedoch ein Sprachkurs vor der Abreise dringend empfohlen.

Vorbereitung auf den Spanien-Aufenthalt in Deutschland
Der Geschäftsführer fährt durch ganz Deutschland, um ein ausführliches privates Gespräch mit den Eltern und dem/der Schüler/in zu führen. Das Gespräch findet im Elternhaus statt.

Betreuung während des Auslandsaufenthalts und durch Nachbereitung
Die AustauschschülerInnen und Ihre Eltern werden bis zum Programmende von expain betreut. Das Büro in Spanien verfügt über deutschsprachige Mitarbeiter, die in regelmäßigem Kontakt zum Schüler/zur Schülerin stehen und über seine/ihre Situation, sein/ihr Wohlbefinden, seine/ihre Integration in die Gastfamilie und in die Schulklasse informiert sind. Die Betreuer direkt vor Ort sprechen Deutsch oder Englisch fließend. Diese sind stets problemlos erreichbar und kümmern sich um alle Belange der Teilnehmer.

Stipendien und Sonstiges
Garantie auf Gastfamilien mit Kindern. Platzierung nur in Spitzenregionen. In Spanien: 8-tätiges Einführungsseminar & Spanisch-Crashkurs. Sowohl in Deutschland als auch in Spanien werden viele Aspekte der spanischen Kultur besprochen.

Kurz und bündig			
Gründungsjahr	2010	Schülerzahl im Spanien-Programm 2014/15	50
ESP-Programm seit	2010	Gesamtschülerzahl im High School Programm 2014/15	50
Gemeinnützigkeit	nein	Partner in Spanien	eigene Mitarbeiter

Experiment e.V.
Gluckstraße 1
53115 Bonn
info@experiment-ev.de
Telefon: 0228 / 95722-0
Telefax: 0228 / 35 82 82
www.experiment-ev.de

Preis und Leistung			
Länderwahlprogramm	3 Monate	Halbjahr	Schuljahr
Grundpreis		€ 5.150	€ 7.650
Flug D – Spanien		€ 400/p	€ 400/p
Flugbegleitung auf Hinreise		nein	nein
Vorbereitungstreffen		nein	nein
Vorbereitungsseminar		ja	ja
Einführungsseminar in Spanien		ja	ja
Elterntreffen		nein	nein
Nachbereitungstreffen		nein	nein
Nachbereitungsseminar		ja	ja
Gesamtpreis (circa)		**€ 5.550**	**€ 8.050**
Bewerbungsschluss		01.02.	01.02.
Spätbewerbung		möglich	möglich

Bewerbungsverlauf und Kriterien für die Annahme des Bewerbers
Schülerinnen und Schüler zwischen 15 und 18 Jahren können am Programm teilnehmen. Voraussetzung ist, dass der Bewerber bis zur Ausreise eine weiterführende Schule besucht. Er sollte ein ernsthaftes Interesse am interkulturellen Austausch haben und bereit sein, der neuen Umgebung Informationen und Eindrücke von Deutschland zu vermitteln. Aufgeschlossenheit, Offenheit, Toleranz und ein gewisses Anpassungsvermögen sind dabei unentbehrliche Fähigkeiten. Gute Grundkenntnisse in Spanisch setzen wir ebenfalls voraus.

Vorbereitung auf den Spanien-Aufenthalt in Deutschland
Alle Teilnehmer werden zu einem überregionalen, viertägigen Vorbereitungsseminar eingeladen, auf dem sie von Ehrenamtlichen umfassend auf ihren Auslandsaufenthalt vorbereitet werden. Diese intensive Vorbereitung findet bereits mehrere Wochen vor der Ausreise statt, ist verpflichtend für alle Teilnehmer und daher bereits im Preis enthalten.

Betreuung während des Auslandsaufenthalts und durch Nachbereitung
Ein persönlicher Betreuer unserer Partnerorganisation hat die Gastfamilie vor der Ankunft des Austauschschülers besucht und ist während des Aufenthaltes Ansprechpartner für Schüler und Gastfamilie. Für Eltern und Teilnehmer gibt es zusätzlich in Deutschland einen telefonischen Bereitschaftsdienst von Experiment e.V., der rund um die Uhr erreichbar ist

Stipendien und Sonstiges
Auch 3 und 7 Monate möglich. Experiment e.V. stellt für den „Schulbesuch im Ausland" einen eigenfinanzierten Stipendienfonds in Höhe von € 60.000 (2015-16) zur Verfügung. Sprachpionierstipendien (€ 4.000) für nicht-englischsprachige Länder. Aktuelle Stipendien stehen auf www.experiment-ev.de/stipendien.

Kurz und bündig				
Gründungsjahr	1932	Schülerzahl im Spanien-Programm 2014/15		6
ESP-Programm seit	2006	Gesamtschülerzahl im High School Programm 2014/15		490
Gemeinnützigkeit	ja	Partner in Spanien	AIPC Pandora (Mitglied Exp Federation)	

Global Youth Group e.V.
Eststr. 6
45149 Essen
info@global-youth-group.de

Telefon: 0201 / 6124529
Telefax: 0201 / 47619824
www.global-youth-group.de

Preis und Leistung			
*Länderwahlprogramm**	3 Monate	Halbjahr	Schuljahr
Grundpreis	€ 4.375	€ 5.100	€ 6.900
Flug D – Spanien	€ 400/p	€ 400/p	€ 400/p
Flugbegleitung auf Hinreise	optional	optional	optional
Vorbereitungstreffen	ja	ja	ja
Vorbereitungsseminar	optional	optional	optional
Einführungsseminar in Spanien	ja	ja	ja
Elterntreffen	ja	ja	ja
Nachbereitungstreffen	ja	ja	ja
Nachbereitungsseminar	ja	ja	ja
Gesamtpreis (circa)	**€ 4.775**	**€ 5.500**	**€ 7.300**
Bewerbungsschluss	31.03. / 31.10.	31.03. / 31.10.	31.03.
Spätbewerbung	auf Nachfrage	auf Nachfrage	auf Nachfrage

Bewerbungsverlauf und Kriterien für die Annahme des Bewerbers
Bewerben kannst du dich online, per Telefon / Fax oder mit unserem Bewerbungsformular welches du in unserer Broschüre findest. Anschließend verabreden wir mit dir und deinen Eltern ein kostenloses und unverbindliches Bewerbungsinterview.
Du solltest dich für die Kultur, das Leben und die Sprache in Spanien interessieren. Erste Sprachkenntnisse sind von Vorteil aber kein Muss. Teilnahme ab 14 Jahren und nach dem Abitur möglich. Teilnahme auch über 2 Monaten, mit guten Vorkenntnissen, möglich.

Vorbereitung auf den Spanien-Aufenthalt in Deutschland
Wir bereiten dich und deine Eltern im Vorbereitungsseminar auf deinen Aufenthalt in Spanien vor. Das Seminar findet in Nord-, Ost-, Süd- und Westdeutschland statt.

Betreuung während des Auslandsaufenthalts und durch Nachbereitung
In Spanien wirst du durch unsere Partnerorganisation betreut. Diese stellt dir einen persönlichen Betreuer, sowie eine 24-Stunden Notrufnummer zur Verfügung. Zusätzlich steht dir und deinen Eltern stets dein persönlicher GYG Ansprechpartner zur Seite.
Nach deiner Rückkehr findet ein Nachbereitungscamp statt.

Stipendien und Sonstiges
Preisnachlass: 150 € bei Geschwisterkindern; 80 € bei Freunden; 200 € bei einer Bewerbung für ein Halbjahr oder Jahr bis zum 30.11. bei Sommer Ausreise. GYG Weltbürger-Teilstipendium: 2 x 2.000 € (2015/16); 2 x 1.000 € (2016/17)
Extras: 3-Tage Orientierung in Barcelona
* Programme in Spanien: Landesweit und Ortswahl

Kurz und bündig				
Gründungsjahr	2009	Schülerzahl im Spanien-Programm 2014/15		1
NZ-Programm seit	2010	Gesamtschülerzahl im High School Programm 2014/15		79
Gemeinnützigkeit	ja	Partner in Spanien	Inter Hispania	

GLS Sprachenzentrum – Inh. Barbara Jaeschke
Kastanienallee 82 — Telefon: 030 / 780 089 80
10435 Berlin — Telefax: 030 / 787 419 1
highschool@gls-sprachenzentrum.de — www.gls-sprachenzentrum.de

Preis und Leistung			
*Länderwahlprogramm**	3 Monate	Halbjahr	Schuljahr
Grundpreis (ab)	€ 5.490	€ 6.290	€ 8.790
Flug D – Spanien	€ 400/p	€ 400/p	€ 400/p
Flugbegleitung auf Hinreise	nein	nein	nein
Vorbereitungstreffen	ja	ja	ja
Vorbereitungsseminar	€ 110/opt.	€ 110/opt.	€ 110/opt.
Einführungsseminar in Spanien	je	nach	Programm
Elterntreffen	nein	nein	nein
Nachbereitungstreffen	nein	nein	nein
Nachbereitungsseminar	ja	ja	ja
Gesamtpreis (ab circa)	**€ 5.890**	**€ 6.690**	**€ 9.190**
Bewerbungsschluss	01.05. / 31.10.	01.05. / 31.10.	01.05.
Spätbewerbung	möglich	möglich	möglich

Bewerbungsverlauf und Kriterien für die Annahme des Bewerbers
Nach Anmeldung laden wir zum Interview auf Englisch oder Spanisch und auf Wunsch zu einer kostenlosen Beratung ein. Neben Motivation und Anpassungsbereitschaft sowie einem Notendurchschnitt von mind. 3,5 bildet das Interview die Voraussetzung für die Aufnahme ins Programm. Sobald uns die Bewerbungsmappe vorliegt, leiten wir diese nach Durchsicht unseren Partnern im Ausland weiter, die vor Ort Gastfamilie und Schulplatz sicherstellen.

Vorbereitung auf den Spanien-Aufenthalt in Deutschland
Neben unseren Orientierungstreffen vor Abreise für Schüler und Eltern im Frühjahr und im Herbst (deutschlandweit sowie in Zürich und Wien) bieten wir regelmäßig optionale Workshops und Sprachkurse zur Vorbereitung auf unserem Campus in Berlin an.

Betreuung während des Auslandsaufenthalts und durch Nachbereitung
Jedem Teilnehmer wird ein Betreuer im Gastland zur Seite gestellt. Darüber hinaus unterstützen wir selbstverständlich auch nach Abreise Schüler wie Eltern und garantieren umgehende Reaktion und Hilfestellung. Unsere Rückkehrer laden wir im Herbst zum Returnee-Wochenende nach Berlin ein. Neben Workshops zur Nachbereitung des Auslandsaufenthalts und Austausch mit anderen GLSlern steht natürlich ein abwechslungsreiches Berlin-Programm auf der Agenda.

Stipendien und Sonstiges
* Weltbürger-Stipendien; Kombi-Programme; Regionen- und Schulwahl (Privatschulen)

Kurz und bündig				
Gründungsjahr	1983	Schülerzahl im Spanien-Programm 2014/15		10
ESP-Programm seit	2000	Gesamtschülerzahl im High School Programm 2014/15		576
Gemeinnützigkeit	nein	Partner in Spanien	Get Ready, Openmind	

ICXchange-Deutschland e.V.
Bahnhofstraße 16-18
26122 Oldenburg
info@icxchange.de
Telefon: 0441 / 923 98-0
Telefax: 0441 / 923 98-99
www.icxchange.de

Preis und Leistung			
Regionenwahlprogramm	3 Monate	Halbjahr	Schuljahr
Grundpreis (ab)	€ 5.400	€ 6.900	€ 10.250
Flug D – Spanien	ja	ja	ja
Flugbegleitung auf Hinreise	ab 15 Teiln.	ab 15 Teiln.	ab 15 Teiln.
Vorbereitungstreffen	nein	nein	nein
Vorbereitungsseminar	ja	ja	ja
Einführungsseminar in Spanien	nein	nein	nein
Elterntreffen	nein	nein	nein
Nachbereitungstreffen	nein	nein	nein
Nachbereitungsseminar	ja	ja	ja
Gesamtpreis (ab circa)	**€ 5.400**	**€ 6.900**	**€ 10.250**
Bewerbungsschluss	30.04. / 30.09.	30.04. / 30.09.	30.04.
Spätbewerbung	möglich	möglich	möglich

Bewerbungsverlauf und Kriterien für die Annahme des Bewerbers
Es kann zwischen den Regionen Valencia und Madrid gewählt werden. Nach Eingang der Kurzbewerbung laden wir den Bewerber zu einem persönlichen Gespräch ein. Verlief das Gespräch erfolgreich, folgen Akzeptierung, ausführliche Bewerbungsunterlagen und Vertragsofferte. Teilnahmevoraussetzungen: 15 bis 18 Jahre, Besuch einer allgemeinbildenden Schule, gute Gesundheit, Aufgeschlossenheit, Anpassungsfähigkeit, möglichst zwei Jahre Spanischunterricht sowie ein Notendurchschnitt von 3,0.

Vorbereitung auf den Spanien-Aufenthalt in Deutschland
Vor der Ausreise laden wir alle Teilnehmer zu einem zweitägigen Vorbereitungsseminar ein. Die Eltern kommen für einen Nachmittag dazu. Das Seminar wird von ICX-Mitarbeitern geleitet, die von ehemaligen Spanien-Teilnehmern unterstützt werden. Zusätzlich erhält jeder Teilnehmer eine ausführliche Informationsmappe.

Betreuung während des Auslandsaufenthalts und durch Nachbereitung
Während des Programms werden die Schüler von unserer spanischen Partnerorganisation SCHOLA betreut. Jedem Schüler steht am Wohnort der Gastfamilie oder in der Nähe ein örtlicher Repräsentant von SCHOLA zur Verfügung. Nach Beendigung des Programms findet ein Nachbereitungsseminar in Deutschland statt.

Stipendien und Sonstiges
ICX vergibt Teilstipendien bis € 1.000. Die Stipendienvergabe richtet sich nach der Höhe des Familieneinkommens und dem zur Verfügung stehenden Stipendienfonds.

Kurz und bündig				
Gründungsjahr	1974	Schülerzahl im Spanien Programm 2014/15		4
ESP-Programm seit	2004	Gesamtschülerzahl im High School Programm 2014/15		229
Gemeinnützigkeit	ja	Partner in Spanien	SCHOLA	

iE – international Experience e.V.
Amselweg 20
53797 Lohmar
info@international-experience.net
Telefon: 02246 / 915 49 0
Telefax: 02246 / 915 49 12
www.international-experience.net

Preis und Leistung			
Länderwahlprogramm	3 Monate	Halbjahr	Schuljahr
Grundpreis	€ 4.290	€ 4.755	€6.630
Flug D – Spanien	€ 400	€ 400	€ 400
Flugbegleitung auf Hinreise	nein	nein	nein
Vorbereitungstreffen	nein	nein	nein
Vorbereitungsseminar	ja	ja	ja
Einführungsseminar in Spanien	nein	nein	nein
Elterntreffen	nein	nein	nein
Nachbereitungstreffen	ja	ja	ja
Nachbereitungsseminar	nein	nein	nein
Gesamtpreis (ab circa)	**€ 4.690**	**€ 5.155**	**€ 7.030**
Bewerbungsschluss	31.03.	31.10.	31.03.
Spätbewerbung	möglich	möglich	möglich

Bewerbungsverlauf und Kriterien für die Annahme des Bewerbers
Auswahl der Bewerber nach einem ausführlichen Einzelgespräch im persönlichen Umfeld des Schülers im Beisein der Eltern. Nach Annahme ist vom Schüler ein ausführliches Profil mit ärztlichem Gutachten und Lehrerempfehlung einzureichen. Spanischkenntnisse sind von Vorteil, Flexibilität, Offenheit, Toleranz, Freude und Interesse am spontanen Lebensstil der Spanier und der spanischen Kultur sind Voraussetzung.

Vorbereitung auf den Spanien-Aufenthalt in Deutschland
Vor Abreise finden Wochenendseminare zur Vorbereitung statt, die für die Teilnehmer Pflicht sind. Während der gesamten Vorbereitungszeit steht dem Schüler ein persönlicher Ansprechpartner von iE e.V. zur Verfügung.

Betreuung während des Auslandsaufenthalts und durch Nachbereitung
Die Teilnehmer werden vor Ort durch die Mitarbeiter unserer Partnerorganisationen betreut. iE e.V. steht während des Austauschaufenthaltes mit den Partnern und mit der Familie in Deutschland in regelmäßigem persönlichem Kontakt. iE unterhält in Deutschland einen persönlichen 24-Stunden-Notfall Dienst (kein Call-Center).

Stipendien und Sonstiges
Auf Anfrage sind auch Platzierungen an Privatschulen möglich. Die jeweiligen Schulgebühren werden dem Teilnehmer zusätzlich in Rechnung gestellt.
Alle Schülerinnen und Schüler werden ausschließlich in Regionen Spaniens platziert, in denen auch Spanisch gesprochen wird

Kurz und bündig			
Gründungsjahr	2000	Schülerzahl im Spanien-Programm 2014/15	0
ESP-Programm seit	2012	Gesamtschülerzahl im High School Programm 2014/15	335
Gemeinnützigkeit	ja	Partner in Spanien	CIDI

into GmbH
Ostlandstraße 14
50858 Köln
kontakt@into.de
Telefon: 02234 / 946 36-0
Telefax: 02234 / 946 36-23
www.into.de

Preis und Leistung			
*Länderwahlprogramm**	3 Monate	Halbjahr	Schuljahr
Grundpreis (ab)	€ 5.390	€ 6.190	€ 8.390
Flug D – Spanien	ja	ja	ja
Flugbegleitung auf Hinreise	nein	nein	nein
Vorbereitungstreffen	nein	nein	nein
Vorbereitungsseminar	ja	ja	ja
Einführungsseminar in Spanien	ja	ja	ja
Elterntreffen	nein	nein	nein
Nachbereitungstreffen	nein	nein	nein
Nachbereitungsseminar	ja	ja	ja
Gesamtpreis (ab circa)	**€ 5.390**	**€ 6.190**	**€ 8.390**
Bewerbungsschluss	30.04. / 31.10.	30.04. / 31.10.	30.04.
Spätbewerbung	auf Anfrage	auf Anfrage	auf Anfrage

Bewerbungsverlauf und Kriterien für die Annahme des Bewerbers
Dein Notendurchschnitt muss befriedigend oder besser sein, Dein Zeugnis darf keine mangelhafte Note in einem Hauptfach enthalten. Das Wichtigste ist, dass Du Motivation, Flexibilität, Toleranz und Anpassungsfähigkeit mitbringst.

Vorbereitung auf den Spanien-Aufenthalt in Deutschland
Schüler- und Elternhandbuch, regelmäßig Infobriefe (Newslinks) mit Infos zum Ablauf, kulturellen Eigenheiten der Gastländer sowie Ratschlägen und Erfahrungsberichten. Zweitägiges Vorbereitungsseminar vor Abreise bei dem Du Infos und Tipps erhältst und etwas zu den Vorschriften und Regeln während Deines Austausches erfährst. Zudem wirst Du mit Rollenspielen, kreativer Arbeit und lustigen Sketchen auf Deinen Austausch vorbereitet. Es gibt eine Extra-Informationsveranstaltung zur Vorbereitung Deiner Eltern bei Sommer-Ausreise.

Betreuung während des Auslandsaufenthalts und durch Nachbereitung
In Spanien wird in der Nähe Deines Wohnortes ein Ansprechpartner für Dich und Deine Gastfamilie sein. Auch in Deutschland sind wir immer erreichbar. Nach Deiner Rückkehr ist es noch nicht „vorbei“: Unsere Returnees organisieren „get togethers“, das traditionelle *into* BBQ und Ausflüge, bei denen sich viele Ehemalige immer wieder treffen.

Stipendien und Sonstiges
* Neben dem Classic-Programm bietet *into* in Spanien auch ein Schulwahl-Programm an (einmonatiger Austausch möglich). Bei Sommer-Ausreise ist im Preis ein achttägiges Orientation-Camp in Madrid enthalten.

Kurz und bündig			
Gründungsjahr	1986	Schülerzahl im Spanien Programm 2014/15	13
ESP-Programm seit	2003	Gesamtschülerzahl im High School Programm 2014/15	435
Gemeinnützigkeit	nein	Partner in Spanien	*into* Intercambio Estudiantil

iSt Internationale Sprach- und Studienreisen GmbH
Stiftsmühle
69080 Heidelberg
iSt@sprachreisen.de
Telefon: 06221 / 89 00-0
Telefax: 06221 / 89 00-200
www.sprachreisen.de

Preis und Leistung			
*Länderwahlprogramm**	3 Monate	Halbjahr	Schuljahr
Grundpreis (ab)	€ 5.450	€ 6.370	€ 8.180
Flug D – Spanien	ja	ja	ja
Flugbegleitung auf Hinreise	nein	nein	nein
Vorbereitungstreffen	nein	nein	nein
Vorbereitungsseminar	nein	nein	nein
Einführungsseminar in Spanien	nein	nein	nein
Elterntreffen	nein	nein	nein
Nachbereitungstreffen	€ 45/opt.	€ 45/opt.	€ 45/opt.
Nachbereitungsseminar	nein	nein	nein
Gesamtpreis (ab circa)	**€ 5.450**	**€ 6.370**	**€ 8.180**
Bewerbungsschluss	31.03.	31.03.	31.03.
Spätbewerbung	auf Anfrage	auf Anfrage	auf Anfrage

Bewerbungsverlauf und Kriterien für die Annahme des Bewerbers
Die Bewerber füllen ein Bewerbungsformular aus und schicken dies zusammen mit einer kurzen Selbstbeschreibung und der letzten Zeugniskopie an unser Büro. Die Bewerber werden dann umgehend zu einem persönlichen Gespräch eingeladen. Kurze Zeit nach dem Interview teilen wir schriftlich mit, ob Sie in das Programm aufgenommen werden. Wenn Sie den Platz annehmen möchten, bestätigen Sie und dies schriftlich.

Vorbereitung auf den Spanien-Aufenthalt in Deutschland
Schon beim Bewerbungsgespräch informieren wir umfassend über viele wichtige Aspekte der Programmteilnahme und erläutern kulturelle Besonderheiten des Gastlandes. Die Teilnehmer erhalten regelmäßig Informationsbriefe zum bevorstehenden Aufenthalt. Sollte die Teilnehmerzahl zwölf übersteigen, bieten wir ein Vorbereitungstreffen an.

Betreuung während des Auslandsaufenthalts und durch Nachbereitung
Wir bleiben auch während des Aufenthaltes mit Ihnen in Kontakt und versorgen Sie mit aktuellen Informationen. Der örtliche Vertreter steht Ihnen mit Rat und Hilfe zur Seite. Für die Eltern sind wir hier im Büro stets ansprechbar. Auf einem Nachbereitungstreffen können Sie Ihre Eindrücke noch einmal Revue passieren lassen und mit anderen Teilnehmern Erfahrungen austauschen. Touristische Kurztrips der Partnerorganisation gegen Aufpreis.

Stipendien und Sonstiges
Auf Anfrage können wir auch Privatschulaufenthalte anbieten. Stipendien können für das Spanien-Programm leider nicht vergeben werden. *Aufpreis für Regionenwahl Sevilla, Granada, Alicante, Valencia, Cadiz, Saragossa, Madrid, Málaga: 3 Monate € 310, Halbjahr € 560, Schuljahr € 970

Kurz und bündig				
Gründungsjahr	1981	Schülerzahl im Spanien-Programm 2014/15		6
ESP-Programm seit	2003	Gesamtschülerzahl im High School Programm 2014/15		1.090
Gemeinnützigkeit	nein	Partner in Spanien	Get Ready	

KAPLAN – ASPECT Internationale Sprachschule GmbH	
Zeil 65	Telefon: 069 / 244 5005 20
60313 Frankfurt am Main	Telefax: 069 / 244 5005 09
highschool.weltweit@kaplaninternational.com	www.kaplaninternational.com/de

Preis und Leistung			
Länderwahlprogramm	3 Monate	Halbjahr	Schuljahr
Grundpreis	€ 5.590	€ 6.590	€ 8.590
Flug D – Spanien	€ 400/p	€ 400/p	€ 400/p
Flugbegleitung auf Hinreise	ja	ja	ja
Vorbereitungstreffen	nein	nein	nein
Vorbereitungsseminar	ja	ja	ja
Einführungsseminar in Spanien	ja	ja	ja
Elterntreffen	nein	nein	nein
Nachbereitungstreffen	ja	ja	ja
Nachbereitungsseminar	nein	nein	nein
Gesamtpreis (circa)	**€ 5.990**	**€ 6.990**	**€ 8.990**
Bewerbungsschluss	15.05. / 15.10.	15.05. / 15.10.	15.05.
Spätbewerbung	möglich	möglich	möglich

Bewerbungsverlauf und Kriterien für die Annahme des Bewerbers

Nach der Bewerbung (schriftlich oder online) findet ein persönliches Beratungsgespräch (mit mind. einem Elternteil) in der Nähe des Wohnortes statt. Unmittelbar nach dem Gespräch entscheidet KAPLAN über die Aufnahme des Schülers. Dabei spielt neben den schulischen Leistungen und gesundheitlichen Voraussetzungen auch der persönliche Eindruck eine große Rolle (Motivation, Reife, Offenheit, Anpassungsfähigkeit und kulturelles Interesse).
Alter: 14-18

Vorbereitung auf den Spanien-Aufenthalt in Deutschland

Neben dem Elterntreffen und dem zweitägigen Vorbereitungsseminar, das für alle Schüler obligatorisch ist, bekommen Schüler schon beim Gespräch und nach der Aufnahme ins Programm viele Informationen zu Land und Leuten und zum Leben im Ausland sowie ein ausführliches Handbuch.

Betreuung während des Auslandsaufenthalts und durch Nachbereitung

Jeder Schüler hat einen persönlichen Betreuer, es git außerdem eine 24 Stunden Notfall-Nummer. Das KAPLAN-Büro in Deutschland ist Ansprechpartner für Fragen der Eltern.

Zu Programmbeginn findet ein 3-tägiger Vorbereitungskurs in Barcelona statt. Regionenwünsche sind möglich (teilweise gegen Aufpreis). Es besteht die Möglichkeit, im Januar oder April an einer 5-tägigen Studienreise nach Madrid teilzunehmen und/oder das DELE-Zertifikat abzulegen.

Kurz und bündig			
Gründungsjahr	1985	Schülerzahl im Spanien-Programm 2014/15	4
ESP-Programm seit	2006	Gesamtschülerzahl im High School Programm 2014/15	152
Gemeinnützigkeit	nein	Partner in Spanien	InterHispania

MAP SPRACHREISEN GmbH – MUNICH ACADEMIC PROGRAM
Türkenstraße 104 Telefon: 089 / 35 73 79 77
80799 München Telefax: 089 / 35 73 79 78
highschool@map-sprachreisen.com www.map-sprachreisen.com

Preis und Leistung			
*Regionenwahlprogramm**	3 Monate	Halbjahr	Schuljahr
Grundpreis (ab)	€ 5.650	€ 7.950	€ 9.650
Flug D – Spanien	€ 400/p	€ 400/p	€ 400/p
Flugbegleitung auf Hinreise	ab 15 Teiln.	ab 15 Teiln.	ab 15 Teiln.
Vorbereitungstreffen	ja	ja	ja
Vorbereitungsseminar	nein	nein	nein
Einführungsseminar in Spanien	ja	ja	ja
Elterntreffen	nein	nein	nein
Nachbereitungstreffen	ja	ja	ja
Nachbereitungsseminar	nein	nein	nein
Gesamtpreis (circa)	**€ 6.050**	**€ 8.350**	**€ 10.050**
Bewerbungsschluss	4 bis 6	Wochen vor	Schulbeginn
Spätbewerbung	möglich	möglich	möglich

Bewerbungsverlauf und Kriterien für die Annahme des Bewerbers
Keine besonderen Alters- und Notenvorgaben. Grundkenntnisse in Spanisch sind von Vorteil, aber nicht Voraussetzung. Nach Bewerbungseingang erhalten Schüler und Eltern eine Einladung zu einem persönlichen Bewerbungs- und Informationsgespräch, das in der nächstgelegenen Großstadt stattfindet. Nachdem sich MAP von der Eignung des Bewerbers überzeugt hat, erhält er nach wenigen Tagen ein Vertragsangebot und die MAP Akzeptierungsunterlagen.

Vorbereitung auf den Spanien-Aufenthalt in Deutschland
Von Anfang an wird jeder Programmteilnehmer umfassend von MAP auf seinen Aufenthalt vorbereitet und über die erforderlichen (organisatorischen) Schritte unterrichtet und mit Infomaterial versorgt. Kurz vor Abreise findet ein Vorbereitungstreffen (Orientation) statt.

Betreuung während des Auslandsaufenthalts und durch Nachbereitung
In Spanien steht jedem Gastschüler ein Repräsentant der Partnerorganisation als Ansprechpartner für Probleme aller Art zur Seite. Nach der Rückkehr organisiert MAP ein "Returnee"-Treffen.

Stipendien und Sonstiges
* Es besteht die Möglichkeit eine Privatschule (Unterbringung bei einer Gastfamilie oder im Internat) in einer bestimmten Region zu besuchen (höhere Schulgebühr).

Kurz und bündig				
Gründungsjahr	1996	Schülerzahl im Spanien-Programm 2014/15		1
ESP-Programm seit	2004	Gesamtschülerzahl im High School Programm 2014/15		203
Gemeinnützigkeit	nein	Partner in Spanien	CCI, Madrid	

Open Door International e.V.
Thürmchenswall 69
50668 Köln
info@opendoorinternational.de
Telefon: 0221 / 60 60 85 50
Telefax: 0221 / 60 60 85 519
www.opendoorinternational.de

Preis und Leistung			
*Länderwahlprogramm**	3 Monate	Halbjahr	Schuljahr
Grundpreis	€ 5.990	€ 6.690	€ 8.490
Flug D – Spanien	€ 400/p	€ 400/p	€ 400/p
Flugbegleitung auf Hinreise	nein	nein	nein
Vorbereitungstreffen	nein	nein	nein
Vorbereitungsseminar	ja	ja	ja
Einführungsseminar in Spanien	ja	ja	ja
Elterntreffen	ja	ja	ja
Nachbereitungstreffen	nein	nein	nein
Nachbereitungsseminar	ja	ja	ja
Gesamtpreis (circa)	**€ 6.390**	**€ 7.090**	**€ 8.890**
Bewerbungsschluss	31.03. / 15.10.	31.03. / 15.10.	31.03.
Spätbewerbung	möglich	möglich	möglich

Bewerbungsverlauf und Kriterien für die Annahme des Bewerbers
Nach der Kurzbewerbung folgt das persönliche Auswahlgespräch beim Bewerber zu Hause, bei dem es darum geht, den Bewerber auf Motivation, Persönlichkeit und generelle Eignung zu prüfen. Bewerben können sich Jugendliche zw. 14 und 18 Jahren mit einem Notendurchschnitt von mind. 3,5 und Grundkenntnissen der spanischen Sprache.

Vorbereitung auf den Spanien-Aufenthalt in Deutschland
Auf einem dreitägigen Vorbereitungsseminar mit Schülern und Eltern werden alle wichtigen Informationen sowie Tipps und Hinweise gegeben. Bewerber und Eltern erhalten zudem ein umfassendes Handbuch. Ein persönlicher Ansprechpartner im Kölner Büro steht zudem immer telefonisch und per E-Mail zur Verfügung.

Betreuung während des Auslandsaufenthalts und durch Nachbereitung
Individuelle Anreise; Betreuung vor Ort durch Mitarbeiter der Partnerorganisation; Im Notfall ist auch in Spanien ein deutschsprachiger Ansprechpartner erreichbar. 24-Stunden-Notrufnummer in Spanien und Deutschland. Betreuung der Eltern durch das Kölner ODI-Büro sowie Elterntreffen während des Aufenthaltes. Mehrtägiges Nachbereitungsseminar für Returnees sowie die Möglichkeit der Mitarbeit im weltweiten Jugendaustausch.

Stipendien und Sonstiges
ODI vergibt für das Programmjahr 2015/2016 zwei Vollstipendien für die USA, ein Vollstipendium für die südamerikanischen Programmländer sowie insgesamt vier Teilstipendien für alle ODI-Programmländer; 2-tägiges Orientierungsseminar in Barcelona bei Programmstart im September inklusive; persönliche Orientierung mit Koordinatorin vor Ort bei Programmstart im Januar, * Regionenwahl optional gegen Aufpreis buchbar.

Kurz und bündig			
Gründungsjahr	1983	Schülerzahl im Spanien-Programm 2014/15	6
ESP-Programm seit	2002	Gesamtschülerzahl im High School Programm 2014/15	145
Gemeinnützigkeit	ja	Partner in Spanien	Openmind

Stepin GmbH – Student Travel and Education Programmes International
Beethovenallee 21 Telefon: 0228 / 956 95 30
53173 Bonn Telefax: 0228 / 956 95 39
school@stepin.de www.stepin.de

Preis und Leistung			
Länderwahlprogramm	3 Monate	Halbjahr	Schuljahr
Grundpreis (ab)	€ 6.450	€ 7.220	€ 9.460
Flug D – Spanien	ja	ja	ja
Flugbegleitung auf Hinreise	nein	nein	nein
Vorbereitungstreffen	ja	ja	ja
Vorbereitungsseminar	ja	ja	ja
Einführungsseminar in Spanien	ja	ja	ja
Elterntreffen	nein	nein	nein
Nachbereitungstreffen	nein	nein	nein
Nachbereitungsseminar	ja	ja	ja
Gesamtpreis (ab circa)	**€ 6.450**	**€ 7.220**	**€ 9.460**
Bewerbungsschluss	31.03. / 15.10.	15.10.	31.03.
Spätbewerbung	möglich	möglich	möglich

Bewerbungsverlauf und Kriterien für die Annahme des Bewerbers
Step 1: Unverbindliche Anmeldung (schriftlich od. online). Step 2: persönliches Kennenlerngespräch in Wohnortnähe des Bewerbers. Step 3: Bei Eignung des Bewerbers unterbreitet Stepin ein Vertragsangebot. Teilnahmevoraussetzungen sind kulturelle Aufgeschlossenheit, Reife, Toleranz und mindestens befriedigende schulische Leistungen. Spanischkenntnisse von Vorteil.

Vorbereitung auf den Spanien-Aufenthalt in Deutschland
Eltern- und Schülervorbereitungstreffen bzw. -seminar in mehreren deutschen Städten sowie Handbücher und regelmäßige Info-Rundbriefe für Teilnehmer und Eltern bis zur Ausreise. Fester Programm-Ansprechpartner im Stepin-Büro.

Betreuung während des Auslandsaufenthalts und durch Nachbereitung
2-tägiges Einführungsseminar nach Ankunft in Barcelona (bei Ausreise im September). Betreuung durch unsere deutschsprachige Ansprechpartnerin vor Ort. Unser Stepin Team steht Ihnen jederzeit als Ansprechpartner zur Verfügung. Returnee-Wochenende in Deutschland.

Stipendien und Sonstiges
Stepin vergibt Voll-und Teilstipendien für unterschiedliche Programme. Teilnahme an organisierten Reisen durch Partnerorganistion möglich (optional).

Kurz und bündig			
Gründungsjahr	1997	Schülerzahl im Spanien-Programm 2014/15	5
ESP-Programm seit	2000	Gesamtschülerzahl im High School Programm 2014/15	> 600
Gemeinnützigkeit	nein	Partner in Spanien	Openmind

TravelWorks (Travelplus Group GmbH)
Münsterstr. 111
48155 Münster
highschool@travelworks.de
Telefon: 02506 / 8303 600
Telefax: 02506 / 8303 231
www.schueleraustausch-international.de

Preis und Leistung			
Länderwahlprogramm	3 Monate	Halbjahr	Schuljahr
Grundpreis (ab)	€ 5.980	€ 6.770	€ 9.490
Flug D – Spanien	ja	ja	ja
Flugbegleitung auf Hinreise	nein	nein	nein
Vorbereitungstreffen	ja	ja	ja
Vorbereitungsseminar	nein	nein	nein
Einführungsseminar in Spanien	ja	ja	ja
Elterntreffen	nein	nein	nein
Nachbereitungstreffen	ja	ja	ja
Nachbereitungsseminar	nein	nein	nein
Gesamtpreis (ab circa)	**€ 5.980**	**€ 6.770**	**€ 9.490**
Bewerbungsschluss	31.08. / 31.03.	31.08. / 31.08.	31.08. / 31.03.
Spätbewerbung	ja	ja	ja

Bewerbungsverlauf und Kriterien für die Annahme des Bewerbers
Nach der unverbindlichen Bewerbung laden wir die SchülerInnen und deren Eltern zum persönlichen Auswahl- und Informationsgespräch ein. Anschließend senden wir den Bewerbern unsere Buchungsgrundlage sowie das verbindliche Anmeldeformular zu, das bei Interesse am Programm unterschrieben an uns zurückgesandt werden muss. Bewerber sollten motiviert, flexibel und weltoffen sein. Alter: 15-18 Jahre. Spanischgrundkenntisse notwendig. Die Bewerber sollten keine Vegetarier oder Veganer sein.

Vorbereitung auf den Spanien-Aufenthalt in Deutschland
Etwa drei Monate vor Abreise laden wir die TeilnehmerInnen und ihre Eltern zu einem eintägigen Vorbereitungsseminar in mehreren deutschen Städten bzw. in Österreich ein. Außerdem erhalten die TeilnehmerInnen ein Infohandbuch sowie regelmäßige Inforundbriefe.

Betreuung während des Auslandsaufenthalts und durch Nachbereitung
Das Programm vor Ort beginnt – je nach gewählter Region – mit einem 2-tägigen Orientierungsseminar oder einer 3-tägigen Städtereise in Barcelona. Während des Aufenthaltes werden die Schüler von einem Koordinator unserer Partnerorganisation vor Ort betreut. Für die Eltern stehen natürlich auch die Kollegen in unserem deutschen Büro als Ansprechpartner zur Verfügung (im Notfall auch 24 Stunden am Tag). Nach dem Ende des Programms führen wir ein Nachtreffen für die TeilnehmerInnen im Rahmen eines Ausflugswochenendes durch.

Stipendien und Sonstiges
1 Sozialstipendium im Wert von 1.500 €, 1 Kreativstipendium im Wert von 2.500 €

Kurz und bündig			
Gründungsjahr	1991	Schülerzahl im Spanien-Programm 2014/15	5
ESP-Programm seit	2005	Gesamtschülerzahl im High School Programm 2014/15	536
Gemeinnützigkeit	nein	Partner in Spanien	Get Ready, Openmind

AFS Interkulturelle Begegnungen e.V.
Friedensallee 48
22765 Hamburg
info@afs.de
Telefon: 040 / 399 222-0
Telefax: 040 / 399 222-99
www.afs.de

Preis und Leistung			
Länderwahlprogramm	1. Halbjahr	2. Halbjahr	Schuljahr
Grundpreis			€ 7.990
Flug D – Südafrika			ja
Flugbegleitung auf Hinreise			ab 30 Teiln.
Vorbereitungstreffen			teilweise
Vorbereitungsseminar			ja
Einführungsseminar in Südafrika			ja
Elterntreffen			teilweise
Nachbereitungstreffen			ja
Nachbereitungsseminar			ja
Kranken-/Unfallversicherung			ja
Haftpflicht-/Gepäckversicherung			nein
Gesamtpreis (circa)			**€ 7.990**
Bewerbungsschluss			15.10.
Spätbewerbung			möglich

Bewerbungsverlauf und Kriterien für die Annahme des Bewerbers

Alle Bewerber werden zu einem Auswahlwochenende in der Nähe ihres Wohnortes eingeladen. Die persönliche Eignung der Bewerber ist ausschlaggebend (Offenheit, Toleranz, Selbstständigkeit, Anpassungsbereitschaft, Kommunikationsfähigkeit, innere Stabilität usw.).

Vorbereitung auf den Südafrika-Aufenthalt in Deutschland

AFS legt großen Wert auf die Vorbereitung. Es finden 2-3 Wochenendseminare statt: 1 oder 2 zur Grundvorbereitung (je nach Abreisetermin) und ein weiteres zur länderspezifischen Vorbereitung. Im persönlichen Gespräch mit der Familie wird individuell auf alle Fragen eingegangen, für die Eltern organisieren die Ehrenamtlichen Treffen zum gegenseitigen Austausch.

Betreuung während des Auslandsaufenthalts und durch Nachbereitung

Das weltweite AFS-Netzwerk ermöglicht die persönliche Betreuung der Teilnehmer vor, während und nach dem Austauschjahr. AFS im Gastland organisiert ein Einführungsseminar zu Beginn des Programms und ein Orientierungs-/ Auswertungsseminar im weiteren Verlauf des Auslandsaufenthaltes. Jeder Teilnehmer hat einen persönlichen Ansprechpartner vor Ort, hauptamtliche Mitarbeiter in allen AFS-Büros sind für Notfälle jederzeit erreichbar. AFS bietet seinen Teilnehmern zwei Seminare zur Nachbereitung an: ein Grundseminar auf lokaler Ebene und eine überregionale Nachbereitung in verschiedenen Orten Deutschlands.

Stipendien und Sonstiges

AFS vergibt an über 30 Prozent seiner Teilnehmer Stipendien aus Vereinsmitteln und Spenden. Erstes Vergabekriterium ist in der Regel die finanzielle Situation der Familie.

Kurz und bündig			
Gründungsjahr (1947)	1992	Schülerzahl im Südafrika-Programm 2014/15	2
ZA-Programm seit	1978	Gesamtschülerzahl im High School Programm 2014/15	1.044
Gemeinnützigkeit	ja	Partner in Südafrika	AFS

CAMPS International GmbH
Poolstraße 36 Telefon: 040 / 822 90 27 0
20355 Hamburg Telefax: 040 / 822 90 27 29
info@camps.de www.camps.de

Preis und Leistung			
Länderwahlprogramm	3 Monate	Halbjahr	Schuljahr
Grundpreis		€ 5.800	€ 7.300
Flug D – Südafrika		€ 1.200/p	€ 1.200/p
Flugbegleitung auf Hinreise		nein	nein
Vorbereitungstreffen		ja	ja
Vorbereitungsseminar		nein	nein
Einführungsseminar in Südafrika		ja	ja
Elterntreffen		nein	nein
Nachbereitungstreffen		nein	nein
Nachbereitungsseminar		ja	ja
Kranken-/Unfallversicherung		€ 300/p	€ 600/p
Haftpflicht-/Gepäckversicherung		ja	ja
Gesamtpreis (circa)		**€ 7.300**	**€ 9.100**
Bewerbungsschluss		15.03.	15.03.
Spätbewerbung		möglich	möglich

Bewerbungsverlauf und Kriterien für die Annahme des Bewerbers
Bewerber füllen das Anmeldeformular aus dem Katalog aus oder bewerben sich online unter www.camps.de/anmeldung. Danach folgt ein persönliches Auswahlgespräch, ggf. per Skype. Dieses Interview wird bei uns immer als Einzel-, nie als Gruppengespräch geführt! Wir wollen jeden Bewerber und dessen Eltern bestmöglich kennenlernen. Zudem versuchen wir, falsche Vorstellungen von einem Gastschulaufenthalt schon im Vorwege zu korrigieren. Wir teilen dem Schüler noch während des Gespräches mit, ob wir ihn in das Programm aufnehmen.

Vorbereitung auf den Südafrika-Aufenthalt in Deutschland
Durch Besuche in Südafrika und Gespräche mit den Vertretern unserer Partnerorganisation können wir uns ein gutes Bild vom Leben in den einzelnen Regionen des Landes und den Erwartungen an einen Gastschüler machen. Diese Erfahrungen versuchen wir bei verschiedenen Informationsveranstaltungen und im Rahmen eines eintägigen Workshops neuen Gastschülern pragmatisch zu vermitteln.

Betreuung während des Auslandsaufenthalts und durch Nachbereitung
In Südafrika kooperieren wir mit der Partnerorganisation African Ambassadors. Diese Organisation ist selbstverständlich von den offiziellen Behörden anerkannt.
Wir veranstalten einmal pro Jahr ein mehrtägiges Returnee Meeting. Dort treffen sich ehemalige CAMPS-Schüler zum Erfahrungsaustausch.

Stipendien und Sonstiges
Optional: mehrtägige Bushveld Safari-Tour im Krüger Nationalpark (ca. € 800)

Kurz und bündig				
Gründungsjahr (1984)	2010	Schülerzahl im Südafrika-Programm 2014/15		4
ZA-Programm seit	2004	Gesamtschülerzahl im High School Programm 2014/15		141
Gemeinnützigkeit	nein	Partner in Südafrika	African Ambassadors	

CAP – Cultures and Perspectives – Inh. Geska Jäkel
Rosenäckerweg 14 Telefon: 07348 / 250 91 39
89160 Dornstadt Telefax. 07348 / 205 91 40
info@go-cap.de www.go-cap.de

Preis und Leistung			
Länderwahlprogramm	3 Monate	Halbjahr	Schuljahr
Grundpreis	€ 4.100	€ 5.750	€ 7.100
Flug D – Südafrika	€ 1.200/p	€ 1.200/p	€ 1.200/p
Flugbegleitung auf Hinreise	nein	nein	nein
Vorbereitungstreffen	nein	nein	nein
Vorbereitungsseminar	ja	ja	ja
Einführungsseminar in Südafrika	nein	nein	nein
Elterntreffen	nein	nein	nein
Nachbereitungstreffen	ja	ja	ja
Nachbereitungsseminar	nein	nein	nein
Kranken-/Unfallversicherung	€ 165	€ 275	€ 550
Haftpflicht-/Gepäckversicherung	ja	ja	ja
Gesamtpreis (circa)	**€ 5.465**	**€ 7.225**	**€ 8.850**
Bewerbungsschluss	nach Verfügbarkeit freier Plätze		
Spätbewerbung	möglich	möglich	möglich

Bewerbungsverlauf und Kriterien für die Annahme des Bewerbers

Jeder Schüler von Real-, Gesamtschulen und Gymnasien, der sich in dieses Abenteuer stürzen möchte, muss ein paar Grundvoraussetzungen erfüllen. Neben dem Alter (14-18), mindestens ausreichenden Schulnoten und möglichst einer „Drei“ in Englisch benötigen unsere Schüler auch noch das „persönliche Zeug“ dazu. Das sind besonders Motivation, Anpassungsfähigkeit, Flexibilität und der nötige Biss. Für die unverbindliche Bewerbung benötigen wir die Online-Bewerbung auf unserer Homepage. Unser persönliches Bewerbungsgespräch wird bei jedem Schüler zu Hause durchgeführt. Während dieses Gespräches überzeugen wir und von dem Schüler und seiner persönlichen Eignung und klären offene Fragen.

Vorbereitung auf den Südafrika-Aufenthalt in Deutschland

Wir bieten im Frühjahr und Herbst ein 2-tägiges Vorbereitungsseminar an.

Betreuung während des Auslandsaufenthalts und durch Nachbereitung

Während ihres Aufenthaltes werden unsere Schüler durch CAP sowie durch die Partner und deren Koordinatoren betreut. Vor Ort wird bei Problemen kompetente Hilfestellung gegeben. Dies geschieht durch regelmäßigen Kontakt mit Eltern und Schülern. Außerhalb der Bürozeiten stellt CAP eine Notrufnummer zu Verfügung.

Stipendien und Sonstiges

Es gibt Teilstipendien für all unsere Programme (siehe auch „Public High School USA“).

Kurz und bündig				
Gründungsjahr	2007	Schülerzahl im Südafrika-Programm 2014/15		2
ZA-Programm seit	2008	Gesamtschülerzahl im High School Programm 2014/15		35
Gemeinnützigkeit	nein	Partner in Südafrika	Myeo-SA	

Deutsches Youth For Understanding Komitee e.V. (YFU)	
Oberaltenallee 6	Telefon: 040 / 22 70 02-0
22081 Hamburg	Telefax: 040 / 22 70 02-27
info@yfu.de	www.yfu.de

Preis und Leistung			
Länderwahlprogramm			Schuljahr
Grundpreis			€ 7.800
Flug D – Südafrika			ja
Flugbegleitung auf Hinreise			ja
Vorbereitungstreffen			ja
Vorbereitungsseminar			ja
Einführungsseminar in Südafrika			ja
Elterntreffen			ja
Nachbereitungstreffen			ja
Nachbereitungsseminar			ja
Kranken-/Unfallversicherung			ja
Haftpflicht-/Gepäckversicherung			ja
Gesamtpreis			**€ 7.800**
Bewerbungsschluss			variabel
Spätbewerbung			nein

Bewerbungsverlauf und Kriterien für die Annahme des Bewerbers
Bei YFU können sich Schülerinnen und Schüler aller Schularten bewerben. Sie sollten aufgeschlossen, anpassungsfähig und verantwortungsbewusst sein und mindestens durchschnittliche Schulleistungen vorweisen. Nach Durchsicht der schriftlichen Bewerbungsunterlagen führt YFU regional Auswahlgespräche in Form von Gruppen- und Einzelinterviews durch.

Vorbereitung auf den Südafrika-Aufenthalt in Deutschland
Alle YFU-Austauschschüler nehmen vor Abreise an einer einwöchigen Tagung teil, auf der sie intensiv auf das Leben in einer fremden Kultur vorbereitet werden und praktische Tipps für den Alltag in Südafrika erhalten. Auch für Eltern werden eigene Vorbereitungstreffen angeboten. YFU stellt außerdem umfangreiche schriftliche Unterlagen zur Verfügung.

Betreuung während des Auslandsaufenthalts und durch Nachbereitung
Jeder Austauschschüler hat im Ausland vor Ort einen persönlichen Betreuer. Darüber hinaus stehen die hauptamtlichen YFU-Mitarbeiter in Deutschland und Südafrika zur Verfügung – im Notfall rund um die Uhr. Während des Austauschjahres finden außerdem begleitende Seminare statt. Nach der Rückkehr gibt es ein zwei- bis dreitägiges Nachbereitungsseminar.

Stipendien und Sonstiges
YFU vergibt jährlich rund 300 Stipendien im Gesamtwert von etwa einer halben Million Euro. Die Vergabe und Höhe der Stipendien richtet sich nach der finanziellen Situation der Familie, nicht nach Schulnoten. Weitere Informationen gibt es unter www.yfu.de/stipendien.

Kurz und bündig			
Gründungsjahr	1957	Schülerzahl im Südafrika-Programm 2014/15	14
ZA-Programm seit	1995	Gesamtschülerzahl im High School Programm 2014/15	1.092
Gemeinnützigkeit	ja	Partner in Südafrika	YFU Südafrika

Experiment e.V.
Gluckstraße 1
53115 Bonn
info@experiment-ev.de
Telefon: 0228 / 957 220
Telefax: 0228 / 358 282
www.experiment-ev.de

Preis und Leistung			
Länderwahlprogramm	3 Monate	Halbjahr	Schuljahr
Grundpreis (ab)	€ 4.980	€ 5.900	€ 7.800
Flug D –Südafrika	ja	ja	ja
Flugbegleitung auf Hinreise	nein	nein	nein
Vorbereitungstreffen	nein	nein	nein
Vorbereitungsseminar	ja	ja	ja
Einführungsseminar in Südafrika	ja	ja	ja
Elterntreffen	nein	nein	nein
Nachbereitungstreffen	nein	nein	nein
Nachbereitungsseminar	ja	ja	ja
Kranken-/Unfallversicherung	ja	ja	ja
Haftpflicht-/Gepäckversicherung	ja/nein	ja/nein	ja/nein
Gesamtpreis (ab circa)	**€ 4.980**	**€ 5.900**	**€ 7.800**
Bewerbungsschluss	01.02. / 01.08.	01.02. / 01.08.	01.02. / 01.08.
Spätbewerbung	möglich	möglich	möglich

Bewerbungsverlauf und Kriterien für die Annahme des Bewerbers
Schülerinnen und Schüler zwischen 14 und 18 Jahren können am Programm teilnehmen. Voraussetzung ist, dass der Bewerber bis zur Ausreise eine weiterführende Schule besucht. Er sollte ein ernsthaftes Interesse am interkulturellen Austausch haben und bereit sein, der neuen Umgebung Informationen und Eindrücke von Deutschland zu vermitteln. Aufgeschlossenheit, Offenheit, Toleranz und ein gewisses Anpassungsvermögen sind unentbehrliche Fähigkeiten.

Vorbereitung auf den Südafrika-Aufenthalt in Deutschland
Alle Teilnehmer werden zu einem überregionalen, viertägigen Vorbereitungsseminar eingeladen, auf dem sie von Ehrenamtlichen umfassend auf ihren Auslandsaufenthalt vorbereitet werden. Diese intensive Vorbereitung findet bereits mehrere Wochen vor der Ausreise statt, ist verpflichtend für alle Teilnehmer und daher bereits im Preis enthalten.

Betreuung während des Auslandsaufenthalts und durch Nachbereitung
Ein persönlicher Betreuer unserer Partnerorganisation hat die Gastfamilie vor der Ankunft des Austauschschülers besucht und ist während des Aufenthaltes Ansprechpartner für Schüler und Gastfamilie. Für Eltern und Teilnehmer gibt es zusätzlich in Deutschland einen telefonischen Bereitschaftsdienst von Experiment e.V., der rund um die Uhr erreichbar ist.

Stipendien und Sonstiges
Aufenthalt auch für 7 Monate möglich. Die Gastfamilien leben ausschließlich im Großraum Kapstadt. Experiment e.V. stellt für den „Schulbesuch im Ausland" einen eigenfinanzierten Stipendienfonds in Höhe von € 60.000 (2015-16) zur Verfügung. Aktuelle Stipendien unter www.experiment-ev.de/stipendien.

Kurz und bündig				
Gründungsjahr	1932	Schülerzahl im Südafrika-Programm 2014/15		20
ZA-Programm seit	2006	Gesamtschülerzahl im High School Programm 2014/15		490
Gemeinnützigkeit	ja	Partner in SA	GVI, Kapstadt	

GLS Sprachenzentrum – Inh. Barbara Jaeschke
Kastanienallee 82 Telefon: 030 / 7800 89 80
10435 Berlin Telefax: 030 / 787 419 1
highschool@gls-sprachenzentrum.de www.gls-sprachenzentrum.de

Preis und Leistung			
Regionenwahlprogramm	3 Monate	Halbjahr	Schuljahr
Grundpreis	€ 4.690	€ 5.690	€ 7.590
Flug D – Südafrika	€ 1.200/p	€ 1.200/p	€ 1.200/p
Flugbegleitung auf Hinreise	nein	nein	nein
Vorbereitungstreffen	ja	ja	ja
Vorbereitungsseminar	€ 110/opt.	€ 110/opt.	€ 110/opt.
Einführungsseminar in Südafrika	ja	ja	ja
Elterntreffen	nein	nein	nein
Nachbereitungstreffen	nein	nein	nein
Nachbereitungsseminar	ja	ja	ja
Kranken-/Unfallversicherung	€ 165	€ 275	€ 550
Haftpflicht-/Gepäckversicherung	ja	ja	ja
Gesamtpreis (circa)	**€ 6.055**	**€ 7.165**	**€ 9.340**
Bewerbungsschluss	15.04. / 15.09.	15.04. / 15.09.	15.04. / 15.09.
Spätbewerbung	nicht möglich	nicht möglich	nicht möglich

Bewerbungsverlauf und Kriterien für die Annahme des Bewerbers
Nach Anmeldung laden wir zum Interview auf Englisch und auf Wunsch zu einer kostenlosen Beratung ein. Neben Motivation und Anpassungsbereitschaft sowie einem Notendurchschnitt von mind. 3,5 bildet das Interview die Voraussetzung für die Aufnahme ins Programm. Sobald uns die Bewerbungsmappe vorliegt, leiten wir diese nach Durchsicht unseren Partnern im Ausland weiter, die vor Ort Gastfamilie und Schulplatz sicherstellen.

Vorbereitung auf den Südafrika-Aufenthalt in Deutschland
Neben unseren Orientierungstreffen vor Abreise für Schüler und Eltern im Frühjahr und im Herbst (deutschlandweit sowie in Zürich und Wien) bieten wir regelmäßig optionale Workshops und Sprachkurse zur Vorbereitung auf unserem Campus in Berlin an.

Betreuung während des Auslandsaufenthalts und durch Nachbereitung
Jedem Teilnehmer wird ein Betreuer im Gastland zur Seite gestellt. Darüber hinaus unterstützen wir selbstverständlich auch nach Abreise Schüler wie Eltern und garantieren umgehende Reaktion und Hilfestellung.. Unsere Rückkehrer laden wir im Herbst zum Returnee-Wochenende nach Berlin ein. Neben Workshops zur Nachbereitung des Auslandsaufenthalts und Austausch mit anderen GLSlern steht natürlich ein abwechslungsreiches Berlin-Programm auf der Agenda.

Stipendien und Sonstiges
INKL. GLS Workshop; Gebietsgarantie Kapstadt; auch Privatschulen (Kapstadt); Weltbürger-Stipendien

Kurz und bündig			
Gründungsjahr	1983	Schülerzahl im Südafrika-Programm 2014/15	14
ZA-Programm seit	1999	Gesamtschülerzahl im High School Programm 2014/15	576
Gemeinnützigkeit	nein	Partner in Südafrika	You 2Africa

iE – international Experience e.V.
Amselweg 20
53797 Lohmar
info@international-experience.net
Telefon: 02246 / 915 49 0
Telefax: 02246 / 915 49 12
www.international-experience.net

Preis und Leistung			
Länderwahlprogramm	3 Monate	Halbjahr	Schuljahr
Grundpreis	€ 4.330	€ 5.760	€ 8.520
Flug D – Südafrika	€ 1.200/p	€ 1.200/p	€ 1.200/p
Flugbegleitung auf Hinreise	nein	nein	nein
Vorbereitungstreffen	nein	nein	nein
Vorbereitungsseminar	ja	ja	ja
Einführungsseminar in Südafrika	ja	ja	ja
Elterntreffen	ja	ja	ja
Nachbereitungstreffen	nein	nein	nein
Nachbereitungsseminar	ja	ja	ja
Kranken-/Unfallversicherung	€ 165	€ 330	€ 550
Haftpflicht-/Gepäckversicherung	ja	ja	ja
Gesamtpreis (circa)	**€ 5.695**	**€ 7.290**	**€ 10.270**
Bewerbungsschluss	31.03. / 30.09.	31.03. / 30.09.	31.03. / 30.09.
Spätbewerbung	möglich	möglich	möglich

Bewerbungsverlauf und Kriterien für die Annahme des Bewerbers
Kriterien für die Aufnahme in unser Programm sind neben den Schulnoten besonders persönliche Eigenschaften wie Motivation, Flexibilität und Anpassungsfähigkeit.
Wir suchen „great kids" mit positiver Einstellung, die auch ihrer Gastfamilie etwas zu bieten haben, die freundlich, aufgeschlossen, aktiv in Schule und Freizeit sind.

Vorbereitung auf den Südafrika-Aufenthalt in Deutschland
Die Vorbereitungen beinhalten persönliche Gespräche, Materialien in Schriftform und ein mehrtägiges Vorbereitungsseminar. Im persönlichen Kontakt weisen wir auf Erfahrungsberichte, lesenswerte Bücher und Bildmaterial hin. Das Vorbereitungsseminar ist Pflicht. Immer nehmen auch Ehemalige an den Seminaren teil und geben ihre Erfahrungen weiter.

Betreuung während des Auslandsaufenthalts
Gezielt geschultes iE Personal mit entsprechender Erfahrung betreut vor Ort. Sie helfen bei der Eingliederung in die Schule und in die neue Familie. iE unterhält einen persönlichen 24-Stunden-Notfall Dienst für Schüler/Innen, Eltern in Deutschland und Gasteltern im Ausland (kein Call-Center). Eventuelle Probleme werden mit dem iE Büro in Deutschland besprochen.

Nachbereitung
Nach der Rückkehr veranstalten wir ein Returnee-Treffen mit anschließender Party.

Stipendien und Sonstiges
Gegen Aufpreis ist auch die Vermittlung an eine Privatschule möglich. Es ist auch ein 9-monatiger Aufenthalt zu o.g. Konditionen möglich. Grundpreis: € 7.190, Versicherung € 495

Kurz und bündig			
Gründungsjahr	2000	Schülerzahl im Südafrika Programm 2014/15	12
ZA-Programm seit	2003	Gesamtschülerzahl im High School Programm 2014/15	335
Gemeinnützigkeit	ja	Partner in Südafrika	iE-Südafrika

KulturLife gGmbH
Max-Giese-Str. 22
24116 Kiel
info@kultur-life.de
Telefon: 0431 / 888 14 10
Telefax: 0431 / 888 14 19
www.kultur-life.de

Preis und Leistung			
Länderwahlprogramm	3 Monate	Halbjahr	Schuljahr
Grundpreis (ab)	€ 5.390	€ 6.290	€ 7.990
Flug D – Südafrika	ja	ja	ja
Flugbegleitung auf Hinreise	nein	nein	nein
Vorbereitungstreffen	nein	nein	nein
Vorbereitungsseminar	ja	ja	ja
Einführungsseminar in Südafrika	ja	ja	ja
Elterntreffen	ja	ja	ja
Nachbereitungstreffen	nein	nein	nein
Nachbereitungsseminar	ja	ja	ja
Kranken-/Unfallversicherung	€ 135	€ 225	€ 450
Haftpflicht-/Gepäckversicherung	€ 40 opt./nein	€ 40 opt./nein	€ 90 opt./nein
Gesamtpreis (ab circa)	**€ 5.525**	**€ 6.515**	**€ 8.440**
Bewerbungsschluss	31.03. / 01.10.	31.03. / 01.10.	31.03. / 01.10.
Spätbewerbung	möglich	möglich	möglich

Bewerbungsverlauf und Kriterien für die Annahme des Bewerbers
Anhand deiner unverbindlichen Voranmeldung prüfen wir, ob wir dich in unser Programm aufnehmen können. Danach melden wir uns und vereinbaren einen persönlichen Gesprächstermin. Es findet ein persönliches Interview mit einem Programmbetreuer über Skype statt.

Vorbereitung auf den Südafrika-Aufenthalt in Deutschland
Jedes Jahr im Frühjahr und Herbst führen wir mehrere Vorbereitungsseminare durch, die jeweils ein Wochenende dauern. Neben den Jugendlichen sind am ersten Tag auch die Eltern eingeladen. Besondere Schwerpunkte der Vorbereitungsseminare sind neben einem intensiven interkulturellen Training das Verhalten in der Gastfamilie und Strategien zur Vermeidung oder Lösung möglicher Problemen.

Betreuung während des Auslandsaufenthalts und durch Nachbereitung
Bei der Ankunft in Kapstadt wirst du am Zielflughafen von Mitarbeitern unserer Partnerorganisation und/oder der Gastfamilie abgeholt. Du startest mit einem Vorbereitungsseminar in Kapstadt, wo du auch deinen persönlichen Betreuer kennen lernst.

Stipendien und Sonstiges
Neben unserem Classic-Programm hast du die Möglichkeit, auf eine Privatschule zu gehen - eine Übersicht findest du auf unserer Homepage. In deiner Freizeit kannst du dich in einem Volunteer-Projekt engagieren. Bewerbungen für das Nordlicht-Stipendium sind möglich.

Kurz und bündig				
Gründungsjahr	1995	Schülerzahl im Südafrika-Programm 2014/15		12
ZA-Programm seit	2007	Gesamtschülerzahl im High School Programm 2014/15		194
Gemeinnützigkeit	ja	Partner in Südafrika	You2Africa	

Stepin GmbH – Student Travel and Education Programmes International
Beethovenallee 21 Telefon: 0228 / 956 95 30
53173 Bonn Telefax: 0228 / 956 95 39
school@stepin.de www.stepin.de

Preis und Leistung			
*Länderwahlprogramm**	3 Monate	Halbjahr	Schuljahr
Grundpreis (ab)	€ 7.490	€ 7.990	€ 10.600
Flug D – Südafrika	ja	ja	ja
Flugbegleitung auf Hinreise	nein	nein	nein
Vorbereitungstreffen	ja	ja	ja
Vorbereitungsseminar	ja	ja	ja
Einführungsseminar in Südafrika	ja	ja	ja
Elterntreffen	nein	nein	nein
Nachbereitungstreffen	nein	nein	nein
Nachbereitungsseminar	ja	ja	ja
Kranken-/Unfallversicherung	ja	ja	ja
Haftpflicht-/Gepäckversicherung	ja	ja	ja
Gesamtpreis (ab circa)	**€ 7.490**	**€ 7.990**	**€ 10.600**
Bewerbungsschluss	30.09. / 30.03.	30.09. / 30.03.	30.09. / 30.03.
Spätbewerbung	nein	nein	nein

Bewerbungsverlauf und Kriterien für die Annahme des Bewerbers
Step 1: Unverbindliche Anmeldung (schriftlich od. online). Step 2: persönliches Kennenlerngespräch in Wohnortnähe des Bewerbers. Step 3: Bei Eignung des Bewerbers unterbreitet Stepin ein Vertragsangebot. Teilnahmevoraussetzungen sind kulturelle Aufgeschlossenheit, Reife, Toleranz und mindestens befriedigende schulische Leistungen. Spanischkenntnisse von Vorteil.

Vorbereitung auf den Südafrika-Aufenthalt in Deutschland
Eltern- und Schülervorbereitungstreffen bzw. -seminar in mehreren deutschen Städten sowie Handbücher und regelmäßige Info-Rundbriefe für Teilnehmer und Eltern bis zur Ausreise. Fester Programm-Ansprechpartner im Stepin-Büro.

Betreuung während des Auslandsaufenthalts und durch Nachbereitung
Dreitägige Einführungsveranstaltung in Kapstadt. Betreuung durch unsere Partnerorganisation vor Ort. Unser Stepin Team steht jederzeit als Ansprechpartner zur Verfügung. Returnee-Wochenende in Deutschland.

Stipendien und Sonstiges
Stepin vergibt Voll- und Teilstipendien für unterschiedliche Programme. Vorbereitungsseminar in Kapstadt. * Schulwahlprogramm möglich. Vermittlung an Privatschulen in und um Kapstadt.

Kurz und bündig			
Gründungsjahr	1997	Schülerzahl im Südafrika-Programm 2014/15	10
ZA-Programm seit	2013	Gesamtschülerzahl im High School Programm 2014/15	> 600
Gemeinnützigkeit	nein	Partner in Südafrika	You 2 africa

TravelWorks (Travelplus Group GmbH)
Münsterstr. 111
48155 Münster
highschool@travelworks.de
Telefon: 02506 / 8303 600
Telefax: 02506 / 8303 231
www.schueleraustausch-international.de

Preis und Leistung			
Länderwahlprogramm	3 Monate	Halbjahr	Schuljahr
Grundpreis	€ 4.790	€ 5.980	€ 7.550
Flug D – Südafrika	ja	ja	ja
Flugbegleitung auf Hinreise	nein	nein	nein
Vorbereitungstreffen	ja	ja	ja
Vorbereitungsseminar	nein	nein	nein
Einführungsseminar in Südafrika	ja	ja	ja
Elterntreffen	nein	nein	nein
Nachbereitungstreffen	ja	ja	ja
Nachbereitungsseminar	nein	nein	nein
Kranken-/Unfallversicherung	€ 171	€ 342	€ 627
Haftpflicht-/Gepäckversicherung	ja	ja	ja
Gesamtpreis (circa)	**€ 4.960**	**€ 6.320**	**€ 8.180**
Bewerbungsschluss	15.04. / 15.09.	15.04. / 15.09.	15.04.
Spätbewerbung	ja	ja	ja

Bewerbungsverlauf und Kriterien für die Annahme des Bewerbers
Nach der unverbindlichen Bewerbung laden wir die SchülerInnen und deren Eltern zum persönlichen Auswahl- und Informationsgespräch ein. Anschließend senden wir den Bewerbern unsere Buchungsgrundlage sowie das verbindliche Anmeldeformular zu, das bei Interesse am Programm unterschrieben an uns zurückgesandt werden muss. Bewerber sollten motiviert, flexibel und weltoffen sein. Alter: 14-19 Jahre.

Vorbereitung auf den Südafrika-Aufenthalt in Deutschland
Etwa drei Monate vor Abreise laden wir die TeilnehmerInnen und ihre Eltern zu einem eintägigen Vorbereitungsseminar in mehreren deutschen Städten bzw. in Österreich ein. Sie erhalten ein Infohandbuch sowie regelmäßige Inforundbriefe.

Betreuung während des Auslandsaufenthalts und durch Nachbereitung
Alle Schüler nehmen nach der Ankunft an einer Orientierungsveranstaltung unserer Partnerorganisation teil, die auch verschiedene Ausflüge während des Aufenthaltes anbietet (z.T. bereits im Programmpreis enthalten). Unsere Partner legen großen Wert auf eine persönliche und individuelle Betreuung der Schüler. Für die Eltern stehen die Kollegen in unserem deutschen Büro vor- und während des Aufenthalts zur Verfügung (im Notfall auch 24 Stunden).

Stipendien und Sonstiges
1 Sozialstipendium im Wert von 1.500 €, 1 Kreativstipendium im Wert von 2.500 € .
Auch eine Privatschulplatzierung ist möglich.

Kurz und bündig			
Gründungsjahr	1991	Schülerzahl im Südafrika-Programm 2014/15	9
ZA-Programm seit	2009	Gesamtschülerzahl im High School Programm 2014/15	536
Gemeinnützigkeit	nein	Partner in Südafrika	MYEO-SA

American Institute For Foreign Study (Deutschland) GmbH
Friedensplatz 1
53111 Bonn
highschool@aifs.de
Telefon: 0228 / 957 30-0
Telefax: 0228 / 957 30-110
www.aifs.de

Selbstbeschreibung
Seit 1964 verfolgt AIFS das Ziel, mit qualitativ hochwertigen Programmen den internationalen Kulturaustausch zu fördern und jungen Leuten wertvolle Auslandserfahrungen zu ermöglichen. Als deutsche Tochter der American Institute For Foreign Study Group besitzt AIFS ausgezeichnete Kontakte in die USA. Neben Schulaufenthalten werden Au Pair Programme, Work and Travel Aufenthalte, Freiwilligenprojekte, Auslandspraktika sowie College-Aufenthalte angeboten.

Zielländer, Schulbeispiele, Kosten
USA – eine Reihe von persönlich ausgewählten und besuchten Schulen in ganz USA (auch Hawaii) mit der Möglichkeit von Gastaufenthalt oder Internatsunterbringung.

Kosten – inklusive Flug und Versicherung für ein Schulhalbjahr bereits ab 13.500 Euro.

Bewerbungsverlauf und Kriterien für die Annahme des Bewerbers
Bewerbung: Die Bewerbung erfolgt unverbindlich durch das Ausfüllen eines Formulars, welches unter www.aifs.de oder in der High School Broschüre von AIFS zu finden ist. Sind die formellen Voraussetzungen erfüllt, findet ein persönliches Beratungsgespräch mit einer AIFS Privatschulexpertin statt. Anschließend unterbreitet AIFS ein Vertragsangebot. Dieses wird erst durch die Annahme des Bewerbers verbindlich.

Voraussetzungen: 14 bis 18 Jahre; Schülerstatus; mind. drei Jahre Englisch als Unterrichtsfach; tolerant, anpassungsfähig, aufgeschlossen und motiviert.

Vorbereitung, Betreuung, Nachbereitung
Vorbereitung:
Die Vorbereitung erfolgt durch das AIFS Team in Bonn durch zweitägige Treffen bzw. Seminare in Bonn sowie durch ausführliche Schüler- und Elternhandbücher und Inforundbriefen vor der Ausreise.

Betreuung:
Die Betreuung während des Aufenthaltes wird durch einen lokalen Betreuer an der Schule sowie durch die Mitarbeiter des AIFS Büros in Bonn und in den USA garantiert. Für den Notfall steht außerdem eine 24-Notfall-Hotline zur Verfügung.

Nachbereitung:
Die Nachbereitung erfolgt in Form einer großen Returnee Party. Außerdem ermöglicht das AIFS ReturNet (Netzwerk ehemaliger Teilnehmer) den Austausch mit anderen Teilnehmern

Stipendien und Sonstiges

Kurz und bündig			
Gründungsjahr (1964)	1983	Anzahl Privatschüler/innen 2014/15	20
Programm seit	2012	Gesamtschülerzahl im High School Programm 2014/15	550

ASSIST Inc. – Deutsche Vertretung
Siegfriedstr. 21
40549 Düsseldorf
rosemarie.wegner@assist-online.net
Telefon: 0211 / 955 9638
Telefax: 0211 / 955 9789
www.assist-online.net

Selbstbeschreibung
Begabtenförderung durch Vermittlung von Stipendien: ASSIST vermittelt ausschließlich Stipendien für einen einjährigen Aufenthalt an einer amerikanischen Privatschule, und zwar in der 10. oder 11. Klasse oder als Senior (nach dem Abitur). ASSIST ist eine Non-Profit-Organisation, und hat in den über 40 Jahren ihrer Existenz bereits fast 3.000 talentierte Schülerinnen und Schüler aus Deutschland vermittelt. Erfolgreiche Kandidaten zeichnen sich neben guter bis sehr guter akademischer Leistung durch breit angelegte Interessen in sportlicher, kultureller und/oder künstlerischer Beziehung aus, sind kontaktfreudig und bereit, ein herausforderndes Jahr in den USA in einer intensiven Lernatmosphäre zu verbringen. Pro Jahr werden im Moment ca. 10 Vollstipendien und ca. 60 Teilstipendien vergeben.

Zielländer, Schulbeispiele, Kosten
Ausschließlich USA, und ausschließlich angesehene Privatschulen, zumeist Boarding Schools (Internate). Links zu den „ASSIST-Schulen" können über unsere Website www.assist-germany.de besucht werden. Wird ein Vollstipendium vergeben, werden Programmkosten in Höhe von z.Zt. € 9.200 erhoben. Bei Gewährung eines Teilstipendiums liegen die Kosten für den 10-monatigen Aufenthalt z.Zt. bei € 22.000, Flugkosten werden separat erhoben, desgleichen fallen zusätzlich Visagebühren und Versicherungskosten an.

Bewerbungsverlauf und Kriterien für die Annahme des Bewerbers
Die schriftliche Bewerbung muss bis zum 30.09. bzw. 31.10. (Spätbewerbung) erfolgen und schließt ein selbst verfasstes Essay in englischer Sprache und Referenzgutachten von mindestens zwei Lehrern ein. Bewerber sollten sich im oberen Leistungsdrittel ihres Jahrgangs bewegen. Erfolgreiche Kandidaten müssen sich einem 45-minütigen Gruppen-Interview stellen und werden bei erfolgreicher Bewerbung einer passenden Privatschule zugeteilt, welche die besten Voraussetzungen bietet, entwicklungsfähige Talente des Schülers zu fördern.

Vorbereitung, Betreuung, Nachbereitung
Erfolgreiche Bewerber werden Mitte Mai zusammen mit den Eltern zu einem intensiven, Vorbereitungsseminar eingeladen, wo neben organisatorischen Fragen die richtige Kursauswahl in den USA, der Schulalltag, die Gasteltern etc. im Vordergrund stehen. Kurz vor der Abreise im August findet ein 2. Seminar statt, bei dem die Schüler den jeweiligen Vorgänger von ihrer ASSIST Schule treffen, und praktische Fragen im Vordergrund stehen. Sofort nach Ankunft in den USA findet dann ein weiteres 4-tägiges Seminar statt, an dem auch ASSIST-Stipendiaten aus vielen anderen Ländern der Welt teilnehmen. Nach Abschluss des Schuljahrs folgt ein 2-tägiges Nachbereitungsseminar, das mit dem Kennenlernen des kommenden Jahrgangs verknüpft wird und Hilfestellung zur Reintegration in Deutschland bietet.

Stipendien und Sonstiges
Siehe oben: Es werden ausschließlich Voll- und Teilstipendien vermittelt. Bei finanzieller Bedürftigkeit hilft der ASSIST Förderverein e.V. Köln durch Gewährung von Beihilfen, die aus Mitgliedsbeiträgen und Industriespenden finanziert werden.

Kurz und bündig			
Gründungsjahr	1969	Anzahl Privatschüler/innen 2014/15	71
Programm seit	1969	Gesamtschülerzahl im High School Programm 2014/15	71

Ayusa-Intrax GmbH
Giesebrechtstr. 10
10629 Berlin
highschool@intrax.de

Telefon: 030 / 84 39 39 93
Telefax: 030 / 84 39 39-39
www.intrax.de

Selbstbeschreibung
Die amerikanische Organisation Intrax wurde 1980 gegründet und hat sich durch langjährige Erfahrung im Bildungs- und Kulturaustausch einen internationalen Ruf für Qualität und Service erworben. Neben dem erfolgreichen USA Programm mit öffentlichen Schulen haben wir seit letztem Jahr auch eine Reihe von ausgesuchten Privatschulen aufgenommen. Teilnehmer können sich je nach regionalen, akademischen und sportlichen Vorlieben ihre Wunschschule aussuchen. Eine genaue Übersicht der Schulen finden Sie im Internet unter: http://www.intrax.de/usa-privatschulen. Die Unterbringung findet in einer ausgewählten Gastfamilie vor Ort statt.

Zielländer, Schulbeispiele, Kosten
Beispiele USA
Lexington Catholic,Kentucky :, Basisprogramm (ohne Flug und ohne New York)1 Schulhalbjahr € 12.690, 1 Schuljahr € 21.990
Justin-Siena, Kalifornien: Basisprogramm 1 Schulhalbjahr € 18.990, 1 Schuljahr € 28.990
Pinewood Prep, South Carolina: Basisprogramm 1 Schulhalbjahr € 14.890, 1 Schuljahr € 25.190

Bewerbungsverlauf und Kriterien für die Annahme des Bewerbers
Neben dem schriftlichen Bewerbungsverlauf gibt es ein persönliches Einzelgespräch in der Nähe des Wohnortes, gern auch mit den Eltern. Kriterien sind: große Motivation, starkes Interesse an USA, Anpassungsbereitschaft und Flexibilität, gute schulische Leistungen und gute Englischkenntnisse. Bewerben können sich 14- bis 17 Jährige.

Vorbereitung, Betreuung, Nachbereitung
Es finden Informationsveranstaltungen und Vorbereitungsseminare für Schüler in mehreren Städten in Deutschland statt. Wenn möglich kommen ehemalige Ayusa Schüler zu diesen Treffen. Für die Eltern gibt es ein halbtägiges Vorbereitungstreffen. Ansonsten haben die Teilnehmer die Möglichkeit zum Telefonkontakt mit ehemaligen Teilnehmern. Sie erhalten Handbücher, die erste Einblicke und praktische Hinweise geben.

Stipendien und Sonstiges
Neben dem Basisprogramm bieten wir auch einen Paketpreis mit begleitetem Gruppenflug und mehrtägigen Sightseeing-Programm in New York an.

Kurz und bündig			
Gründungsjahr	1991	Anzahl Privatschüler/innen 2014/15	5
Programm seit	2010	Gesamtschülerzahl im High School Programm 2014/15	347

CAMPS International GmbH
Poolstraße 36
20355 Hamburg
info@camps.de
Telefon: 040 / 822 90 27 0
Telefax: 040 / 822 90 27 29
www.camps.de

Selbstdarstellung
CAMPS International hat die Idee der Camp-Ferien nach Europa gebracht. Wir haben einen engen Kontakt zu unseren Kunden und viele ehemalige Feriencamper entscheiden sich später für einen Gastschulaufenthalt. Aber auch viele „Quereinsteiger", z.B. Internet-Surfer auf der Suche nach einer renommierten Organisation, vertrauen sich uns an. Wichtig für uns ist eine individuelle und optimale Betreuung vor, während und nach dem Aufenthalt. Join CAMPS International – make the world your world!

Zielländer, Schulbeispiele, Kosten
USA, Kanada, Neuseeland, Australien, England und Irland – in diesen Ländern haben wir ausgezeichnete Kontakte zu ausgesuchten Privatschulen. Sollte es eine persönlich vom Bewerber vorabgewählte private Schule oder ein Internat sein, stellen wir den Kontakt her. Außerdem gibt es die Möglichkeit, mit einem individuellen Profil bei uns anzufragen und wir beraten zur richtigen, maßgeschneiderten Schule für die Auslandserfahrung.

Bewerbungsverlauf und Kriterien für die Annahme des Bewerbers
Bewerber füllen das Anmeldeformular aus dem Katalog aus oder bewerben sich online unter www.camps.de/anmeldung. Danach folgt ein persönliches Auswahlgespräch, ggf. per Skype. Dieses Interview wird bei uns immer als Einzel-, nie als Gruppengespräch geführt! Wir wollen jeden Bewerber und dessen Eltern bestmöglich kennenlernen. Zudem versuchen wir, falsche Vorstellungen von einem Gastschulaufenthalt schon im Vorwege zu korrigieren. Teil des Gesprächs ist auch eine individuelle Beratung, um genau herausfinden zu können, ob die entsprechende Schule auch zum Bewerber passt. Wir teilen dem Schüler noch während des Gespräches mit, ob wir ihn in das Programm aufnehmen.

Vorbereitung, Betreuung, Nachbereitung
Die meisten privaten Schulen und Internate in unserem Portfolio kennen wir persönlich, sodass wir die Teilnehmer ausführlich beraten und vorbereiten können. Während des Aufenthats steht den Schülern ein Betreuer direkt vor Ort zur Seite. Nach dem Aufenthalt findet einmal im Jahr ein Returnee Meeting statt. Hier treffen sich die Teilnehmer noch einmal zum Austausch ihrer Erfahrungen.

Stipendien und Sonstiges

Kurz und bündig			
Gründungsjahr (1984)	2010	Anzahl Privatschüler/innen 2014/15	0
Programm seit	1996	Gesamtschülerzahl im High School Programm 2014/15	141

CAP – Cultures and Perspectives – Inh. Geska Jäkel
Rosenäckerweg 14 Telefon: 07348 / 250 91 39
89160 Dornstadt Telefax. 07348 / 205 91 40
info@go-cap.de www.go-cap.de

Selbstbeschreibung
CAP will jungen Menschen den Traum vom Leben in einem anderen Land erfüllen. Wir sind ein junges Unternehmen, welches keinen Massenaustausch betreibt, sondern auf den persönlichen Kontakt und eine individuelle Betreuung setzt. Durch die eigene Erfahrung im Ausland ist CAP ein kompetenter und engagierter Partner für Eltern und Schüler.

Zielländer, Schulbeispiele, Kosten
CAP bietet über 150 Privatschulen und Internate in Argentinien, Australien, England, Irland, Kanada, Neuseeland und den USA an.
Beispiel:
The Aquinas Institute in Rochester, NY: 10 Monate € 17.700 inkl. Versicherung, zzgl. Flug.
Trinity Christian Academy in Florida: 10 Monate € 16.500 inkl. Versicherung zzgl. Flug
Bishop Rosecrans High School in Ohio:10 Monate € 14.855 inkl. Versicherung, zzgl. Flug

Bewerbungsverlauf und Kriterien für die Annahme des Bewerbers
Jeder Schüler von Real-, Gesamtschulen und Gymnasien muss Grundvoraussetzungen erfüllen. Neben dem Alter (14-19), mindestens ausreichenden Schulnoten brauchen unsere Schüler auch noch das „persönliche Zeug“ dazu. Das sind besonders Motivation, Flexibilität, Anpassungsfähigkeit und der nötige Biss. Für die unverbindliche Bewerbung benötigen die Online - Bewerbung auf unserer Homepage. Unser persönliches Interview wird bei jedem Schüler zu Hause durchgeführt, wozu auch die ganze Familie mit eingeladen ist. Während dieses Gespräches überzeugen wir uns von dem Schüler und seiner persönlichen Eignung und klären offene Fragen.

Vorbereitung, Betreuung, Nachbereitung
Neben Informationstexten bieten wir jeweils im Frühjahr und Herbst ein 2-tägiges Seminar an, um auf das Leben im Ausland vorzubereiten. Unsere Schüler werden während ihres Aufenthaltes durch unsere Partner und deren Koordinatoren vor Ort betreut. Die Koordinatoren stehen in regelmäßigem Kontakt mit den Schülern und geben Hilfestellungen, wenn benötigt. CAP steht ebenfalls in regelmäßigem Kontakt mit den Schülern und Eltern und bietet außerhalb der Bürozeiten eine Notrufbereitschaft an. CAP bietet allen Schülern ein Nachbereitungstreffen nach ihrer Heimkehr an. Hier sprechen wir über die Erfahrungen des Aufenthaltes und helfen bei der Rückeingliederung in Deutschland.

Stipendien und Sonstiges
CAP bietet hoch motivierten Schülern mit einem Notendurchschnitt von 2,0 und besser, die nicht über die finanziellen Möglichkeiten verfügen, Teilstipendien in all unseren High School- Programmen an.

Kurz und bündig			
Gründungsjahr	2007	Anzahl Privatschüler/innen 2014/15	3
Programm seit	2007	Gesamtschülerzahl im High School Programm 2014/15	35

Carl Duisberg Centren Intertraining & Consult GmbH
Hansaring 49-51 Telefon: 0221 / 16 26 207
50670 Köln Telefax: 0221 / 16 26 217
boarding@cdc.de www.cdc.de

Selbstbeschreibung
CDC bietet im Rahmen des "Carl Duisberg High School Year" sowie des "Carl Duisberg Boarding School Program" jedem/r Schüler/in die Möglichkeit, gemeinsam mit unseren erfahrenen Bildungsberatern zunächst kostenlos und unverbindlich ein ganz persönliches Anforderungsprofil hinsichtlich schulischer Erfordernisse (Sprachen, Mathematik, Naturwissenschaften, etc.) und besonderer Interessen im sportlichen, musischen oder sonstigen Bereichen zu erstellen. Sodann ermitteln wir auf Wunsch die für Sie bestens geeignete Privatschule, ob Tages- oder Internatsschule, ob in den USA, in Kanada, Großbritannien oder Irland. Unser Ziel ist es, für jeden Teilnehmer das "perfect match" zu finden.

Zielländer, Schulbeispiele, Kosten
Die Carl Duisberg Centren arbeiten mit sehr guten Privatschulen in den USA, Kanada, Großbritannien und Irland zusammen. Dabei ist die Unterbringung in Gastfamilien oder auf dem Campus des Internates möglich. Entscheidend ist zunächst das persönliche Anforderungsprofil jedes einzelnen Schülers im schulischen und im außerschulischen Bereich. Sodann muss überlegt werden, welcher Kostenrahmen für das Projekt "Schulbesuch im Ausland" zur Verfügung steht. Hier beträgt die Spannbreite für ein volles Schuljahr von ca. € 19.990 (ab) für einige katholische Tagesschulen in den USA bis zu ca. € 40.000 für Top-Internate in den USA, Kanada und Großbritannien. Wir ermitteln für jeden Teilnehmer passgenaue Lösungen, die auf besondere Weise die akademische und persönliche Entwicklung jedes Schülers fördern.

Bewerbungsverlauf und Kriterien für die Annahme des Bewerbers
Die persönlichen und akademischen Anforderungen variieren je nach Privatschule. Hier ist bereits eine erste kostenlose Beratung erforderlich. Sobald wir Ihre Kurzbewerbung geprüft haben, laden wir Sie zu einem umfassenden, dabei kostenlosen und unverbindlichen Vorstellungs- und Beratungsgespräch mit einem unserer erfahrenen Bildungsberater ein. Hier erstellen wir Ihr persönliches Anforderungs- und Interessenprofil und stufen Ihre jeweiligen Fremdsprachenkenntnisse ein. Erst dann wird ggf. eine vertragliche Vereinbarung über weitere Leistungen bzw. eine Programmteilnahme getroffen.

Vorbereitung, Betreuung, Nachbereitung
Zweitägige intensive Vorbereitungsseminare, ständige Betreuung während des gesamten Auslandsaufenthaltes sowie Nachbereitungstreffen sind die Highlights unserer vielfältigen Serviceleistungen. Nähere Informationen geben wir gerne auf Anfrage.

Stipendien und Sonstiges
Die CDC können in Einzelfällen bei der Vermittlung von Teilstipendien, die von einigen Boarding Schools vergeben werden, behilflich sein. Näheres auf Anfrage.

Kurz und bündig			
Gründungsjahr	1962	Anzahl Privatschüler/innen 2014/15	70
Programm seit	1998	Gesamtschülerzahl im High School Programm 2014/15	408

CAS Costa Rica-Austausch-Service – Deutsche Kontaktstelle
Duisburger Str. 6
10707 Berlin
info@cas.cr
Telefon: 030 / 120 102 38
Telefax: 030 / 301 113 83
www.costarica-austausch-service.com

Selbstbeschreibung

CAS ist Spezialist für Costa Rica! Wir sind eine junge Organisation, die es deutschsprachigen Jugendlichen ermöglicht, über unser Highschool-Programm für Costa Rica mit Besuch einer (bilingualen) Privatschule und Leben in Gastfamilien mit etwa gleichaltrigen Kindern in die costa-ricanische Kultur einzutauchen, Spanisch zu lernen und an der lateinamerikanischen Lebensart teilzunehmen. Wir vermitteln Plätze an (bilingualen) Privatschulen, die im Fächer- und AG-Angebot sowie der Unterrichtssprache den Vorstellungen der TeilnehmerInnen entsprechen. Unser junges deutsch-costa-ricanisches Team vor Ort begleitet die Jugendlichen während des gesamten Aufenthalts und ist auch Ansprechpartner für Eltern und Lehrer.

Zielländer, Schulbeispiele, Kosten

Mit den costa-ricanischen Privatschulen, die wir in unserem Programm anbieten, bestehen Abkommen, so dass die Kosten für die spanischsprachigen Partner-Privatschulen vom allgemeinen Programmpreis (inklusive Vorbereitungsseminar, Gastfamilie, Schulbesuch, konstanter Betreuung und Ausflügen) abgedeckt sind (€ 3.950 Dreimonatsprogramm, € 5.500 Halbjahres-Programm und € 8.950 Ganzjahres-Programm). Die SchülerInnen können auf Wunsch auch auf bilinguale Privatschulen gehen. Bei diesen Schulen findet intensiver Sprachunterricht statt und i.d.R. werden mindestens zwei weitere Fächer in der Fremdsprache (englisch, französisch bzw. deutsch) unterrichtet. Beim bilingualen Schulbesuch kosten 3 Monate € 4.310, 5 Monate € 6.150, 11 Monate € 10.150. Wir vermitteln auch Plätze an internationale Schulen, an denen der Unterricht zu 90% auf Englisch erteilt wird.

Bewerbungsverlauf und Kriterien für die Annahme des Bewerbers

Zusammen mit dem Bewerbungsformular benötigen wir eine Selbstdarstellung des/der BewerberIn, die letzten zwei Zeugnisse, ein Schulgutachten und ein ärztliches Attest. Zudem führen wir ein Auswahlgespräch per Skype. Soziale Fähigkeiten, Anpassungsbereitschaft, Motivation, Selbständigkeit und Toleranz sind für uns die entscheidenden Eigenschaften.

Vorbereitung, Betreuung, Nachbereitung

Ca. 2 Monate vor Programmbeginn findet in verschiedenen Städten Deutschlands ein 2- tägiges Vorbereitungsseminar für die TeilnehmerInnen und ihre Eltern mit der deutschen Programmleiterin und Betreuerin aus Costa Rica und Ehemaligen statt. Die Betreuung in Costa Rica hat für CAS oberste Priorität. Wir sind für jede(n) einzelne(n) SchülerIn da. Gleichzeitig stehen wir in engem Kontakt mit den Eltern, Gastfamilien und Schulen.
Wir kümmern uns um die Freizeit- und Feriengestaltung unserer TeilnehmerInnen (z.B. über begleitende Sprachkurse, Freiwilligendienste und Praktika) und unternehmen Ausflüge in die Natur Costa Ricas. (1 Ausflug pro Halbjahr ist inklusive!)

Stipendien und Sonstiges

CAS vergibt ein Taschengeldstipendium in Höhe von € 1.650.
Wir ermöglichen einen individuellen Programmstart sowie Programmdauer z.B. bieten wir auch Kurzprogramme in den Sommerferien an.

Kurz und bündig			
Gründungsjahr	2004	Anzahl Privatschüler/innen 2014/15	32
Programm seit	2004	Gesamtschülerzahl im High School Programm 2014/15	35

Dallaire Schüler- und Kulturaustausch – Inh. Claus Theil-Dallaire
Milanweg 31 Telefon: 0441 / 96978421
26127 Oldenburg Telefax: keine Faxnummer
info@dallaire.de www.dallaire.de

Selbstbeschreibung
Unsere ausgewählten Privatschulen und Internate (Boarding Schools) in Kanada ermöglichen Dir von Klasse 9 bis 12 einen Aufenthalt von einem bis zu vier Jahren. Du profitierst von einer exzellenten Schulausbildung in einem anregenden Lehrumfeld, kleinen Klassen mit Schülern aus über 70 verschiedenen Ländern, sowie sehr engagierten Lehrern. Du wirst einen hohen akademischen Leistungsstandard erleben. Außerdem wird dir die Möglichkeit geboten eigenständig und effizient zu lernen und du erfährst Werte wie Teamwork, Leadership und interkulturelle Kompetenz. Deine individuellen Begabungen und Interessen werden an unseren Schulen ganz besonders gefördert. Hierzu spielt die hervorragende Ausstattung im Bereich Sport, Musik und Kunst ebenfalls eine wichtige Rolle. Unsere erstklassigen Schulen (AP Kurse, IB Diploma, A-Levels) werden Dich optimal auf ein anspruchsvolles Universitätsstudium und eine erfolgreiche, internationale Karriere vorbereiten. Wir von Dallaire Schüler- und Kulturaustausch legen großen Wert auf eine exzellente Betreuung, Kompetenz, Professionalität und Engagement.

Zielländer, Schulbeispiele, Kosten
Wir sind die Spezialisten für den kanadischen Markt und können mit langjähriger Erfahrung und kompetenter persönlicher Betreuung für jeden unserer Schüler punkten. Das Schulgeld für das Schuljahr 2015/2016 an einer unserer ausgewählten Internate beträgt zwischen € 32.000 – € 50.000 je nach auserwählter Institution. In diesem Preis enthalten sind Unterbringung, Verpflegung, Unterricht und schulische Aktivitäten. Zusatzkosten werden für Bücher, Flug, spezielle Kurse, Versicherung, Ausflüge, Taschengeld und Uniform anfallen.

Bewerbungsverlauf und Kriterien für die Annahme des Bewerbers
Sobald uns Deine Kurz-Bewerbung schriftlich vorliegt erfolgt ein unverbindliches, persönliches Beratungsgespräch und Interview mit Dir und Deinen Eltern. Wir wollen Euch kennenlernen und werden im Anschluss ein Bewerberprofil von Dir erstellen. Du sollst neben der schulischen Qualifikation aufgeschlossen, motiviert, selbständig und tolerant sein.

Vorbereitung, Betreuung, Nachbereitung
Regelmäßige Info-Rundbriefe und ein ausführliches Handbuch mit allen wesentlichen Informationen für Deinen Aufenthalt in Kanada bis zur Ausreise gehören zum Programm von Dallaire Schüler-und Kulturaustausch. Vor Deiner Abreise findet ein Vorbereitungstreffen statt. Wir stehen Dir vor und während Deines Aufenthaltes jederzeit als Ansprechpartner zur Verfügung. Wir laden Dich zu einem Nachbereitungsseminar für ein persönliches Feedback ein – hierauf legen wir besonderen Wert.

Stipendien und Sonstiges
Wir arbeiten mit einer Reihe exquisiter Internate in ganz Kanada zusammen. Der Abschluss Ontario Secondary School Diploma (OSSD) eröffnet bei Erfüllung bestimmter Fächer- und Notenvoraussetzungen den allgemeinen Hochschulzugang in Deutschland.

Kurz und bündig			
Gründungsjahr	2013	Anzahl Privatschüler/innen 2014/15	1
Programm seit	2013	Gesamtschülerzahl im High School Programm 2014/15	5

ec.se – educational consulting & student exchange GmbH
Adenauerallee 12-14 Telefon: 0228 / 259084 0
53113 Bonn Telefax: 0228 / 259084 20
info@boardingschoolberater.de www.boardingschoolberater.de

Selbstbeschreibung
ec.se bietet eine umfassende und individuelle Beratung für schulgeldpflichtige Privatschulen in den USA, Kanada, Australien und Neuseeland (siehe auch www.boardingschoolberater.de). Privatschulen – insbesondere ausgewählte Boarding Schools in Nordamerika – sind akademisch sehr anspruchsvoll und bieten internationalen Schülern außergewöhnliche Chancen. Dabei können besondere Begabungen entdeckt, Talente entwickelt oder vorhandene Lernschwächen ausgeglichen werden. Der akademische Schwerpunkt und das konkrete Fächerangebot unterscheiden sich von Schule zu Schule. Es besteht die Möglichkeit zum Besuch einer Tagesschule mit Familienaufenthalt oder eines Internats (Boarding School). ec.se Schulvorschläge basieren auf einer ausführlichen Beratung im Hinblick auf die notwendigen Voraussetzungen, persönlichen Erwartungen und akademischen Zielsetzungen des Teilnehmers.

Zielländer, Schulbeispiele, Kosten je nach Privatschule

USA:	Tagesschule	Kosten ca. € 18.990 – 37.990 / Schuljahr
	Boarding School	Kosten ca. € 34.000 – 50.000 / Schuljahr
Kanada:	Boarding School	Kosten ca. € 34.000 – 50.000 / Schuljahr
Australien:	Boarding School	Kosten ca. € 30.000 – 40.000 / Schuljahr
Neuseeland:	Boarding School	Kosten ca. € 26.000 – 32.000 / Schuljahr

Bewerbungsverlauf und Kriterien für die Annahme des Bewerbers
Auf Grundlage der kompletten ec.se Kurzbewerbung erfolgt zunächst ein ausführliches Beratungsgespräch mit der Familie. Alle weiteren Beratungsschritte wie individuelle Schulvorschläge, Original-Bewerbungsunterlagen oder Schullaufbahnberatung etc. resultieren daraus. Kriterien: Hohes Maß an Aufgeschlossenheit, Anpassungsfähigkeit, Lernbereitschaft, Selbstständigkeit. Zufriedenstellende Englischkenntnisse und zumindest durchschnittliche Noten. Ausschlaggebend sind der Gesamteindruck, die persönliche Zielsetzungen und eine entsprechende Auswahl einer Privatschule.

Vorbereitung, Betreuung, Nachbereitung
Ausfüllen der ausführlichen Original-Bewerbungsunterlagen
ec.se Vorbereitungstreffen für Schüler und Eltern
ec.se Vorbereitungsmaterial
ec.se Elterntreffen
Betreuung erfolgt durch ec.se und im Land durch Partnerschule/Partnerorganisation
ec.se Nachbereitungstreffen

Stipendien und Sonstiges
Ausgewählte Partnerschulen, insbesondere amerikanische und kanadische Boarding Schools, stellen sich regelmäßig in Deutschland vor. ec.se Veranstaltungstermine auf Anfrage.
Schulbeschreibungen unter www.boardingschoolberater.de

Kurz und bündig			
Gründungsjahr	2002	Anzahl Privatschüler/innen 2014/15	6
Programm seit	2002	Gesamtschülerzahl im High School Programm 2014/15	196

EF Academy - EF Education (Deutschland) GmbH
Königsallee 92 a — Telefon: 0211 / 688 57 350
40212 Düsseldorf — Telefax: 0211 / 688 57 101
privatschulen.de@ef.com — www.ef.de/academy

Selbstbeschreibung

Die Privatschulen und Internate der EF Academy gehören zu EF Education First, dem 1965 gegründeten weltweit führenden Anbieter im privaten Bildungssektor. Die EF Academy ermöglicht Schülern der Klassen 9 bis 12 einen Aufenthalt von bis zu vier Jahren an einer Privatschule bzw. einem Internat in den USA oder Großbritannien. Schüler ab 14 Jahren werden gezielt auf die globale Welt von morgen vorbereitet. Sie profitieren von einer exzellenten Schulausbildung in anregendem Lernumfeld, kleinen Klassen mit Mitschülern aus über 70 Nationen sowie Lehrern, die speziell für den Unterricht internationaler Schüler ausgebildet sind. Mit vier international anerkannten Bildungsprogrammen (IGCSE, A-Levels, IB Diploma und American Highschool Diploma) wird den Schülern optimal der Weg für ein anspruchsvolles Universitätsstudium weltweit und eine erfolgreiche Karriere geebnet

Zielländer, Schulbeispiele, Kosten

New York (USA): ab 14 Jahren und 9. Klasse; großzügiger Schulcampus mit Einrichtungen auf Universitätsniveau unweit von NYC; Kosten: ab 39.900 USD / Schuljahr
Oxford (UK): ab 16 Jahren und 11. Klasse; großzügiger Schulcampus 15 Minuten vom Stadtzentrum entfernt, direkt gegenüber der Brookes-Universität; Einrichtungen auf Universitätsniveau; Kosten: ab 25.500 GBP / Schuljahr
Torbay (UK): ab 14 Jahren und 9. Klasse; im Stadtzentrum Torquays an der Südwestküste Englands (Englische Riviera); familiäre Atmosphäre; Kosten: ab 22.050 GBP / Schuljahr
Unterkunft: In Oxford und Torbay besteht die Wahl zwischen Gastfamilie und Wohnheim.
In New York wohnen alle Schüler im Internat.

Bewerbungsverlauf und Kriterien für die Annahme des Bewerbers

Der Bewerbungsverlauf sieht vor: Persönliches Beratungsgespräch, Englisch-Interview, Englisch-Test (online), Motivationsschreiben, Lehrerempfehlungsschreiben, Zeugniskopien (Noten im befriedigenden Bereich nötig). Die Bewerbung kann bei Verfügbarkeit von Schulplätzen grundsätzlich ganzjährig erfolgen. Zulassungs-Deadlines sind jeweils zum Monatsende Oktober, Januar, April und Juli (dazwischen geänderte Verfügbarkeit möglich).

Vorbereitung, Betreuung, Nachbereitung

Enge Betreuung durch engagierte Lehrer, persönliche und akademische Betreuer, Universitätsberater vor Ort sowie deutschsprachige Betreuung durch Mitarbeiter in Deutschland. Vor Abreise findet ein Vorbereitungstreffen für Schüler und Eltern statt, wo neben organisatorischen Fragen der Schulalltag, die Unterkunft in der Gastfamilie oder im Internat sowie weitere wichtige Informationen für einen erfolgreichen Schulstart im Vordergrund stehen. Einführungstage für neue Schüler vor Ort. Nach Abschluss des Schuljahres besteht die Möglichkeit, dem EF Academy Alumni-Club beizutreten.

Stipendien und Sonstiges

Die EF Academy vergibt bis zum 28.2. ein Stipendium von je 25.000 USD für 2 Schuljahre.

Kurz und bündig			
Gründungsjahr	1965	Anzahl Privatschüler/innen 2014/15	45
Programm seit	2008	Gesamtschülerzahl im High School Programm 2014/15	900

GLS Sprachenzentrum – Inh. Barbara Jaeschke
Kastanienallee 82 Telefon: 030 / 780 089 80
10435 Berlin Telefax: 030 / 787 419 1
highschool@gls-sprachenzentrum.de www.gls-sprachenzentrum.de

Selbstbeschreibung
Das GLS Sprachenzentrum bietet in 15 Ländern Aufenthalte an Privatschulen an, die regelmäßig von unseren Mitarbeitern besucht werden. Pluspunkte der Privatschulen sind:

- flexible Handhabung der Altersvoraussetzungen (je nach Schule 11–19 Jahre)
- kein offizieller Bewerbungsschluss
- eigene Auswahl der Schule anhand detaillierter Schulprofile (Website)
- vorteilhafte Lernsituation durch kleinere Klassen, engagierte Lehrer und i.d.R. bessere Ausstattung als an staatlichen Schulen
- i.d.R. persönlichere und pädagogisch bessere Betreuung, zusätzliche Sprachkurse

Zielländer, Schulbeispiele, Kosten
GLS vermittelt an Privatschulen in Argentinien, Australien, Brasilien, China, Costa Rica, Frankreich, GB, Irland, Japan, Kanada, Mexiko, Spanien, Südafrika und den USA.
Beispiele (Preise ohne Flug, Buchung mit Flug möglich):
Mexiko: Instituto Patria, Semester € 6.390 / Schuljahr € 10.190
Kanada: Montreal bilingual: Semester € 10.740 / Schuljahr € 17.940
USA: Justin Siena High School, Napa (Kalifornien), Semester: € 17.990 / Schuljahr € 29.990

Bewerbungsverlauf und Kriterien für die Annahme des Bewerbers
Individuelles, kostenloses Beratungsgespräch und Unterstützung bei der Schulwahl; Interview; Notendurchschnitt von mind. 3,5; Motivation, Interesse und Anpassungsbereitschaft

Vorbereitung, Betreuung, Nachbereitung
Neben unseren Orientierungstreffen vor Abreise für Schüler und Eltern im Frühjahr und im Herbst (deutschlandweit sowie in Zürich und Wien) bieten wir regelmäßig optionale Workshops und Sprachkurse zur Vorbereitung auf unserem Campus in Berlin an. Jedem Teilnehmer wird ein Betreuer im Gastland zur Seite gestellt. Darüber hinaus unterstützen wir selbstverständlich auch nach Abreise Schüler wie Eltern und garantieren umgehende Reaktion und Hilfestellung. Unsere Rückkehrer laden wir im Herbst zum Returnee-Wochenende nach Berlin ein. Neben Workshops zur Nachbereitung des Auslandsaufenthalts und Austausch mit anderen GLSlern steht natürlich ein abwechslungsreiches Berlin-Programm auf der Agenda.

Stipendien und Sonstiges
Reisen vor Ort in fast allen Programmen inkl. bzw. zusätzlich buchbar: Kombi-Programme; IB-Schulen; Weltbürger-Stipendien; Programmverlängerungen

Kurz und bündig			
Gründungsjahr	1983	Anzahl Privatschüler/innen 2014/15	75
Programm seit	1986	Gesamtschülerzahl im High School Programm 2014/15	576

Hausch & Partner GmbH – High Schools Down Under

Gasstr. 16 Telefon: 040 / 4147580
22761 Hamburg Telefax: 040 / 41475815
info@hauschundpartner.de www.hauschundpartner.de

Selbstbeschreibung

- Inhabergeführte Spezialagentur in Hamburg mit intensiver Beratung und Betreuung
- Spezialisierung auf Australien und Neuseeland
- Direkter Kontakt zu den Schulen in Australien und Neuseeland
- Ausgezeichnet von Education New Zealand als „Agent of the Year 2011“
- Zertifiziert als „New Zealand Specialist Agent“
- Zertifiziert als „Aussie Specialist“

Zielländer, Schulbeispiele, Kosten

- Australien, Neuseeland
- Staatliche und private Schulen
- Schulen mit Unterbringung in Gastfamilien, Internat oder betreuter WG
- Schulen mit Sport- und Musikschwerpunkten
- Kosten von € 19.000 – 38.000 im Jahr inkl. Flug

Bewerbungsverlauf und Kriterien für die Annahme des Bewerbers

1. Kurzbewerbung (Formular) mit persönlichen Angaben
2. Persönliches Einzelgespräch (ca. 2 Std.), teilweise zunächst telefonisch

Kriterien:

- Schüler zeigt sich offen, motiviert und interessiert
- Relativ stabile häusliche Verhältnisse

Vorbereitung, Betreuung, Nachbereitung

- Persönliches Gespräch
- Info-Mappe
- Vorbereitungsseminar für Schüler und Eltern (1 Tag) in Hamburg
- Für Neuseeland-Teilnehmer 1 ½ -tägiges Orientierungs-Seminar nach der Anreise
- Ständige Betreuung per E-Mail während des Aufenthaltes
- Regelmäßige Kommunikation mit den Eltern
- Nachtreffen (1 Tag)

Stipendien und Sonstiges

- Stipendien nur gelegentlich (auf Anfrage) in Zusammenarbeit mit Schulen
- Auch für Schüler mit Haupt- und Realschulabschluss
- Beratung bei neuseeländischem Schulabschluss
- Für Jugendliche ab 12 (NZ) bzw. 12 (AUS) Jahren

Kurz und bündig			
Gründungsjahr	1988	Anzahl Privatschüler/innen 2014/15	54
Programm seit	2001	Gesamtschülerzahl im High School Programm 2014/15	345

HiCo Education – High School & College Consulting – Inh. Ilona Wondratschek
Darmstädter Str. 162 Telefon: 06251 / 58 50 688
64625 Bensheim Telefax: 06251 / 58 30 002
info@hico-education.de www.hico-education.de

Selbstbeschreibung
HiCo Education - Agentur für internationale Schulberatung. Wir bieten Schülern die Möglichkeit, eine Schule entsprechend ihren Neigungen und Interessen zu besuchen. Wir arbeiten mit sorgfältig ausgesuchten Privatschulen und Internaten in USA, Kanada, England, Irland, Frankreich, China und Spanien zusammen. Alle Schulen wurden nach bestimmten Kriterien ausgewählt, dabei spielen das akademische Angebot wie eine gute Betreuung während des Aufenthaltes eine große Rolle. Zu unserem Angebot gehören konfessionelle Privatschulen und unabhängige Privatschulen und Internate. Die Bewerber können zwischen einem Internat oder einer Privatschule mit Gastfamilie wählen. Durch die Zusammenarbeit können wir freie Plätze prüfen, späte Bewerber platzieren und Fächerkombinationen oder Sportmöglichkeiten abklären.

Zielländer, Schulbeispiele, Kosten
Beratungs- und Betreuungskosten 1 Schuljahr /1 Schulhalbjahr € 1.850 inkl. MwSt.
USA (Beispiele - wir haben in den USA ca. 200 Privatschulen/Internate zur Auswahl)
Father Lopez High School, Florida Schuljahr ca. € 15.100 / Semester € 11.600
St. Thomas High School, New Hampshire Schuljahr ca. € 12.800 / Semester € 9.900
Luthern High School, Hawaii Schuljahr ca. € 18.300 / Semester € 12.000
Kanada (Beispiel)
Bodwell High School, B.C. Schuljahr ca. € 12.600 / Semester € 9.100
Preise ohne Flug, Versicherung und Beratungs- und Betreuungsgebühren.

Bewerbungsverlauf und Kriterien für die Annahme des Bewerbers
Für den ersten Kontakt reicht eine Kurz-Bewerbung aus, sobald uns diese vorliegt, setzen wir uns zwecks eines unverbindlichen Beratungsgespräches mit den Familien in Verbindung. Bei diesem Gespräch wird ein ausführliches Schülerprofil erstellt. Es werden Wünsche, Stärken und Schwächen besprochen, dieses dient als Grundlage für unser Angebot. Wir schlagen 3 bis 4 Schulen vor. Nachdem sich der Schüler für eine Schule entschieden hat, prüfen wir die Platzsituation. Danach begleiten wir die Familie beim gesamten Bewerbungsablauf an der Schule, der Fächerauswahl und der Visa-Beantragung, Krankenversicherung, Flug.

Vorbereitung, Betreuung, Nachbereitung
HiCo Education stellt den Schülern wichtige Unterlagen zum Auslandsaufenthalt, Land und der Schule bereit. In Deutschland bieten wir ein 1-tägiges Vorbereitungstreffen an. Bei den Privatschulen/Internaten wird zu Schulbeginn auch eine Vorbereitung vor Ort angeboten. Wir stehen den Schülern und Eltern vor und während des Aufenthaltes für alle Fragen zur Verfügung. Die Betreuung vor Ort erfolgt seitens der Schulen. In den USA und Kanada haben wir eigene Mitarbeiter, die stets als Ansprechpartner für alle Fragen hilfreich zur Seite stehen.

Stipendien und Sonstiges
Mit unseren Long Island Schulen in NY vergeben wir ein Teilstipendium für alle Teilnehmer. Weiter bieten wir Stipendien an Internaten in den USA (ohne Schulwahl) an.

Kurz und bündig			
Gründungsjahr	2009	Anzahl Privatschüler/innen 2014/15	29
Programm seit	2009	Gesamtschülerzahl im High School Programm 2014/15	141

iE – international Experience e.V.
Amselweg 20
53797 Lohmar
info@international-experience.net
Telefon: 02246 / 915 49 0
Telefax: 02246 / 915 49 12
www.international-experience.net

Selbstbeschreibung
iE-Deutschland und iE-USA arbeiten seit vielen Jahren erfolgreich zusammen. iE-USA ist Mitglied der CSIET (Council on Standards for International Educational Travel) und gewährleistet bei der Auswahl der Gastfamilien und Schulen besondere Qualität. Alle iE Mitarbeiter/Innen haben langjährige persönliche Auslandserfahrungen. Wir kennen die Problematik und die kulturellen Unterschiede aus eigenem Erleben und können deshalb umfassend und individuell beraten. Wir kennen die Schulleiter/Innen vieler Privatschulen in den USA persönlich und können dort einen individuell zugeschnittenen Bildungsweg anbieten.
In allen Bereichen arbeiten Fulbright Alumni mit und gestalten die Vorbereitung und Betreuung auf hohem Niveau.

Zielländer, Schulbeispiele, Kosten
Australien, USA, Argentinien, Südafrika, Kanada, Neuseeland, Spanien, England

Bewerbungsverlauf und Kriterien für die Annahme des Bewerbers
- schriftliche Bewerbung der Interessenten (aussagekräftiges Bewerbungsessay + Zeugnisse der letzten drei Schuljahre und Bewerbungsbogen)
- Persönliches Einzelinterview zu Hause mit dem Bewerber und seinen Eltern
- nach dem Interview wird ein Platz im „iE-Global Classroom" angeboten und ein Vertragsangebot unterbreitet.

Kriterien für die Aufnahme in unser Programm sind neben der schulischen Qualifikation besonders die persönlichen Eigenschaften der Bewerber wie Motivation, Flexibilität und Anpassungsfähigkeit.
Wir suchen „great kids" mit positiver Einstellung, die auch ihren Gastfamilien etwas zu bieten haben, die freundlich, aufgeschlossen, aktiv in der Schule und Freizeit sind, neugierig auf das Leben sind und optimistisch auf die vor ihnen liegenden Herausforderungen blicken.

Vorbereitung, Betreuung, Nachbereitung
Wir bieten unseren Schülern eine intensive Vorbereitung durch persönliche Gespräche, schriftliche Vorbereitungsmaterialien und ein intensives Vorbereitungsseminar, bei dem sowohl das deutsche iE-Team, ausländische iE-Mitglieder, Ehemalige als auch ausländische Koordinatoren anwesend sind.
Die Betreuung im Ausland erfolgt durch erfahrene lokale Betreuer von iE und seiner akkreditierten Partnerorganisationen und über einen persönlichen 24-Stunden Dienst seitens iE. Die Betreuung der Eltern erfolgt über das iE-Büro und auch über einen 24-Stunden Notfall Dienst seitens iE (kein Call-Center).

Stipendien und Sonstiges
iE bietet pro Jahr ca. 5 Teilstipendien im Public High School Program USA an.
Voraussetzungen hierfür können bei iE angefordert werden. Darüber hinaus besorgt iE-USA Teilstipendien von sehr guten Privatschulen und Internaten.

Kurz und bündig			
Gründungsjahr	2000	Anzahl Privatschüler/innen 2014/15	51
Programm seit	2000	Gesamtschülerzahl im High School Programm 2014/15	335

into GmbH
Ostlandstraße 14
50858 Köln
kontakt@into.de
Telefon: 02234 / 946 36-0
Telefax: 02234 / 946 36-23
www.into.de

Selbstbeschreibung
Bereits seit 1986 verbringen Schüler ihr Austauschjahr mit *into*. Mit dieser langjährigen Erfahrung sowie der Fähigkeit, stets auf Veränderungen und neue Herausforderungen in Zusammenhang mit der komplexen Arbeit im Bereich Schüleraustausch zu reagieren, gehören wir zu den führenden Veranstaltern in Deutschland. *into* ist seit 1994 Mitglied im DFH.

Zielländer, Schulbeispiele, Kosten
Privatschulen in den USA: St. Joseph Academy in Florida, Justin Siena High School, Mercy High School und Ribét Academy in Kalifornien, George Stevens Academy in Maine, Seton Catholic Central in New York, Portland Christian School in Oregon und Mount St. Joseph Academy in Vermont. Ein Schuljahr ab € 20.900.

Privatschule mit Internat: MacDuffie liegt in Massachusetts und kann sowohl mit Gastfamilie, als auch in Internatsform gebucht werden. Umgeben von atemberaubender Natur lernen die Schüler auf hohem akademischem Niveau im Kreise von amerikanischen und internationalen Schülern. Preise auf Anfrage.

Bewerbungsverlauf und Kriterien für die Annahme des Bewerbers
Du musst folgende Voraussetzungen mitbringen: Bei der Abreise musst Du mindestens 15 Jahre alt sein, Dein Notendurchschnitt muss befriedigend oder besser sein und Dein Zeugnis darf keine mangelhafte Note in einem Hauptfach enthalten. Das Wichtigste ist, dass Du Motivation, Flexibilität, Toleranz und Anpassungsfähigkeit mitbringst. Nach Deiner Bewerbung wirst Du zusammen mit Deinen Eltern ausführlich über unser Privatschulprogramm beraten. Dieses so genannte „Auswahlgespräch“ dient dem gegenseitigen Kennenlernen. Bei dieser Gelegenheit möchten wir etwas über Deine Englischkenntnisse erfahren.

Vorbereitung, Betreuung, Nachbereitung
Schüler- und Elternhandbuch, regelmäßig Infobriefe (Newslinks) mit Infos zum Ablauf, kulturellen Eigenheiten der Gastländer sowie Ratschlägen und Erfahrungsberichten. Zweitägiges Vorbereitungsseminar vor Abreise bei dem Du Infos und Tipps erhältst und etwas zu den Vorschriften und Regeln während Deines Austausches erfährst. Zudem wirst Du mit Rollenspielen, kreativer Arbeit und lustigen Sketchen auf Deinen Austausch vorbereitet. Es gibt eine Extra-Informationsveranstaltung zur Vorbereitung Deiner Eltern bei Sommer-Ausreise. In den USA wird in der Nähe Deines Wohnortes ein Ansprechpartner für Dich und Deine Gastfamilie sein. Auch in Deutschland sind wir immer erreichbar. Nach Deiner Rückkehr ist es noch nicht „vorbei“: Unsere Returnees organisieren „get togethers“, das traditionelle *into* BBQ und Ausflüge, bei denen sich viele Ehemalige immer wieder treffen.

Stipendien und Sonstiges
Bei Sommer-Ausreise ist im Preis ein fünftägiges Orientation Camp in New York enthalten.

Kurz und bündig			
Gründungsjahr	1986	Anzahl Privatschüler/innen 2014/15	22
Programm seit	1989	Gesamtschülerzahl im High School Programm 2014/15	435

iSt Internationale Sprach- und Studienreisen GmbH

Stiftsmühle
69080 Heidelberg
iSt@sprachreisen.de
Telefon: 06221 / 89 00-0
Telefax: 06221 / 89 00-200
www.sprachreisen.de

Selbstbeschreibung

iSt Sprachreisen hat aufgrund seiner jahrelangen Erfahrung und seiner guten internationalen Kontakte die Möglichkeit, auch ausgewählte Privatschulen anzubieten. Sie entscheiden, ob Sie in einer Gastfamilie oder im Internat leben möchten.

Zielländer, Schulbeispiele, Kosten

USA (5, 10 Monate) Schulen mit konfessionellem Träger ab € 10.690 / € 15.290
Unabhängige Privatschulen: z.B. Burr and Burton Academy, VT, ca. € 32.950/Jahr
Australien (3, 6, 9, 12 Mon.) z.B. All Saints Anglican School, Queensland, ca. € 36.000/Jahr
Kanada (5, 10 Monate) z.B. MacLachlan College, Ontario, ca. € 23.950/Jahr
Kanada, französisch (5, 10 Monate) z.B. College Saint Anne de Lachine, Montréal, € 18.570 /Jahr
Neuseeland (3, 6, 9, 12 Monate) z.B. Strathallan College, Auckland, ca. € 28.150/Jahr
Irland (3, 6, 9 Monate) z.B. St. Andrews, Dublin, ca. € 21.690/Jahr
Weitere Beispiele auf www.sprachreisen.de und auf Anfrage.

Bewerbungsverlauf und Kriterien für die Annahme des Bewerbers

Man kann sich bis 12 Wochen vor Schulbeginn bewerben. Die Bewerber und ihre Eltern werden umgehend zu einem persönlichen Gespräch eingeladen. Da die verfügbaren Plätze an Privatschulen in der Regel begrenzt sind, bitten wir Sie, bei der Bewerbung eine Alternativschule anzugeben.

Vorbereitung, Betreuung, Nachbereitung

Schon beim Bewerbungsgespräch informieren wir umfassend über viele wichtige Aspekte der Programmteilnahme und erläutern kulturelle Besonderheiten des Gastlandes. Vor der Abreise findet ein Vorbereitungsseminar statt, in dem Sie zwei Tage lang auf Ihren bevorstehenden Schulaufenthalt vorbereitet werden. Wir bleiben auch während des Aufenthaltes in Kontakt. Vor Ort werden Sie von Mitarbeitern unserer Partnerorganisationen und von Schulkoordinatoren betreut.

Stipendien und Sonstiges

Die Schüler haben die Möglichkeit, ihre individuellen Wünsche und Vorstellungen an iSt weiterzugeben. iSt hat gute Möglichkeiten, auf die individuellen Bedürfnisse einzugehen und die passende Schule auszusuchen. Programmteilnahme ab 14 Jahren. Auch Halbjahresaufenthalte sind möglich.

Kurz und bündig			
Gründungsjahr	1981	Anzahl Privatschüler/innen 2014/15	44
Programm seit	1995	Gesamtschülerzahl im High School Programm 2014/15	1.090

i-Way – Verein für individuelle deutsch-amerikanische Bildungsprogramme e.V.
Gleueler Straße 272 Telefon: 0221 / 463947
50935 Köln Telefax: 0221 / 464214
info@i-way-ev.de (keine Webadresse)

Selbstbeschreibung
i-Way vermittelt Studienaufenthalte ausschließlich an privaten „Independent Schools" und privaten Universitäten in USA und Canada. Eine wesentliche Besonderheit unserer Arbeit liegt in einem betont individuellen Ansatz. Wir gehen bei unserm Schulwahlprogramm von den ganz persönlichen, daher sehr vielfältigen Wünschen und Bedürfnissen unserer Bewerberinnen und Bewerber aus und vermitteln Schulen oder Hochschulen, die von ihren Erziehungszielen und Ausbildungsmöglichkeiten her optimal geeignet sind für die Persönlichkeitsentwicklung und den Lernerfolg.

Zielländer, Schulbeispiele, Kosten
Generell alle Staaten der USA, Schwerpunkt in den Neuenglandstaaten; dazu auch Canada. Vermittlung an fast 100 Schulen; z.B.: Gould Academy ME, Phillips Exeter Academy NH, Holderness School NH, Vermont Academy VT, Phillips Andover Academy MA, Concord Academy MA, Middlesex School MA, Tabor Academy MA, St. George's School RI, Taft School CT, Hotchkiss School CT, Pomfret School CT, Ethel Walker School CT, Masters School NY, Peddie School NJ, Bolles School FL, Thacher School CA, Stevenson School CA
Tuition: USD 35.000 – 55.000 (Internate), USD 20.000 – 35.000 (Familienunterbringung)
Vermittlungsgebühr: EUR 3.600

Bewerbungsverlauf und Kriterien für die Annahme des Bewerbers
i-Way stellt keine selektiven Bedingungen für die Annahme einer Bewerbung. Wir setzen aber voraus, dass unsere Bewerberinnen und Bewerber offen sind für die vielen neuen Eindrücke und bereit zu einer selbstkritischen Überprüfung ihrer Wunschvorstellungen sowie zu wohldurchdachten Änderungen ihrer Lebens- und Arbeitsweise.
Nach eingehenden individuellen Beratungen stellen deutsche und amerikanische Experten optimal geeignete Schulen vor. Die Eltern wählen aus, i-Way vermittelt die Aufnahme.

Vorbereitung, Betreuung, Nachbereitung
Der Amerika-Aufenthalt soll die Persönlichkeitsentwicklung optimal fördern und darüber hinaus so in die deutsche Schullaufbahn integriert werden, dass kein zusätzliches Schuljahr nötig wird. Sogar ein dem deutschen Abitur gleichgestellter Abschluss kann erreicht werden. Wir verdeutlichen die zwingenden Notwendigkeiten und die freien Optionen bei der Auswahl der Schule und der Kurse, der Dauer des Aufenthaltes und der zu erwartenden Intensität der Arbeit. Wir stellen Übungsmaterial für die obligatorischen Sprach-und Placement-Tests bereit. Nach dem von uns begleiteten Hinflug führen wir in Amerika ein viertägiges Einführungs-Seminar durch. Während des ganzen Schuljahres und auch nach der Rückkehr werden unsere Teilnehmerinnen und Teilnehmer von uns persönlich betreut.

Stipendien und Sonstiges
Die i-Way-Vermittlungen sind i.d.R. keine Stipendienprogramme. Dennoch gelang es uns in Einzelfällen, für wissenschaftlich, künstlerisch oder sportlich besonders talentierte, aber finanzschwache Bewerber Teilstipendien von Spezialschulen ihres Fachgebietes zu vermitteln.

Kurz und bündig			
Gründungsjahr	1994	Anzahl Privatschüler/innen 2014/15	19
Programm seit	1994	Gesamtschülerzahl im High School Programm 2014/15	19

KulturLife gGmbH
Max-Giese-Str. 22
24116 Kiel
info@kultur-life.de
Telefon: 0431 / 888 14-10
Telefax: 0431 / 888 14-19
www.kultur-life.de

Selbstbeschreibung
Gemeinsam mit unseren Partnern und ausgewählten Schulen haben wir ein weltweites Netz gespannt. Unsere Partnerschulen werden regelmäßig von uns besucht, um eine hohe Betreuungsqualität zu gewährleisten. Erst, wenn man in einem fremden Land einige Zeit verbringt und dort den Alltag miterlebt, kann man wirklich anfangen, die andere Kultur zu verstehen und somit auch die eigenen Wurzeln mit neuen Augen zu sehen. Da Auslandserfahrungen auch in Zukunft immer wichtiger für den beruflichen Weg werden, kannst du nicht früh genug damit anfangen, Freundschaften mit jungen Menschen aus anderen Ländern aufzubauen und deine Sprachkenntnisse zu verbessern. Als kleinerer Veranstalter können wir uns individuell um jeden Teilnehmer kümmern & sind von der Anmeldung bis zur Nachbereitung für dich da.

Zielländer, Schulbeispiele, Kosten
USA:
St. Paul International High School, MN: ab € 6.690, weitere Privatschulen auf Anfrage oder online
England:
Fyling Hall School, Yorkshire: ab GBP 6.300, weitere Privatschulen auf Anfrage oder online
Frankreich:
Lycée Sainte Marie, Cholet: ab € 3.990, Loches, Lycée Saint Denis: ab € 5.490, weitere Privatschulen auf Anfrage oder online
Südafrika:
Curro Private School, Durbanville: ab € 9.290, weitere Privatschulen auf Anfrage oder online

Bewerbungsverlauf und Kriterien für die Annahme des Bewerbers
Anhand deiner unverbindlichen Voranmeldung prüfen wir, ob wir dich in unser Programm aufnehmen können. Danach melden wir uns und vereinbaren einen persönlichen Gesprächstermin. Es findet ein persönliches Interview mit einem Programmbetreuer über Skype statt.

Vorbereitung, Betreuung, Nachbereitung
Jedes Jahr im Frühjahr und Herbst führen wir mehrere Vorbereitungsseminare durch, die jeweils ein Wochenende dauern. Neben den Jugendlichen sind am ersten Tag auch die Eltern eingeladen. Besondere Schwerpunkte der Vorbereitungsseminare sind neben einem intensiven interkulturellen Training das Verhalten in der Gastfamilie und Strategien zur Vermeidung oder Lösung möglicher Problemen.
Während des Aufenthaltes gibt es eine 24-Stunden-Notfallnummer. Auch den Eltern steht während des Aufenthaltes stets ein fester Ansprechpartner zur Verfügung.

Stipendien und Sonstiges
Weitere Schulen und Programme unter www.kultur-life.de!
Stipendien unter www.nordlicht-stipendium.de

Kurz und bündig			
Gründungsjahr	1995	Anzahl Privatschüler/innen 2014/15	25
Programm seit	1996	Gesamtschülerzahl im High School Programm 2014/15	194

LEARNOUT
Große Straße 53
49074 Osnabrück
info@learnout.de
Telefon: 0541 / 58 05-2000
Telefax: 0541 / 58 05-2500
www.learnout.de

Selbstbeschreibung
Wir sind ein sehr persönlich arbeitendes inhabergeführtes Beratungsunternehmen mit Standorten in Hamburg, Osnabrück und München. Mit umfangreicher, unmittelbar eigener Erfahrung, sehr großem Engagement und einem ausgeprägten Einfühlungsvermögen beraten und begleiten Jutta Lieberoth und Martina Schulz mit Unterstützung des gesamten Teams Jugendliche und Eltern bei der Auswahl der am besten geeigneten Schule. Das persönliche Gespräch ist uns sehr wichtig, um eine optimale Beratung durchführen zu können und die passenden Schulen zu empfehlen. Wir kennen unsere Partnerschulen alle sehr intensiv durch regelmäßige Besuche vor Ort und durch eine ausgeprägte langjährige vertrauensvolle Zusammenarbeit.

Zielländer, Schulbeispiele, Kosten
USA und Kanada
Internate: Aufenthalte für ein Schuljahr (28.000 bis 42.000 Euro).
Private Tagesschulen: Aufenthalte für ein Schuljahr (20.000 bis 35.000 Euro)
Es sind auch kürzere Aufenthalte möglich.

Weitere Varianten auf Anfrage.

Bewerbungsverlauf und Kriterien für die Annahme des Bewerbers
Nach einer ersten Beratung wird eine Kurzbewerbung ausgefüllt. Nach weiteren Gesprächen und Recherchen erarbeiten wir Vorschläge für entsprechende Schulen oder / und organisieren Schulbesuche vor Ort. Hier achten wir auf alle wichtigen Kriterien (Schulprofil im In- und Ausland, Noten, Hobbies, Interessen, persönliche Bedingungen, Tests). Falls Überlegungen bestehen, im Ausland einen Schulabschluss zu machen, wird das selbstverständlich bei der Beratung und dann entsprechend auch bei der Schulauswahl mit berücksichtigt.

Vorbereitung, Betreuung, Nachbereitung
Besonderen Wert legen wir in jeder Hinsicht auf eine intensive Vorbereitung, auf eine kompetente Betreuung während des Aufenthaltes und ebenso auf die Nachbereitung des Auslandsaufenthaltes. Hierzu finden jeweils gezielte Veranstaltungen mit Unterstützung und Präsenz unserer Schulen und Partner aus dem Ausland statt.
Während des laufenden Schuljahres besuchen wir die Jugendlichen. Vor Ort lassen sich viele Dinge am besten klären und besprechen.

Stipendien und Sonstiges
Begrenzte Teilstipendien sind möglich. Wir sind ein zertifiziertes Testcenter. Alle relevanten Tests können in unseren Büros durchgeführt werden.

Kurz und bündig			
Gründungsjahr	2002	Anzahl Privatschüler/innen 2014/15	> 90
Programm seit	2002	Gesamtschülerzahl im High School Programm 2014/15	> 20

MAP SPRACHREISEN GmbH – MUNICH ACADEMIC PROGRAM
Türkenstraße 104 Telefon: 089 / 35 73 79 77
80799 München Telefax: 089 / 35 73 79 78
highschool@map-sprachreisen.com www.map-sprachreisen.com

Selbstdarstellung
Mit mehr als 30 Jahren Erfahrung hat sich MAP auf langfristige High School Aufenthalte mit einer Programmdauer ab 3 Monaten in den USA (hier ab 5 Monaten), Kanada, Australien, Neuseeland, Argentinien, Spanien und Irland spezialisiert. Die Schüler wohnen in ausgewählten Gastfamilien und besuchen entweder eine öffentliche High School oder auf Wunsch eine Privatschule oder ein Internat. MAP bietet ein umfangreiches Service-Paket an. Dies umfasst u.a. das persönliche Bewerbungsgespräch, Auswahl der passenden Gastfamilie und High School, Flugbuchung und -begleitung sowie eine umfassende Vorbereitung auf den Auslandsaufenthalt inkl. Unterstützung bei der Visumsbeantragung.

Zielländer, Schulbeispiele, Kosten
Programmgebühren USA 10 Monate: ab € 20.300 (weitere Preise auf Anfrage)
Programmgebühren USA 5 Monate: ab € 12.550 (weitere Preise auf Anfrage)

In allen anderen Ländern Privatschulen auf Anfrage möglich.

Bewerbungsverlauf und Kriterien für die Annahme des Bewerbers
Für das USA Privatschulprogramm darf der Bewerber in den letzten 2 Jahren keine Klasse wiederholt haben. Voraussetzung ist weiterhin ein guter Notendurchschnitt und im Fach Englisch keine Note fünf. Der Bewerber darf auch jünger als 15 Jahre alt sein.
Nach Bewerbungseingang erhalten Schüler und Eltern eine Einladung zu einem persönlichen Bewerbungs- und Informationsgespräch, das in der nächstgelegenen Großstadt stattfindet. Nachdem sich MAP von der Eignung des Bewerbers überzeugt hat, erhält er nach wenigen Tagen ein Vertragsangebot und die MAP Akzeptierungsunterlagen.

Vorbereitung, Betreuung, Nachbereitung
Bei der Schulauswahl steht MAP beratend zur Seite und vermittelt Privatschulen, unter Berücksichtigung der jeweiligen Wünsche, entweder mit Unterbringung in einer Gastfamilie oder im Internat. Von Anfang an wird jeder Programmteilnehmer umfassend von MAP auf seinen Aufenthalt im Gastland vorbereitet und über die erforderlichen (organisatorischen) Schritte unterrichtet und mit Infomaterial (Literaturhinweisen, Berichten ehemaliger Schüler, Wissenswertem über Land und Leute usw.) versorgt.
In dem jeweiligen Land steht jedem Gastschüler ein Betreuer der jeweiligen Schule zur Seite. Nach der Rückkehr organisiert MAP ein "Returnee"-Treffen.

Stipendien und Sonstiges
Wer sich für eine Privatschule entscheidet, kann sicher sein, die bestmögliche Schulbildung zu erhalten. Neben den hervorragenden akademischen Möglichkeiten bietet eine Privatschule auch ein erstklassiges Angebot im außerschulischen Bereich an.

Kurz und bündig			
Gründungsjahr	1996	Anzahl Privatschüler/innen 2014/15	3
Programm seit	1996	Gesamtschülerzahl im High School Programm 2014/15	203

Martina Nixdorf (Inhaberin) Schul-, Internats- und Bildungsberatung
Königswinterer Straße 409 Telefon: 022 23 / 919 25 55
53639 Königswinter b. Bonn Telefax: 022 23 / 919 22 29
kontakt@nixdorf-internatsberatung.de www.nixdorf-internatsberatung.de

Selbstbeschreibung
Nixdorf Schul-, Internats- und Bildungsberatung ist ein inhabergeführtes Beratungsunternehmen mit Sitz in Königswinter bei Bonn. Martina Nixdorf berät seit 1985 Schüler, junge Berufstätige und Stipendiaten bei der Auswahl internationaler Schul-/Austausch- und Studienprogramme, bis über die gesamte Zeit eines Auslandsaufenthaltes. Sie ist weder Austauschorganisation noch Reiseunternehmen oder Vermittlerin sondern berät junge Menschen und ihre Eltern unabhängig, sachkundig und persönlich auf der Grundlage individueller ganzheitlicher Schülerprofile. Ergebnisoffene Fachberatung und psychologisch fundiertes Coaching bieten erste Orientierung, Hilfe bei der Entscheidungsfindung und professionelle Begleitung bei interkulturellen Lernprozessen und Auslandsaufenthalten.

Zielländer, Schulbeispiele, Kosten
Im Gespräch wird systematisch herausgearbeitet, welches Zielland, Programm und Lernformat für einen Schüler das Beste ist. Internat ja oder nein? Und wenn ja: welches? Oder passt ein Gastfamilienaufenthalt im Moment doch besser? Wir berücksichtigen dabei persönliche Stärken und Interessen eines Schülers und finanzielle Rahmenbedingungen gleichermaßen. Nicht immer ist das teuerste Programm auch das Beste.

Erstellung eines individuellen KompetenzProfils (1/2 Tag): € 750,-
einschließlich Empfehlungen und Zertifikat (ProfilPass) für Lebenslauf und Bewerbungen.
Persönliche Beratung bei der Programmauswahl (2 – 4 Std.): € 80,- Euro p. Std.
Zielorientiertes Stipendiaten-Coaching (2 – 4 Std.): € 90,- p. Std.
Online-Betreuungspaket für Auslandsschüler (z.B. 1/2 Jahr = 10 Std.): € 890,- Kontingent flexibel abrufbar, einschl. individuellem Coaching und Konfliktmanagement via Skype

Bewerbungsverlauf und Kriterien für die Annahme des Bewerbers
Für ein Beratungsgespräch wird in der Regel ein persönlicher Termin mit Eltern und Schülern vereinbart. Am Telefon können bereits erste Anliegen und Fragen sowie Ziele, Formate und Umfang eines Beratungsauftrages geklärt werden. Auch Beratung via Skype.

Vorbereitung, Betreuung, Nachbereitung
Im persönlichen Gespräch, online und via Skype

Stipendien und Sonstiges
Auf der Basis eines umfassenden Stärken-, Neigungs- und Interessensprofils lässt sich optimal klären, welches Programm zu einem Schüler passt und ob es die Möglichkeit eines Stipendiums gibt. Begleitung bei der Suche, Antragstellung und der Bewerbung um attraktive Programmplätze und begehrte Stipendien, auch individuelles Coachings für erfolgreiche Präsentationen vor anspruchsvollen Auswahlgremien.

Kurz und bündig			
Gründungsjahr	2012	Anzahl Privatschüler/innen 2014/15	150
Programm seit	2012	Gesamtschülerzahl im High School Programm 2014/15	150

petra heinemann internationale schulberatung – Inh. Petra Kirschke

Alsterchaussee 5 Telefon: 040 / 54 80 30 75
20149 Hamburg Telefax: 040 / 54 80 30 76
info@heinemann-schulberatung.de www.heinemann-schulberatung.de

Selbstbeschreibung

Die „petra heinemann internationale schulberatung" berät Eltern und Schüler, die sich für Aufenthalte in privaten Internaten in Großbritannien (England, Schottland und Wales) interessieren. Die Firmeninhaberin Frau Petra Kirschke berät seit 20 Jahren Eltern und Schüler und verfügt somit über eine langjährige Beratungserfahrung sowie über fundierte Kenntnisse der britischen Internatskultur. Wir arbeiten mit über 150 Internaten in Großbritannien zusammen, die wir alle – aufgrund zahlreicher Schulbesuchsreisen – persönlich kennen. Die Internate haben zum Teil unterschiedliche Aufnahmekriterien und Anforderungsprofile. Wichtig sind für uns die angestrebte Aufenthaltsdauer (1-6 Terms), die derzeitige schulische Situation (Notendurchschnitt), akademische Stärken und Schwächen, Hobbies, Interessen, Neigungen, etc.

Zielländer, Schulbeispiele, Kosten

Unsere Partnerinternate sind private Schulen und kostenpflichtig. Ein Trimester kostet ca. € 10.000; ein ganzes Schuljahr somit ca. € 30.000; in diesen Kosten sind enthalten: Unterbringung, Verpflegung, Unterricht, Aktivitäten. Hinzu kommen Taschengeld und die Flugkosten. Die Internate bieten zum Teil das IB bzw. die AS-A-levels an.

Bewerbungsverlauf und Kriterien für die Annahme des Bewerbers

Der Schüler (entweder aus der 9. Klasse – G8- oder der 10. Klasse) sollte ein Kurzbewerbungsformular von uns ausfüllen und dies zusammen mit den letzten beiden Schulzeugnissen und einer auf Englisch verfassten Selbstbeschreibung an uns zurückschicken. Wir beraten die Schüler entweder am Telefon oder idealerweise auch persönlich auf unseren Beratungstagen. Danach erstellen wir ein Persönlichkeitsprofil des Schülers und empfehlen dem Schüler mehrere in die engere Wahl kommende Schulen. Neben unserer Firmenbroschüre erhält der Schüler Einzelkataloge der empfohlenen Schulen. Wir reichen die Bewerbungsunterlagen bei den Schulen ein und vereinbaren auf Wunsch Besuchstermine bei den ausgewählten Internaten, die in die engere Wahl kommen. Wir geben dem Schüler eine Entscheidungshilfe nach der Besuchsreise und helfen bei den Anmeldeformalitäten.

Vorbereitung, Betreuung, Nachbereitung

Nach Registrierung gibt es einen direkten Kontakt zwischen dem Schüler und der Schule seiner Wahl. Dennoch stehen wir vor und während des Aufenthaltes für den Schüler als Ansprechpartner zur Verfügung und beantworten im Vorfeld noch offene Fragen bzgl. der Fächerkombination, Kleiderliste, etc. Wir versuchen die Schüler während ihres Aufenthaltes in Großbritannien direkt vor Ort zu besuchen.

Stipendien und Sonstiges

Die Schulen vergeben nach gewissen Kriterien Teilstipendien. Allerdings nur, wenn Schüler für 2 Jahre bleiben möchten. Es werden keine Stipendien bei kürzeren Aufenthalten vergeben.

Kurz und bündig			
Gründungsjahr	2004	Anzahl Privatschüler/innen 2014/15	200
Programm seit	2004	Gesamtschülerzahl im High School Programm 2014/15	200

ssb Nottebohm Internatsberatung – Inh. Monika Nottebohm
Bergstraße 124 Telefon: 06221 / 9850 950
69121 Heidelberg Telefax: 06221 / 9850 952
info@ssb-nottebohm.de www.ssb-nottebohm.de

Selbstbeschreibung
ssb Nottebohm widmet sich der Vermittlung und Betreuung deutschsprachiger Schüler an „Boarding Schools“ (private Internate) in den USA und Kanada. Der hohe akademische Leistungsstandard dieses Schultyps ist mit dem eines deutschen Gymnasiums vergleichbar. Anders als an deutschen Schulen steht jedoch nicht die bloße Wissensvermittlung im Vordergrund, sondern die Förderung des Schülers in seiner Gesamtpersönlichkeit. Der Jugendliche lernt, eigenständig und effizient zu lernen, erfährt Werte wie „Teamwork“, „Leadership“ und interkulturelle Kompetenz und wird in seinen individuellen Begabungen und Interessen gefördert, wobei die hervorragende Ausstattung im Bereich Sport, Musik und Kunst eine wichtige Rolle spielt.
Im Mittelpunkt unserer Beratung stehen die Wahl der für den jeweiligen Schüler geeigneten, d. h. auf seine Interessen und Begabungen abgestimmten Boarding School sowie die richtige Fächerplatzierung. Besonders im Hinblick auf G8 bedarf es einer eingehenden und kompetenten akademischen Betreuung im Vorfeld sowie während des Aufenthaltes, damit nach Rückkehr der Einstieg in die nächsthöhere Klasse (ohne Wiederholung) gelingen kann.

Zielländer, Schulbeispiele, Kosten
Zielländer: USA und Kanada
- Schulgeld im Schuljahr 2015/16: ca. € 28.000 - € 40.000; ssb Beratungskosten: € 2.650
- Zusatzkosten: Bücher, Taschengeld, Reisekosten, Ausflüge, Versicherung, ggf. Uniform
- Teilnahmegebühr für Summer Schools/Camps im Sommer 2015: ca. € 1.500 - € 7.000 (je nach Aufenthaltsdauer, Intensität des Unterrichts und Rahmenprogramm)

Bewerbungsverlauf und Kriterien für die Annahme des Bewerbers
1. Unverbindliches, ausführliches Beratungs- und Bewerbungsgespräch (Schüler + Eltern)
2. Erstellung und Einreichung der Bewerbungsunterlagen bei ssb Nottebohm
3. Vorstellung geeigneter Schulen und Schulwahl
4. Begleitung des Bewerbungsverfahrens an der gewählten Schule (ggf. Tests)

Für jeden Schüler kann unabhängig vom Notenschnitt die passende Schule gefunden werden.

Vorbereitung, Betreuung, Nachbereitung
- Unterstützung bei der Organisation des Aufenthaltes nach Zusage der Schule
- Akademische Beratung zu den Themen Kurswahl und Schulabschluss und individuelle Abstimmung der im Ausland zu belegenden Kurse mit den Anforderungen des jeweiligen Bundes- bzw. Heimatlandes
- Intensive Vorbereitung mit viertägigem Seminar (inkl. interkulturellem Training und Elterninformationsveranstaltung) / Beratung und Betreuung während des Aufenthaltes, u.a. zu akademischen Fragen (inkl. geplantem Besuch durch einen ssb-Repräsentanten vor Ort)
- ssb Nottebohm organisiert ein Rückkehrertreffen, das dem Erfahrungsaustausch dient

Stipendien und Sonstiges
Begrenzte Anzahl an Teilstipendien.

Kurz und bündig			
Gründungsjahr	2001	Anzahl Privatschüler/innen 2014/15	75
Programm seit	2001	Gesamtschülerzahl im High School Programm 2014/15	75

STS Sprachreisen GmbH
Mönckebergstraße 5
20095 Hamburg
highschool@sts-education.de
Telefon: 040 / 303 999-23
Telefax: 040 / 303 999-08
www.sts-education.de

Selbstbeschreibung
STS Sprachreisen ist Teil einer weltweit tätigen Organisation mit eigenen Niederlassungen in 14 Ländern. STS Deutschland organisiert seit über 27 Jahren High School Programme für Schüler zwischen 14 und 18 Jahren in verschiedenen Zielländern. Als erfahrene Austauschorganisation kann STS (Student Travel Schools) weltweit auf mehr als 50 Jahre erfolgreichen Schüleraustausch und die Durchführung von Sprachreisen zurückblicken. Privatschulangebote im Rahmen unseres Select-Programms in den USA, Australien, Neuseeland und Kanada runden unser Angebot ab.

Zielländer, Schulbeispiele, Kosten
USA: In den USA bieten wir dir Privatschulen mit Unterbringung in einer Gastfamilie im ganzen Land. Halbes Schuljahr ab € 9.500 und für ein ganzes Schuljahr ab € 14.450.
Kanada: In Kanada bieten wir dir eine exzellente Privatschule direkt in Vancouver, British Columbia. Du kannst dich zwischen Internatsunterbringung oder Gastfamilie entscheiden. Preis für ein halbes Schuljahr ab € 11.000 und für ein ganzes Schuljahr ab € 19.000.

Bewerbungsverlauf und Kriterien für die Annahme des Bewerbers
Nach Eingang der Bewerbung laden wir den Schüler und seine Eltern zu einem persönlichen Gespräch ein und schicken weitere Unterlagen zu. Das persönliche Interview, eine Selbstdarstellung, die Zeugnisse (Durchschnitt: 3,3 oder besser), die Angaben zu Person und die Beurteilung des Lehrers sind u.a. die Bewertungskriterien für die Schulberatung und Platzierung. Aufgeschlossenheit, Anpassungsbereitschaft und -fähigkeit sowie Offenheit gegenüber der Kultur des Gastlandes sind wesentliche Voraussetzungen für die Teilnahme.

Vorbereitung, Betreuung, Nachbereitung
Vor der Abreise führen wir ein ganztägiges Vorbereitungstreffen für alle Teilnehmer und deren Eltern durch. Ehemalige STS-Schüler stehen als Kontaktschüler zur Verfügung. Die Betreuung erfolgt durch STS Deutschland sowie durch den Gebietsrepräsentanten (Area Representative/Local Coordinator) und das STS Büro bzw. unsere Partnerorganisationen vor Ort. Die Betreuer vor Ort haben immer ein offenes Ohr für die Anliegen der Schüler und oft werden auch Treffen mit anderen Austauschschülern organisiert. Mindestens einmal pro Jahr veranstalten wir ein mehrtägiges Nachbereitungstreffen, wo wir die gemachten Erfahrungen reflektieren, über das Thema „Re-Entry“ sprechen und wie die neu gewonnenen Fähigkeiten in Deutschland angewendet werden.

Stipendien und Sonstiges
Darüber hinaus bietet STS dir in USA, Kanada, Australien, Neuseeland und Italien Schul- und Regionalwahlprogramme mit öffentlichen High Schools an.

Kurz und bündig			
Gründungsjahr	1987	Anzahl Privatschüler/innen 2014/15	k.A
Programm seit	2000	Gesamtschülerzahl im High School Programm 2014/15	k.A.

Study Nelson Ltd. – Deutsches Kontaktbüro
Kurfürstendamm 132 – c/o Blue Sky
10711 Berlin
info@studynelson.com
Handy Tessa Bösche: 0151 / 15 33 99 70
Telefax: 030 / 89 00 95 24
www.studynelson.com

Selbstbeschreibung
Seit 1999 organisiert Study Nelson Schulaufenthalte in Neuseeland und betreut Teilnehmer mit einem einzigartigen Programm, das Sicherheit und schulischen Erfolg garantiert. Dabei unterscheidet sich die deutschsprachige Organisation durch ihren Hauptsitz vor Ort in Neuseeland. Der Aufenthalt wird individuell auf die Teilnehmer zugeschnitten.

Zielländer, Schulbeispiele, Kosten
Nur Neuseeland. Schulbeispiele: Scots College, Wellington. Unabhängige Privatschule mit NCEA und International Baccalaureate Zweig (IB), ca. 855 Schüler, ca. 30 Gastschüler. Unterbringung im Schulinternat o. in Internatswohnungen außerhalb des Campus sowie in Gastfamilien. Umfangreiches Fächerangebot, kleine Klassen, exzellentes Lehrpersonal, großes Freizeitangebot (Golf- und Segelakademie).Uniformpflicht. Nelson College for Girls, Nelson, Mädchenschule, ca. 1080 Schülerinnen, ca. 50 Gastschülerinnen, Unterbringung im Internat oder Gastfamilie, Uniformpflicht, breites Fächer-, Sport- und Kulturangebot.
Nelson College, Nelson, Jungenschule, ca. 1100 Schüler, ca. 40 Gastschüler, Unterbringung im Internat oder Gastfamilie, Uniformpflicht, umfangreiches Fächerangebot, Outdoor Education Center.
Fordern Sie gerne einen unverbindlichen Kostenvoranschlag an.

Bewerbungsverlauf und Kriterien für die Annahme des Bewerbers
Aufenthalt von 3, 6, 9 oder 12 Monaten, Verlängerung jederzeit. Auch 18-monatiger Aufenthalt zum Schulabschluss (NCEA) oder 2-jähriger Aufenthalt zur Erlangung des IB möglich, beide als Hochschulzugang in Europa anerkannt. Teilnehmer sind 14-18 Jahre (jünger/älter mögl.) mit gefestigter Persönlichkeit u. guten Noten; Gymnasiasten, Real- und Gesamtschüler sowie Schüler, die bereits eine Schule abgeschlossen haben.

Vorbereitung, Betreuung, Nachbereitung
Vor der Abreise finden in Deutschland persönliche Vorbereitungstreffen und ausführliche Beratungsgespräche für Schüler und Eltern statt. Unsere „Buddys“ (ehemalige Study Nelson Teilnehmer) stehen zusätzlich mit Rat und Tat zur Seite, ganz ehrlich und mit Informationen aus erster Hand. Eltern erhalten ein umfassendes Neuseeland-Handbuch. Persönliche Betreuung durch unser deutschsprachiges Team vor Ort + schulische Betreuung durch ausgebildete Diplompädagogen mit Erfahrung an neuseeländischen und deutschen Schulen + Online Vorbereitungskurs und mehrtägiges Einführungsseminar in Neuseeland + Newsletter und Reports als Information für Schüler und Eltern + Organisierte Ferienreisen + Ehemaligentreffen

Stipendien und Sonstiges
Wir sind seit über 15 Jahren auf Schulaufenthalte in Neuseeland spezialisiert und dort direkt vor Ort! / Professionelle schulische Beratung und persönliche Betreuung durch deutschsprachige Diplompädagogen / Informationen zu Stipendien unter www.studynelson.com

Kurz und bündig			
Gründungsjahr	1999	Anzahl Privatschüler/innen 2014/15	5
Programm seit	1999	Gesamtschülerzahl im High School Programm 2014/15	70

TravelWorks (Travelplus Group GmbH)
Münsterstr. 111
48155 Münster
highschool@travelworks.de
Telefon: 02506 / 8303-600
Telefax: 02506 / 8303-231
www.schueleraustausch-international.de

Selbstbeschreibung
Bei der Suche nach einer geeigneten Privatschule bzw. einem Internat legen wir viel Wert auf eine individuelle Beratung, so dass die gewählte Schule bestmöglich zu den Interessen und Vorstellungen Ihres Kindes passt.

Zielländer, Schulbeispiele, Kosten
USA: Wir bieten über 20 ausgesuchte private High Schools, u.a. in New York, Kalifornien, Florida oder auf Hawaii an. Einige der Schulen bieten das International Baccalaureate (IB) an. Auch Summer School-Aufenthalte (2/3/4/5/6 Wo.) sind möglich. Zum Angebot gehören außerdem ein Privatschul-Classic Programm, bei dem lediglich der Schultyp (Internat oder private Tagesschule mit Gastfamilie) gewählt wird. Die konkrete Auswahl der Schule übernehmen unsere Partner und die Schulen gewähren im Gegenzug einen nicht unerheblichen Preisnachlass. Kanada: In Kanada arbeiten wir mit einer Privatschule in Ontario zusammen. Auch Summer School-Aufenthalte sind möglich.
Australien: Wir arbeiten mit 2 Privatschulen zusammen, die auch das International Baccalaureate (IB) anbieten. Neuseeland: Hier bieten wir 3 renommierte und modern ausgestattete Privatschulen der Academic Colleges Group (ACG) im Raum Auckland an. Darüber hinaus arbeiten wir mit der Springbank High School in Kerikeri (Region Bay of Islands) sowie dem Wentworth College in Auckland zusammen – dabei handelt es sich um persönlich geführte und kleine Privatschulen.
Großbritannien: Hier stehen 4 Privatschulen bzw. -internate in England – darunter eine IB World School - zur Auswahl. Auch Summer School-Aufenthalte (1-3 Wo.) sind möglich.

Bewerbungsverlauf und Kriterien für die Annahme des Bewerbers
Nach der unverbindlichen Bewerbung laden wir die SchülerInnen und deren Eltern zum persönlichen Auswahl- und Informationsgespräch ein. Anschließend senden wir den Bewerbern unsere Buchungsgrundlage sowie das verbindliche Anmeldeformular zu, das bei Interesse unterschrieben an uns zurückgesandt werden muss. Bewerber müssen flexibel, motiviert, weltoffen, kompromissbereit und anpassungsfähig sein. Ihr Alter liegt zwischen 14 und 18 Jahren.

Vorbereitung, Betreuung, Nachbereitung
Etwa drei Monate vor Abreise laden wir die TeilnehmerInnen und ihre Eltern zu einem eintägigen Vorbereitungsseminar in mehreren deutschen Städten bzw. Österreichs ein. Außerdem erhalten die TeilnehmerInnen ein Infohandbuch sowie regelmäßige Inforundbriefe. Unsere Privatschulen und –internate bieten nach Ankunft der Schüler verschiedene, z.T. mehrtägige Einfühungsveranstaltungen an. Nach der Rückkehr der Schüler führen wir ein Nachbereitungstreffen im Rahmen eines Ausflugswochenendes an.

Stipendien und Sonstiges
1 Sozialstipendium im Wert von 1.500 €, 1 Kreativstipendium im Wert von 2.500 €

Kurz und bündig			
Gründungsjahr	1991	Anzahl Privatschüler/innen 2014/15	78
Programm seit	2007	Gesamtschülerzahl im High School Programm 2014/15	536

World Wide Qualifications Sprach- und Studienreisen GmbH
Buschöhrchen 29 | Telefon: 02247 / 969 0 480
53819 Neunkirchen-Seelscheid | Telefax: 02247 / 969 0 482
info@schuelerweltweit.de | www.schuelerweltweit.de

Selbstbeschreibung
World Wide Qualifications wurde 1999 in Irland gegründet und agiert seit 2005 in Deutschland. Die meisten von uns lebten jahrzehntelang im Ausland, gingen dort zur Schule und zur Universität und betreuten schon rund 17 Jahre vor der Gründung Austauschschüler in Australien, England und Irland, und durch unsere ESL Lehrer auch in den USA und Thailand. Durch unsere Erfahrungen in diesen Ländern, kennen wir viele Privatschulen/Boardingsschools sowie Schulleiter. Die Privatschulen werden von unseren Koordinatoren vor Ort regelmäßig überprüft. Beratung: Für jeden Schüler wird ein detailliertes Profil erstellt um daraufhin über die Wahl der Schule, Schulfächer und Orte sowie Unterschiede im Bildungssystem zu beraten. Mit einbezogen wird eine eingehende Beratung mit Hinblick auf das G8 sowie der weitere Werdegang des Schülers. Schüler und Eltern können sich daraufhin aus mehreren Möglichkeiten eine Schule selbst aussuchen.

Zielländer, Schulbeispiele, Kosten
Wir platzieren in renommierten privaten und staatlichen Boardingsschools mit Unterkunft auf dem Campus (Internat) sowie Privatschulen mit Unterkunft in ausgesuchten Gastfamilien.
Altersbegrenzung Schüler: 12-19 Jahre. Schulabschluss möglich, z.B. IB, A-Level, HSC usw.
Preise pro Schuljahr inkl. Unterkunft u. Verpflegung
Irland – ab € 15.700
USA – ab € 13.900
England – ab € 26.500 (staatliche Boardingschools ab € 9.990)
Australien – ab € 20.000

Bewerbungsverlauf und Kriterien für die Annahme des Bewerbers
Schüler/Eltern reichen ein Bewerbungsformular sowie Zeugnisse ein. Nach einer Beratung u. Interview erstellen wir ein Schülerprofil und es werden Schulen empfohlen, aus denen der Schüler eine Wahl treffen kann. Nach der Anmeldung erfolgt die Schulplatzierung, Dokumente für das Visum, Organisation der Reise, Unterkunft usw. Wir suchen vor allem Schüler, die neben der schulischen Qualifikation aufgeschlossen und anpassungsfähig sind und motiviert auf einen Schulaufenthalt in der Ferne blicken. Schüler sollten Bereitschaft zeigen, auch an schulischen Aktionen wie Sport oder Kunst/Musik sowie Ausflügen teilzunehmen.

Vorbereitung, Betreuung, Nachbereitung
Wir bieten unseren Schülern und Eltern eine intensive Vorbereitung in 3 Phasen:
1. Homexercises – eine Art Korrespondenzkurs mit Übungen und Informationen
2. Vorbereitungstreffen 3. Englisch Seminar mit einem Nativespeaker vor Abreise.
Betreuung: Schülerkoordinator vor Ort, zusätzlich 24-Stunden-Notfall-Nummer. World Wide Qualifications bleibt in Deutschland zusätzlich Ansprechpartner.

Stipendien und Sonstiges
Teil-Stipendien für USA – staatliche Schulen, Summerschools und Sprachreisen für Schüler in den Sommerferien sowie Englisch Vorbereitungskurse für Privatschulaufenthalt.

Kurz und bündig			
Gründungsjahr	2005	Anzahl Privatschüler/innen 2014/15	5
Programm seit	2005	Gesamtschülerzahl im High School Programm 2014/15	71

Xplore GmbH
Theodorstr. 8 — Telefon: 040 / 429 336 00
22761 Hamburg — Telefax: 040 / 429 336 11
info@xplore.de — www.xploreschueleraustausch.de

Selbstbeschreibung
Wir bieten dir die Möglichkeit, aus einem von 10 Zielen weltweit zu wählen. Dabei ist es uns wichtig, dich bei jedem einzelnen Kontakt mit uns zufrieden zu stellen! Bei uns sollst du dich verstanden und sehr gut betreut fühlen. Wir kommunizieren und leben Herzlichkeit, Kompetenz und Professionalität. Kontinuität im Mitarbeiterstamm ist unser oberstes Ziel. Damit wollen wir dir feste Ansprechpartner bieten und Individualität sicherstellen. Was uns wichtig ist, sind positives Kunden-Feedback und Mundpropaganda – denn deine Zufriedenheit ist immer noch die beste Werbung!

Zielländer, Schulbeispiele, Kosten
USA: In den USA bieten wir unterschiedliche Programme an. Du kannst wählen zwischen Privatschulen in allen Teilen des Landes, wobei die Unterbringung alternativ in einer Gastfamilie oder im Internat erfolgt.
Großbritannien: In England bieten wir dir Internate an, wo es nur ganz wenig deutsche Schüler gibt. Dabei kannst du wählen, ob du einen, zwei oder drei Terms bleiben möchtest.
Irland: In Irland kannst du zwischen Internats- und Gastfamilienunterbringung wählen. Die Privatschulen liegen entweder in Dublin oder anderen irischen Städten, einige Internate sind auch ländlicher gelegen. Aufenthalte ab einem Term sind möglich!

Bewerbungsverlauf und Kriterien für die Annahme des Bewerbers
Zunächst kannst du dich online oder mit unserem Anmeldeformular aus dem Katalog, einer Kopie deines letzten Zeugnisses und einem aktuellen Foto ganz unverbindlich bei uns bewerben. Es folgt ein persönliches Beratungsgespräch mit dir und deinen Eltern. Wir unterhalten uns über die Besonderheiten deines Wunschlandes, Anforderungen, Schule, Charaktereigenschaften der Bewohner, Essen etc. und auch über typische Probleme. Dieses Gespräch wird mit jedem einzelnen Teilnehmer, nie in einer Gruppe durchgeführt. Wir beantworten alle Fragen und nehmen uns ca. 2-3 Stunden Zeit, um dich auch kennenlernen zu können!

Vorbereitung, Betreuung, Nachbereitung
Die Vorbereitung startet bereits mit unserem ausführlichen Auswahlgespräch, das viele offene Fragen klärt, und vor dem Abflug treffen wir uns zu einem eintägigen Schüler- und Elternworkshop. Dieser Tag ist von uns auf die verschiedenen Programmländer zugeschnitten und behandelt verschiedene Themenblöcke wie z.B. Eingewöhnung und Problembewältigung. Persönliches Feedback ist uns wichtig, dafür laden wir alle Xplore Schüler einmal pro Jahr zu einem mehrtägigen Treffen ein.

Stipendien und Sonstiges

Kurz und bündig			
Gründungsjahr	2009	Anzahl Privatschüler/innen 2014/15	11
Programm seit	2010	Gesamtschülerzahl im High School Programm 2014/15	242

Liste aller Gastländer

Deutsche Austauschorganisationen und Agenturen führen mehrmonatige Schüleraustauschprogramme in rund 60 Gastländern durch. Jenseits der in den ausführlichen Preis-Leistungs-Tabellen aufgeführten Programme für 18 Zielländer bieten folgende Organisationen weitere Gastländer an (diese Angaben erheben keinen Anspruch auf Vollständigkeit):

AFS: Ägypten, Belgien, Bolivien, Dänemark, Dom. Republik, Finnland, Indien, Indonesien, Innere Mongolei, Island, Kolumbien, Kroatien, Lettland, Malaysia, Mexiko, Niederlande, Norwegen, Panama, Paraguay, Peru, Philippinen, Polen, Portugal, Russland, Schweiz, Serbien, Thailand, Tschechien, Türkei, Ungarn

Ayusa-Intrax: Dänemark, Finnland, Norwegen

CAMPS: Indien

DFSR: Dänemark, Finnland, Norwegen

ehighschool: Belgien

Experiment: Finnland, Indien, Norwegen

Global Youth Group: Dänemark, Norwegen, Schweden, Finnland

GLS: Belgien, Mexiko, Norwegen

into: Dänemark, Finnland, Indien, Niederlande, Norwegen, Polen, Thailand, Ungarn

iSt: Dänemark, Finnland, Mexiko, Norwegen

STS: Dänemark

Travelworks: Indien

Xplore: Malta

YFU: Aserbaidschan, Belgien, Bulgarien, Dänemark, Estland, Finnland,

Indien, Lettland, Litauen, Mexiko, Moldawien, Niederlande, Norwegen, Paraguay, Polen, Rumänien, Russland, Schweiz, Serbien, Slowakei, Südkorea, Thailand, Tschechien, Türkei, Ungarn, Uruguay

Unabhängige Beratungsstellen

weltweiser® – Der unabhängige Bildungsberatungsdienst
Schloss Cappenberg – 59379 Selm-Cappenberg
Fon: (02306) 978 113 – Fax: (02306) 978 114
info@weltweiser.de – www.weltweiser.de

Auslands- und Bildungsberatung, Cultural Consulting, PR & Marketing
weltweiser® – Büro Bonn: 0228 / 391 84 784
info@weltweiser.de

weltweiser@Facebook: www.facebook.com/weltweiser
weltweiser@Twitter: www.twitter.com/weltweiser
weltweiser@Google+: plus.google.com/+WeltweiserDeutschland
weltweiser NewsLetter: www.weltweiser.de/newsletter

Der vom Autor dieses Buches geleitete, unabhängige Bildungsberatungsdienst weltweiser hat es sich zur Aufgabe gemacht, sachkundig über Auslandsaufenthalte und internationale Bildungsangebote zu informieren. weltweiser hilft bei der ersten Orientierung und der Suche nach dem individuell besten Programm.

Auf Wunsch werden neben den Charakteristika der verschiedenen Angebote die notwendigen persönlichen Voraussetzungen, das Bewerbungsverfahren und die Möglichkeiten der Finanzierung eines Auslandsaufenthalts thematisiert. Da teure Programme nicht notwendigerweise die besten sind, spielen in den Beratungen auch detaillierte Preis-Leistungs-Vergleiche eine wichtige Rolle. Neben persönlichen Beratungen im Bonner weltweiser-Büro, Vorträgen und Seminaren bietet weltweiser zu den Themen Schüleraustausch, Sprachreisen, Work and Travel, Au-Pair, Freiwilligendienste, Praktika und Auslandsstudium auch Beratung am Telefon oder via E-Mail an.

Auf den von weltweiser im gesamten deutschen Bundesgebiet veranstalteten JugendBildungsmessen „JuBi“ präsentieren insgesamt rund 100 Veranstalter ihre Programme und informieren die Besucher über die vielfältigen Facetten von Auslandsaufenthalten. Ausführliche Informationen über die oben beschriebenen Serviceleistungen, die aktuellen Termine der JuBi-Messen sowie zahlreiche Angebote, Hinweise und Tipps verschiedener Austauschorganisationen finden sich unter www.weltweiser.de.

Durch ausgewählte Städte in Österreich und der Schweiz sowie Südtirol/Italien und ab 2015 auch in den Niederlanden tourt die europäische Messereihe „Youth Education & Travel Fair“ als Infoböre zu Reisen und Bildung im Ausland. www.youth-education-travel-fair.com

Aktion Bildungsinformation e.V. (ABI)
Lange Straße 51 – 70174 Stuttgart
Fon: (0711) 220 216 30
info@abi-ev.de – www.abi-ev.de

ABI versteht sich selbst als eine „SPEZIAL-Verbraucherschutzstelle“, die sich insbesondere mit dem Bildungs- und Kulturaustausch befasst. Zahlreiche Veranstalter von High-School-Programmen bezeichnen ABI hingegen als „Abmahnverein“. Für viele Medienvertreter ist die Aktion Bildungsinformation wiederum eine beliebte Anlaufstelle, da man als „investigativer“ Journalist auf der Suche nach dem Skandal hier nicht selten Informationen bekommt, die es erlauben, komplexe Sachverhalte auf das „Wesentliche“ zu reduzieren. Dass der Schüleraustausch dadurch in der öffentlichen Wahrnehmung zu Unrecht großen Schaden nimmt, wird dabei offensichtlich von beiden Seiten fahrlässig bzw. bewusst in Kauf genommen.

Zusammenfassend kann man sagen, dass die Informationen von ABI zum Schüleraustausch zu großen Teilen auf einzelnen Berichten von Jugendlichen und Eltern basieren, die negative Erfahrungen mit dem Auslandsaufenthalt gemacht haben. Sie sind folglich nicht repräsentativ – und daher wohl auch nur begrenzt hilfreich bei der Wahl der richtigen Austauschorganisationen.

Schüleraustausch-Verbände

19 deutsche Veranstalter sind in Schüleraustausch-Verbänden organisiert. Da es sich bei diesen Zusammenschlüssen nicht zuletzt um Interessengemeinschaften handelt, sagt eine Mitgliedschaft in einem solchen Verband jedoch nichts über die Qualität der angebotenen Programme aus.* Derzeit gibt es zwei Schüleraustausch-Verbände in Deutschland:

DFH – Deutscher Fachverband High School e.V.
„Der DFH versteht sich als unabhängiges Beratungs- und Informationsgremium zu Fragen internationaler High-School-Programme. [...] Die Einhaltung der durch die DFH-Richtlinien definierten Standards durch die Mitglieder wird kontinuierlich durch einen unabhängigen Fachbeirat überprüft." (Quelle: DFH-Broschüre)
Mitglieder: AIFS, Ayusa-Intrax, CAMPS, DFSR, GIVE, GLS, into, iSt, Kaplan, Stepin, team!, TravelWorks, Xplore
Kontakt: DFH – Marburger Str. 15 – 60487 Frankfurt
Fon: (069) 977 84 608 – Fax: (069) 70 46 35, info@dfh.org – www.dfh.org

AJA – Arbeitskreis gemeinnütziger Jugendaustauschorganisationen
„Internationaler Austausch durch AJA-Organisationen bedeutet das Angebot des Austausches mit möglichst vielen Ländern dieser Welt. [...] Die AJA-Organisationen sind in Deutschland als gemeinnützige

* Siehe hierzu auch das Kapitel *Weitere Qualitätsmerkmale*.

Vereine und als Träger der freien Jugendhilfe anerkannt." (Quelle: AJA-Qualitätskriterien)
Mitglieder: AFS, Experiment e.V., Open Door International e.V., Partnership International e.V., Rotary Jugenddienst Deutschland, YFU
Kontakt: AJA – Gormannstr. 14 – 10119 Berlin
Fon: (030) 33 30 98 75 – Fax: (030) 33 30 98 76
info@aja-org.de – www.aja-org.de

Rotary Club

Der Rotary Club hat es sich zum Ziel gesetzt, das Verständnis der Völker untereinander zu vertiefen und führt in diesem Sinne Schüleraustauschprogramme durch, die auf Gegenseitigkeit beruhen. In diesem Kulturaustausch sollen Austauschschüler einerseits ein neues Land, seine Bevölkerung und Lebensgewohnheiten kennen lernen, andererseits über die Heimat berichten. Es können sich sowohl Kinder von Rotariern als auch Kinder aus Familien ohne Mitgliedschaft in einem Rotary Club bewerben. Interessenten sollten sich beim örtlichen Rotary Club vorstellen. Die Bewerbungen sind dann in der Regel bis spätestens Anfang Oktober für das darauf folgende Schuljahr abzugeben. Programmkosten entstehen nicht. Es müssen lediglich die Kosten für die Hin- und Rückreise, Krankenversicherung und die Orientierungsseminare getragen werden. Durch die Aufnahme von Gastkindern in der eigenen Familie entstehen Kosten für die Versorgung und Betreuung. Ausführliche Infos sind abrufbar unter www.rotary-jugenddienst.de.

Schüleraustausch privat organisieren

Wenn man an einem Schüleraustauschprogramm teilnehmen will, muss man nicht zwangsläufig auf einen Veranstalter zurückgreifen. Ist man zum Beispiel mit einer Familie in einem anderen Land befreundet, so ist die private Organisation möglich. Gerade bei Ländern innerhalb der EU sind die Behördengänge relativ problemlos, soweit man von der „Gegenseite“ zum Beispiel bei der Schulanmeldung unterstützt wird. Nicht nur für die USA ist ein privater Austausch jedoch relativ unsinnig, da seit 1996 hierfür an öffentlichen Schulen Schulgeld verlangt wird, welches nicht selten höher als die Programmkosten der Austauschorganisationen (inklusive Flug, Versicherungen und Betreuung) liegt. Außerdem ist es nur unter sehr speziellen Voraussetzungen möglich, überhaupt ohne eine anerkannte Organisation die notwendigen Visumsunterlagen für die USA zu erhalten.

Ohnehin sollte man den organisatorischen Aufwand jedoch genauso wenig unterschätzen wie den Umstand, dass auch in befreundeten Familien Probleme auftreten können, die dann nicht durch einen Betreuer bzw. eine funktionierende Organisationsstruktur aufgefangen werden können.

Viele Organisationen bieten übrigens so genannte Self-Placements an, das heißt man nennt bereits bei der Bewerbung die Gastfamilie, bei der man platziert werden möchte, soweit das Bewerbungsverfahren positiv verläuft: Das ist häufig die bessere Alternative!

Privatschulen und Internate

Die große Mehrheit deutscher Austauschschüler lebt bei einer Gastfamilie und besucht die weiterführende öffentliche Schule vor Ort. Alternativ besteht jedoch die Möglichkeit, sich als zukünftiger Gastschüler ganz bewusst für einen Aufenthalt an einer Privatschule zu entscheiden. Privatschulen sind Bildungseinrichtungen in nichtstaatlicher, freier Trägerschaft. So haben beispielsweise viele private Schulen eine Religionsgemeinschaft bzw. Kirche als Träger; was übrigens nicht ausschließt, dass auch andersgläubige Jugendliche diese Schule besuchen. Natürlich gibt es nicht nur konfessionelle Privatschulen. Private Schulen können verschiedenste Philosophien, Erziehungsrichtungen und Lernansätze verfolgen, wie die Montessori- oder Waldorfschulen, um zwei vor allem in Deutschland verbreitete Beispiele zu nennen.

Da private Schulen gar nicht oder nur bedingt aus staatlichen Geldern finanziert werden, fallen zum Teil nicht unerhebliche Schulgebühren an. Diese können für internationale Schüler höher sein als für die einheimischen Schüler. Ein Richtwert lässt sich kaum benennen, da die Schulgebühren je nach Träger, Gastland, Renommee oder Lage der Schule stark variieren. Nach oben ist die Gebührenskala offen und so kann ein Schuljahr an einem privaten Internat 35.000 bis 50.000 Euro kosten.

Privatschulen werden häufig in einem Atemzug mit Internaten genannt. Private Schulen haben aber nicht notwendigerweise einen Internatsbetrieb. Es gibt durchaus viele private Tagesschulen. In diesem Fall leben die Gastschüler bei einer Gastfamilie. Möchtest du gern auf ein Internat gehen und zusammen mit anderen Jugendlichen auf dem Schulgelände wohnen, bedeutet das in der Regel, dass du dich damit automatisch für den Besuch einer Privatschule entscheidest. So handelt es sich bei den in englischsprachigen Gastländern als Boarding Schools bezeichneten Internaten fast immer um Privatschulen. Nur sehr wenige öffentliche Schulen im Ausland haben überhaupt ein Internat bzw. Wohnheim.

Um die Sache noch komplizierter zu machen: Private Schulen, die sowohl Internatsplätze anbieten als auch Tagesschüler zulassen, setzen von internationalen Schülern meist voraus, dass sie die Unterkunftsform Internat wählen. Dies hat den einfachen Grund, dass die Schulen ihre Internatsplätze allein schon unter dem finanziellem Gesichtspunkt betrachtet „füllen" müssen und ihre reinen Tagesplätze gern an einheimische Jugendliche aus dem Einzugsgebiet der Schule vergeben. Gerade in englischsprachigen Gastländern wie den USA nehmen Internate internationale Schüler häufig erst ab der Dauer von mindestens einem Schuljahr auf. Da die Nachfrage nach Ganzjahresplätzen groß genug ist, besteht keine Notwendigkeit, Halbjahresschülern einen Platz anzubieten.

Privatschulprogramme sind – zumindest in allen englischsprachigen Gastländern – immer Schulwahlprogramme: Du entscheidest aufgrund des Schulprofils, welche Privatschule dir zusagt. Es bleibt natürlich der Schule überlassen, zu entscheiden, ob sie dich aufnimmt. So musst du zum Beispiel bestimmte Aufnahmevoraussetzungen erfüllen, wie ausreichende Sprachkenntnisse oder einen bestimmten Notendurchschnitt.

Oft wird der Begriff Eliteschule mit Privatschulen in Verbindung gebracht und der Schluss gezogen, dass private Schulen zwangsläufig besser sind als öffentliche. Diese Ansicht solltest du kritisch hinterfragen, denn letztlich ist entscheidend, dass du dich an deiner Gastschule wohl fühlst und Fächer belegen kannst, die dich interessieren. Dazu musst du nicht unbedingt eine Privatschule besuchen. Auch viele öffentliche Schulen können dir eine breite Palette an klassischen akademischen und eher praxisorientierten Schulfächern auf unterschiedlichen Niveaus bieten. Unabhängig von der Schulform liegt es somit an dir, dich aktiv in den Schulalltag einzubringen und – wenn du das willst – dich selbst zu fordern.

Weiterführende Informationen zum Thema Privatschulaufenthalte im Ausland bietet das *Handbuch Schulwelten. Der Ratgeber für Privatschulaufenthalte weltweit* – www.privatschulen-weltweit.de.

Gastfamilie werden

20 deutsche Austauschorganisationen führen ein Inbound-Programm durch, d.h. sie geben derzeit knapp 2.700 ausländischen Jugendlichen die Möglichkeit, ein halbes oder ganzes Schuljahr in Deutschland zu verbringen.

Da sich die Platzierung der Austauschschüler nicht selten schwierig gestaltet, freuen sich die Veranstalter über jede Familie, die sich bereit erklärt, einen Austauschschüler aufzunehmen. Der unabhängige Bildungsberatungsdienst weltweiser stellt bei Interesse gerne kostenlos Kontakte zu Organisationen her, die noch Gastfamilien suchen. Weitere Informationen unter www.weltweiser.de

Folgende Organisationen haben im Schuljahr 2014/15 Austauschschüler an deutsche Gastfamilien vermittelt:

Organisation	Teilnehmer Inbound-Programme 2014/15
AFS	621
Ayusa-Intrax	48
CAP	1
DFSR	70
ehighschool	1
Eurovacances	67
Experiment	150
GIVE	100
GLS	80
Global Youth Group	neu ab 2014
ICX	27
iE	2
into	20
Open Door Int.	79
Partnership Int.	70
Stepin	80
StudyNZ	1
Rotary	650
TREFF	3
YFU	600

Staatliche Austauschprogramme

Trotz der vollmundigen wie kryptischen Sprüche vieler Politiker, die „von den Jugendlichen in Zeiten der Globalisierung internationale Kompetenz“ einfordern, fördern Bund und Länder – gemessen an dem Bedarf – den individuellen Schülereinzelaustausch erschreckend wenig. Einem winzigen Prozentsatz von Interessenten werden jedoch gute Austauschmöglichkeiten geboten:

Parlamentarisches Patenschafts-Programm

Das Parlamentarische Patenschafts-Programm (PPP) ist ein zwischen dem Deutschen Bundestag und dem Kongress der USA vereinbartes Jugendaustauschprogramm. 1983, auf dem Höhepunkt der „neuen“ Friedensbewegung, wurde das PPP von den beiden Häusern aus Furcht vor zunehmendem Antiamerikanismus beschlossen. Dieser hatte nicht zuletzt im NATO-Doppelbeschluss seine Wurzeln, der die Stationierung von atomar bestückten, amerikanischen Pershing II-Raketen in Europa ermöglichte.* Das Programm sieht einen einjährigen Aufenthalt von jungen Deutschen und jungen Amerikanern im jeweiligen Gastland vor, mit dem Ziel, den Jugendlichen die Bedeutung der freundschaftlichen Zusammenarbeit zwischen beiden Ländern zu vermitteln.

Stipendien

Im Rahmen eines Stipendiums werden vom Deutschen Bundestag und dem Kongress der USA die Flug- und sonstige Reisekosten, die Programmkosten, die Versicherungskosten und die Kosten für das Vorbereitungsseminar übernommen. Nicht übernommen werden das Taschengeld und die Fahrtkosten zu den Auswahlgesprächen.

* Vgl. u.a. Herzog, Susanne B.: Die westdeutsche „Nachfolgegeneration“ und die Entstehung des PPP. Unveröffentlichte Magisterarbeit, Berlin 2005.

Teilnahmevoraussetzungen

An dem Programm können Schüler/innen mit guten schulischen Leistungen teilnehmen, die ihren ersten Wohnsitz zum Datum des Anmeldeschlusses in der Bundesrepublik Deutschland haben, kein Kind oder Pflegekind eines/einer Bundestagsabgeordneten sind und keine amerikanische Staatsbürgerschaft oder Greencard besitzen sowie zum Zeitpunkt der Ausreise mindestens 15 und höchstens 17 Jahre alt sind. Die Schulausbildung darf noch nicht mit dem Abitur abgeschlossen sein.

Bewerbung

Das Faltblatt des PPP inklusive Bewerbungskarte kann im Internet herunter geladen werden. Die ausgefüllte Bewerbungskarte muss dann bis spätestens Anfang September an die zuständige Austauschorganisation zurückgeschickt werden. Nähere Infos zur Zuständigkeit der Organisationen sowie die aktuellen Fristen und Daten unter www.bundestag.de/ppp.

Chancen

„Jede Austauschorganisation führt ihr eigenes Vorauswahlverfahren durch. Die Auswahl orientiert sich am gesamten Persönlichkeitsbild, der Motivation und der Eignung der Bewerber/innen für einen einjährigen USA-Aufenthalt. Von den Bewerber/innen werden in jedem Fall gute staatsbürgerliche Kenntnisse und gute englische Sprachkenntnisse erwartet. Anschließend legen die Austauschorganisationen den am Programm beteiligten Abgeordneten eine Liste mit den am besten geeigneten Bewerber/innen vor. Die/der Abgeordnete nominiert aus dieser Liste die/den Stipendiatin/Stipendiaten."

Es werden rund 360 Stipendien vergeben, 285 für Schüler/innen und 75 für junge Berufstätige. Die Zahl der jährlich eingehenden Bewerbungskarten liegt bei rund 10.000. Circa 5.000 Schüler/innen geben schließlich eine vollständige Bewerbung ab. Damit bewerben sich circa 17 Schüler/innen auf einen Programmplatz, wobei die Zahl der Bewerber in den einzelnen Wahlkreisen stark variiert. Kontakt: Deutscher Bundestag – Referat WI 4 – Platz der Republik 1 – 11011 Berlin – www.bundestag.de/ppp

Voltaire-Programm

Das auf Gegenseitigkeit angelegte Voltaire-Programm gibt aktuell rund 380 deutschen und französischen Jugendlichen die Möglichkeit, im Rahmen eines gegenseitigen Austauschs jeweils sechs Monate im Gastland zu verbringen. Das Voltaire-Programm richtet sich an Schüler/innen der 9. und 10. Klasse von Schulen mit Sekundarstufe I und II. Darüber hinaus können auch Schüler/innen der 8. Klasse sowie von Realschulen bzw. anderen Schulen der Sekundarstufe I und von beruflichen Vollzeit-Schulen teilnehmen. Wichtige Voraussetzung für die Aufnahme in das Programm ist eine gute Beherrschung der Partnersprache sowie Motivation, Leistungsfähigkeit und Lernbereitschaft. Es entstehen keine Programmkosten. Das Deutsch-Französische-Jugendwerk stellt auf Antrag ein Kulturportfolio von 250 € für die gesamte Zeit des Auslandsaufenthalts und einen Fahrtkostenzuschuss zur Verfügung. Weitere Informationen unter:
www.kmk-pad.org/programme/stipendienprogramm-voltaire.html

Deutsch-Französisches Jugendwerk

Das 1963 gegründete Deutsch-Französische Jugendwerk (DFJW) sieht seine Aufgabe darin, die Beziehungen zwischen jungen Deutschen und Franzosen enger zu gestalten und das gegenseitige Verständnis zu vertiefen. Es regt den deutsch-französischen Austausch an und fördert ihn. Für Jugendliche bietet sich daher eine Fülle von Austauschprogrammen. Die Organisation des Austausches geschieht im Wesentlichen durch die Partner des DFJW, d.h. Jugendverbände, Jugendämter, Sportverbände, Gewerkschaften, Schulen etc. Allgemeinbildende Schulen, die eine Schülerbegegnung mit einer französischen Schule oder einen langfristigen individuellen Schüleraustausch planen, können bei den zuständigen Schulaufsichtsbehörden einen Antrag auf Förderung aus DFJW-Mitteln stellen.

Seit 1989 besteht für Schüler/innen der 8. – 11. Klasse, die seit mindestens zwei Jahren Französisch lernen, im Rahmen des Brigitte-Sauzay-Programms die Möglichkeit, an einem mittelfristigen individuellen Schüleraustausch, der auf Gegenseitigkeit beruht, teilzunehmen und drei Monate lang eine Schule in Frankreich zu besuchen. Das DFJW kann einen Fahrtkostenzuschuss gewähren.
Kontakt: DFJW – Molkenmarkt 1 – 10179 Berlin – Fon: (030) 288 7570-0 info@dfjw.org – www.dfjw.org

Deutsch-Polnisches Jugendwerk

Das Deutsch-Polnische Jugendwerk (DPJW) wurde aufgrund einer gemeinsamen Initiative der Regierungen der Bundesrepublik Deutschland und der Republik Polen am 17. Juni 1991 als regierungsunabhängige internationale Organisation errichtet. Das DPJW verfolgt das Ziel, den bestehenden Jugendaustausch zu erweitern und zu vertiefen und neue Initiativen zu ermöglichen. Damit sollen das Verständnis füreinander verbessert, Vorurteile überwunden, Versöhnung ermöglicht und die gemeinsame Verantwortung deutscher und polnischer junger Menschen für die Gestaltung der Zukunft eines freien Europa gefördert werden. Das DPJW fördert u.a. Schulpartnerschaften und den Jugendaustausch, Praktika, Fortbildungsveranstaltungen und Gedenkstättenfahrten sowie Publikationen. Dabei wird Wert darauf gelegt, dass die Jugendlichen ihr Programm selber mitplanen und mitgestalten. Antragsteller können öffentliche und nichtöffentliche Organisationen und Initiativen sein. Das Programm „Schule auf Polnisch" ermöglicht seit dem Jahr 2010/2011 Schülerinnen und Schülern ab der 9. Klasse an einem individuellen Schüleraustausch mit Polen teilzunehmen. Die Aufenthaltsdauer beträgt drei bis sechs Monate.
Kontakt: DPJW– Friedhofsgasse 2 – 14473 Potsdam – Fon: 0331-28479-0 – Fax: 0331-297527 – buero@dpjw.org – www.dpjw.org

Deutsch-Russischer Austausch

Der Deutsch-Russische Austausch e.V. (DRA) engagiert sich zusammen mit der Partnerorganisation Nemecko-Russkij Obmen in St. Petersburg sowie weiteren Partnern in Deutschland, Russland, Belarus und der Ukraine für eine aktive, demokratische Zivilgesellschaft in Ost- und Westeuropa. Im Rahmen der DRA-Schüleraustauschprogramme mit Sankt Petersburg, Kaliningrad, Krasnojarsk und Petrosawodsk können deutsche Jugendliche an einem ein- bis dreimonatigen Austausch auf Gegenseitigkeit (14 - 18 Jahre) oder an einem (Halb-)Jahresaufenthalt ohne Gegenbesuch (ab 15 Jahren) teilnehmen. Grundkenntnisse des Russischen werden vorausgesetzt. Auf der anderen Seite besteht die Möglichkeit, Gastfamilie in Deutschland zu werden oder als Gastschüler-Pate zu fungieren, ohne selbst ins Ausland zu gehen.
Kontakt: DRA – Badstr. 44 – 13357 Berlin – Fon: (030) 44 66 80-0 – Fax: (030) 44 66 80-10 – info@austausch.org – www.austausch.org

German-American Partnership Program

Der Pädagogische Austauschdienst koordiniert und betreut das German-American Partnership Program (GAPP). Hierbei handelt es sich ausschließlich um ein Förderprojekt für Schulpartnerschaften, in dessen Rahmen sich Gruppen oder Klassen bis zu ca. vier Wochen gegenseitig besuchen und dabei in das schulische und familiäre Leben an ihrem Gastort integriert werden. Gefördert werden amerikanische High-Schools und deutsche Schulen im Sekundarbereich, die eine Partnerschaft auf Gegenseitigkeit und auf Dauer eingehen. Für Schüler/innen der Schulen, die an einem GAPP-Austausch teilgenommen haben, besteht darüber hinaus auch die Möglichkeit eines halb- oder ganzjährigen Einzelaustauschs, der vom Goethe-Institut New York organisiert wird.
Weitere Infos unter www.kmk-pad.org/programme/gapp.html.

Tandem – Deutsch-Tschechischer Jugendaustausch

Tandem bedeutet grenzüberschreitender Jugendaustausch zwischen Deutschland und Tschechien. Das Tandem-Team unterstützt Lehrkräfte und Jugendleiter/innen mit Interesse am Nachbarland. Tandem arbeitet bundesweit und grenzüberschreitend.
Kontakt: Koordinierungszentrum Deutsch-Tschechischer Jugendaustausch – Tandem – Maximilianstr. 7 – 93047 Regensburg
Fon: 0941-58 55 70 – Fax: 0941-58 55 722
tandem@tandem-org.de – www.tandem-org.de

Austauschprogramme der Bundesländer

Bei den Austauschprogrammen der Bundesländer handelt es sich in vielen Fällen um die klassische, auf Gegenseitigkeit beruhende Form des Schüleraustausches: Die Teilnehmer/innen partizipieren auf diese Weise am Schul- und Familienleben in einem anderen Land, erfahren aber auch, was es heißt, Gastgeber zu sein. Neben der wichtigen Erfahrung, einen Austausch aus verschiedenen Blickwinkeln zu erleben, können durch das Prinzip der Gegenseitigkeit auch die Kosten relativ gering gehalten werden. Um an den folgenden Programmen teilzunehmen, muss man seinen Wohnsitz in dem entsprechenden Bundesland haben.

Baden-Württemberg

Für Schüler/innen aus Baden-Württemberg im Alter von 14 bis 18 Jahren bieten sich folgende Möglichkeiten: Austauschprogramme auf Gegenseitigkeit nach Australien, Chile, China, Indien, Neuseeland und Südafrika. Der Auslandsaufenthalt dauert zwei Monate, die Kosten betragen je nach Land zwischen 3.000 und 4.700 Euro. Für die Länder China und Indien werden Teilstipendien vergeben.

Kontakt: Regierungspräsidium Stuttgart – Abteilung 7 – Postfach 103642 – 70031 Stuttgart – www.schueleraustausch-bw.de

Bayern

In Bayern führt seit 1951 der Bayerische Jugendring (BJR) den internationalen Schüleraustausch im Auftrag des Bayerischen Staatsministeriums für Bildung und Kultus, Wissenschaft und Kunst durch. Es handelt sich hierbei in der Regel um Auslandsaufenthalte auf Gegenseitigkeit von zwei- bis dreimonatiger Dauer in die Länder Australien, Frankreich, Großbritannien, Kanada, Neuseeland und Südafrika. Die Kosten sind programmabhängig und betragen zwischen circa 150 und 3.100 Euro.

Kontakt: Bayerischer Jugendring – Herzog-Heinrich-Straße 7 – 80336 München – http://www.bjr.de/themen/internationales/individueller-schueleraustausch.html

Berlin

In Berlin existieren keine länderspezifischen Programme zur Förderung des individuellen Schüleraustausches.

Brandenburg

Seit einigen Jahren bieten neun über die Grenzen Polens hinaus angesehene Schulen brandenburgischen Schüler/innen besondere Konditionen für einen Lernaufenthalt von bis zu einem Schuljahr. Maximal drei Plätze für halb- bzw. ganzjährige Gastschulaufenthalte sind an jeder der Schulen pro Schuljahr für brandenburgische Gastschüler/innen reserviert. Untergebracht werden die Jugendlichen in Familien bzw. in Wohnheimen.

Kontakt: Ministerium für Bildung, Jugend und Sport des Landes Brandenburg – Heinrich-Mann-Allee 107 – 14473 Potsdam – http://bildungsserver.berlin-brandenburg.de/gastschulaufenthalte-in-polen.html

Bremen

In Bremen existieren keine länderspezifischen Programme zur Förderung des individuellen Schüleraustausches.

Hamburg

Es gibt Austauschprogramme mit Australien, Frankreich, Kanada und der Schweiz. Die Teilnehmer werden nach Ausschreibung zusammen von der Schulbehörde und dem ausländischen Partner ausgewählt. Die Schüler reisen für etwa drei Monate nach Australien, Frankreich, Kanada oder in die Schweiz. Reisekosten sowie Taschengeld sind von den Teilnehmern aufzubringen, Unterkunft und Verpflegung stellt jeweils der Austauschpartner. Die Anzahl der Vermittlungen hängt allerdings von der Anzahl der ausländischen Teilnehmer ab und liegt derzeit bei 80 Schülern. Informationen zur Förderung eines Schülereinzelaustauschs mit bis zu 5.000 Euro finden sich im folgenden Kapitel „Versetzungsrichtlinien".

Kontakt: Freie und Hansestadt Hamburg – Behörde für Schule und Berufsbildung – Hamburger Straße 31 – 22083 Hamburg – www.auslandsprogramme.hamburg.de

Hessen

Mit der kanadischen Provinz Alberta besteht für eine begrenzte Zahl hessischer Schülerinnen und Schüler zwischen 15 und 16 Jahren die Möglichkeit, im direkten Austausch (von Familie zu Familie) für 3 Monate an dortige Schulen vermittelt zu werden. Im Rahmen der Partnerschaft Hessen – Wisconsin können Schülerinnen und Schüler für 5 Monate in einer amerikanischen Familie leben und eine Schule besuchen. Anschließend erfolgt ein dreimonatiger Gegenbesuch der Partner. Die Kosten u.a. für Flug, Visum, Taschengeld und Versicherungen müssen selbst getragen werden, dafür entfallen die Schulgebühren.

Kontakt: Staatliches Schulamt für den Landkreis Groß-Gerau und den Main-Taunus-Kreis – Walter-Flex-Str. 60-62 – 65428 Rüsselsheim – www.schulamt-ruesselsheim.hessen.de

Mecklenburg-Vorpommern

In Mecklenburg-Vorpommern existieren keine länderspezifischen Programme zur Förderung des individuellen Schüleraustausches.

Niedersachsen

Niedersächsische Schüler/innen im Alter von 14 bis 17 Jahren können an einem Austausch in die kanadische Provinz Manitoba für drei Monate, nach Frankreich für zwei bis drei Monate sowie nach Spanien für zwei bis drei Wochen auf Gegenseitigkeit teilnehmen. Kosten für An- und Abreise und Taschengeld sind selbst aufzubringen.

Kontakt: Niedersächsisches Kultusministerium – Referat 44 – Schiffgraben 12 – 30159 Hannover. www.mk.niedersachsen.de

Nordrhein-Westfalen

Die Bezirksregierung Düsseldorf organisiert eine Reihe von Schüleraustauschmaßnahmen für Schüler nordrhein-westfälischer Schulen. Im Schuljahr 2014/15 nehmen 133 Schüler/innen an einem zwei- bis sechsmonatigen Schüleraustausch auf Gegenseitigkeit mit Australien, Kanada (französischsprachig), Frankreich, Neuseeland oder der Schweiz teil.

Kontakt: Bezirksregierung Düsseldorf – Internationaler Austausch – Dezernat 43.03 – Postfach 300865 – 40408 Düsseldorf
www.bezreg-duesseldorf.nrw.de

Rheinland-Pfalz

Rheinland-Pfalz führt derzeit einen zehnwöchigen, auf Gegenseitigkeit ausgelegten Schüleraustausch mit der kanadischen Provinz British Columbia durch. Die Teilnehmer aus den zehnten und elften Klassen reisen Ende August nach Kanada, der Gegenbesuch findet Anfang März statt. Die Kosten liegen bei ungefähr 1.800 Euro.
In Rheinland-Pfalz gibt es zudem die Möglichkeit, im Rahmen des SCHUMAN-Programms an einem vierwöchigen Schüleraustausch auf Gegenseitigkeit in Frankreich oder Belgien teilzunehmen.

Kontakt: Ministerium für Bildung, Wissenschaft, Weiterbildung und Kultur – Mittlere Bleiche 61 – 55116 Mainz – http://eu-int.bildung-rp.de

Saarland

Im Saarland gibt es die Möglichkeit, im Rahmen des SCHUMAN-Programms an einem individuellen zwei- oder vierwöchigen Schüleraustausch auf Gegenseitigkeit nach Lothringen in Frankreich teilzunehmen.

Kontakt: Bildungsministerium – Referat M2 – Hohenzollernstraße 60 – 66117 Saarbrücken – http://www.saarland.de/34980.htm

Sachsen-Anhalt

In Sachsen-Anhalt existieren keine länderspezifischen Programme zur Förderung des individuellen Schüleraustausches.

Sachsen

Das Sächsische Staatsministerium für Kultus vergibt jährlich Stipendien für einen vierwöchigen Schulbesuch im Ausland. Es sind Schulbesuche in Irland, im Vereinigten Königreich, den USA, Kanada und Frankreich möglich. Ein Eigenanteil von 150 Euro muss gezahlt werden.

Kontakt: Sächsische Staatsministerium für Kultus – Referat 25 – Postfach 100 910 – 01079 Dresden – www.schule.sachsen.de/8104.htm

Schleswig-Holstein

Schleswig-Holstein bietet folgende Austauschmaßnahmen an:

1. einen zwei- bis dreimonatigen Austausch auf Gegenseitigkeit mit der französischen Region Pays de la Loire, bei dem der genaue Termin individuell mit der Gastfamilie abgesprochen werden kann. Im Allgemeinen kommen die französischen Schüler/innen im Mai und die deutschen fahren in oder am Ende der Sommerferien nach Frankreich. Die Ausschreibung erfolgt im Oktober an alle Schulen. Die Jahrgangsstufe entscheidet über die Aufnahme in das Programm. Dieser Austausch findet im Rahmen des Brigitte-Sauzay-Programms des DFJW statt.
2. einen zweiwöchigen Schüleraustausch auf Gegenseitigkeit mit der französischen Schweiz. Die schleswig-holsteinischen Schüler/innen fahren im März in die Schweiz und der Gegenbesuch der schweizerischen Gäste erfolgt im Juli. Die Ausschreibung geht Ende Oktober/Anfang November an die Schulen. Die Kosten für dieses Programm betragen 300 Euro zzgl. Taschengeld.

Darüber hinaus besteht die Möglichkeit, als Gastfamilie Schüler/innen aus Schweden ein Jahr lang bei sich aufzunehmen.

Kontakt: Ministerium für Schule und Berufsbildung – Brunswiker Str. 16-22 – 24105 Kiel – http://internationale-begegnungen.lernnetz.de

Thüringen

In Thüringen existieren keine länderspezifischen Programme zur Förderung des individuellen Schüleraustausches.

Versetzungsrichtlinien

Die folgenden Informationen sind den jeweiligen Bestimmungen der Länder entnommen oder beruhen auf der Korrespondenz mit den zuständigen Behörden. Um Missverständnisse und Unannehmlichkeiten zu vermeiden, sind bei der Vorbereitung eines Auslandsaufenthalts auch stets die aktuellen Versetzungsbestimmungen mit der Schulleitung abzuklären. Dies gilt insbesondere deshalb, da in zahlreichen Bundesländern aufgrund der Verkürzung der gymnasialen Oberstufe neue Versetzungsrichtlinien verabschiedet worden sind, die den Schulleitungen häufig einen relativ großen Ermessensspielraum einräumen.

Während Gymnasiasten des G9 und Gesamtschüler ihren Auslandsaufenthalt häufig nach der Jahrgangsstufe 10 beginnen und ihre Schullaufbahn nach ihrer Rückkehr aus dem Ausland oftmals in der Jahrgangsstufe 12 fortsetzen können, gestaltet sich ein „Überspringen" einer gesamten Jahrgangsstufe für G8-Oberstufenschüler ggf. schwieriger. Da beim G8 in den Jahrgangsstufen 11 und 12 abiturrelevante Punkte gesammelt werden, müssen diese beiden Jahrgangsstufen in der Regel in Deutschland besucht werden. In einigen Bundesländern werden daher nun die Jahrgangsstufen 9 bzw. 10 für den Auslandsaufenthalt empfohlen.

Die Teilnahme an einem Schüleraustauschprogramm sollte allerdings ohnehin nicht von der Frage abhängig gemacht werden, ob ein Schuljahr übersprungen werden kann. Selbstverständlich wird es auch zukünftig möglich bleiben, ein Schuljahr zu wiederholen. Oftmals ist bzw. war dies auch für Real-, Gesamt- und G9-Schüler eine gute Option. Schließlich eröffnet ein Schuljahr im Ausland auf verschiedenen Ebenen enorme Perspektiven, für die es sich lohnt, auch eine um ein Jahr längere Schulzeit in Kauf zu nehmen.

Baden-Württemberg

Schüler, die wegen eines längerfristigen Schüleraustausches bzw. Auslandsaufenthalts in Klasse 10 G8 ohne Versetzungsentscheidung in die Jahrgangsstufe 11 G8 aufgenommen werden wollen, jedoch nicht in den Klassen 6-9 G8 eine zweite Fremdsprache durchgängig besucht haben, können nur nach Bestehen (mindestens die Note „ausreichend") einer Feststellungsprüfung in der zweiten Fremdsprache in die Jahrgangsstufe 11 G8 aufgenommen werden. Wird die Feststellungsprüfung nicht bestanden („mangelhaft“ oder schlechter), wird der Schüler in die Klasse 10 G8 aufgenommen. Dies gilt nicht als Wiederholung i. S. d. VersOGym. Schüler, bei denen sich früh nach Aufnahme in die nächst höhere Klasse abzeichnet, dass sie den Anforderungen dieser Klasse nicht gewachsen sind, können innerhalb von maximal acht Wochen nach Unterrichtsbeginn in die nächst niedrigere Klasse überwechseln. Dies gilt dann nicht als Nichtversetzung bzw. Wiederholung, da nach dem Rechtsgedanken des § 6 Abs. 3 Satz 1 VersOGym die Klasse als nicht besucht gilt.

Bayern

Schülern, für die eine Vorrückungsentscheidung nicht getroffen werden kann, weil sie zum Schulbesuch im Ausland beurlaubt waren, wird auf Antrag das Vorrücken auf Probe in die nächst höhere Jahrgangsstufe des Gymnasiums gestattet, wenn eine Schule im Ausland ordnungsgemäß besucht wurde und hierüber sowie über die dabei erzielten Leistungen eine Bestätigung der Schule vorgelegt wird. Dies gilt nicht für Schüler, die im der Beurlaubung vorangegangenen Schuljahr das Klassenziel nicht erreicht haben. Solche Schüler müssen die nicht bestandene Jahrgangsstufe wiederholen. Bei Schülern der Jahrgangsstufen 6 bis 9 ist unter bestimmten Bedingungen eine sogenannte Nachprüfung möglich, nach deren Bestehen auch Schüler, die zunächst keine Vorrückenserlaubnis im Jahreszeugnis erreicht hatten, in die nächsthöhere Jahrgangsstufe aufrücken können (Näheres s. § 64 GSO).

Berlin

Bei einem Auslandsaufenthalt von mehr als drei Monaten entscheidet der Schulleiter oder die Schulleiterin über die Einstufung in eine Jahrgangsstufe. Die Einstufung richtet sich danach, ob eine erfolgreiche Mitarbeit erwartet werden kann. Nach einer Beurlaubung für das zweite Halbjahr oder die gesamte Zeit der Jahrgangsstufe 10 können Schülerinnen und Schüler auf Probe in die Jahrgangsstufe 11 der gymnasialen Oberstufe ihrer vor der Beurlaubung besuchten Schule aufgenommen werden. Am Ende des ersten Halbjahres der Jahrgangsstufe 11 entscheidet die Klassenkonferenz, die Jahrgangskonferenz oder der Oberstufenausschuss, ob die Probezeit erfolgreich abgeschlossen ist. Wer die Probezeit erfolgreich abgeschlossen hat, erwirbt einen dem mittleren Schulabschluss gleichwertigen Abschluss und setzt seine Schullaufbahn in der gymnasialen Oberstufe fort. Bei nicht erfolgreich abgeschlossener Probezeit treten die Schülerinnen und Schüler in die Jahrgangsstufe 10 der besuchten Schule zurück.

Wenn die Qualifikationsphase an einer Auslandsschule verbracht wurde, die zu einer allgemeinen Hochschulreife nach deutschem Recht führt, können die erbrachten Leistungen für die Gesamtqualifikation angerechnet werden. Anderenfalls ist nach Rückkehr von einem Auslandsaufenthalt die Anrechnung des ersten Kurshalbjahres durch die Schulleiterin oder den Schulleiter möglich, wenn nach Aufnahmeprüfungen in den Prüfungsfächern und Übernahme der im Ausland erbrachten Leistungen eine erfolgreiche Fortführung der Schulausbildung zu erwarten ist.

Brandenburg

Schüler können für einen längstens einjährigen Schulbesuch im Ausland beurlaubt werden. Die Zeit des Schulbesuchs im Ausland bleibt bei der Berechnung der Höchstverweildauer in der Sekundarstufe I unberücksichtigt. Versetzungen und der Erwerb von Abschlüssen und Berechtigungen können auf der Grundlage der während des Schulbesuchs im Ausland erbrachten und nachgewiesenen Leistungen erfolgen, wenn diese Leistungen und die Leistungen vor dem Schulbesuch im Ausland den nach der Sekundarstufe-I-Verordnung zu erbringenden Leistungen für eine Versetzung oder für den Erwerb von Abschlüssen oder Berechtigungen gleichwertig sind. Die Entscheidung trifft der Schulleiter. Für die Information und Beratung über die Schullaufbahn in der gymnasialen Oberstufe und für die Beantragung eines Schulbesuchs im Ausland im Verlauf der Jahrgangsstufe 10 gelten die Gymnasiale-Oberstufe-Verordnung und die diese Verordnung betreffenden Verwaltungsvorschriften. Mit der Einführung der Schulzeitverkürzung auf 12 Jahre erfüllt die Jahrgangsstufe 10 an Gymnasien eine Doppelfunktion. Am Gymnasium bildet die Jahrgangsstufe 10 den Abschluss der Sekundarstufe I. Sie gilt zugleich als Einführungsphase in die gymnasiale Oberstufe. Im Verlauf der Jahrgangsstufe 9 sind die Schülerinnen und Schüler über die Regelungen der gymnasialen Oberstufe zu informieren, insbesondere über die Belegverpflichtungen in der Einführungs- und Qualifikationsphase.

Bremen

Die während eines Schulbesuches im Ausland versäumten Halbjahre der Gymnasialen Oberstufe (GyO) können entweder nachgeholt oder übersprungen werden. Ein Überspringen ist möglich, wenn der Auslandsaufenthalt nicht länger als ein Schuljahr dauert und kein Halbjahr der Qualifikationsphase betroffen ist. Nach der Rückkehr aus dem Ausland führen die Erziehungsberechtigten bzw. volljährigen Schüler ein Beratungsgespräch über die weitere Schullaufbahn in der Gymnasialen Oberstufe. Im Einvernehmen mit den Erziehungsberechtigten bzw. den volljährigen Schülern wird von der Schule festgelegt, ob die Zurückkehrenden versäumte Halbjahre nachholen oder überspringen. Kommt kein Einvernehmen zu Stande, entscheidet die Schulleiterin oder der Schulleiter. Nähere Informationen sind in einem Merkblatt über Auslandsaufenthalte geregelt, das beim Senator für Bildung, Wissenschaft und Gesundheit in Bremen erhältlich ist.

Hamburg

Schüler des Gymnasiums und der Stadtteilschule, die im zwölfjährigen Bildungsgang nach dem Besuch der Jahrgangsstufe 9 in die Jahrgangsstufe 10 oder im dreizehnjährigen Bildungsgang nach dem Besuch der Jahrgangsstufe 10 in die Jahrgangsstufe 11 versetzt wurden, rücken unter Anrechnung der Dauer des Schulbesuchs im Ausland in die Studienstufe ihrer Schule auf, wenn sie während der gesamten nachfolgenden Jahrgangsstufe oder während des zweiten Halbjahres der nachfolgenden Jahrgangsstufe eine vergleichbare Schule im Ausland regelmäßig besucht haben und wenn zu erwarten ist, dass sie den Anforderungen der Studienstufe gewachsen sein werden. Die Entscheidung trifft die Schule auf Grundlage der Voten der Fachlehrkräfte für die Fächer Deutsch, Mathematik, erste und zweite Fremdsprache im Rahmen eines pädagogisch-fachlichen Gesprächs, welches durch Tests in einzelnen Fächern ergänzt werden kann. Schüler, die die oben genannten Voraussetzungen erfüllen, erhalten überdies auf Antrag eine einkommensabhängige finanzielle Förderung, sofern sie nach der Rückkehr ihren Bildungsgang in der Stammschule, einer anderen Schule derselben Schulform oder einer anderen weiterführenden Schule fortsetzen. Der Höchstsatz der Förderung orientiert sich an den Lehrerpersonalkosten, die anfielen, wenn der Schüler am Unterricht in einer staatlichen Schule teilnehmen würde und liegt bei circa 2.500 Euro für ein Schulhalbjahr bzw. bei circa 5.000 Euro pro Schuljahr. Die Höhe der Förderung wird auf der Grundlage des Einkommens der Eltern der Antragsteller ermittelt und anteilsmäßig bis zu einem monatlichen Einkommen der Eltern von 4.000 Euro erteilt. Vom erzielten Einkommen sind für jedes zum Haushalt gehörende Familienmitglied 435 Euro abziehbar. Weitere Informationen zur finanziellen Förderung sowie zur Antragstellung unter www.auslandsprogramme.hamburg.de/bsb-auslandsfoerderung.

Hessen

Schülern soll ermöglicht werden, ihre schulische Ausbildung nach einem Auslandsaufenthalt ohne zeitlichen Verlust fortzusetzen, wenn der entsprechende Leistungsstand nachgewiesen wird. Dieser Nachweis kann erforderlichenfalls – Entscheidung darüber trifft die Schulleitung – durch ein Überprüfungsverfahren (drei schriftliche Arbeiten in Deutsch, erster Fremdsprache und Mathematik, zwei mündliche Prüfungen in Geschichte oder Politik und Wirtschaft sowie einer Naturwissenschaft) erfolgen. Findet der Auslandsaufenthalt von mindestens halbjähriger Dauer während der Qualifikationsphase statt, so können auf Antrag Leistungen der Pflichtfächer aus der Einführungsphase nach § 23 Abs. 5 der OAVO bei der Gesamtqualifikation angerechnet werden. Ergebnisse, die im Ausland erzielt wurden, können hierbei jedoch nicht berücksichtigt werden.

Mecklenburg-Vorpommern

Auf Antrag kann die Verpflichtung zum Besuch der Einführungsphase um die Zeit eines nachgewiesenen, regelmäßigen und gleichwertigen Schulbesuchs im Ausland verkürzt werden. Erstreckt sich dieser Schulbesuch über die ganze Einführungsphase oder über die Dauer des zweiten Schulhalbjahres, so kann die Versetzung in die Qualifikationsphase auf der Grundlage einer geeigneten Leistungsüberprüfung erfolgen. Die Entscheidung trifft die Klassenkonferenz. Der Schulleiter kann Ausnahmen von den Bestimmungen der Wahl der Prüfungsfächer hinsichtlich der Belegungsverpflichtung in der Einführungsphase zulassen. Eine Verkürzung des Besuchs der gymnasialen Oberstufe um die Einführungsphase ist nur möglich, wenn die erfolgreiche Teilnahme am Unterricht mindestens folgender Unterrichtsfächer nachgewiesen wird: 1. Unterricht in beiden Pflichtfremdsprachen aus dem Sekundarbereich I oder Fortsetzung der ersten Pflichtfremdsprache und Beginn einer neuen Fremdsprache, 2. Mathematik, 3. ein naturwissenschaftliches Fach (Chemie, Biologie, Physik), 4. ein Fach aus dem gesellschaftswissenschaftlichen Aufgabenfeld. Wer ohne Besuch der Einführungsphase in die Qualifikationsphase eintritt, kann zur Erfüllung der Fremdsprachenverpflichtungen nur eine Fremdsprache wählen, in der er mindestens im Pflicht- oder Wahlpflichtunterricht der Stufen 8 und 9 durchgehend teilgenommen hat.

Niedersachsen

Leistungen, die bei einem Schulbesuch im Ausland erbracht wurden, können im zwölfjährigen Bildungsgang (G8) normalerweise nicht angerechnet werden. Abgesehen von diesem Regelfall gibt es für Schüler folgende drei Optionen:

1. In 11.1 wird ein halbjähriger Schulbesuch im Ausland angetreten. Nach der Rückkehr prüft die Schule, ob die im Ausland erbrachten Leistungen auf den hiesigen Schulbesuch angerechnet werden können. Ein ganzjähriger Schulbesuch im Ausland während der Qualifikationsphase wird nicht zugelassen. 2. Die Jahrgangsstufe 10.1 wird im Ausland verbracht und nach der Rückkehr die Schule in 10.2 fortgesetzt. 3. Ein Schüler überspringt aufgrund guter oder besserer schulischer Leistungen am Ende des 9. Schuljahrgangs durch Klassenkonferenzbeschluss nach § 6 DVVO den 10. Schuljahrgang und absolviert zunächst einen einjährigen Schulbesuch im Ausland. Nach Rückkehr aus dem Ausland erfolgt dann der Eintritt in die Qualifikationsphase.

Im dreizehnjährigen Bildungsgang (G9) kann die Einführungsphase der gymnasialen Oberstufe auf Antrag verkürzt werden, wenn die erfolgreiche Teilnahme an vorgegebenen Fächern nachgewiesen wird.

Nordrhein-Westfalen

Schüler des G8 können die Jahrgangsstufe 10 (EF) überspringen, wenn sie im Schuljahr vor dem Auslandsaufenthalt mindestens befriedigende Leistungen, keine nicht ausreichenden Leistungen und in Fächern mit schriftlichen Arbeiten höchstens eine ausreichende Leistung vorweisen können. Über Ausnahmen entscheidet die Konferenz der die Schülerin / den Schüler unterrichtenden Lehrkräfte.

Der mit dem Zeugnis am Ende der Einführungsphase verbundene Abschluss gemäß APO-GOSt § 40 Abs. 2 wird nach erfolgreichem Durchgang durch das erste Jahr der Qualifikationsphase erworben. Bei einem Schulwechsel entscheidet über die Beurlaubung und die Fortsetzung der Schullaufbahn die aufnehmende Schule.

Bei Schülerinnen und Schülern anderer Schulformen kann die Schullaufbahn mit Beginn der Qualifikationsphase fortgesetzt werden, wenn auf dem Zeugnis der Klasse 10/I oder 10/II ein Notenbild erreicht wird, das in allen Fächern um eine Notenstufe besser ist als die für den Übergang in die gymnasiale Oberstufe geforderte Leistung. Über Ausnahmen entscheidet die obere Schulaufsicht.

Über die durchgehende Teilnahme am Unterricht einer ausländischen Schule ist der Nachweis zu erbringen.

Rheinland-Pfalz

Schüler, die für die Dauer der Einführungsphase zum Besuch einer Auslandsschule beurlaubt waren, können im neunjährigen Bildungsgang ausnahmsweise in die Jahrgangsstufe 12, im achtjährigen Bildungsgang ausnahmsweise in die Jahrgangsstufe 11 eintreten. Spätestens nach 10 Wochen entscheidet die Kurslehrerkonferenz, ob die bis dahin gezeigten Leistungen die Zulassung zur Qualifikationsphase rechtfertigen. Bei Verbleib in Jahrgangsstufe 12 werden die Noten des Halbjahres 12/2 doppelt gerechnet. Im achtjährigen Bildungsgang gilt: Bei einer Versetzung in besonderen Fällen von Klassenstufe 10 nach Jahrgangsstufe 11 des Gymnasiums wird der qualifizierte Sekundarabschluss I erst mit der Zulassung zur Jahrgangsstufe 12 des Gymnasiums erreicht.

Saarland

Schülerinnen und Schülern wird empfohlen, einen geplanten Schulbesuch an einer ausländischen Schule in der Sekundarstufe I beziehungsweise in der Einführungsphase der gymnasialen Oberstufe durchzuführen. So haben sie die Möglichkeit, ihre Schullaufbahn nach ihrer Rückkehr ohne zeitliche Verzögerung fortzusetzen. Ob die Lernvoraussetzungen dafür vorliegen, entscheidet die Schulleitung. Sie kann dies insbesondere vor dem Eintritt in die Qualifikationsphase durch eine Aufnahmeprüfung in den Fächern Deutsch, Mathematik, der Pflichtfremdsprache sowie dem vom Schüler gemäß GOS-VO gewählten Neigungsfach feststellen.

Sachsen

Schüler, die in die nächsthöhere Klassen- oder Jahrgangsstufe versetzt wurden, können auf ihren Antrag, bei minderjährigen Schülern auf Antrag der Eltern, von der Sächsischen Bildungsagentur für die Zeit eines längstens einjährigen Schulbesuchs im Ausland beurlaubt werden. Die Genehmigung einer Beurlaubung nach der Jahrgangsstufe 11 erfordert, dass die Voraussetzungen für den Eintritt in die Jahrgangsstufe 12 nach Ablauf der Beurlaubung gesichert sind. Der Schüler hat keinen Anspruch auf die Einrichtung eines bestimmten Kursangebotes. Nach Beendigung des Schulbesuchs im Ausland wird der Unterricht in der Klassenstufe oder Jahrgangsstufe fortgesetzt, in die der Schüler vor der Beurlaubung versetzt worden ist. Auf Antrag kann die Sächsische Bildungsagentur genehmigen, dass der Unterricht bei Beurlaubung nach der Klassenstufe 9 in der Jahrgangsstufe 11 fortgesetzt wird, wenn eine Schule im Ausland mit vergleichbaren Lerninhalten regelmäßig besucht wurde und hierüber sowie über die dabei erzielten Leistungen eine Bestätigung der Schule vorgelegt wird.

Sachsen-Anhalt

Eine Beurlaubung zum Schulbesuch im Ausland kann auf Antrag für die Zeit eines nachgewiesenen längstens einjährigen Schulbesuchs im Ausland durch das Landesschulamt genehmigt werden, wenn regelmäßiger Schulbesuch in einem vergleichbaren Bildungsgang im Rahmen eines Schüleraustauschs nachgewiesen wird. Der Schulbesuch im Ausland kann auf Antrag auf den Besuch der Einführungsphase angerechnet werden. Umfasst dieser Schulbesuch im Ausland auch das 2. Halbjahr der Einführungsphase, kann der Eintritt in die Qualifikationsphase ohne Versetzungsentscheid erfolgen, wenn in zwei Fremdsprachen, Mathematik, einer Naturwissenschaft und einem Fach des gesellschaftswiss. Aufgabenfeldes zumindest ausreichende Leistungen erzielt worden sind. Erfolgt die Beurlaubung nach Absolvieren der Einführungsphase und vor Eintritt in die Qualifikationsphase, wird diese Zeit nicht auf die Verweildauer in der gymnasialen Oberstufe angerechnet. Eine Beurlaubung vom Besuch der Qualifikationsphase für einen Schulbesuch im Ausland ist unzulässig. Leistungen, die an einer deutschen Auslandsschule oder einer Europäischen Schule erzielt worden sind, sind bei Rückkehr während der Einführungsphase für die Erstellung der Jahresnoten zu berücksichtigen.

Schleswig-Holstein

Schüler in Schleswig-Holstein gehen normalerweise in der Einführungsphase der gymnasialen Oberstufe (im achtjährigen Bildungsgang ist das die 10. Jahrgangsstufe, im neunjährigen Bildungsgang die 11. Jahrgangsstufe) für eine längere Zeit ins Ausland. Die Möglichkeit besteht grundsätzlich allerdings auch im ersten Jahr der Qualifikationsphase sowie in der 9. bzw. 10. Klasse. Nach dem Auslandsaufenthalt wird die Schullaufbahn in der Jahrgangsstufe fortgesetzt, in der der Auslandsaufenthalt begonnen wurde. Besonders leistungsfähige Schülerinnen und Schüler, die in der Einführungsphase für einen halb- bis ganzjährigen Schulaufenthalt im Ausland beurlaubt wurden, können nach Rückkehr einen Antrag auf Überspringen eines Schulhalbjahres der Einführungszeit bzw. der gesamten Einführungszeit stellen. Bei einer Beurlaubung im ersten Jahr der Qualifikationsphase im Rahmen eines mindestens halbjährigen Schulbesuchs im Ausland können auf Antrag Ergebnisse aus der Einführungsphase für die Qualifikationsphase angerechnet werden. Ausländische Leistungsnachweise werden bei der Berechnung der Gesamtqualifikation nicht übernommen. Die Genehmigungen erteilen die Schulleiter.

Thüringen

Auslandsaufenthalte können bis zur Dauer eines Schuljahres genehmigt werden. Nach der Rückkehr wird die Klassenstufe besucht, in die der Schüler/ die Schülerin vor dem Auslandsaufenthalt versetzt worden ist. Abweichend davon kann vor dem Auslandsaufenthalt, außer in der Qualifikationsphase, eine Fortsetzung der Schullaufbahn in der nächst höheren Klassenstufe beantragt werden. Hierüber entscheidet der Schulleiter/ die Schulleiterin nach Anhörung der Klassenkonferenz und vor Antritt des Auslandsaufenthalts. Die Möglichkeit zum Vorrücken kann eingeräumt werden, wenn auf der Grundlage der bisher gezeigten Leistungen zu erwarten ist, dass der Schüler erfolgreich am Unterricht teilnehmen kann. Wird ein Schuljahr während der 10. Klasse im Ausland verbracht und anschließend in die 11. Klasse vorgerückt, wird keine dem Realschulabschluss gleichwertige Schulbildung bescheinigt. Es besteht aber die Möglichkeit, nach der 11. Klasse an der externen Prüfung zur Erlangung des Realschulabschlusses teilzunehmen. Die Regelungen sind in der Verwaltungsvorschrift vom 29. Juni 2009 (letzte Änderung 2014) „Durchführungsbestimmungen zur Thüringer Oberstufe“ der Thüringer Schulordnung aufgeführt.

Förderung nach dem BAföG

Auslands-BAföG ist eine finanzielle Förderung seitens des deutschen Staates, die für Auslandsaufenthalte z.B. während der Schulzeit, beantragt werden kann. Die Ausbildungsförderung für einen Auslandsschulbesuch nach dem Bundesausbildungsförderungsgesetz (BAföG) unterliegt bestimmten Voraussetzungen. Die Höhe der Förderung wird nach einem komplizierten Schlüssel errechnet, bei dem das Einkommen der Eltern eine entscheidende Rolle spielt. Grundlage für die Berechnung des Einkommens ist die Summe der positiven Einkünfte im Sinne des Einkommensteuergesetzes. Davon abgezogen werden u.a. die Einkommen- und Kirchensteuer, pauschal festgesetzte Beträge für die soziale Sicherung wie Kranken-, Arbeitslosen- und Rentenversicherung, der Altersentlastungsbetrag und ggf. geförderte Altersvorsorgebeiträge. Für die Einkommensberechnung wird der Lohn- oder Einkommensteuerbescheid des vorletzten Kalenderjahres vor Beginn des Bewilligungszeitraumes zugrunde gelegt. Ob bzw. in welcher Höhe eine Förderung gewährt wird, kann neben dem Einkommen der Eltern mit davon abhängen, ob sich weitere unterhaltspflichtige Kinder, die im gleichen Haushalt leben, in der Ausbildung (z.B. Schule, Lehre, Studium) befinden.

Nach dem Ausfüllen von einigen Metern Papier können Jugendliche mit bis zu € 465 monatlich gefördert werden. Die Ausbildungsförderung wird in der Regel längstens für ein Jahr geleistet. Bafögberechtigten werden ferner € 500 bei Aufenthalten innerhalb Europas und € 1.000 bei Aufenthalten außerhalb Europas als pauschaler Reisekostenzuschlag zur Verfügung gestellt. Beim Auslands-BAföG handelt es sich um Zuschüsse, die nicht zurückgezahlt werden müssen!

Je nachdem, wohin die Reise führen soll, sind verschiedene Behörden für die Bearbeitung der Anträge zuständig. Neben den schon für eine Förderung in Deutschland geltenden Bedingungen müssen die folgenden Voraussetzungen erfüllt sein:

- Du musst deinen ständigen Wohnsitz im Inland (Deutschland) haben, also dich nicht nur zu Ausbildungszwecken hier befinden.
- Ein Förderungsanspruch besteht nur für Deutsche im Sinne des Grundgesetzes und die ihnen nach § 8 Abs. 1 Nr. 2 bis 7 des BAföG-Gesetzes Gleichgestellten.
- In den Bundesländern mit 12 Schuljahren bis zum Abitur kann ein Gastschulaufenthalt ab der 10. Jahrgangsstufe gefördert werden. Der Auslandsaufenthalt muss nicht auf die Inlandsschulbildung anrechenbar sein. Auch wenn das Austauschjahr eingeschoben wird, ist eine Förderung möglich.
- In den Bundesländern mit 13 Schuljahren bis zum Abitur kann ein Gastschulaufenthalt ab der 11. Jahrgangsstufe gefördert werden. Der Auslandsaufenthalt muss nicht auf die Inlands-

schulbildung anrechenbar sein. Auch wenn das Austauschjahr eingeschoben wird, ist eine Förderung möglich.

- Die im Ausland besuchte Schule muss der Heimatschule gleichwertig sein, was meist der Fall ist. Letztlich entscheidet das zuständige BAföG-Amt über die Gleichwertigkeit.
- Nach dem Auslandsschulbesuch von mindestens sechs Monaten bzw. einem Schulhalbjahr muss der Schüler seine Schulausbildung in der gymnasialen Oberstufe oder an einer zweijährigen Fachoberschule fortsetzen.

Für die Bearbeitung des Antrags ist für jedes Gastland ein ganz bestimmtes Förderungsamt zuständig. Der Antrag sollte mindestens sechs Monate vor Beginn des Auslandsaufenthalts gestellt werden.

Weiterführende Links:
www.auslandsbafoeg.de – www.das-neue-bafoeg.de/de/384.php
www.bafoeg.bmbf.de (Bundesministerium für Bildung und Forschung)
www.bafoeg-rechner.de/Rechner/ (BAföG-Rechner)
Da für jedes Gastland spezielle Richtlinien gelten, empfiehlt sich die frühzeitige Kontaktaufnahme zu den zuständigen Ämtern. Die für dein Gastland zuständige Behörde findest du in der folgenden Liste:

Afrika, Neuseeland
Studentenwerk Frankfurt/Oder – Amt für Ausbildungsförderung
Paul-Feldner-Str. 8 – 15230 Frankfurt/Oder
Fon: 0335/5650 922 – Fax: 0335/5650 999
bafoeg@studentenwerk-frankfurt.de – www.studentenwerk-frankfurt.de

Australien
Studentenwerk Marburg – Amt für Ausbildungsförderung
Postfach 22 80 – 35010 Marburg
Besucheranschrift: Erlenring 5 – 35037 Marburg
Fon: 06421/296-0 – Fax: 06421/296 -223
bafoeg@studentenwerk-marburg.de – www.studentenwerk-marburg.de

China, Japan, Türkei, Indien

Studentenwerk Tübingen-Hohenheim – Amt für Ausbildungsförderung
Wilhelmstr. 15 – 72074 Tübingen
Besucheranschrift: Bismarckstraße 24 – 72764 Reutlingen
Fon: 07121 / 9477-0 – Fax: 07121 / 9477-1195
auslandsbafoeg@sw-tuebingen-hohenheim.de
www.tuebingen-hohenheim.de

Dänemark, Island, Norwegen

Studentenwerk Schleswig-Holstein – Amt für Ausbildungsförderung
Eckernförder Landstraße 65 – 24941 Flensburg
Fon: 0431/8816-400 – Fax: 0431/8816-80 54 16
Studentenwerk.S-H@t-online.de – www.studentenwerk-s-h.de

Finnland

Studentenwerk Halle – Amt für Ausbildungsförderung
W.-Langenbeck-Str. 5 – 06120 Halle/Saale
Fon: 0345/6847 113 – Fax: 0345/6847 202
bafoeg.finnland@studentenwerk-halle.de
www.studentenwerk-halle.de

Frankreich, Monaco

Kreisverwaltung Mainz-Bingen – Amt für Ausbildungsförderung
Postfach 13 55 – 55206 Ingelheim am Rhein
Fon: 06132/787-0 – Fax: 06132/787-3298
kreisverwaltung@mainz-bingen.de – www.mainz-bingen.de

Großbritannien, Irland

Region Hannover – Fachbereich Schulen – Ausbildungsfördeurng
Hildesheimer Str. 18 – 30169 Hannover
Fon: 0511/616 -222 53 – Fax: 0511/616-1123205
bafoeg@region-hannover.de – www.bafoeg-region-hannover.de

Italien
Bezirksamt Charlottenburg-Wilmersdorf
Amt für Ausbildungsförderung – Auslandsamt – 10617 Berlin
Besucheranschrift: Rathaus Charlottenburg – 10585 Berlin
Fon: 030/9029-10 – Fax: 030/9029-134 60
bafoegitalien@charlottenburg-wilmersdorf.de
www.berlin.de/ba-charlottenburg-wilmersdorf

Kanada
Studentenwerk Thüringen – Amt für Ausbildungsförderung
Max-Planck-Ring 9 – 98693 Illmenau
Fon: 03677/692 752 – Fax: 03677/691 924
fri@stw-thueringen.de – www.stw-thueringen.de

Lateinamerika
Senatorin für Bildung und Wissenschaft – Landesamt für Ausbildungsförderung – Rembertiring 8–12 – 28195 Bremen
Fon: 0421/361 11 993 – Fax: 0421/361 155 43
auslands-bafoeg.lfa@bildung.bremen.de – www.bildung.bremen.de

Osteuropa
Studentenwerk Chemnitz-Zwickau – Amt für Ausbildungsförderung
Thüringer Weg 3 – 09126 Chemnitz
Fon: 0371/5628-450 – Fax: 0371/5628-455
auslands.bafoeg@swcz.de – www.studentenwerk-chemnitz-zwickau.de

Schweden
Studentenwerk Rostock – Amt für Ausbildungsförderung
St. Georg-Str. 104–107 – 18055 Rostock
Fon: 0381/4592 878 – Fax: 0381/4592 9431
auslands-bafoeg@studentenwerk-rostock.de
www.studentenwerk-rostock.de

Spanien
Studierendenwerk Heidelberg – Amt für Ausbildungsförderung
Marstallhof 1 – 69117 Heidelberg
Fon: 06221/54 54 04 – Fax: 06221/5435 24
foe@stw.uni-heidelberg.de
www.studentenwerk.uni-heidelberg.de

USA
Studierendenwerk Hamburg – Amt für Ausbildungsförderung
Postfach 13 01 13 – 20101 Hamburg
Besucheranschrift: Nagelsweg 39 – 20097 Hamburg
Fon: 040/42815-5107, -5108 – Fax: 040/41902-6126
bafoeg@studierendenwerk-hamburg.de
www.studierendenwerk-hamburg.de

Stipendien der Austauschorganisationen

Jenseits der bereits beschriebenen Förderungs- und Stipendienmöglichkeiten bieten 37 Austauschorganisationen Teil- und Vollstipendien im Wert von insgesamt über 4,6 Millionen Euro an. Hinzugerechnet werden muss noch eine nicht genau zu beziffernde Zahl von Firmenstipendien, die über Austauschorganisationen abgewickelt werden.

Viele der Stipendien sind nicht an (sehr gute) Schulnoten gebunden, sondern an Kriterien wie soziale Bedürftigkeit oder soziales Engagement. Wer sich nicht für ein Stipendium bewirbt, wird nie wissen, ob eine finanzielle Förderung möglich ist – oder eben nicht.

Folgende Organisationen vergeben Stipendien und haben fristgerecht die für die Veröffentlichung in dieser Tabelle notwendigen Daten – bezogen auf das Schuljahr 2015/16 – geliefert:

Organisation	Teil-Stipendien (Anzahl)	Voll-Stipendien (Anzahl)	Volumen in Euro (circa)
Abroad Study*	k. A.	k. A.	30.000
AFS	320	9–0	1.600.000
AIFS	0	2	18.400
ASSIST*	k. A.	k. A.	1.390.000
Ayusa-Intrax	ca. 50	1	50.000
CAP	11	0	8.500
Carl Duisberg	5	0	10.000
CAS	1	0	1.650
ec.se	15–20	0	10.000
EF	ca. 10	1	50.000
Eurovacances	variiert	1	9.100
Experiment	mind. 40	57	60.000
GIVE	4	1	13.080
Global Youth Group	2	0	4.000
GLS	5	1	19.500
Hausch	ca. 45	0	60.000
ICX	k. A.	k. A.	10.000
iE	3	0	450.000
into	0	1	9.380
iSt	25	1	45.280
Kaplan	1	1	11.290
Kolumbus	3	0	5.000
KulturLife	2	0	10.000
Learnout	8	0	25.000
Open Door Int.	4	3	40.000
Partnership	5	57	15.000
Southern Cross	6	0	12.000

Organisation	Teil-Stipendien (Anzahl)	Voll-Stipendien (Anzahl)	Volumen in Euro (circa)
ssb*	s.u.	0	10.000
Stepin	0	4	30.000
Study Nelson	7	0	13.000
StudyNZ	2	2–3	7.000
team	4	1	13.500
TravelWorks	3	1	12.490
Treff	ca. 10	0	10.000
weltgewandt	1	0	2.000
WWQ	21	0	31.000
YFU	ca. 300	5	500.000

Legende:
k.A.: keine Angaben durch die Austauschorganisation
* Stipendiengelder für Privatschulaufenthalte, die sich aus den Summen der Schulgebühren errechnen, auf die die Privatschulen aufgrund von Teil- und Vollstipendien verzichten.

WELTBÜRGER-Stipendien

Deutsche Austauschorganisationen, Unternehmen und der unabhängige Bildungsberatungsdienst weltweiser schreiben jedes Jahr im Rahmen der JugendBildungsmessen JuBi zahlreiche WELTBÜRGER-Stipendien aus. Ziel ist es, Jugendliche auf ihrem ganz individuellen Weg zum Weltbürger zu fördern. Die Stipendien richten sich an Jugendliche und junge Erwachsene. Weitere Informationen, Ausschreibungen und Deadlines unter www.weltbuerger-stipendien.de.

Veranstalter in Österreich und der Schweiz

In der folgenden Liste sind die Veranstalter von Austauschprogrammen aus Österreich und der Schweiz aufgelistet. In der Regel können deutsche Jugendliche genauso an den Programmen dieser Anbieter teilnehmen wie österreichische und Schweizer Jugendliche an den Programmen der deutschen Organisationen.

Österreich

AFS – Maria-Theresien-Straße 9/6 – 1090 Wien
Fon: (01) 319 25 20 – Fax: (01) 319 25 31 32
Email: office@afs.at – www.afs.at

AIFS Wien – Erdbergstraße 10/46 – 1030 Wien
Fon: (01) 236 10 30 46
Email: wien@aifs.at – www.aifs.at

EF Education GmbH – Johannesgasse 16 – 1010 Wien
Fon: (01) 512 82 87 – Fax: (01) 512 20 76
Email: highschoolyear.at@ef.com – www.ef.co.at

iE international Experience e.V. – Pöckau 13a – 9601 Arnoldstein
Fon: (0660) 256 0008 – Email: austria@international-experience.net
www.austria.international-experience.net

into Schüleraustausch GmbH – Währinger Straße 145/15 – 1180 Wien
Fon: (01) 478 75 15 – Fax: (01) 478 66 03
Email: austria@into-exchange.com – www.into-schueleraustausch.at

iSt Internationale Sprach- und Studienreisen GmbH – Mariahilfer Straße 123 – 1060 Wien – Fon: (01) 599 99 121 – Fax: (01) 599 99 700
Email: info@ist-sprachreisen.at – www.ist-sprachreisen.at

Jump-Overseas – Michael Ratz - Zehenthofgasse 31 – 1190 Wien
Fon: (0699) 1020 7042
www.jump-overseas.com

Mohrenschildt Education – Rudolfstraße 21 – 8010 Graz
Fon: (0316) 328 810,– Fax: (0316) 328 813
Email: office@mohrenschildt-education.at
www.mohrenschildt-education.at

Rotary Jugendaustausch – Schönbrunnerstraße 47 – 1050 Wien
Fon: (01) 586 68 64 – Fax: (01) 585 60 89
Email: rotary1910@aon.at - www.rotary.at

SFA Sprachreisen – Nussdorferstraße 4 – 5020 Salzburg
Fon: (0662) 82 89 70 – Fax: (0662) 82 89 70 16
Email: info@sfa-sprachreisen.at – www.sfa-sprachreisen.at

STS Austria – Juchgasse 16/17 – 1030 Wien
Fon: (01) 715 2692 – Fax: (01) 715 28 08
Email: info@sts-highschool.at – www.sts-highschool.at

Study Nelson – Rötzergasse 60/158 – 1170 Wien
Fon: (0676) 310 66 31
Email: susanne@studynelson.com – www.studynelson.com

TravelWorks – Tautenhayngasse 21/3 – 1150 Wien
Fon: (01) 817 37 80 24
Email: info@travelworks.at – www.travelworks.at

YFU Austria – Tulpengasse 5/1 – 1080 Wien
Fon: (01) 890 15 06 – Fax: (01) 890 15 06 99
E-Mail: info@yfu.at – www.yfu.at

Schweiz

AFS – Kernstrasse 57 – 8004 Zürich
Fon: (044) 218 19 19 – Fax: (044) 218 19 00
Email: info@afs.ch – www.afs.ch

CCA Sprachaufenthalte – Maihofstrasse 83 – 6006 Luzern
Fon: (041) 429 71 77– Fax: (041) 429 71 70
Email: info@sprachaufenthalte-cca.ch –
www.sprachaufenthalte-cca.ch

Didac Schulen AG – Alpeneggstrasse 1 – 3012 Bern
Fon: (031) 313 52 52 – Fax: (031) 313 52 53
Email: briefe@didac.ch – www.didac.ch

EF Education AG – Bärengasse 25 – 8001 Zürich
Fon: (043) 430 40 04 – Fax: (043) 430 4100
Email: sprachschulen.ch@ef.com – www.ef-swiss.ch

Gfeller-Eickhoff Internatsberatung – Ziegelweg 9 – 4105 Biel-Benken
Fon: (078) 747 64 54
Email: mary@gfeller-eickhoff.ch – www.gfeller-eickhoff.ch

ICYE – Weissensteinstrasse 16 – 3008 Bern
Fon: (031) 371 77 80 – Fax: (031) 371 40 78
Email: info@icye.ch – www.icye.ch

international Experience Schweiz – Kirchenackerstrasse 44
8757 Flizbach – Fon: (055) 511 22 63 – Fax: (055) 614 53 33
Email: switzerland@international-experience.net
www.switzerland.international-experience.net

into Schüleraustausch GmbH – Quaderstrasse 16 – 7000 Chur
Fon: (081) 410 30 30 – Fax: (081) 410 30 31
Email: switzerland@into-exchange.com – www.into-schueleraustausch.ch

iSt – Bahnhofsstrasse 52 – 8001 Zürich
Fon: (044) 215 70 10 – Fax: (044) 215 70 11
Email: info@ist-sprachreisen.ch – www.ist-sprachreisen.ch

Kaplan Schweiz – 11, Petit-Chêne 11 – 1003 Lausanne
Fon: (021) 331 24 24 – Fax: (021) 311 60 32
Email: info.schweiz@kaplaninternational.com
www.kaplaninternational.com/ch

Lingua Net Sprachaufenthalte – Florastrasse 21 – 8008 Zürich
Fon: (044) 392 11 88
Email: info@linguanet.ch - www.linguanet.ch

LinguaService – Poststrasse 22 – 7000 Chur
Fon: (081) 353 47 85 – Fax: (081) 353 47 86
Email: info@linguaservice.ch – www.linguaservice.ch

LSI Switzerland AG – Kreuzstrasse 36 – 8008 Zürich
Fon: (044) 251 58 25 – Fax: (044) 251 5805
Email: info-zur@lsi.edu – www.lsizh.ch

Verein Rotary Jugendaustausch Schweiz – Bleicheweg 6 – 5605 Dottikon
Fon: (056) 426 50 58 – Fax: (056) 426 79 91
Email: office@rotaryswissyep.ch – www.rotaryswissyep.ch

STS Student Travel Schools – Biberlinstrasse 6 – 8032 Zürich
Fon: (044) 388 68 88 – Fax: (044) 388 68 87
Email: highschool.switzerland@sts-education.ch – www.sts-education.ch

weltweitblick Experiment Switzerland – Hirschengraben 34 – 8001 Zürich
Fon: (044) 251 00 76 – Fax: (044) 251 0076
www.experiment-switzerland.ch

YFU Schweiz – Monbijoustrasse 73 – 3000 Bern 23
Fon: (031) 305 30 60 – Fax: (031) 305 30 61
Email: info@yfu.ch – www.yfu.ch

Einige Schweizer Veranstalter sind in dem 1987 gegründeten Dachverband „Intermundo“ zusammengeschlossen.
Intermundo – Gerberngasse 39 – 3000 Bern 13
Fon: (031) 326 29 20 – Fax: (031) 326 29 23
Email: info@intermundo.ch – www.intermundo.ch

CSIET Advisory List

Das „Council on Standards for International Educational Travel“ (CSIET) ist eine gemeinnützige Organisation in den USA, die sich seit 1984 damit beschäftigt, die Qualität der Schüleraustauschprogramme zu sichern. Die amerikanischen Austauschorganisationen können sich jährlich um die Aufnahme in die Advisory List bewerben und werden darauf geprüft, ob sie die vom CSIET erstellten Standards erfüllen. Viele Schulen machen die Aufnahme von Austauschschülern in ihre Sportteams von einer Listung ihrer Partnerorganisation in der Advisory List abhängig. Die Advisory List ist über den folgenden Link einsehbar: www.csiet.org/publications-resources/publications/listed-programs.html
Kontakt: CSIET – 212 South Henry Street – Alexandria, VA 22314
phone: (703)739-9050 – mailbox@csiet.org

Weitere Informationen über das CSIET und seine Richtlinien findet man unter www.csiet.org. In der CSIET Advisory List 2014-2015 sind folgende Organisationen verzeichnet:

Academic Foundation for International Cultural Exchange (AFICE)
www.afice.org

ACES - American Cultural Exchange Service

AFS-USA
www.afsusa.org

AIFS Foundation – Academic Year in America
www.academicyear.org

American Councils for International Education: ACTR/ACCELS
www.americancouncils.org

American Intercultural Student Exchange
www.exploretheworld.org

Amicus International Student Exchange
www.younglife.org/Amicus

Aspect Foundation
www.aspectfoundation.org

ASSE and World Heritage International Student Exchange Programs

ASSIST
www.assist-inc.org

Association for Teen-Age Diplomats

Ayusa International
www.ayusa.org

CCI Greenheart
www.ccigreenheart.com

Council for Educational Travel, USA
www.cetusa.org

Council on International Educational Exchange
www.ciee.org

Cultural Academic Student Exchange
www.case-usa.org

Cultural Homestay International
www.chinet.org

Education Travel and Culture
www.edutrav.org

Educational Merit Foundation
www.emfusa.org

Educational Resource Development Trust (ERDT/SHARE!)
www.erdtshare.org

EF High School Exchange Year
www.efexchangeyear.org

Empire State Youth Exchange, Inc.

ESSEX Rotary (Eastern States Student Exchange)
www.exchangestudent.org

Face The World Foundation
www.facetheworld.org

Foreign Links Around the Globe (FLAG)
www.flag-intl.org

Forte International Exchange Association
www.forteexchange.org

The Foundation for Academic Cultural Exchange
(Provisional)

The Foundation for Worldwide International Student Exchange
www.wisefoundation.com

German Academic Partnership Program, Inc

Global Insights
www.globalinsights.org

iE-international Experience USA
www.ie-usa.org

International Cultural Exchange Services
www.icesusa.org

International Fellowship
www.internationalfellowship.org

International Student Exchange
www.iseusa.com

The Laurasian Institution
www.laurasian.org

Nacel Open Door
www.nacelopendoor.org

North Star Youth Exchange

NorthWest Student Exchange
www.nwse.com

NW Services PEACE Program
www.nw-services.com

Organization for Cultural Exchange Among Nations

PAX - Program of Academic Exchange
www.pax.org

Reflections International
www.reflectionsinternational.org

Rotary Exchange Programs (verschiedene Distrikte)
www.rotary.org

States' 4-H International Exchange Programs

STS Foundation
www.stsfoundation.org

Student American International
www.studentamericaninternational.com

Terra Lingua USA
www.tlusa.org

Western States Student Exchange, Inc.

World Learning Youth Programs

World Link
www.worldlinkinc.org

Youth for Understanding USA (YFU USA)
www.yfuusa.org

Schüleraustausch und Internet

Das Internet entpuppt sich auch in Bezug auf den Schüleraustausch als Fundgrube für Informationen. Alle Organisationen haben eine Homepage und darüber hinaus stellen immer mehr ehemalige Austauschschüler/innen ihre Erfahrungen „online“ zur Verfügung.

Auch zu diesem Buch gibt es im World Wide Web eine Plattform. Unter der Adresse **www.handbuchfernweh.de** findest du Infos, Links und eine Community rund um den Schüleraustausch. Das Angebot dieser Homepage wird ständig aktualisiert.

Weitere Surftipps:
www.weltweiser.de – www.weltbuerger-stipendien.de
www.highschooljahr-usa.de – www.jugendbildungsmesse.de
www.schueleraustausch-weltweit.de/highschoolcommunity
www.privatschulen-weltweit.de – www.handbuchschulwelten.de
www.stubenhocker-zeitung.de – www.austauschschueler.de
www.ausgetauscht.de

Literatur über Deutschland und Gastländer

Wie oben erwähnt, sollte man sich als Austauschschüler/in bereits vor der Abreise ein wenig über die Kultur, Sitten, Gewohnheiten, Geschichte und Gesellschaft des Gastlandes und vor allem auch Deutschlands informieren. In jeder Buchhandlung und Bibliothek gibt es unzählige Bücher zu diesen Themengebieten. Zudem kann man bei Kulturzentren oder Fremdenverkehrsämtern landeskundliche und touristische Informationen einholen bzw. anfordern.

Über die Bundeszentrale für politische Bildung (bpb) können ebenfalls informative Publikationen über Deutschland sowie über verschiedene Länder der Welt bezogen werden. Die bpb sieht ihre Aufgabe darin, „Verständnis für politische Sachverhalte zu fördern, das demokratische Bewusstsein zu festigen und die Bereitschaft zur politischen Mitarbeit zu stärken". Zu diesem Zweck vertreibt sie u.a. Informationshefte, Bücher, CDs und DVDs – teils kostenlos, teils gegen eine geringe Bereitstellungspauschale. Die Publikationen sind in einem Verzeichnis aufgelistet, das bei der bpb online unter www.bpb.de aufgerufen werden kann. In jedem Bundesland existiert darüber hinaus eine Landeszentrale für politische Bildung, die Publikationen an die in ihrem Bundesland wohnenden Bürger ausgibt. Die Adressen der einzelnen Landeszentralen können auf der oben genannten Webseite der Bundeszentrale eingesehen werden. Viele nützliche Informationen über Deutschland finden sich auch im Internet, z.B. hier:
www.deutschland.de / www.deutschland-tourismus.de
www.bundesregierung.de / www.bundestag.de

Die Online-Ausgabe des kompakten Buches *Tatsachen über Deutschland* steht unter www.tatsachen-ueber-deutschland.de zur Verfügung und kann dort zudem als Printexemplar bestellt werden.

Literatur zum Schüleraustausch

Noch Ende der 1980er Jahre war es schwierig, sich über den Schüleraustausch zu informieren. Vielleicht hing in der Schule das eine oder andere Plakat einer Austauschorganisation oder man hatte das Glück, dass ein/e engagierte/r Englischlehrer/in seine Schüler mit Adressen von einigen Anbietern versorgte. Außerdem konnte man noch in den Amerika-Häusern, in einigen Kulturzentren und beim Auswärtigen Amt fündig werden. Bücher über den Schüleraustausch waren aber so gut wie nicht existent. Die Situation hat sich seitdem grundlegend geändert. Heute sind eine Reihe von Erfahrungsberichten ehemaliger Austauschschüler/innen und andere Ratgeber im Buchhandel erhältlich. Leider beschränken sich diese Veröffentlichungen fast ausschließlich auf den Austausch mit den USA.

Als Orientierungshilfe für die weiterführende Lektüre werden auf den folgenden Seiten einige dieser Monographien vorgestellt. Die Auswahl der besprochenen Bücher erfolgte rein subjektiv und erhebt keinen Anspruch auf Vollständigkeit. Positive und negative Wertungen entsprechen ausschließlich der Meinung des Autors und sind keine allgemeinen Wahrheiten. Die Kommentierung erfolgt in der Reihenfolge der Erstveröffentlichung. Einige Titel sind nicht mehr im Buchhandel erhältlich. Das bedeutet aber grundsätzlich nicht, dass es sich hierbei um schlechte Bücher handelt. Gegebenenfalls ist daher ein Bezug über die Bibliotheken zu empfehlen.

Karin Falkenberg: Rock´n´Roll im Reifrock. Erlebnisse einer Austauschschülerin, Schwabach 1988 (München ^{2}1997), 123 S.

Ob es Probleme mit der Gastfamilie sind, „eigenartige" Rituale an der amerikanischen High-School oder einfach der Alltag einer Austauschschülerin: Karin Falkenberg thematisiert in ihrem Buch „Rock´n´Roll im Reifrock" fast alle Facetten eines Auslandsaufenthalts. Da Falkenberg ihre persönlichen Erfahrungen stets durch fundierte Hintergrundinformationen ergänzt, erhält der Leser ein umfassendes Bild über den „American Way of Life". Der Titel des Buches geht auf Falkenbergs Eindrücke beim Abschlussball (Prom) ihrer Schule zurück, als stark geschminkte, in Reifröcken gekleidete Schülerinnen mit ihren nicht minder gestylten Partnern zur aktuellen Rockmusik heftig abfeierten: Nicht nur an diesem Beispiel zeigt die Autorin einige Besonderheiten der amerikanischen (Alltags-)Kultur. „Rock´n´Roll im Reifrock" ist ein lesenswerter Erfahrungsbericht, der aus unerfindlichen Gründen bisher zu wenig Beachtung gefunden hat.

Max Rauner: Als Gastschüler in den USA. Erfahrungen, Fakten und Informationen, Wiefelstede 1989 (Westerstede [10]2008), 307 Seiten.

Max Rauner hat seine persönlichen Erfahrungen als Austauschschüler in einer lockeren Art schriftlich fixiert, um einen allgemeinen Informationsteil ergänzt und schließlich mit zahlreichen Fakten über die USA abgerundet. Das Ergebnis ist das überaus gelungene Buch „Als Gastschüler in den USA." Der Ratgeber vermittelt einen umfangreichen und informativen Überblick über fast alle Bereiche des Schüleraustausches. Rauners genaue Beobachtungen und die kritische Distanz zu seinen positiven Erlebnissen machen seinen Erfahrungsbericht zu einem lehrreichen Lesevergnügen. Vor allem die Kapitel über die Tücken und Riten des Schullebens sollten bei potentiellen Austauschschülern Beachtung finden, da sie für das Verständnis des Alltags an einer amerikanischen High-School – noch immer – enorm aufschlussreich sind. Leider ist die Liste mit einigen Daten über die Veranstalter mittlerweile nicht mehr aktuell. Ein Teil des Buches ist auch als e-Book erhältlich.

Frank und Oliver Dreisow: Ein Jahr High School in California. Zwiegespräche über den Atlantik oder ... was einem alles passieren kann, Garbsen 1989, 223 Seiten.

Was es für einen Jugendlichen und seine Eltern bedeutet, ein Jahr im Ausland zu verbringen, wird in diesem Buch anhand eines Briefwechsels zwischen Oliver und seinem Vater Frank deutlich. Die 22 Kapitel mit Titeln wie „Mom and Dad", „Ebbe in der Kasse", „Familienwechsel" und „Alkohol, Nikotin, speed und die Liebe" geben sowohl einen Einblick in die Erwartungen, Ängste und Hoffnungen des Vaters, als auch einen Überblick über die guten und weniger guten Austauscherfahrungen Olivers.

Diese Doppelperspektive ist die Stärke des Buches. Leider vermisst man aufgrund des Verzichts auf eine chronologische Darstellung nicht selten einen roten Faden und der ständige Wechsel zwischen den Gedanken Olivers und seines Vaters sorgt nicht selten für Verwirrung. Trotz dieser Mängel ist die Lektüre vor allem für die Eltern potentieller

Austauschschüler gewinnbringend, da sie sich schon einmal emotional in ihre spätere Lage hineinversetzen können: Verlustängste werden genauso thematisiert wie das Problem, den Erziehungsstil der Gasteltern nicht verstehen zu können.

Wolf von Bernuth: I´m OK in OK. The Diary of My Year in Oklahoma, Berlin 1990, 64 Seiten.

Wolf von Bernuth ist es mit der Edition seiner Tagebucheintragungen gelungen, auf wenigen Seiten ein detailliertes Bild seines Schüleraustausches zu zeichnen. Neben der Schilderung der Höhepunkte des Auslandsaufenthalts lässt Bernuth die Leser auch an seinen Schicksalsschlägen teilhaben. Die Darstellung erlaubt einen exzellenten Einblick in sein Leben als Gastschüler und in die Alltagskultur einiger Amerikaner. Die Lektüre von „I´m OK in OK" ist eine optimale Einstimmung für all die Jugendlichen, die es in die USA zieht. Dafür sorgt nicht zuletzt die englische Sprache, in der das Buch verfasst ist.

Liv Jacobsen (Hrsg.): Abenteuer Austausch – Wanderungen zwischen zwei Welten. Erlebnisse Berliner Austauschschüler im Jahr der Wende, Berlin 1991 (^{2}1993), 163 Seiten.

In „Abenteuer Austausch" berichten 23 Austauschschüler/innen, wie sie den 9. November 1989 erlebt haben. Die Ereignisse und Wahrnehmungen des „Mauerfalls" mögen für zukünftige Gastschüler/innen zwar nicht mehr sonderlich interessant erscheinen, doch die zwei bis fünfseitigen Aufsätze zeigen, wie unterschiedlich ein Tag im Ausland verlaufen kann. Vor allem gibt der Band jedoch Aufschlüsse über die verschiedenartige Selbst- und Fremdwahrnehmung „der" Deutschen und es wird deutlich, dass die Distanz von der Heimat förderlich für die kritische Selbstreflexion ist.

Aktion Bildungsinformation e.V. (Hrsg.): Schuljahres-Aufenthalte in den USA. Stuttgart 1992 (^{20}2014), 260 Seiten.

Die Broschüre „Schuljahres-Aufenthalte in den USA" der Aktion Bildungsin-formation (ABI) beschäftigt sich vor allem mit vertraglich-

rechtlichen Seiten von Schüleraustauschprogrammen. Leider entsteht bei der Lektüre zum Teil der Eindruck, dass es sich bei einem Schüleraustausch um ein gefährliches finanzielles und persönliches Wagnis handelt, das nicht unbedingt zu empfehlen ist. Einige der „Verbraucherschutztipps“ von ABI hören sich zwar in der Theorie gut an, sind aber wenig praxisbezogen.
Im Vergleich zu Ratgebern wie „Ein Schuljahr in den USA“ und – mit Verlaub – dem „Handbuch Fernweh“ fällt diese Broschüre nicht nur im Preis-Leistungs-Vergleich der Veranstalter qualitativ stark ab.

Thomas-Morus-Akademie (Hrsg.): Von Argentinien bis Zimbabwe. Planungshilfen für schulische Aufenthalte im Ausland, Bensberg 1993, 256 Seiten.

Die Thomas-Morus-Akademie Bensberg wurde vom Bundesminister für Bildung und Wissenschaft beauftragt, „Informationen, Programme und Maßnahmen zum Schüleraustausch zu erheben, an denen Schüler und/oder Schulen aus der Bundesrepublik Deutschland beteiligt sind bzw. sich beteiligen können“. Das Resultat ist die Broschüre „Von Argentinien bis Zimbabwe“, in der eine Fülle von Adressen und Informationen zusammengestellt sind.
Leider sind die Informationen inzwischen teilweise veraltet und nur noch bedingt brauchbar. Die über 200 Titel fassende Bibliographie ist für die wissenschaftliche Auseinandersetzung mit dem Thema Schüleraustausch allerdings hilfreich.

Bettina Hansel: The Exchange Student Survival Kit, Boston 1993 (^{2}2007), 166 Seiten.

Der Titel „The Exchange Student Survival Kit” verspricht nicht zu viel: Mit diesem Buch im (geistigen) Gepäck „überleben” Jugendliche und ihre Eltern ein Austauschjahr sicherlich besser. Vor allem versetzen Bettina Hansels Erklärungen und Tipps viele Jugendliche überhaupt erst in die Lage, Situationen und Schwierigkeiten im (interkulturellen) Zusammenleben richtig einzuschätzen. Ein Standardwerk.

Heike Berg: What´s up. Das Buch für Austauschschüler und Eltern, Berlin 1994 (³2006), 192 Seiten.

In „What´s up" erzählt Heike Berg die Geschichte ihres erlebnisreichen und positiv verlaufenden Austauschjahres. Die Darstellung gleicht in weiten Teilen einem Roman und erlaubt einen guten Einblick in das Gefühls- und Alltagslebens einer Austauschschülerin. Obwohl viele Passagen dieses Buches durchaus interessant sind, hätte dem Text ein bisschen weniger Pathos gut getan.

Christian Gundlach, Sylvia Schill: Ein Schuljahr in den USA und weltweit. Austausch-Organisationen auf dem Prüfstand: Infos zu über 70 Anbietern, Hamburg 1995 (¹³2013), 299 Seiten.

Christian Gundlachs „Ein Schuljahr in den USA" ermöglichte Mitte der 90er Jahre den ersten weit reichenden Überblick über Austauschprogramme in die USA. Im ersten Teil des Buches bekommt der Leser zahlreiche Informationen zum Schüleraustausch, wobei das Kapitel über die „Wahl der Organisation" im Vordergrund steht. Von Sylvia Schill aktualisiert wird nunmehr vor allem der Referenzteil: Auf je einer Doppelseite sind die USA-Programme der Austauschorganisationen aufgeführt. Die im Untertitel des Buches angegebene Zahl von „70 Anbietern" setzt sich aus den im Buch detailliert dargestellten gut 40 deutschen Veranstaltern sowie den Adressen von Vermittlern von Austauschprogrammen und Anbietern aus Österreich bzw. der Schweiz zusammen.

Volker Kitz: Das USA-Gastschülerbuch. Anleitung für einen gelungenen Auslandsaufenthalt, Frankfurt am Main 2002, 240 S. (Erstausgabe 1996, erschienen unter dem Titel „I did it!")

Volker Kitz vermittelt durch die Beschreibung seiner Erfahrungen als Austauschschüler in Texas einen detaillierten Einblick in den American Way of Life und das Leben an einer Highschool. Dass Kitz ein „tolles Jahr" im Ausland verbracht hat, merkt man seinen Erlebnisberichten an. Neben diesen persönlichen Erfahrungen werden u.a. auch allgemeine Informationen über den Schüleraustausch und die Vereinigten Staaten von Amerika dargestellt sowie einige Daten zu den Programmanbietern aufgelistet.

Johann Herberth: Als Schüler in den Vereinigten Staaten, Freiburg 1998 (^{2}2010), 218 Seiten.

Johann Herberths „Als Schüler in den Vereinigten Staaten" ist der etwas verunglückte Versuch, aus einem Tagebuch ein Buch zu machen. Nach 60 Seiten bricht die Darstellung der persönlichen Erlebnisse Herberths abrupt ab, um auf den nächsten 70 Seiten als Tagebucheintragungen ihre Fortsetzung zu finden.

Wer kein näheres Interesse an dem Tagesablauf Herberths vom 28. Oktober oder 15. Dezember hat, dem wird die Lektüre des Buches etwas zäh erscheinen. Allerdings lässt sich anhand seines Tagebuchs ein möglicher Verlauf eines Austauschjahres rekonstruieren und es wird deutlich, dass nicht jeder Tag im Ausland zum aufregenden Erlebnis wird.

Sylvia Englert: Ein Schuljahr im Ausland. Alles, was Jugendliche und Eltern wissen müssen, Frankfurt am Main/New York 1996, (^{2}1999), 271 Seiten.

„Ein Schuljahr im Ausland" ist ein exzellent recherchiertes und gut lesbares Buch. Sylvia Englert – die selbst nicht an einem Schüleraustauschprogramm teilgenommen hat – lässt in ihrer Darstellung zahlreiche Mitarbeiter von Austauschorganisationen sowie Returnees verschiedenen Alters zu Wort kommen, und zeichnet auf diese Weise ein fundiertes Bild über den Schüleraustausch. Vom ersten Kapitel „Ein Schuljahr im Ausland – ja oder nein?" spannt Englert einen chronologischen Bogen über „Die Zeit im Ausland" zu „Wieder daheim", der durch die Erfahrungsberichte von drei ehemaligen Austauschschülern und einen Serviceteil mit den Programmkosten der Austauschorganisationen ergänzt wird. Englerts Buch ist gerade auch für die Eltern von potentiellen Austauschschülern zu empfehlen.

Christina Gille: Als Schüler ins Ausland. Ein Ratgeber für Eltern und Jugendliche, Reinbek bei Hamburg 1999, 160 Seiten.

Christina Gille ist es gelungen, auf wenigen Seiten viele Facetten des Schüleraustausches darzustellen. Aufgrund ihrer neunjährigen Mitarbeit in einer Austauschorganisation kann Gille auf konkrete Beispiele aus der Praxis zurückgreifen, anhand derer sie mögliche Problembereiche des Schüleraustausches thematisiert und Wege zu ihrer Entschärfung skizziert.

Trotz dieses problemorientierten Ansatzes wird dem Leser deutlich, dass der Schüleraustausch für den überwiegenden Teil der Jugendlichen ein einmaliges Erlebnis ist. Der abschließende Serviceteil ist mittlerweile veraltet. „Als Schüler ins Ausland" ist eine gute Ergänzung zu einem der oben aufgeführten Erfahrungsberichte von ehemaligen Austauschschülern und versorgt auch „betroffene" Eltern mit notwendigen Informationen.

Mareike Lanbacher: Zur High School in die USA. Bonn 1999, 306 Seiten.

Mareike Lanbacher kombiniert in ihrem Buch persönliche Erfahrungsberichte von zahlreichen Austauschschülern mit allgemeinen Informationen zum Schüleraustausch und zur USA. Diese Mischung sorgt für eine abwechslungsreiche Lektüre, wenngleich der Informationsgehalt einiger Erfahrungsberichte eher begrenzt erscheint.

Jutta Eichhorn, Julia Motta: Schüleraustausch. Englisch lernen – Kultur erleben, Wiesbaden 1999, 189 Seiten.

Die Autorinnen dieses Buches geben u.a. Orientierungshilfen zur Vorbereitung, Durchführung und Nachbereitung eines Auslandsaufenthalts. Dadurch dass viele ehemalige Austauschschüler zu Wort kommen, entsteht ein buntes, nicht immer klar strukturiertes Bild vom Schüleraustausch. Hilfreich sind für zukünftige Austauschschüler vor allem die zahlreichen Checklisten, Fragebögen und interkulturellen Übungen sowie die allgemeinen Informationen zu einigen englischsprachigen Gastländern.

Ronny Frenzel: Alaska mal anders, Berlin 2000, 94 Seiten.
Bei diesem Buch handelt es sich um eine nicht selten zynische Aufarbeitung des Schüleraustauschs von Ronny Frenzel anhand seiner (ganz) persönlichen Erfahrungen.

Daniel Faltin: Mein Jahr in den USA. Class of 2000. Erfahrungen – Informationen – Hinweise, Berlin 2001 (^{3}2010), 170 S.
Daniel Faltin lässt den Leser an seinen „interessantesten Erfahrungen" und „schönsten Momenten" teilhaben und vermittelt auf diese Weise ein aufschlussreiches Bild von dem Leben als Austauschschüler. Der Vergleich der Bücher von Rauner, Kitz und Faltin zeigt, dass die „Class of 2000" in vieler Hinsicht der „Class of 1995" und sogar der „Class of 1988" ähnelt.

Alexandra Albert: Ein Schuljahr in Neuseeland: Gastschüler an einer High-School Down Under, Berlin 2003 (^{5}2013), 190 S.
Mit fundiertem Wissen schließt Alexandra Albert eine Lücke in der Literatur zum Schüleraustausch: wen es nach Neuseeland zieht, sollte sich dieses Buch kaufen, da es Informationen vom Bildungssystem, über das Leben, den Alltag und die Kultur bis hin zum Kiwi Slang gibt: eine runde Sache!

Stefan Klein: Rechtshandbuch Schüleraustausch, Münster 2004, 240 Seiten (auch unter d. Titel „Schüleraustausch" erschienen)
Wie der Titel schon sagt, ist dieses Buch eher etwas für Juristen bzw. Spezialisten und nur bedingt tauglich für die „private" Lektüre. Der Versuch, juristisch zwischen gemeinnützigen und nicht-gemeinnützigen Organisationen zu unterscheiden wirkt (wohl nicht nur) auf den Laien sehr konstruiert, da in der Praxis keinerlei prinzipielle Unterschiede zwischen Organisationen unterschiedlicher Rechtsformen erkennbar sind.

Patrik Plöger, Jan Stimberg: Far away at home. In der Welt zu Hause, Münster 2004 (^{5}2008), 176 Seiten.
Ratgeber von zwei ehemaligen Austauschschülern, der sich überwiegend an Teilnehmer des rotarischen Jugendaustausches richtet.

Bent Richter: Ein Austauschjahr. Vom Zauber des Dazugehörens, Norderstedt 2005, 96 Seiten.

Netter Ratgeber von einem der zwei Gründer von ausgetauscht.de. Man merkt, dass der Autor sich seit Jahren intensiv mit dem Thema beschäftigt. Richters psycho- bzw. soziologische Erklärungsversuche einiger Phänomene sind zweifelsohne aufschlussreich. Die „Wissenschaft" wird jedoch z.T. ein wenig überstrapaziert, u.a. bezüglich des Konstrukts der Gemeinschaft.

Janina Gatzky, Bent Richter: Die Rückkehr aus dem Austauschjahr. Das Ende vom Anfang, Norderstedt 2006, 168 Seiten.

Ratgeber mit Hilfestellungen für die nicht immer einfache Zeit nach der Rückkehr aus dem Ausland.

Claus-Daniel Bartel: The Best Year of my Life. Ein Jahr als Gastschüler, Ottendorf 2006, 280 Seiten.

Der Autor hat im Schuljahr 2004/05 „das beste Jahr seines Lebens" in den USA verbracht. Sein Tagebuch hat ihn dabei begleitet und bietet mit seiner Veröffentlichung dem Leser die Möglichkeit, in den Alltag eines Austauschschülers einzutauchen.

Dana Willfroth: Mein Japanjahr. Ein Tagebuch, Norderstedt 2006, 228 Seiten.

Japan hautnah aus der sehr persönlichen Sicht einer Austauschschülerin, die in der elften Klasse ein Jahr an einer buddhistischen Mädchenhighschool und bei Gastfamilien in Tokyo verbrachte.

Horst Giesler: Ein Schuljahr in Australien. Das Handbuch für ein High-School-Jahr Down Under, Berlin 2006 ([3]2011), 157 S.

Wenngleich in weiten Teilen dieses Ratgebers die gesetzlich erlaubte Grenze der Verwendung von ungekennzeichneten Textpassagen aus anderen Büchern (vor allem „Handbuch Fernweh") erheblich überschritten worden ist, finden Australienbegeisterte hilfreiche Informationen. Allerdings sollte ein „hervorragender Kenner" des Landes seine jugendlichen Leser nicht bereits in der dritten Zeile seines Buches auf die Besteigung des für die Aboriginies heiligen Ayers Rock heiß machen.

W.B. Llenroc: The Viking Chronicles. Rotary Student Exchange, Swedish Style, Lincoln 2006, 166 Seiten.

Ein amerikanischer Austauschschüler kommentiert seine Zeit in Schweden auf seine ganz eigene, spezielle Art. Llenrocs Humor und seine Sicht der Welt sind sicherlich nicht „Mainstream", aber gerade deshalb kann dieses Buch nicht nur Schweden-Fans wichtige Denkanstöße geben.

Heidi Koffner: Drei Austauschüler. In den USA, Australien und Deutschland. Tagebuch einer Mutter, Gelnhausen 2007, 225 S.

Das Tagebuch einer Mutter von zwei Töchtern und einem australischen Gastschüler gibt persönliche Einblicke in die Gefühlswelt und den Alltag der Beteiligten.

Philipp Picker: Mein High School Jahr am Rio Grande, Norderstedt 2007, 106 Seiten.

Der Leser erhält Eindrücke von der mexikanischen Gastfamilie, der High School und dem Gefühlsleben eines Gastschülers.

Ingeborg Gierke: Highschool für Anfänger. Ein Schuljahr in den USA, Berlin 2009, 240 Seiten.

„Highschool für Anfänger" ist ein informativer Ratgeber für die USA aus der Sicht einer Mutter, die selbst den American Way of Life kennen gelernt hat. Die Autorin beschreibt anschaulich die eigentümlichen, aber auch vorbildlichen Seiten des amerikanischen Schulsystems. Der Umstand, dass Gierke gemeinsam mit ihrer Familie viele Jahre in den USA lebte und ihr Sohn die Highschool besuchte, erlaubt ihr einen tiefen Einblick in die vielschichtigen Facetten des Schulalltags.

Jack Harte (Hrsg.): Abenteuer High School. Der Ratgeber für ein High-School-Jahr, weltweit, Berlin 2009 (^{3}2015), 432 Seiten.

Wer den Untertitel „Der Ratgeber für ein High-School-Jahr" wählt, sollte Fundamentales bieten, und nicht an der Oberfläche bleiben.

Annike B. Henrix, Thomas Terbeck: Handbuch Schulwelten. Der Ratgeber für Privatschulaufenthalte weltweit, Cappenberg 2011, 224 Seiten.

Das Handbuch Schulwelten richtet sich an deutsche Jugendliche und ihre Eltern, die einen Aufenthalt oder Schulabschluss an einer ausländischen Privatschule planen. Der Ratgeber informiert u.a. über verschiedene Formen von Privatschulen, Voraussetzungen und Aufnahmekriterien, den Bewerbungsablauf und finanzielle Aspekte sowie das Leben vor Ort im Gastland. Austauschorganisationen und Agenturen stellen ihre Privatschulprogramme für die sechs englischsprachigen Länder Großbritannien, Irland, USA, Kanada, Australien und Neuseeland vor.

Diplomatische Vertretungen

Zur Vorbereitung des Auslandsaufenthaltes kann man sich mit verschiedenen Stellen des Gastlandes in Verbindung setzen: Bei den diplomatischen Vertretungen erhält man Auskünfte über Einreise- und Aufenthaltsbedingungen und kann – falls notwendig – ein Visum beantragen. Die Kultur-, Presse- oder Öffentlichkeitsabteilungen der Botschaften sind in der Regel für den Schüler- und Jugendaustausch zuständig und können auch Informationen über möglicherweise existierende Kulturzentren und Beratungsstellen geben. Bei den Fremdenverkehrsämtern kann man landeskundliche und touristische Informationen anfordern, um sich auf „sein“ Land einzustimmen.

Argentinien

Diplomatische Vertretung

Botschaft der Argentinischen Republik
Kleiststraße 23–26 – 10787 Berlin
Fon: 030 / 226 68 90 – Fax 030 / 229 14 00
info_ealem@mrecic.gov.ar – www.ealem.mrecic.gov.ar/de

Fremdenverkehrsamt

Tourismusabteilung in der Botschaft
Kleiststraße 23–26 – 10787 Berlin
Fon: 030 / 226 68 920 – Fax 030 / 229 14 00
turismo_ealem@mrecic.gov.ar

Australien

Diplomatische Vertretung

Australische Botschaft
Wallstraße 76–79 – 10179 Berlin
Fon: 030 / 88 00 88-0 – Fax: 030 / 88 00 88-210
info.berlin@dfat.gov.au – www.germany.embassy.gov.au

Fremdenverkehrsamt

Tourism Australia
Neue Mainzer Straße 22 – 60311 Frankfurt/Main
www.australia.com

Brasilien

Diplomatische Vertretung

Brasilianische Botschaft
Wallstr. 57 – 10179 Berlin
Fon: 030 / 726 28-600 – Fax: 030 / 726 28-699
visa.berlim@itamaraty.gov.br – http://berlim.itamaraty.gov.br/de

Fremdenverkehrsamt

Brasilianisches Fremdenverkehrsamt c/o MPB Frankfurt
Börsenplatz 4 – 60313 Frankfurt/Main
Fon: 069 / 9623 8733 – Fax: 069 / 2197 1276
Aktuell geschlossen (Stand: Dezember 2014)

Chile

Diplomatische Vertretung

Botschaft der Republik Chile
Mohrenstr. 42 – 10117 Berlin
Fon: 030 / 72 620 35 – Fax: 030 / 726 203 603
www.echile.de

Fremdenverkehrsamt

Generalkonsulat von Chile – Wirtschaftsabteilung ProChile
Kleine Reichenstr. 1, IV – 20457 Hamburg
Fon: 040 / 33 58 35
germany.hamburg@prochile.gob.cl – www.chileinfo.de

China

Diplomatische Vertretung

Botschaft der Volksrepublik China
Märkisches Ufer 54 – 10179 Berlin
Fon: 030 / 27 588 0 – Fax: 030 / 27 58 82 21
www.china-botschaft.de

Fremdenverkehrsamt

Fremdenverkehrsamt der Volksrepublik China
Ilkenhansstr. 6 – 60433 Frankfurt/Main

Fon: 069 / 52 01 35 – Fax: 069 / 52 84 90
info@china-tourism.de – www.china-tourism.de

Costa Rica

Diplomatische Vertretung
Botschaft der Republik Costa Rica
Dessauer Straße 28/29 – 10963 Berlin
Fon: 030 / 263 98 990 – Fax: 030 / 265 57 210
emb@embajada-costarica.de – www.botschaft-costarica.de
Fremdenverkehrsamt
Ein Fremdenverkehrsamt existiert nicht.

Ecuador

Diplomatische Vertretung
Botschaft der Republik Ecuador
Joachimstaler Straße 12 – 10719 Berlin
Fon: 030 / 800 96 95 – Fax: 030 / 96 96 99
info@ecuadorembassy.de – www.ecuadorembassy.de
Fremdenverkehrsamt
Ein Fremdenverkehrsamt existiert nicht.

Frankreich

Diplomatische Vertretung
Botschaft der Republik Frankreich
Pariser Platz 5 – 10117 Berlin
Fon: 030 / 590 03 90-00 – Fax: 030 / 590 03 91-71
www.botschaft-frankreich.de
Fremdenverkehrsamt
Atout France – Französische Zentrale für Tourismus
Postfach 100128 – 60001 Frankfurt/Main
Fax: 069-74 55 56
info.de@rendezvousenfrance.com
www.rendezvousenfrance.com

Großbritannien

Diplomatische Vertretung

Botschaft des Vereinigten Königreichs
Wilhelmstr. 70–71 – 10117 Berlin
Fon: 030 / 20 457-0 Fax: 030 / 20 45 75 71
ukingermany@fco.gov.uk – www.ukingermany.fco.gov.uk

Fremdenverkehrsamt

Visit Britain – Britische Zentrale für Tourismus
Alexanderplatz 1 – 10178 Berlin
Fon: 030 / 315 71 90 – www.visitbritain.de

Irland

Diplomatische Vertretung

Botschaft von Irland
Jägerstraße 51 – 10117 Berlin
Fon: 030 / 22 07 20 – Fax: 030 / 22 07 22 99
berlin@dfa.ie – www.embassyofireland.de

Fremdenverkehrsamt

Irische Fremdenverkehrszentrale
Gutleutstr. 32 – 60329 Frankfurt/Main
Fon: 069 / 92 31 85-0 – Fax: 069 / 92 31 85-88
info.de@tourismireland.com – www.ireland.com

Italien

Diplomatische Vertretung

Botschaft der Italienischen Republik
Hiroshimastr. 1-7 – 10785 Berlin
Fon: 030 / 25 44 00 – Fax: 030 / 25 44 01 16
segreteria.berlino@esteri.it – www.ambberlino.esteri.it/Ambasciata_Berlino

Fremdenverkehrsamt

Italienische Zentrale für Tourismus
Barckhausstraße 10 – 60325 Frankfurt/Main
Fon: 069 / 237 434 – frankfurt@enit.it – www.enit-italia.de

Japan

Diplomatische Vertretung

Botschaft von Japan
Hiroshimastr. 6 – 10785 Berlin
Fon: 030 / 21 09 40 – Fax: 030 / 21 09 42 22
info@bo.mofa.go.jp – www.de.emb-japan.go.jp

Fremdenverkehrsamt

Japanische Fremdenverkehrszentrale
Kaiserstraße 11 – 60311 Frankfurt/Main
Fon: 069 / 203 53 – Fax: 069 / 28 42 81
fra@jnto.de – www.jnto.de

Kanada

Diplomatische Vertretung

Botschaft von Kanada
Leipziger Platz 17 – 10117 Berlin
Fon: 030 / 20 31 20 – Fax: 030 / 20 31 25 90
brlin@international.gc.ca – www.kanada-info.de

Fremdenverkehrsamt

Canada Tourism Commission – c/o Lange Touristik Dienst
Eichenheege 1–5 – 63447 Maintal
Fon: 01805 / 52 62 32 (0,14 Euro/min) – Fax: 06181 / 49 75 58
www.meinkanada.com

Wichtige Info: Die Botschaft von Kanada in Berlin verfügt über keine Visa- und Einwanderungsabteilung. Für die Bearbeitung von Visaanträgen von Personen mit deutscher Staatsangehörigkeit oder mit Wohnsitz in Deutschland ist die kanadische Botschaft in Österreich zuständig.

Neuseeland

Diplomatische Vertretung

Botschaft von Neuseeland
Friedrichstraße 60 – 10117 Berlin
Fon: 030 / 20 62 10 – Fax: 030 / 20 62 11 14
nzembber@infoem.org – www.nzembassy.com/germany

Fremdenverkehrsamt
Die Neuseeländische Botschaft in Berlin verfügt über keine Tourismusabteilung. Für Deutschland ist das Fremdenverkehrsbüro in London zuständig:
Tourism New Zealand
New Zealand House – 80 Haymarket – London SW1Y4TQ, UK
www.newzealand.com

Schweden

Diplomatische Vertretung
Botschaft des Königreichs Schweden
Rauchstr. 1 – 10787 Berlin
Fon: 030 / 50 50 60 – Fax: 030 / 50 50 67 89
ambassaden.berlin@gov.se – www.schweden.org
Fremdenverkehrsamt
Visit Sweden
Voltvogän 32 – 831 48 Östersund, SE
Fon: 069 / 2222 3496
germany@visitsweden.com – www.visitsweden.com

Spanien

Diplomatische Vertretung
Botschaft des Königreichs Spanien
Lichtensteinallee 1 – 10787 Berlin
Fon: 030 / 254 00 70 – Fax: 030 / 257 99 55 7
emb.berlin.inf@maec.es – www.spanischebotschaft.de
Fremdenverkehrsamt
Spanisches Fremdenverkehrsamt Berlin
Litzenburgerstraße 99 – 10707 Berlin
Fon: 030 / 882 65 43 – Fax: 030 / 882 66 61
berlin@tourspain.es – www.spain.info

Südafrika

Diplomatische Vertretung

Botschaft der Republik Südafrika
Tiergartenstraße 18 – 10785 Berlin
Fon: 030 / 22 07 30 – Fax: 030 / 22 07 31 90
berlin.consular@dirco.gov.za – www.suedafrika.org

Fremdenverkehrsamt

South African Tourism
Friedensstraße 6–10 – 60311 Frankfurt/Main
Fon: 0800 / 1189118 – Fax: 069 / 280 950
info.de@southafrica.net – www.southafricantourism.de

USA

Diplomatische Vertretung

Botschaft der Vereinigten Staaten von Amerika
Pariser Platz 2 – 10117 Berlin
Fon: 030 / 8 30 50
www.usembassy.de

Amerikanisches Generalkonsulat

Gießener Straße 30 – 60435 Frankfurt/Main
Fon: 069 / 7 53 50 – Fax: 069 / 75 35 22 77
Visa-Informationsdienst:
Anrufer in Deutschland: 032 / 22 10 93 243, Mo–Fr 8–20h
EducationUSA
austausch@state.gov – www.educationusa.de

Fremdenverkehrsamt

Visit USA Committee Germany e.V.
Thalkirchner Str. 14 – 80337 München
Fon: 07000 / 847 48 872
info@vusa.travel – www.vusa.travel

Danksagung

An dieser Stelle möchte ich mich bei den Menschen bedanken, die auf verschiedenste Weise maßgeblich dazu beigetragen haben, dass das Handbuch Fernweh entstehen konnte.

Der größte Dank gebührt meinen Eltern, die mir immer mit Rat und Tat zur Seite stehen und mich stets bei der Verwirklichung meiner Ideen unterstützen. Sticheleien von Freunden und Verwandten zum Trotz haben sie nie versucht, meinen Drang in die Ferne zu unterbinden. Stattdessen ließen sie mich das Leben führen, das ich für richtig hielt: Ein seltenes Privileg!

Meine Freundin Meike Schnier musste mehrere meiner Fernwehanfälle ertragen. Ich bin glücklich darüber, dass sie mir keinen Laufpass gegeben hat – und schließlich sogar meine Frau geworden ist. An der Fertigstellung dieses Buches war sie maßgeblich beteiligt: In langen Korrekturnächten stellte sie viele meiner Sätze um und verbesserte dadurch die Lesbarkeit des Textes erheblich.

Wenn mich mein Rechner zur Weißglut trieb, konnte ich mich stets auf meinen Bruder Andreas verlassen, der geduldig Hard- und Softwareprobleme der verschiedensten Art in den Griff bekam.

Hans-Heinrich Ziebell und Dr. Ulrich Fülbier danke ich für sachkundige Kritik und hilfreiche Tipps, Dr. Tobias Freimüller und Jörgen Wolf für die akribische Endkorrektur des Manuskripts, Dirk Grundner für die ideenreiche Umschlaggestaltung, Annike Henrix und Jens Hirschfeld für die hilfreichen Hinweise sowie Melanie Kucharczyk und Christine Kossel für die Sorgfalt bei der Redaktion und dem Layout dieser Ausgabe. Allen Freunden und vielen Verwandten danke ich dafür, dass sie mich so akzeptieren wie ich bin und immer für mich da sind.

Last not least möchte ich mich bei all den Menschen in der ganzen Welt bedanken, deren Gastfreundschaft ich erfahren durfte: Erst durch ihre Herzlichkeit wurden meine Auslandsaufenthalte zu unvergesslichen Erlebnissen.

JuBi – Die JugendBildungsmesse

Auslandsaufenthalte weltweit

Schüleraustausch – High School – Privatschulen – Gastfamilie werden
Auslandsjahr – Freiwilligenarbeit – Work & Travel – Sprachreisen
Feriencamps – Praktika – Au-Pair – Studium – Stipendien

BERLIN, 17. Januar 2015
STUTTGART, 24. Januar 2015
DÜSSELDORF, 31. Januar 2015
MAINZ, 07. Februar 2015
HANNOVER, 14. Februar 2015
KASSEL, 21. Februar 2015
LÜBECK, 28. Februar 2015
BIELEFELD, 07. März 2015
KÖLN, 14. März 2015
BAMBERG, 21. März 2015
FREIBURG, 25. April 2015
ERFURT, 25. April 2015
MÖNCHENGLADBACH, 09. Mai 2015
OSNABRÜCK, 30. Mai 2015
KIEL, 06. Juni 2015
DORTMUND, 13. Juni 2015
BERLIN, 20. Juni 2015
STUTTGART, 27. Juni 2015
MÜNCHEN, 04. Juli 2015
ESSEN, 22. August 2015
KÖLN, 29. August 2015
DRESDEN, 05. September 2015
HAMBURG, 12. September 2015
FRANKFURT, 19. September 2015
MANNHEIM, 26. September 2015
DÜSSELDORF, 26. September 2015
BERLIN, 10. Oktober 2015
ERLANGEN, 17. Oktober 2015
MÜNCHEN, 24. Oktober 2015
BOCHUM, 31. Oktober 2015
HANNOVER, 07. November 2015
BREMEN, 14. November 2015
KARLSRUHE, 21. November 2015
MÜNSTER, 28. November 2015
FRANKFURT, 28. November 2015
BONN, 05. Dezember 2015
REGENSBURG, 05. Dezember 2015

Erfahrungsberichte gesucht!
weltweiser
ZAHLEN - FAKTEN - TIPPS

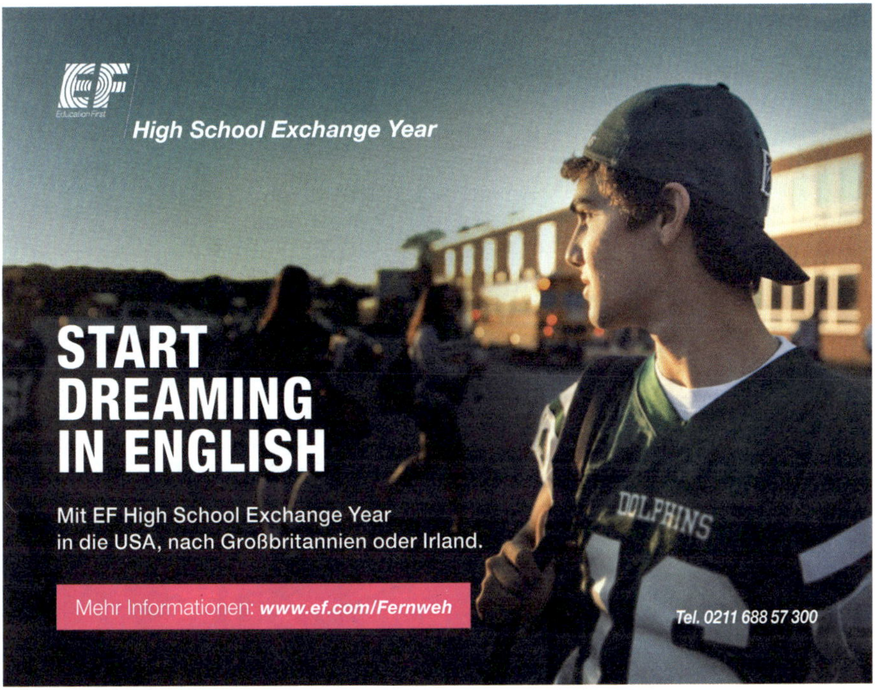

EF
Education First
High School Exchange Year
START DREAMING IN ENGLISH
Mit EF High School Exchange Year
in die USA, nach Großbritannien oder Irland.
Mehr Informationen: www.ef.com/Fernweh
Tel. 0211 688 57 300
DOLPHINS

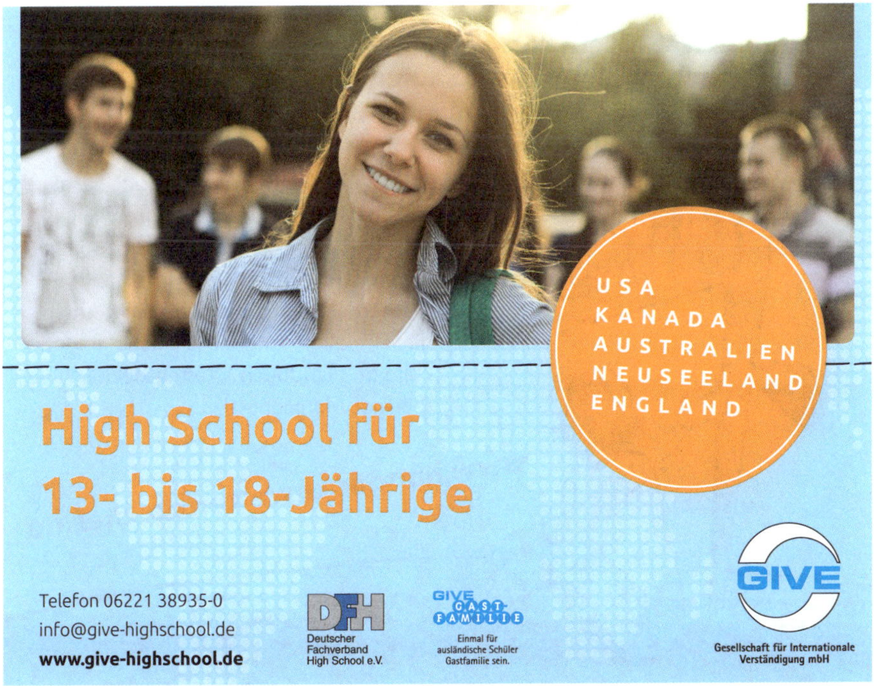

USA
KANADA
AUSTRALIEN
NEUSEELAND
ENGLAND
High School für
13- bis 18-Jährige
Telefon 06221 38935-0
info@give-highschool.de
www.give-highschool.de
DFH
Deutscher Fachverband High School e.V.
GIVE GASTFAMILIE
Einmal für ausländische Schüler Gastfamilie sein.
GIVE
Gesellschaft für Internationale Verständigung mbH

Martina Nixdorf
INTERNATSBERATUNG
Leinen los!
Unabhängige Schul-, Internats- und Bildungsberatung
für Eltern und Schüler, weltweit.
Dein Kompass für eine gute Entscheidungfindung.
Telefon: +49 (0) 2223.919 25 55
E-Mail: kontakt@nixdorf-internatsberatung.de
www.nixdorf-internatsberatung.de

www.hessen-total-international.de

HIGH SCHOOL
iST ABENTEUER

weltweiser interaktiv

HighSchoolCommunity:
www.schueleraustausch-weltweit.de

AuslandsForum:
www.weltweiser.de/auslandsforum

Facebook:
www.facebook.com/weltweiser

Twitter:
twitter.com/weltweiser

Google+:
plus.google.com/+WeltweiserDeutschland

WELTBÜRGER Stipendien

Ein Weltbürger, auch Kosmopolit (von griechisch: kósmos = Welt und polítes = Bürger) genannt, ist ein Mensch, der seine Identität stärker mit seiner Zugehörigkeit zur Menschheit verbindet als etwa mit seiner sozialen Klasse oder mit seiner Nationalität.

Aus der Überzeugung, dass junge Menschen sich durch die intensive Kulturerfahrung während eines Auslandsaufenthalts ganzheitlich weiterbilden und dabei einen wichtigen Beitrag zur Völkerverständigung – und somit zur Wahrung der Würde und Freiheit jedes einzelnen Menschen – leisten, schreiben Austauschorganisationen, Unternehmen und der unabhängige Bildungsberatungsdienst weltweiser im Rahmen der Jugend-Bildungsmesse JuBi und der Youth Education & Travel Fair zahlreiche WELTBÜRGER-Stipendien aus. Ziel ist es, Jugendliche und junge Erwachsene auf ihrem ganz individuellen Weg zum Weltbürger zu fördern.

Die WELTBÜRGER-Stipendien richten sich an Jugendliche und junge Erwachsene. Grundsätzlich gilt, dass neben dem persönlichen Engagement in den Bereichen Soziales, Kultur, Wissen, Innovation, Sport, Musik, Kunst oder Journalismus nicht zuletzt auch die finanziellen Möglichkeiten der Bewerber/innen bei der Stipendienvergabe berücksichtigt werden.